从经典作家进入历史

吾自绝伦

塞缪尔·皮普斯传

SAMUEL PEPYS

The Unequalled Self

by Claire Tomalin

[英] 克莱尔·托马林 著 王珊珊 译

广西师范大学出版社
·桂林·

媒体评论

引人入胜，感受敏锐，富有洞见……研究透彻，颇为可观。托马林带给我们超越日记之外的生活全貌，尤其还原了主人公的生命。这本妙趣横生、内容丰富的书，不仅给我们全面描绘了一个魅力四射的人，还展现了他的时代。

——西蒙·赫弗，《乡村生活》

引人入胜的、典范性的、一丝不苟的研究。

——乔安娜·格里菲思，《观察家报》

非常有趣。书的开头写得太好了，有时你会忘记是托马林把它们写下来的，而皮普斯的故事还没有开始。

——约翰·凯里，《星期日泰晤士报》

有趣的书，读日记前的完美准备。它赋予日记里所有其他人物以生命，解释了他们与皮普斯，以及他们之间的关系。

——费迪南德·芒特，《旁观者》

把她的主人公变得栩栩如生，就像他的日记让他记录的世界变得栩栩如生一样。

——马修·帕里斯，《星期日邮报》

成功的作品。结构完美。

——罗伊·詹金斯，《星期日电讯报》

爱不释手。捕捉了十七世纪中期伦敦的喧嚣吵嚷。

——伊恩·麦克尤恩，《卫报》

见解深刻、感同身受、叙述简洁的杰作。

——安德鲁·罗伯茨，《旗帜晚报》

对英国伟大作家中最被忽视的一个令人称奇的新颖描述，剥去几个世纪沉积的尘垢，显露隐藏在灰尘之下的有血有肉的、愚蠢的又无比可爱的脸。

——菲利普·亨舍尔，《观察家报》

出色。内容丰富又轻松愉悦。

——罗伊·哈特斯利，《观察家报》

这么多年来我见过的最好传记。托马林对皮普斯早年生活的描述是现有中最好的。

——科林·巴罗,《旗帜晚报》

对皮普斯世界的令人信服又印象深刻的描绘;这是对那部无与伦比的日记的最好介绍。

——米兰达·西摩,《星期日泰晤士报》

对一桩婚姻的无可匹敌的分析,因为她的智慧、同情心和人性脱颖而出。

——弗兰克·麦克林,《独立报》

专题研究的典范,写得漂亮。

——安东尼·霍华德,《新政治家》

一本阐述恰当、写作精彩、研究充分、令人满意的书。我很喜欢读。

——科林·德克斯特,《老人》

摘得今年传记作品桂冠。托马林带来了对日记之外的皮普斯的吸引人的描述。深思又雄辩的研究。

——克莱尔·哈曼,《旗帜晚报》

叹为观止。首次如此呈现这位日记作家兼公务员。

——查尔斯·格思里,《星期日电讯报》

从内尔·格温到泰特斯·奥茨,从准男爵到妓院老板,从皮条客到清教徒，从喧哗醉汉到保王党人，几百个人物挤满了托马林的熙熙攘攘的画布。她的书必然名列同一主题的最佳作品。

——基思·沃特豪斯，《每日邮报》

托马林发掘了关于塞缪尔·皮普斯不为人知的生活的大量材料……她写得清通明澈，非常完美。这本传记透出一种智慧，一种自然流露的情感，是传记作家对人情物态的体察。

——克雷格·布朗，《星期日邮报》

托马林的书应该与举世无双的十卷版日记同辉共耀。

——马克斯·黑斯廷斯，《星期日电讯报》

克莱尔·托马林配得上给塞缪尔·皮普斯写传记。她的书见解深刻、冷静客观，终于为这位日记作家的生活补足了厚重和庄严。

——莉萨·贾丁，《新政治家》

了不起的成功，巨大的乐趣。通过对这个既普通又不普通的人的充满人情味的研究，窥见当时历史的生动故事。

——黛安娜·苏阿米，《独立报》

丰富多彩，深思熟虑，令人深感满意的书。它把我们带到了日记背后，又超越了日记本身，也就是说，读完这本书，我们可以重读日记并获得比以前更大的乐趣及更深的理解。

——诺埃尔·马尔科姆，《旗帜晚报》

性、酗酒、瘟疫、大火、音乐、夫妻矛盾、国王倒台、公共生活的腐败和勇气、战争、海军、公开处决、监禁伦敦塔：塞缪尔·皮普斯的生活充满了令人无法抗拒的素材，而克莱尔·托马林尽其所能都抓住了。不容争辩，栩栩如生，平易近人。

——赫敏·李，《卫报》

有史以来最成功的文学传记之一……我们[通过日记]了解的皮普斯只活了九年零五个月。在《塞缪尔·皮普斯》中，托马林给了我们此人的其余人生，还有阅读他的惊人的新方法。

——托马斯·马伦，《纽约客》

技艺高超，令人信服……一位杰出的传记作家自信地超越了皮普斯《日记》中日常经历的全部表象……克莱尔·托马林撰写的[皮普斯]生平是伟大的成功。她的研究不仅严谨周密而且想象力丰富。

——菲利普·亨舍尔，《大西洋月刊》

托马林的文笔流畅生动，一如皮普斯本人，通过补充完善《日记》的背景，她为他嬉闹的自画像创造了完美的画框……继罗伯特·路易斯·史蒂文森发表于一八八一年的经典文章之后，关于皮普斯的最好作品。

——角谷美智子，《纽约时报》

我们最伟大的日记作家，由我们最伟大的传记作家之一来分析。托马林完美的研究及其与研究对象标志性的共情，当使这部对十七世纪英国最迷人人物之一的描绘成为这个秋季的最佳传记。

——卡罗琳·加斯科因，《星期日泰晤士报》

整本书，如果你愿意以这种方式来看，就会发现它是献给皮普斯自己的艺术品。这样的话我们就找到了他在整个日记中所保持的那种非凡的态度的答案，那种坚定不移的——我几乎要说成愚蠢无知的——真诚的答案，这种真诚让它成为人类书籍中的奇迹……无论他做得好不好，他仍然是他特有的无与伦比的自我；仍然是那个令人着迷的**自我**，他唯一愿意书写的自我。

——罗伯特·路易斯·史蒂文森，《塞缪尔·皮普斯》

书是另一个我的产物，而不是我们在习俗、社会和恶习中所表现出来的那个我。

——马塞尔·普鲁斯特，《驳圣伯夫》

每个人体内都有两个人，一个是智者，一个是愚者……必须让他们两个轮流做主。如果你想让聪明、严肃、认真的人长期统御支配，那么傻瓜就会变得非常乖戾麻烦，甚至会让智者乱了阵脚，变得一无是处；如果你想让事情进展顺利，必须得让他有放任自流、随心所欲、遨游嬉戏的时候。

——沙夫茨伯里勋爵安东尼·阿什利·库珀致信约翰·洛克

The whole book, if you will but look at it in that way, is seen to be a work of art to Pepys's own address. Here, then, we have the key to that remarkable attitude preserved by him throughout his diary, to that unflinching — I had almost said, that unintelligent — sincerity which makes it a miracle among human books... Whether he did ill or well, he was still his own unequalled self; still that entrancing ego of whom alone he cared to write.

— Robert Louis Stevenson, 'Samuel Pepys'

Un livre est le produit d'un autre moi que celui que nous manifestons dans nos habitudes, dans la société, dans nos vices.

— Marcel Proust, *Contre Sainte-Beuve*

[There is] in every one, two men, the wise and the foolish, and... each of them must be allowed his turn. If you would have the wise, the grave, the serious, always to rule and have sway, the fool would grow so peevish and troublesome, that he would put the wise man out of order, and make him fit for nothing: he must have his times of being let loose to follow his fancies, and play his gambols, if you would have your business go on smoothly.

— Anthony Ashley Cooper, Lord Shaftesbury, to John Locke

目 录

第二部分　1660-1669

第三部分　1669-1703

插图列表

7. 爱德华·蒙塔古，皮普斯的表叔、赞助人、保护人。（彼得·莱利，约1646年）

8. 欣庆布鲁克附近的布兰普顿的房子，属于皮普斯的伯父罗伯特，他是蒙塔古家的管家。

9. 一六四一年五月十二日，斯特拉福德伯爵在塔山被处决。（霍拉）（来自皮普斯自己的收藏）

10. 一幅克伦威尔的版画。（来自皮普斯自己的收藏）

11. 一六四九年一月三十日，在白厅的国宴厅外处决查理一世。

12. 新宫场，面朝白厅宫，描绘了威斯敏斯特大厅和钟楼。（1664年）

13. 塞缪尔·莫兰，皮普斯在剑桥大学抹大拉学院的导师。（彼得·莱利，1659年）

14. 乔治·唐宁，议员、外交官，皮普斯在财务署的雇主。

15. 大卫·洛根在一六九〇年绘制的剑桥大学抹大拉学院的版画，描绘了后来安置皮普斯图书馆的新建筑。

16. 皮普斯签名的家庭物品清单，是他在十七世纪五十年代末做蒙塔古家的仆人时写的。

17. 爱德华·菲利普斯的《爱情与口才的奥秘；又名，求爱与恭维的技巧》（1658）的卷首插图。这是一本为共和国时期的年轻人提供恋爱建议的书，作者是弥尔顿的外甥。

18. 切除膀胱结石的手术，出自弗朗索瓦·托莱的外科手术课本《切石术论著》一六八三年英文版。

x 19. 伊丽莎白·皮普斯（T. 汤姆森的雕版画，根据遗失的海尔斯在1666年的画像制作）。

20. 约翰·海尔斯一六六六年为塞缪尔·皮普斯绘制的肖像。

21. 皮普斯书写的《皮普斯日记》的第一页，一六五九／六〇年。

22. 威尔·休尔，皮普斯的文员，后来成为他最亲密的伙伴和朋友。

人,皮普斯的迫害者。(约 1672–1673 年)

38. 海军事务大臣形象的约克公爵詹姆斯。(亨利·加斯卡,约 1675 年)

39. 约翰·伊夫林,日记家,皮普斯收藏的版画。(制作自内勒的肖像画,约 1689 年)

40. 威廉·佩蒂,解剖学家、经济学家、社会理论家。(艾萨克·富勒,约 1640–1651 年)

41. 鲁比亚克创作的艾萨克·牛顿半身像。

42. 爱德华·皮尔斯创作的克里斯托弗·雷恩爵士半身像。

43、44. 位于白金汉街的皮普斯书斋,从房间两端看到的景象。

45. 皮普斯呈交詹姆斯二世的借据信,詹姆斯于一六八八年十一月十七日签字。

46. 皮普斯在霍尔银行的账户上的记录,一七〇一年。

47. 约翰·杰克逊,皮普斯的外甥和主要继承人。(来自《皮普斯日记》第一版,1825 年)

xi 48. 约翰·克洛斯特曼绘画的老年皮普斯像。

49. 皮普斯的象牙纪念章。(让·卡瓦利耶,1688 年)

50. 约翰·史密斯转写的《日记》第一页,开始于一八一九年。

致　谢

我首先要感谢剑桥大学抹大拉学院的院长和研究员，感谢他们的热情接待，让我得以有幸在皮普斯图书馆工作。皮普斯图书馆的管理员理查德·勒基特从一开始就鼓励我。助理馆员奥德·菲茨西蒙斯夫人（Aude Fitzsimons）容许我多次长时间的访问，并给予我各种帮助；她的善意，以及皮普斯图书馆目录的副主编查尔斯·S. 奈顿博士的良好建议和帮助，使我受益匪浅。 xii

感谢桑威奇伯爵及伯爵夫人的支持、帮助和鼓励；感谢布赖恩·克赖顿（Brian Crichton）的慷慨大方。

我感谢哈特菲尔德庄园的档案管理员罗宾·哈考特·威廉斯（Robin Harcourt Williams）抽出一天时间给我提供建议，并带我在伍德霍尔地区作了一番寓教于乐的游览；还感谢哈特菲尔德伍德霍尔农场小屋的萨莉·蒂姆森夫人（Sally Timson）带我参观她的房子；感谢 H. W. 格雷先生回答我关于哈特菲尔德圣埃塞德丽达教堂的询问。

麦卡尔平女士（Lady McAlpine）惠允我参观了杜尔丹斯现在的房

子，雷·拉德曼（Ray Rudman）在那里费尽心力地给我提供了关于当地历史和以前的房子的信息。

霍尔银行好意允许我在他们的陪同下查看并复印皮普斯的账户记录。

感谢亨廷登的欣庆布鲁克学校的管理人约翰·克罗宁（John Cronin）带我参观学校大楼和周围的场地，感谢朱利安·柯蒂斯（Julian Curtis）夫妇带我参观位于布兰普顿的皮普斯的房子。还感谢普克斯利（J. H. L. Puxley）向我展示了他的家族画像，并允许我拍照。

感谢维多利亚大十字勋章获得者（GCVO）、不列颠学会会员（FBA）、文物收藏者协会会员（FSA）奥利弗·米勒爵士（Oliver Millar）在追踪肖像下落方面给予的帮助；感谢弗朗西丝·哈里斯博士的指导，特别是与我谈论了约翰·伊夫林；感谢圣保罗学校的档案管理员西蒙·梅（Simon May）的帮助；感谢尼古拉斯·巴克（Nicolas Barker）；感谢基督公学的档案管理员罗娜·米切尔（Rhona Mitchell）夫人；感谢朱利安·
xiii 米切尔给我寄来了他写的关于约翰·克里德的弟弟理查德的论文；感谢罗宾·海曼（Robin Hyman）检查了我对《日记》出版历史的记述，并允许我拍摄他的布雷布鲁克版的插图；感谢布料加工业公会的档案管理员大卫·威克姆（David Wickham）；感谢德特福德圣尼古拉斯教堂的格雷厄姆·科内克（Graham Corneck）牧师；感谢哈特街的圣奥拉夫教堂的约翰·考林牧师（Revd John Cowling）；感谢尼古拉斯·蒙克重新翻译丹尼尔·斯金纳写给皮普斯的拉丁文书信；感谢希拉·拉塞尔提供了有关因平顿庄园（Impington Manor）的信息；感谢达格托格鲁夫人（Dagtoglou）寄给我 G. R. 巴莱恩对乔治·卡特里特爵士的描述；感谢罗宾·吉布森（Robin Gibson）借给我国家肖像馆一九七〇年皮普斯展览的目录；感谢奇丁斯通堡的鲁思·埃尔德里奇（Ruth Eldridge）和罗恩·弗农（Ron Vernon）在检查皮普斯给詹姆斯二世的欠条手稿细节时提供的帮助；感谢安德鲁·霍华德(Andrew Howard)带我参观白金汉街12号。

我还要感谢戈登·坎贝尔教授、蒂莫西·格雷厄姆博士(Timothy Graham)、R. I. 佩奇教授(R. I. Page)、克里斯托弗·德·哈梅尔(Christopher de Hamel)和B. S. 卡普教授,他们都为我提供了进一步阅读的意见和建议;还要感谢约翰·博西教授对索尔兹伯里院的地形做了说明。

在医学问题上,伦敦莫蒂默市场中心(Mortimer Market Centre)的泌尿生殖医学会诊医师、皇家内科医师学会会员(FRCP)帕特里克·弗伦奇医生给我提供了建议;米洛·凯恩斯寄给我他的关于皮普斯健康状况的论文;文学硕士、科学硕士、皇家外科医师学会会员(FRCS)R. 古德温(R. Goodwin),以及H. N. 惠特菲尔德(H. N. Whitfield)也给我提供了建议;在剑桥大学庭院网球俱乐部(Real Tennis Club)我见到了庭院网球的尺寸,皮普斯身上取出的石头与此大小相当。

我很感谢以下图书馆的工作人员的协助:惠康医学史图书馆(Wellcome Library of Medical History)、伦敦皇家学会图书馆(Library of the Royal Society of London)、大英图书馆(British Library)、伦敦图书馆(London Library)、博德利图书馆(Bodleian Library)、格林尼治国家海事博物馆(National Maritime Museum, Greenwich)、公共档案处(Public Record Office)、市政厅图书馆(Guildhall Library)、国家肖像馆档案室(National Portrait Gallery archives)、国王学院的利德尔·哈特档案(Liddle Hart archives)、伦敦国家气象图书馆(London National Meteorological Library),特别是图书馆和档案服务总管伊恩·麦格雷戈(Ian MacGregor),他给我寄来了戈登·曼利的十七世纪天气图;还有亨廷登郡档案处(Huntingdon County Record Office)和公共图书馆(Public Library),以及赫特福德郡档案处(Hertfordshire Record Office)。

特别感谢托尼·莱西(Tony Lacey)、查尔斯·埃利奥特(Charles xiv

Elliot)和唐娜·波比(Donna Poppy)一如既往地提出问题和建议并提供帮助;还感谢基思·泰勒(Keith Taylor)、黛娜·德拉钦(Dinah Drazin)和制作索引的黛安娜·莱科尔(Diana Lecore)。

最后还要感谢我的丈夫陪我第一次去了亨廷登和布兰普顿,多次同我一起从伯蒙西走到格林尼治,从舰队街走到伦敦塔再折返,并且用耐心和幽默忍受了我好几年实际上消失在了十七世纪之中。

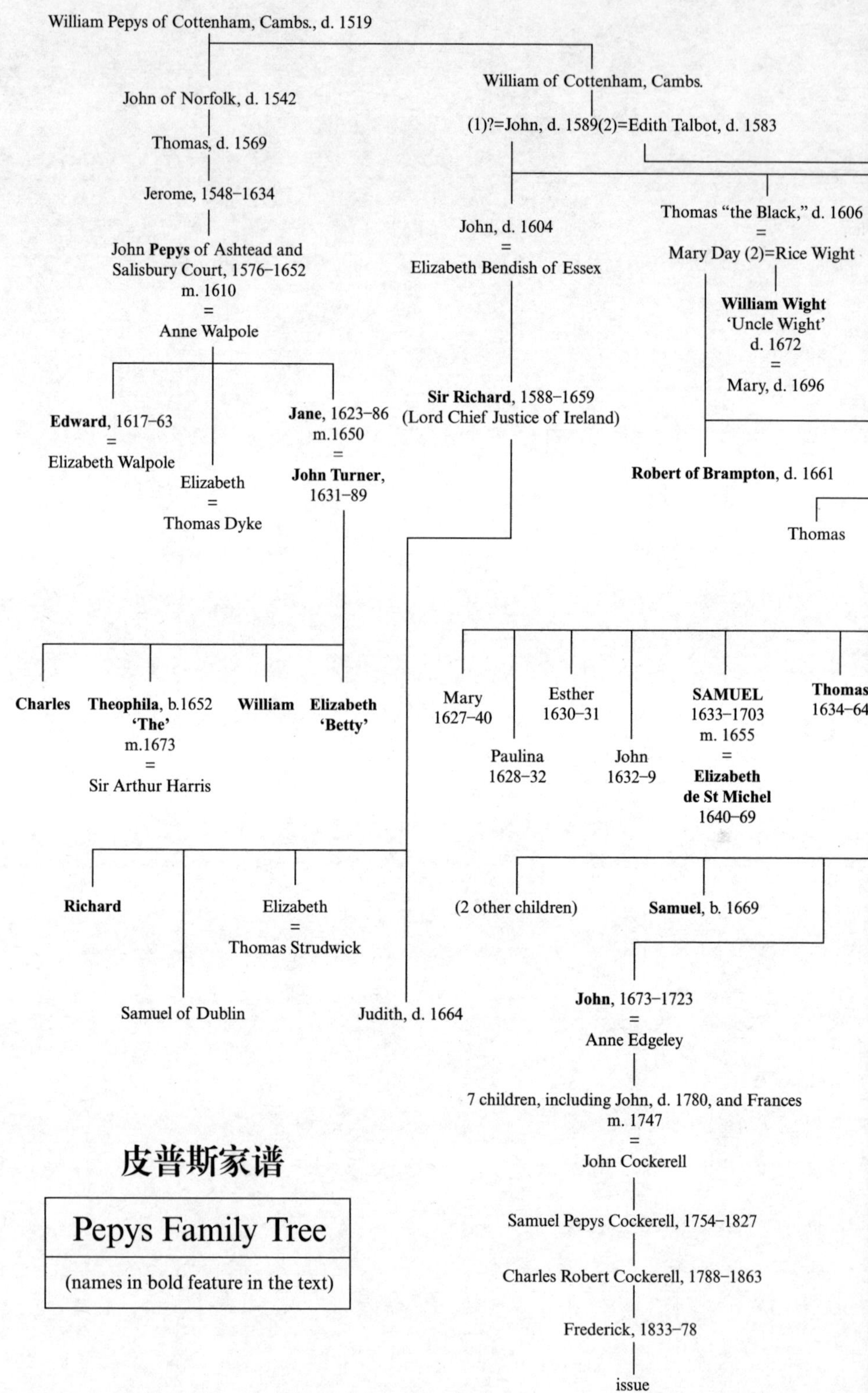
William Pepys of Cottenham, Cambs., d. 1519
John of Norfolk, d. 1542
William of Cottenham, Cambs.
(1)?=John, d. 1589(2)=Edith Talbot, d. 1583
Thomas, d. 1569
Jerome, 1548–1634
John, d. 1604
=
Elizabeth Bendish of Essex
Thomas "the Black," d. 1606
=
Mary Day (2)=Rice Wight
John Pepys of Ashtead and
Salisbury Court, 1576–1652
m. 1610
=
Anne Walpole
William Wight
'Uncle Wight'
d. 1672
=
Mary, d. 1696
Edward, 1617–63
=
Elizabeth Walpole
Jane, 1623–86
m.1650
=
John Turner,
1631–89
Elizabeth
=
Thomas Dyke
Sir Richard, 1588–1659
(Lord Chief Justice of Ireland)
Robert of Brampton, d. 1661
Thomas
Charles
Theophila, b.1652
'The'
m.1673
=
Sir Arthur Harris
William
Elizabeth
'Betty'
Mary
1627–40
Paulina
1628–32
Esther
1630–31
John
1632–9
SAMUEL
1633–1703
m. 1655
=
Elizabeth
de St Michel
1640–69
Thomas
1634–64
Richard
Elizabeth
=
Thomas Strudwick
Samuel of Dublin
Judith, d. 1664
(2 other children)
Samuel, b. 1669
John, 1673–1723
=
Anne Edgeley
7 children, including John, d. 1780, and Frances
m. 1747
=
John Cockerell
Samuel Pepys Cockerell, 1754–1827
Charles Robert Cockerell, 1788–1863
Frederick, 1833–78
issue
皮普斯家谱
Pepys Family Tree
(names in bold feature in the text)

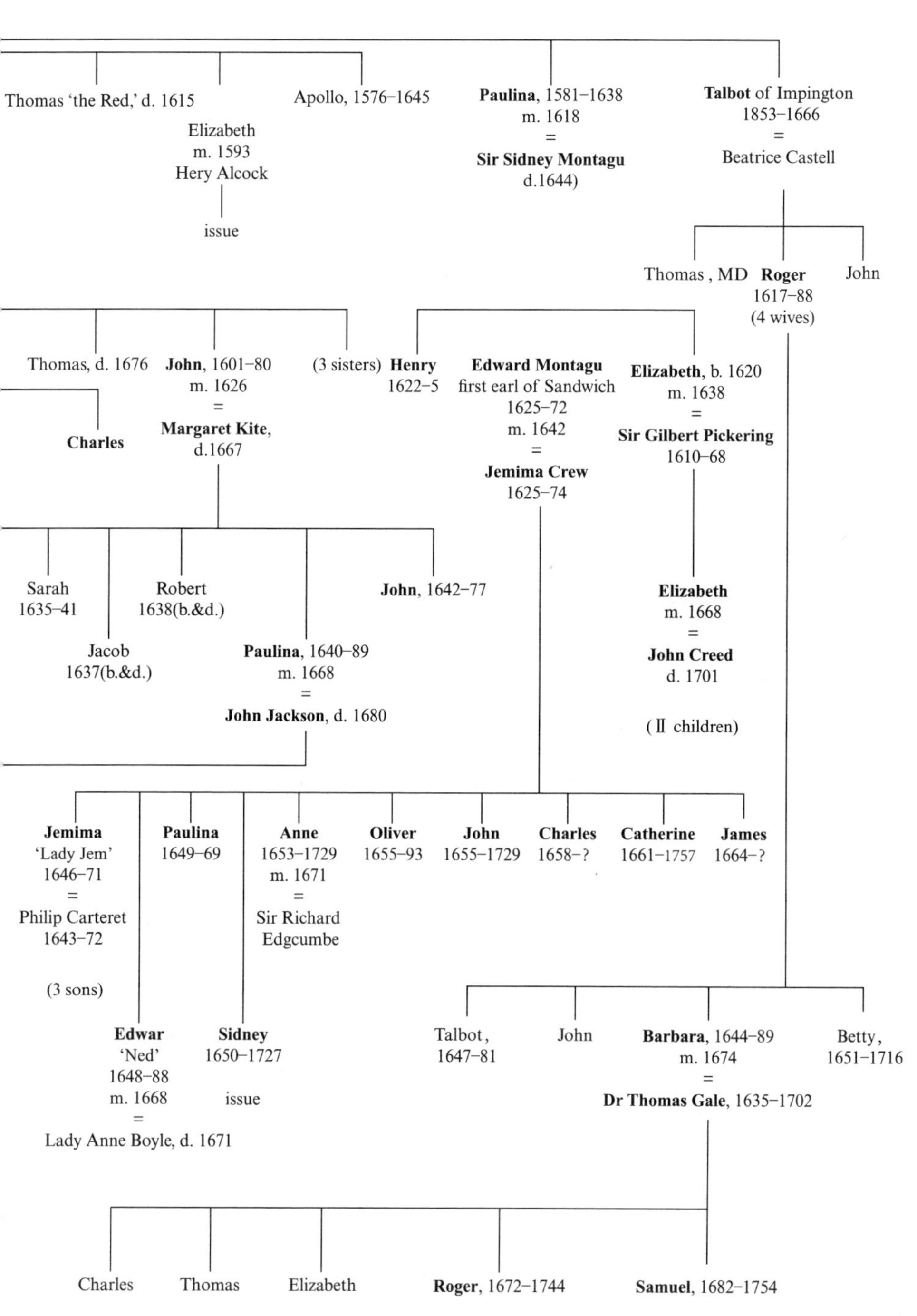

Thomas 'the Red,' d. 1615
Elizabeth m. 1593 Hery Alcock
issue
Apollo, 1576–1645
Paulina, 1581–1638 m. 1618 = Sir Sidney Montagu d.1644)
Talbot of Impington 1853–1666 = Beatrice Castell
Thomas , MD
Roger 1617–88 (4 wives)
John
Thomas, d. 1676
John, 1601–80 m. 1626 = Margaret Kite, d.1667
(3 sisters)
Henry 1622–5
Edward Montagu first earl of Sandwich 1625–72 m. 1642 = Jemima Crew 1625–74
Elizabeth, b. 1620 m. 1638 = Sir Gilbert Pickering 1610–68
Charles
Sarah 1635–41
Robert 1638(b.&d.)
John, 1642–77
Elizabeth m. 1668 = John Creed d. 1701
Jacob 1637(b.&d.)
Paulina, 1640–89 m. 1668 = John Jackson, d. 1680
(Ⅱ children)
Jemima 'Lady Jem' 1646–71 = Philip Carteret 1643–72
(3 sons)
Paulina 1649–69
Anne 1653–1729 m. 1671 = Sir Richard Edgcumbe
Oliver 1655–93
John 1655–1729
Charles 1658–?
Catherine 1661–1757
James 1664–?
Edwar 'Ned' 1648–88 m. 1668 = Lady Anne Boyle, d. 1671
Sidney 1650–1727
issue
Talbot, 1647–81
John
Barbara, 1644–89 m. 1674 = Dr Thomas Gale, 1635–1702
Betty, 1651–1716
Charles
Thomas
Elizabeth
Roger, 1672–1744
Samuel, 1682–1754

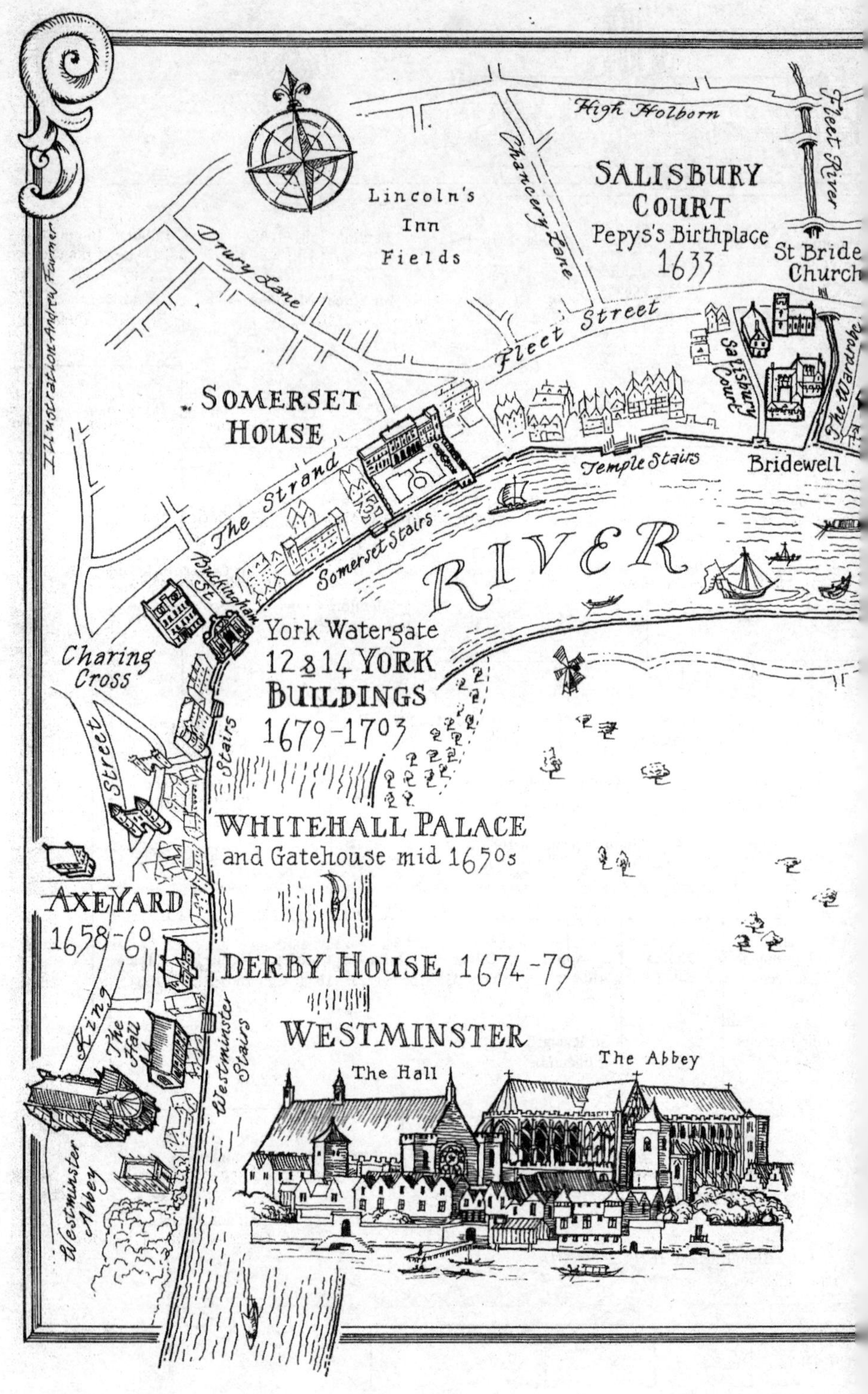

High Holborn
Fleet River
Chancery Lane
SALISBURY COURT
Pepys's Birthplace 1633
St Bride Church
Lincoln's Inn Fields
Drury Lane
Fleet Street
Salisbury Court
The Wardrobe
SOMERSET HOUSE
Temple Stairs
Bridewell
The Strand
Somerset Stairs
RIVER
Buckingham St
York Watergate
12 & 14 YORK BUILDINGS
1679-1703
Charing Cross
Street
Stairs
WHITEHALL PALACE
and Gatehouse mid 1650s
AXEYARD
1658-60
DERBY HOUSE 1674-79
King
The Hall
Westminster Stairs
WESTMINSTER
The Hall
The Abbey
Westminster Abbey
Illustration Andrew Farmer

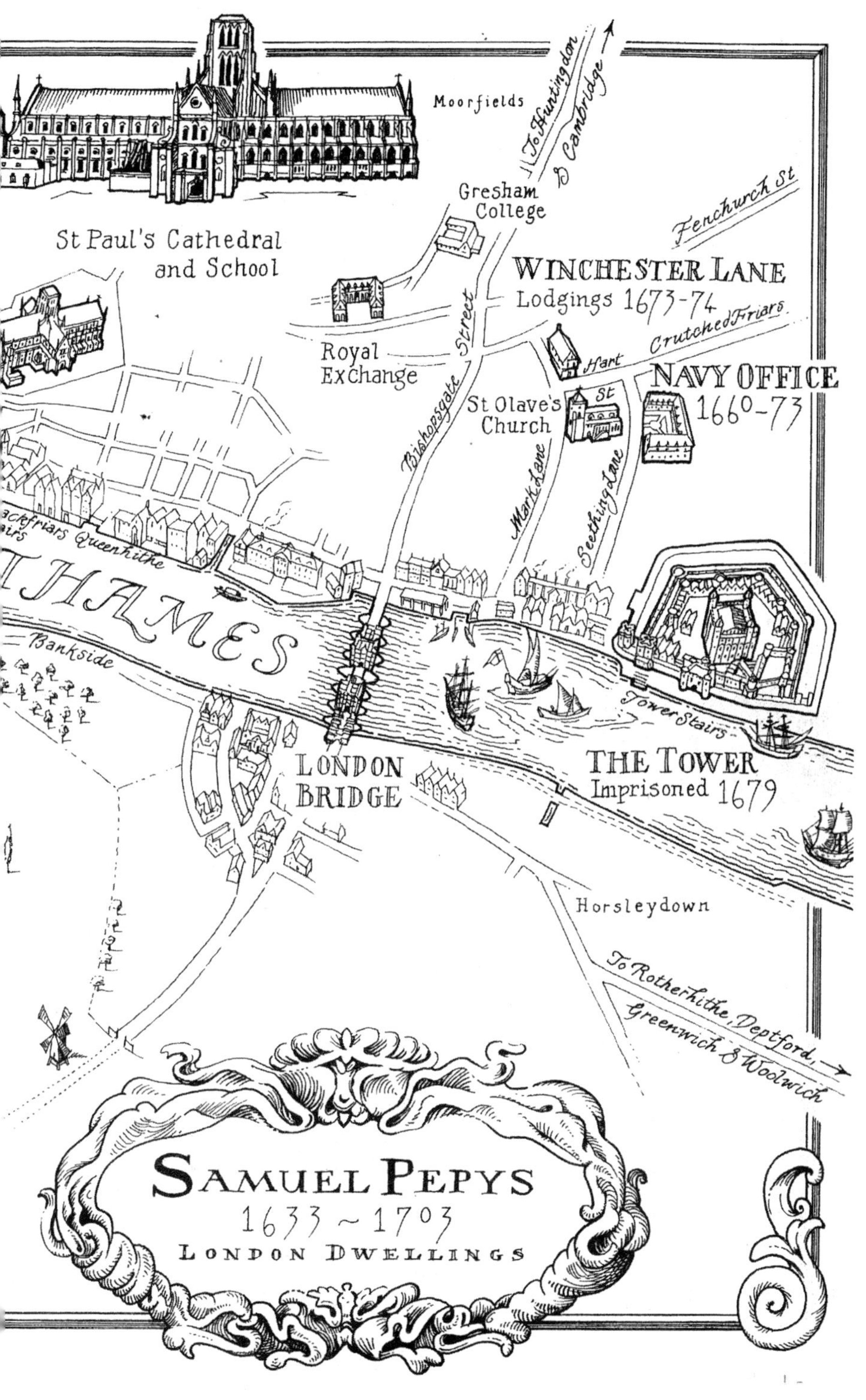
Moorfields
To Huntingdon
& Cambridge
Gresham
College
Fenchurch St
St Paul's Cathedral
and School
WINCHESTER LANE
Lodgings 1673-74
Crutched Friars
Royal
Exchange
Bishopsgate Street
Hart St
NAVY OFFICE
1660-73
St Olave's
Church
Mark Lane
Seething Lane
Queenhithe
THAMES
Bankside
Tower Stairs
LONDON
BRIDGE
THE TOWER
Imprisoned 1679
Horsleydown
To Rotherhithe, Deptford,
Greenwich & Woolwich
SAMUEL PEPYS
1633 ~ 1703
LONDON DWELLINGS

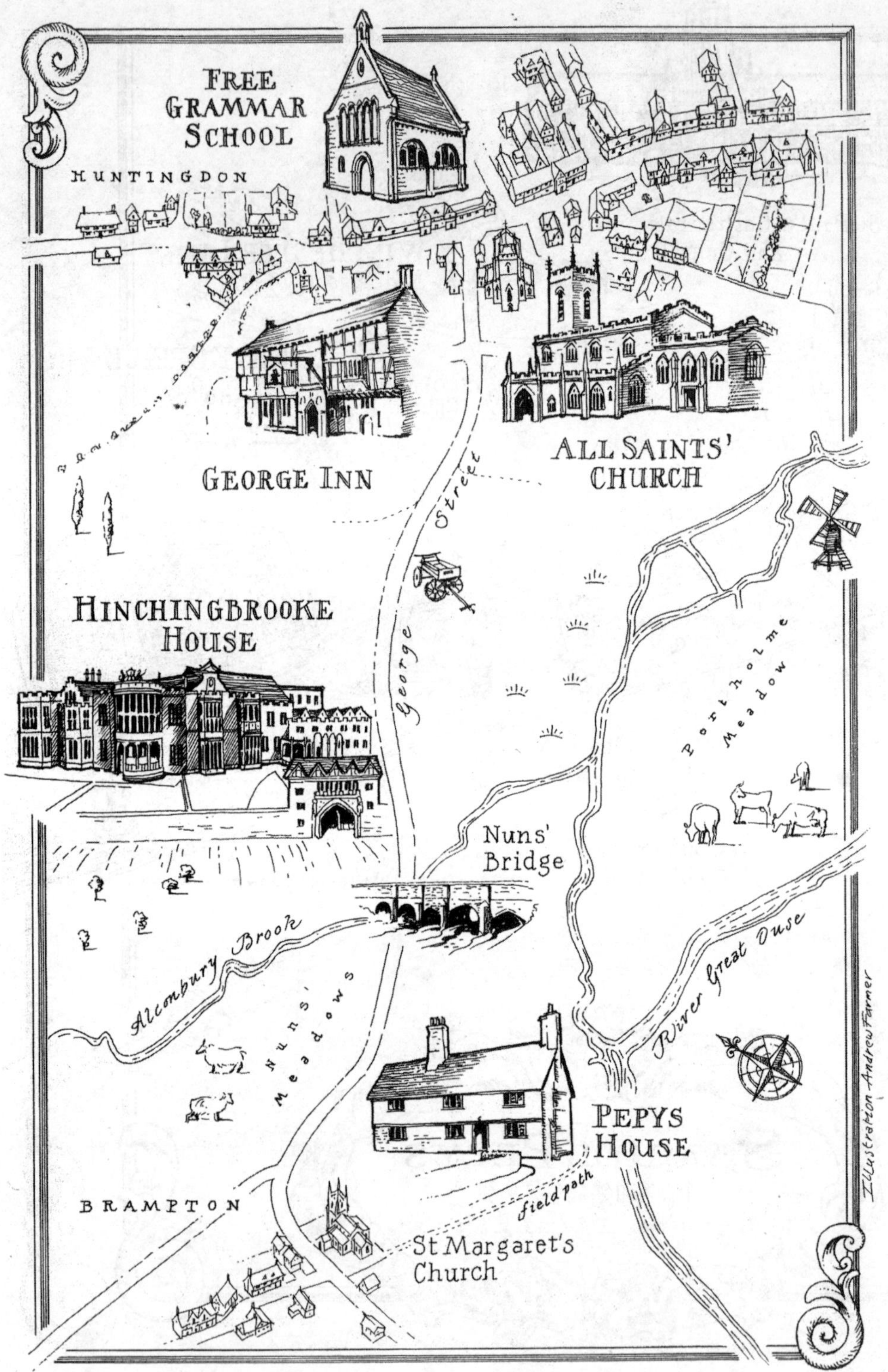
FREE GRAMMAR SCHOOL
HUNTINGDON
GEORGE INN
ALL SAINTS' CHURCH
George Street
HINCHINGBROOKE HOUSE
Portholme Meadow
Nuns' Bridge
Alconbury Brook
Nuns' Meadows
River Great Ouse
PEPYS HOUSE
field path
BRAMPTON
St Margaret's Church
Illustration Andrew Farmer

主要人物表

皮普斯代表塞缪尔·皮普斯

伊丽莎白代表伊丽莎白·皮普斯

阿尔比马尔公爵,见乔治·蒙克。

玛丽·阿什沃尔,成为伊丽莎白女伴之前是女校老师;擅长歌舞、打牌。

威廉·巴格韦尔,德特福德的舰船木匠,为了升职鼓励妻子主动献身给皮普斯,她照做了。她的名字不详。

约翰·班克斯爵士,金融家;十七世纪七十年代皮普斯与他的家人关系良好;他在下议院作证皮普斯不是天主教徒。

威廉·巴滕爵士,舰长,英格兰西南部人,出身寒微,内战前升任海军营造官,尽管曾改换阵营,但在一六六〇年被重新任命为海军处成员,成为皮普斯的同事和邻居。

托马斯·贝特顿,他那个时代最伟大的演员经理,深受皮普斯的赞赏。

简·伯奇,皮普斯的第一个也是最喜欢的女仆,从十四岁起就为他断断续续地工作，与他的文员汤姆·爱德华兹结婚，丧偶后得到皮普斯的帮助。她的弟弟韦恩曼·伯奇为皮普斯工作，因行为不端被解雇并被送往种植园。

罗伯特·布莱克本是共和国时期海军部委员的有权势的秘书，在复辟时期失去了工作，将他的外甥威尔·休尔介绍给了皮普斯。后来成为东印度公司的秘书，一六九〇年为皮普斯提供保释金。

弗朗西斯·博特勒爵士，赫特福德郡的地主，拥有与哈特菲尔德庄园毗邻的伍德霍尔庄园；与他的第二任妻子伊丽莎白一起抚养她的外甥女玛丽·斯金纳。

xxii 罗伯特·鲍耶，财务署官员。他和他的妻子伊丽莎白对年轻的皮普斯和伊丽莎白殷勤友好。有时被皮普斯称为“鲍耶老爹”。

威廉·布龙克尔，子爵二世，保王派数学家、科学家，喜爱音乐，是皇家学会的第一任主席，皮普斯在海军处钦佩的上级；也是皮普斯的邻居，与他的情妇阿比盖尔·威廉斯住在一起，皮普斯不赞成他这样做。

威廉·巴克爵士，准男爵，林肯郡地主，玛丽的妹妹弗朗西丝·斯金纳的丈夫。

白金汉公爵，见乔治·维利尔斯。

乔赛亚·伯切特，皮普斯的文员，被他解雇，但后来成为海军部的秘书。

乔治·卡特里特爵士，保王党人，从一六六〇年起担任海军司库，因此是皮普斯的上司。他的儿子菲利普与杰迈玛·蒙塔古结婚。

卡斯尔曼伯爵夫人，见巴巴拉·维利尔斯。

布拉甘萨的凯瑟琳，葡萄牙公主，查理二世的王后。

查理二世，皮普斯对他态度疏离，大多数时候不赞同，同时也意识到自己的事业有赖于取悦他，并享受他对戏剧、音乐和绘画的赞助的成果。

阿瑟·夏勒特博士，牛津大学大学学院院长，皮普斯晚年的朋友和通信者。

克拉伦登伯爵一世，见爱德华·海德。

克拉伦登伯爵二世，见亨利·海德。

约翰·克洛斯特曼，定居英国的德国肖像画家，画过晚年的皮普斯。

乔治·科克船长，商人，在战利品事件中是皮普斯及其同事的酒友。

罗伯特·科克爵士，父亲是首席法官爱德华·科克，后者雇用过阿什特德的约翰·皮普斯；皮普斯小时候，罗伯特爵士和他的妻子西奥菲拉夫人（父姓伯克利）在他们位于萨里郡的杜尔丹斯府邸招待过他。

安东尼·阿什利·库珀，后来成为沙夫茨伯里伯爵一世，曾为克伦威尔服务，后与查理二世讲和，并被其授予公职和爵位。通过蒙塔古和 xxiii
丹吉尔委员会与皮普斯相识。试图将约克公爵排除在王位继承人之外，攻击皮普斯是约克公爵一党，并指控他信奉天主教，导致皮普斯在天主教阴谋期间被监禁。

威廉·考文垂，后来的威廉爵士，保王党人，政治家，约克公爵的秘书，在海军处是皮普斯钦佩的朋友；一六六七年因失望不再为王室服务，但继续担任下院议员。

约翰·克里德，清教徒，皮普斯的同龄人、竞争对手，起初为蒙塔古服务；与蒙塔古的外甥女伊丽莎白·皮克林结婚。

约翰·克鲁，杰迈玛的父亲、爱德华·蒙塔古的岳父，温和的议会党人，一六六一年被封为克鲁男爵；对皮普斯热情友好。

塞缪尔·克伦霍姆，皮普斯上学期间圣保罗学校的副校长，藏书家，他的图书馆毁于伦敦大火。

理查德·克伦威尔，奥利弗的儿子，短暂接替过他作护国公。

奥利弗·克伦威尔，将军、政治家、护国公；爱德华·蒙塔古的邻居和朋友。

理查德·坎伯兰，和皮普斯一样是索尔兹伯里院裁缝的儿子，曾就读圣保罗和抹大拉；皮普斯的朋友，学者，成为彼得伯勒的主教。

塞缪尔·丹尼尔，海军上尉，他的妻子为他争取到了皮普斯的委任。

达特茅斯男爵一世，见乔治·莱格。

威廉·戴夫南特爵士，戏剧家和演员经理，经营公爵剧团。

安东尼·迪恩，后来的安东尼爵士，杰出的船舶设计师，哈里奇水手的儿子；皮普斯的密友，他们的事业同起同落。

乔治·唐宁，后来的乔治爵士，皮普斯在财务署的第一个正式雇主；在克伦威尔时期升至高位，巧妙地改变了立场，在查理二世时期再次高升。唐宁街因他在国王给他的土地上为自己建造的房子而命名。

约翰·德莱顿，诗人、戏剧家，皮普斯认识他是在剑桥；十七世纪九十年代恢复了友谊。

汤姆·爱德华兹，皇家礼拜堂的唱诗班成员，嗓子破了以后进入皮
xxiv 普斯家，吹拉弹唱，在家里和海军办公室干活。与简·伯奇结婚，皮普斯是他们儿子的教父。

约翰·伊夫林，多才多艺的绅士学者，园丁、作家、设计师、健康管理者、日记作家，晚年成为皮普斯非常喜爱的朋友和通信者。

罗伯特·费勒上尉，蒙塔古的掌旗官，后来是他的掌马官；精力充沛、酗酒、赌博，对皮普斯友好，对伊丽莎白有危险。

托马斯·盖尔博士，姻亲（见剑桥的皮普斯家），皮普斯晚年的重要朋友和通信者；学者，圣保罗学校校长，约克教长。

丹尼斯·高登爵士，共和国时期和复辟后的海军后勤官，与皮普斯工作往来密切。拥有位于克拉珀姆的精美乡村别墅，高登破产后，由威尔·休尔购买。

理查德·吉布森，首席书记员，皮普斯的朋友。十三岁起在共和国海军服役，对复辟时期的“绅士”军官评价颇低。为皮普斯提供建议，并撰写了许多关于海军问题的文章。

内尔·格温，皮普斯喜欢的女演员；查理二世死后，他帮了她不少忙。

詹姆斯·哈林顿，在罗塔俱乐部与皮普斯相识；写了《大洋国》一书，讲的是英国的共和改革计划；一六六〇年被监禁，身体再也没能康复。

塞缪尔·哈特利布，普鲁士流亡者，弥尔顿和佩蒂的朋友，皮普斯在斧场的邻居；他的儿子塞缪尔，政府文员，皮普斯的早期交友圈成员。

约翰·海尔斯，肖像画家，受皮普斯赞助。

托马斯·海特，共和国时期的海军文员，一六六〇年受雇于皮普斯；不遵从国教者，被人攻击时受到皮普斯的保护；一六七三年接替皮普斯成为书记官。

阿瑟·赫伯特，后来的托林顿伯爵，皮普斯讨厌的海军上将；一六八八年投靠奥兰治的威廉，率领入侵舰队。

威廉·休尔，清教徒，文具商的儿子，罗伯特·布莱克本的外甥，一六六〇年成为皮普斯的文员，并逐渐成为他最亲密的伙伴和朋友，变得非常富有。

乔治·希克斯博士，盎格鲁-撒克逊学者和伍斯特教长，皮普斯的朋 xxv
友；一六八八年后成了拒绝宣誓效忠者（即拒绝宣誓效忠威廉三世）。不得不隐姓埋名；在法国秘密访问了詹姆斯二世；临终前陪伴皮普斯并主持了他的葬礼。

托马斯·希尔，皮普斯的音乐朋友，共和国期间公务员的儿子，皇家学会的创始成员亚伯拉罕的兄弟，皮普斯也认识后者。受雇于胡布隆家族在里斯本经商，在那里为皮普斯找到了塞萨雷·莫雷利。

理查德和詹姆斯·霍尔，银行创始人，皮普斯在那儿有个账户。

托马斯·霍利尔，为皮普斯做手术、取出其膀胱内结石的外科医生。

罗伯特·胡克，杰出的科学家、建筑师和皇家学会的秘书；受到皮普斯的钦佩。写过日记。可能设计了剑桥大学抹大拉学院的大楼，皮普斯的日记就存放在那里。

胡布隆家族，法国新教商人，十六世纪末在伦敦定居，变得非常富有。与皮普斯特别要好的是詹姆斯和他的妻子萨拉，詹姆斯一六九一年被封为爵士，他和他的两个兄弟是英格兰银行的董事；还有一个是东印度公司的董事。

约翰和伊丽莎白·亨特，斧场的邻居，他在间接税务局工作，她与克伦威尔家族沾亲带故；写日记期间的朋友。

安妮·海德，约克公爵詹姆斯的第一任妻子，未来的女王玛丽和安妮的母亲；爱德华·海德的女儿。

爱德华·海德，克拉伦登伯爵一世，复辟前是查理二世的首席顾问，复辟后是他的大法官；在荷兰人袭击梅德韦后被他解雇并流放。皮普斯认识他，喜欢他。

亨利·海德，克拉伦登伯爵二世，爱德华·海德之子，是皮普斯晚年的密友。

约翰·杰克逊，皮普斯的小外甥，成为他的被保护人；被送进剑桥大学并进行壮游。皮普斯的主要继承人。

塞缪尔·杰克逊，皮普斯的大外甥。

约克公爵詹姆斯，后来的国王詹姆斯二世，在一六六〇年成为海军
xxvi 事务大臣。他和皮普斯在海军上兴趣相合，因此关系密切，并在政治对手对两人的攻击中巩固了关系。詹姆斯为皮普斯尽心尽力，而皮普斯则对他忠心不二。

约翰·詹姆斯，皮普斯的管家，被他解雇；在天主教阴谋中提供了不利于他的伪证，并在临终前撤回了证词。

约翰·肯普索恩爵士，出生于德文郡的强悍的海军指挥官，在地中海与阿尔及利亚海盗作战；成为朴次茅斯的专员，与皮普斯和威尔·休

尔有很多事务来往。

托马斯·基利格鲁,戏剧家、剧院经理、廷臣;与皮普斯讨论过戏剧史。

珀西·柯克上校,丹吉尔驻军总司令,皮普斯讨厌他,受到威廉三世提拔。

乔舒亚·柯顿,皮普斯的书商,伦敦大火时破产。

戈弗雷·内勒爵士,皮普斯所熟识的宫廷画家,为他画过肖像画,也受他委托画过别人的肖像画。

伊丽莎白·尼普,女演员,嫁给了一个马商;受到皮普斯的欣赏,与他关系密切。

贝蒂·莱恩,即后来的马丁,诺丁汉女孩,在威斯敏斯特大厅摆了一个衬衣裤摊位,与皮普斯的关系随随便便。她的妹妹多尔提供后备服务。

约翰·兰利,皮普斯在圣保罗学校期间的校长:坚定的清教徒和议会党人。

乔治·莱格,达特茅斯男爵一世,领导了丹吉尔远征,皮普斯也参与其中;作为海军总司令,未能阻止奥兰治的威廉在一六八八年登陆。

彼得·莱利爵士,荷兰画家,一六四一年起定居英国,为克伦威尔画像,成为查理二世最喜欢的宫廷画师。皮普斯拜访过他,欣赏他。

保罗·洛兰,皮普斯的法国新教文员,从事图书馆的编目工作;被授以圣职并成为新门监狱的牧师。

彼得·卢埃林,皮普斯早年“凑钱聚餐”的朋友,死于瘟疫。

约翰·马修斯,亨廷登学校校长,皮普斯的远房亲戚,照应并教育他 xxvii
姐姐的儿子萨姆和约翰·杰克逊。

约翰·梅内斯爵士,好战的老保王党人、诗人,从一六六一年起担任海军审计官,直到十年后去世。皮普斯对他的无能感到绝望,但喜欢他的才智。

玛丽·默瑟，给伊丽莎白做了两年女伴，很受皮普斯的喜爱，一直是家庭朋友。

贝蒂·米歇尔，威斯敏斯特大厅摊主的女儿，卖酒商的妻子；受到皮普斯的热烈追求。

丹尼尔·米尔斯，哈特街圣奥拉夫教堂的牧师，皮普斯和海军办公室的其他成员在那里拜神；不太讨皮普斯喜欢，但在伊丽莎白临终前上门探视她，并在皮普斯被指控信奉天主教时为他提供了定期礼拜的证明。

约翰·弥尔顿，诗人；和皮普斯一样，在圣保罗学校和剑桥大学接受教育；共和国官员，为处死查理一世辩护；一六六〇年免除一死，但此后被视为"邪恶的造反者"。玛丽·斯金纳的哥哥丹尼尔曾担任他的文书助手。

乔治·蒙克，阿尔比马尔公爵，曾为查理一世和克伦威尔服务，成为复辟的主要功臣。皮普斯不喜欢他，而他也批评海军办公室。

爱德华·蒙塔古，后来成为桑威奇伯爵；西德尼·蒙塔古爵士和妻子保利娜的儿子，保利娜父姓皮普斯，是塔尔博特·皮普斯的妹妹，也是皮普斯的姑祖母；是皮普斯生命中的关键人物，他的恩主、赞助人。蒙塔古与他的保王党父亲决裂，支持克伦威尔，为其效力，担任过上校、海军将军，并担任过许多国家公职，拥有一个贵族头衔。他对克伦威尔死后的无政府状态感到失望，促成复辟，被查理二世封为桑威奇伯爵一世。

蒙塔古的妻子杰迈玛出生在议会党和清教徒的克鲁家族；她永远是皮普斯的"我的夫人"，受到他的尊重和爱。他们的十个孩子皮普斯都认识，分别是杰迈玛（杰姆）、爱德华（内德）、保利娜、西德尼、安妮、双胞胎奥利弗和约翰、查尔斯、凯瑟琳和詹姆斯——最后五个孩子的名字正好显示出蒙塔古不断变化的政治生涯。

莫当特夫人(贝蒂),“年轻,颇为富有,心地善良”,亲戚,在十七世 xxviii
纪七十年代与皮普斯过从甚密;还有她的妹妹斯图尔特太太。

塞萨雷·莫雷利,音乐家、语言学家,意大利天主教徒,被皮普斯雇用为他的家庭乐师。

塞缪尔·莫兰,后来的塞缪尔爵士,皮普斯在剑桥大学的导师,共和国时期的特使和情报专家,在复辟前投靠了查理。数学家,水力泵机的发明者;一直很穷,皮普斯对他评价较低。

克里斯托弗·明格斯爵士,出身贫寒的海军指挥官,与桑威奇敌对,阵亡,皮普斯参加了他的葬礼。

艾萨克·牛顿,后来的艾萨克爵士,包括光学和引力在内的许多领域的伟大科学家,写了《数学原理》,由皇家学会出版,当时皮普斯是会长。皮普斯就基督医院任命数学老师一事向他咨询。

塞缪尔·牛顿,由艾萨克·牛顿(非亲属)推荐的基督医院的数学老师;向皮普斯抱怨将男孩送去当水手的制度,说孩子太小。

泰特斯·奥茨,卑鄙但能干的恶棍,天主教阴谋的责任人;被沙夫茨伯里利用实现自己的政治目的。

詹姆斯·皮尔斯,海军外科医生,职业生涯始于共和国时期,在蒙塔古手下。一六六〇年后受雇于宫廷,是皮普斯的主要八卦来源。他和妻子伊丽莎白是皮普斯的亲密朋友。

威廉·佩恩爵士,皮普斯的眼中钉,另一位由威廉·巴滕爵士训练的西南部船长,曾在克伦威尔的英荷战争中服役,但与查理二世讲和,并于一六六〇年被任命为海军处成员。他的儿子是小威廉·佩恩,贵格会教徒、宾夕法尼亚殖民地的创建人;詹姆斯二世时期他成为皮普斯的朋友,詹姆斯二世为了自己的政治目的提拔佩恩。

约翰·皮普斯,皮普斯的父亲。伦敦裁缝,在舰队街附近的索尔兹伯里院居住和工作,与玛格丽特·凯特结婚;他们的十一个孩子中有四个活到了成年，皮普斯是最大的。其他三个孩子是汤姆，一个没有热情、失败的裁缝，约翰，追随皮普斯到圣保罗学校和剑桥大学读书，还有保利娜——帕尔——皮普斯不喜欢她，嫁给了农民约翰·杰克逊，有两个儿子活到了成年。

xxix 阿什特德和索尔兹伯里院的约翰·皮普斯，其父和皮普斯的父亲有同一个高祖父[①]，为伟大的法学家爱德华·科克工作而发迹；皮普斯小时候是他的朋友。他的女儿简也是皮普斯的好朋友，嫁给了律师约翰·特纳，是“西”（西奥菲拉）的母亲。

理查德·皮普斯，皮普斯父亲的堂兄，克伦威尔时期任爱尔兰首席法官，也是“理查德族兄”的父亲，后者在去了美洲十四年后，于一六六〇年遇见了皮普斯。

罗伯特·皮普斯，皮普斯的父亲的哥哥，亨廷登郡欣庆布鲁克庄园的管家，拥有一座房子，仍然矗立在布兰普顿。

剑桥皮普斯家族四代人。塔尔博特，律师、议会议员，皮普斯的叔祖；他的儿子罗杰，也是律师，皮普斯的朋友；罗杰的女儿巴巴拉（“巴布斯”）嫁给了托马斯·盖尔博士，他是学者、圣保罗学校校长，也是皮普斯晚年的密友；他们的儿子中，罗杰和塞缪尔（皮普斯的教子）成为文物学家。

佩特家族，几代人都是造船商领军者。皮普斯最熟悉的是彼得·佩特，他为共和国和查理二世建造船只，荷兰人进攻梅德韦时成了替罪羊。他退休后住在他的查塔姆别墅里，伊夫林说，这个别墅就像“罗马周边的某个别墅”。

威廉·佩蒂爵士，医生、经济学家、统计学家、社会理论家，皇家学会的创始成员；是个了不起的人，深受皮普斯敬仰。

吉尔伯特·皮克林爵士，北安普顿郡地主，爱德华·蒙塔古的姐姐

---

① 此处与家谱不一致，家谱显示他本人和皮普斯的父亲有同一个高祖父。

伊丽莎白的丈夫，克伦威尔的内务总管，在蒙塔古干预下，在复辟时期得以赦免罪行；德莱顿的亲戚；女儿伊丽莎白嫁给了约翰·克里德。

托马斯·波维，财务署官员的儿子，富有而好客，共和国时期是贸易和殖民事业的推动者；复辟时期担任约克公爵家的财务主管。皮普斯通过丹吉尔委员会认识了他。

约翰·拉德克利夫医生，皮普斯和玛丽·斯金纳晚年的医生。

鲁珀特王子，查理二世的表兄，勇敢而能干的士兵及海军指挥官。皮普斯对他怀有敌意，特别是在鲁珀特和阿尔比马尔指责英荷战争期间 xxx
舰队的供给效率低下时。鲁珀特反对皮普斯要求海军上尉必须参加考试的改革。

巴尔塔萨·德·圣米歇尔，伊丽莎白的哥哥，长期依赖皮普斯的赞助和施舍；结过两次婚，第一任妻子埃丝特在生第八个孩子时死亡。

伊丽莎白·德·圣米歇尔，父亲是法国人，母亲是英国人；在巴黎接受部分教育；十四岁时嫁给了皮普斯。

桑威奇伯爵，见爱德华·蒙塔古。

约翰·斯科特，上校，在美洲、英国和欧洲大陆从事阴谋活动的骗子。声称拥有一座名为摩纳蒙的城堡。被白金汉收买，诬告皮普斯叛国以陷害他。

查尔斯·塞德利爵士，诗人、剧作家，皮普斯欣赏并羡慕他的才智；据说是尼普太太的情人。

托马斯·沙德韦尔，剧作家，皮普斯、塞德利和德莱顿的朋友。皮普斯是他儿子约翰的教父，约翰当了医生，并在皮普斯最后一次生病时上门诊治。

沙夫茨伯里伯爵，见安东尼·阿什利·库珀。

亨利·希尔斯，后来的亨利爵士，修筑丹吉尔防波堤的工程师，伊丽莎白对他情有独钟；成为皮普斯的终身朋友；詹姆斯二世党人。

理查德·舍温，共和国时期官员，签署了皮普斯的民事结婚证书。皮普斯说他在复辟后沦落到当文书。

玛丽·斯金纳，伦敦城商人的女儿，但在哈特菲尔德由她的姨妈伊丽莎白·博特勒夫人抚养长大；在伊丽莎白·皮普斯死后成为皮普斯的情妇，并一直陪伴他直到他生命的最后一刻，他的朋友和她的家人认为她是他的配偶。

斯金纳家族，伦敦城商人丹尼尔·斯金纳和他的妻子弗朗西丝（父姓科比特），与皮普斯在同一个教堂做礼拜；在他的子女中，丹尼尔是弥尔顿的文书助手，在事业上寻求过皮普斯的帮助；其他儿子包括彼得和科比特也是如此；关于女儿玛丽，见上文。

汉斯·斯隆，后来的汉斯爵士，曾为皮普斯诊治并为他验尸的医生。

xxxi 托马斯·史密斯博士，科顿图书馆管理员，拒绝宣誓效忠者，同情詹姆斯二世党人；皮普斯晚年的朋友和通信者。

南安普顿伯爵，见托马斯·赖奥思利。

罗伯特·索思韦尔爵士，议会议员，外交官，皇家学会主席，皮普斯的朋友和通信者。

弗朗西丝·斯图亚特，里士满公爵夫人，皮普斯欣赏的宫廷美人。

威尔·西蒙斯，政府职员，皮普斯早期“凑钱聚餐”的朋友。

弗朗西丝·图克，可能是约翰·图克的女儿或侄女，他被皮普斯任命为船舶业务代理人；“一个漂亮的孩子”，在她母亲的默许下被皮普斯性虐待。

托林顿伯爵，见阿瑟·赫伯特。

约翰·特纳，约克郡律师，与皮普斯关系好的族姐简的丈夫。

安东尼奥·韦里奥，在英国很受欢迎的意大利画家，受雇于皮普斯为基督公学绘制壁画，壁画中的皮普斯位列赞助人之间。

巴巴拉·维利尔斯，卡斯尔曼伯爵夫人，后来成为克利夫兰公爵夫人,多年来一直是查理二世最重要的情妇,因其美貌和擅长性爱技巧而受到皮普斯的欣赏。

乔治·维利尔斯,白金汉公爵二世,查理一世宠臣之子,与未来的查理二世一起长大;富有,聪明,英俊,无责任感,卑鄙。与沙夫茨伯里合伙出钱让约翰·斯科特诬告皮普斯叛国。

瓦因斯家族,住在新宫场,父亲克里斯托弗为财务署工作,儿子乔治和迪克与年轻的皮普斯一起喝酒、打牌、吹拉弹唱。

约翰·沃利斯博士,数学家,皇家学会成员,皮普斯委托内勒为牛津大学绘制了他的肖像。

汉弗莱·万利,才华横溢的青年古文字学家,皮普斯晚年时与之成为朋友。

威廉·沃伦爵士,富有的木材商人,不信奉国教者,成功地向皮普斯争取合同,获得了实际垄断权;后来他的贮木场发生火灾,遭受严重损失。

简·韦尔什,为皮普斯的假发制造商工作,皮普斯曾短暂迷恋她。 xxxii

布尔斯特罗德·怀特洛克,律师、外交官,在服务克伦威尔中表现杰出;获得了国王的赦免;日记作者。

约翰·威尔金斯主教,发明家,皇家学会秘书,对世界语感兴趣,预言了太空旅行,皮普斯钦佩他。

德博拉·威利特,伊丽莎白的女仆兼同伴,皮普斯爱上了她。

约瑟夫·威廉森爵士,皮普斯同时代的熟人,有着类似的职业曲线,但更加成功:奖学金、公共服务、议会议员、宫廷宠臣、皇家学会会长,晚婚,结了好亲,经历了一六八八年革命,像对待之前的统治者一样热心地服务于威廉三世。

托马斯·赖奥思利,南安普顿伯爵四世,司库,莎士比亚的恩主的儿子,皮普斯因为海军处和丹吉尔委员会结识他。

约克公爵,见约克公爵詹姆斯。

序　言

一月的清晨，七点，伦敦的天空渐渐亮了，卧室里丈夫和妻子突然拌 xxxiii
起嘴来。头天晚上他们去戏院看戏，散场后等了近一个小时马车才来。等他们终于到家，丈夫却没有上床休息，执意回办公室工作——穿过庭院就是办公室。因此虽然在工作日他通常第一个睡醒起床，今天却特殊，他睡起懒觉来了，或者说他希望睡个懒觉。但他被怒气汹汹、泪水涟涟的妻子吵醒了。

躺在床上半睡半醒着，他开始听明白了妻子在说什么。起初是东拉西扯地抱怨一个他们最近刚打发走的女仆，说她到处八卦说女主人拿丈夫的钱贴补娘家。他不想就此争论，狡猾地安抚她，他们似乎和好如初了。然而就在此时她吐露了真正的委屈，结果却是一桩完全不同的事，并且更难应付。她说真正让她苦恼的是她感到孤独。她提醒他，她饱尝孤独之苦，两个月前就曾经写过一封信交给他，倾诉不幸。但是他当时拒绝读信，甚至看都没看一眼她精心结撰的词句就把信付之一炬。[1]

现在她告诉他她还留了副本——这一定是她从他一丝不苟的机关

办公习惯中学到的——她把女仆简叫进卧室，把她箱子的钥匙给简，让简把锁在里面的一捆文件拿过来。简早已旁观过许多戏码，对夫妇二人都很了解，她把纸递过去，小心翼翼地离开房间。伊丽莎白·皮普斯开始对着丈夫大声读信。这场戏在皮普斯日记的这一页中呈现在我们面前：这天是一六六三年一月九日，星期五。

妻子的信让皮普斯印象深刻，他开始担心信会落到其他人手里。信是“用英语写的，内容刺激，大部分属实”，并且可能会对他不利——他
xxxiv 特别强调是用英语写的，因为她用法语写也一样容易。他让她把信撕了，她没有动静，他于是命令她撕信，她拒绝了。他从她手里把这封信连同她的整捆私人文件抢了过来。然后他穿着长睡衣下了床，床旁边是他的裤子，他把文件都塞进了他的裤子的大口袋里。她几次上来要夺回自己的东西，他一边护着东西不被她抢走，一边挣扎着钻进裤子里，穿上长袜和长袍。他才穿了一半衣服就开始撕文件，她则在一旁哭泣，求他把文件还给她。到目前为止她比他们刚开始谈话时更痛苦了，而他则陷入愤怒。他怒不可遏，甚至把他写给她的情书也撕了，之后又撕了他写的遗嘱的副本，在遗嘱里他把所有财产都留给了她。

然而他内心的某个角落一直很平静，他注意到某些文件，并把它们放到一旁。其中有一张债券和他们的结婚证：金钱和法律必须得到尊重。他也没撕掉他写给她的第一封信。当他觉得他已经把自己的态度表达得足够清楚之后，他把已经撕毁的和幸免于难的所有文件，统统带回自己的房间，考虑是否该把它们烧掉。他把撕碎的遗嘱、她写给他的那封引发事端的信以及完好无损的文件搁到一边，其他文件都付之一炬。之后他穿好衣服，出门去办公室，“心情混乱不安”。

我们能知晓这一切都得益于他本人的描述。他写下这些的时候，把自身从表演这场戏的自我中分离出来。他观看自己就像观看伊丽莎白或者简一样，也和他前一天晚上在剧场里观看演员和观众没有分别。他

矛盾的情绪——愤怒、不悦、对她的同情和对她行为正当性的认可——让他的描述像戏剧或一个小说场景一样引人入胜。

这是生活，但当他把它写下来时，就变成了艺术；这是天才日记作家的艺术，他没有选择让自己扮演一个好人。在他后来的职业生涯中，皮普斯有时会极力维护自己的尊严，但在他自己的日记中，他丢掉了我们都愿意在卧室争吵中要求自己保持的庄严。他挣扎着钻进裤子里，他表现得既不公又残忍，除了愤怒和恐惧指摘，他没有为自己的行为提供任何理由。这就是他的所见所感，他将其转化成了文字。

他们在晚上言归于好，但早晨的一幕成了婚姻中一个痛苦的里程 xxxv
碑。对夫妻双方来讲，书面文字都很重要。两人都能阅读，销毁他们爱情及其历史的书面证据是一种象征性的行为。这段从未平静过的婚姻，此后变得越来越风暴难平。从长远来看，即使是伊丽莎白那封信的残片也没能保存下来，在他保存的大量文件中，我们连一行她写的字也看不到。对此负有责任的倒可能是皮普斯的后人，而不是他本人；无论如何，如果他本人通过销毁她的怨言并只留下他的版本来控制历史，那么他的版本也确实是她很可能会接受的准确而公平的版本。

十七世纪的其他日记写的多是精神生活、政治事件，或旅游观光记录。的确有些日记提供了一些家庭生活的细节，但写到婚姻纠纷时也都小心翼翼。皮普斯，作为政府里一个忙碌的行政官员，记录下他的工作与交游，甚至他读的书、看的戏，这或许并不奇怪。不同寻常的是，他进入了其他人都不考虑记录的领域，用观察外部世界的好奇心来审视自己，把自己和外界放在天平两端称量。有时他在日记中描述他个人的境况时把自己从中分裂出来：“看到自己心情愉快地去工作，我感到非常高兴”，他在一六六六年三月的第一天这样写道，而他刚刚还为二月的最后一个晚上与一个女人鬼混而感到罪过。他不顾廉耻的自我观察堪称科学研究。从日常工作、职场斗争、道德挣扎到排便、射精，他行为的方方面面几乎都有阐述。他知道如何模塑材料，哪里该盘旋逗留，哪里该直接引述，哪里该匆匆带过。他还有一个独特之处，那就是稳定专注，能够规律地写作，同时又生性浪漫、激烈，几乎让每一天都成为精神和感官的冒险。他以科学家的眼睛和专注力以及艺术家的画笔，用他整洁的速记，永远捕捉住了那个寒冷的仲冬早晨、伦敦城市中心川流巷的卧室里的那一幕。

他记录的远不止这些。他写日记的那段时间，英国经历了几次国家
xxxvi 灾难：一六六五年大瘟疫，一六六六年伦敦大火，一六六七年荷兰突袭梅德韦，他的日记因为记录了这些灾难而最广为人知。历史学家把对上述事件和其他公共事件的记录当作史料，小学生们也乐于阅读它们，因为他有记者般训练有素的眼睛，对这些事件的观察和对他私人经历的观察一样敏锐。他写这类报道的意义比乍一看要重要得多，因为查理二世政府实行出版审查，确保这一时期除了一份由政府控制的信息报《伦敦宪报》外，没有其他报纸发行。这意味着没有对公共事件的正确记录得以保存，甚至议会辩论也不允许报道。皮普斯在履行一项独特的公共职能。他成长于十七世纪四五十年代，当时没有出版审查，小册子和报纸的出现速度很快，有时一天多达三本，使公众比以往任何时候都更了解国情民意。他被这样的文化塑造，这种文化相信文字的力量。他在圣保罗学校和剑桥大学读书期间都沐浴在这一文化当中，并目睹了他在这两所学校的前辈约翰·弥尔顿如何赞许其为民族力量的象征。一六五五年克伦威尔再次实行出版审查之后，皮普斯开始为表叔兼赞助人爱德华·蒙塔古撰写私人通讯，让他了解伦敦的新闻。那些信件只有少数幸存，却足以证明他作为新闻记者的能力。从撰写时事通讯起，自然而然地便开始自己记录重大事件。日记既对查理二世在下议院的表现进行了冷静的评论，也对伦敦及其市民进行了全景式的描述——政治动荡，工作和娱乐，节庆和战争，以及忍受疾病、死亡和破坏。

皮普斯不仅是一名日记作家，而且被认为是英国历史上最重要的海军管理者之一。他攀升到显赫的社会地位，拥有权力，并为他在组织、规范和发展海军方面的工作感到自豪，也为坚持投入适当资金造船的主张而自豪。那些最钦佩海军管理者皮普斯的人有时对日记抱有矛盾心态。研究皮普斯的大学者 J. R. 坦纳写道："在日记中的某些时刻，我们可以看到伟大的官员趋向成熟，但整体来讲，一个人私密的自我表露似乎与官员的生活相去甚远。这两种特点结合在一起令人震惊，而那些只把皮 xxxvii
普斯视为'十七世纪日记作家中最有趣、最会写的人'——仅仅是个逗趣的文学表演者——对他取得的伟大职业成就一点都不公正。"[2] 坦纳非常谨慎，不去赞同皮普斯是"纯粹的文学表演者"的观点，但他确实把日记描述为"他年轻时的轻率行为"，他的评论背后隐藏着对"伟大职业成就"的关注偏向，以及一个其他人也共有的假设，即官员生活和私人经历确实彼此相隔甚远。

事实是，日记准确地表明了二者是多么密不可分又相互依存。无论是对他工作生活的叙述，还是他报道中的精彩片段，都无疑告诉我们这个事实。皮普斯让我们知道，我们每个人都生活在不断变动的环境中，即使在我们最忙于公务的时候，我们也会被内心的潮汐和天气的突变所改变、驱动，有时甚至被控制。委员会会议、办公室生活以及与同事之间的关系，都展现于他们的激烈竞争、嫉妒、恐惧、傲慢、诽谤和失望之中。这很具娱乐性，同时提供了对行政程序如何运作的真正洞察，不仅适用于三百年前，还足以适用于当今时代。我毫不怀疑，如果他能用同样坦率的态度持续写日记，记录下他担任海军秘书长的那几年，我们应该能够受益更多。

但事实并非如此，他的文学天赋只限于写日记和非官方信件。当他在朋友约翰·伊夫林的积极鼓励下开始撰写海军史时，他的天才却离他而去。他在一六九〇年出版的单卷本《英国皇家海军状况回忆录》是一本奇书，只有海军历史学家才对其感兴趣，即便是他们对其价值也有争议。[3]他一定对此感到不快，因为他为撰写更多的海军史而收集的大量资料仍以笔记的形式存在，这表明，他一旦尝试做历史学家，就明白自己并不精于此道。他知道，作为一名公务员，他的工作重担已经阻碍了他变得更像学者和作家，阻碍了他所谓的“自由天才”的发展，他有时也为此感到遗憾。[4]

一个不太成功的职业生涯可能会给我们带来更多的日记，这种想法
xxxviii 很有诱惑力。他放弃的理由是害怕自己的视力正在衰退；然而他的眼睛
虽然令他困扰，却一直为他服务，直到生命的尽头。他为什么不重新写日记呢？可能是一六六九年年底他的处境突然发生了变化，仿佛在他生命的某一部分下画出了一条线，使他决定不去恢复写日记。也有可能，和其他一些作家一样，他知道永远无法达到自己已经写过的作品的水准，所以决定就此封笔。后来，他确实写了两本简短的日记，一本是一六八〇年头几个月里隔三岔五的日常记录，另一本写于一六八三年秋天，被称为“丹吉尔日记”。[5]它们很有用，内容丰富，但没有第一部日记的任何特点。缺少了某种本质性的东西——某种使他产生出珍珠的砂砾。在这本伟大的日记里，至少有两种类型的砂砾在起作用。一种是他决心证明自己的价值，展现自己的能力，表明自己几乎比他的所有上级都更有天赋和能力胜任一个职位。另一种砂砾是伊丽莎白，他在感情上和想象上都与她绑定在一起。他与“我的妻子”朝夕相对，而又写下了对她保密的东西，二者之间的张力显而易见；她在或不在，挑衅与愤怒，一次又一次地触动了他最深的自我。日记的存在离不开他对自己和伊丽莎白密不可分的感觉。

然而，日记让我们从他的身体里体验世界，尽管有着庞大的、莎士比亚式的演员表，它本质上始终是一部以他自己为中心的狂想曲。这是支配整部作品的力量。无论与他人的关系如何紧张，他始终喜爱自己的本

性，而每天的冒险故事必须围绕着那个被崇拜的，尽管经常不自在的自我展开。当他行为过激时，他的喜剧天赋使我们轻易就与他合谋，甚至当我们在他旁边内疚得流汗时，也很难不发笑。我们既震惊又同情，分享了他的财务丑闻和性闹剧，把生活中僵化的应该和不应该颠倒了几个小时。

政治家托尼·本说过，他写日记是为了将每件事体验三遍，一次是在现实生活中，一次是写下来的时候，还有一次是后来把写下来的东西读一遍。这是一个很好的解释，此外还有一个更深远的原因，那就是把自己呈现给后代。无论皮普斯在一六六〇年一月一日开始记日记时是否知道他正在着手一个独特的项目，他一定很快就发现自己已经这样做 xxxix
了。然而，只有他意识到了这一点，直到他死的那刻，都只有他知道这一点。他以一种完全不同的方式为世人所知，他是海军管理者，是公卿学士的朋友和同事，是经营慈善基金会的要人，是富人，是仁者。记日记的人，他年轻时的自己，职业生涯刚刚起步，日记的一个基本原则是他不给自己留有丝毫尊严。等他年岁渐长，备受尊崇也值得尊崇的时候，他不得不作出决定是销毁还是保存这六卷日记。令人庆幸的是，他不仅选择了保存它们，而且将其遗赠于人，受到保护，从而使它们日后能够被后代发现和阅读。“他的生命的伟大是显而易见的，但他也渴望表达它的渺小。”[6]皮普斯最伟大的地方就是在写了日记之后，决定保存它们。这样一个人如何养成，如何成长，他在什么情况下开始写日记，这是本书第一部分的主题。

注释

［1］在一六六二年十一月十三日的日记中，皮普斯写到他不想读信，想要“当着她的面”烧了信，但并没有写他确实把信烧了。

［2］J. R. 坦纳，《塞缪尔·皮普斯与皇家海军》，发表于一九二〇年的一

系列演讲。坦纳生活在一八六〇至一九三一年间，生命中的大部分时间都致力于研究皮普斯，撰写有关他的文章。

[3] 参见第二十五章。

[4] 一六六一年十一月三日的日记中写道，某个星期天，他用来读书并试图"写一首歌赞颂适于学习和娱乐的自由天才（我认为自己就是）"。"这首歌"本可能成为一首诗，"但没找到写诗的感觉，我只得作罢，也就没有继续下去"。

[5] 一六八〇年日记的残稿，用普通书写写成，在《摩纳蒙》手稿中找到，保存于皮普斯图书馆，从未付梓；见第二十二章。《丹吉尔日记》用速记写成，首印版本有不少错误，应该阅读海军档案协会（Navy Records Society）于一九三五年出版的埃德温·查普尔（Edwin Chappell）版；见第二十三章。

[6] 罗伯特·路易斯·史蒂文森题为《塞缪尔·皮普斯》的散文，首次发表于一八八一年七月号的《康希尔》（*Cornhill*）杂志。（页 36）

第一部分　1633-1660

第一章　中选之子

他生在伦敦，就在舰队街一侧的索尔兹伯里院的一家店铺的楼上。父亲约翰·皮普斯在那儿经营着一家裁缝店，附近有很多家裁缝店，都在为住在这里的律师做衣服。这所房子就在圣新娘教区教堂的后面，家里所有的婴儿都在那儿受洗，其中两个已经埋进了教堂墓地；皮普斯长大成人后，仍然会想起，少年时代居住的房子外面的土地下躺着“我的兄弟姐妹们”。[1]索尔兹伯里院是一片露天空地，周围盖了各式各样的房子，既有约翰·皮普斯家那样的小房子，也有主教和大使们曾经住过的带花园的宅邸。进来要穿过狭窄的巷子，一条是从舰队街拐进来，在鞋巷的对面，另一条是在西南角，通向水巷，然后一直通到五十码下的泰晤士河和河岸台阶。[2]河上朝南的斜坡是宜居之所；自罗马时代起，人们就在此定居，一六三三年皮普斯出生时，一座基督教堂已经在这里矗立了至少五百年。[3]东侧的街区是舰队河，旁边耸立着布莱德维尔的粉红色堞墙。布莱德维尔原本是亨利八世建造的宫殿，后来凋败成了一座关押流浪汉、无家可归的儿童和妓女的看守所，当地人称他们为“布莱德维尔鸟”。一座人行桥横跨舰队河，从舰队街通向路德门山。从圣新娘教堂可以眺望深深的山谷——比现在深得多——两侧迷宫般的里弄街道上挤满了房子，一直能望见位于山上、俯瞰伦敦城的旧圣保罗大教堂。

这里是伦敦城最西端，也是皮普斯的第一个游乐场。伦敦以世界上人口最多的城市自矜，大约有十三万居民，而全国人口只有大约五百万。[4]如果从索尔兹伯里院沿着舰队街往西走，会来到圣殿律师们的花园，那里有树林、对称的花圃和甬路，再沿着斯特兰德大街往西走就出城了，通向白厅和威斯敏斯特。东边坐落着唯一的一座桥——伦敦桥，
4 它几乎和圣新娘教堂一样古老，有十九个桥拱，桥上的尖柱上面钉着叛徒的头颅。再往东就是伦敦塔。泰晤士河没有堤防，非常宽阔，落潮时露出倾斜的河岸，是孩子们玩探险游戏的好地方；贵族们的豪宅沿河排布，每栋都有自己的水门。在伦敦最快的出行方式是乘船。

皮普斯的家以店面和裁缝室为中心，裁缝室里有若干架子、凳子、抽屉、一张裁缝桌和一面试衣镜。房子后部的厨房通向院子，地窖里有洗碗盆和投煤口，还带个禁闭室，可以把不守规矩的孩子或女仆关起来。房子后面有楼梯可以上到起居室。木质结构，又高又窄，正面向前凸出一块延伸到街道上方，紧贴着邻居的房子，陡斜的屋顶下有个阁楼：这就是伦敦普通住宅的样式。二层的客厅兼作餐厅。再上一层有两间卧室，每间都附带一个小隔间或书房，还有一张高床，挂着红色或紫色的帷幔。皮普斯出生在其中一间卧室里，并在那儿度过了最初的几个星期。大一点的孩子、女仆和学徒们都睡在四层——皮普斯提到过"四层楼的小房间"——或者阁楼里，或者睡在大多数房间（包括商店和客厅）里都有的带脚轮的矮床上；有时他们为了暖和就睡在楼下的厨房里。[5]

某间卧室里有一架维金纳琴（virginals），是那个时期的简洁的箱式拨弦古钢琴。约翰·皮普斯懂音乐：他会拉低音提琴，而他的大女儿，六岁的玛丽，在萨姆出生时就已经开始学弹琴了。唱歌和乐器——低音提琴、小提琴、鲁特琴、维金纳琴、法拉六列特笛（装有舌簧的八孔直笛的减配版）——是家庭生活中必不可少的部分，音乐成为孩子的挚爱。[6]在萨姆出生的头一年里，音乐不仅在家中，确切地说是在空中飘扬

了好几个月。乐声来自索尔兹伯里院的一所大房子里，住在里面的野心勃勃的年轻律师布尔斯特罗德·怀特洛克正在排演一部假面剧，准备在查理国王和王后御前演出。怀特洛克和爱德华·海德代表中殿律师学院，与其他三所律师学院的成员一起，为庆祝圣烛节（Candlemas），计划在白厅的宫廷面前上演一部大型假面剧。怀特洛克因粗通作曲，负责音 5
乐部分。他召集了一大群歌手，其中一些来自王后礼拜堂，并“让他们在索尔兹伯里院他的家里练习……有时除了其他乐器和人声以外，还有四十架鲁特琴一起合奏（唱）”。那声音一定大得可怕。演出当天，一六三四年二月二日，也是皮普斯一岁生日的三个星期之前，假面剧演员们身穿银色、深红色和蓝色的戏服，有些人骑着披银布、用羽毛装饰的马，有些人手持火把，沿着霍尔本和法庭巷游行，穿过圣殿关到查令十字街，然后到达国宴厅。伊尼戈·琼斯是舞台设计，诗人托马斯·卡鲁撰写歌词。[7]演出大获成功，亨丽埃塔·玛丽亚王后甚至请他们在伦敦城的裁缝公会会所再演一场。他们谨遵懿旨，并为“国王和王后陛下以及市民们，尤其是年轻人带来了极大的满足”。[8]想象婴儿皮普斯被高高地举起来，和众多兴奋的伦敦人一起，听着音乐，看着年轻律师们的精彩表演，享受着节日的欢乐，可能会有过度推演之嫌，但音乐、戏剧、庆典、游行、仪式和华服确实是他毕生的喜好。

裁缝的家人很可能穿得漂亮。楼上有一面穿衣镜，孩子们可以对着镜子模仿下面的顾客，也可以用布头儿把自己装点得漂漂亮亮的。但是在伦敦，无论锦衣华服还是布衣短褐，都很难保持干净。家家户户都在壁炉和炉灶里烧着通过海运从纽卡斯尔运来的煤。酿啤酒的、染布的、托特纳姆宫路上造砖的，以及随处可见的煮肥皂的和煮盐的，也都烧着煤。烟囱里冒出来的烟使空气变黑，给所有表面都盖上了一层黑煤烟。有时从埃普瑟姆高地可以看到有半英里高、二十英里宽的烟云笼罩在城市的上空。伦敦人吐的痰都是黑的。[9]壁毯、画、衣服像秋天的树叶一样变成了黄褐色；入冬时为防寒缝上的汗衫，开春时已经成了泥巴色。头发只能自求多福了；约翰·伊夫林在一六五三年八月的日记中特别提到，他将进行一次“年度洗发”。每家每户都有自己的臭味儿，这是由父亲、母亲、孩子、学徒、女仆和宠物共同贡献的。头发、身体、汗液及其他
6 排泄物、床单被褥、饭菜、随处放着的食物，每月一次的洗涤前堆积起来的各种脏衣服，有待倾倒进院子里或者街上的夜壶，一起发出浓郁的混杂气味。家，意味着每个人都呼吸着熟悉的臭味。一个家的气味可能会让一个新来的女仆感到生疏，但她自己很快就会和这气味融为一体。皮普斯写到他的“家人”时，他的意思不是指血缘关系，而是每个住在他家里的人——拉丁语的 *familia* 就有这个意思——我们对此的理解是，同住一个屋檐下，自然臭味相同。

他母亲婚前曾在大户人家当过洗衣工，是个处理脏衣服的行家里手。这段经历对婚后十四年生了十一个孩子的人来说是个不错的准备；孩子们接二连三出生，她不是在怀孕就是在哺乳，每个孩子都在为每月的洗涤日贡献衣物。塞缪尔是她的第五个孩子，比约翰小了不到一岁。比他大的保利娜和埃丝特在他出生之前就夭折了，但到他五岁的时候，又有四个孩子出生，托马斯、萨拉、雅各布和罗伯特，其中只有汤姆活到了成年。上帝创造的世界效率低下，让人伤心。一六三六年一位医生撰文遗憾地说，人类不能像树木一样，无须进行“单调而粗鲁的性交”，就能繁衍后代。[10]这位医生是托马斯·布朗爵士。布朗本可以就其对健康和幸福的损害再加一句表示遗憾的话，但他非但没有，反而频繁克服他对这种单调行为的厌恶，竟让妻子生下了十二个孩子。皮普斯小时候他母亲一定总是又忙又累，不是心烦意乱，就是为他夭折的兄弟姐妹伤心难过：很快她就身心俱疲，形神俱损了。

皮普斯的生日是二月二十三日，由圣新娘教堂的牧师詹姆斯·帕尔默施洗，洗礼记录上写着一六三二年或一六三三年三月三日，“塞缪尔，

约翰·皮普斯的儿子,妻子玛格丽特”。[11]同年十月,王后在城市另一端的圣詹姆斯宫生下了第二个儿子詹姆斯。受洗后,他受封为约克公爵。有专人受雇为他摇摇篮;尽管在当时看来难以想象,但他注定要成为萨姆·皮普斯的亲密伙伴。另一个成年后将影响萨姆生活的男孩,安东尼·阿什利·库珀,一六三一至一六三五年间也住在舰队街附近,他在三鹤院。[12]萨姆的弟弟汤姆出生于一六三四年夏天,约翰、萨姆和汤姆
这三个皮普斯家男孩年龄相仿,第二年夏天妹妹萨拉出生。周围其他裁 7
缝家也有孩子出生,成了他们的玩伴。同住在索尔兹伯里院的坎伯兰家有三个男孩,理查德和他的弟弟威廉和约翰;理查德和皮普斯一起上学,后来进了大学,当了主教。另一个裁缝,住在圣新娘教堂墓地的拉塞尔(Russell),是单身学者、诗人兼教师约翰·弥尔顿的房东,弥尔顿和八岁的侄子约翰尼(Johnny)住在一起,那时皮普斯六岁。有一位杰出的老师近在咫尺,但没有迹象表明裁缝的儿子们曾受教于他。[13]

谁是皮普斯家小孩的老师呢?博学有闲的约翰·伊夫林在长子两岁的时候就教他读写,而十四岁就离开家乡剑桥郡到伦敦当学徒的约翰·皮普斯勉强不算是睁眼瞎,也没有任何证据证明他老婆会写字。这一时期的家长手册建议父母在孩子上学之前就应该在家里开始教育,方法是在进餐时或围坐壁炉边时和孩子一起玩耍;但是约翰和玛格丽特·皮普斯不太可能读过这些手册。[14]接二连三出生的婴儿,加上学徒,肯定已经把家里弄得乱糟糟,但凡能腾出来的精力也都留给了音乐。萨姆对早教只字未提。他的回忆有男孩们在后院玩的游戏;被他父亲的一个工人带到一个圣殿律师学院会所,看学法律的学生们在圣诞节掷骰子赌博;还有“巡勘教区边界”这样的街头活动,教区的孩子们手拿扫帚,由巡警和教堂监察带领着列队游行,邻居们从窗内往他们身上泼水,他们还被开玩笑地追打,最后得到面包、奶酪和一杯饮料作为奖励——整个古老的仪式旨在让他们牢记自家教区的边界。[15]

当时的儿童礼仪书籍让我们了解了儿童在家里应如何行事。有关于如何为家庭晚餐布置餐桌的建议，包括如何放置餐盘（木盘子）、餐巾纸、盐和面包；玻璃杯应该放得远离桌边，以免打碎。孩子们不应该把面包撕成“碎块”，而是要用刀切着吃；盐要用刀子取，用勺子舀
8 “汤”不能舀得太满，免得洒到桌布上。懂礼貌的孩子会在饭后主动撤下桌布并折叠整齐，奉上水罐、脸盆和毛巾供父母洗手。[16]皮普斯家没有餐厅，只有客厅里的一张折叠餐桌，所以吃饭很少能上升到如此优雅的地步；但萨姆年长后对餐桌礼仪非常关注，那时候的他几乎无法容忍自己去吃一个双手油腻的女人端来的食物，他对妻子在自己家里宴客也很挑剔。孩子们还被告知要时刻保持衣着得体：

> 不要让你的私密器官
> 　　露在外面让人看
> 这最可耻、最可憎，
> 　　最可恶又最粗鲁。

用四个形容词描述一个小小的私密器官似乎太多了，但孩子们必须认识到它性质罪恶。

一六三九年他六岁时，最亲近的哥哥、七岁的约翰生病去世了。[17]两年后，第二个约翰出生，萨姆从来都不怎么喜欢他，或许因为他太怀念第一个约翰，尽管如此他对兄弟姐妹却有着强烈的责任感。他现在排行老大，成了长子。紧排其后的汤姆并不聪明，虽然也学习写字，但并不比父亲强多少，此外还要努力克服口吃；萨姆总是保护他。[18]玛丽，他的世界里深爱他的人，在十二岁快要成人的时候却没能长大。十三岁那年，也就是一六四〇年的圣诞节，约翰去世一年后，她病死了。第二年，年满五岁的萨拉尾随她进了坟墓，同时去世的还有家里的女仆巴巴拉。只剩

下汤姆陪着萨姆，另外还有两个新生婴儿，即一六四〇年十月玛丽去世前出生的保利娜——也叫小帕尔——和小约翰。

萨姆一定想知道自己的死期，由于身体不太好，这想法更为迫切。中年回首往事时，他写道，自己都不记得早年生活中何时曾豁免于疼痛。他是指肾结石带来的痛楚。情况很糟糕，他甚至经常便血——用他自己的话说就是，“做任何出格的运动”都会产生“血腥的水”。[19]写日记的皮普斯热情洋溢，和他饱受痛苦折磨的童年不相协调。疾病似乎教给了 9
他面对病痛的坚忍——因为没有止痛药——并让他下定决心，只要一息尚存就尽力抓住能到手的一切并尽情享受。这一点后面还能看到，他兴高采烈地面对瘟疫之年，死亡无处不在，他却攫取一切可以享受的东西。安德鲁·马维尔的诗句描写恋人抢夺

……快乐于粗野的争斗中，
穿过生命的铁门

正适合皮普斯，他对生命中快乐的贪求被疼痛和恐惧打磨得更加尖锐。

他的母亲也有肾结石，这是否使她或多或少为他担心，同情他的痛苦，我们不得而知，但为了健康，他不时由汤姆陪着，被送到伦敦郊外，去呼吸新鲜空气。他母亲的妹妹埃伦姨妈在纽因顿绿地当女仆，在附近的小村庄金斯兰为孩子们找了个保姆，村子周围是开阔的田野。他记得她是古迪·劳伦斯，对他不错，有好几个夏天他都搬过去和她同住。他还记得那些体育活动，记得在哈克尼周围的田野里操弓弄箭的乐趣。[20]其他留在记忆里的就是父亲带着全家去伊斯灵顿乡间的国王头颅酒馆作短途旅行，品尝了“蛋糕和艾尔酒”。[21]

蛋糕和艾尔酒可以镇痛半个小时。他还注意到自己的身体似乎比其他人热。他颇为严肃地声称他的体温通常都临近发烧点。无论他说

的正确与否，他都觉得这件事让他与众不同。家庭可能在众多孩子中挑选一个寄托他们的希望，传统上是长子；或者是某个克服阻碍、脱颖而出的孩子。查尔斯·狄更斯的父母把他送到黑鞋油厂做工，他看出他们更喜欢姐姐，于是刻苦自励，用超常的精力工作，以证明自己配得上期许，成了大人物，同时担起责任，一生都在照顾父母和兄弟姐妹。约翰·皮普斯夫妇和约翰·狄更斯夫妇一样，在这个世界上几乎没有地位；让萨姆感到羞耻的一个童年记忆就是被派去给他父亲的位高权重的顾客送衣服。对于一个渴望有所成就并知道自己有能力获得成就的男孩来说，也许这种感觉就像是黑鞋油厂的迷你版。[22]幸运的是，他的能力被注意到了。约翰·皮普斯有显贵亲戚，可以帮助这个顽强又聪明的儿子。

这些亲戚中有来自诺福克的约翰·皮普斯，家境富裕，和蔼可亲，有一妻三子，在索尔兹伯里院有一所房子，在萨里郡的阿什特德还有一座乡间大别墅。这另一个约翰·皮普斯的确混得不错。他曾为当时最伟大的律师和法学作家爱德华·科克爵士担任过机要秘书和代理人。科克生前因反抗国王詹姆斯一世和查理一世被关进伦敦塔，他的文章都被王室查抄了；他是那些信奉普通法和强大议会的人心中的英雄，因为他坚持“国王在上帝和法律之下”。[23]一六三四年科克去世时，诺福克的约翰·皮普斯是他的遗嘱执行人之一，并继续为他的儿子罗伯特工作。罗伯特·科克爵士是西奥菲拉·伯克利夫人的丈夫，他们在埃普瑟姆附近女方家的乡间别墅杜尔丹斯过着豪华的生活。正是在杜尔丹斯，被约翰·皮普斯和他的妻子安妮带到萨里郡的萨姆·皮普斯，蒙科克夫妻选中，在博蒙特和弗莱彻的浪漫喜剧《菲拉斯特，又名，爱神痛心撒谎》的一场私人演出中登台表演。他被安排扮演主角阿瑞图萨（Arithusa）。阿瑞图萨是篡位者的女儿，却被合法继承人菲拉斯特爱慕，而她父亲又打算将她许配他人。菲拉斯特安排自己的侍从贝拉里奥（Bellario）去做她的侍女——而贝拉里奥事实上是个女儿身，在经历了跌宕起伏的情节之后，她仍是孤身一人，而菲拉斯特和阿瑞图萨则终成眷属。这出戏绝妙地混合了浪漫爱情、美妙言辞、迷茫混乱、女扮男装。皮普斯在一六六八年写道："我居然演过一个漂亮女人，那得有多可笑啊。"[24]但是对于一个很可能还不到九岁的小男孩来说，发现自己被选中，受到大家喜爱，受邀在一座豪宅里闪亮登场饰演主角，这是何等的冒险经历。他把台词念得很熟，甚至二十五年后还能几乎一字不差地记得。

杜尔丹斯给他留下了深刻印象，并为他树立了一个标准，那里有对称的花园、喷泉和雕像、露台和延伸到草地的茂密树林、长长的画廊—— 11
由科克夫妇依照古典风格新建，扩建了这座詹姆斯一世时期的宅邸——舒适而迷人的房间，包括一间藏书丰富、精雅的图书室：这个地方令人印象深刻，他反复说"我小时候在那里非常快乐"，"在那里我目睹了如此多的欢乐"。[25]花园和建筑让人赏心悦目，一如西奥菲拉夫人，她能阅读法语、意大利语、拉丁语和希腊语书籍，曾为伊丽莎白公主伴读，并在她和波希米亚国王弗雷德里克的婚礼上充当伴娘。杜尔丹斯把萨姆带进了一个富丽堂皇、风雅享乐的世界，也给了他信心，因为他靠着自身的才华和魅力，先是被他的皮普斯叔叔，接着被罗伯特爵士和西奥菲拉夫人看中。能够阅读并演好一个角色，这让他觉得自己大有可为；他头一次看到，也许自己的野心不应止步于索尔兹伯里院的那间裁缝室。他曾多次访问萨里，直到一六四二年爆发的内战打乱了每个人的生活，《菲拉斯特，又名，爱神痛心撒谎》也不再演出。在记忆中他总是把阿什特德当作"我的快乐老家"。[26]

对他生活的塑造起着至关重要作用的其他几个亲戚都在东英吉利。萨姆在剑桥郡的祖父有个妹妹叫保利娜·皮普斯，她年纪轻轻就成了孤儿，到三十七岁才嫁出去——婚姻虽迟，却很成功。当时她已是中年，财产不超过两百英镑，却能嫁给杰出的贵族家庭的显贵幼子西德尼·蒙塔古爵士，这表明她是个了不起的女人，明智地钓到了金龟婿。他在剑桥大学和中殿律师学院接受教育，在伊丽莎白女王时代担任过国会议员；一个哥哥是伯爵，另一个是主教。一六一八年保利娜结婚，使她的侄子与一群贵人沾亲带故了。她的荣耀在索尔兹伯里院得到了承认，萨姆的两个姐妹就随了她的名字。蒙塔古夫妇生下一女一儿，但男孩三岁时在护城河旁玩耍，掉进水里淹死了。父母非常悲伤，一六二五年，第三个孩子也是最后一个孩子，爱德华出生了。经受过丧子之痛的父母只能从新生儿身上寻求安慰。他们带着小爱德华搬到了亨廷登郊外的一所大房子欣庆布鲁克。

欣庆布鲁克原是一座修道院，国王亨利八世赶走了修女，把它卖给了理查德·克伦威尔爵士；克伦威尔家重兴土木，詹姆斯一世曾不止一
12 次下榻于此，甚至考虑买下它。西德尼爵士花三千英镑买下了房子，爱德华在那里长大，知道这产业终有一天会归自己所有。他在亨廷登大路旁的一所文法学校上学，他们的邻居奥利弗·克伦威尔也曾在那里就读。他母亲的一个侄子住在布兰普顿朴素的农舍里，离欣庆布鲁克两英里远，为蒙塔古家当庄园管家。他叫罗伯特·皮普斯，是萨姆的伯父。正是这种家族关系，使萨姆最终也到亨廷登的文法学校读书，寄寓在布兰普顿，并在欣庆布鲁克受到欢迎，当然不是作为一个地位相等的人，而是一个或许将来能有点儿用，因此值得帮扶一下的亲戚。[27]

爱德华·蒙塔古十岁时就在中殿律师学院注册报名，当时萨姆三岁。但一切都没能按计划进行。他十二岁时母亲保利娜去世，父亲变得抑郁消沉，到他十七岁时，国家开始内战。爱德华没有去学法律，倒成了军团指挥官。西德尼爵士不肯背叛国王，但爱德华和他姐夫吉尔伯特·皮克林爵士一样，是个热忱的议会党人，两人都是克伦威尔的崇拜者和朋友。就在战争进行得如火如荼、危险迫在眉睫之时，爱德华坠入爱河，并决定结婚。他和新娘都年方十七。杰迈玛的父亲约翰·克鲁是北安

普顿郡富有的国会议员兼议会党人，她的家族崇尚妇德，这一点从她祖母和姑姑们的名字中就能判断出来：她们叫节制（Temperance）、忍耐（Patience）、谨慎（Prudence）和沉默（Silence）。[28] 杰迈玛心肠热、脾气好、性子直，从她年轻时的一幅微型画中就能看出来：画中人鼻尖上翘，表情大方友善。一六四二年十一月七日，她和爱德华在威斯敏斯特圣玛格丽特教堂举行了婚礼。五天后，查理国王的外甥鲁珀特王子攻陷布伦特福德，伦敦人民做好了准备，要对抗国王的军队，保卫特南绿地、威斯敏斯特和伦敦城。爱德华·蒙塔古走上了军人的职业道路。

皮普斯的早年生活必须得从家族关系的角度来解释，但也要以内战前的政局动荡为背景。这个伦敦小子在街头就目睹了他尚且未能理解
的辩论的效果，这些辩论充满了激情、残酷、暴力和命运的逆转，与剧院 13
里的演出不相上下。一位睿智的观察者写道：“在国王或议会拥有军队之前，战争就在我们的街道上开始了。”萨姆有机会亲历这街头交锋：城墙上的宣传口号，暴乱的学徒和水手，袭击疑似的罗马天主教徒，人群簇拥着欢迎英雄并威胁敌人，或是聚集在一起观看仇人被处决。[29]

其中一件事是一六四〇年十一月他七岁时，两个没有耳朵的人在人群的护送下，手捧迷迭香在查令十字街骑马进入伦敦，“每个骑马或走路的人，要么帽子上别着，要么手里拿着月桂和迷迭香，街道两旁的人沿街散开，传递芳草或当季的其他植物，表达对他们回归的巨大喜悦”。[30] 这场非同寻常的街头欢庆是为了威廉·普林和亨利·伯顿，一位是律师，另一位是传教士，四年前在威斯敏斯特的宫场，在另一大群同情者面前，他们被公开割掉了耳朵。他们因为冒犯国王和大主教劳德而受到惩罚，普林还受了黥刑并被判处终身监禁。现在他们因下议院的努力而获释。一周后，又有一次凯旋，人们在窗边为巴斯特维克医生吹响号角，他是为良心和言论自由而牺牲的同胞。第二年年初，国王最遭恨的两个手

下劳德和斯特拉福德伯爵被送进伦敦塔。城市暴民煽动处决斯特拉福德，收集要求处死他的市民的签名，并在街上张贴了反对处决的议员的名字。当一大群有组织的武装市民陪同议员们去觐见国王时，商店都关了门。这些议员敦促国王签署《剥夺公民权法》，据此可将斯特拉福德斩首。[31]一六四一年五月观看处决的人群里有很多衣着肃穆的妇女，人们对此事比对王子公主的婚礼更有热情，就在行刑前几天，九岁的玛丽公主和十二岁的奥兰治亲王举行了婚礼。[32]

议会和人民高涨的热情来自两个方面，一个是宗教狂热，另一个则是对国王在天主教妻子的怂恿下想要成为专制统治者的恐惧。十六世
14 纪的宗教环境如同坐过山车，都铎王朝的君主先是推翻天主教会，建立新教，接着又恢复天主教，然后在伊丽莎白治下好不容易才达成妥协，留下来的遗产是对天主教徒的强烈仇恨以及各种新教教派的蓬勃发展。这场运动后来被称为清教。清教徒不喜欢国教仍然保留了主教，并且征收让穷人难以承受的什一税，因此成了国王的政治对手的盟友。玛格丽特·皮普斯和她的众多邻居一样，似乎已经转向了清教，尽管她仍然去圣新娘教堂做礼拜，并享有自己的专用长椅。[33]她的孩子们已经习惯于在街上听清教传教士布道。一六四〇年，当地一个叫普里斯格德·贝邦的皮革销售商就在舰队街露天进行浸礼会礼拜会。浸礼会的牧师们认为不需要教堂，他们靠做其他工作来维持自己的生活，并欢迎妇女来当传教士；之后城市的其他地方出现了更多的浸礼会礼拜会。[34]一六四一年冬天聚集在威斯敏斯特的城市学徒们高喊“不要主教”；还发生了冲突，在圣诞节后的几天里，同一批男孩封锁了河边的台阶，要阻止国王新任命的主教们在上议院就职，并在他们乘上马车后继续攻击。当主教们对此提出抗议时，议会找到了弹劾他们的理由，并把他们送进了监狱。对此学徒们愉快地敲响了城里教堂的钟声，并在街上燃起篝火。随后，国王开始弹劾他在议会中的首要政敌。

一六四二年一月四日，皮普斯那时已经足够大，可以上街了，国王试图逮捕五名议员，从下议院一直追捕到城里。国王被成群的商人、学徒和海员团团围住，他们高喊"议会特权，议会特权"——这词对暴民来说佶屈聱牙，但他们喊得很吓人。国王毫发无伤，但受惊不小。这是英国历史上一个壮观的时刻，一个星期后查理举家离开了伦敦。人们没有在伦敦再见到他，直到七年后他在白厅被处决。按皮普斯自己的说法，他当时站在人群中间，内心赞同处死国王。

在国王离开的第二天，被他威胁过的五名议员在一支披红挂彩的船队的护送下，在泰晤士河上进行胜利游行，船队上的伦敦市民挥动手臂 15
欢呼着，从伦敦城出发一直游行到威斯敏斯特，市民士兵则敲锣打鼓，挥舞旗帜，沿着斯特兰德街行进，在上岸的地方迎接他们。这些士兵被称为民兵队，是由普通市民组成的战斗团体，他们的战斗力主要取决于热情而非纪律。下一个大型街头秀是在一月下旬，两个天主教神父被当众处决，围观的人群都赞同极刑。三月，议会开始组建自己的军队，五月，在芬斯伯里田野，城市兵团在齐聚于此的议员面前接受检阅。六月，议会向伦敦人募捐，市民慷慨解囊，尽管没有了宫廷，商人们的日子都不好过。约翰·皮普斯的律师主顾因为委托人越来越少，只好缩减开支；而即将到来的内战也预示着未来的日子会更加糟糕，他们曾经的邻居、现在议会任职的怀特洛克律师就这样警告说，国家正"在深渊的边缘，即将把我们投入动乱和痛苦的海洋中……结局如何不是活着的人能知道的。此时此地可能很少有人能活着看到它结束"。[35]七月，保王党市长格尼被议会弹劾，关进了伦敦塔，他几乎一直被关在那里，直到五年后去世。接替他位置的是个清教徒。弥尔顿称伦敦城为"自由之家"，这意味着它必须准备好抵御正在集结的王军，国王已于一六四二年八月二十二日在诺丁汉举旗宣战。

内战正式开始。肇因是国王拒绝接受议会对其权力的限制，而议会则拒绝接受王权的至高无上。这场战争分裂了国家，分裂了家庭、城市、郡和社会阶层，也分裂了大型团体机构、海军、大学、法律界和医学界；遵从国教者和不遵从国教者之间的宗教分歧让战争更加激烈。在七年之内，这个国家将摆脱国王、贵族和主教；尽管这些改革遭遇了逆转，但对国家的统治再也无法在没有民选议会的配合下进行。英国革命启发了
16 下个世纪的美国革命和法国革命。伴随战争而来的思想革命与战争本身同样重要，因此“我们很难想象人们在战前是如何思考的”。[36]在政治和思想两个方面，革命都将对皮普斯产生深远的影响。

与此同时，议会下令挖掘战壕，修建防御墙和堡垒，以封锁所有通往伦敦的主要道路。在伊斯灵顿、圣潘克拉斯教堂周围的田野、麦尔安德、罗瑟海特和沃平等二十四个地方都建起了堡垒。工程需要大量劳动力，伦敦城和郊区的人们，包括妇女和儿童，都被征召，萨姆和汤姆·皮普斯很可能也参加了。教堂一宣布要修筑防御工事，市民们就带上“篮子、铁锹和类似的工具，从一个堡垒到另一个堡垒挖掘壕沟，建造矮墙”。据说有两万多人参与建造防御工事，占城市总人口的六分之一。他们在水手和民兵队头目的指挥下劳动，效率之高让威尼斯大使既惊且佩。国王的支持者约翰·伊夫林也来观看“颇负盛名的军事通信线路”。[37]防御工程在一六四二年秋天如火如荼地建设着，就在那时，爱德华·蒙塔古与杰迈玛·克鲁在威斯敏斯特办了婚礼，而鲁珀特王子攻陷了布伦特福德。后者引发约翰·弥尔顿写下了十四行诗《当城市面临攻击》。这首诗是写给可能的保王党入侵者的，写给那些“全副武装的上尉、上校，或骑士”，并建议他们最好能对诗人网开一面。

结果证明弥尔顿的请求是多此一举。保王党人被挡在了伦敦之外。经过长途跋涉，加上物资短缺，他们身心俱疲。埃塞克斯伯爵带领两万四千民兵队队员，为议会据守特南绿地。伦敦的军队补给充足，包括他们的妻子和恋人用篮子给他们带来的食物。伦敦民兵队取得了决定性

的胜利，保王党再也没有威胁过首都。但人们仍然担心鲁珀特会卷土重来并洗劫城市，防御工事一直保留到一六四三年夏天。[38]

这是皮普斯生命的头十年。他承受着身体上的痛苦，失去了最亲爱的玩伴。他懂得了肉体是脆弱的、可耻的，但也能享受强烈的快乐：音乐、在街上跑来跑去、弯弓射箭、乡间旅行、蛋糕和艾尔酒，这些都带给了 17
他快乐。这个洗衣女仆和裁缝的孩子，发现自己与众不同，被选中，因而得以窥见一种与舰队街旁的房子里拘束局限的生活不一样的生活方式。这另一种生活是奢华的、艺术的、诱人的。在杜尔丹斯，他不仅参加戏剧表演，也喜欢花园，还和一个女人在树林里散步，他“在和一个女人相伴、交谈以及牵她的手时，他第一次感受到了爱和快乐”。她名叫希利太太，她给他留下的印象太深了，即便在他三十岁的时候仍然记得并写下这个芳名。[39]一个隐秘的塞缪尔·皮普斯就这样开始成长并有了渴求。

与此同时，他也是一个彻头彻尾的伦敦小子，对于那些总是令人兴奋的街头演出，他的眼睛不会放过任何一个细节，头脑机智敏捷，能被派去城里各处做些尴尬的差事。有一次，当他还是个“小男孩”的时候，母亲让他去打探他父亲的消息，父亲去了荷兰，杳无音信。他得走很长一段路，过河到伯蒙西的霍斯利唐，从船只进港的圣救主码头附近的人那里打探消息。不管他父亲那时去国外做什么去了，他又平安现身了，悄无声息地继续他的裁缝工作。他可能是想尝试做些生意，尽管裁缝生意似乎不太可能成为战时旅行的理由；也可能是已做了克伦威尔的中尉的爱德华·蒙塔古派表兄去荷兰送信，因为一六四三年年初荷兰工程师曾被请来为伦敦的防御工事做参谋。[40]也许正是在这个时候，蒙塔古第一次注意到萨姆，并考虑为他做点什么。

一六四三年夏天，伦敦还在建设防御工事。五月，威尼斯大使报告中写道："围绕城市的堡垒现在已经完工，设计令人钦佩。他们现在开始建造连接通道。因为希望尽快完成，而通道的建筑面积又很大，于是他们在城市里敲锣打鼓，挥舞旗帜，征集男女志愿者来参加这项工作。尽管只提供能够果腹的食物，而没有任何报酬，仍然有大量市民踊跃应召，甚至有的还有爵位，因为他们认为这是一项虔诚的工作，相信为它出
18 力就是在服务上帝。"[41]但是夏天到来，瘟疫也来了。这并不是什么新鲜事，多年来它一直不定期出现：一六二五年爆发了一场非常严重的瘟疫，当时一位市民父亲说"一条胡同里死了六十个孩子"，一六三〇年、一六三六年和一六四二年的疫情相对轻一些。[42]对瘟疫的恐惧可能是把萨姆和汤姆送到城外的金斯兰和哈克尼的充分理由，也可能因此他们现在决定再次把萨姆送走。这次既不是去哈克尼，也不是去萨里，而是去一个陌生的地方，伦敦东北方六十英里：亨廷登郡雾蒙蒙的沼地。

注释

[1]《日记》，1664 年 3 月 17 日。房子就在"教堂墓地的门附近"，一六六三年，皮普斯的弟弟汤姆重建顶层的一部分时，他被允许"在教堂墓地里铺设、搭建他的木材"。《日记》，1663 年 7 月 21 日，以及莱瑟姆和马修斯版《日记》的注释。

[2] 十九世纪，泰晤士河在筑堤之前，水位比现在高出不少，比今天的都铎街略低。索尔兹伯里院在十六世纪是属于索尔兹伯里主教的房子，后来转入世俗之人手中，从一五六八年到十六世纪九十年代一直是法国大使的住所。它的东面是另一座大宅院多塞特府。两座房子都在延伸到河边的斜坡上有花园，索尔兹伯里院这个名字后来指称空地周围大大小小的房屋群。以上信息来自约翰·博西。

[3] 教堂下面是一座罗马别墅的废墟。

[4] 大伦敦地区还有十万人。这些数字取自一六三一年与谷物供应有关的估算，由 G. N. 克拉克在《晚期斯图亚特君主》(1934) 页 40 脚注中给出。克拉克说"大多数现代历史学家采纳了七十五万的估计数字，或者约为英格

兰和威尔士人口的七分之一”；他指的是一六六〇年。

［5］关于房子里的物品的信息取自一六六一年汤姆·皮普斯从他父亲手中接管裁缝生意时的一份清单，该清单刊印于《塞缪尔·皮普斯与其家庭圈书信集》，H. T. 希思编辑（1955），页 13–15。家庭财产可能发生了变化，或增或减，但除了孩子的死亡和塞缪尔结婚之外，家庭中没有发生过重大事件，而且皮普斯父母的地位也没有变化，因此我认为可以假设他们的私人财产和仆人也没有太大变化。脚轮矮床不使用的时候可以被推到高床下面。一六六〇年六月二十一日的日记中提到了“四层楼的小房间”，当时皮普斯家的几个成员被迫睡在里面，因为家里挤满了房客。

［6］低音提琴也被称为古大提琴，看起来有点像大提琴。它是最重要的提琴，在十七世纪英国人被认为是此乐器最好的演奏者。十八世纪末，它不再受到青睐。维金纳琴是羽管键琴的最早形式，通常是一个放在桌子上的长方形盒子。它在十六世纪和十七世纪很受欢迎，当时英国的主要作曲家如吉本斯（Gibbons）和伯德（Byrd）为它创作了很多音乐。人们认为它特别适合年轻女性。

［7］《布尔斯特罗德·怀特洛克日记，1605–1675 年》，鲁思·斯波尔丁编辑（1989），页 74。这部名为《英国的天空》（*Cœlum Britannicum*）的假面剧在一六三四年二月二日的圣烛节上演（日期按旧制写的是一六三三年，新年从三月底开始）。另见鲁思·斯波尔丁，《不可能是清教徒：布尔斯特罗德·怀特洛克传》（1975）。托马斯·卡鲁的文本和对假面剧的描述刊印于他的全集中，编者为 J. W. 埃布斯沃思（1893）。

［8］《布尔斯特罗德·怀特洛克日记，1605–1675 年》，页 76。我用现代拼写代替原拼写。

［9］罗伯特·胡克从班斯特德高地观察到了这样一片烟云，并将其记录在一六七六年九月二十八日的日记中，见《罗伯特·胡克日记，1672–1680 年》，H. W. 罗宾逊、W. 亚当斯编辑（1935）。另见约翰·伊夫林一六六一年的《除烟法》，他在其中描述了伦敦的空气及其对居民的影响。

［10］布朗（Browne），《一位医生的宗教》（*Religio Medici*，1642），第二部，第九节。

［11］这一时期的日期是一场噩梦，因为“新年”是在三月二十五日（“圣

母日”，或圣母领报节）。这意味着从一月一日到三月二十五日这段时间通常是，虽然不总是，被划归为前一年。皮普斯在自己的日记中并不完全保持一致，有时写“1月，$\frac{1661'}{62}$”，有时写“1665／6，1月”，他喜欢在信里这样写。另一方面，布尔斯特罗德·怀特洛克则坚持使用旧年日期，直到三月底。皮普斯的教父教母不详。

［12］肯尼思·H. D. 黑利，《沙夫茨伯里伯爵一世》(1968)，页142。年轻的安东尼·阿什利·库珀是孤儿，与他的监护人丹尼尔·诺顿爵士(Sir Daniel Norton)生活在一起，从一六三一年他十岁开始，直到他十四岁，丹尼尔·诺顿爵士在法庭开庭期住在伦敦。

［13］见他的外甥爱德华·菲利普斯的《弥尔顿生平》(*The Life of Milton*, 1694)，作为威廉·戈德温《弥尔顿的外甥及学生爱德华和约翰·菲利普斯的生平，包括他们所处时代的文学和政治历史的各种细节》(1815)的附录。“［一六四〇年］他在圣新娘教堂墓地附近找了住处，住在一个叫拉塞尔的裁缝家里，在那里他第一次承担了对他姐姐的两个儿子的教育和指导。”(同上，页362)

［14］约翰·布林斯利一六一二年的《文法学校》是两位校长之间的对话(除了题目，都是英文写的)，其中提出了这个明智的建议。

［15］关于后院游戏，见《日记》，1663年12月25日；关于去圣殿律师学院会所，见《日记》，1668年1月1日；关于“巡勘教区边界”，见《日记》，1661年3月25日。

［16］摘自一六一九年重印的《美德学校》，“在环球剧院旁边”印刷，“在圣保罗教堂墓地旁的公牛书店招牌处”出售。该书首次出版于一五七七年，直到一六二六年一直重印。

［17］皮普斯在一六六四年日记的末尾记录了他所有兄弟姐妹的出生日期，但没有记录他们的死亡日期。这些日期可以在市政厅保存的圣新娘教堂教区记录中找到。

［18］汤姆的语言障碍很严重，当他想娶妻时，足以让合适的人选望而却步。

［19］博德利图书馆，罗林森手稿，A 185，页206-213，1677年11月7日。

［20］《日记》，1664年4月25日。皮普斯重访金斯兰，回忆起“我的保姆的家，古迪·劳伦斯，我和弟弟汤姆小时候就住在那里”。他说他母亲的未婚

妹妹埃伦·凯特当时住在附近的纽因顿绿地的一个叫赫伯特太太的家里。他还说他还是“小孩儿”的时候寄宿在哈克尼——离金斯兰也不远。然而在一六六七年五月十二日，他回忆起在金斯兰寄宿，在田野里拉弓射箭。在金斯兰和哈克尼之间似乎一路都有田地，金斯兰只是一个路边的小村庄，而哈克尼则更像是一个真正的村庄。也许他被送到那个方向的不止一个家庭里住了几个夏天。

[21]《日记》，1664 年 3 月 27 日。皮普斯在一六六一年九月和一六六三年一月两次观看《第十二夜》，但这两次都不尽兴，他认为这是一出“愚蠢的戏剧”，尽管有托比·贝尔奇爵士(Toby Belch)和他的蛋糕及艾尔酒。

[22]《日记》，1668 年 3 月 11 日，还有皮普斯希望避免跟科克爵士说话，“他以前是个大人物，是我父亲的顾客，我给他送过衣服”。

[23] 科克在一六一五年对布尔斯特罗德·怀特洛克的父亲说了这句话：见鲁思·斯波尔丁，《不可能是清教徒：布尔斯特罗德·怀特洛克传》，引用詹姆斯·怀特洛克的回忆录，页 29。

[24]《日记》，1668 年 5 月 30 日。

[25] 这两篇日记记录于一六六二年九月一日和一六六三年七月二十六日。伊夫林在一六五八年一月二十八日给托马斯·布朗爵士的信中把杜尔丹斯的花园列为他最欣赏的英国花园之一。有关房子和花园的信息来自约翰·哈里斯(John Harris)在一九八三年九月八日的《乡村生活》(*Country Life*)中关于杜尔丹斯的文章，他在文中讨论了雅各布·克尼夫(Jacob Kniff)一六七三年对皮普斯参观的房子的看法，房子在十七世纪八十年代被拆除，取而代之的是一座彻头彻尾的古典建筑。还可参见皮普斯在一六六八年十二月三日关于阿什特德的约翰·皮普斯在世上的崇高地位的言论；以及他的女儿简，后来成为约翰·特纳太太，给她的一个女儿取名为西奥菲拉(以西奥菲拉·科克夫人命名)——她通常被皮普斯称为“西”。十七世纪三十年代中期，伯克利夫妇来到了杜尔丹斯，并于一六三九年新建了大厅。他们自己的孩子一出生就夭折，这可能促使他们对一个来访的孩子感兴趣。

[26]《日记》，1663 年 7 月 25 日。来自诺福克和阿什特德的约翰·皮普斯(1576–1652)和萨姆·皮普斯的祖父有同一个高祖父。① 他于一六一〇年与

① 此处原文与家谱不符，家谱中是和萨姆·皮普斯的父亲有同一个高祖父。

霍顿的安妮·沃波尔结婚，二人都是科克家的座上宾，妻子受到欢迎是因为这家的女人生病时她对她们特别好。他们的儿子叫爱德华，肯定是随了科克。关于他们的女儿简，见下文第四章和第十六章。一六四二年，罗伯特·科克作为保王党被关进了伦敦塔，约翰·皮普斯及家人搬回了伦敦，也被关了四个月，因为他没有为战争基金捐钱。西奥菲拉夫人去伦敦塔探望丈夫，直到她于一六四三年死于天花。罗伯特爵士获释后回到萨里郡，并于一六五三年在那里去世，他将杜尔丹斯图书馆的书籍——三百本对开本和许多小开本的书——遗赠给伦敦锡安学院（Sion College）的神职人员，"时代的罪恶已经剥夺了他们的一切，除了（不能从他们身上拿走的）信仰、忠诚和学识"。部分信息来自伦敦国王学院利多哈特中心（Liddle Hart Centre）布莱恩特档案（Bryant archives）中 F. L. 克拉克未发表的文件。

[27] 罗伯特·皮普斯是萨姆的伯父，他父亲的长兄，他似乎继承了家族中的一点土地。罗伯特和约翰·皮普斯的父亲是托马斯·皮普斯，保利娜（蒙塔古夫人）的哥哥。（见家谱）

[28] F. R. 哈里斯，《桑威奇伯爵一世生平》（两卷本；1912），第一卷，页 19。

[29] 理查德·巴克斯特（Richard Baxter），见《神圣共和国》（*The Holy Commonwealth*, 1659），转引自克里斯托弗·希尔，《革命世纪，1603–1714 年》（1974），页 110。

[30] 克拉伦登伯爵爱德华·海德，《英国叛乱和内战的真实历史记述》（六卷本；1888），第三卷，页 264。

[31] 莫里斯·阿什利（Maurice Ashley），《英国内战》（*The English Civil War*, 1980），页 50。阿什利在页 51 表明这些武装人员是由伦敦城的议会议员组织的富裕市民、商人和店主。

[32] C. V. 韦奇伍德（C. V. Wedgwood），《国王的和平》（*The King's Peace*, 1983），页 422。在霍勒（Hollar）对这一场面的雕刻中，你可以看到人群中有妇女在观看斯特拉福德处决。

[33]《日记》，1664 年 3 月 18 日。皮普斯安排将他的弟弟汤姆埋在圣新娘教堂内，"尽量靠近我母亲的长椅"。也可参见《日记》，1660 年 3 月 4 日，里面皮普斯和他母亲"高声谈论宗教，我为我出生就皈依的宗教辩护"，即英国国教。

[34] 戴维·马森,《弥尔顿生平》(七卷本;1859–1894),第三卷,页 147。

[35] 引自鲁思·斯波尔丁,《不可能是清教徒:布尔斯特罗德·怀特洛克传》,页 82–83。

[36] 克里斯托弗·希尔,《革命世纪,1603–1714 年》,页 167。

[37] 关于一六四二年和一六四三年伦敦修建防御工事的信息主要来自以下文献:N. G. 布雷特–詹姆斯,《斯图亚特时期伦敦的发展》(1935),他引用了布尔斯特罗德·怀特洛克的《英国政事回忆录》(*Memorials of the English Affairs*),页 268("看到妇女、儿童和大量民众来挖土、搬土,来建造新的防御工事干活儿,也是太棒了");威尼斯大使的报告,页 270;塞缪尔·巴特勒(Samuel Butler)的《胡迪布拉斯》(*Hudibras*)——它记录了妇女,"从贵妇小姐到牡蛎女/都像挖沟者一样劳动";其他同时代报道,如一六四三年五月的《完美日报》(*Perfect Diurnal*)和同样是一六四三年的威廉·利思戈(William Lithgow)的《当代伦敦及英格兰土地考察》(*Present Surveigh of London and England's Estate &c*)。约翰·伊夫林在一六四二年十二月视察了"大名鼎鼎的交通线"。一六四七年,这些防御工事大部分被夷为平地,部分原因是它们占用了大量土地。

[38] 国家文件列出了给城市加筑防御工事的理由:"有可怕的消息说鲁珀特将要洗劫它,因此必须建造一个完整而足够的堤坝和土墙以及防波堤,这麻烦将得到充足的补偿。防御工事将使敌人望而却步,并鼓励众多朋友来此居住,这样,即使在战争时期,伦敦也会变得名利双收……" 摘录自 N. G. 布雷特–詹姆斯,《斯图亚特时期伦敦的发展》,页 273。

[39]《日记》,1663 年 7 月 26 日。希尔(Heale)的名字出现在一六三八年绘制的阿什特德庄园的地图上,在离约翰·皮普斯的土地不远的两块小土地上。(资料来自 F. L. 克拉克未发表的文件)

[40] 约翰·皮普斯多年后在一六五六年再次前往荷兰,当时克伦威尔是护国公,蒙塔古是高级官员,萨姆为他工作;这次萨姆为他的父亲申请了通行证。八月七日,通行证被授予"约翰·皮普斯和他的随从,携带必要物品前往荷兰,这是根据萨姆·皮普斯先生的意愿"。H. B. 惠特利,《塞缪尔·皮普斯和他生活的世界》(1880),页 9,指出资料来源是护国公的国务委员会登记簿(Entry-Book)第 105 号,页 327;此外莱瑟姆和马修斯版《日记》1666 年 1 月

24日的脚注，提供的资料来源为《国家文献大事记，国内系列》(1656–1657)，页582。

关于荷兰工程师对防御工事的建议，见N. G. 布雷特-詹姆斯，《斯图亚特时期伦敦的发展》，页274。一六四三年二月九日，在贝里圣埃德蒙兹举行的东英吉利协会(East Anglian Association)会议上蒙塔古做了会议记录，他在亨廷登获得了支持，并在六月被议会任命为副郡长。克拉伦登说："他受到对克伦威尔的敬仰影响，甚至出于对他的纯粹的爱，被说服在军队中担任指挥官。"

[41] 威尼斯大使的信，1643年5月15日。

[42] 关于一六二五年瘟疫，见尼赫迈亚·沃林顿，《主要发生在查理一世统治时期的大事的历史评论》，罗莎蒙德·韦布编辑(两卷本；1869)，第一卷，页xvii。

第二章　学童的战争：亨廷登和圣保罗

从伦敦到亨廷登的旅途，一般人都和邮递员一起走，每周三抵达伦敦，周四又从正北的城门克里普门出发回家。行程缓慢，要花两天时间，满载着货物和乘客，途经金斯兰、恩菲尔德、韦尔、普克里奇、罗伊斯顿和卡克斯顿，这些小镇都是两三条街道围绕着一个教堂，分布在古罗马时期修建的大道旁，皮普斯将会对这条线路非常熟悉。[1]一出伦敦，道路很可能不是消失在泥泞中就是被水覆盖，或者不能称其为路了；伦敦以外的世界非常空旷安静，夜里很黑。这一切他早就知道，但他喜欢旅行，天性好奇，而且邮递员又不会迷路。萨姆去拜访他的伯父罗伯特，同时也是去亨廷登免费文法学校上学。

这所学校原则上只对镇上的居民免费开放，但几年前爱德华·蒙塔古曾在这所学校上学，他也是当地的地主，可能因此给萨姆弄到一个免费名额，或者甚至可能为他付了学费。[2]爱德华目前从军在外，但西德尼爵士已经正式把欣庆布鲁克交给了这对年轻夫妇，杰迈玛很可能住在那里掌管家务。[3]这所房子坐落在亨廷登郊外的一个高处，俯瞰着乌斯河及其支流河畔一大片田园诗般的丰美草地。萨姆的伯父罗伯特受雇在欣庆布鲁克庄园做管家，住在离这所大房子仅一英里远的布兰普顿，穿过草地就是。他发了财，买了些地，出租给小佃农。他有自己的房子，虽然不大却很坚固，有两层高，包含六间低顶房间。他是当地民兵组织的皮普斯队长——毫无疑问是被爱德华·蒙塔古招募，并忠于议会——他
20 有妻子，但没有孩子。他非常喜欢他弟弟的儿子，甚至决定让他做继承人；于是，布兰普顿的房子成了萨姆生活中的一个重要因素。[4]

和欣庆布鲁克一样，它至今仍然矗立原地，仍然带有一个大花园，四周是开阔的田野。[5]花园后面有一条小路通向教堂和公牛客栈，萨姆对这两个地方都很熟悉。[6]皮普斯队长必定是让他的侄子爬上马背，像个乡间小子一样骑马，因为长大后萨姆骑着租来的马一天工夫就从伦敦跑到了亨廷登，并且根本不当回事儿。他是在布兰普顿还是在欣庆布鲁克待的时间更多，却没有确切答案：大户人家都有大批的仆人及其家属，家里再多收留个男孩也很容易；多年以后，萨姆已结婚成家，仍然表现得像是蒙塔古家族的一员，不请自来，和其他仆人一起吃饭，只要他愿意就留宿一晚。

作为一个对自身价值有清醒认知的男孩，到目前为止却没怎么受过正规教育，他对教育一定非常渴望；他在文法学校接受了严肃认真的教育，从早上七点一直到下午五点，上一整天的课。中午有两个小时的午餐时间，正好够步行往返布兰普顿，不过去欣庆布鲁克吃饭会更方便些。亨廷登学校因为教师托马斯·比尔德而颇负盛名，他曾把最优秀的学生们送进剑桥，奥利弗·克伦威尔就在其中。拉丁语是主要科目，老师的工作是强行把拉丁语装进孩子们的脑子里，使他们用拉丁语思考和写作时能像用英语一样轻松。[7]除此以外几乎不学其他东西，只有那些学好了拉丁语的学生可以学些希腊语，而少数天赋异禀的学生还学了一点基础希伯来语。除了学习罗马数字以外，几乎不学数学。罗马数字比阿拉伯数字地位更高，所以皮普斯在二十九岁时还得学乘法表。

掌握了基础语法和词汇之后，拉丁语的教学主要是将古典文本翻译成英语，然后再翻译回拉丁语，目标是让译文尽可能贴近原文。男孩之

间因为不用拉丁语交谈而受罚是家常便饭,父母偶尔也会抱怨他们的儿子忘了如何阅读英语。[8]无论如何,他们都不学习英语作家,不学乔叟、培根、莎士比亚、琼生或多恩。相反,他们学习用拉丁语写诗歌、散文和 21
书信,并熟悉了包括西塞罗、维吉尔、贺拉斯、奥维德、泰伦斯、尤文纳尔和李维在内的许多古代作家。这个学习目标对于任何想与外国人通信的人来说都是非常适合的,因为所有受过教育的欧洲人都使用拉丁语;克伦威尔成为护国公以后任命弥尔顿为“拉丁语秘书”,负责为他撰写拉丁文的外交信函。皮普斯是个好学生,一生都能轻松阅读拉丁语,这一技能可能有助于他写日记时使用自由而规整的英语,英语是生活语言,而非精心构建的、刻板的课堂和学术语言。

萨姆到亨廷登学校上学时,克伦威尔的老师托马斯·比尔德已经不再任职,而他的继任者亨利·库克对这份工作并不感兴趣。他用一年十英镑的价钱找了个代课老师教孩子们,但正是这位名不见经传、毫无疑问又一文不名的学者,为萨姆打下了坚实的语言基础,让他能够进入伦敦的圣保罗学校继续学业,并在那里取得好成绩。[9]我们不知道他在亨廷登学校待了多久。也许只有一年,或者两年,不过仅有一个叫汤姆·阿尔科克的校友后来露过面,皮普斯在一六六〇年春天再次见到他,说他们已经十六年没见了,也就是说,从一六四四年起就没再见过。[10]圣保罗的主讲教师约翰·兰利特别不喜欢招收十一岁以上的学生,理由是“学校有一群祸害,他们从一个学校辗转到另一个学校,一直到十三四岁还一事无成,只会耍无赖和偷懒,为低年级学生和更有前途的学生树立了坏榜样,把他们也引向粗鲁和懒惰”。[11]如果兰利说的不是玩笑话,萨姆可能在一六四五年二月他十二岁之前就回到伦敦,进了圣保罗学校。但在此之前他有足够的时间了解亨廷登,它的四座教堂,乌斯河上古老的桥梁,蜿蜒半英里的大街,以及周围绿色的田野。

萨姆在亨廷登找到的另一个好去处是欣庆布鲁克府。即使他在那里只能和仆人一起在厨房里吃饭，那地方的气派，宽大的窗子，高高的天花板，也一定让他想起了杜尔丹斯。因为主持家务的是杰迈玛·蒙塔
22 古，这里的吸引力可能会更大。一个十岁的男孩，远离家人，已经早熟得对女人有了感觉，可能会像凯鲁比诺①一样爱上“我的夫人”，而她是个年轻的新娘，与家人分离，丈夫远赴战场，自己还没有孩子。如果是这样的话，那就是一种亲密关系的开始，并一直延续到他成年，后来她总是待他“如同家人”，把孩子托付给他照顾，责备他，跟他开玩笑，向他借钱，咨询，以及吐露心声。他对她也报以衷心的钦佩和尊敬；对他来说，她永远是女性的典范。

难以置信，欣庆布鲁克、布兰普顿和亨廷登，与皮普斯那个时候相比，几个世纪以来几乎没有什么变化。修女们把修道院稳稳当当地盖在草甸中为数不多的高地上。她们被赶走以后，修道院就变成了庭院，小礼拜堂成了图书馆，食堂并入了大厅；修女礼拜堂入口用砖砌起来封住，直到二十世纪末才重见天日。[12]从拉姆齐修道院搬来了两扇宏伟的凸窗和一座有三个拱门的门楼，门楼上有个绿衣人雕像很引人注目；在正面又增加了一个两层高的半圆形石头大凸窗。中世纪的灰色石头和鲜艳的都铎红砖混杂在一起，杂乱的附属建筑，一排排高大的烟囱，对称的花园和树木，都增添了欣庆布鲁克的魅力。它“古老、宽敞、不规则，但并不庞大荒凉”。[13]露台朝阳，可以俯瞰平坦的乡村景色，公园缓缓倾斜一直延伸到乌斯河的支流和许多闪闪发光的宽阔池塘。

现在仍然可以从罗伯特·皮普斯在布兰普顿的房子出发，途经欣庆布鲁克，一直步行到亨廷登。抛开路上的车辆，你可以欣赏到萨姆在十七世纪四十年代徒步经历过的大部分风景：左边是修女草地，右边是辽阔的波特霍姆草地，据说是英国面积最大的草地；尽管已经没有了风车

① 凯鲁比诺（Cherubino）是《费加罗的婚姻》中公爵家的仆人，爱上了公爵夫人。

和水磨，取而代之的是铁路路堤，但在其他方面与它被描述为“太阳底
下最大、最多鲜花盛开的地方”时的样子非常相似。[14]走过一段下坡路，
行路人就走上修女桥，跨过阿尔肯伯里溪，然后沿着欣庆布鲁克庄园边
的院墙下古老的小路向上走——这条小路仍旧是几百年前的小路，再经
过门楼，就来到房子的窗户边了。走到这里差不多是从布兰普顿到亨廷 23
登镇中心路程的一半，这条路一直延伸到十七世纪的乔治街——以圣乔
治命名——至今还叫同样名字。如今进入小镇后先看到的是火车站，接
着是一排十九世纪修建的别墅和救济院，还要经过一条环路，但之后你
又来到了皮普斯所熟知的建筑旁：左边是乔治客栈，右边是万圣教堂，它
旁边是市场，都面朝前面的大街。学校坐落在大街的另一侧，在他那个时
代，建筑外墙包裹着红砖，如今都已剥落，露出了原本的中世纪石头。[15]

长大以后，皮普斯对乡村生活的看法有时是对贫穷的纡尊降贵，有时是对普通农民的无知，偶尔也有对那里的风景和宁静生活的欣赏。他曾写到一六六一年夏天和父亲在波特霍姆草地散步是多么愉快，第二年，同一片草地又激发他写下了最抒情的一段话：“我父亲带着我散步到波特霍姆，我们心情忧郁，这时看到一群乡村少女在草地上挤牛奶（奶牛正在吃草），之后她们欢笑不已，带着牛奶一起回家，场景壮观，有时她们的喧哗声老远就能听见。”[16]“有时”表明这不是他第一次观察挤奶少女，聆听她们的欢声笑语；这当然不是，因为他小时候一定经常看、经常听。

但奶牛和挤奶少女不是一六四四年布兰普顿和欣庆布鲁克最重要的话题，那时人们谈话都围绕着英格兰各地正进行的这场艰苦而混乱的战争。人们热切等待着军事战斗的消息，渴望知道欣庆布鲁克年轻的主人——萨姆自己的亲戚，在战斗中扮演什么样的角色。蒙塔古身材高大，和他的敌人鲁珀特王子一样英俊，留着同样齐肩的鬈发，比萨姆大八

岁。他正冒着生命危险在全国驰骋，而且经常与本地一位更伟大的英雄并肩作战。不仅欣庆布鲁克曾经属于克伦威尔的祖父，奥利弗·克伦威尔在镇上出生的时候，亨廷登郡一半的士绅都姓克伦威尔，他本人也在一六二八年被选为该郡的国会议员。但这并没有阻止该镇的政治分裂，
24 蒙塔古家也一样。西德尼爵士仍然对国王忠心耿耿，拒绝议会征兵，并被短暂囚禁于伦敦塔；后来他一直退隐在北安普顿郡，无疑对他的儿子、女婿吉尔伯特·皮克林以及他们的表兄弟曼彻斯特伯爵耿耿于怀，后者于一六四三年八月荣升少将，指挥东英吉利全体议会军。爱德华认为克伦威尔是个英雄、朋友，也许还是父亲的替代。他的感情十五年间始终如一，这期间他与克伦威尔并肩作战，加入了克伦威尔的政权，并被克伦威尔任命为高级官员。在克伦威尔死前几个月，他表达了他个人对克伦威尔持续不变的、深切的忠诚。[17]他还和克伦威尔有同样的宗教信仰：在早年的信件中他坚定地表达了这一点。

一六四三年秋，爱德华受命在剑桥郡和伊利岛招募一个军团。冬天他在贝德福德募集更多人马。一六四四年年初，他与曼彻斯特一同前往剑桥大学，清洗涉嫌支持保王党的高层人物；十六个学院院长中有十一个被罢免，由清教徒学者接替。[18]此后，在三月，他在克伦威尔的带领下袭击希尔斯登庄园，第一次体验了战争。一六四四年的夏天他在北方打仗，战绩辉煌。五月在攻打林肯的战役中，他率领手下展开肉搏战，七月的马斯顿荒原战役，他出现在战斗最激烈的地方，不久后他代表曼彻斯特伯爵接受了约克的投降，当时他才十九岁。在这个光荣的时刻之后，他在秋季又回到亨廷登招募新兵，那时刚收完庄稼，他在欣庆布鲁克讲述战斗故事，收获了家人的敬仰。那年九月，他父亲去世，据我们所知，父子没有和解。

这时候，曼彻斯特伯爵开始质疑他们的事业。国会指责他行动拖拉，他对克伦威尔说："如果我们打败国王九十九次，他仍然是国王，他

的子孙后代也会是国王；但是如果国王打败我们一次，我们就会被吊死，
我们的子孙就成了奴隶。”克伦威尔回答说：“大人，如果真是这样的话，
当初我们为什么要拿起武器？”[19]蒙塔古在论战中站在克伦威尔一边，
加入了对伯爵的公开批判；一六四五年春天组建新模范军时，曼彻斯特 25
伯爵放弃了军队的指挥权。蒙塔古被任命为亨利镇镇长，在那里他不得
不镇压因缺饷而叛乱的军队，夏天他在西南部打仗。

克伦威尔现在在全国人民，无论是敌人还是朋友的心目中，都成了大人物。鲁珀特王子称他为“老铁甲”，他的士兵也成了铁甲军。一六四五年六月，他在伊利岛为他的新模范军征兵，人们蜂拥而至，报名参军。在三十七名军官中，有七人出身平民家庭，这标志着整个社会秩序正在发生变化。[20]一六四五年六月，在距亨廷登不到五十英里的内斯比，蒙塔古与这些平民一起并肩作战；内斯比一战，国王的步兵事实上被摧毁了。战争俘虏了五千名囚犯，包括五百名保王党军官，其中大多数被押解到伦敦，并在欢呼胜利的人群面前游街示众，穿过伦敦的大街。九月，蒙塔古继续参加了攻打布里斯托尔的战役，他和姐夫的弟弟约翰·皮克林一起，接受了鲁珀特王子的投降。萨姆生活在伦敦城，又眼见他表叔的赫赫战功，一定强烈地反对国王。他可能回到伦敦，看内斯比战俘游街，也有可能他八月份还在亨廷登，那样他会目睹国王在一场小规模冲突后骑马进城，国王的部下则开始掠夺财物。那时，杰迈玛·蒙塔古正在期待她的第一个孩子降生——在五月份的战争间隙怀孕——而她的丈夫正和克伦威尔在西部。国王受到镇长的欢迎——无论出于忠心还是谄媚——但是他的军队继续惊扰给他们提供膳宿的百姓。当得知他的四个士兵从一个手套制造商那里偷了东西时，国王“让他们抽签……并绞死了其中一个，他离开时，向镇上和郡里的百姓表示感谢，感谢他们款待了他”。这个议会党人的报告还补充说道，士兵们“解除了亨廷登监狱所有重罪犯和其他囚犯的镣铐”，所有囚犯立刻加

入了保王党军队。但报告也承认,该郡仍然有人支持国王,有人支持议会。报告说,“上帝保佑,显然受议会影响最大的几个人以最小的损失
26 躲过一劫”,意思是欣庆布鲁克的损失并不严重。有报告说查理一世下榻在那里——他过去就曾不止一次住在这座房子里——而在其他的叙述中说他住在乔治客栈,这似乎更有可能。杰迈玛·蒙塔古可能会非常礼貌地接待国王,但他知道她的丈夫正在与他的军队作战。她一定和当地人民一样,对他们所遭受的财物破坏和损失感到悲痛和愤慨,她的管家布兰普顿的皮普斯队长也蒙受了损失：王军离开的时候,赶走了亨廷登周围田野里所有的牛马供自己使用。[21]

一六四五年秋天,蒙塔古上校来到伦敦,接受议会对他在布里斯托尔取得胜利的感谢。不到一个月,他就在议会取得一个席位,并被任命为陆军委员会成员。[22]他的戎马生涯暂时告一段落。一六四六年二月他做了父亲,第一个孩子是女儿,跟妈妈叫一样的名字。战争实际上在三月就结束了,不过直到六月才做完扫尾工作,那时牛津被攻占,国王逃到苏格兰人可疑的保护之下,而十三岁的约克公爵(詹姆斯)被移交给议会,与弟弟妹妹一起囚禁在圣詹姆斯宫。九月,埃塞克斯伯爵死在了位于斯特兰德大街的家中,他曾在战争初期领导议会军队,据守特南绿地对抗王军。议会下令为他举行盛大的葬礼,萨姆被带到埃塞克斯府,参观经过防腐处理、受众人瞻仰的遗体。[23]

回到父母家里,萨姆已经是全家受教育程度最高的人,很难和家人分享精神世界。这种差距将不断扩大。现在,他每天步行跨过舰队河,而不是阿尔肯伯里溪,走向圣保罗大教堂旁边的圣保罗学校。男孩们每周上六天学,星期四下午休息。他们一共一百五十人,都坐在一个六十英尺长的房间里,高高的窗户上刻着一句话,AUT DOCE, AUT DISCE, AUT DISCEDE(“要么教,要么学,要么走”)。他们坐在长凳上,但没有

课桌。教室一头是主讲教师约翰·兰利，坐在学校创始人约翰·科利特的半身像下；另一头是助理教师，但他更多的时间都在四处走动，监督学生学习。一共有八个班，是按成绩而不是年龄来分班的：一个男孩可能 27
在十三岁时还在读二年级，也可能在十二岁时已经上七年级了。鉴于一六五〇年皮普斯十七岁时还在上学，显然他在学业上是按部就班而非突飞猛进。希腊语在六年级开设，希伯来语在八年级开设。每一天都以拉丁语祈祷和阅读圣经的一个章节开始，皮普斯在日记中很少引用圣经，可见他对此并不感兴趣。所有的男孩都得学习用拉丁语写作和讲话；他们有定期的口语考试，还得提交拉丁文作文，就像罗马的演说家一样。这是很好的训练，让萨姆长大成了一个出色的演说家，同时也成了那些不擅演讲的人的严厉批评者。这些人包括他的表叔蒙塔古和未来的国王查理二世，他对后者在公共场合的糟糕表现格外刻薄。[24]

他的同学来自社会各个阶层，他们的父亲有准男爵和议员，还有乡村牧师，也有书商、肥皂商和布商；不只有萨姆是裁缝的儿子，有个男孩的父亲还是个卑微的邮差。穷孩子也可以拿奖学金上大学，日后的萨姆就是这样。兰利把不少学生送进了剑桥，在这方面他成绩突出；进剑桥和牛津的比例是三比一。剑桥拥有一支强大的加尔文宗的教师队伍，而圣保罗在当时伦敦的学校中，清教信仰最为坚定。支持加尔文宗的宣传者把他们的儿子送到兰利那里接受教育，兰利曾受过劳德的迫害，一六四四年他在上议院委员会面前作证控告劳德（劳德于一六四五年一月在塔山被处死），报了一箭之仇。兰利想要废除主教，并在第二年亲眼见到愿望实现。而后来他的几个学生，在十七世纪六十年代恢复主教时却当上了主教，这既是命运的讽刺，无疑也是他出色教育的结果；不过那时兰利已经寿终正寝。[25]

众所周知，兰利是虔诚的宗教人士、人文学者和文物研究者。“他的存在令人生畏，一开口就引起学生们的极大尊敬和畏惧，然而在他们稍微习惯了他之后，这些影响也就逐渐消失了；他对学生的态度让他们对他又爱又怕。”[26]这样的形象和他的名声一致。他肯定打过学生，每
28 个老师都可能这样做；长大后轮到萨姆揍为他工作的孩子们，尽管有时打人的人比挨打的人受伤更重，因为他从来没有学会老师那种驾轻就熟的鞭笞。兰利的学生成了市长、银行家、工程师、学者、书商、议员、行政官员——当然还有作家。圣保罗学校培养出了十七世纪两位伟大的作家，弥尔顿——受业于前任主讲教师亚历山大·吉尔——和皮普斯。两位作家都很了不起，这个事实本身就是对他们在那里所受到的高质量教育的礼赞。[27]

皮普斯十三岁时，新来了一位副校长，名叫塞缪尔·克伦霍姆。他不到三十岁，是个热情的藏书家，他的学识给他的同名年轻人留下了深刻印象，并按部就班地升为主讲教师。皮普斯离开圣保罗以后，仍然对学校怀有感情，为学校感到自豪，他把书捐给学校图书馆，路过的时候会停下来看看学校是否仍然保持着他那个时代的标准，对他弟弟约翰能追随他进母校感到高兴。汤姆有语言障碍，脑子也笨，根本没有机会进入圣保罗学校；他被安排在父亲的店里学裁缝，尽管他对此既没有天分也缺乏热情。汤姆唯一有天赋的似乎是法语，他说得很流利。萨姆也是，他们是在哪儿学的，这又是个谜。不是在学校。好的法语语法书在伦敦印刷、销售，但至少汤姆似乎更有可能是直接跟人学的。皮普斯家可能有个法国房客，因为任何有空余房间而收入又不稳定的人都会招纳租客，汤姆自己后来在索尔兹伯里院自立门户时也一样。[28]

这一年他们确实有一位来自美国的客人，说是族兄理查德·皮普斯，刚从波士顿回来。他当年因为宗教原因离开英国，现在痛恨的主教被废除，他又回来了；他当律师的父亲很快就被克伦威尔任命为爱尔兰首席大法官。一六四六年，另一位回国的美国移民是乔治·唐宁，他最开始在奥基上校的军团里做随军牧师，后来在克伦威尔政府里平步青

云。和蒙塔古一样，几年之内，他便对萨姆·皮普斯的生活产生了至关重要的影响。当萨姆在圣保罗申请毕业奖学金时，唐宁正是评委会主席，他授予萨姆奖学金，在帮助萨姆去剑桥继续学业方面发挥了重要作用。[29]

肾结石的疼痛仍然是萨姆生活的一部分，但他并没有让它妨碍自 29
己好好利用圣保罗提供的教育。学校要求学生们长时间地努力学习。皮普斯习惯了这样的生活规则，这使他终生相信教育的力量，也成为他后来工作习惯的标准。在那间宽敞明亮的教室里，他学会了如何全神贯注地学一门功课，以及如何条理分明地记笔记，这两件事帮助他成为一名尽职尽责、一丝不苟的行政长官。尽管如此，考虑到周围正在发生的一切，学校能善待他也真是令人惊讶。校园外，伦敦几乎时刻都动荡不安。一定有过这样的日子，男孩们连往返圣保罗都很困难，肯定也有时候，人们无法不被街上的场景分心。这段时间，大教堂本身就有一部分被用作市场，有时还用作军队的马厩。新模范军曾两次进驻并占领城市，一次是一六四七年夏天萨姆十四岁时，另一次是一六四八年十一月。一万八千名士兵在克伦威尔的带领下，踏着重重的步伐穿过街道，跨过伦敦桥，这壮观场面意在威吓市民，也一定像磁铁一样吸引了仰慕他们的学生们。

可看的很多，但有更多不该看的。暴乱总是在某个地方发生，如果你不想被卷进去，就必须绕道而行。伦敦的学徒们——汤姆·皮普斯在一六四八年十四岁时当了学徒——通常都准备好出来闹事，船工和任何碰巧上岸的水手也支援他们；民兵队队员有时会加入他们，有时则镇压他们。情绪高涨时，许多普通市民也准备好了加入暴乱分子的队伍。弥尔顿可能会把这座城市看作自由之家，但群众对自由的看法经历着巨大的、不可预测的变化。例如在一六四七年七月，伦敦城的一个暴徒踢开了下议院的大门，恐吓议员，囚禁了议长，并强制议员就恭请国王回伦敦投票。

在这个主流是反对保王党的城市里，总是存在着保王派人士，就像清教徒占多数的群体中也有一群人渴望恢复国教仪式，也会痛惜彩
30 绘玻璃和宗教雕像的毁坏以及珍贵的地标性建筑的拆除，比如查令十字街古老的石头十字架在一六四七年作为偶像崇拜物被拆除，引起人们伤心的怀念。写日记时的皮普斯基本上已经对清教怀有敌意而且必然是个保王派，但他还是个圣保罗男孩时则是个清教徒、共和派。宗教造成了激烈的分裂：议会和军队互相斗争，议会和伦敦城、伦敦城和军队也互相敌对。伦敦之外，国王像棋盘上的棋子一样被移来移去，时而威胁别人，时而遭受威胁。一六四七年的头六个月，在苏格兰人把他交给议会后，他被关押在北安普顿郡，杰迈玛·蒙塔古的父亲约翰·克鲁负责看守他。六月，军队派科尼特·乔伊斯把他劫持到他们的势力范围内，作为军队的囚徒，他再次来到欣庆布鲁克，可能仍由克鲁护送。据报道说他受到女主人蒙塔古夫人，也就是杰迈玛的“豪华款待”。她碰巧又怀了三个月的身孕，丈夫不在家，在伦敦参加议会。[30]离开亨廷登，国王前往汉普顿宫；十一月，他逃到了怀特岛。此后议会不愿再继续与他谈判了。[31]

圣诞节给伦敦城带来了更多的麻烦，传统装饰迷迭香和月桂树枝神秘地出现在教堂里，一群学徒在康希尔街用冬青和常春藤进行盛大装点，所有这些都违反了清教徒对节令庆祝活动的禁令。被派去清除这些令人不快的绿色植物的军队被愤怒的人群赶了回去，人们对士兵们进入私人住宅检查礼拜日的庆祝活动以及阻止圣诞节庆祝深感不满。剧院也出事了。环球剧院在一六四四年被拆除，但在一六四七年和一六四八年之交的冬天，一些兼当演员的经理发现戏剧表演禁令将于一月一日到期，于是准备好剧本，在元旦那天开门营业。街上立刻挤满了拉着急于

看戏的人的马车，这些人在看戏的传统下长大，现在急于恢复这一传统。议会猛烈地予以处罚，下令摧毁“所有楼座、一层座位和包厢”，对观众罚款，公开鞭笞演员，并要求他们承诺永远放弃自己的职业。但迫害从 31
来没能完全奏效。一个演员是不可能被撤职的，在莎士比亚和琼生的熏陶下长大的公众，其热情之高也无法遏制。约翰·伊夫林记下他当年二月在伦敦看到“一出悲喜剧”上演。圣保罗的男孩也有排演戏剧的传统，尽管他们的清教徒主讲教师现在肯定禁止任何此类事情。皮普斯曾经尝过业余表演的乐趣，一有机会就爱上了看戏，他要么装作漠不关心，要么在兰利的影响下经历了自己的虔诚反对的阶段。

另一场骚乱发生在春天的伦敦城，三月三十一日，保王党人在街头燃起篝火庆祝国王登基周年纪念日，并拦下路人，强迫他们为国王的健康祝酒。随后发生了一件事，因为清教徒的不宽容引发了一场全面的保王党暴动。四月的一个晴朗的星期天，一群小男孩在穆尔菲尔德的开阔绿地玩棒击木片游戏。这个游戏很流行，而且不会造成伤害，就是将一根磨尖的木片弹飞；但是，因为是礼拜天，市长大人从民兵队中派出了一支分遣队来阻止这游戏。一群学徒决定捍卫孩子们玩游戏的自由。学徒们很快就用石头砸向士兵们，接着上去解除了他们的武装。这时已经聚集了好几千人，他们沿着舰队街和斯特兰德街游行，高喊着“该轮到查理国王了”。克伦威尔当时在伦敦，他命令骑兵出动，攻击人群，两人死亡，多人受伤。第二天一大早，学徒们就把守住了路德门和新门的城门，朝市长大人的窗户开枪。他小心地逃到伦敦塔里避难，到了早上八点，萨姆本该上学的时候，伦敦城已被暴乱分子控制。随后，军队沿着城墙循行，通过摩尔门把士兵引进城。一些暴乱分子被杀，那些被怀疑是暴乱头目的则被送进监狱，其他人都被遣散。遵纪守法的市民松了一口气，圣保罗又复课了。

此时身处伦敦的乔治·唐宁引起了克伦威尔的注意，他给在美国的叔叔写了一篇精彩的报告，关于“我们内部的巨大分裂”——“我们”指的是军队、议会和清教徒：

> 32 一个大声疾呼，结束教会政府，惩罚错误和渎神行为……；另一个说，记住你们经常宣称的，给柔心弱骨以自由；一个要求根据盟约让国王回国；另一个则说这无法维护真正的宗教和自由；等等。由于对这场战争的根基没有一个完全清楚的理解……我们很有可能经常被卷入一场更血腥的战争，而我们的争吵会给任何第三方提供机会来吞灭一切……事件会发展成什么样只有上帝知道，似乎只有他才能撼动世间的伟大人物。[32]

尽管他们被撼动，议会甚至考虑将王冠戴到十四岁的俘虏约克公爵詹姆斯头上，但在四月底，他在圣詹姆斯宫的花园里玩捉迷藏游戏时逃走了。他化装成一个女孩逃走，戴着假发，披着斗篷，穿着一件特制的带猩红衬裙的“马海毛混纺”连衣裙。穿着这套有辱尊严的衣服，他迅速被推上了一艘开往格雷夫森德的驳船，然后去了荷兰。[33]

五月，伦敦城的各个教堂为威尔士击败保王党起义举行感恩仪式，但没有一个人参加；当月晚些时候，萨里请愿者在城中游行，高喊“为了上帝和查理国王”，发生了严重暴乱。在下议院外的战斗中，示威者把煤块和砖头当武器投掷，士兵们则向他们开枪，天黑时至少有八人死亡。[34]此后议会和市民决议他们必须和睦相处，军队被劝说从伦敦塔撤走驻军，并允许伦敦城重新建立自己的民兵组织。

一六四八年，伦敦以外的地方也发生了类似冲突。贝里圣埃德蒙兹因为一个五月柱发生了暴乱。爱德华·蒙塔古在试图镇压一群保王党人在亨廷登郡的集会时被他们短暂地囚禁；七月，他在圣尼茨镇压了其他暴乱。[35]这就是所谓的第二次内战，其间，科尔切斯特被围困，议会的一个海军中将威廉·巴滕，带着他的“忠诚华威号”战舰，投奔雅茅斯附近的威尔士亲王，并被亲王封为爵士，但几个月后他又回来为议会效力：十二年后，他和皮普斯成了同事。克伦威尔北上，在普雷斯顿击败了入侵的苏格兰军队。十一月，英格兰军队在总司令费尔法克斯的率领下再 33
次进军伦敦，他曾写信预先通知市长大人他打算从伦敦市收取四万英镑的“欠款”来支付军饷。他的部队在市民家里驻扎了些日子，时间长到让他们相信还钱是明智的。

军队其他人正在准备把国王押解到伦敦，他们认为国王背信弃义，已经无法再与之谈判了。但他仍然是国王，相当多的国会议员希望和他重启对话。为了阻止任何此类行动，一群共和派官员进入下议院，逮捕了四十五名议员，并赶走了另外一百八十六名，他们认为这些议员不太可能支持他们除掉查理的计划。这场决定性的干预，被称为“普赖德清洗”——一位名叫托马斯·普赖德的上校领导——发生在一六四八年十二月（那些获准留下来的议员被称为“残余”国会）。被清洗的议员中有约翰·克鲁和爱德华·蒙塔古，他们都不热衷于审判国王。蒙塔古悄悄地回归到欣庆布鲁克和家庭生活。在上议院，曼彻斯特伯爵极力主张审判国王违反法律的基本原则，于是该计划被一致否决。这虽无济于事，却决定了上议院的命运，不久后它就被废除了。

克伦威尔回到伦敦，审判国王的舞台已经搭好。设立了一个特别法庭，并任命了一百三十五名专员担任联合陪审团和法官。出席并履行职责的人从来没有超过六十八人。费尔法克斯名列其中但并未出席，他那公开同情保王党人的妻子独自干扰了庭审。这是一六四九年一场真实的戏剧表演，因为审判在威斯敏斯特大厅开庭，并对公众开放。军队在大厅内站岗，但是人们从大厅北端的入口自由进入，角落里为女士和特权人士设立了廊台。国王坐在深红色天鹅绒椅子上。当他听到自己被指控“邪恶地企图”颠覆国家的古老法律和特权时，他拒绝承认法庭的

合法性。他发现自己并非没有支持者。当费尔法克斯的名字被叫到时，
34 费尔法克斯夫人从廊台上喊道：“他才不会傻得到这儿来。”过了一会儿，当听到国王被指控为叛国者时，她喊道：恰恰相反，奥利弗·克伦威尔才是叛徒。当她的冷嘲热讽过于激烈时，一名军官威胁说要命令手下朝廊台开枪。她在劝说下离开了，但她已经表明了自己的观点。当国王离开大厅时，士兵们高喊：“正义！正义！”众多平民观众却回应道：“上帝保佑国王！”[36]

从皮普斯自己的叙述中我们知道他在这个时候是个多么坚定的共和派。他十五岁，完全不赞同国王；在这方面他比表叔蒙塔古激进得多，蒙塔古在审判期间选择了离开。萨姆完全可以走进威斯敏斯特大厅，看一眼坐在深红色椅子里的国王；国王被处决的时候他也肯定在场。因为处决是在一月三十日，一个星期二，要么是圣保罗让孩子们都回家，要么是他自行决定去白厅并承担后果。威斯敏斯特的学生们那天都被关在学校以防他们去围观。[37]他一定早早就出发了，因为围观的人太多了，一排排士兵被派来防止骚乱。国王上午十点穿过圣詹姆斯，表现出的尊严和勇气连他的敌人都钦佩不已，然后他走进国宴厅，祈祷，他出现在一扇高高的窗户里，之后继续朝断头台走去，此时正好不到下午两点。士兵们挡在断头台和人群之间，使任何人都难以听到他的遗言。菲利普·亨利，一个牛津大学的大学生，比皮普斯稍大一点，他当时在场，并留下了对刽子手砍掉国王头颅那一刻的描述：“我目睹了砍头，可以怀着悲伤的心情如实描述，在那一刻，我记得很清楚，在场成千上万的群众发出了我从未听到过的痛苦呻吟，我希望以后再也不要听到这样的声音。”亨利接着描述了两支军队如何朝威斯敏斯特和查令十字街两个相反的方向行进，以便驱散人群；但那天伦敦没出任何乱子，在某些方面，生活仍在正常的轨道上进行，商店开门营业，市民各守其业。[38]皮普斯甚至可能返回了学校，因为他记得他告诉那里的朋友，如果他必须以国王为

题布道，他的布道词将是："对恶人的记忆将会腐烂。"这是他唯一一次 35
想象自己站在布道坛上，他后来回忆起来还略带紧张，那是在一六六〇年，一个他在圣保罗认识的人提醒他，他上学时是个"名副其实的圆颅党"①。[39]在日记的其他地方，他故意不对处决表态，例如，当他目睹国王死刑令的签署者之一托马斯·哈里森被绞死、挖内脏、分尸时，他只是评论说："这样一来，我有机会在白厅看到国王被斩首，也有机会在查令十字街看到为国王流血而复仇时所流下的第一滴血。"[40]这个成年人不会表达他没有感受到的悲伤，也不会表达对他所曾经感受到的满足有任何懊悔。

国王死了，但国王也还活着，因为他流亡在荷兰的儿子立即被宣告为查理二世，并成为各地保王党的新核心。在泽西岛上，乔治·卡特里特挥舞着帽子高喊："查理二世国王万岁。"然而在英格兰，共和国宣告成立。君主、主教和贵族现在都被废除了，或者，正如伊夫林所说的，"君主制宣告废除，圣保罗大教堂柱廊和交易所的国王陛下的雕像被摧毁"。[41]伊夫林去巴黎亲吻新国王的手，并观察了他的情妇巴洛太太，"深色皮肤，美丽，勇敢，但没有活力"，她是殉难的国王的孙子、年幼的蒙茅斯公爵的母亲。伦敦过了一阵比以前平静的日子，但也有些怪事发生。比如在圣保罗大教堂墓地，一名年轻的士兵因为被认为是平等派成员而遭枪杀；在威斯敏斯特大厅外一群保王党成员被砍头；雷诺兹市长因拒绝宣布废除国王的法令而被逮捕、囚禁、罢免。约翰·利尔伯恩也因违反审查法出版小册子而被捕受审。他出庭抗辩，陪审团宣告他无罪，整个城市欢呼雀跃，篝火熊熊。这时是十月，克伦威尔正在爱尔兰打仗。

① 圆颅党是英国内战时期议会的支持者。

皮普斯在学校里又待了一年，其中一些时间花在了入学剑桥的商谈上。萨姆比许多本科生大一点：他们通常是十四岁入学，但他直到十八岁才开始在剑桥学习。父亲不可能资助他，所以他不得不寻求其他的支
36 持。一些有权有势的克伦威尔党人帮了他。乔治·唐宁在一六五〇年二月授予他第一次奖学金中所扮演的角色前文已经说过。五个月后，皮普斯的名字被登记在三一学堂。这是他叔祖塔尔博特·皮普斯上过的学院，他现在是剑桥的刑事法院法官或首席执法官，非常积极地为克伦威尔的军队征税。[42]塔尔博特也是爱德华·蒙塔古的舅舅。三一学堂是法学院，所以可能有人想过让萨姆当律师。但这个计划被放弃了——他可能不喜欢当律师，或者学法律太贵——三一学堂的名额没有用上。他转而在十月份被抹大拉学院录取了。当时抹大拉刚刚失去了院长，他被大学委员会传唤到伦敦，要求作出效忠共和国的“保证”，但他以不能违背良心为由拒绝作出保证。他提出只想安静地生活，但这并不能令人满意，所以他被取代了。新任命的院长是约翰·萨德勒，他是大法官法庭另一位成功的律师，伦敦市政府书记员，克伦威尔很喜欢他，此前就让他做芒斯特的首席大法官，但他拒绝了。那时萨德勒住在索尔兹伯里院。[43]蒙塔古的恩庇可能也起了作用；他的牧师和抹大拉有关系，而声称是他朋友的塞缪尔·莫兰刚刚在那里获得教职，成了皮普斯的导师。后来，莫兰和唐宁都被克伦威尔选中去执行外交任务，他任命爱德华·蒙塔古上校为剑桥和牛津的督导，尽管他从没上过这两所大学。这一职位让他负责检查、监督和消除两所大学的弊端。

牛津和剑桥显然是年轻一代的思想战场，政府也这样认为。议会中有人讨论要废除这两所大学，并在其他城市建立大学代替它们——约克、伦敦和达勒姆都被提出可以设立大学——尽管这些想法后来没再提起，但牛津和剑桥大学的保守派院长和研究员遭受了大清洗。必须培养一批支持共和国的毕业生，这一点有助于解释为什么萨姆·皮普斯，以

其公开的观点和政治正确的亲属关系，被认为值得帮助。十一月，他被 37
圣保罗授予二等毕业奖学金，在入学剑桥的一个月内，他又获得一笔奖学金。

注释

［1］皮普斯在一六五九年十月二十二日写给蒙塔古的信中提到了邮差“胡子”；一六六〇年三月十四日的信中提到了“老胡子”；一六六一年一月三日他母亲和他一起旅行，九月五日有他父母和妹妹帕尔，这两次他提到了“邮差伯德”。那时皮普斯本人要么骑马，要么坐马车。

［2］蒙塔古的参与是我的猜测。皮普斯上过这所学校的唯一证据是他在一六六〇年三月十五日的日记中的记述，当时他遇到了汤姆·阿尔科克，“他在亨廷登和我一起上学，但我已经十六年没见过他了”。这是个好证据，似乎可以确定他一六四四年时在那里（尽管皮普斯对日期的记忆并不总是靠得住）。皮普斯在一六五七年十二月五日给蒙塔古的信中提到“我的表妹阿尔科克”。伊丽莎白·皮普斯是保利娜·蒙塔古的妹妹，也是萨姆的另一个姑祖母，嫁给了一个叫亨利·阿尔科克（Henry Alcock）的人。关于免费文法学校的信息，见菲利普·G. M. 迪金森，《亨廷登文法学校》（1965）。

［3］在国家海事博物馆（National Maritime Museum）的《桑威奇文件》（Sandwich Papers）第三卷中，有一张西德尼爵士手写的便条，上面记录了他在一六四三年“把家务交给了我的儿子爱德华”。他搬到了北安普顿郡的巴恩韦尔。

［4］萨姆和他伯父住在一起的猜想得到了他成为伯父的继承人这一事实的支持，这至少表明他受到了认可。罗伯特·皮普斯似乎被蒙塔古家雇为管家，在西德尼·蒙塔古一六三〇年签署的一份契约中称他“来自欣庆布鲁克”。同年，罗伯特在亨廷登的万圣教堂娶了寡妇安妮·特赖斯，并搬进了布兰普顿的房子。（信息来自莱瑟姆和马修斯版《日记》的《指南》卷。）他可能是在十六世纪九十年代中期出生的。他的两个继子比萨姆大一些。

［5］这所房子属于皮普斯协会。它是私人住宅，但经获准后可以参观。它的面积已经扩大了一倍，在原来的都铎式房屋后面增加了一个十八世纪的

建筑。窗户扩大了，楼梯也从皮普斯时代的位置移到了主烟道旁边。

[6] 它现在被称为黑公牛。在皮普斯的时代，另一个喝酒的地方是古迪·戈鲁姆的艾尔酒馆，现在已经不在了。

[7] 皮普斯在一六六七年十月十日的日记中提到了托马斯·泰勒。从一六四一年到一六七九年，他在亨廷登做了近四十年的老师。

[8] 约翰·布林斯利的《文法学校》中提到了父母的抱怨，这是一六一二年出版的两位校长之间的对话。

[9] 信息来自菲利普·G. M. 迪金森，《亨廷登文法学校》。库克是在一六二五年由他的前任托马斯·比尔德博士任命的，他曾教过克伦威尔。因此库克在一六三九年退出教职前一定教过爱德华·蒙塔古。他直到一六五五年一直担任校长，继任者是弗朗西斯·伯纳德教士，来自皮普斯知根知底的家族。一六六一年的日记中提到罗伯特·伯纳德爵士是一名律师，克伦威尔册封的贵族奥利弗·圣约翰的女婿。他的一个儿子威廉·伯纳德是伦敦杂货商，皮普斯请他吃过饭，他在回请时上了一道美味的馅饼。弗朗西斯可能也是他的儿子。直到一八九七年伯纳德家都住在克伦威尔出生的那所房子里。

[10]《日记》，1660 年 3 月 15 日。

[11] 引自迈克尔·麦克唐奈私人印刷的《圣保罗学校史》(1959)，页 224。兰利是在十七世纪五十年代主讲教师任期结束时做出的评论，所以可能并不适用于皮普斯的时代。

[12] 当然，这所房子已经变了样。爱德华·蒙塔古本人在十七世纪六十年代对其进行了扩建；一八三〇年的一场火灾导致了大规模重建；一九七〇年，桑威奇家族将它出售，成为亨廷登综合学校。从那时起，更多的早期建筑被发掘出来，显现出最初修道院的面貌和一些理查德·克伦威尔时期的工程。

[13] 霍勒斯·沃波尔后来的描述，引自莱瑟姆和马修斯版《日记》的《指南》卷，页 186。

[14] 这是威廉·卡姆登(William Camden)在他的《不列颠尼亚》(*Britannia*, 1607)中的描述。

[15] 那时学校的建筑可能比现在的学校规模更大，学校目前是一个专门纪念克伦威尔的小型博物馆。

[16]《日记》，1661 年 7 月 14 日，1662 年 10 月 13 日。

［17］红衣主教马萨林在一六五八年春天与蒙塔古在“内斯比号”上共进午餐后，将他描述为“世界上最坦率、最有善意的绅士之一，对护国公先生也最为忠诚”。见理查德·奥拉德，《克伦威尔的伯爵：桑威奇伯爵一世爱德华·蒙塔古生平》（1994），页 61。

［18］F. R. 哈里斯，《桑威奇伯爵一世生平》，第一卷，页 28。

［19］频繁引用的对话，此处摘自塞缪尔·罗森·加德纳，《大内战史，1642–1649 年》（四卷本；1893），第二卷，页 59。

［20］同上，页 196。

［21］关于查理一世于一六四五年八月二十四日占领亨廷登，有很多权威说法。据称他把乔治客栈作为总部，有一封他写的信，日期是“亨廷登，八月二十五日”。加德纳提到了这件事。我引用了国会议员尼赫迈亚·沃林顿同时代的记录，见他的《主要发生在查理一世统治时期的大事的历史评论》，第二卷，页 267–270。理查德·西蒙兹的《大内战期间皇家军队行军日记》（C. E. 朗编辑，1859）做了目睹的第一手叙述——他说国王在星期二向沃本（Woburn）进发——而阿尔弗雷德·金斯顿的《东英吉利和大内战》（1897）举出了一封关于交换战俘的同时代信件（页 196）。

［22］F. R. 哈里斯，《桑威奇伯爵一世生平》，第一卷，页 71–72。

［23］《日记》，1669 年 1 月 24 日：皮普斯回忆起他如何“看到我的老爵爷死后遗体供瞻仰”。埃塞克斯时年五十五岁；他的结局比他的父亲、第一代伯爵要好，后者三十五岁就因为背叛伊丽莎白女王而死在了断头台上。

［24］见第十四章，特别是一六六三年七月二十七日的日记，当时查理二世向议会发表正式讲话：“国王坐在宝座上，他的讲话写在一张纸上，他把那张纸放在膝盖上，我想，在他向他们发表讲话的整个过程中，他眼睛几乎没有离开过那张纸。”

［25］迈克尔·麦克唐奈，《圣保罗学校史》，页 223–224。

［26］同上，页 205。

［27］学校的反君主传统出现在吉尔身上，他在一六二八年因攻击国王的宠臣白金汉公爵而遭到逮捕、监禁，“老傻瓜和小傻瓜”，指的是詹姆斯和查理。他被判处两年监禁并割掉双耳，后一项被免除了。

［28］汤姆在临终前神志不清，说起了法语：“许多法语，清楚明白，”萨姆

这样写汤姆的胡言乱语，并举了个例子，“quand un homme boit quand il n'a point d'inclination à boire il ne lui fait jamais de bien”（“当一个人在不想喝酒的时候喝酒，这对他没有任何好处”）。我想不出一个更合理的解释，除了当皮普斯家的孩子们还小的时候，有一个法国租客住在家里，孩子们一起跟他学会了法语；汤姆一定学得很熟练，才会在临终时说出法语来。

［29］《日记》，1661年1月22日。皮普斯参观绸布商公会会所时说：“现在我很高兴以目前的身份来到这个地方，我曾经在这里申请圣保罗学校的毕业奖学金。唐宁爵士（我的前任雇主）曾经担任主席，所以这两点同样让我与此地结缘。”

［30］F. R. 哈里斯，《桑威奇伯爵一世生平》，第一卷，页73–74，引用托马斯·赫伯特爵士（Sir Thomas Herbert），哈雷手稿（Harleian MSS），7396，及M. 诺布尔（M. Noble），《克伦威尔护国公家族传略》（*Memoirs of the Protectoral House of Cromwell*，1787），第一卷，页44，脚注：“查理一世国王在从霍尔姆比（Holmby）出发的途中，受到了蒙塔古夫人极尽奢华、毕恭毕敬的款待……”

［31］本章中有关伦敦的信息有许多来源，包括塞缪尔·罗森·加德纳，《大内战史》；戴维·马森，《弥尔顿生平》。

［32］乔治·唐宁在伊斯灵顿写给温思罗普（Winthrop）的信，1648年3月8日，引自约翰·贝雷斯福德，《唐宁街的教父：乔治·唐宁爵士，1623–1684》（1925），页49–51。

［33］塞缪尔·罗森·加德纳，《大内战史》，第四卷，页99–101。

［34］同上，页129。

［35］F. R. 哈里斯，《桑威奇伯爵一世生平》，第一卷，页75。

［36］塞缪尔·罗森·加德纳，《大内战史》，第四卷，页299。

［37］这是洛克的说法，他当时是威斯敏斯特学校一名十七岁的学生：信息来自康拉德·拉塞尔，《议会的危机：1509–1660年英国历史》（1971），页383。

［38］《弗林特郡布罗德奥克的菲利普·亨利文学硕士的日记和书信，1631–1696年》，M. H. 李编辑（1882），页12。亨利成了一名不信奉国教的牧师，并因此在查理二世反对不信奉国教的立法中受了不少罪。

［39］《日记》，1660年11月1日。

［40］《日记》,1660 年 10 月 13 日。

［41］《约翰·伊夫林日记》,E. S. 德比尔编辑(六卷本;1955),1649 年 5 月 30 日。

［42］根据记录,塔尔博特·皮普斯在一六四三年、一六四五年、一六四八年以及一六五七年(为了对西班牙的战争)是为议会军征税的委员会成员之一。见查尔斯·亨利·库珀,《剑桥年鉴》(五卷本;1842-1853),第三卷,页 354、384、420、466。

［43］E. K. 珀内尔,《抹大拉学院》(1904),页 115。

第三章　剑桥与从公

38 剑桥是一个寒冷而美丽的地方，在十七世纪五十年代，它肯定和现在一样寒冷，很可能也一样美丽。而当伊夫林一六五四年来到剑桥的时候，他并没有兴致勃勃地去参观那些伟大的学院——圣约翰学院、三一学院和国王学院，反而登上了国王学院礼拜堂的屋顶，俯瞰伊利、罗伊斯顿、纽马基特和绵延数英里直至地平线的田野和沼泽。他说这座城镇"坐落在一个低洼、肮脏、令人不快的地方，街道铺得不平整，空气因为沼泽的蒸腾变得浊重"。他注意到克莱尔学院正按照"全新的、壮观的设计"重建，但工程因为战争停工了；他甚至没有提到抹大拉，也许是因为太偏僻，它是唯一一所坐落在剑河北岸的学院，是亨廷登路的起点。[1] 抹大拉最初为本笃会修士修建，是地盘最小、捐赠最少的学院之一；但这座两层高的朴素的红砖庭院，顶上有带天窗的阁楼，河边有花园，在皮普斯的时代，远处还有开阔的乡村，无论是过去还是现在都很迷人。

皮普斯，十八岁，身材矮小，皮肤黝黑，眼睛略凸，脸颊、鼻子和嘴唇都很丰满，终于在一六五一年三月抹大拉学院里穿上了剑桥学袍。[2] 他既不能凭长相，也不能以社会地位给同学留下深刻印象，因为他是个减费生，他的学费由学院支付；费用可能是一星期一先令六便士。因为战争，大学生人数很少。皮普斯来的时候，学院里只有三十个住校生，他是十一名新生中的一员。他们每人每年要交五英镑五先令给他们的“公库”——共有经费——每年支付十二先令的洗衣费，十先令房间清扫费，打扫房间的要么是男人，要么是上岁数的女人，因为按规矩年轻女子不得进入任何学院。[3]这里有一股男性群体的气息，他们能不洗就不洗。皮普斯在日记中提到了不止一位剑桥的“室友”，如今在抹大拉最古老 39
的角落里仍然有几套房间展示他们如何生活，卧室和起居室是共用的，但学习的房间是独立的：至少学习被视为私人活动。每一天从六点在礼拜堂的祷告开始，新院长把祷告从五点推迟了一小时，无疑既为了他自己，也为了学者们。然后吃早餐，上一上午的课，中午在学院礼堂吃午饭。直到一六四三年抹大拉的礼拜堂和礼堂都还镶嵌着四十幅“迷信图画”，包括一扇旧彩绘玻璃，画着“约瑟夫和玛丽站在窗中结为夫妇”，这些是我们从那位狂热的文物破坏者的记录中获悉的，他在议会颁布法令之后摧毁了它们。[4]

大学的校规理论上都是严格的。年轻学生不许在剑桥的街上闲逛，不许在市场上逗留，当然也不许进酒馆。和在中学一样，要求他们用拉丁语、希腊语或希伯来语交谈。他们不得打牌或掷骰子，房间里不能有非宗教书籍，不能参加舞会、观看拳击比赛或斗鸡；每年九月镇外都举行著名的斯特布里奇集市，商贩露天搭起货摊、支起帐篷，校方规定学生们绝不允许靠近集市。集市在大学诞生之前就已存在，它招徕了欧洲各地的生意和游客。羊毛、葡萄酒、锡、铅、啤酒花和亚麻布都是大宗买卖，也有二手书摊、卖男子服装的，甚至还有卖鱼的；它吸引了众多的“流浪汉、捣蛋鬼和凑热闹的人”。[5]皮普斯上学期间，剑桥正处于清教的鼎盛时期，尽管他是个好学生，但至少有一次因为酗酒而受到正式的训斥。一六五三年十月二十一日的大学记录上写着，由教务主任约翰·伍德记录，“皮普斯和欣德（Hind）因为前一天晚上很丢脸地被查到喝酒，而受到我本人和希尔先生（Hill）的严肃警告；当时和希尔先生住同一间房的所有人都在场”。这是我们所知道的他的大学酗酒故事的全部。还有不那么英勇的行为，皮普斯曾经向住在抹大拉对面的一位名叫古迪·马利纳的妇女买炖梅干，她儿子在学院食品店当服务员，也许有时他“服务”得过了头，学生们去他那里买艾尔啤酒和食物。

40 萨姆从不享受只有男人的生活，他还和各种各样的年轻女子交往，其中包括贝蒂·阿彻，他对她有温柔的记忆，她的妹妹玛丽嫁给了他的一位大学朋友。还有一个叫伊丽莎白·艾恩斯沃思的，就不那么体面了，她开了一家客栈，教会他唱一首非常淫秽的歌，名叫《整整四十遍》；后来她被驱逐出剑桥。[6]虽然说他没有任何非宗教书籍，他却写了一本，或者说写了一部分，一本小说或者浪漫传奇，他取名为《骗子爱神》。让我们恼火的是，十年后他把自己的手稿销毁了，出于一时冲动要收拾整理，或者说是“要把世界上所有的事物都弄得整齐清楚的念头”；更糟糕的是，“今晚通读了一遍，我非常喜欢它，并对当时自己写这本书时的才能有些怀疑，怀疑我现在再写的话也写不了那么好了”。[7]令人惋惜的是，皮普斯拥有文学抱负的最早的证据和他早期的叙事声音都消失了；但我们应该知道他在二十岁时就开始尝试文学创作，因为这告诉我们日记中展示的写作才能是建立在他早已从事的工作的基础之上的。他还喜欢玩文字游戏，例如，给他仰慕的年轻女性的名字变换字母顺序组成新词，其中有一个叫伊丽莎白·惠特尔，租住在索尔兹伯里院另一个蒙塔古亲戚的房子里。如果说皮普斯的字谜是用来求爱的，那它们没能软化她的心，一六五四年她嫁给了一位能干的年轻人斯蒂芬·福克斯，后来皮普斯与他有过友好的业务往来。[8]

速记是另一个课余爱好。托马斯·谢尔顿的《速记》，首次出版于一六二六年，后经过修改，更名为《速记法》，并在一六三五年由剑桥大学出版社再版。掌握它并不难，年轻人用它来记录布道，对它有一种狂热；在信仰虔诚、百家争鸣的十七世纪四十年代，它重印了两次。[9]皮普斯似乎是在本科期间学会速记的,因为当他开始写日记时,已经是一个熟练的速记写手了,尽管没有证据表明他用速记记录过布道。谢尔顿的体系用一个符号代表一个辅音、双辅音,以及众多后缀、前缀;元音是通过安放跟在后面的辅音或者在五个元音位置中的一个上画个点来表示的;一共有三百个词语符号需要记住,例如,字母 g 的符号也是上帝(God)这个词的符号,代表 k 的符号也代表国王(king),代表 l 的也代表 41
君主(lord)。以后世的速记标准来看,这个体系并不快,但是皮普斯写日记时并不追求速度,尽管他有时也用它记录谈话。[10]

学生们通常有八到九个星期的暑假,皮普斯可能会回到索尔兹伯里院的家里,而一年中的其他时间可能都待在学校。[11]剑桥的官方课程几百年来一直集中在逻辑、哲学和修辞上,但在共和国治下,清教教义占据主导地位意味着很多人把古典课程推到一边,转而钻研宗教。奥利弗·海伍德,一个与皮普斯同时代的三一学院的学生,描述了他的"时间和思想如何更多地花在实际的神学上",以及他如何更喜欢加尔文宗传教士的布道,在导师的房间里祈祷,而不是学习亚里士多德和柏拉图。他和朋友们更倾向于阅读英国神学家的著作,他提到了几个神学家的名字,西贝斯、珀金斯、博尔顿和普雷斯顿。他们著作的名字表明了他们的研究兴趣:《开满精神花朵的花园》(*A Garden of Spiritual Flowers*);《圣徒的食物》(*The Saint's Cordials*);《一篇关于人的想象的论文,展示了他天生的邪恶思想》(*A Treatise of Mans Imaginations, Showing His Naturall Evil Thoughts*);《罪之罪恶》(*The Sinfullnesse of Sin*);《一个关于精神生死的典雅描述》(*An Elegant Description of Spiritual Life and Death*);《罪之毁灭,或,一篇关于禁欲的论文》(*Sinnes Overthrow, or a Treatise of Mortification*)。[12]我怀疑皮普斯是否也花了很多时间读这些书。他在现代作家中喜欢培根和伊拉斯谟,在古代作家中喜欢西塞罗,对英国历史也非常感兴趣。他是天生的演说家,很可能在学生必须参加的辩论中表现出色，辩论需要就某些话题进行正式的公开辩驳，比如“恺撒大帝被刺杀是合法的吗”，或者“识字的妻子好还是不识字的妻子好”。还要准备做陈述，相当于现代的每周论文，要用拉丁语大声朗读出来，最好能够引经据典来修饰文章，引文都来自学生们在札记书（commonplace book）上辛勤收集来的古典作家的语录。[13]语法和伦理学，后者要学些历史，一定也符合萨姆的口味。诗歌他也喜欢，无论是古代诗还是现代诗。约翰·德莱顿已经因写诗闻名，萨姆认识他——他在三一学院学习，因“反抗权威”而惹上了麻烦，年轻诗人做这样的事并不奇怪——后来他和皮普斯通信，二人都很欣赏乔叟。[14]此外还有音乐，这对皮普斯来说一直是最重要的。尽管国王学院的礼拜堂已经因为清教而禁止娱乐，不
42 再有风琴和唱诗班，在家里还是可以玩音乐的。桑德斯一家都是音乐家，住在镇中心的格林街，皮普斯后来称其中一个桑德斯为“我那个时代唯一的小提琴手”。另一次，他谈到了遇到“尼科尔森先生，我在抹大拉的老同学，我们用小提琴和低音提琴演奏了三四段音乐”，这表明他们保持了一项已经养成的技艺。[15]有个故事讲一个剑桥学生把小提琴带进哲学课堂，面对三个对手为“嗖、发、咪、啦”辩护，并击败了对方，这时老师感叹道：“*Ubi desinit philosophus, ibi incipit musicus*”，大致意思是，音乐从哲学的终点开始。如果他听过这事，一定会很高兴，因为他一直坚持认为音乐教育很重要。[16]

他还很能走路，很难不去想象他在剑桥期间曾几次步行十四英里到布兰普顿和欣庆布鲁克去看望伯父罗伯特，问候“我的夫人”杰迈玛·蒙塔古，她膝下现有四个小孩。小杰姆之后爱德华出生，然后是保利娜，最小的是在一六五〇年七月出生的西德尼。但我们对这类拜访一无所知，只知道他在剑桥的几次短途散步。他说，他乐于经常去切斯特顿教堂——圣安德鲁教堂，圣坛拱门上画着世界末日图——然后去纽马基特路上的巴恩韦尔修道院废墟，接着乘渡船过河，再沿着耶稣巷返回。[17]

另一次散步,因为其后遗症让他铭记在心。他和一群朋友在一个闷热的夏日,兴高采烈地出发去了他们称为“亚里士多德之泉”(Aristotle's Well)的地方。皮普斯向来怕热,吞下了太多凉水,他认为体内的水量让他难受了好几天,直到最后把一颗结石从肾冲进了膀胱。结果是让他的病情雪上加霜。从那时起,他写道,“我的生活就只能忍受膀胱中的石头不时发病”。他的叙述描述了他在离开剑桥的几年后如何忍受这种痛苦,直到忍无可忍,这也从侧面表明他的学生时代并不都是忙忙碌碌、兴高采烈的活动、激昂的演说、饮酒、玩音乐、读书,也有其黑暗的一面。他总是忍受着某种程度的痛苦,当它突然发作时,他整日整夜地待在与 43
人合住的房间里,痛苦不堪。膀胱的毛病和尿血让他感到不适、屈辱和恐惧。皮普斯凭着自己的魅力和爱交际的天性,在剑桥结交朋友并维持友谊;他虽身患慢性病,却能一直情绪高昂,保持友谊,这一点更是惊人。

他的叔祖塔尔博特·皮普斯,也就是他在剑桥的亲戚,在大学里的地位不如在镇上重要,他任职镇刑事法院法官,能显著地影响和控制民事和刑事司法。三十年前镇上曾选他当议员;现在他六十多岁,娶了第四任妻子,儿子已经成年,克绍箕裘进了法律界;他仍然非常活跃。他住在剑桥以北几英里外因平顿的一所大庄园宅第里,皮普斯注意到,当他的叔祖塔尔博特走进教堂时,乡民都毕恭毕敬地起立。他的政治立场非常明确,因为他在十七世纪四五十年代曾带头收税以资助克伦威尔的军队。他还受雇于一个机构,旨在确保在该地区的非大学教堂里进行“敬奉上帝笃信宗教的”——意思是清教的——布道。[18]

五十年代,大学受到克伦威尔意志的支配。萨姆上大学期间,曼彻斯特伯爵因拒绝宣誓效忠共和国而被免除校长一职,取而代之的是高等法院首席法官奥利弗·圣约翰,他是亨廷登人,碰巧娶了克伦威尔的表亲。这事发生在一六五一年秋天,次年五月克伦威尔本人成为剑桥司法干事。这对大学来说是件好事，因为他写了一封措辞严厉的信，禁止在学院驻扎军队。[19]一六五四年，他的儿子亨利·克伦威尔成为剑桥的议员。萨姆·皮普斯只要抬眼一看就见到周遭的一切都来了个大换血，反对者被革了职，新制度的支持者填补了关键职位，善行得到嘉奖。这也许是他大学时代最重要的一课：世界被能干的管理者改变。当他在五十年代中期完成学业时，法律体系、曾经的保王派学院的领导职位、课程
44 设置、教会职务和税收都掌握在克伦威尔党人手中；就在他离开学校以后，爱德华·蒙塔古上校被任命为牛津和剑桥的督导，一起受命的还有吉尔伯特·皮克林爵士和布尔斯特罗德·怀特洛克。[20]

皮普斯拿到大学学位后能做些什么呢？同时代的大多数人注定要当牧师——查尔斯·卡特、约翰·鲍威尔、西奥菲勒斯·胡克、约翰·卡斯特尔、理查德·坎伯兰、克莱门特·桑基、托马斯·梅里顿，这些名字都散见在日记中——但教会显然对他没有吸引力。他没有多少宗教情怀，即便是在剑桥的时候，他也只参加过“一两次”圣礼——他也不确定是一次还是两次——此后的十多年里再没参加过一次。[21]查尔斯·安德森是他的一位活泼的室友，继续学业直到取得博士学位，约翰·霍林斯也是。其他人则进入了法律界，其中有罗伯特·索耶，皮普斯的另一个同屋。[22]令人费解的是萨姆对法律这行当缺乏兴趣，因为对于像他这样处境的人也就是出身穷苦又富有才干的人来说，这是一条显而易见的成功之路。他没选这条路，一六五三年十月，他在本科最后一年获得了另一笔奖学金，并于一六五四年三月取得硕士学位，之后他似乎只是回到了父母家中。可能是健康问题阻碍了他的雄心壮志；他后来对这段人生闭口不谈，有可能是疾病的关系，也可能是想掩盖他在伦敦的职业生涯的低微、不稳的开始。可以肯定的是，他为自己曾就读剑桥感到自豪，总是乐于回到母校，带别人参观校园风光——他的妻子、朋友，甚至他的

女仆都曾去过。

接下来发生的事情，最好是在蒙塔古的生活中寻找线索。一六五〇至一六五三年的三年里，他一直和家人幽居在欣庆布鲁克。在此期间，克伦威尔征服了爱尔兰，在伍斯特击垮了年轻的查理二世和他的军队，迫使他再次逃往海外；在海上贸易战中击败了荷兰人；解散了议会。这些事蒙塔古都没有参与，但在一六五三年萨姆在剑桥的最后一个夏天，他重新出现在伦敦政坛，出任人称贝邦议会的短命议会的议员（这名字是政敌依照普里斯格德·贝邦的名字取的，他在舰队街布道，克伦威尔 45
把他召进了下院）。蒙塔古上校刚刚就任下院议员，克伦威尔就邀请他加入他的国务委员会。几个月后，他还被任命为财政部委员，从中获得每年一千英镑的收入，并被任命为外交事务委员会以及一些较小的委员会成员。十一月，他被任命为国务委员会主席。十二月，议会自行解散——由蒙塔古帮忙策划——克伦威尔成为护国公。这个职位是选举产生的，但进行选举的是国务委员会，谁能进国务委员会则是克伦威尔本人说了算。二十八岁时，爱德华·蒙塔古突然成了大人物，他是护国公政体的缔造者之一，显然是护国公的宠臣。

克伦威尔现在住在白厅，蒙塔古在王宫内得到了几处宽敞住所，位于这座大建筑群的西端，一直越过国王街的大门。另一个女儿安妮的出生，可能让杰迈玛在那年冬天留在了欣庆布鲁克，而爱德华在伦敦忙得不可开交。在此之前，他一直是个军人和乡绅，现在他必须精通经济、政治和外交。新年伊始，他在亨廷登郡参加竞选，保王党人和共和党人都制造事端；但他和亨利·克伦威尔获胜，赢得了该郡的两个议席。他接着又回到伦敦，款待法国和荷兰大使，并出席了庆祝活动，标志着对荷兰的第一次战争的结束。在这欢庆之时，奥利弗·克伦威尔在一六五四年四月主持了一场器乐演奏和圣歌演唱会。六月，弥尔顿在他的《再为英国人民声辩》一文中赞扬了克伦威尔、布拉德肖、费尔法克斯、皮克林和蒙塔古，称他们是“最有能力、最有文化、最有成就的人”。[23]蒙塔古担任了许多新职务，因此需要办事员和助手，萨姆·皮普斯正好能派上用场。萨姆的地位差不多相当于家庭杂役——十七世纪的费加罗——他可能还得为孩子们订购骑马服、帽子或玩具，和家里的佣人一起处理问题，或是当蒙塔古在欣庆布鲁克时给他写信汇报伦敦各项事务的进展；蒙塔古
46 虽然有时对他这位仆人说话口气专横，但显然相信他办事谨慎，并把大笔资金委托给他。皮普斯经常到杰迈玛·蒙塔古的父亲约翰·克鲁的家里去，就在林肯律师学院田野，他在那儿很受欢迎；他经常出入蒙塔古在白厅的住所。他在那里被当作家人对待，很快就找到了一个可以睡觉的角落；这比在家里与父母和兄弟姐妹待在一起要方便得多，也愉快得多，他和家人的共同语言越来越少了。住在王宫里，即使是以仆人的身份，和其他仆人一起，从位子和历史这两个方面来讲也会极大地吸引萨姆。

他生命中的这几年缺乏记载。我们不知道他什么时候开始为蒙塔古工作的。现存两人之间最早的通信是在一六五六年三月，但显然萨姆那时的工作已经稳固。一六五六年，他又找到了一份更正式的工作，这多亏了乔治·唐宁。唐宁早已飞黄腾达。他现在是爱丁堡的议员，经常在议会信心满满地发言；他还娶了位贵族妻子。当克伦威尔决定重振因战争变得奄奄一息的财务署时，唐宁在其中得到一个职位；他一定还记得那个自己曾颁发过奖学金的圣保罗男孩，所以作为赠礼让他当了众多文员中的一个。萨姆与财务署还有另一层关系：一六五四年，他父亲的堂兄理查德·皮普斯被克伦威尔任命为爱尔兰首席大法官和财政大臣。[24]

皮普斯只须从蒙塔古的住所沿着国王街走，就能到财务署，这是威斯敏斯特宫内新宫场东侧的另一个大型建筑群；白厅和威斯敏斯特，由

国王街相连,街道两侧有古老的木造房屋和酒馆,这一带成为他此后一生都感到亲切自在的地方。在这个国家政治和行政机构的核心,即使是最卑微的办事员也知道身处核心的诱惑力,在那里,他每天都会在街上与大人物擦肩而过,并以对世事如此了如指掌而感到高兴。[25]皮普斯在日记开头隐约为我们描画了年轻的政府公务员的生活,他们成了他的同事和朋友,用他的话说,在克伦威尔时代,他和他们一起去“凑钱聚餐”。[26]他称他们那一伙人为“老同事”——他那时已经认识他们好几 47
年了——他向我们展示了他们工作中的焦虑,采取的策略,还有他们在酒馆和食肆的欢乐聚会:蓓尔美尔街的伍德、白厅的马什、国王街的哈珀和福克斯,威斯敏斯特的天鹅客栈和斯特兰德街的半个月亮,此外还有很多。他们聚在咖啡馆谈论政治,如新宫场的迈尔斯。他们喜欢玩纸牌,参加音乐晚会;他们互相打赌吃的是小牛肉还是羊肉,荒唐可笑但赌注不大。日记中提到一种叫作“卖马换一盘鸡蛋鲱鱼”的游戏,还有一种叫“障碍”。哪里新开了酒馆他们就要去试试,互相之间借点小钱。他们八卦大人物,心照不宣地开玩笑。有些人与父母同住,有些和朋友住在一起,或是租住在外,还有一些已经娶了年轻的妻子。有些人的叔伯很有钱,大多数人都密切关注晋升的可能性。从皮普斯零散的描述中,我们第一次看到那些职务卑微、聪明伶俐、渴望经验的年轻人如何在一座现代都市里生活、工作,可以看出,几个世纪以来,这种状况并没有发生太大的变化。你可以在济慈的书信中找到类似的描述,在狄更斯那儿也一样,他描述了在当议会书记员的那几年如何焦虑、辛劳又愉快;甚至还能找到一种物理上的关联,那家一六五八年开业的加勒韦咖啡馆,在狄更斯写《匹克威克外传》的时候还在营业。二十世纪九十年代和二〇〇〇年代在伦敦金融城股市工作的电子交易员,是和皮普斯一起聚会的朋友们的远裔。皮普斯在这儿,在许多地方,用他的记述给我们指了道儿。

我们可以从官方文件中搜集到更多关于他的同事和朋友们的信息。例如，我们知道在一六五四年，克伦威尔国务委员会的七名助理文书，直接在主任秘书约翰·弥尔顿手下工作，薪酬按天计算，为六先令八便士；他们中的威尔·西蒙斯，成了皮普斯的好朋友，利氏（Leight 或 Lea）兄弟马修和托马斯，他也认识；还有一个叫尤尔的，两位弗罗斯特兄弟，他们也是和日记有关联的人。国务委员会的工作时间是星期一到星期四的上午九点到下午一点，星期五全天工作；星期六不上班，因此尽管星期天
48 严格来讲应该去教堂做礼拜，而不能用来消遣娱乐，他们也确实在周末休息了；但他们一周的收入似乎不可能超过一英镑。皮普斯六年后首次记录自己作为财务署职员时的年薪是五十英镑，与之相符。国务委员会文书的工作是做会议记录，会议有时由克伦威尔主持，蒙塔古和他的姐夫吉尔伯特·皮克林、安东尼·阿什利·库珀爵士和亨利·克伦威尔等人都参加会议。弥尔顿的视力越来越差，但他仍然参加会议；一六五五年四月，蒙塔古出席了会议，会上讨论并降低了弥尔顿的工资，而书记长亨利·斯科贝尔的年薪则涨到五百英镑。斯科贝尔是威尔·西蒙斯的舅舅，由此可见文书工作自然而然会分配给家庭成员和朋友。[27]除了利氏兄弟外，所有这些职员都在一六六〇年一月被解职，当时政治局势急剧变化，另一批人则得到任命。但大家似乎没有什么怨恨：离职后的西蒙斯继续和在职的彼得·卢埃林一起喝酒。他是温莎的助理管理员的儿子，很可能是保王党人，爱喝酒，讲的粗俗故事能把大伙都逗笑。其中一个故事是他自己假扮医生，说服一个容易上当的漂亮女人让他触摸私处，这件事给皮普斯留下的印象太深了，他甚至出去找那个女人。他和同僚都认识的现实中的女人是贝蒂·莱恩，她在威斯敏斯特大厅工作，那里有个历史悠久的市场，卖内衣裤、手套、书报，她经营着一个服装摊，他有时从她那儿买内衣。贝蒂是个诺丁汉姑娘，到南方来经营自己的生意；她对性以及可能有性关系的人抱着欣然接受、享乐的看法，她喜欢皮

普斯，他也被她迷得神魂颠倒。

一六五八年，弥尔顿的外甥爱德华·菲利普斯，正和皮普斯一样是个年轻的花花公子，出版了一本书，专门给那些渴望和女孩相处的人建言献计。书的卷首插图展示了当时人的穿着：时髦的年轻人留着自己的长发，鬈发常常垂到肩膀上；高顶宽边帽，短夹克，裤子及膝，下面是长袜，干净的鞋子系着鞋带。菲利普斯的书名为《爱情与口才的奥秘；又名，求爱与恭维的技巧》，书中包括两性对话的样板，地点设在查令十字街的春天花园或海德公园，还有“时尚消遣”（“a la mode Pastimes”）、诗 49
句和大量的低俗笑话。书里还有一些令人愉快的谚语：“看见女人不追求，就像抓湿鳗鱼只抓尾巴一样”，“爱神虽然眼瞎，但鼻子不痈”，后面还附加解释说：“这就是为什么男人热情追求女人的时候，别人会说他把鼻子放到她尾巴上，并称之为闻罩衫。”对求爱者的建议是在去公园游玩时，给他们的心上人买奶酪蛋糕、馅饼、葡萄酒和糖，还有一篮篮的樱桃，这水果被认为利尿，很可能会把女孩送到灌木丛中。男人们的谈话总是伴随着诸如此类的问题：他知道多少种姿势，一晚上他能和女人睡几次，他有多少个情妇，有多少个私生子他不敢认。有一些学徒和寄宿学校的年轻姑娘间的对话，她从女教师那里领到的食物不够吃，很想要吃的；还有女裁缝和“闲靠在柜台上”的先生之间的对话。一位律师的文书在老板的女儿那里得手了，她于是成了每个文书梦寐以求的女孩，在梦中她说道：“来吧，罗宾，别管其他文员，我爱你。如果我父亲逼我嫁给其他人，罗宾，你知道伦敦有许多隐秘角落……你觉得一起玩会儿骑马游戏怎么样？……我非常喜欢翻滚。”但是一位男招待请他的女招待同事为他梳头时，却被搪塞了，因为她已经有了心上人，舰队街的一个理发师。梳头是一项公认的色情消遣，皮普斯很喜欢。

菲利普斯的诗句直截了当：“多萝西，这枚戒指归你／现在你那健壮的身子归我。”“埃伦，所有男人都称赞你的眼睛／只有我称赞你的大腿。”“我选择了头发红红的凯蒂／因为她会在床上耍花样。”诸如此类。凡是他舅舅弥尔顿所主张的，爱德华·菲利普斯都反对。他的书是一部故作轻浮，甚至愤世嫉俗的作品，但它让人体会到共和国的最后几年里是什么能让年轻的伦敦人放声大笑——就是他舅舅手下的助理文书，以及其他与皮普斯一起度过闲暇时光的这类年轻人。在严酷、动荡的政治表层之下，生活中仍有令人愉快的暗流值得享受。[28]

一六五五年，皮普斯二十二岁，政治气候波谲云诡。国家由法令统
50 治，没有议会，却有报纸审查；经常有人试图关闭啤酒馆、赌场和声名狼藉的娱乐场所，取缔赛马、斗鸡、戏剧（又来一次）和斗熊：南岸的希望剧院的七头熊终于在一年后被普赖德上校射杀，以使它们免受折磨。[29]陆军少将们奉命统治首都以外的各地区，为阻止保王党活动，旅行受到管制。海军船坞建造了一艘大船“内斯比号”，船首有克伦威尔践踏六国的形象。关于克伦威尔是否会戴上王冠的讨论甚嚣尘上，一些老共和派要么受到监视，要么被囚禁。四月，有消息说沃多瓦派新教徒遭到屠杀，他们是生活在皮埃蒙特山区的无辜而虔诚的民族；整个欧洲的新教世界都感到震惊，克伦威尔立即采取行动，筹集资金帮助幸存者，并致信法国国王路易十四和萨沃伊公爵查尔斯·伊曼纽尔，信由弥尔顿起草，由皮普斯以前的导师塞缪尔·莫兰送达。乔治·唐宁作为特使跟随莫兰同去，并代表受迫害的新教徒在谈判中取得了很大的成功；十月，英法之间签署条约。我们无从得知这一切对一个十四岁的法国女孩来说是否有意义，这个女孩不久前还住在巴黎，眼下住在田野圣马丁教区，她的血统和她的宗教思想一样复杂。她名叫伊丽莎白·马尔尚·德·圣米歇尔，即将成为萨姆·皮普斯的新娘。二人都不名一文。

注释

［1］《约翰·伊夫林日记》，1654 年 9 月。

[2] 皮普斯接受了对自己的描述是"一个又矮又胖的人":皮普斯图书馆,《摩纳蒙》手稿,页 41,"我问他那个皮普斯是什么人,他说他是个矮胖子"。另见他自己的说法(《日记》,1669 年 1 月 4 日),他可以站在六英尺五英寸高的"高大女人"的胳膊下,这样的话他身高大约五英尺一英寸。(伊夫林说她有六英尺十英寸高,但在这件事上我倾向于相信皮普斯。)必须记住,那时人们普遍较矮——例如,威廉三世被描述为身高五英尺六英寸。皮普斯的许多画像,虽然绘制得比较晚,但展现出一致的面部特征——另见 L. 卡斯特(L. Cust),《皮普斯肖像中的独特特征之说明》("Notes on Some Distinctive Features in Pepys's Portraits"),载于《塞缪尔·皮普斯俱乐部会议成员宣读的专题研究》(*Occasional Papers Read by Members at Meetings of the Samuel Pepys Club*, 1917),第一卷,页 38–39。

[3] 这些数字是塞缪尔·莫兰一六四四年在剑桥当自费生时的账目,摘自 E. K. 珀内尔,《抹大拉学院》,页 122。

[4] 查尔斯·亨利·库珀,《剑桥年鉴》,第三卷,页 366。一六四三年十一月的斯科贝尔法令命令各学院院长清除礼拜堂里所有的图像和绘画,但在威廉·道辛(William Dowsing)十二月上任并开始动手之前,没有任何行动。他对自己的破坏行为做了记录。

[5] J. E. B. 梅厄编辑,《安妮女王治下的剑桥》(1911),页 245。

[6]《日记》,1667 年 10 月 7 日。皮普斯和全家一起住在毕晓普斯托福德(Bishop's Stortford)的一家客栈,发现女房东是他的老朋友艾恩斯沃思太太。她的版本的《整整四十遍》("Full Forty Times Over")肯定比刊印于《首次刊印的妙语、笑语及逗趣诗》(约翰·菲利普斯编辑,1656)的《歌》("A Song")更淫秽,尽管你可以想象它可能会写得多么粗俗:

整整四十遍,我努力争取胜利
整整四十次,我被忽略了。
但现在是四十对一,而我还会诱惑她:
　　因为这样的情人很无趣,
　　看到游戏这样玩,
　　就会放弃,

进攻她的时候,你要经常攻克堡垒。
有一个现成的突破口,总是开放着。
千千万万个念头从内部出卖了它。
如果你一旦来攻打她,你一定会进去的。
　　那就不要冷眼旁观,
　　要勇敢地向前冲
　　手中拿着武器,
如果你接近她,她就无法忍受。
　　手中拿着武器
如果你向她冲去,击中目标她将无法忍受。等等——还有三节。

[7]《日记》,1664年1月30日。

[8] 一六六〇年六月二十五日、十一月七日和十一日的日记中提到了伊丽莎白·惠特尔;还有很多关于她丈夫斯蒂芬的内容。据阿瑟·布莱恩特所说,斯蒂芬成为查尔斯·詹姆斯·福克斯的祖父,但她并不是他的祖母;祖母是斯蒂芬的第二任妻子克里斯蒂安。

[9] 十七世纪五十年代,拉尔夫·弗尼爵士(Sir Ralph Verney)抱怨女孩学习拉丁文和速记:"第一项的难度可能会让她远离这种恶习,我认为女人学拉丁语确实是一项恶习;但另一项太简单,可能会对她造成损害;因为听布道做笔记的骄傲,让许多女人变得非常不幸……如果圣保罗生活在我们这个时代,我非常确信他一定会让我们的女人以在教堂里写字(以及说话)而感到羞耻。"拉尔夫·弗尼致丹顿博士(Dr Denton),无日期,但是是在十七世纪五十年代,引自《内战时期弗尼家族回忆录》,弗朗西丝·帕尔特诺普·弗尼夫人和玛格丽特·M.弗尼夫人编辑(四卷本;1892),第三卷,页72。速记中富含与圣经中的名字和宗教术语有关的符号。

[10] 见莱瑟姆和马修斯版《日记》第一卷"导言"中威廉·马修斯的文章,页xlviii–liv。

[11] 塞缪尔·莫兰在一六四四年就是这样做的:E.K.珀内尔,《抹大拉学院》,页121,引用了他自己的记述。

[12] 奥利弗·海伍德在皮普斯之前不久进入剑桥。他列出了自己喜欢

阅读的神学家的名字，有珀金斯、博尔顿、普雷斯顿、西贝斯，文中的书名都是他们的作品。见 J. B. 马林杰，《十七世纪剑桥》（1867），页 181。

［13］ W. T. 科斯特罗，《十七世纪早期剑桥的学术课程》（1958），对课程做了很好的说明，其中有许多例子来自札记书等。

［14］ 德莱顿是皮普斯的远亲，他的母亲姓皮克林，是爱德华·蒙塔古的姐夫吉尔伯特·皮克林的亲戚。

［15］《日记》，1667 年 10 月 8 日，以及莱瑟姆关于桑德斯家族的注释；《日记》，1662 年 6 月 26 日。

［16］ 皮普斯致阿瑟·夏勒特博士的信，1700 年 11 月 5 日，见《塞缪尔·皮普斯私人通信及文件杂编，1679–1703 年》，J. R. 坦纳编辑（两卷本；1926），第二卷，页 109。他称音乐是“一门专门带来……快乐的技艺……我们看到……所有有钱有闲的人普遍兴致勃勃地追求它，就是证明”，并建议简化其教学，“如果它的原理变得像数学知识的所有其他部分一样简单、明晰、确定”。

［17］《日记》，1668 年 5 月 25 日。

［18］ 时间是一六四五年十月。亨利·文爵士和吉尔伯特·皮克林与他一起在这个机构任职。见查尔斯·亨利·库珀，《剑桥年鉴》，第三卷，页 398。

［19］ 克伦威尔的信刊印于查尔斯·亨利·库珀，《剑桥年鉴》，第三卷，页 452。

［20］ 查尔斯·亨利·库珀，《剑桥年鉴》，第三卷，页 461。三人还担任伊顿、温彻斯特、威斯敏斯特和裁缝公会学校的督导。

［21］《日记》，1662 年 3 月 30 日，复活节星期日，记录了他没有参加圣礼，“我责备自己这辈子至今为止一直将圣礼置之不顾，只在剑桥参加过一两次”。

［22］ 索耶成为一名律师，并在一六八一年升为总检察长。皮普斯在一六六六年十一月二十六日（《日记》）听说他为一个案件辩护。

［23］ 戴维·马森，《弥尔顿生平》，第四卷，页 602。

［24］ 查尔斯·弗思，《护国时期的最后几年》（两卷本；1909），第二卷，页 133–135。

［25］ 根据约翰·斯托（John Stow），《伦敦和威斯敏斯特城市概览……以及约翰·斯特赖普所著的从一六三三年至今的概览和历史》（*A Survey of the Cities of London and Westminster... And the Survey and History Brought Down from the Year 1633 to the Present Time by John Strype*, 1720),第六部,页63,国王街狭窄,“建得不怎么样,住的人却不少,房子一般都是按照老办法用木材和灰泥建造的,街道有点儿窄”。

[26] 皮普斯在一六六〇年七月二十六日的日记中使用了“我们凑钱聚餐的老房子”这样的字眼,当时他和他的老朋友们一起重访了位于蓓尔美尔街的伍德俱乐部。一六六五年七月五日,在瘟疫期间,他绕着被封闭的公园步行至白厅,看到“今天在蓓尔美尔街有一栋房子被封了,以前在克伦威尔时代,我们年轻人曾每周在那里聚餐”。

[27]《日记》,1660年8月23日及注释。

[28] 爱德华·菲利普斯后来成为约翰·伊夫林的儿子的导师。他的弟弟约翰·菲利普斯也在出版弥尔顿不会赞同的作品;他在一六五六年编辑了《首次刊印的妙语、笑话及逗趣诗》,文集包括皮普斯未来的同事约翰·梅内斯爵士以及萨克林(Suckling)、戴夫南特的作品,还有多恩的一首诗《爱的进程》。约翰·菲利普斯将这本书献给了“非常高贵的爱德华·皮普斯乡绅”。这一定是阿什特德和索尔兹伯里院的约翰·皮普斯的律师儿子,他出生于一六一七年,一六三六年进入中殿律师学院学习,显然他非常有钱,可以成为赞助人。塞缪尔·皮普斯在一六六三年参加了爱德华·皮普斯的葬礼,所以一定认识他。

[29] 塞缪尔·罗森·加德纳,《共和国和护国时期历史》(四卷本;1897),第三卷,页318、325。

第四章　爱与痛

皮普斯满怀激情地向即将成为他妻子的女人求爱。十三年后，他在某一刻重温了这种强烈的情感，又一次体验了那段时间的感受。那时他正在剧院里听音乐。他在日记中写道，音乐“太好听了……它让我害了病，就像我以前爱上我妻子时那样”。记忆和音乐融为一体。“它把我迷住了”，“包裹了我的灵魂”，“我整夜都无比激动，甚至不能相信，有任何音乐曾像这首对我这样，真正支配一个人的心灵”。[1]带来这种神奇效果的音乐不可能是从录音机里放出，进到现代人耳朵里的那种，虽然他没说，但音乐伴随着内尔・格温的出现而响起，她被精心安排从吊景上降落到舞台，手里拿着一篮子水果和鲜花，打扮成长着翅膀的天使。在皮普斯的版画收藏中，有一张是内尔・格温，几乎只戴了一对翅膀，尽管她在舞台上可能会穿得更多点，但事实很明显：她是伦敦戏剧界最著名的色情偶像。[2]皮普斯去看的这出戏是德克尔和马辛杰的《殉道少女》，戏中的天使在前四幕中伪装成一个男孩，最后才以神圣的形象出现；可能是她那引起性欲的挑逗性外表，以及音乐，使皮普斯像普鲁斯特一样陷入了过去，重新唤起了他对从前的爱情、对伊丽莎白身体的渴望的记忆。

相思病和结石病是他二十出头时的两件大事。像他那样把爱情说成是甜蜜和疾病的混合体，是个惊人的比喻；对二十二岁的他来说，恋爱显然是过于强烈的经历，以至于他公然违背每一个聪明又追求享乐的职员都知道的事实：婚姻是攀爬社会阶梯的一级，新娘应该带来钱财和有
52 价值的家庭关系；它不应该只是一个热情地追逐女人、把鼻子放在她的罩衫里的问题。皮普斯对伊丽莎白的欲望让他失去了判断。不知道他们是怎么认识的，在书店或其他商店，又或是通过朋友；他可能只是在街上就和她聊了起来。她长得挺漂亮，很能吸引人的目光，鬈发包裹着轮廓清晰的脸，明艳照人，眼睛引人瞩目，嘴巴富有表情；她会说两种语言，且颇为健谈，对于一个通晓多种语言、喜欢练习语言技能的人，可能在初见时就合了他的心意。他遇见她的那一年，给自己买了一本法语《新约》。[3]她是外国人，和其他年轻女子不一样。她曾经在巴黎生活，父亲是法国人，父母双方的社会地位都比皮普斯本人高。她父亲亚历山大・勒・马尔尚・德・圣米歇尔出身安茹的一个贵族家庭，她母亲是英国人，其父母也拥有土地和显贵亲戚。这一切听起来挺能唬人，事实上当皮普斯遇见她时，她家差不多一贫如洗，也没有朋友。

但这都无所谓，他想要的是伊丽莎白这个人。他的病痛，以及病痛给他的未来带来的不确定性，只能使他更加坚定地决心尽快拥有她。如果生活不能给予他更多，那么至少他会拥有她。不管他的求爱从一开始是否值得尊敬，后来它变得让人有了敬意。他说服自己，他可以用微薄的收入养活一个新娘，带她住在白厅的蒙塔古寓所，把其他的一切都抛诸脑后。他没有和上司讨论过结婚的打算，好像也没和双方父母认真讨论过。任何一方对婚事都没有意见。

伊丽莎白十四岁，和他妹妹帕尔同岁，但这两个女孩完全不一样，而且很明显在当时或以后都没有成为朋友。帕尔勉强算识字，据她哥哥说，她一点也不可爱，“长满雀斑，脸不漂亮”，而伊丽莎白既活泼又有魅力，对自己的外表和衣着都肯花功夫，尽管父母经济困难，她还是接受了

些教育，也养成了优雅的举止，她既能读书又健谈。[4]萨姆花了不少功夫写情书；虽然没有一封幸存下来，但同时代一个年轻剑桥人向他未来妻子求爱的措辞表现了当时的风格：

> 亲爱的小甜心，上一次我和你在一起时，心中充满爱的火花，那 53
> 炽热的火花只有你本人能够将它熄灭。我希望这种爱的本质是真诚的，范围是宏大的，据我对自己内心的了解，它是正确、真实的。成功微茫，让我欣喜若狂……我希望上帝把你父亲的精神部分地赐给你，让你的内心充满荣耀，他让你的身体变得美丽，你很合我心意。我的心愿意服侍你，你永远在我心里；爱你我非常高兴；我更喜欢我的感情了，因为它们告诉我，它们只投注给你……亲爱的贝蒂小姐，我已经把我的心给了你，你也应该把你的心回馈给我，公平起见你不能拒绝我。

不管皮普斯写的情书是否像这封一样措辞坦率、令人愉快，伊丽莎白发现他是个能言善辩、令人信服的情人，她准备好被他追求并许他芳心。[5]

他们于一六五五年十二月一日在威斯敏斯特圣玛格丽特教堂举行了婚礼。自一六五三年八月以来，宗教仪式被宣布无效，但教堂仍被用于举办代替宗教仪式的世俗仪式，他们的婚礼由一位高级行政官员主持，他名叫理查德·舍温，是财政部委员的秘书及威斯敏斯特的治安法官。[6]十二月一日举行的世俗仪式的公告上写道："本教区男子塞缪尔·皮普斯和田野圣马丁的未婚女子伊丽莎白·马尔尚·德·圣米歇尔，于十月十五日、二十二日和二十九日出示公告，于十二月一日，由伦敦城和威斯敏斯特特区治安法官、理查德·舍温先生主持结婚。十二月一日，理·舍温。"但是在新娘和新郎的心目中，威斯敏斯特婚礼的光彩完全被传统婚礼掩盖，那是在十月十日举行的，他们一直都记得。这是他们庆祝的结婚周年纪念日，到了十周年时，他们跳舞庆祝。[7]他们回忆起的是他们的新婚之夜，那意味着结合，明显的解释是他们在那一天举行了一个私人的、没有登记的宗教仪式，这让皮普斯得以与他渴望已久的新娘上床。这对他们来说是真正有价值的。

那时离她十月二十三日的十五岁生日还有两个星期。如果说伊丽莎白在我们看来是儿童新娘，那么儿童新娘在那时司空见惯；女孩子十
54 二岁结婚就合法。例如，温文尔雅的约翰·伊夫林结婚的时候（1647年）二十六岁，而他妻子就是十二岁；他直到妻子十四岁才与她同房，她在十五岁时流产，两年后才生下第一个足月的孩子。[8]皮普斯从斯特兰德街新交易所附近的一个金匠那里买了一枚戒指——因此婚礼可能在城市的这一带举行——伊丽莎白穿着一件镶有黄金蕾丝边的衬裙。[9]新娘和新郎都表现出他所说的“对婚姻的尊重”和对彼此的“善意”。[10]后来，他们在城里老鱼街的一家酒馆里庆祝，不一定是和家人一起，因为婚礼很少是什么大事，家人可能也不太高兴，皮普斯一家为萨姆的浪漫蠢行感到遗憾，圣米歇尔夫妇则认为一个穷文书配不上法国贵族家的女儿。[11]饭后，这个穷文书一定把她带回了白厅阁楼上的仆人房间。阿瑟·布莱恩特这样描写这一刻，“也许与他们拥有的那一刻相比，生活中没有什么更美好的了”；但是接下来发生的事很难支撑他那温柔的观点。[12]

圣米歇尔家和皮普斯家都无法帮助这对年轻夫妇，他们只能尽己所能好好生活。日子过得并不顺利。生活不易，只有一间不是真正属于自己的房间，而且还要爬好多级楼梯才能上去，皮普斯有时称之为他的“塔楼”。他们几乎没有钱，他身体不好，她还未成年，满脑子都是她喜欢读的法国浪漫传奇故事。这并不是说她不切实际或是无所事事：“她以前怎样烧煤火，还亲手帮我洗脏衣服，可怜的家伙！在我的小房间里。”他后来这样回忆。[13]但她也可以哭泣，责骂，大发雷霆，她的月经是

每月一次的闹剧,需要帮助、安慰,而他却不知道如何给予。他们结婚时,她还是个处女,他差不多也是个雏儿,这从他被放荡女人传染了疾病后的紧张程度就能看出来。毫无疑问,他曾有过很多爱抚的经历,但两人都不太了解性,而他非常渴望体验性。他也需要帮助和安慰,因为他也有自己的痛苦和尴尬。结石的症状一直在恶化,到目前为止他可能一直在忍受排尿的痛苦和困难,以及生殖器的触痛;而在她身上出现了一个可怕的巧合,他称之为"她的阴唇"上的疖子。[14]她患有一种现代医生 55
所熟知但当时无法治疗的疾病,即阴道口腺体堵塞,形成囊肿,产生的脓肿不仅疼痛,有时甚至使性交几乎不可能。[15]他对此没有任何责任,但她可能怀疑他应该负责。很难想象一个更糟糕的蜜月了。

蒙塔古一家对白厅寓所里的佣人中多了个人一无所知。皮普斯似乎很成功地让伊丽莎白避开了他们,因为直到一六六〇年十一月,他的表叔才第一次注意到她。[16]无论如何,蒙塔古心里装着许多重要事情,杰迈玛在欣庆布鲁克又要分娩。一六五五年十月,他被任命为海军部委员,十二月,她给他生了一对双胞胎儿子。一个被忠诚地命名为奥利弗,另一个则取了家人的名字约翰。他们刚刚受洗,伟大的奥利弗就把蒙塔古的事业引向了一个新方向,他被任命为海军将军(general-at-sea),并与布莱克一起担任英国舰队的联合指挥官。这是在一六五六年一月,他准备马上启航前往地中海,奉命在那里为英国人寻找一个永久驻地。他是个彻底的航海新手,于是带着航海指南和帆船模型在他的旗舰"内斯比号"的船舱里学习。皮普斯在兰贝斯送他登船启航。[17]

之后皮普斯回到他那心怀不满的妻子身边。主要问题肯定出在他们的身体上,但其他任何事都能引起他们的争吵——日常婚姻生活中的现实让她失望,他想要做爱时她的反应令他失望,当她对他乐呵呵但无疑是在调情的朋友笑得阳光灿烂时,他会嫉妒,而当他很晚才回家时她也一样嫉妒——两人的脾气都爆发成了激烈的争吵。如果她怀孕的话,他们将会面临严重的实际困难，但她至少会把精力全部放在迎接孩子出生上。可惜没有怀孕的迹象。皮普斯没能有自己的孩子一直被认为是由于他在一六五八年做了手术，值得指出的是，在手术前的三年里也没有孩子降临。[18]塔楼里的爱不是他们两人所设想或希望的，她深感苦
56 恼。她充满愤懑，向同情她的朋友抱怨；后来有一天，她干脆走出家门，再也没有回来。这传递给她丈夫的信息再清楚不过了：他失败了。

皮普斯不习惯失败——他是家里的成功者，是成绩优秀并获得了奖学金的男孩——与伊丽莎白的分离持续了好几个月，这对他来说是可怕的。他觉得这是伤害，是种侮辱，对他作为男人和情人的尊严的冒犯。后来，他谨慎地销毁了所有与这件事有关的信件，连提起它都觉得讨厌。[19]多年以后，如果有什么事使他想起她的所作所为，他仍然会怏怏不乐，耿耿于怀；而她却以此为武器，知道只要提起这件事，就能造成伤害。这曾是她的傲慢姿态，现在成为她在他们的婚姻战争中坚守阵地的方式，暗含了重演这一出的威胁。在他的朋友和家人面前蒙羞是残酷的，失去了曾经那样热烈追求过的伴侣，这几乎让人难以承受。和弥尔顿一样，他满怀期待地结婚，结果却被迫回到了痛苦的独身生活。[20]

传统上，受伤的妻子会回到父母身边，伊丽莎白可能最初是这样做的。除了感情之外，别的也指望不上他们，因为他们明显缺乏对生活中现实层面的把握。她的父亲是一个堂吉诃德式的人物，充满了奇思妙想——永动机和无烟烟囱——而她的哥哥巴尔塔萨从小就被培养起一副绅士派头，却没有任何资源来支撑。巴尔塔萨并不完全可靠的文字向我们透露了父亲的点滴故事，他把父亲描述成一个"绅士，受过非常好的教育"，出生时是天主教徒，后来皈依了新教。皈依发生在他年轻的时候，当时他作为一名职业军人在德国打仗，据说因为这个他失去了在法国的遗产。他后来成了亨丽埃塔·玛丽亚公主随从中的一员、切肉侍从——当时宫廷生活中的餐桌高级侍者——那是在一六二五年，她前往

英国，成为查理一世的王后。后来他与女王的一位修士发生争执，并打了起来，因而丢了工作。之后就没有他的消息了，直到一六三九年他出现在爱尔兰，并和多萝西娅喜结连理，多萝西娅是科克一位绅士的遗孀，弗朗西斯·金斯米尔爵士的女儿，时年三十。这桩婚姻没有得到她的家人的认可，这对夫妇一结婚日子就每况愈下。巴尔塔萨和伊丽莎白显然 57
于一六四〇年出生在德文郡，他们的母亲在那儿继承了土地。[21]但这片土地和他们所拥有的一切都在各种不幸的事件中消失了。他们从英国流浪到法国，从佛兰德斯流浪到德国；有时他去当兵，有一次他被关进监狱。他声称曾为克伦威尔在爱尔兰打仗，就是在那儿，他的妻子先是典当了他们所有的东西作盘缠，然后撇下丈夫，逃到了佛兰德斯——可见逃离丈夫是伊丽莎白从母亲那里学来的。

一六五二年，圣米歇尔夫人独自一人带着两个孩子住在巴黎。有人劝她把他们交给天主教朋友，他们把伊丽莎白送进一座乌尔苏拉会修道院，让巴尔塔萨去给教廷大使当侍从，一回忆起这件事他就能抖一阵子机灵：他告诉皮普斯，有了这样的开始，他最终要么会成为红衣主教，要么就是个娈童。孩子们被愤怒的父亲拯救了，他带着全家人去了伦敦；不久以后伊丽莎白就遇见了皮普斯。[22]巴尔塔萨故事里的时间很模糊，事实准确与否也令人怀疑，因为他写下这些的时候特别想证明他妹妹是一个坚定的新教徒，然而从皮普斯自己的叙述中可以清楚地看出，天主教信仰一直在影响她：例如一六六〇年他为自己买了一本弥撒经书，并熬夜朗读，“听到她早年就熟悉的东西，给我妻子带来很大的快乐”。[23]她的成长环境表明了她为什么在某些方面过于成熟，以及她的焦躁不安，反复无常。她似乎已经离开了父母，和一个叫帕尔默的朋友一家住在一起，在皮普斯提及他一贯称之为和她的“分歧”时，帕尔默这名字突然冒了出来。帕尔默是名律师，可能向她指出了分居妻子的困境，并鼓励双方和解。

圣米歇尔夫妇为皮普斯的生活又贡献了一个谜题。在整个写日记期间，他从未拜访过他们，也从未在家里招待过他们。伊丽莎白去看望他们，给他们带去礼物、钱和旧衣服，甚至还让他们帮皮普斯做些小活，但他为了尽量避免和她父亲交谈，甚至到了滑稽可笑的地步：例如，有一次他送完伊丽莎白后，在威斯敏斯特大厅看到了他，于是派脚夫穿过大厅，给圣米歇尔带个匿名口信，自己则处在一个安全距离外观察他错
58 愕的反应。[24]伊丽莎白也同样不愿让他们见面。家庭矛盾的处理常常让外人费解，而他们家的比大多数人的更为离奇。也许她离开皮普斯的时候，圣米歇尔夫妇并没有鼓励她回到他身边，他对此愤恨不已。也许他发誓不原谅他们，因为他有发誓的习惯，而这也成了他所遵守的誓言之一。后来，当杰迈玛·蒙塔古询问“我是如何对待我妻子的父母”时，他给了她“一个很好的交代”，但没有详细说明——考虑到实际情况，这可以理解。[25]

萨姆一生中这段不快乐的时光没有什么记载，我们只能假定他继续住在白厅的阁楼上，随时听从他的表叔兼赞助人蒙塔古将军的差遣。他在“内斯比号”上给“住在白厅我的住处的仆人塞缪尔·皮普斯”的命令清楚简短：“你盯着这件事……”，“这件事你不能失败”；皮普斯的信按规矩庄重正式，毕恭毕敬，称呼他的雇主为“阁下”“尊敬的主人”“大人”。不管他个人有什么麻烦，他都密切关注公众事件，并乐于慎重地报道那些不信任克伦威尔的军中共和派和那些想赋予他更大权力的人之间的斗争，蒙塔古就属于后者。克伦威尔的另一个最热心的支持者是乔治·唐宁，他现在是一位资深外交官、议员和财务署的重要人物；大约在这个时候，皮普斯找到了他的第二份也是更为正式的一份工作，唐宁的文员。收入的增加一定很令他高兴，因为这样可以给伊丽莎白留下深刻印象。

唐宁注意到皮普斯很有才华，而皮普斯虽然一直尊重唐宁的智力，却从不喜欢他。原因不难理解。一六五六年冬天发生的一件事能看出他的野蛮残忍，当时贵格会教徒詹姆斯·内勒被控渎神的案子被送到了下议院。这让唐宁特别兴奋。他宣称“我们替上帝执行死刑，应该爱惜他的荣耀”，坚决主张如果内勒逃脱了死刑，他至少应该被示众、鞭打——这案子他被抽了三百一十下——并受黥刑，另外用烙铁把舌头烫穿。“你们应该惩罚那舌头，它把上帝弄穿。你们应该把他的舌头弄 59
穿。”虔诚的唐宁不依不饶。[26]吉尔伯特·皮克林爵士提出苦役和监禁就足够惩罚他了，克伦威尔本人也试图干预，但野蛮的判决还是执行了，而内勒则对折磨他的人表示宽恕，看着他受黥刑、被烫穿舌头的人群摘下了帽子，默不作声地表示同情。唐宁既偏执又残忍，与皮普斯的宽容和所谓的“混杂的宗教享受”相去甚远。[27]

他的另一个雇主在秋天回到了英国。蒙塔古证明自己没有辜负克伦威尔对他的信任，并给他带来缴获自南美返航的西班牙舰队的财宝。虽然财宝实际上是由另一位指挥官俘获的，但诗人埃德蒙·沃勒用一副优美的对句迎接满载而归的新任海军将军：

带着这些，胜利的**蒙塔古**还朝
手里拿着桂冠，还有一半秘鲁。[28]

被俘的西班牙船只上的货物据说价值六十万英镑——有人估价一百万英镑——急需这笔钱来支付与西班牙的战争花销。蒙塔古虔诚地写信给克伦威尔的国务大臣约翰·瑟洛，把胜利归于上帝：“感谢他的名字，因为他瞧见了这个国家的低劣状况，并把恶人的耻辱反加到他们自己的脸上……的确，当我领悟到唯有上帝的非凡意旨才能带来这一切时，我的心感到非常温暖。”[29]但是上帝的非凡意旨并没能阻止财宝在回伦敦的路上被抢掠，到达伦敦的时候，一半已经没了。“他们说，一个舰长分到六万英镑，许多水兵每人有一万英镑；这在水手中非常普遍，而且是在激烈的战斗中获取的，因此不可能再拿回它，或是它的任何一部分。”这是瑟洛的叙述，可能夸大了数字，却道出了真正的问题，即军官和士兵都认为他们能任意获取自己冒着生命危险才得到的东西中的大部分——他们中的大多数人都被拖欠了好几个月的薪水，更加理直气壮。[30]蒙塔
60 古个人是无辜的，这是他第一次经历与战利品（海上截获的载有贵重货物的船只）有关的麻烦，后来他又因为这些麻烦吃了不少苦头。而现在，尽管感到失望，他还是在议会受到了感谢，十一月五日还有个官方的感恩庆祝。他在伦敦待了挺长时间，参加了一些科学会议，会上也有政治讨论，皮普斯也陪同在他身旁。[31]然后他回到欣庆布鲁克的家中，让皮普斯去解决与战利品有关的实际问题。

皮普斯写给主人的信，是他现存的最早的作品，冷静地描述伦敦发生的一切，而不敢发表自己的看法。他写到人们争论克伦威尔应该由一位民选统治者还是他自己的家人继承；他描述了拉丁语歌曲的排演，这首歌专门歌颂克伦威尔，他抄录下这首愚蠢的歌词，没做任何评论。费克先生是第五王国宗教极端教派的布道者，刚从监狱获释。一段简短的记叙描述了费克从窗口讲道，市长大人下令让他闭嘴，他回应说他既不知道自己为什么被关进监狱，也不知道为什么被释放，更进一步说，“授权他讲话的精神高于护国公先生的命令，因此更高于市长先生的命令”。[32]皮普斯的叙述有足够的讽刺意味，表明他更钦佩费克的机智而不是官方的高压手段。后来的一封信又写到了宗教差异导致的喜剧，它讲述了克伦威尔看到从耶稣会士手中没收的“天主教法衣”后，如何让他的绅士们穿上这些衣服，“引起了极大的欢笑”。[33]

一六五七年整整一年，皮普斯的个人生活如此不幸，公共事件却接二连三发生。一月，唐宁在下议院发表讲话，敦促克伦威尔称王。三月，

蒙塔古在伦敦,当克伦威尔在国宴厅莅临议会时,他手持国剑(sword of state)。在接下来的几个月里,克伦威尔一再被要求使用“国王”头衔,并多次以良心为由拒绝。他把王位形容为“帽子上的羽毛”;最后,他差点就拿到这根羽毛了。六月下旬,在威斯敏斯特大厅举行的仪式上,加冕石被置于苏格兰王座之下,他身披白鼬皮镶边的紫袍、佩戴国剑、手握权杖,进行了新的护国公就职宣誓。他自己和妻子接受了“殿下” 61
(Highness)的称号,他的儿子们成了贵族。有大量的天鹅绒和黄金,有祈祷和喊叫、号角和欢呼。蒙塔古在克伦威尔身边,陪同他乘坐马车,穿过人群来到白厅。[34]毫无疑问,白厅和威斯敏斯特的所有工作人员此时都来到大街上。蒙塔古继续加官晋爵。克伦威尔任命他为新的顾问委员会(Advisory Council)成员。八月,海军上将布莱克去世,被赐予在威斯敏斯特教堂举行英雄葬礼;这使蒙塔古成为唯一的海军将军。当年年底,他被赐予并接受了贵族头衔,成为克伦威尔新贵族的一员。他现在是蒙塔古男爵。

与此同时,皮普斯还在继续从事卑微的工作。他忙于派送货物,给蒙塔古夫人的娘家、林肯律师学院田野的克鲁家跑腿,以及管理在白厅的家里的仆人。十二月,他遇到了麻烦,因为一个女仆未经允许就离职,与她在一家食肆里认识的小伙子结婚了。皮普斯结婚的时候也没有申请许可,他辩护说自己没有牵扯到她的行为中,并声称他自己除了星期天在他父亲家吃饭后回家,晚上从不外出。当不能立即得到宽恕时,他放低了身段:“大人的善良言语迄今为止都是我最好的朋友,我敢肯定,失去它将证明我的失败。”[35]他没有失去他的职位,但两个表亲之间的鸿沟仍然很宽,有时甚至让人感到羞耻。

一个问题在年底前得到改善,而另一个则变得更糟。他在十二月的一封信中仅仅提到了家务开支,但这已表明他和伊丽莎白之间的关系至少得到了部分修复："我和我妻子"每周花四先令买食物。[36]他至少向雇主坦白了结婚的事。但是他很难享受到伊丽莎白回家带来的福利，因为结石带来的痛苦已经变得难以忍受了。那年冬天的严寒加剧了病情，他决定找个外科医生。他认为这是摆脱"一种持续的、危险的、非常痛苦的疾病状态，以及卑微和贫穷"的唯一希望。[37]

62 手术不是容易做出的选择。众所周知，这是一个可怕的、令人不快的过程，还是一场赌博。"在这场危险的大手术中，生与死互相角力，没人敢说谁会获胜。"一篇写给外科医生的论文这样警告，而病人们则被建议在接受手术前先与上帝和好。[38]然而，尽管有风险，总有人需要手术，因为结石造成的疼痛"难以置信"。[39]皮普斯选择了圣托马斯和巴特的托马斯·霍利尔为他做手术，霍利尔坚定不移地支持克伦威尔，已经做了三十年手术，还为许多共和国战士缝合伤口。不过，手术并不是在所谓的医院的"切割病房"里进行的。皮普斯将成为一个私人病人，很高兴地发现自己处在理想的安排之下。他的族姐简，父姓皮普斯，现在嫁给了特纳，自从小时候他去阿什特德她父亲家做客时，他们就成了朋友，她主动要在索尔兹伯里院她的家里照顾他。她的丈夫是个成功的律师，她有一两个小孩，是个积极、开朗、慷慨的女人。她毫不犹豫地把自己和她的家供他使用。她的提议意味着他会离担心他的父母更近。皮普斯的父亲忙着全力动员更多的家庭成员为萨姆的苦难祈祷；他的一个姨妈，一个"贫穷、虔诚、善良、谦卑的人"，她的祈祷"和依我父亲的愿望，在我切除结石时为我祈祷的众多善良的人的祈祷一起，对我起到了好作用，上帝确实听到了他们的祈祷"。[40]毫无疑问，伊丽莎白也在祈祷，至少人们希望如此。

病人被建议在春季进行手术。太冷和太热都被认为是不利的，外科医生希望有明亮的阳光帮自己看清正在做的事情。皮普斯适时选择在三月底手术。准备工作花了些时间。病人被建议培养平静的心境，避免愤怒或悲伤;他应该对外科医生有信心,甚至有感情(所有这些听起来很现代的建议都来自当时的手册)。医生们则被鼓励诚实地告诉病人他们要经历些什么。在手术之前几周内,不允许喝酒,只允许喝杏仁、黄瓜和甜瓜制成的甜饮料,吃新鲜猪肉、鸡肉、鸽子、鸡蛋、黄油、大麦和稀粥。在手术前的几天里,会有人给皮普斯洗热水澡——可能是一次前所未有的体 63
验——并把他安置在温暖的床上。他的腹部会被软膏擦拭,胳膊上会抽血,并进行温和的清洗,直到最后一天,他不再受打扰,仅仅吃了一顿好饭。

手术是在病人的卧室里进行的。手术当天,推荐吃嫩嫩的煮鸡蛋,以及和宗教人士交谈。对萨姆来说,不管他是吃了鸡蛋还是和牧师进行了交谈,那天都是三月二十六日。他洗了最后一个澡,把身上擦干,被告知在房间里转上一两圈,并拿到一种特别配制的饮料,由甘草、糖稀、肉桂、牛奶、玫瑰水和十五个鸡蛋白制成——一共六盎司,还要与一盎司的蜀葵和其他草药制成的糖浆一起吞咽,对于一个神经紧张的人来说这剂量很大。[41]之后,他被要求躺在一张桌子上,桌子上可能铺上了装满稻草的袋子,他就躺在袋子间,同时人们开始把他绑住。有的外科医生认为在这个时候说几句安慰的话是明智的,因为捆绑对许多病人来说很吓人。他们像鸡一样被捆起来,双腿抬起来,长长的亚麻布条缠住腿、脖子和胳膊,目的是让他们一动不动,不碍外科医生的事。仅捆绑说明就占了一本手册的好几页;捆完病人后,他还要被绑在桌上。他的私处被刮了毛,几个强壮的男人紧紧地固定住他:"他们中的两个可以抱住他的膝盖和两脚,两个抱住腋窝和双手……手有时也会由一个特殊的绷带,和膝盖系在一起,也可能双膝由固定在桌上的皮带单独捆绑。"[42]与此同时,外科医生用温水和杏仁油或牛奶润滑器械:导管、探针、探路器①、

① 探路器是一种外科医生的器械,固定在尿道中,可以看到括约肌或膀胱颈部,以便更准确地切开以找到结石。

窥镜、钳子、小钩子等；他手边还有止血粉、海绵和强心水。当时没有麻醉剂，接受膀胱手术的病人当然也不能饮酒。

外科医生开始做手术。首先，他把一个薄的银质仪器，就是探路器，通过阴茎插入膀胱，帮助定位结石。然后，他从阴囊和肛门之间的那条线开始，切开大约三英寸长、一根手指宽的切口，一直切入膀胱颈，或者
64 就到它下方。切口的同时用湿布给病人擦脸。用钳子搜寻、找到并抓住那颗石头，越快取出来越好。结石取出来之后，伤口却不缝合——人们认为最好是让伤口自行滴干、结痂——而只是清洗后敷上一层药，有的甚至在开始时敞着刀口，只盖上一小卷被称为帷幕的、蘸了蛋清的软布。然后涂上蛋黄、玫瑰醋和油混合制成的药膏。[43]

皮普斯，毫无疑问此时因为器械的冲击和疼痛已经晕了过去，他被解开捆绑，移到了温暖的床上。人们准备好由柠檬汁、萝卜和糖稀混合成的冰糖浆让他喝。[44]第一次敷药持续十二小时，大腿被绑着，以便伤口自然愈合。一个星期后就能下床了。康复的第一天，给他吃了肉汤、肉桂水和舒缓饮料，当他想吃其他东西时，就推荐他严格素食：菊苣、苣荬菜和菠菜。还要在他的肚子上涂油，蚯蚓油也备好了以防发生抽搐，有必要的话就清洗一次伤口，但这只能在两周之后进行。发烧、失眠和疼痛都在意料之中，最重要的，你可能会认为，是严重的焦虑。膀胱正在愈合吗？他希望它多久能恢复正常？如果他挪动，他会把刚刚愈合的伤口撕开吗？医生碰到前列腺了吗？这些都是手册担心的问题。皮普斯是那种很可能自己读过手册的病人。我们知道，他曾向给他看病的医生询问信息和解剖学解释，这是他在一六六三年回忆起的事，当时他在医师公会会所看到一具解剖的尸体，并对膀胱和肾脏特别感兴趣。[45]

对于那些没有死于继发感染的人来说，恢复需要三四十天。皮普斯用了三十五天。这很了不起。据他所说，五月一日以前，他就恢复如初：就在两年后，他在一六六〇年五月一日的日记中写道："今天算起来距

我对结石进行的完美治疗整整两年。”霍利尔可能为自己的工作感到骄傲，尤其是考虑到皮普斯结石的大小，他的医生同事们说是“非常大”；据后来看到结石的伊夫林说，它有网球那么大。当时人们真正打的唯一一种网球，使用的球比现代草地网球稍微小一点，但直径仍有二又四分之一英寸；要通过一个三英寸的切口抓紧并取出这颗石头一定非常难以 65
操作。[46]幸运的是，霍利尔作为一名结石移除专家正处于技术巅峰；仅在那一年，他就成功地为三十名病人做了手术。第二年，即一六五九年，情况就没那么好了：他的前四个病人都死了，大概是因为他的器械沾上了某种感染性物质，温水或杏仁奶都无法将之清除。

皮普斯高兴极了，他宣布打算余生中的每个手术周年纪念日都摆宴庆祝，这一计划被证明过于雄心勃勃，但也表明他严肃地感觉到，如果没有手术，除了疾病和贫穷，他什么都不能指望。他还小心地保存着这颗石头，等到有钱以后，他为它做了一个特殊的“石头盒”，花了二十五先令，并把它展示给其他可能会考虑手术的人。[47]他的母亲也为同样的疾病所苦，尽管没那么严重，但她两年后幸运地将石头排出体外；她把它扔到了壁炉里。[48]没有什么比这件事更能看出两人的区别了：一个坚强的老妇人，缺少好奇心，甚至邋遢；另一个是她整洁的、用心行事的儿子，想要理解、掌握、分类和教导。萨姆拥有好奇心和乐观精神，他的石头对他来说是一种需要研究、探讨、装盒、贴标签，以及展示给任何感兴趣的人看的东西，无疑也会展示给那些不感兴趣的人看。

他经历了考验，重新振作起来，变得更有信心，精力也更充沛。他有两份工作，两位雇主都受到重用，这预示着他自己也有光明的未来。他恢复身体，重整身心期间，他们也不在城里，这方便至极。唐宁在海牙，既是克伦威尔的大使，又是情报部门的一员，而蒙塔古则在海上，与法国人联合，封锁了敦刻尔克。在那里，蒙塔古在“内斯比号”上举行了盛大的宴会,邀请红衣主教马萨林参加,并带他参观了战舰。马萨林很高兴,不仅对这艘船,而且对这位年轻的英国将军,尤其是他对克伦威尔的个人情感,印象深刻。马萨林把他描述为"世界上最坦率、最有善意的绅士之一,对护国公先生也最为忠诚"。他的情感众所周知,而且也有同
66 样的回报。克伦威尔对蒙塔古这样署名,"深爱你的朋友奥利弗·P."。[49]克伦威尔的权力似乎从未像现在这样强大或稳固。近来的保王党阴谋已经遭到镇压和惩罚,他的名字在整个欧洲都让人又敬又怕。皮普斯知道他在为接近权力中心的人服务。他看到剑桥的老相识在这权力圈内改善他们的处境。其中一个是约翰·德莱顿,他来到伦敦,为克伦威尔的宫务大臣、皮普斯的亲戚皮克林干些文书的活。另一个是皮普斯曾经的导师,塞缪尔·莫兰,他在情报部门谋得一席之地。皮普斯自己需要摆脱身为住家仆人的现状,找个属于自己的房子,这是他开始着手做的事。

注释

[1]《日记》,1668 年 2 月 27 日。

[2] 此剧的大部分时间里,天使都化身为一个叫"安吉洛"的仆童,支持他的基督徒女主人对抗罗马人的迫害。第五幕中从天而降的情节是复辟时期舞台经理的发明,文本只要求天使带着一篮子水果和鲜花上台,尽管引人注目地戴着"一对光辉的翅膀"。马辛杰和德克尔的《殉道少女》于一六二二年首次出版,一六三一年、一六五一年和一六六一年分别再版。哈罗德·威尔逊在一九四八年二月二十一日的《注释与问询》中指出,皮普斯在一六六一年二月第一次看了这出戏,在一六六八年二月第二次观看之后——这次他被音乐弄得欣喜若狂——五月六日他又去了。五月七日,他没有观看演出,而是在演出结束后去了后台,见到了"穿着男孩衣服,非常漂亮"的内尔·格温,以及他试图勾引的女演员尼普,并对女演员们自信的谈吐印象深刻。

[3] H. M. 尼克松(H. M. Nixon)在《皮普斯图书馆书目》(十卷本;1978–1994)第六卷(1984)的一个注释中说明一六四七年版的《新约》(*Nouveau*

Testament)刻有“S. Pepys 1654”,现存于皮尔庞特·摩根图书馆(Pierpont Morgan Library),还说它后来被送给了玛丽·斯金纳。

[4]《日记》,1666 年 5 月 31 日。皮普斯对帕尔外貌的描述多为贬抑之词。他的确承认过她是“一个身材相当好的女人,并不那么粗壮”,尽管这时的帕尔已经二十好几了。

[5] 皮普斯在一六六三年一月的争吵中销毁了一些情书,剩下的大概是在伊丽莎白死后销毁的。所引用的情书是十七世纪五十年代中期他同时代人奥利弗·海伍德所写,写信时他已经接受圣职,成为牧师;海伍德赢得了他的“贝蒂小姐”的芳心,这并不令人惊讶。像皮普斯一样,他很早就失去了她。出自奥利弗·海伍德教士,《自传,1630–1702 年》(两卷本;1937),第一卷,页 131–132。

[6] 关于一六五三年八月二十四日有关世俗结婚仪式的法案,见塞缪尔·罗森·加德纳,《共和国和护国时期历史》,第二卷,页 292。

[7] 他在一六六一年、一六六四年、一六六五年和一六六六年的《日记》中记下了纪念日。他还在伊丽莎白的纪念碑上写上了她在婚后第十五年去世。她于一六六九年十一月十日去世,所以如果他们是从一六五五年十月算起,她已经结婚十四年了,确实刚刚进入婚姻的第十五年;而如果从十二月算起,她结婚只有十三年零十一个月,还在第十四年里。

[8] 法律允许男子十八岁、女子十二岁结婚。一六八九年曾试图将女子结婚年龄提高到十四岁,但没有成功。见戴维·奥格,《詹姆斯二世和威廉三世治下的英格兰》(1955),页 75–76。

[9]《日记》,1660 年 9 月 3 日。

[10] 关于金蕾丝边,见《日记》,1664 年 2 月 10 日;关于对婚姻的尊重,见《日记》,1663 年 7 月 5 日。

[11]《日记》,1666 年 8 月 6 日。

[12] 阿瑟·布莱恩特,《塞缪尔·皮普斯:长大成人》(1933),页 28。这种倒装句非常奇特,很容易让人认为这是布莱恩特表达情感的方式。

[13]《日记》,1667 年 2 月 25 日。

[14]《日记》,1660 年 8 月 2 日:“我妻子阴唇的旧痛让她身体不适,我们刚结婚时她就有这病。”

[15] 关于膀胱结石患者遭受的痛苦的描述见于当时的医学手册，读来令人不快。见下文关于手术的注释。伊丽莎白可能患有巴多林氏脓肿或囊肿，这是一种相对常见的疾病，今天可以用抗生素治疗，必要时还可以进行手术；在十七世纪，没有有效的治疗方法，而且病症往往会复发，伊丽莎白的病显然如此。尽管它不是由性交感染引起，而是由皮肤上的细菌引发，但伊丽莎白可能怀疑是她丈夫传染给她的。这种病直到青春期才开始，因为它是由腺体的作用产生的，而伊丽莎白的情况是她的青春期可能与结婚大约同时。我感谢帕特里克·弗伦奇(Patrick French)提供的医学信息。她的病继续造成麻烦，例如，皮普斯在一六六〇年十月二十九日的《日记》中提到“她的旧痛”，使她有两周时间无法进行性交。到了一六六三年秋天，她有一个三英寸深的脓肿(“她以前有肿胀的地方疼痛；让我烦恼的是，我们担心是我给她的东西导致的，因为我和她在一起后它才出现”，《日记》，1663 年 10 月 24 日)，他们的外科医生霍利尔考虑做手术；但这个建议让她非常不高兴，于是他决定采用热敷疗法。

[16]《日记》，1660 年 11 月 15 日。

[17]《日记》，1660 年 9 月 3 日。皮普斯再次为他送行，并回忆起之前的情景。

[18] 达西·鲍尔爵士，载于《塞缪尔·皮普斯俱乐部会议成员宣读的专题研究》，第一卷，页 78–93：他指责霍利尔割断了射精管。米洛·凯恩斯，《塞缪尔·皮普斯为何停止写日记：视力减退和健康问题》，载于《医学传记》，第五卷(1997 年 2 月)，页 26，认为是继发感染或去除结石的损伤造成的狭窄。凯恩斯否定了达西·鲍尔的观点，即他的性行为是由他的泌尿生殖系统受到的刺激所引起。在这个问题上，凯恩斯完全比鲍尔更有说服力。

[19]《日记》，1664 年 7 月 4 日，1661 年 8 月 13 日。

[20] 可能是在分居期间，皮普斯去了舰队胡同(Fleet Alley)。一六六四年七月二十九日，在那里看着——只是看着——一个漂亮的妓女，他回忆起以前曾经来过：“在那里看到了我以前所熟悉的东西，那些房子很邪恶，强迫人去花钱。”在写日记期间，他因为担心被感染，完全不去嫖妓。

[21] 伊丽莎白的生日是在一六四〇年十月二十三日：皮普斯在她的纪念碑文中写出了出生日期和地点，他写的是萨默塞特。巴尔塔萨在一六六二

年十二月三日结婚时，说自己二十二岁。他可能弄错了，或许他们是双胞胎，或许他俩只是在一年之内相继出生，这样的话，他一定是在一六四〇年一月出生的。他写道，“我的妹妹，我们所有人都出生在”比迪德福（Bideford），这表明还有其他孩子出生，但没有活下来。

[22] 巴尔塔萨·德·圣米歇尔致皮普斯的信，1674 年 2 月 8 日，见《塞缪尔·皮普斯与其家庭圈书信集》，页 25–28；《日记》，1667 年 3 月 29 日。

[23]《日记》，1660 年 11 月 2 日。伊丽莎白有时会对皮普斯说要成为天主教徒；她和母亲在巴黎时与一个叫福古迪神父的耶稣会士关系很好，他在一六六四年（2 月 6 日和 3 月 28 日）拜访了她，皮普斯对此感到不安，尽管他喜欢这个人。福古迪的名字在天主教阴谋中出现了。（见第二十二章）

[24]《日记》，1663 年 6 月 4 日：“我从一个不认识的人那里雇了一个脚夫去告诉他，他女儿去了他的住处。我在远处观察他；可是主啊，他问了脚夫多少问题啊；我是什么样的人以及上帝知道还有什么云云。”

[25]《日记》，1660 年 11 月 22 日。桑威奇夫人（她当时是蒙塔古夫人，皮普斯一直称她为“我的夫人”）问了这个问题，此前伊丽莎白在她和她新招到的法国女仆之间做翻译，似乎是女仆引起了这个话题。

[26] 关于内勒的争论见于《托马斯·伯顿日记》（1656–1659），J. T. 拉特编辑（四卷本；1828），第一卷，页 154 及余；查尔斯·弗思，《护国时期的最后几年》，第一卷，页 87–102。吉尔伯特·皮克林、瑟洛、怀特洛克和克伦威尔都赞成处理得更仁慈些。

[27] A. G. 马修斯，《皮普斯先生与不信奉国教》（1954），页 36。

[28] 引自格兰维尔·佩恩，《威廉·佩恩爵士回忆录》（*Memorials of Sir William Penn*, 1833），第二卷，页 159。

[29] 引自 F. R. 哈里斯，《桑威奇伯爵一世生平》，第一卷，页 97。

[30] 查尔斯·弗思，《护国时期的最后几年》，第一卷，页 55。

[31] 皮普斯在一六五六年十二月九日致爱德华·蒙塔古的信中写道：“阁下可能还记得观摩了 W. P. 爵士的磁力实验。”W. P. 让人想到威廉·佩蒂，他是医生、统计学家、皇家学会的创始成员，后来是皮普斯的朋友，尽管他直到一六六一年才获封为爵士。蒙塔古也是皇家学会的创始成员。

[32] 皮普斯致爱德华·蒙塔古的信，1657 年 1 月 8 日。见《塞缪尔·皮

普斯书信及第二部日记》,R. G. 豪沃斯编辑(1932),页 5–6。

[33] 皮普斯致爱德华·蒙塔古的信,1657 年 12 月 8 日。(同上,页 7)

[34] 见戴维·马森,《弥尔顿生平》,第五卷,页 148;理查德·奥拉德,《克伦威尔的伯爵：桑威奇伯爵一世爱德华·蒙塔古一世生平》,页 54,后者将这一场合绝妙地描述为"一种世俗化的加冕仪式"。

[35] 皮普斯致爱德华·蒙塔古的信,1657 年 12 月 26 日。见《塞缪尔·皮普斯书信及第二部日记》,页 11。

[36] 皮普斯致爱德华·蒙塔古的信,1657 年 12 月 22 日。(同上,页 9)

[37] 皮普斯自己的描述,见《日记》,1664 年 3 月 26 日。他写道,感谢上帝把他从疾病和贫困中拯救出来。

[38]《膀胱结石精论》(1640),英译自荷兰语,页 49–50。

[39] 欧洲各地都有专业的外科医生,从古埃及时代开始就进行这种手术。在拉尔夫·乔斯林的日记中,他提到他所在的埃塞克斯郡的村庄有两个人去伦敦切除结石,一个在一六四九年七月,另一个在一六六五年四月。两人都是治好病后回了家,其中第一个人又活了三十三年。见《拉尔夫·乔斯林日记,1616–1683 年》,艾伦·麦克法兰编辑(1976)。

[40]《日记》,1663 年 5 月 30 日。提到了这位詹姆斯姨妈和她关于约翰·皮普斯为他儿子寻求祈祷的叙述。

[41] 你可以在一位同时代医生的笔记本上读到 J. M. 医生为"皮普斯先生……在被霍利尔先生切除结石之前"开出的拉丁文处方。(大英图书馆,斯隆手稿,1536,页 56)G. C. R. 莫里斯在《医学史》(*Medical History*)第二十六卷(1982)页 429–435 提出,这个处方是由约翰·米科尔思韦特医生(John Micklethwaite, 1612–1682)开具的,他是霍利尔在圣巴托罗缪医院的同事。

[42]《膀胱结石精论》,页 81–84。

[43] 同时代人约翰·伊夫林对手术进行了描述,他于一六五〇年五月在巴黎的夏里特医院(La Charité Hôpital)观看过五名病人进行手术。这是他对其中一个手术的描述：

> 患者脱光衣服,只剩下衬衣,四肢被绑在高高的椅子上,两个人紧紧按住他的肩膀。然后,医生用一个弯曲的仪器探测,直到他碰到结石,接着在

不搅动探针的情况下，让柳叶刀的边缘从探针上的小通道进入，同时不伤及任何其他部位，他在阴囊上做了一个长约一英寸的切口，然后他用食指尽可能地把结石移到伤口附近，然后用另一个像鹤颈一样的工具把石头拉出来，这对病人来说是一种令人难以置信的折磨，尤其是在他用第三件工具如此无情地在膀胱里翻检，以找到任何可能留下的其余结石之后：失血非常多。之后病人被抬到床上，将一根银管子安在伤口处，以便在伤势愈合期间导流尿液：危险是发烧和坏疽，有些伤口永远不会愈合。

伊夫林说在阴囊切口肯定是错的？（《约翰·伊夫林日记》）

[44] 第二张处方，这次是由莫林斯（Moleyns）和 G. 乔利夫（George Joliffe）两位医生，“为皮普斯先生开具，他在[一六五八年]三月二十六日被霍利尔先生切除结石，今天从他身上取出了一颗非常大的结石”。（大英图书馆，斯隆手稿，1536，页 56V）

[45]《日记》，1663 年 2 月 27 日。皮普斯还提到乔利（Jolly）医生（乔治·乔利夫）在一六五八年曾照料过他，并回答过他的问题。

[46] 皮普斯保留了他的结石，并在一六六九年六月十日拿给伊夫林看。（《约翰·伊夫林日记》）

[47] 他直到一六六四年八月二十日才订购盒子，当时他在日记中记下这将花费他二十五先令。另见《日记》，1667 年 5 月 3 日，其中他描述了把它拿给南安普顿伯爵看，鼓励他接受手术，但徒劳无果；他没做手术，两周后死了。伊夫林一六六九年六月十日的日记也提及此事。

[48]《日记》，1660 年 12 月 5 日。

[49] 引用马萨林的话，见理查德·奥拉德，《克伦威尔的伯爵：桑威奇伯爵一世爱德华·蒙塔古一世生平》，页 61；莫兰证实蒙塔古“完全忠实于老诺（old Noll），他的同乡[即奥利弗·克伦威尔]”，见 F. R. 哈里斯，《桑威奇伯爵一世生平》，第一卷，页 137。关于克伦威尔一六五七年十月二日致爱德华·蒙塔古的信，见国家海事博物馆，《桑威奇记录》，第一卷，X98／065。

第五章　斧场的家

67 皮普斯只有租半栋房子的钱——后来他把另一半也租下来之后，仍称之为“我可怜的小房子”——但他对在哪里住很有眼光，也许还得到了他的某个有权势的雇主的帮助，因此房子的位置再好不过了。斧场是威斯敏斯特中心地带的一个死胡同。今天，政府大楼遍布整个地区，没有留下旧街道原本的痕迹，但在一六五八年，狭长的斧场有二十五栋房子，大点儿的房子是有钱有权的人住的。[1]它狭窄的入口位于国王街，那儿有家斧头酒馆，通过国王街门就是白厅宫，入口距国王街门仅一步之遥；场院一直延伸到圣詹姆斯公园边上，那头的房子往窗外一望就是大片绿地。

白厅虽然被称为宫殿，但实际上只不过是泰晤士河和圣詹姆斯公园之间挤在一起的一大片房屋，被从查令十字街到威斯敏斯特的主干道横穿；其中最现代的建筑是伊尼戈·琼斯设计的国宴厅，由詹姆斯一世建造，成了查理一世的刑场。据说这些古老的建筑有大约两千个房间，有些重新修缮后供统治者——现在是克伦威尔——及其家人居住；其他房间被赐予最受宠爱的、为国效力的人，其中包括爱德华·蒙塔古。就像在剑桥或牛津大学学院的庭院里一样，要抵达人们的房间得穿过许许多多不同的门和楼梯。这里有三英亩的花园和两个滚木球场草地——

亨利八世时代的一个果园——还有一个礼堂、一间议事厅、一座小教堂、几间警卫室和几个用来运动和交谈的长廊；还有一个码头，因为粮食等必需品主要靠水运，以及几段通往河边的楼梯。

如果在斧场和国王街的交界处右转，很快就来到了威斯敏斯特宫，那里又是一片杂乱的建筑、礼堂和小教堂，议会坐落在此，下议院和上议院，还有各种法庭都在这里。绘厅和大礼堂也在这里，书商和其他店主 68
在大礼堂摆摊；它的大门对着新宫场。财务署的办公室也设在威斯敏斯特宫，因此对一个财务署职员来说斧场的位置特别方便；实际上皮普斯的上司乔治·唐宁在斧场就有自己的房子，皮普斯的同事兼朋友约翰·霍利目前就住在那儿。他是唐宁的“我的职员和仆人”，皮普斯的“我的兄弟霍利”。[2]

这样看来，右边是财务署、大礼堂及友好的店主们，还有议会；左边是大门，进去就是白厅，蒙塔古的寓所就在那儿，皮普斯在租住斧场的房子之前一直住在那里，并且他仍然把那儿当成第二个家，因为到一六六〇年他还有书留在那里。[3]只需要一辆手推车就可以把他为数不多的东西从他的房间运过来。他和伊丽莎白每周大约有二十先令的生活费，从中还要拿出钱来付房租和税金，而他希望她每天都记账，“哪怕是一捆胡萝卜和一团白垩粉”。[4]在人生的这个阶段，他们拥有的家具可能不过是一张桌子、几把椅子、一张足够两人睡的大床和一张给女仆睡的小床，皮普斯本人摆脱了住家仆人的状态之后，自己也首次雇起仆人来。

于是他在一六五八年八月组建了一个三口之“家”，他自己，十七岁成年的妻子，以及他们的女仆简·伯奇：曾经的二人组合变成了三个人，也许三人组的形式更适合他们。他们有五个房间和一个院子，院子里养了鸽子。这座房子比他和伊丽莎白结婚之初住的那间单人房要宽敞得多；但是男主人、女主人和女仆此时仍然一起住在半幢小房子里，房间都是门对门，这就意味着如果有人心情不好，生病或是宿醉头痛，三个人都可能会受到影响。因为萨姆和伊丽莎白都不是处世圆融的人，这就得指望简了。

她十四岁。她的工作是生火、清理炉箅、扫地、洗地、打水、倒泔水，家里人的衣服许多也要她洗——有时凌晨两点起床开始洗衣服——买食物，帮忙做饭，饭后收拾桌子，清洗餐具。除此之外，她还得帮助维持
69 家中和平。我们从皮普斯那里知道，她做的蛋糕很好吃，断然拒绝杀火鸡、鸡或者鸽子。她似乎识字，因为她有一本书，对一个像简这样的乡下女孩来说这并不常见。[5]她有母亲在乡下，母女感情很好，还有个弟弟韦恩曼；她有个哥哥在伦敦当马夫，结了婚，安顿下来了。皮普斯付给她大约一年两英镑的工资。他不高兴的时候可以随意用扫帚打她，尽管这种事并不经常发生。[6]她聪明、快乐、谨慎，注定要在他的生命中长期扮演重要角色，而他之于她也是如此。

他们的新家里总是聚着一群朋友和同事。手术后身体恢复了，他又开始和以前凑钱聚餐的一伙人交往，他们聊天、喝酒、唱歌，互相讲粗俗的故事，在酒馆里打牌。哈珀酒馆离斧场很近，威尔金森饭馆也在国王街，供应食品和饮料。日夜都和他混在一起的朋友的名字在日记的前几页被提到：迪克·斯科贝尔、威尔·西蒙斯、彼得·卢埃林、詹姆斯·切特温德、汤姆·多林、马修·利、汤姆·利、萨姆·桑福德、阿什沃尔堂兄弟、乔治·瓦因斯、迪克·瓦因斯、萨姆·哈特利布、罗宾·肖、杰克·斯派塞、约翰·霍利、威尔·鲍耶。这些是克伦威尔时期伦敦的公务员，我们可以想象他们埋首于办公桌前，站在门口，匆匆忙忙地穿过街道，操心自己的住处，有些人无所事事，有些人好开玩笑，有些人懒惰，有些人雄心勃勃，在这个大人物的政府里，这些崭露头角，至少是充满希望的年轻人，为自己的所作所为感到骄傲，他们的工作大多通过家庭关系和引荐获得。威尔·鲍耶只不过是个看门人，但他的父亲罗伯特是财务署的门房，他引以为豪的是对职员们父爱般的照顾，经常邀请他们到他在威斯

敏斯特的家里做客，他的女儿们挤满了屋子，有时他还邀请他们到他在白金汉郡的乡间别墅。他和妻子跟伊丽莎白交上了朋友，萨姆有时叫他“鲍耶老爹”。瓦因斯家是另一个好客的地方，家长也是住在新宫场的老财务署官员；儿子们都很懂音乐，萨姆晚上可以拿着小提琴过去和他们一起演奏。斧场的其他地方也有音乐，就在克里斯普太太的家里，她是蒙塔古家的朋友，会弹大键琴，正在教她儿子劳德唱歌；她的房子很大，装潢华丽。她隔壁是塞缪尔·哈特利布的房子，普鲁士难民、学者、 70
约翰·弥尔顿的密友，弥尔顿现在双目失明，住在城中的克里普门附近。年轻的哈特利布是政府职员，也是皮普斯圈子里的一员。爱德华·威德灵顿爵士是另一位斧场居民，他和下议院议长及剑桥公共演说官都有渊源；海军行政官员托马斯·韦德也住在这儿。其他很快就成了朋友的邻居是约翰和伊丽莎白·亨特夫妇，他们像皮普斯夫妇一样年轻，还没有孩子；他们来自东英吉利，妻子家和克伦威尔家有关系，可能因此帮她丈夫在间接税务局谋到了工作。

白厅的中心是“护国公殿下”本人。克伦威尔现年五十九岁，他的权力似乎无可置疑。他不久前强力镇压并惩罚了造反的保王派；他为英格兰获得了敦刻尔克和牙买加，并彻底击败了西班牙。在欧洲大陆他被公认为伟大的领导人，在国内他的统治强大而稳固；但许多问题仍然没有解决，一个是那些坚守真正共和制的正义旧事业的前同事日趋不满。还有财政问题：财务署的每一位官员都知道陆军和海军都在叫嚷着要钱，军饷一个月接着一个月地拖欠着，有时甚至到了引起叛乱的地步。克伦威尔的下一个任务就是改革财政体系。就在皮普斯在斧场安家的时候，克伦威尔却在逃避问题，也在远离胜利。他最心爱的女儿病逝，这令他深陷悲痛，无心政务。八月初她在汉普顿宫去世时，他陪在她身边，四天后她被安葬在威斯敏斯特教堂。他回到白厅，在震惊和悲伤之中，意识到自己也生病了。八月二十六日，他和老朋友布尔斯特罗德·怀特洛克共进午餐，把这件事告诉了他。突然间每个见到他的人都能看出他病了。这个令人震惊的消息传开了，八月二十九日星期日，教堂里有人为护国公祈祷。星期一，一场飓风席卷了英格兰。人们普遍相信大风预示着伟人的死亡，皮普斯也抱有同样的看法，他在日记中不止一次提到这一点。现在飓风被视为一个时代结束的预兆，因此安德鲁·马维尔这样描述道：

71 它们从捆麦子的人手里把麦子吹走，
在通风的大地上让它们脱粒；
或是把高大的树木连根拔起，它们和他一起长大，
一个个大深坑向天空敞开……
当他衰弱的灵魂随着大风飘动时，
宇宙也在它们的重压下挣扎。[7]

但这也标志着一个新时代的开始，因为当飓风袭来时，林肯郡一个名叫艾萨克·牛顿的学生注意到他在迎风和逆风时能跳跃的距离不同，于是饶有兴致地以此来计算风力。[8]

九月二日召开了一次国务会议。爱德华·蒙塔古从船上回到伦敦。克伦威尔病得太重，不能出席会议；无论如何，他已经明白自己康复无望。当他的侍从劝他喝杯酒来帮助入睡时，他回答说："我既不想喝酒也不想睡觉，只想尽快离去。"第二天下午，他去世了。死亡以可怕的速度向他袭来，在他最伟大的两次战役的纪念日将他俘获，邓巴战役和伍斯特战役，他在这两次战役中击败了查理·斯图亚特。整个国家都震惊了，就像一六四九年一月震惊于查理一世被处死一样。瑟洛给在海牙的唐宁写信说克伦威尔的"死比这一代或前几代人中任何一个人的死都更让人痛惜。他的名字现在和将来都永远珍贵，即使是对于那些在他生

前抱怨他的人来说也如此”。[9]唐宁让他在荷兰的家人哀悼，并准备前往伦敦参加葬礼。

爱德华·蒙塔古立即签署公告，支持理查德·克伦威尔接替他父亲的统治，而共和军领袖则准备反对他。蒙塔古还起草了个人宣言，宣誓对理查德效忠——两人年龄相仿——并表示相信他将“继续他父亲开创的自由和改革的光荣事业”；他还宣誓效忠于由一个人、两个议会和一个共和体制组成的政府，既反对共和派也反对保王派。他率领海军军官团把宣言呈交给新任护国公，后者接见了他们，欢喜溢于言表，表示要
给予海军事务特别关注。[10]为了显示个人友谊，理查德·克伦威尔还任 72
命蒙塔古为骑兵团上校。皮普斯也得了好处，因为新上校让他当了骑兵团的点名官兼秘书，为此他得到了每季度五十英镑的丰厚薪水，用他自己的话来说，却无须“处理任何事情”。[11]这是他第一次直接体验到政府的钱如何通过恩庇制度进行分配。一个人只要得到一份报酬丰厚的闲职，就可以轻而易举地把更多的闲职分配给指定的下属。这一原则被储存在皮普斯的头脑档案中，以备将来使用。

在接下来的几个月里，新任护国公的支持者在国务会议上与共和派对手对峙，蒙塔古让他的仆人兼秘书努力工作。十月，他带领一个中队从朴次茅斯出海，解决敦刻尔克附近的私掠船问题，但十一月他又回来参加国务会议，处理财政部事务。为克伦威尔举行的国葬正在筹备之中。它像国王的葬礼一样举行，直接模仿了詹姆斯一世的葬礼。讽刺的是，有人建议为了安全起见，勒令保王党离开伦敦，但蒙塔古对此表示反对，称不必担心发生骚乱。[12]费用也不能俭省，筹备工作花了太长时间，葬礼不得不从十一月九日推迟到二十三日，也就是他去世后十二周。克伦威尔的尸体早就秘密下葬了，现在有六匹马拉着他的雕像——头戴王冠，手持权杖，身穿王袍——在一队送葬者的陪同下，从灵堂所在的萨默塞特宫出发；送葬队伍中最重要的人早晨八点前就集合了，手里拿着票。

葬仪开始的时间却因争论外国大使的先后次序被推迟了。

所有人都步行，沿着斯特兰德街慢慢前进，经过查令十字街，向南转入国王街，穿过白厅，来到教堂。鼓手、号手、彩旗和饰有羽毛和纹章盾的马，也都和人群一起游行。皮克林处在克伦威尔的女婿、丧主弗利特伍德勋爵的队列中。共和派和他们的敌人走在一起。蒙塔古本人是克伦威尔封的贵族，他的男爵队伍跟在他身后，唐宁那时一定住在斧场，作为财务署税官也在送葬队伍中。他是弥尔顿的朋友，后者也被哈特利布
73 搀扶着参加送葬，两位年轻的诗人，马维尔和德莱顿，也在队伍中，脑子里一直在构思克伦威尔之死的应制诗。[13]布尔斯特罗德·怀特洛克是十二个抬棺人之一。克伦威尔最喜欢的一群音乐家也在队伍里。国务大臣瑟洛先生在高级官员之中，蒙克将军也从苏格兰赶来。沿路都竖起了栏杆，身穿崭新的镶黑边红色军服的步兵靠着栏杆站了两排。皮普斯的“鲍耶老爹”作为财务署门房也参加了送葬，他以前的导师塞缪尔·莫兰以御玺事务官（clerk of the Signet）的身份在列，亨利·斯科贝尔是上议院的书记，也是皮普斯的朋友迪克的舅舅；还有克里德先生，海军将军蒙塔古的秘书，可能叫理查德·克里德，他的弟弟约翰后来成为皮普斯频繁接触的同事兼竞争对手。在芸芸众生中，皮普斯身在何处？无法想象他没有密切关注这场演出，他甚至可能以蒙塔古仆人的身份加入送葬队伍，因为许多像他这样的小人物被允许和大人物一起游行。

在场的大多数人肯定知道克伦威尔的尸体早已下葬，一个带敌意的目击者注意到“没有人哭”，当送葬队伍经过时，士兵们正在街上喝酒抽烟：此人是约翰·伊夫林，但就连他也注意到有“无数的哀悼者”。[14]他们在短暂的冬日里游行了大半天，到达教堂时，雕像由十位绅士抬到东侧，并安放在一座宏伟的建筑中；持票人可以入场，但没有举行其他仪式，哀悼者散去了，现在肯定很想吃点东西。[15]

理查德·克伦威尔是个不情不愿的接班人，没有任何做领袖甚至起码做个政客的本能。正如一位严厉的编年史家所说，“老秃鹫死了，骨灰里冒出一只山雀”。[16]他的国务委员会从一开始就分裂成两派，一方是敌对的共和派，主要是军官，另一方是包括蒙塔古在内的支持者。蒙塔古在欣庆布鲁克过圣诞节，迎接了另一个新生儿的到来，他的第五个儿子，对于一个公开的反保王党人来说，他给这个男孩起名叫查尔斯实在太扎眼了。他在家的时候人们正在选议员，虽然身为贵族他并不直接参与其中，但他帮助新护国公的另一位支持者瑟洛赢得了亨廷登议员的席位。这年冬天没有留下皮普斯从伦敦发往欣庆布鲁克的信——一六 74
五七年和一六五九年都有——这表明蒙塔古可能召他下乡协助选举，他得以问候他的女主人，同时去布兰普顿看望他的伯父罗伯特。从他在日记靠前的部分提到亨廷登士绅的方式可以明显看出，他惯于见到他们，在教堂里认出他们，知道他们所有人的名字。同样明显的是皮普斯和杰迈玛·蒙塔古之间建立了一种互信友爱的关系。一六六〇年她来伦敦时，对他表现出“非同寻常的爱和仁慈”。[17]

蒙塔古再次履行海军将军的职责，于一六五九年三月驶往波罗的海，指挥舰队帮瑞典人打丹麦人，双方争斗已久。临走时，他对理查德·克伦威尔说，他宁愿看到他死在坟墓里，也不愿看到他屈服于共和派酝酿的阴谋。[18]四月，蒙塔古在埃尔西诺登陆。他到那里是为了确保波罗的海对英国的贸易保持开放，而这正是荷兰与丹麦结盟造成的威胁。唐宁从海牙给瑟洛写信，在海军事务上建议英国在所有贸易中都采用护航制度。但海军政策是伦敦人最不关注的事情，因为军队领袖正在施加各种压力，迫使理查德·克伦威尔屈从于他们的意愿。四月，怀特洛克垂头丧气地离开伦敦；五月，他被指控与查理·斯图亚特通信，不得不激烈地为自己辩护。伊夫林在日记中写下了“无政府和混乱”；但他在五月也勉强去观看了在德鲁里巷的科克皮特剧院上演的威廉·戴夫南特的歌剧，认为这“很不可思议，因为在公众都处在惊恐之中的时候，这种虚荣无用的东西居然能继续或者居然被允许上演；我和一伙人在一起，无法体面地拒绝去观看，尽管我因此受到了内心的惩罚”。[19]无论伊夫林的心如何惩罚他，艺术、音乐和诗歌仍然存在，这是这个时代为数不多令人鼓舞的地方；弥尔顿，此时仍然是国家的正式公务员，已经开始创作《失乐园》。

虽然皮普斯是个音乐爱好者，但他不太可能去听戴夫南特的歌剧，因为他也要准备出海。人们不知道他在干什么，纷纷猜测，直到五月他
75 的行为才明朗，那时蒙塔古把他召到波罗的海，托付他把私人文件带过去。皮普斯本人说他不知道自己给主人带过去的是什么，尽管有人猜测他带的是理查德·克伦威尔和共和军领袖查尔斯·弗利特伍德的信，两人都请求舰队提供支持。[20]但对理查德来说为时已晚，他于五月二十四日签署了一份承诺退职的文件。此时皮普斯正乘着“雌马鹿号”双桅纵帆船向北航行。他和理查德·康特里船长交上了朋友——后来他叫康特里“我爱的小船长”——二十六日他把包裹交给了蒙塔古，后者根本没有透露信中的内容，也没有透露他如何回复。[21]他只是让他的上尉大卫·兰伯特在“内斯比号”上盛情款待了皮普斯，然后直接把他送回伦敦。[22]

一六五九年六月八日，皮普斯在斧场的家中，正好赶上理查德·克伦威尔正式退位。幕后正在激烈地策划阴谋。瑟洛已经被解职，他写信给唐宁，询问他是否愿意在新政府中继续担任英国驻海牙公使。唐宁选择留在海牙，他在那里仔细盘算自己的处境。塞缪尔·莫兰一直为瑟洛拦截信件，他向查理·斯图亚特提供了一份关于蒙塔古性格的书面描述，称他性情温和坦率，但极其谨慎，知交无几。“至于在感情方面，”他接着说，“他完全忠于老诺①，他的老乡，因为他的缘故，也深爱他全家

① 老诺（Old Noll）是保王派对奥利弗·克伦威尔的称呼，Noll 是 Oliver 的缩略形式 ol 之前加上 n。

人，但他非常憎恨现在在台上的人，他经常私下里这样跟我说：而且我从非常可靠的渠道得知，他此时此刻对当前的变局非常不满；因此我深信，如果能够拉他过来，那就是在现在这个关口。”但是，莫兰提醒国王，蒙塔古有土地、收入、妻子和许多孩子，他要权衡利弊。[23]有上述信息在手，查理遂于七月派自己的使者前往波罗的海，给蒙塔古带去一封信，信中提出丰厚的回报——伯爵爵位、一笔钱以及任何他想要的东西——以换取他和他的舰队的支持。蒙塔古回复说时机尚不成熟。他的谨慎是明智的，尤其是因为国王的特使与阿尔杰农·西德尼同时到来，这是一位共和派议员和国务委员，受伦敦的新共和政府派遣，前来监督蒙塔古并刺探消息。

蒙塔古将西德尼视为“死敌”，西德尼也的确指控他与查理秘密谈 76
判，这种背叛行为应判死罪。[24]蒙塔古后来告诉皮普斯，那年八月他已经决定支持查理，不过没有告诉任何人。[25]尽管他言行谨慎，但在伦敦，国务委员会还是剥夺了他的贵族身份、上校头衔和国务委员的职位，宣布他们正在收回他在白厅的寓所，并没收了他的许多私人文件。虽然皮普斯毫不知情，但蒙塔古处境艰难：他只能韬光养晦。皮普斯此时表现出的审慎明判，足以让蒙塔古相信他绝对可以信赖，一旦时机成熟，他就会提拔他出任重要职务——但皮普斯自己对此一无所知。蒙塔古决定率舰队回国，他告诉西德尼，由于缺乏食物供给，加上士兵生病，他们必须如此。他的舰长们都同意他的观点，大多数人都随他一起返航。当他到达萨福克海岸时，有消息传来，柴郡发生的保王党起义已被镇压，两个冷冰冰、问东问西的海军部委员正等着上船，坚持要他直接回伦敦。在伦敦，他被进一步审问。一个检举人硬说他曾参与将查理·斯图亚特接回国。虽然没有找到证据，但海军的指挥权实际上交到了共和派海军中将约翰·劳森手里。理查德·克伦威尔来信慰问，并建议说“城外”是“失业者最合适的地方”。蒙塔古同意了，既然没有理由把他扣留在伦敦，他便被允许回到欣庆布鲁克的家中。[26]

一六五九年的最后几个月里，他一直留在那儿，这期间由皮普斯向他汇报伦敦发生的事。他找不到一双更好的眼睛和耳朵为他服务了，因为皮普斯专心致志地在街头闲逛，对白厅发生的事情兴趣盎然。十月十三日，共和派少将约翰·兰伯特率领士兵包围了威斯敏斯特大厅，并驱逐了议长和大多数议员，皮普斯报告了议会领袖阿瑟·哈斯勒格和海军部委员赫伯特·莫利失望地离开伦敦的消息，并列举出新的治安委员会成员名单，这是因冲突和变革而困惑和疲惫的国家的又一届政府。他本人一直使用谨慎的不置可否的语气，但他也把别人的观点寄给蒙塔古：
77 “我冒昧地随函附上小册子若干，供大人消遣。”[27]他发现自己的**职业**（métier）成了作家，并于十二月写下了一系列关于这场危机的信件，堪称报道的经典之作。

第一封信的场景如下：城里的学徒们正忙着请愿，要求军队从街上撤走，因此“昨晚就有人预料到会有叛乱发生，学徒最近也确实屡次公然冒犯士兵。昨天深夜，城里到处都是同样的公告，禁止以后再策划或签署任何此类请愿书或文件”。这是在十二月三日。十二月五日发生了一场“争吵”，学徒们继续请愿，伦敦议会认为这是暴动的开始，更多的步兵、骑兵进驻伦敦城。商店关门了，人们对着士兵们嚷嚷，

> 男孩们扔石头、瓦片、萝卜和其他东西……有些士兵被他们缴械，挨他们踢，有的孩子扔石头和垃圾虐待马匹……在有些地方，学徒们会拿个足球（现在有严重霜冻），故意把它往士兵中间滚，他们不敢（或是如果要做也是小心翼翼地）拦住球；最后，许多士兵被石头砸伤，我看到的一个士兵差点被从房顶上扔下来的砖头砸碎脑袋。在士兵这一方，他们发布公告，禁止任何签名请愿，男孩们对此轻蔑地大声起哄，有些士兵忍无可忍，只得开枪，在几个地方（其中我在康

> 希尔见到一个人头部中弹）打死六七人。［原文如此］还有几个受伤的。[28]

皮普斯描述了一个从那个世纪直到本世纪，全世界范围内都在上演并重演的场景，我们在电视屏幕上看到过这个场景，因此对每一步都很熟悉。这是自犹太历史学家约瑟夫斯以来，第一个对城市暴乱、年轻人与武装士兵发生冲突的目击报道；它显示了他是多么善于把握街头的脉搏，把目光集中在最重要的细节上，扔在马身上的垃圾，霜冻街道上的足球，从屋顶上扔下来的石头，士兵们无法忍受孩子们的侮辱，于是开枪把他们击毙。

十二月八日，皮普斯继续讲这个故事，现在来到了老贝利的法庭：

> 伦敦城现在的态势非常危险，我相信在士兵们完全离开之前， 78
> 是难得平静的。这些事件也许能让（大人）您对这座城市的状况猜个八九不离十。也就是说。验尸官对星期一遇害者的死因进行了调查，向上呈交为谋杀，并把罪责落在胡森［休森］上校头上，后者下令士兵开火。案件本周在老贝利开庭，大陪审团希望市长大人能让士兵们离开伦敦城，市长回答说，他不知道要在保证城市安全的情况下如何让士兵出城，他们提出要公开起诉军官，并保证把他们带到大人面前……我还要补充一段话，在市议会大厦里宣读学徒的请愿时，布兰德里斯［治安委员亨利·布兰德里斯］站起来，严厉抨击孩子们掺和这些事太过无礼，全体议员随之对他一片嘘声，他被迫坐下，律师兼法官怀尔德回应他时特别为整个请愿辩护，赢得了全场掌声。这就是这座城市目前的命运，人们知道军队如何把手流弹［手榴弹］送到保罗［圣保罗大教堂］和伦敦塔，预备在最极端的时刻（这必然会发生）向城市开火，我相信，除了把士兵赶出城，骚乱绝不会宁息。

同一天晚些时候寄出的另一封信是这样结尾的："恐惧和绝望，我的大人，从来没有像现在这样笼罩全城。"伦敦人既焦急又疲惫，但皮普斯仍然生机勃勃：他在附言中写到有一笔家庭债务圣诞节到期，这提醒我们，即使在恐惧和绝望的几周里，人们也是需要记账的。路过伦敦唯一的犹太教堂时他还抽空往里望了一眼，发现葡萄牙犹太人正在哀悼他们中的一个商人，他死于结石手术。手术是皮普斯的外科医生霍利尔做的，这一幕必定在他心中盘桓，让他同情死者，也庆幸自己的好运气。他认为这条消息值得转达给在欣庆布鲁克的关心他的人们。

在斧场家中，伊丽莎白终于相信自己怀孕了。自那场盛大的葬礼之前，她就没来过月经。圣诞节的时候，蒙塔古夫人从欣庆布鲁克给皮普斯夫妇送去了一些碎猪肉冻，她丈夫则对外称病，"心情不佳，只
79 能待在房里"。当要求他签署一份劳森准备的声明，宣称海军忠于共和时，他也故意拖延，劳森将舰队驶入泰晤士河，蒙克将他的军队缓慢南移至苏格兰边境，他还在静观其变。[29]唐宁和蒙塔古都没有与皮普斯讨论各自遇到的困难。两人都是通过与克伦威尔的友谊成就事业的，正是克伦威尔赋予他们权力，使他们能够在他们认为时机成熟时，为查理·斯图亚特提供有价值的服务。蒙塔古对克伦威尔死后所发生的一切感到既绝望又厌恶，他和国内大多数人一样，担心未来会陷入无政府状态，内战可能重新爆发。唐宁基本上更加愤世嫉俗，更懂得把握机会。两人都足够敏锐，知道他们必须准确判断时机，放弃对克伦威尔政权残余势力的忠诚，向国王屈服，顺天应人以博得君王的封赏。一六五九年在政治混乱、时局不定中结束了，对每个人来说都如此；这一年的最后一天，伊丽莎白发现她根本没有怀孕——我们知道此事，因为它明明白白地出现在皮普斯日记的第一页，一六六〇年一月一日，他开始写日记了。

注释

［1］在罗克(Roque)绘制的一七四六年的地图上可以清楚地看到它,起点靠近现在的“二战”死难者纪念碑(Cenotaph)。安德鲁·戴维斯(Andrew Davies)的《一七四六年至今的伦敦地图》(*The Map of London from 1746 to the Present Day*, 1987)很有帮助。

［2］唐宁在一六五四年写给蒙克将军的一封信的日期是“斧场,九月三十日,五四年”,引自约翰·贝雷斯福德,《唐宁街的教父:乔治·唐宁爵士,1623-1684》,页64。关于唐宁提到霍利,以及他在一六五八年搬进斧场的另一所房子,即格林利夫少校(Major Greenleaf)的房子,见莱瑟姆和马修斯版《日记》的《指南》卷,页170。

［3］《日记》,1660年2月18日:“去我的大人的住处,到我的塔楼上拿走了大部分书,让我的女仆送回家。”

［4］皮普斯致妻嫂埃丝特·圣米歇尔的信(1681年10月1日)是这样说的,见《塞缪尔·皮普斯与其家庭圈书信集》,页188,他在信中敦促她节俭。他声称他们靠这样的收入生活了“好几年”,并补充说在写信时他仍有伊丽莎白的家庭账目。可惜它们没有保存到现在。

［5］关于做蛋糕,见《日记》,1668年1月6日;关于拒绝杀火鸡,见《日记》,1660年2月4日;关于藏书,帕尔被指控偷了她的书,见《日记》,1660年1月24日。根据蒂姆·哈里斯,《查理二世统治时期的伦敦群众》(1987),页27,女性识字率在十七世纪稳步上升,从世纪初的百分之十上升到世纪末的百分之五十五。

［6］一六六二年三月二十六日皮普斯夫妇请简回来干时,她拒绝以低于三英镑的年薪回来——见《日记》——所以她在一六五八年不太可能挣这么多钱。

［7］《日记》,1662年2月18日,皮普斯写道,风在“记忆中从没这么大过,除了在已故的护国公去世时”;1663年10月19日,他对妻子说,“我祈祷上帝别让我听到任何大人物的死亡,这风是如此之大”。马维尔,《悼念已故护国公殿下》(“Poem upon the Death of His Late Highness the Lord Protector”),第117-119行,第131-132行。

［8］关于牛顿对飓风的反应,见戴维·马森,《弥尔顿生平》,第五卷,

页 358。

[9] 引自约翰·贝雷斯福德,《唐宁街教父：乔治·唐宁爵士,1623-1684》,页 100。

[10] 伯纳德·卡普,《克伦威尔的海军》(1989),页 149。另见戈弗雷·戴维斯,《查理二世复辟》(1955),页 10-11。

[11]《日记》,1660 年 11 月 28 日。皮普斯描述了军团的解散,他净收入二十三英镑一百四十五先令,并遗憾地表示他无法再以这种轻松的方式赚更多钱了。

[12] 伯纳德·卡普,《克伦威尔的海军》,页 332。

[13] 德莱顿是否在场受到他的一位传记作者查尔斯·E. 沃德(Charles E. Ward)的质疑,但被其他大多数权威人士接受,当然这似乎很有可能。

[14] 伊夫林搞错了日期,以为是一六五八年十一月二十二日。(《约翰·伊夫林日记》)

[15] 关于克伦威尔葬礼的信息来自万灵学院的研究生、约翰·普雷斯特维奇牧师(John Prestwich)的同时代记述,作为附录七印于《托马斯·伯顿日记》(1656-1659),第二卷,页 516-530。

在他列出的出席者中,有一位文书官尤尔(Ewer)先生,可能与威尔·休尔有关;罗伯特·布莱克本,海军部委员的秘书和休尔的舅舅;还有弗朗西斯·威洛比,海军部委员,他在川流巷的房子转交给了皮普斯。关于葬礼的更多信息来自安东尼亚·弗雷泽,《克伦威尔·我们的头领》(1973),页 680-685;戈弗雷·戴维斯,《查理二世复辟》,页 40-44。

[16] 关于秃鹫和山雀,见詹姆斯·希思(James Heath),《上一次国内战争简史》(*A Brief Chronicle of the Late Intestine Warr*, 1676),引自 F. R. 哈里斯,《桑威奇伯爵一世生平》,第一卷,页 115。

[17] 皮普斯对蒙塔古家孩子的照顾始于一六五九年和一六六〇年之交的冬天他们的长女杰迈玛在伦敦做手术,后来还有几次他继续照顾他们。关于蒙塔古夫人对他的温柔行为,见《日记》中关于她的第一则记录(1660 年 10 月 12 日),当时皮普斯听说她来了伦敦,立即去拜访她:“发现她在吃晚饭,于是她让我坐下来和她单独在一起;晚饭后留下来和她聊天——她表现出非同寻常的爱和亲切”。在这之后还有很多描写。

［18］ 他这样告诉皮普斯。(《日记》,1660 年 6 月 21 日)

［19］《约翰·伊夫林日记》,1659 年 5 月 5 日。德比尔提供了德鲁里巷的科克皮特剧院这个信息。(第三卷,页 229,脚注 2)

［20］ 伯纳德·卡普,《克伦威尔的海军》,页 335。

［21］ 关于康特里船长,见《日记》,1661 年 9 月 27 日。莱瑟姆和马修斯版本《日记》的脚注指出,一六七六年皮普斯给了康特里一个闲职,在"皇家查理号"上当枪炮军士长。因为皮普斯觉得他"小",考虑到他自己的身高,他一定很矮。

［22］ 关于兰伯特上尉,见《日记》,1660 年 10 月 4 日,皮普斯用舰船的新名字"查理号"称呼它。

［23］ 莫兰致查理的信,1659 年 6 月 15 日。引自 F. R. 哈里斯,《桑威奇伯爵一世生平》,第一卷,页 138。

［24］ 国家海事博物馆,《桑威奇记录》,47,60 以降。

［25］《日记》,1660 年 5 月 15 日:"他告诉我,从他在松得海峡(Sound)[即波罗的海]时就皈依了国王的事业(我一直说我想知道从什么时候开始国王会把他当成朋友),当时他发现了共和国于他可能有何益处。"

［26］ F. R. 哈里斯,《桑威奇伯爵一世生平》,第一卷,页 156–157。

［27］ 皮普斯致爱德华·蒙塔古的信,1659 年 10 月 20 日。见《塞缪尔·皮普斯书信及第二部日记》,页 11–12。

［28］ 皮普斯致爱德华·蒙塔古的信,1659 年 12 月 6 日。(同上,页 15)本章中接下来引用的皮普斯致蒙塔古的信都出自这个文献,拼写已经改成现代拼写。

［29］ F. R. 哈里斯,《桑威奇伯爵一世生平》,第一卷,页 165–166。劳森的声明还提出了一些激进的改革措施:取消压迫,废除特种消费税,为不能再服役的人提供养老金。

第六章　日　记

80　一六五九年十二月五日，皮普斯在康希尔看到一个学徒被士兵射穿脑袋的那天，商店都给门窗上了遮板，要把街上的暴力挡在门外。年底前的另一天，他又到了康希尔，这次他走进一家挂着地球仪招牌的文具店，约翰·凯德在店里卖纸笔，还有皮普斯喜欢翻阅的版画和地图；他给自己买了个纸皮笔记本，本子太厚了没法装进兜里，他把它带回斧场的家里。接下来的几天里，他用红墨水在每一页白纸的左边和上端划出边线：竖着七英寸，横着五英寸。这任务耗时挺长，因为笔记本有二百八十二页，但他没有写页码。这是他为一月一日开始记日记做的准备。从康希尔带回家的第一个笔记本还在，用皮革装订，页边镀金，其他方面与他写日记时完全一样。现在，连同在它之后的五本笔记本，已经成为世界上重要的文学手稿，非常珍贵——这一价值的变化对皮普斯会很有吸引力。

是什么让他开始写日记的？他很可能知道他的两个雇主都记日记，并对此印象深刻，虽然他们作为国家的高级官员，记录会议和游历非常正当，而他出身平凡，贫穷，没有前途，没有任何理由写日记。不管他小时候怎样看待天命，它在他获得剑桥大学学位之时已经到达了顶点，之后就没能让他走得更远。他还没开始证明自己所受的教育，也没有实现抱负。婚姻不过是让他的处境变得更糟糕。时局变幻莫测,凶险可怕。他在一个惨淡无望的时刻开始记录他的日常活动,而这些活动本身也没什么可夸耀的。

然而由此我们也能看到这个事实,那就是他没有重要的、有趣的或
要求很高的工作来吸收、消耗精力。准备写日记是他给了自己一项任 81
务,他的性情和受到的训练意味着他会认真对待它。当他从结石手术中活下来时,他被命运选中的想法又受到了鼓舞,即使他不知道可能会取得什么成就,他似乎已经把自己看成可以在这个世界上有所作为的人。如果没有他对自身的兴趣,日记就很难动笔成形。

他热爱读书,喜欢写得好的作品。他早就写过小说,并发现自己有记录正在发生的历史的天赋。像其他许多人一样,皮普斯一开始只是想写东西,却不知道要写什么,而日记可能是找到写作素材的方式。他可能把它当成资料本,供日后创作更宏大的作品时使用。他生长于其中的高度戏剧化的世界,共和制和君主制之间持续不断的冲突,势不两立的英雄人物,这些都与他在古典文献中学到的古代世界的争斗情形相仿。主要是他对自己存有好奇心,认为自己的精神和身体特质不仅是合法的,而且是宝贵的和光荣的研究课题。他还不了解蒙田的散文,他的处境和地位与蒙田完全不同,后者出生在法国一个富裕的地主家庭;但他和他呼吸着同样的知识空气。[1]他可能读过弗朗西斯·培根关于记日记的劝告,尽管那是专门针对旅行者的:"奇怪的是,在海上航行中,除了天空和大海无甚可观,人们却要写日记,而在陆地旅行中,可看的东西那么多,大部分时候人们却忘了写;好像偶然所见比观察所得更适合记录。因此让日记派上用场吧。"[2]

无论是什么让他萌生了写日记的想法,他都很注意日记的外观和状况。日记要用黑色或棕色的墨水书写,取决于手边有哪种颜色,用新削得很锋利的鹅毛笔,如果笔尖钝了,也要适合让他写下不超过两平方毫

米的速记符号。他把本子均匀地打上横格，每一页二十到三十行。他给位于每页页首的月份名称的大写字母加上卷曲的装饰——他偶尔也忘
82 记已是新的一月，所以不得不删去“十二月”并加上“一月”。九月和十月的大写字母装饰丰富，而二月的 F 总是以笔直的上下两笔划出来，显得潦草。随着岁月的流逝，有些书页已经变成了淡淡的吐司面包的颜色，但更多的书页仍然是色彩饱满，几乎是像粉笔一样的白色；有的书页又薄又脆，还有一些则摸上去几乎像天鹅绒一样柔软。只要花时间慢慢写，皮普斯就能把字写得很好看，他写日记时就是这样，他的书页就像刺绣品一样美丽，上面的符号间隔均匀，有波纹状的、钩形的，还有尖角状的，中间夹杂着普通书写的字，有人名、地名和任何他突发奇想要写的字，有一页有十二个，另一页则多达四十个。当你翻阅书页时，普通书写迅速跃入眼帘，吸引人去探索每一个字自己的故事——斧场、唐宁先生、简、欣庆布鲁克、德特福德、白厅、蒙克、复活节、痔、鹿肉馅饼、鸽子、罗伯特伯父死了、叔父团(Uncles corps)、王后、DY［约克公爵］、礼袍、天主教徒、牧师、秘密宗教集会、骚乱、补贴、正义、议会会期、WP 先生、绅士、黄羽毛、衬裙、抽屉、夏天、爱恋——一个个小信息包被字迹优雅、令人费解的速记包围着。

速记让日记无法被偶然看到它的好事者看懂，这显然是他的本意，尽管谢尔顿法很受欢迎——至少他的一名职员就学会了。[3]无论如何，皮普斯小心翼翼地保管着日记，并说他只向两个人提起日记的存在，一个是兰伯特，他在波罗的海第一次见到的年轻的海军军官，一六六〇年春，他向他展示了“我记日记的方式”，后来他又告诉了一位处事谨慎、值得信赖、地位较高的同事威廉·考文垂。[4]起初他在斧场的家里写日记，有一次，是在一六六〇年二月，他提到当他在睡前站着写下“今天发生的事”时，伊丽莎白正在房间里。[5]然而要说她知道他在做什么的话，他们之间的任何谈话记录中都没有提到这个问题；不管怎样她也不懂速记；不久之后，他的境遇发生了变化，写作时可以确保隐私。很明显，他

从一开始就下定决心每天都写日记。他坚持执行这一计划，当天没能写的时候，他就会在接下来的一篇中补上，还经常说明自己是在补日记，偶尔他也会表达自己乐意干这件事。他把每天的日记都分开，除了少数几篇因为他整夜未眠或是旅行在外而连在了一起。有时他会零零散散做 83
些笔记供写日记时使用，还提到他有个“附本”，上面记下素材供稍后转写。[6]更重要的是，他训练了记忆力，并在脑海中把事件表达出来，他描述这一过程“从十月二十八日开始，全部进入我的日记中，每天发生的事都清楚地装在我的脑海里，虽然要花很大力气才能记住；但我不得不这样做，因为我几天都回不了家，书籍资料都不在身边”。[7]显然这个过程既要运用脑力，也需要文学技巧。

他从一开始就打算报道公众事件，但也在第一页就清楚表明，这是一部关于个人经历的记录。这样的写作他没有模仿的对象。蒙塔古和唐宁的日记，假设他看到过两人之中不管谁的，基本上都是记录公务而非个人事件，完全不同于皮普斯即将开始写的日记。[8]至于其他例子，十七世纪英国掀起了一股写日记的热潮——这是最早有大量日记传世的时期——皮普斯很可能已经听说其他人在记录他们的生活；但他根本看不到，因为几乎所有日记直到十九世纪或二十世纪才问世。[9]如果说他在引领时尚，他却几乎并不知道这一点。有人认为他可能在剑桥遇到过清教神学家，他们建议将基督徒式日记作为一种重要练习，一种鼓励自我观察和约束的道德记录。他可能看过约翰·比德尔于一六五六年出版的《一个感恩的基督徒的日记》，这本书也认可记日记，并建议日记应既包括公共事件也涵盖私人经历。[10]假设皮普斯曾考虑过这些，他也有自己的节奏并且对私人生活的兴趣点迥异于比德尔的观点，后者建议写下神助的经历、受神感召的时刻、神驱邪解难、神对祈祷的回答以及对父母、老师和恩人的纪念。皮普斯的私人主题并不在精神层面，而是极度凡俗的：工作、野心、贪婪、各种形式的世俗享乐、嫉妒、友谊、八卦、欺骗

和背信弃义，此外没有其他。比德尔把日记比作店主的店铺账本或商人
84 的账簿、律师的判例集或医生的实验记录，甚至是国事记录，这很可能吸引皮普斯，但他的灵感都来自自身，从第一页开始，他就用一种完全个人的、世俗的观点进行叙事。

看看他同时代人的一些日记，他们将重点放在诸如政治事件、公共事务、精神体验、家庭生活、科学和旅行等方面，这都凸显了他取得的成就独具一格、卓尔不群。[11] 在比他年长的一代人中，出生于一六〇五年的布尔斯特罗德·怀特洛克——就是皮普斯还是婴儿时，在索尔兹伯里院家中组织排演假面剧中的音乐的年轻人——对空位期的公共生活中一个成功的职业生涯，进行了最完整、最丰富的记录；他从一六四四年开始写日记，直到一六六〇年以后，他才开始写自己的早年生活，因为当时他在政治上垮台，急于为自己辩护。

泽西岛的船长乔治·卡特里特，后来成为皮普斯的同事，于一六三八年写了一本日记，记录他在非洲的探险之旅。[12] 保王党人、学者约翰·伊夫林规模宏大的日记也始于十七世纪四十年代，当时他二十多岁，认真地记录了旅行、风景、公共事件、所从事的工作、布道、家务事以及与重要人物的会面。伊夫林开始时只是“模仿我看到的我父亲所做的事”，他父亲是个做事有条不紊的人，多年后他注意到自己相信“日常检查的无穷益处；将其比作商人记账，从而看出是进步还是退步；能够帮助我们筹划计算，并在我们临终躺在床上时成为安慰”。[13] 伊夫林和怀特洛克的日记都涵盖广阔的兴趣领域，并充斥着大量信息，但都没有皮普斯的坦率直接，也没有皮普斯对读者的那种强烈的吸引力。另一个同辈人，尼赫迈亚·沃林顿，是个没有受过正规教育的伦敦商人，他有一本札记书，记录了诸如皮姆（Pym）和汉普登（Hampden）从国王的逮捕中逃脱等重大事件：“告诉你的孩子们，”他写道，“让他们告诉他们的孩子们，上帝是如何奇迹般地拯救了他的仆人。”他的政治和宗教热情被生动地传

达出来，此外他还写下了私事；像伊夫林一样，他在日记中哀悼一个心爱孩子的去世：“对这个孩子的悲伤太大了，我甚至都忘了自己，因此确实冒犯了上帝。”但他对自己缺乏像皮普斯那样的好奇心。

拉尔夫·乔斯林，埃塞克斯郡的一位牧师、农民兼教师，出生于一六 85
一六年，从十七世纪四十年代中期到一六八三年去世，一直坚持写日记。这是知识阶层创造的了不起的纪录：和皮普斯一样，乔斯林上过剑桥，读书，藏书，对公共和外交事务感兴趣，并记录了他的家庭生活。他不遵从国教，曾担任议会军的牧师，为内斯比的胜利感到高兴，却不赞成处决国王。尽管他记下了一个梦，梦中他成了克伦威尔的大臣和顾问，但那只是个梦，实际上他在小村子里度过了一生，主要关心天气、庄稼的长势和自己的健康。他的孩子们，一旦过了总是掉进火里或摔下楼梯的年龄，就被吸引到伦敦去了，而伦敦激发他写下了唯一的警句：“要说伦敦的好与坏：没失败时一定好，诱惑太多不太妙，一旦失败就很糟，机会只为好时留”——一个可能会让皮普斯觉得好笑的乡下人的观点。乔斯林的日记变得枯燥无味，部分原因是他的经历非常局限，更因为他惯常使用宗教用语，语言滞重。几乎每天他要么感谢上帝对他的恩惠，要么试图理解上帝为什么用一条行动不便的腿或是一个不听话的儿子来惩罚他。乔斯林是皮普斯同时代的人，但与乔斯林僵化的思维习惯不同，皮普斯用生动、灵活、不拘一格的散文表达出他的好奇心和怀疑精神，感觉上像是把他的日记带进了现代世界。

菲利普·亨利几乎和皮普斯同时代，是个非国教派牧师，一生都在写日记，记录家庭和教区活动。亨利是个性情温和、道德感强的人，对妻子和孩子尽心尽力。他的长子本来前途无量，却在五岁时夭折，他余生都在为此悲伤，但他确保女儿们接受了不同寻常的良好教育，包括古典语文的学习。奥利弗·海伍德是另一位同样出生于十七世纪三十年代的非国教派牧师，他在日记中记录了自己的工作和内心挣扎——他用莎士比亚式的华丽词句命名的“我心爱的大利拉般的淫欲”①,他为之备受折磨。他记下了自己短暂而幸福的婚姻,妻子年纪轻轻就去世了,以及在一个贞洁的女仆的辅助下把孩子抚养长大。而与皮普斯同时代的另
86 一个人,天资聪颖的科学家和建筑师、皇家学会干事罗伯特·胡克,写了最枯燥、最世俗的日记,记录日常生活和工作中发生的事——没有装模作样的礼拜,甚至连上帝都没提到——一篇篇简介式的日记也让人对他的家务事的处理感到不安。皮普斯认识他,我们以后还会论及他。[14] 已知的日记作者中没有女性,尽管皮普斯的同辈人安妮·范肖和露西·哈钦森对写日记能胜任愉快,而且她们都写了生动的回忆录,展现出相互对立的政治立场。

菲利普·亨利与皮普斯的出身和教育最接近。他出生于伦敦,母亲受过教育,父亲是一位朝臣的仆人,后来被送到威斯敏斯特学校和牛津大学读书。和皮普斯一样,他也围观了查理一世的处决,但与他不同的是,他对处决感到震惊;他定居在什罗普郡的偏远地区,并在那里成家立业。他的日记是袖珍年鉴,四英寸长、两英寸宽,用普通书写写成。他比皮普斯更勇敢、更单纯。当他的宗教信仰被禁止时,他拒绝遵奉国教,他一直坚持把全部收入的十分之一捐给慈善机构。购置一套新衣服,就让他写道:“主啊,求你让我披上你的公义,这是一件好看、华贵、经久耐用、永不褪色的衣服。”他留给他的孩子们一小笔钱,对于从中收取利息感到内心痛苦,又为观看这些孩子表演的一出戏而深受折磨,幸而这两次理智都战胜了宗教上的顾虑。他记下了许多公共事件,如土耳其人进攻维也纳、瘟疫和伦敦大火,并热情地支持对荷兰人的战争,把捕鱼争端和他们拒绝承认英国在英吉利海峡的权利作为战争的正当理由,只是哀

① 大利拉(Dalilah)是《旧约》中诱惑参孙说出力大无穷的秘密在于他的头发的女人。

叹"他们是新教徒,**眼泪为此而流**①"。他相信神对人的生活的干预,尤其是当死亡突然袭击酗酒或行为不端的邻居时,和大多数清教徒一样,他觉得很难不指望上帝做出直接的奖惩。温文尔雅、笃信神明的亨利和狡猾世故、信仰不坚的皮普斯,就像城里老鼠和乡下老鼠的区别一样:乡村的纯洁令人钦佩,但我们在城里老鼠的陪伴下将会度过一段更愉快的时光。

皮普斯的日记打从开头起就一下子做了很多事情,让人望而生畏。它列出了去过的地方、遇到的人,但没有解释是什么地方、什么人。它记 87
录了当时的历史:伦敦人搭起篝火,宣布终于摆脱讨厌的议会,复辟国王的加冕典礼时的狂欢庆祝。它给我们带来了有史以来第一个完整而直接的叙述,记录一个人在职业生涯开始时前途未卜,后来惊奇地发现,工作成了他生命中的主要乐趣。它既提供了他工作中的许多细节,也提供了他日常家居生活的点点滴滴。它有不少对音乐、戏剧、布道、绘画、书籍和科学装置的描写。这是一个关于进取和达成目标的故事,而金钱是它念兹在兹的主题之一:如何赚钱,借贷,如何花钱,储蓄,以及如何把钱藏起来。各种形式的金钱贯穿日记始终:有一块块的金币和一袋袋的银币、一船船的香料和丝绸、贿赂、工资、债务、贷款、付款、遗产、财务署账目(一片片榛木条上刻着借给政府的每一笔贷款)和第一本纸质本票。日记开篇时,皮普斯名下大概有二十五英镑;不到十年后日记停笔时,他的财富达到一万英镑。

日记开始的最初几个月,有一种欢快的感觉,一个年轻人的生活终于开始向前冲,好运、成功、财富和恩庇的力量同时到来的惊喜。在前几页,皮普斯一家穷得冬天屋里都烧不暖,星期日只能跑到城市另一边他

① 原文为拉丁语:*hinc Illae Lachrymae*。

父母家里去吃饭；那年年底，他就享用着一位同事硬塞给他的一桶牡蛎，他把这位同事带回家，品尝炉火上的晚餐，一块美味的烤牛肉。他喜欢做这样的对照。

尽管在书页中我们看到皮普斯乐于回忆过去和规划未来，但他始终意识到“现在”一定是享受生活的最佳时机。这就是为什么他能如此令人难忘地传达快乐，白昼和春日变长，夏日的天气，郊游，演奏的音乐，听到的音乐，看戏，其中有像托马斯·贝特顿那样出色的表演和英国首次由女演员扮演女人的震撼登场，诸如这样的快乐。他厚颜无耻地讲述成为成功和重要人物的满足感；他更加珍视自己的强健体魄和健康，因为疾病曾经损害了他的童年和青年。

88 日记是历史——总的来说是可靠的历史——它也是喜剧，皮普斯也是个喜剧大师。它的一部分读起来像小说，一部分则像闹剧。与它最近的文学渊源是乔叟的故事，他非常欣赏乔叟，比他早生三百年、另一个用口语写作的伦敦人。乔叟把对英国社会的解剖写成诗歌，却没有失去日常对话的兴味，让他的人物表露出最下流粗鲁的一面，就像皮普斯展示他自己一样。皮普斯没有做的是解释说明，或对正在发生的事情补上背景。他很少写各色男女的性格特点，就像他几乎从不问自己为什么他的妻子会有这样的行为。他写下流故事和流言蜚语，尤其是有关那些他讨厌的人的，但他的大多数熟人都是在偶然的情况下才被简略提及；没有我们在伊夫林日记中看到的那样正式的肖像画。对他人缺乏礼貌，部分源自他将好奇心完全集中在自己身上，用罗伯特·路易斯·史蒂文森的话来说就是，在“那个他唯一想写的迷人的自我上”。[15]不管是赫赫有名的人还是默默无闻的人，深爱的人也好，怨恨的人也罢，所有人都围绕着自居为宇宙中心的他而运转。他至少目前也在自言自语。

关于日记还有一点补充说明：当我们翻开日记，看到他总结自己的现状，或是在一月或一年结束时对国家的状况发表评论时，感觉似乎他写作的一个目的是使自己的生活井然有序,就像一个优秀的会计编写损益表一样。但看完日记的全部内容我们就知道,这个目标并没有实现。相反,日记证明了对任何人的生活作出条理清晰的描述是多么不现实。对于他的经历我们印象最深的是突如其来、杂乱无章,以及不受控制。

皮普斯以正式的语言开始记日记。开头几句感谢上帝保佑了他的健康,通过手术他的健康得以恢复,这清楚表明他视其为生命中迄今为止最重要的事件。在整部日记中,偶尔仍然会有感谢上帝的话;感到内疚的时候会说"上帝宽恕我",而一场严重的危机会促使皮普斯祈祷,这是他与神的关系所能达到的极限了。因为尽管他认为以上帝之名起誓是不合适的,尽管他保卫英国国教——他在一次争论中坚定地告诉他妈 89
妈这是"他一出生就信仰的宗教"——并且喜欢对布道评头论足,但日记中的迹象表明,无论是他的圣公会信仰还是更广泛的宗教情怀,都谈不上热情。[16]他在星期日晚上做家庭祷告,但很少独自祷告,几乎不引用圣经,去教堂不规律,必要时在星期日也工作,从不领圣餐。上帝的名字出现在他的书页上,是一种习惯用法,不带有虔敬的意味,只在皮普斯因恢复了健康而感谢他时,我们才能听出一丝真诚。在日记记录的第一年中,蒙塔古告诉他说自己对宗教问题"完全怀疑",而皮普斯私下里用"我也一样"表示赞同。[17]在威斯敏斯特教堂看到一群很小的会众时,他写道:"我认为宗教,不管它会发展成什么样,只是一种心情,因此它的价值就像其他事物一样会变化。"[18]

说完上帝和他的健康之后,他接下来说他是位于斧场的房子的主人,一个三口之家的头儿,旁边是他的妻子,他觉得没有必要说出她的名字,还有他们的仆人,名叫简。他直言妻子怀上孩子的希望破灭了,他说,在前一年的最后一天,她有了他所说的"期限"。伊丽莎白的月经成了重复出现的悲伤信息,以众多不同的称呼,忧伤而有规律地响彻日记中的岁月：她的月经，她的月，她身体不适，*ses mois*，*ceux-la*，*moys*，*mois*①——很可能她自己用的是法语——或者干脆就说“那些”。但这只是目前他生活中需要记下的一个方面而已。他由此又转向描述国家状况。一开始就让人大吃一惊，私人和公共的事务被放到一起，伊丽莎白的月经和蒙克将军与他的军队在苏格兰的消息同时出现。事实上直到一九七〇年，第一版全文日记才问世，这也颇为惊人。伊丽莎白的月经被完全删除了，皮普斯为规模庞大的日记所设置的清楚的标记，没有派上用场。[19]

他在开头几段中写道：

> 上帝保佑，去年年底，我身体很好，除了感冒之外，我没有感到旧疾之苦。
>
> 我住在斧场，家里有妻子和女仆简，除了我们三个再没有别人。
>
> 90 我的妻子七个星期没来月经，给了我怀孕的希望，不料在去年的最后一天，月经又来了。国家的现状是这样的：残余国会被兰伯特勋爵打断之后，最近又重新回归，开会议事。军队的军官都被迫屈服了。劳森还在泰晤士河上，蒙克和他的军队在苏格兰。只有兰伯特勋爵还没有列席议会，他也不可能去，除非被迫。
>
> 伦敦的新市议会非常高调，已派他们的捧剑者去见蒙克，告知他他们想要个自由的全席议会，而这目前也是众望所归，人心所向——上星期有二十二名以前的退隐议员出现在议会门口，要求进去，但没有获准。人们相信只有议会的席位坐满时，他们或是民众才会满意。

---

① 以上四个词是法语，意思分别是：她的月，那些，月，月。

正如他所写，他仍然生活在他成长于其间的世界，一个共和国，但现在处于末期的混乱之中，敌对团体互相明争暗斗，争权夺势，很可能会爆发第四次内战，这一前景对疲惫的百姓来说难以承受。这导致头几个月的序章与日记的主体截然不同，在这段时间里，他不了解自己的雇主的立场，其他人也不知道谁是朋友谁是敌人。第一页措辞严谨，用几句话勾勒了形势。基本上就是：残余国会，将近二十年前选出的长期议会的残余，许多议员都被从中剔除，已经完全失效。十月，军政府暂停了议会工作，之后的十二月，军队领导人之间发生争执，它又被重新召集；现在议会命令共和派兰伯特将军解散他在英格兰北部的部队。但他断然抗命，因为他和军政府想要重建一个共和制的清教政权。

在苏格兰，否认军政府的蒙克将军，正和他的军队在英苏边界徘徊，没人知道他意欲何为。如果说皮普斯去年十二月向蒙塔古报告的“普遍的恐惧和绝望”已经被任何一线希望取代的话，那就是伦敦议会要求成立“一个自由的全席议会”，他们的意思是一个新选出的议会。皮普斯说这是众望所归，人心所向，须知皮普斯的父母和许多堂兄弟姐妹都 91
在城里生活、工作，但这仍然是一厢情愿的想法。市议会还向蒙克发了封信，请求他的支持。与此同时，军队继续占领这座城市，海军中将劳森令人大惑不解地反对军队，支持残余国会，带舰队驶入泰晤士河，似乎要封锁伦敦，切断其赖以生存的煤炭和粮食供应；他有他自己的共和制改革方案，已经提交给伦敦城，却遭到粗暴拒绝。[20]伦敦议会、残余国会、军政府、蒙克和劳森都在追求着各不相同也暧昧不明的目标，而流亡的保王党人却在幕后挑拨煽动，阴谋策划，满怀期待。

皮普斯不知道蒙塔古正等待时机宣布支持流亡的查理二世，尽管他可能怀疑蒙塔古会这么干；他当然也不知道，在日记序章快结束时出现的“我办公室的主人，唐宁先生”也正在考虑如何讨得查理欢心。皮普斯和其他任何人都不能确定蒙克和劳森的想法，因为他们自己都还不确定；他们都明确表示过不支持恢复君主制，蒙塔古直到一六六〇年三月还在怀疑蒙克想要自己掌权。[21]布尔斯特罗德·怀特洛克，直到最近仍然是政府最有影响力的人物之一，也是国玺的保管者，却在一六五九年的最后一天，在对未来感到绝望之下，交出国玺，头戴灰色假发，乔装隐藏起来；他还会再次露面，但此时他的妻子正竭尽全力销毁他的文件。因此，皮普斯对表达自己的政治观点也很谨慎，即使是在他无关紧要的私人日记中。而他在序章的末尾，也会反思自己的立场“有些不确定”，这些就都不足为奇了。

然而，在日记的头几个月里，他所做的是报道了历史上的一个关键时期，这期间所有人都在倒戈叛变，他的报道罕有地让人印象深刻。这是一场政治浪潮，它产生于一股长期蕴积的感情巨浪，逐渐形成了一种
92 不可抗拒的力量。这种情感波及范围很广，每个人都不得不自己决定，在共和政治和清教被抛弃的时候，他必须准备好做出什么样的妥协或背叛才能活下去。有些人注定会被砍头，有些人则会获得丰厚犒赏。人们不得不作出艰难的决定，而且还要把握住最微妙的时机。

注释

［1］蒙田生于一五三三年，比皮普斯整整早了一个世纪，卒于一五九二年。他也患了结石病。一六〇三年弗洛里奥（Florio）把他的散文译成英文，一六八五年查尔斯·科顿（Charles Cotton）的另一个译本问世，整个世纪里他在英国都受到了极大的推崇。皮普斯在一六六八年买了一本弗洛里奥的译本（《蒙田散文》）——见《日记》，1668 年 3 月 18 日——后来又买了科顿的版本，这本书一直留在他的图书馆里（皮普斯图书馆，1018-1020）。

［2］弗朗西斯·培根，《论旅行》（“Of Travel”），收于《论说文集》（*Essays*）（人人文库版，1994），页 54。

［3］例如，威尔·休尔就学习并使用了速记。日记本身在剑桥大学抹大拉学院的皮普斯图书馆展出。莱瑟姆和马修斯版《日记》的第一卷的导言中

提供了大量关于其物理特征和速记的信息,包括皮普斯为方便自己使用而略加修改的事实。

[4]《日记》,1660 年 4 月 11 日,他在海上向兰伯特上尉展示过日记;《日记》,1669 年 3 月 9 日,他告诉了威廉·考文垂日记的存在。

[5]《日记》,1660 年 2 月 5 日。

[6]《日记》,1664 年 1 月 24 日。他描述“从我的副本中录入我的第二本日记,这本日记已经放了两年多了,还有很多内容没有录入”,这也表明了这一点。

[7]《日记》,1665 年 11 月 10 日。

[8] 关于唐宁的日记,见约翰·贝雷斯福德,《唐宁街的教父:乔治·唐宁爵士,1623-1684》。贝雷斯福德只能搜寻到一部分日记(在诺福克的一个乡间别墅里);他指出,在他的家族里有写日记的传统,因为唐宁在东英吉利的外祖父亚当·温思罗普(Adam Winthrop)在一五九七年至一六二二年间写了一本日记,他从中抽印了几则。蒙塔古日记的第一卷已于一九二九年由海军档案协会出版,编辑是 R. C. 安德森;其余手稿由现任桑威奇伯爵拥有。

[9] 九年后,威廉·考文垂告诉皮普斯他在记日记——见《日记》,1669 年 3 月 9 日——皮普斯在放弃记日记前不到三个月时,也向他倾吐了自己的秘密。考文垂的日记没有保存下来。

[10] 威廉·哈勒,《清教的崛起》(1938),页 99。

[11] 文中提到的日记,见参考文献。

[12]“我,乔治·卡特里特,一六三八年乘坐国王陛下的船‘集会号’(*Conventive*)前往巴巴里海岸(Barbarie)时所写的日记。”见 G. R. 巴莱恩,《一切为了国王:乔治·卡特里特爵士生平故事》(1976),页 15,页 167 注释,里面说该日记是由 B. 彭罗斯(B. Penrose)在费城私自印刷的。

[13] 伊夫林在其日记中的言论,见《约翰·伊夫林日记》,1680 年 10 月 4 日。关于老伊夫林的信息,我要感谢弗朗西丝·哈里斯(Frances Harris),她认为他很可能是在年鉴上记的日记,作为他商业事务的备忘录。他的日记似乎都没有保存下来。

[14] 哲学家约翰·洛克是另一个与他关系密切的同时代人,他在十七世纪七十年代末和八十年代在法国旅行期间写了一本日记。以我之见,它记

录了他的旅行、看到的风景，还有关于农业、制造业、税收、宗教问题，特别是法国新教人口状况的笔记，非常有趣，相当客观。见《约翰·洛克的生平与书信》，洛德·金编辑（1858）。

［15］《塞缪尔·皮普斯》，载于《康希尔》，1881年7月。

［16］关于和母亲的争论，见《日记》，1660年3月4日；关于他反对蒙塔古在“上帝面前”起誓和其他誓言，见《日记》，1663年12月14日。

［17］关于皮普斯的宗教态度，见第二十六章。《日记》，1660年5月15日。

［18］《日记》，1660年10月2日。

［19］惠特利的一八九三年版把这句话放在了页1：“我的妻子……给了我她怀上孩子的希望，而在这一年的最后一天［希望落空了］。”如前所述，一九三三年布莱恩特的传记第一卷开篇完整地给出了这段文本。但是当埃德温·查普尔同年在布料加工业公会会所发表三百周年纪念演讲时，他觉得自己不能引用这段话，讽刺地解释说“我不能承担玷污你们纯洁的责任”。日记的诸标准版本，包括J. P. 凯尼恩在一九六三年的删节版，仍然有删节，莱瑟姆和马修斯的一九七〇年版是第一个没有删减皮普斯开篇段落的版本。

［20］关于劳森，见伯纳德·卡普，《克伦威尔的海军》，特别是第十章和第十一章。

［21］同上，页357。

第二部分　1660-1669

第七章　转变阵营

皮普斯的幸运之处在于，他的雇主爱德华·蒙塔古和乔治·唐宁都是在克伦威尔的军队和政府里发迹，却都以完美的手段，狡猾地谈妥了改换门庭的条件。日记告诉我们，“我的办公室主人，唐宁先生”、共和国的忠实官员、残余国会议员，一六六〇年一月的整个月都在他威斯敏斯特的家里。他没让皮普斯闲着，不仅是忙财务署的事。唐宁喜欢在当地一家法国餐馆里大宴宾客，皮普斯被差遣去给他的朋友和议会领袖中的重要人物送宴会请柬；其中一位是阿瑟·哈斯勒格，从十七世纪四十年代一起从军以来他一直是唐宁的同事。皮普斯随时待命：吃饭时间、深夜、大清早，他都站在主人的床边接受指示。他还被安排编写密码，这是唐宁为以政府特使身份返回海牙所需要的准备。皮普斯答应了——他擅长密码——但当唐宁不无奉承地问他是否愿意陪他一同回荷兰时，他没有接受邀请；他以受雇于蒙塔古为借口，唐宁也没有强求。他临走时对皮普斯彬彬有礼，愿意尽他所能为他效劳；皮普斯则对这位令人生畏的上司有点紧张，突然想要准备一份赠别礼物。他派了个脚夫去拿自己的皮帽，但那顶帽子送来时已经太晚了。这是在一月底。唐宁离开时没有任何迹象表明他除了服务于英国现政府的外交事务之外还有什么其他想法。他被流亡的保王党人称为“可怕的绅士”，因为说服荷兰人把查理赶出荷兰而格外受人憎恨。他们希望要么暗杀要么绞死他。[1]

令皮普斯相当惊讶的是,五月二十二日他再次见到唐宁时,他竟成了乔治爵士,爵士头衔由查理亲自册封。凭借对共和国情报网内部信息
96 的了解,唐宁从三月起就开始用自己掌握的秘密换取王室赦免——肯定使用了皮普斯的密码——到了五月,他已经出卖了足够多的信息,因此获封爵士。[2]他来了个华丽的转身。他从清教美洲过来传教并为共和国而战,当过国会议员,为克伦威尔担任驻欧洲特使,是共和国财政和外交事务的核心人物。到一六六〇年时,他也许受够了英国近乎无政府的状态。他心里也清楚自己更关心权力和金钱,而不是什么原则,他认为可以把自己的才能出售给任何想要竞购的人。

蒙塔古则有不同的立场,他从夏天起就一直在跟保王党谈判,尽管皮普斯对他的意图同样蒙在鼓里。整个一月和二月,他一直躲在欣庆布鲁克,只靠皮普斯来定期报告伦敦的公共事件和流言蜚语,但没有透露任何信息作为回报。皮普斯的无知使他可以随意放纵自己的政治好奇心。在日记的前几页,他表现出自己对意识形态潮流的探究。一月中旬,他加入了一个共和派俱乐部罗塔,并去听一群严肃的激进分子讨论政治理论。创始人詹姆斯·哈林顿出版了一本名为《大洋国》的书,提出建立一个拥有轮值参议院、财产限制和更广泛选举权的共和国;俱乐部的另一位极富原创思想的成员是威廉·佩蒂,他是医生、社会规划者、科学家、经济学家,后来成为皇家学会的创始会员,也是皮普斯的好朋友。弥尔顿的学生和朋友西里亚克·斯金纳、曾经的平等派成员约翰·怀尔德曼以及目前是热情的共和派的约翰·奥布里也都参加聚会;还有其他形形色色的政治家、城里的商人、议员和记者来参加辩论。[3]他们在新宫场的土耳其人头咖啡馆会面,讨论时事和政治理论,就古罗马的统治如何富有成效等议题进行投票。他们聚会的意义和让人兴奋之处在于,他们表明了一种信念,即探讨争论是找到政治问题解决方法的最佳

途径。皮普斯对此很感兴趣，且印象深刻；但自从他参加了几次集会后，没过几个星期俱乐部就解散了。放眼俱乐部之外的世界，他注意到公众舆论每天都变幻莫测。

“人们说的各不相同，真是咄咄怪事，”他写道，几乎耸了耸肩，当时 97
蒙克将军南下，费尔法克斯将军在约克郡放下武器，兰伯特将军试图阻止蒙克到伦敦来。后来，他说他曾和朋友讨论过流亡国王的前途，甚至在二月中旬在哈珀酒馆偷偷为他干了一杯；果真如此的话，那他当时是太谨慎了，没把这事儿写进日记里。罗塔在二月份失败了，大多数成员都不再空谈理论，或者至少都低下了头。有的人把头低得还不够，比如哈林顿，他在复辟后被视为危险人物，被逮捕下狱；尽管蹲监狱的日子损害了他的健康，他的书却留传下来，皮普斯也没有忘记他。[4]

一六六〇年的头几个月，政治上的不确定性影响了每个伦敦人的生活。皮普斯几个在国务委员会做文书的朋友在一月份失去了工作，成为高层权力斗争的受害者。这本日记的信息源源不断，提醒人们日常生活中的情绪和需求很容易把政治遮蔽。对皮普斯来说，手头缺钱比政权更迭更为紧迫。一月，他发现自己非常缺钱，不得不向唐宁的办公室借钱来付房租，随后又被迫向蒙塔古夫人的父亲约翰·克鲁家一位乐于助人的管家借钱来还上一笔欠款。皮普斯和他的朋友彼得·卢埃林在一次喝酒时达成共识：如果他们拥有地产和私人收入，生活会变得比现在快活得多。然而皮普斯却疲于奔命，他去看望蒙塔古夫妇的大女儿，十四岁的杰迈玛，她在一个外科医生的家里接受治疗，医生承诺能矫正她的歪脖子，他还护送她弟弟内德去上特威肯汉姆的寄宿学校。他们的父亲可能在计划推翻政府，也可能没有这个打算，但孩子们的需求仍然必须得到关注。圣诞节期间蒙塔古夫人一直从欣庆布鲁克给他送吃的。

蒙塔古一家在白厅的住所仍然存在争议：安东尼·阿什利·库珀爵士正盯着它们，皮普斯不得不和他进行协商。当阿什利·库珀优雅地让位时，皮普斯接管了钥匙，随心所欲就以个人名义办了个宴会，向他的父母和朋友显摆。伊丽莎白做饭，他弟弟汤姆来了，还有他的新朋友詹
98 姆斯·皮尔斯，曾经在蒙塔古的“内斯比号”上当外科医生，带着他艳冠群芳的老婆。客人们走后，皮普斯又鼓捣了一阵子唐宁的密码，之后他和伊丽莎白坐下来，尽情享受宫殿壁炉里的大木头散发出来的热气。这与他们在斧场家里可怜的小火苗形成了鲜明的对比。

有的夜晚他待在家里，往墙上钉挂帽子和斗篷的钉子，或者读诗人弗朗西斯·夸尔斯的《寓言诗》，里面有夏娃与蛇、肉与灵之间的美妙对话。有一天则很麻烦，在他妹妹帕尔来过之后，伊丽莎白的剪刀和简的书都不见了，皮普斯不得不去索尔兹伯里院对她大发了一顿脾气。帕尔被当成一个麻烦，另一个麻烦是伊丽莎白的哥哥巴尔塔萨，日记首次记录他时，他送给他们一只漂亮的黑狗，告辞时却没有索要任何回报——皮普斯暗示这不像他的所作所为。就在同一天，皮普斯又来到索尔兹伯里院，听说他弟弟约翰在圣保罗学校获得了奖学金，但也惹怒了他们在布兰普顿的伯父罗伯特。这很让人遗憾，因为罗伯特伯父有一笔产业会留下来，必须要哄他开心。皮普斯和他的父亲下楼到厨房去安静地讨论罗伯特伯父会怎样立遗嘱。

皮普斯的每一天或者每一周的工作都没个准儿。唐宁和蒙塔古要他做什么他就做什么，他在家里吃饭，一时兴起也在外面吃。伊丽莎白如果提前准备饭，很可能会浪费时间。他可能会和朋友在哈珀酒馆吃早餐，那里有冷鹅肉和火鸡馅饼，中午和一个偶遇的朋友出去吃饭——威斯敏斯特和白厅都不大，很可能会碰到朋友——晚上也会待在外面，和威尔·西蒙斯、彼得·卢埃林和在宫里有自己单身房间的朋友杰里迈亚·芒特，一起享用坩埚鹿肉和艾尔啤酒，直到午夜才回家。

二月二日，当皮普斯在斯特兰德街第一次见到蒙克的军队时，他这种随意的生活方式就被打断了。他的第一反应是把他攒的少量现金藏

在蒙塔古在白厅的住所里。他从那儿的楼上的窗户往外看，看见步兵大声嚷嚷着要自由议会、要钱，并威胁着要跟一群骑兵开打；争端解决后，皮普斯又把钱拿回了家。第二天早上，他来到圣詹姆斯公园，在阳光下 99
吹笛子，和他在剑桥的堂叔罗杰·皮普斯，塔尔博特的儿子，愉快地度过了大半天；罗杰是个好脾气的律师，即将宣布他的第三次婚姻。几天后，看到士兵粗暴地对待贵格会教徒，萨姆再次感到不安；他讨厌宗教不宽容，憎恨迫害。他不得不去看望并安抚杰姆小姐，她还在接受医生治疗，军队开进伦敦把她吓坏了。但他主要做的还是在街上来回溜达，他从东走到西，又从西走到东，眼观六路，耳听八方，有时独自一人，更多的时候是和朋友一起，从威斯敏斯特和白厅到查令十字街，从萨默塞特府到伦敦桥，从圣詹姆斯到舰队街，从格雷律师学院到圣保罗，从圣殿区到阿尔德门，从林肯律师学院田野回到白厅。他对这片土地了如指掌，就像动物了解自己出没的路径一样。

日记的第一个精彩片段是在二月十一日，讲述了蒙克采取果断行动反对残余国会，羞辱了哈斯勒格和议会领导人，他坚持认为议会不具备代表性，必须举行自由选举，这让全城欢欣鼓舞。皮普斯连续几页描述了他从中午开始的漫长的一天，当时他走进威斯敏斯特大厅，听说蒙克已经将信呈交议会，看到大厅外面的人喜形于色。一个贵格会教徒在愤怒的哈斯勒格离开时拽着他的胳膊，并告诉他“你一定会倒台”。之后皮普斯讲述了他和朋友詹姆斯·切特温德没吃午餐就朝城里走，好不容易在圣殿关找到了一只烤好的小母鸡；他们去了切特温德的律师事务所，皮普斯在那儿唱了几首欢快的歌曲；然后又去了市政厅，在那儿站了很久，喝了几杯酒之后，他亲眼看到蒙克被大声欢呼“上帝保佑您，阁下”；人们硬要把酒和钱塞给蒙克的士兵，皮普斯在星酒馆停下来，匆匆给蒙塔古写了封信；教堂的钟声开始响彻全城。到了晚上十点，他站在斯特兰德街，能够数出三十一堆篝火。“这真的难以想象，太壮观太突然了。”当他最后回到家时，发现约翰·亨特和伊丽莎白坐在一起，他又带她出去看篝火。

100 阅读这几页日记，看到皮普斯加入人群，和他们一样，因为蒙克决心打破政治僵局而感到兴奋激动、如释重负，你一定会被感动，同时也会对他观察、倾听和领会一切的能力印象深刻。这篇日记看起来好像写得很轻松，但能产生如此效果还是因为对技巧的运用，没加标点的长句子的韵律引领着你穿过街道，它们的势头偶尔会被喝酒、观察或交谈的自然停顿而打断。对哈斯勒格的警告、向蒙克致意，以及民众对士兵们欢呼的“上帝保佑他们”，这三段直接引语断开了长段落，让人感觉身临其境。皮普斯很幸运，或者说很聪明，找到了蒙克的秘书洛克，带他去了酒馆，直接从他那儿套出了蒙克给议会的信的主要内容，并记下了六个要点。他干这事儿像是商务活动，但他也让我们感受到，他对自己度过的这一天的重要性的认识，是如何随着时间的流逝，扩展和渗透到一切事物中的：“但是我们随处可以看到寻常的快乐！”鲍街的钟声开始响起的时候，他感叹道。他有优秀记者的天赋，能在恰当的时间出现在恰当的地点，他的句子结构和节奏显示出他已经很好地掌握了他的表达媒介。

此后他发出了一连串的信件，很多寄给欣庆布鲁克，一封给荷兰的唐宁。伦敦的群情激昂并不能保证未来的发展，他仍然坚持不在日记中直接发表意见。二月二十日，他提到读了一本他称之为赞颂旧君主制的写得很好的小册子。同一天晚些时候，他和威尔·西蒙斯一起去了罗塔俱乐部，感觉俱乐部再也不会搞聚会了；即使有活动，他也不会参加了。在索尔兹伯里院探望父母时，他注意到共和派普里斯格德·贝邦在舰队街的家里的窗玻璃被打破了——**又一次**，他写道。约翰·克鲁敦促皮普斯去欣庆布鲁克把他的主人请出来，因为他现在肯定又能获得政府起用了，两天后，皮普斯二十七岁生日那天，蒙塔古果然入选国务委员会。

皮普斯决定和他刚上剑桥的弟弟约翰一起骑马去欣庆布鲁克。但他没有沟通好。他雇了一匹马就出发了，结果在剑桥得知蒙塔古已经在去伦 101
敦的路上了。[5]

在抹大拉，皮普斯注意到他从前学院的老师们在用新的口音说话：他们抛弃了他记忆中上大学时的清教徒鼻音。这一变化使他觉得好笑。他和他们一起向国王和王室敬酒，仍然仅限在他们的房间里私下进行。然后他匆匆赶回伦敦。蒙塔古还是没有跟皮普斯说心里话。三月二日，他说："谈论一个人[来当统治者]太棒了，现在又将是查理[斯图亚特]、乔治[蒙克]或理查德[克伦威尔]。"同一天，怀特洛克的日记写道，"蒙克和蒙塔古被选为海军将军，两人都适合预定的计划"。[6]蒙塔古接替劳森出任海军舰队司令官，在这个关键时刻这是一个关键性职位，但他仍然不确定蒙克的最终意图。三月五日，皮普斯抱持着"国王归来的巨大希望"。

最后，三月六日，蒙塔古向皮普斯敞开了心扉，彬彬有礼地问他是否可以当他的秘书，和他一起出海，而"不致招惹太大不便"，因为他需要一个可靠的人。他告诉他，自己相信国王会复辟，并且非常重视人民和城市的爱戴——"对此我非常高兴"。周围仍然有共和派和理查德·克伦威尔的追随者，蒙塔古强调，如果国王要取得成功，必须要"非常清醒地好好"应对，但是，皮普斯写道，人们头一次可以自由地公开向国王祝酒，祝他健康。既然这对"我的大人"来说是好事，他也就很乐意和他一起出海。

他只出过一次海，就是在去年匆匆忙忙去了波罗的海。蒙塔古那时有个秘书叫约翰·克里德。现在克里德的工作由皮普斯接替。克里德的能力没问题，但是他的政治倾向和宗教信仰有问题。大家都知道他是个忠诚的清教徒，而且他哥哥理查德是共和国的重要官员，从一六五三年起担任海军部委员会书记，一六五七年起担任舰队副司库，在蒙塔古和狂热分子、弑君者哈里森少将手下都工作过。理查德·克里德在三月被勒令离开伦敦，但他拒绝离开，因此在伦敦塔里被关了几个月。[7]因
102 此，克里德的名字可能会对蒙塔古不利，而皮普斯的谨慎、忠诚和开放的胸襟都获得了赏识。约翰·克里德的野心比他的信念更强烈，他以惊人的速度适应了不断变化的环境，尽管还没有快到能保住他的秘书工作。然而他还是设法留在了蒙塔古手下，从此他和皮普斯保持着一种亦敌亦友的尴尬关系。皮普斯经常在日记中说他厌恶克里德的卑鄙龌龊和不择手段，甚至还谋划让他再次失业；然而在接下来的几年里，他们两人有大量的时间在一起，交换信息和建议，有时还会合作，贪婪地向上盯着职业生涯的阶梯，彼此你追我赶。[8]皮普斯对克里德的某些嘲弄显然是不公平的——比如在复辟一年后，他们星期天一起在酒馆喝酒时，皮普斯开玩笑说："克里德先生在十二个月以前，一到星期日去酒馆喝酒就几乎要上吊自杀。"[9]克里德的转变当然是影响到每个人的普遍变化的一部分，包括他们的主人蒙塔古和皮普斯本人。但是，尽管克里德花了很大力气，他还是花了一些时间才洗掉过去的气息，五年之后他仍然会被人们说成是一个"狂热而虚伪的家伙"。[10]

皮普斯升职后得到的第一个建议可能来自一位舰长，告诉他如何伪造开支，让他上船时列出五六个不存在的仆人，并要求支付他们所有人的费用。这对海军的运作作了一个有趣的介绍。[11]当他去海军部的办公室时，他遇到了在共和国期间工作了多年的焦灼的官员们。罗伯特·布莱克本是一位有影响力的人，同时担任海军委员和海关的秘书，说他担心国王会掌权，"所有的好人和好事情"都不准再存在；他不指望能保住自己的任何一个职位。[12]皮普斯对此无话可说。一夜之间，他成了一个手握任免之权的人，发现自己被那些求职的人巴结并收到他们的礼物——酒、一把双刃长剑、一根银帽带、给他妻子的一件礼服。除了这种梦幻般的环境变化，他还听说他的伯父罗伯特刚刚宣布要让他做继承

人。不久的将来的某一天，他会来到他自己位于布兰普顿的乡村别墅。这正是几周前他和卢埃林所希望的好运。

罗伯特伯父遗嘱的消息还没冷却，在启程出海之前，他坐下来写了 103
自己的遗嘱。所有的东西都留给伊丽莎白，除了他的书留给约翰，但是所有的法语书都归她。他离开的这段时间，安排她去白金汉郡的鲍耶家。他写信告诉唐宁他要出海，并建议找人接替他的工作。之后他一夜未眠，担心他处境的变化，并发誓戒酒一周。与此同时，残余国会自行解散，宣布进行选举，“现在他们开始大声谈论国王”。[13]蒙克开始清洗军官，并把军队撤出亨廷登以支持蒙塔古，他的想法是在选举前取悦镇上的居民。

皮普斯向父母做了简短而忧郁的告别，表达了他可能再也见不到母亲的恐惧。她只不过得了感冒，他却情绪激动起来。他和文员朋友的告别历时更长也更愉快。三月二十三日，他在伦敦塔乘驳船，与蒙塔古的一群仆人和他自己手下首次受雇的办事员男孩一起登上了“迅稳号”。向蒙塔古鸣枪致敬，一段忙碌的时光开始了。皮普斯必须编制舰船和人员的名单，并起草命令和函件发给国务委员会和国外。很快，他收到来自布莱克本的一封私函，以前所未有的方式称呼他为塞缪尔·皮普斯绅士，“天知道，我对此非常骄傲”。几天后，这位精明的写信人现身并称赞查理·斯图亚特为“一个冷静的人”，说很乐意为他服务，这让皮普斯更加惊讶。冷静显然是新的保王党人最希望在国王身上见到的品质：蒙塔古曾说过他需要冷静，布莱克本称他冷静，当皮普斯几周后第一次见到查理时，他也形容他是“一个非常冷静的人”。[14]

从这时起，日记里开始讲述两个故事。一个是关于船上生活的轻松记述，皮普斯享受着舒适的船舱，开始学习航海术语，他们刚出海时在甲板上行走以防生病，还有他勇敢地处理吹进船舱浸湿了他床铺的雨水。他总是做好准备以便妥善处理事情。他和蒙塔古的文员威尔·豪一起

104 吹拉弹唱，吃腌牡蛎和萝卜，从舷窗里探出头来，用一个友善的上尉的望远镜，欣赏旁边经过的一艘东印度公司船上的美女——他的船上没有女人。他喜欢他们与沃尔默、迪尔和桑当三个沿海要塞互致敬礼时的隆隆炮声，和浓烟笼罩着整个舰队的戏剧性场面。他在甲板上玩九柱游戏，还愉快地和船上的牧师争论，牧师和皮普斯不一样，相信即兴祈祷。他在甲板下探索，看到了“笨重的木材”和存放葡萄酒和食品的储藏室。战舰的内部漆成了红色，水兵们住在火药库和仓库里，把吊床吊在不足一人高的舱面之间，习惯了舱底的污水、他们自己的汗水以及活鸡和肉混合在一起的臭味，启航时这些食物是新鲜的，但很快就变质了：水兵们想吃牛肉和猪肉。军官们在镶有精美壁板的仓房里吃得更美味；蒙塔古有自己的壁炉，在木船上有这个设计令人惊讶。军官们从一条船到另一条船，互相串门，一起进餐，痛快喝酒。蒙塔古鼓励大家玩玩音乐，偶尔也会加入，有一天晚上，他唱了一首讽刺残余国会的粗俗的歌。

日记中出现的另一个故事有关政治。蒙塔古和他的一队人从“迅稳号”换乘“内斯比号”，“内斯比号”曾经是他的旗舰，他很喜欢，船头有克伦威尔践踏六国的形象。他不能乘坐一艘这样装饰的船去迎接国王，于是木匠们被召来开始改造它的外观。在伦敦，布莱克本忙着制作新旗帜，上面有保王党能接受的图案，并紧急送往舰队。[15]船的装饰并不是唯一的问题。蒙塔古开始检查他的高级军官名单，清除政治激进分子和宗教狂热分子，并把其他一些人派到远方，免得他们碍事。大多数人一定是和他同袍作战的老相识。这是一件棘手而痛苦的事，他很紧张。他告诉皮普斯，他甚至怀疑自己的旗舰舰长是否忠诚。当他和劳森在蒂尔伯里的中队会合时，一声礼炮震碎了他船上的许多窗户，这可能增加了他的焦虑：这是热情的问候还是警告？事实证明劳森决定与新政权和
105 解，他的归顺给所有其他官员释放了一条有用的信息。布莱克本急于为蒙塔古效劳，这强化了劳森向多年来一直是他朋友的舰长们发出的信

号：如果他们希望继续工作，最好也换件外套。

一切都朝着蒙塔古选择的方向发展。消息传来，他被选为韦茅斯议员，多佛和剑桥也都想让他当他们的国会议员。在这之后从伦敦传来最重要的消息，新选出的议会收到了在布雷达的查理的“宣言”。宣言由他的首席顾问爱德华·海德起草，这是一位精明的外交家，承诺对所有在四十天内要求赦免并表示忠诚的人给予无条件的大赦——只有那些议会选择不予赦免的人例外。还承诺人们可以拥有良心自由；议会将决定如何处置被没收的保王党人的财产；蒙克的军队和海军将收到他们的欠饷。海德的高招是把所有带争议的问题都留给议会解决——而且是在以后。查理本人明确表示他忠实于新教信仰，并祈求上帝保佑议会。议会收到声明后，投票决定给国王五万英镑。事情发生在五月一日，第二天，消息通过瑟洛的信传到了蒙塔古和皮普斯的耳朵里。[16]听说伦敦人在街上跪着向国王的健康祝酒，皮普斯说这有点过分了——在他私密的日记里。在迪尔同样有人下跪，而被禁止许久的五月柱也竖起来了，上面插着王室的旗帜。

蒙塔古命令皮普斯向集合的军官宣读查理的声明，并按照声明去做，他已经为他们精心拟写了效忠宣言。虽然皮普斯觉得“他们很多人心里反对”，但表面上都同意了；他们现在不会惹事了。[17]至于水兵们，他们没有任何异议，当皮普斯跟他们说这事的时候，他们由衷高兴地喊道“上帝保佑查理国王”，肯定边喊还边把帽子抛向空中。每个人都成了保王派。国家的纹章从每艘船上被抹除，从多佛请来的画工画上王室纹章来取代它们。

乘着小船的来访者络绎不绝，海军上将和海军部委员们，欢欣鼓舞的保王派和紧张的、急于证明他们对查理·斯图亚特的归来热情满满的大人物们。“佩恩将军”这位曾与布莱克一起对鲁珀特王子开战的令人 106
畏惧的舰长，最近刚被蒙克任命为海军部委员，在前往荷兰迎接国王的途中与蒙塔古共进午餐。圣约翰勋爵是蒙塔古家族在亨廷登郡的邻居，曾任首席法官，被克伦威尔封为贵族，他来这儿寻求通往弗拉兴(Flushing)的门路，急于向查理证明自己的清白。佩恩带着爵士头衔凯旋，圣约翰却遭到拒绝，悄无声息地回来，被削为平民，成了圣约翰先生，他的职业生涯结束了，只能退隐乡里，后来又遭流放。

阿什利·库珀从三月起就与查理通信，他也渡海而来，费尽口舌，终获赦免，并成为枢密院成员，很快又成了贵族。皮普斯以前的导师塞缪尔·莫兰于五月二十日前往布雷达并获得了爵士头衔。[18] 小人物们也同样急切地想到船上来，其中有皮普斯的内兄巴尔塔萨，他大胆要求被雇为“非现役军官”(意思是不授军衔但允许以军官身份在海上服役)。由于巴蒂只是个毫无经验的二十岁的孩子，这个奢求令人尴尬，虽然蒙塔古在晚餐时对他很客气，并答应帮他说几句话，但他还是被打发回伦敦，只带着皮普斯借给他的一笔小钱和给伊丽莎白的信。彼得·卢埃林也出现了一个星期，在“下面的大舱房”和皮普斯共进晚餐，早餐时分享他的牡蛎。约翰·克里德也出现了，他能派上用场，所以留了下来。

五月十日，蒙塔古的长子内德登船，同一天，蒙克的消息传来，敦促蒙塔古立刻把国王接来，不必到处转悠着等议会指示。这样做不会得罪国王，如果会为他树敌的话，也可以忽略不计。蒙塔古接受了这一建议，于十二日启航，对留在英国海岸的舰艇下达了严格的命令，除了他的表亲、他妻子的表亲和他的姐夫外，其他人都不许带过来。最重要的是让自己的家族参与这一伟大事业，这是他始终牢记在心的。他已经写信给国王，请他优待他的岳父约翰·克鲁，担心他的政治和宗教关系会对他不利。[19]

107 皮普斯负责采办一艘用于把查理送上岸的“豪华驳船”，并找到专业乐师、小号手和小提琴手登上这艘已经拥挤不堪的船。画工们还在作画，裁缝们在裁剪王冠、缝纫旗帜，还为蒙塔古准备金银绣花礼服，供他觐见国王时穿。他们于五月十四日停泊在海牙港口斯海弗宁恩。蒙塔古的外甥爱德华·皮克林上岸送信给查理,告知他蒙塔古来了,他带去了议会送给国王的一个装着一万英镑的箱子。皮克林告诉皮普斯,他们发现查理和他的随从们穿着劣质、寒酸的衣服,见到钱他变得“非常高兴,甚至把长公主和约克公爵叫来,端详放在手提箱里的钱,然后再拿出来”。这一幕表明了他流亡在外的困窘处境,也很好地解释了他后来的行为。

接下来的十天里,皮普斯上岸观光,这几天安排得很紧凑,有看不够的建筑和绘画,还要买礼物——给伊丽莎白和皮尔斯太太的小篮子,给自己买的书——把小奈德丢了,又找着了,像所有人一样,见到国王和其他王室成员时目瞪口呆,见到患有痛风的海德在床上接待访客时也呆住了,他对皮普斯和内德说话时“非常愉快”。皮普斯在马车里设法吻了一个穿着时髦的荷兰女人,但在一个按荷兰习俗男女共用卧室的旅馆里,没能跟另一个女人取得进展;尽管他坦率地写道,“我渴望了她一个月”。[20]还有其他的奇遇,和一位来自剑桥的懂音乐的朋友在孀居的波希米亚王后(Princess Dowager)的乡间别墅里唱歌,那是“一个陌生国度的欢乐庇护所”,房子里有回声,增添了乐趣;还游览了以一个十三世纪的伯爵夫人而闻名的村庄,她一次分娩就生下了三百六十五个孩子。[21]皮普斯游兴甚浓,如果条件允许,他是不会错过任何东西的。

回到船上之后,他听到了更多来自伦敦的消息。议会的新议长提议,那些曾拿起武器反对查理一世的人都不在赦免之列。这很荒谬,因为全国有一半的人都反对过他。议长受到斥责,但议会没有罢手,拒绝
赦免所有参与了审判国王的人。它下令没收他们的财产,封锁港口以防 108
他们逃跑,并逮捕他们。蒙塔古知道他姐夫吉尔伯特·皮克林名列其中,但他目前无能为力。皮普斯看到海牙的宫廷党“越来越兴奋”,他们中的神职人员确信他们能收回所有的教会土地;现在没有什么“可以阻

止他们和国王做他们想做的事”。对形势的这一判断颇有见地，因为查理复辟时没有对他的权力施加任何正式的条件或限制。

对查理来说，像蒙塔古这样多年来一直与他父亲和他作对的人，已经通过改变心意并在眼下给予他帮助而赎了罪。皮普斯在他的舱房里问蒙塔古是什么时候转而支持国王的事业的，回答是一六五九年夏天在波罗的海的时候，那时他意识到了自己可能会从共和国得到什么样的待遇。他并没有补充说明，查理的使节也曾联络他，承诺如果他变节的话会得到丰厚的回报。[22]经过好几个月的危机四伏和谨慎应对之后，现在是他得到奖赏的时候了。在接下来的日子里，查理国王怀着对献出舰队的功臣的责任感，给予了他回报。他获得了伯爵爵位、年收入四千英镑的土地和嘉德勋章（Order of the Garter）。他还被任命为枢密院成员、财政部委员、御衣库总管和海军中将，在即将成为新任海军上将的御弟约克公爵詹姆斯手下工作。

这些封赏大部分是国王登船时宣布的，同一天他正式给战舰改名。“内斯比号”成了“皇家查理号”，“理查德号”成了“詹姆斯号”，“邓巴号”则成了“亨利号”，以国王的幼弟命名。走在新“皇家查理号”的甲板上，查理讲述了他在伍斯特战役后如何逃离英国的故事。皮普斯站的地方正好听得见，他被他历尽艰辛的故事打动，随后立即写下了一份故事总结。[23]

在王党于多佛下船之前，皮普斯设法和约克公爵说了句话，公爵告诉他，已经记住他的名字，并承诺今后会照顾他。随后王党浩浩荡荡地上了岸。看到他的所有筹划都取得圆满成功，蒙塔古“几乎欣喜若狂”，
109 而皮普斯则把自己塑造成他最喜欢的普通人的角色，对国王的宠物狗的行为表示高兴，“它在船上拉屎，我们都笑了，我想国王和所有属于他的东西也和其他人没什么区别”。[24]

伊丽莎白已经回到伦敦，皮普斯接到她的信，信上说一些亲戚暗示

说他可能会被国王封为爵士,他对此置之不理。“我们必须有点耐心,我们会一起高升,”蒙塔古这样对他说,在这段优雅的预测之后,他加上一句更脚踏实地的话,“同时,我会尽我所能为你做出安排。”[25]他以这种方式向皮普斯表明他已经证明了自己的工作效率、智慧、谨慎和忠诚,并且会因此得到回报。

他于六月九日回到伦敦。各项事务非常混乱,他有将近两个星期没有回到斧场,而是在父母家临时安顿。“在我父亲家里见到我妻子”是他抽空对他们的团聚所写下的全部内容,时间是在圣灵降临节,他在炎热的天气里在城里跑来跑去为蒙塔古办事。布莱克本工作勤勉,克里德也很活跃,皮普斯在上班时间和他的老朋友们碰了几次面。巴蒂再次要求给他找“一份不会玷污他的绅士出身的工作”,这让皮普斯很恼火——皮普斯抱怨道:“上帝保佑他,他需要面包。”[26]还有更重要的事情要处理。蒙塔古在选择自己的头衔上犹豫不决,并参观了约克公爵在白厅宫新设的海军部办公室。一天晚上,皮普斯陪着他去了那里之后写道:“宫廷里的侍奉太无聊了。”另一次是在蒙塔古的身边陪侍,他翻阅舰长名单,标出更多政治上不可靠的人,打算把他们踢出海军。

他们并不是唯一处境艰难的人。蒙塔古的姐姐伊丽莎白·皮克林“希望我在主人面前帮忙,并把包在纸里的五英镑银币给了我”。她的丈夫处境危险——也许已经被监禁了——她不得不低声下气地采用这种屈辱的方法来赢得弟弟的帮助。[27]蒙塔古确实帮了忙,吉尔伯特·皮克林爵士也成了为数不多的参与过查理一世的审判却逃过一死的人,被他内弟和给皮普斯的五英镑救了下来。[28]有些人企图逃往国外,有些人 110
躲了起来,还有些人投案自首,指望得到赦免。哈斯勒格已经被关进了伦敦塔,托马斯·哈里森也是,他曾在马斯顿荒原战役和内斯比战役与蒙塔古并肩作战。[29]

他的另一位老同事，布尔斯特罗德·怀特洛克整个六月都在请求宽大处理——这不是一个英雄故事，而是一个很有教育意义的故事。先是他的妻子去找国会议员兼律师威廉·普林，他曾经是一个盟友，也是议会党人的英雄，但对待她"更像是对一个厨娘而不是对一个贵妇"。然后他找到蒙克，但被残忍地拒绝了。接下来，一个贵族向他勒索五百英镑，并告诉他如果他不掏钱就一定会被排除在大赦之外。他付了钱，然后花了二百五十英镑请人安排跟国王见了面，向国王下跪请求赦免。据说这一大笔钱相当于他两年的地产收入。最后，他向他以前的朋友、现任大法官爱德华·海德又支付了二百五十英镑，外加（他仔细地记下来）三十二镑十八先令八便士的法律费用，以获得正式书写和盖章的赦免书。他的命实际上是花钱买的，外加他本人也能忍受屈辱。他的麻烦事还没有结束，但他觉得可以重新从事法律工作了。[30]

蒙塔古被任命为御衣库总管，这个政府机构负责置办宫廷所需的所有家具、制服和长袍，他带着皮普斯一起视察了工作地点。这建筑矗立在水坑码头附近的黑衣修士区——今天的维多利亚女王街，靠近御衣库旁的圣安德鲁教堂。他们了解到，自一六四九年以来的十一年里，它一直由城里一家慈善机构经营，成了孤儿院和贫困儿童培训学校。一群孩子现在来到蒙塔古跟前，穿着茶色制服，为他唱歌，并向他递交请愿书，请求不要被赶走。但他们还是被赶了出去。"大人离开时确实让我给了他们五个金币，"皮普斯写道，就是这样。[31]

到了月底，蒙塔古告诉皮普斯，已经为他谋到了海军处书记官（clerk of the acts）的工作，年薪三百五十英镑。假如皮普斯不知道这工作要做什么，甚至不确定他是想要留下这份工作还是把它卖掉的话，他都能马上就发现它的价值不仅限于薪水，因为那些想要从他的好运中捞
111 好处的人开始给他送钱了。他辞去了财务署的文员职务，称唐宁是一个"吝啬鬼"。这一新职位完全通过家族的恩庇获得，皮普斯后来恰恰反对

这种形式的任命。正如研究十七世纪公务员制度的历史学家杰拉德·艾尔默所言，“总体来讲复辟使得严肃的行政改革推迟了一百五十年”。[32]

随海军处的工作而来的还有一幢房子。皮普斯搬家的故事，就像周围发生的许多事情一样，既有趣又可耻。海军办公楼位于塔山以西的川流巷，是一座非常庞大、布局凌乱的建筑，分成五个宽敞的住宅和办公用房，有个庭院和一个一直向西北延伸到塔山边缘的公共花园。入口有个大门，看门人晚上关门，这使它成为一个早期封闭式社区。[33]皮普斯七月四日去那里看了一下，就非常喜欢这个地方，他开始担心自己没有按照承诺分配到房子，而是被排除在外，或者“被洗牌”出局。两天后，他和他的两个新老板一起来到办公室，第二天他在那儿给文件编制详细目录。前政权的一些官员自然还在，他的新文员汤姆·海特实际上就是留任的职员之一。皮普斯第一次到访的一周以后，来了一个“忙碌的家伙”让皮普斯很恼火，显然他是要为新上任的专员伯克利勋爵挑选最好的房子。皮普斯反应迅速。他急忙回到斧场的家里，找了两个床单，请海特陪他回川流巷，敲了敲他想要的房子的门。这里住着弗朗西斯·威洛比少校，他自一六五三年以来任海军委员，也是布莱克本的朋友。皮普斯在日记中写过，威洛比在四月去过“内斯比号”。这也许使他在宣布打算在威洛比家过夜时，不会那么不好意思。威洛比彬彬有礼地同意了，皮普斯睡了个好觉，两天后他宣布了自己对这所房子的所有权。他得到许可开始对房子进行改动，并带着伊丽莎白参观了“我的房子”——整个过程扣人心弦，如果不是他的敏感，那么也会是他的决心和效率给人留下了深刻印象。

很少有人在面临大变局时允许自己敏感。同一天，他注意到惠利少
将的房子现在已是帕尔默夫人——巴巴拉·维利尔斯——的财产，她已 112
经成了国王的情妇。房子和工作都在转手，搬进来总比搬出去好。被下雨耽搁了一天之后，他在十七日和家人搬进了川流巷，距他第一次看到

房子过了十三天。九天后威洛比少校派人去拿自己的东西时，他表达了些许失望。威洛比选择返回新英格兰，这并不奇怪，因为他和唐宁一样，都是从那里回国为共和国服务的。[34]

七月，皮普斯记录下他的赞助人进了上议院。他太圆滑了，没有提到蒙塔古以前曾以男爵身份和克伦威尔的贵族一起列席过上院。他以桑威奇伯爵头衔重新就任，后来又被封为欣庆布鲁克子爵和圣尼茨的蒙塔古男爵。从那时起他就被称为桑威奇勋爵，如今本书里也将称他为桑威奇。头衔让我们感到困惑，但这个新称谓一定是受欢迎的，不仅因为它代表着荣誉，也是因为当他开始新生活的时候，它在旧日生活的下面画了一条清晰的界线。七月，他三十五岁，到了圣经所指定的寿命的一半，是时候把那个曾经的年轻人、虔诚的议会党人、同事、朋友、邻居和克伦威尔的仆人统统扔掉了。取而代之的是一个廷臣，马上就要被派去法国迎接太后亨丽埃塔·玛丽亚回国，他去法国是礼仪性的访问，借此机会协助她离开。他的儿子，小内德，成了欣庆布鲁克勋爵，一年后他和他的弟弟西德尼都将被送到法国接受上流教育，他们的父亲认为这对他们比较适宜。他们的母亲现在是桑威奇伯爵夫人了；在国王归来的整个动荡时期，她一直和孩子们待在乡下，直到八月她丈夫才回来和她一起待了两个星期。与此同时，他得到了下议院的感谢，他们下令将他迎接国王的功劳记录在他们的议事录上，“只要这个世界还存在，你的荣誉就将长存于此”。[35]皮普斯知道他所有的好运都归功于桑威奇勋爵，因此也为他感到满心欢喜。他怎么能不如此呢？世界已经翻天覆地，而他也
113 站在了最顶端。全国人民对国王的复辟表现出了一致的喜悦，查理甚至自己开玩笑说：“在国外待了这么久是他自己的错，因为他看到没有人不表示自己曾希望他回国”——皮普斯与全国人民一起欢欣喜悦，也为了个人的成功而感到高兴。[36]

桑威奇替他在王玺处又弄到一个差事，所有向国王请愿的人都得去那里给文件盖章，通常都要收费；皮普斯只需要在有空的时候进去给请愿书盖章并收取费用。这笔钱很有用，但很乏味，让他比预想的更忙。他抱怨说没有时间看报纸，也没有时间了解公共事务："这一两个月以来，无法想象我的脑子有多忙。"[37]他不可能一直处在幸运的顶点。巴蒂不停地嚷嚷着要分一杯羹，就连皮普斯的父亲也缠着他要在御衣库找份工作，他太执拗，皮普斯都开始躲着他了。皮普斯有时候也对这一切产生怀疑。八月初，他不愿意放弃在斧场的房子的租约，"因为害怕形势反转"。他的意思是，万一君主制被推翻，共和国又恢复怎么办。有生之年他已经历过多次反转，轻易就想到会有下一次。

桑威奇必然是他生活中最重要的人，他在城里的时候两人几乎每天都接触。他们一起参与公共事务，参加海军处会议，处理王玺处的工作以及新增加的一个任务，即接受所有海军雇员宣誓效忠王室。皮普斯还继续做他的老工作，为"我的大人"准备账目以及跑腿。他毕恭毕敬地记下桑威奇的许多宴会安排：在伦敦塔与国王和即将成为克拉伦登伯爵的海德大法官，在肯辛顿与这位或那位勋爵，或与蒙克将军和王室共进晚餐。他密切关注着桑威奇的健康状况，甚至在日记中对一个小小的感冒提到了三次。他记下桑威奇从欣庆布鲁克送给他半只鹿，"闻起来味道有点大"，这没错，但皮普斯把它转送给了母亲。与此同时他们的关系越来越亲密，因为他们有时在白厅的花园里散步、聊天，或者一起去白厅礼拜堂做礼拜。他们理应去教堂，但桑威奇继续宣称自己没有信仰。七月他称自己是"斯多葛派、怀疑论者"，皮普斯在十月写道，"我发现我的大人已经变成了一个对所有宗教事务都漠不关心的人"，两周后 114
桑威奇再次表示他彻底怀疑宗教。[38]伯爵否认自己年轻时的信仰是可以理解的，因为他和他以前的党派的宗教信仰已经失败了。人民反对他们的清教热情，除了那些试图把它变成政治工具的人，但这也已经失败了。桑威奇开始想起他父亲曾经受到的王室恩宠——詹姆斯一世册封他为巴思爵士——并告诉皮普斯，正是他对王室恩典的感激之情，才使他重新效忠于现任国王。[39]这是个狡猾的辩解。

这个全新的桑威奇开始表达贵族所应表达的那种观点，并像个凡夫俗子一样开玩笑。他认为教堂里的布道应该劝诫人民在政治上服从，毫无疑问，他能回忆起年轻时许多激进的清教徒所做的激动人心的布道，比如现在已经被逮捕的休·彼得斯。[40]国王让桑威奇把御妹玛丽公主从荷兰接来——皮普斯对他出发时国王送别的拥抱印象深刻——他回来后，邀请皮普斯单独来共进午餐，讨论他的巨额开支以及需要更多的钱，然而，他补充说，“他相信任何东西他只要向国王要就能得到”。[41]几天后，他又一次款待了皮普斯，这次是在一个星期天，他还讲了约克公爵如何在欺骗海德大法官的女儿安妮说会跟她结婚后，让她怀上孩子的故事。这些流言蜚语用法语转述以防仆人听到，说得绘声绘色，深深吸引了皮普斯，但他也对主人讲话中的这种新风貌略感不安，并将其归因于他对宗教的漠不关心。他记下了桑威奇颇具男子气概地引用他父亲的一句话：一个男人让一个丫头有了孩子，“然后娶了她，这就好像一个人在他的帽子里拉完屎，然后竟然把帽子‘啪’的扣到头上一样”。[42]

桑威奇的粗豪谈吐部分地宣泄了他在新位置上要面对的痛苦。那些对处决查理一世负有责任的人将于十月受审，他必须坐在法官席上，因为这些是带有展示性的审判，必须要表现出对新政权的忠诚。这情景对他来说很可怕，因为某些所谓的弑君者曾经是他的朋友，而他们全体都曾经是他的同事。审判开始的前一天，桑威奇卧床不起，身体欠安。
115 他也派人把妻子请来；她的忠诚和宽容会是一种安慰。然后他就坐上了法官席。曾经尽力保护以前同事的阿什利·库珀和他处境相同。

其他面临着老同事即将被吊死、挖出内脏、肢解的人，开始借酒消愁。在部分判决被通过的那天，布莱克本一反常态地与克里德和皮普斯一起，坐在国王街的莱茵酒肆里喝酒，轮番为彼此的健康干杯。皮普斯本人于十月十三日亲自去旁观了第一次处决，被处决的托马斯·哈里森英勇无畏，毅然赴死。他在受审时抗议说他被关了六个月，不允许咨询律师。“如果我有意逃跑，我可能会有很多机会，”他说的是真的，因为他选择的是自首，“尽管对此非常了解，我却不敢逃跑，也不敢踏出囹圄一步，因为我曾为如此光荣伟大的上帝服务。”[43]他在埃塞克斯伯爵手下开始了军旅生涯，参加了所有的重大战斗；现在他在信仰的支撑下忍受折磨，先是绞刑，接着用斧子砍，但他还活着，于是被剁成一块一块。公开行刑时，人们聚在一起观看，主要是因为我们所有人身上都存在着隐藏得很深的残忍倾向。对一些人来说，去围观也是希望见证和学习一个人在生命终点所表现出来的勇气。皮普斯说过一句著名的话，哈里森少将“在那种情况下看起来和任何人一样快乐”。这句话看起来似乎冷冰冰的，不近人情，甚至得意洋洋，但这不只是得意洋洋，皮普斯本人也曾把脖子架在刀下，冒着死亡的危险，他对勇气有着应有的尊重。他还把自己和人们的行为拉开距离，补充说道，当死者的头和心被示众的时候，人们发出了巨大的欢呼，他接着恭敬地讲述哈里森夫妇宣称相信基督的审判。

皮普斯没有把他这一天剩下的时间花在更高深的思考上，这和我们一样，在电视上看到饥荒或谋杀儿童，转身一小时后仍然闷闷不乐。随后我们开始思考点别的，甚至试着让自己振作起来，皮普斯也一样。他从白厅叫上两个朋友，带他们去一家小酒馆吃牡蛎。然后他回到家里，因为伊丽莎白把东西随处乱放而发了脾气，把他从海牙带给她的那个小 116
篮子踢坏了。之后他自己躲起来，在书房里搭书架。对自己所作所为的直接描述比试图说教或哀悼都更有力量。

桑威奇还要在法官席上坐些日子，还会有更多的处决。在审判克伦威尔的妹夫约翰·琼斯的当晚，他派人去叫皮普斯，“似乎心情沮丧”。[44]他的仆人威尔·豪把这件事归结为他打牌时输了很多钱，这当然足以使人心烦意乱，但还有更令人痛苦的原因。几天后他又变得情绪高涨，几乎达到狂躁的程度，他甚至在吃饭时向皮普斯吹嘘他将雇用一位法国厨师和一位司马，并让他的夫人和孩子依照最新的时尚潮流，往脸上贴黑色的饰颜片，对此皮普斯感到特别惊讶。“但他已经成为一个完美的廷臣，”他之后在日记中写道。[45]桑威奇夫人出席了午宴，说她想把他们的女儿杰姆嫁给一个善良的商人，这可说错了话，引发了她丈夫轻蔑的评论，说他宁愿看到杰姆背着小贩的包，也不愿让她嫁给一个平民。伯爵夫人表现出了她所成长的清教徒家庭的价值观，并被毫不客气地告知要适应她的新地位和赐予她新地位的新社会。皮普斯若有所思地回家，路上注意到一些死者的四肢被钉在奥尔德斯门上，“这是一个悲伤的景象，本周和上一周都很血腥”。[46]十一月，他读了一本为审判辩护的书，缓和了他对审判的某些感受。[47]

与查理相识多年的海军司库乔治·卡特里特爵士向皮普斯保证，他非常富有同情心，如果让他自己决定，他就会宣告所有弑君者都无罪，而且他也确实不喜欢死刑——那年秋天被判死刑的二十九人中，只有十人被处死。但是，许多人在监狱里慢慢地憔悴而亡，一些逃往国外的人，被悬赏捉拿——例如勒德洛的人头值三百英镑——还会有更多的受害者。[48]国王不以残忍为乐，但他杀死自己的敌人时也毫不手软。这一点在下面这件事上表现得非常明显。第二年一月，不遵从国教者组成了一个大约五十人的小团体，他们揭竿而起，祈求“城门上的头颅”即被处决的弑君者的保佑，并期待吾主耶稣（King Jesus）的到来。结果十四人被
117 处决，脑袋被挂在伦敦桥上。当得知克伦威尔、艾尔顿和布拉德肖的尸体将被挖出来，并在查理一世被处决的周年纪念日挂上绞架时，皮普斯吓坏了。他在日记中称克伦威尔为“奥利弗”，他当护国公时人人都知道他的名字，他痛惜“一个如此勇敢的人竟会遭受这样的侮辱”——并

小心翼翼地加上一句，就好像害怕有人在背后看到一样，“但是除此以外他罪有应得”。[49]当人们进行可怕的掘墓鞭尸时，桑威奇不在，他正护送亨丽埃塔·玛丽亚回法国，皮普斯也不在场，但伊丽莎白和成千上万的民众一起去看了这出戏。只要花六便士，你就可以近距离好好看一眼棺材里躺着的克伦威尔尸体。他的头被砍掉，挂在威斯敏斯特大厅南端的一根柱子上，旁边是议会大厦和伦敦最重要的公众集会场所，几天之后皮普斯去上班途中一定看到了。男女老少迟早都会看到它，因为在查理二世统治的二十五年里，它一直挂在那里，作为对造反和共和论的警告。[50]皮普斯不把自己的想法告诉他人，但值得一提的是，在他生命结束之前，他收集了一组英国王室成员的版画，并把克伦威尔也放了进去——不止一幅而是好几幅，每一幅都把他表现为一位伟大的统治者——一同收进去的还有理查德·克伦威尔的画像，以及共和国的纹章图。

乔治·唐宁爵士特别卖力地展示他内心和思想的转变。一六六二年一月，当他再次担任英国驻海牙公使时，他得到消息说，三个在复辟后逃到国外的共和国时期的同僚此时正在德国，可能被骗到了代尔夫特。他们是约翰·巴克斯特德爵士，克伦威尔的一位少将；迈尔斯·科比特，众所周知是位正直的律师；还有约翰·奥基，唐宁刚来英国时曾在他的团里做牧师。三人都牵涉进了查理一世的审判和处决之中。唐宁贿赂了一个荷兰人，他们把他当朋友，而他却为他们设下了圈套，唐宁对他们被捕的经过做了冷静的描述。他和几个武装人员到他们住的房子里去，敲了敲门，门一打开就冲了进去。三个人正坐在

壁炉旁边，手里拿着一支烟斗和一杯啤酒，他们马上就开始往后门 118
跑，但为时已晚，房间顿时就站满了人。他们找了许多借口，一个去

> 取外套时差点跑掉，另一个去厕所，但都枉费心机。科比特不在那座房子住，但那天晚上他和巴克斯特德一起吃饭……如果我们晚来一会儿他就走了……当发现自己被抓了，他开始在这个房间里上吐下泻，样子非常奇怪。[51]

与荷兰人争执了一番之后，唐宁把受害者运到伦敦，他们被关进伦敦塔，接受审判，并得到了叛徒应有的惩罚。他们说自己只寻求事奉上帝和他们的国家，在断头台上，奥基原谅了他以前的牧师，"他把我追到了死"。唐宁被封为男爵。

毫无疑问，全国绝大多数人都希望看到查理二世坐上王位。他们已经受够了争斗，他们从来不赞同处死国王，他们憎恨清教禁止圣诞节和五月节的庆祝活动、跳舞、戏剧和星期日的儿童游戏。像桑威奇和阿什利·库珀这样崇拜拥护克伦威尔的人，对克伦威尔死后的混乱和军官们的权力又惊又怕。他们开始相信，最好的做法是让斯图亚特王朝复辟，他们尽可能和平而体面地促成此事；他们从达成的和解中也收获不小。但是，背叛朋友和原则是要付出代价的。虽然查理对他们热情欢迎，慷慨封赐，但他们身上有着变节不忠的印记，永远不会被遗忘。在接下来的几十年里，这将使桑威奇陷入悲剧，并导致阿什利·库珀激烈地对抗查理；这两出大戏皮普斯都会卷入其中。

注释

[1] 见保王派约翰·莱恩（John Lane）在一六五八年三月三十日向爱德华·尼古拉斯爵士（Edward Nicholas）抱怨唐宁的话，引自约翰·贝雷斯福德，《唐宁街的教父：乔治·唐宁爵士，1623-1684》，页93；关于一六五八年夏天试图暗杀他，见该书页97。

[2] 唐宁的行为细节主要参考约翰·贝雷斯福德,《唐宁街的教父:乔治·唐宁爵士,1623–1684》,页 92–122。

[3] 哈林顿在 1656 年出版的《大洋国》一书中提出了一个共和国规划,包括轮值参议院,所有自由人都有投票权(奴仆没有),部分宗教宽容(犹太人和天主教徒被排除在外)以及对财产所有权的限制。亨利·内维尔是罗塔的另一位共和派和无神论者成员。其他成员有伟大的爱德华·科克爵士的孙子罗杰·科克,以及共和派及平等派成员约翰·怀尔德曼。据约翰·奥布里说,该俱乐部成立于一六五九年,"学说非常受欢迎,人们预见到国王不可能回归,这让其学说更受欢迎了"。

[4] 皮普斯把哈林顿的画像放在皮普斯图书馆的收藏中。《大洋国》于一八八七年再版,至今仍在被讨论。哈林顿现在被认为是亚当·斯密和政治经济学的先驱。见克里斯托弗·希尔,《革命世纪,1603–1714 年》,页 161。哈林顿的理论在未来的美国也有影响,见戈弗雷·戴维斯,《查理二世复辟》,页 291。

[5] F. R. 哈里斯,《桑威奇伯爵一世生平》,第一卷,页 171;理查德·奥拉德,《克伦威尔的伯爵:桑威奇伯爵一世爱德华·蒙塔古一世生平》,页 77。

[6]《布尔斯特罗德·怀特洛克日记,1605–1675 年》,页 574。

[7] 理查德·克里德最终搬到了蒙茅斯郡,他的岳父沃尔特·克拉多克曾是那儿的清教牧师,也是该郡的主要宣传委员,负责驱逐保王派神职人员。克里德在十七世纪五十年代曾为他做过文书,还担任过议会调查员。克拉多克于一六五九年去世,但克里德在《赦免法》(Act of Indemnity)中被特别点名不能再担任公职,他在上兰古姆(Llangwm Uchaf)作为一名卑微的老师终此一生。他于一六九〇年去世,他的纪念碑上记录下他曾供职于海军上将布莱克和海军中将桑威奇麾下,但没有提到哈里森。信息来自朱利安·米切尔未发表的文章《蒙默思郡政治,1660–1706 年》。

[8]《日记》,1664 年 4 月 12 日。皮普斯向桑威奇勋爵为威尔·豪谋求克里德的工作:"如果可以的话,我很高兴能让他做秘书,赶走克里德——因为他是一个狡猾而虚伪的恶棍。"

[9]《日记》,1661 年 5 月 12 日。

[10]《日记》,1665 年 1 月 18 日。爱德华·蒙塔古的妻子,当时已经是

桑威奇夫人了，是她听说了关于约翰·克里德的这个坏消息。“我告诉她我认为他是英国最精明狡诈的人，我担心他在任何事情上都会比我更聪明——对此她欣然同意。”

[11]《日记》，1660年3月8日。他是菲利普·霍兰舰长，一员优秀战将，后来叛变，投靠了荷兰人，然后又回来了，并通过提供他们的信息获得了赦免。见伯纳德·卡普，《克伦威尔的海军》，页388–389，页391。

[12]《日记》，1660年3月19日。关于布莱克本职业生涯的详细信息，见G. E. 艾尔默，《国家公仆：英格兰共和国的公务员制度》(1973)。

[13]《日记》，1660年3月16日。

[14]《日记》，1660年5月17日。

[15] 罗伯特·布莱克本致爱德华·蒙塔古的信，1660年5月7日。(国家海事博物馆，《桑威奇记录》，第三卷，页213)船头的克伦威尔像似乎直到一六六三年才被移除，当时皮普斯记述了一次关于它被拆除并烧毁的谈话，并对“从国王的口袋中拿出一百英镑用于建造另一个——似乎一定是海王尼普顿(Neptune)”表示遗憾。在同一天晚些时候，他又提到了浪费钱的问题，并说无论如何人们都已经忘记了这是谁的头。(《日记》，1663年12月14日)

[16] 戈弗雷·戴维斯，《查理二世复辟》，页349。两周后，瑟洛因叛国罪被捕，但六周后获释。

[17]《日记》，1660年5月3日。

[18] 皮普斯事先就听说了，见《日记》，1660年5月13日：“我听说……莫兰先生这周被国王封为爵士，国王确实公开说明了原因，说是因为他在担任瑟洛大臣的文员期间一直在为他提供情报。”莫兰在为查理工作时提出了一个条件，即他不会作证反对他的老同事们，“如果在他复辟后，他们恰好被司法机关传讯”。H. W. 迪金森，《塞缪尔·莫兰爵士：外交官与发明家》(1970)，页21。

[19]《日记》，1660年5月4日。蒙塔古告诉皮普斯，他担心克鲁对长老会教友的支持会损害他的机会，但查理接受了蒙塔古的申诉，封克鲁为男爵。

[20]《日记》，1660年5月20日。在宗教改革之前，“一个月后的追思弥撒”是指为死者做纪念弥撒的时间。只是在此之后它被莫名转化为对某事或某人有好感或喜欢的意思，如莎士比亚《维罗纳二绅士》，第一幕第二场第133行，“我看你很喜欢他们”。康格里夫在《俗世之道》(*The Way of the World*)中

用了这个意思:“她有意;但我知道米拉贝尔先生(Mirabell)不能忍受她。”(第三幕,第一场)皮普斯的用法可能也暗示他已经忍受了一个月——实际上是两个月——的禁欲。

[21]《日记》,1660 年 5 月 17 日、19 日。

[22]《日记》,1660 年 5 月 15 日。

[23] 几年后,在一六八〇年十月,他应查理的要求,用速记记下了他在伍斯特战役后的冒险和逃离英国的经历。

[24]《日记》,1660 年 5 月 25 日。

[25]《日记》,1660 年 6 月 2 日,其中以直接引语给出。

[26]《日记》,1660 年 6 月 18 日。

[27] 见《日记》,1660 年 6 月 15 日、19 日。

[28] 一六六八年七月十四日,当皮克林夫人拜访皮普斯夫妇时,皮普斯忙得没时间见她。他在日记中写道:“但是我们轻视失势的人,而失势的人却屈尊去见那些他们当权时所蔑视的人,这是多么自然啊。”

[29] 埃德蒙·勒德洛、约翰·卡鲁、托马斯·斯科特、哈德斯·沃勒爵士和阿德里安·斯克罗普是相信赦免承诺而自首的人。沃勒是蒙塔古的朋友,所有这些人他都认识。哈斯勒格免于受审应归功于阿什利·库珀,但他在一六六〇年和一六六一年之交的冬天死在伦敦塔。

[30] 引自《布尔斯特罗德·怀特洛克日记,1605-1675 年》以及鲁思·斯波尔丁的《不可能是清教徒:布尔斯特罗德·怀特洛克传》。

[31] 参看《日记》,1660 年 6 月 21 日及脚注中的信息。还请留意设在御衣库中的“教养院”的主管们向桑威奇勋爵的请愿书,希望不要把它从他们身边带走。

[32] G. E. 艾尔默,《国家公仆:英格兰共和国的公务员制度》,页 337。关于皮普斯的反对意见,见他一六六九年四月三日的备忘录,摘自《海军白皮书》,刊印于《塞缪尔·皮普斯与第二次英荷战争》,罗伯特·莱瑟姆编辑,查尔斯·奈顿、威廉·马修斯转写(1995),页 196。

[33] 没有关于川流巷的图片,也不可能制作任何平面图,但整个建筑群一定很庞大,每座房子都很大,有多达十个房间,两层或三层高,还有地窖。有对皮普斯来说意义重大的“铅屋顶”——用铅覆盖的平屋顶区域,可以用作露

台——这表明上层较窄,才在下面一层之上形成屋顶空间。

[34] 他在做海军专员时的出色工作,见伯纳德·卡普,《克伦威尔的海军》,页280–281,页290–291;他离开英国,见该书页371。

[35] 国家海事博物馆,《桑威奇记录》,第一卷,条目27。

[36] 查理的言论引自戈弗雷·戴维斯,《查理二世复辟》,页353。

[37]《日记》,1660年8月10日。

[38]《日记》,1660年7月15日,10月7日、22日。

[39]《日记》,1660年11月7日。

[40]《日记》,1660年10月22日,以及莱瑟姆的注释。

[41]《日记》,1660年10月3日。

[42]《日记》,1660年10月7日。

[43] M.诺布尔,《英国弑君者生平》(1798),页332。

[44]《日记》,1660年10月16日。

[45]《日记》,1660年10月20日。

[46]《日记》,1660年10月20日。

[47]《日记》,1660年11月6日、7日。

[48]《日记》,1660年11月19日。

[49]《日记》,1660年12月4日。

[50] 关于观看尸体的费用,见《托马斯·鲁格日记,1659–1661年》,W. L.萨克斯编辑(1961),页143;关于悬挂头颅,见莱瑟姆的注释(《日记》,1661年2月5日,即皮普斯看到头颅那天)。克伦威尔的头颅一直没有下葬,直到一九六〇年时一颗被认为属于他的头颅被安放在他的老学院——西德尼·苏塞克斯学院的教堂门厅。

[51] 乔治·唐宁致爱德华·尼古拉斯爵士的信,1662年3月17日。引自约翰·贝雷斯福德,《唐宁街的教父:乔治·唐宁爵士,1623–1684》,页146–147。(大英图书馆,埃杰顿手稿,2538,页37–38)

第八章　家　庭

无论皮普斯在威斯敏斯特大厅路过护国公的头颅时私下作何感想，也无论他对可能发生的另一次政治“转向”有着怎样的恐惧，他都不会忘记，他的晋升要归功于新政权的安排。在一六六一年一月时，他体面光鲜、欣欣向荣，在川流巷妥妥地安顿了下来。[1]对皮普斯来说，新房子是他事业进步的外在标志，几乎成了他本人的象征。尽管不是他的私产，但他从一开始就痴迷于对房子进行改造、装饰和修缮。不是重建楼梯，就是扩建窗户，要么加盖一层，要么装个新壁炉，或者在没门的地方加个门，又或者把地窖装饰一新。他身居此处期间，很少有看不到工人出入的时候；日记里也总是提到细木工、泥灰工、油漆工和室内装修工，而且装修一年比一年豪华。甚至在头几个月里，他就给餐厅重新铺了地板、重新装潢，并重装了镀金的皮窗帘。“我祈求上帝不要让我把太多心思放在它身上，”他写下了对宝贝房子的感情，但这样的祈祷只是走形式，他的激情无法消退。[2]在接下来的十二年里，川流巷成了他生活的中心。房子不仅要干净、整洁、舒适，而且楼梯和门厅的布局也要优雅，装饰要豪华，还要挂着画和地图；餐厅里要用银餐具和织花台布，夫妇二人的书要摆放在精心搭建的书架上和供娱乐活动的房间里——吃饭、打牌、演奏音乐和安静地自修。

当然，和当时的每一座房子一样，这里也能闻到不勤洗的身体和头发的味道，有建筑下面经常溢出的“厕所”的味道，有自己家的也有邻居家的，都需要定时倾倒；还有那些必须搬上搬下的夜壶，毫不奇怪有时会
120 洒出来，伊丽莎白收拾烂摊子时总是拿它取笑。[3]但这既不像他成长于其间的房子，也不像布兰普顿那间狭窄的农舍。他脑子里可能还记得杜尔丹斯和欣庆布鲁克的房间，他的灵感主要来自他对自己是个“自由天才”的认识——也就是说，在性情上热爱绅士的追求和学习。[4]他可能穿过庭院在海军处查看数字、合同和估价，或是沿河步行到德特福德视察造船厂；他可能没有贵族的优雅外表和风度；但内心里他是一个审美家和艺术家，这座房子代表着他追求更高文化价值观的渴望。

搬进来几个月后，他的家庭规模扩大了一倍；他们现在是六口之家。这对简来说一定是一种解脱，她一个人帮他们从斧场搬过来。她说服皮普斯雇她弟弟韦恩曼当童仆，他此前试用了一个，没多久就把他解雇了。韦恩曼在十岁到十二岁之间，她必须教会他该做什么，如何安置主人上床睡觉，如何整理他的衣服，给他拿睡衣睡帽，以及如何给他梳头，这是皮普斯非常喜欢的睡前程序，有时还借机玩闹一场，简也可以放心地把这件事交给他。皮普斯觉得他是个好看的男孩，很高兴发现他差不多能识字，而且孺子可教。他好为人师，也喜欢有人给他梳头。[5]韦恩曼得到一件制服，邻居们有时称他为“年轻的皮普斯”。[6]至于他们自己的孩子：他们留出了一个房间，希望成为育婴室。[7]

帕尔在家里也得到一个位置。她仍然和父母住在索尔兹伯里院，为了确保她来和他们一起住时对自己的地位不抱幻想，她被坦率地告知，她要是来的话“绝不是作为妹妹，而是作为仆人”。皮普斯认定，她流泪是因为能来为他们工作而感到高兴。也许她真的希望和伊丽莎白和简在一起时能比和她母亲在一起时更愉快，她承认，一个已经取得如此成就的哥哥，有权忘记对自己的妹妹的礼节。[8]她在一六六一年一月初搬

过来，为了强调已经说过的话，她在进家的第一天，就被禁止和她的哥哥 121
嫂子同桌吃饭。[9]

这个家庭的第三个新成员是通过皮普斯和布莱克本的友谊来到他们身边的。日记中散布着两人一起喝酒、吃饭和进行其他会面，因为布莱克本打算从他过去失败的事业中捞回点东西，把他的知识、人脉和建议交给皮普斯，作为交换他在皮普斯那儿为他姐姐的小儿子威廉·休尔弃到一份工作，是私人男仆兼办事员的双重角色。面对曾经让他兴旺发达的政权的终结，他使出了绝招。让外甥加入他自己被逐出的那个组织，这是符合进化论的绝妙之举，确保了他的家族基因保留了影响。威尔·休尔的成功让布莱克本做梦都想不到。皮普斯记下他来到川流巷的家中，但除了说他是布莱克本的外甥之外，没有提到自己是如何雇用他的。[10]

威尔是文具商托马斯·休尔的儿子，十七岁，初出茅庐，头发金黄。皮普斯可以随意欺负他，打他耳光，有时甚至把他弄哭。[11]但他学会了自卫和反驳。在接下来的几年里，他甚至还故意表现得行为不端。他在外面待到很晚才回家。据皮普斯说，他和女仆们过于友好，使她们堕落，尽管他似乎只不过是在背后跟她们议论他们的雇主而已。他酗酒，拒绝去教堂。他在家里戴着帽子，在街上戏剧性地把斗篷披在肩上，“像个流氓”。[12]他说他不想被当奴隶对待。[13]总之，他尽了最大努力成为皮普斯未能生下的儿子。他只比他的主人小十岁，但从皮普斯对他的态度上你很难猜到这一点。皮普斯不止一次向他舅舅布莱克本抱怨威尔的行为举止，最极端的时候甚至一怒之下把他赶出家门——尽管不是不让他当文员——并告诉他必须自己租房子住。威尔的工作做得太好了，不能被解雇，有人攻击他时皮普斯还为他辩护。例如，一六六二年一月，海军处的最高官员投诉威尔把办公室里的事情告诉了他的议会党舅舅布莱克本，并称后者为“无赖”，还建议皮普斯解雇威尔。皮普斯没有这样

122 做，尽管因此惹了不少麻烦。他只是警告了威尔，威尔接受了警告，想必在拜访他舅舅布莱克本时变得更加谨慎了。此事也没有再被提起。[14]

这个聪明、心地善良的年轻人的到来，丰富了家庭内部的情感关系。他只比伊丽莎白小两岁，如果他在皮普斯身上扮演了儿子的角色，他似乎也把自己的心献给了她。这种感情很纯洁，也具有决定意义。几年后，当皮普斯试图说服他和帕尔结婚时，威尔明确表示不可能，并补充说他无意与任何人结婚。他从没违背过这个决心。一六六七年圣诞节，他送给伊丽莎白一个钻石项链盒，她留在手里好几个星期才拿给丈夫看，皮普斯坚持让她还回去。威尔的年收入只有三十英镑，而这个项链盒价值四十英镑，他显然已经学会了如何从他的职位上获利。皮普斯对这一点倒没有异议，但对他和伊丽莎白的友谊感到妒忌的伤痛。她出门时经常请威尔陪伴她，或是在她一直忙得不可开交的丈夫不在家时，请威尔陪她待在家里。[15]

但在一开始，也就是一六六〇年夏天威尔刚来的时候，他不过是个聪明、害羞、勤快肯干的男孩。他和主人一起读拉丁语，在皮普斯的要求下学会了速记，很快他就可以分毫不差、清楚干净地记账。他们的另一个共同点是，他们的名字几乎难倒了所有试图写下它们的人。威尔·休尔有很多种奇异的拼法，从 EWER、Ewere，Eure 到 Hewers、Hewest、Yewers 和 Youar，但他自己似乎一直坚持写作“Hewer”，皮普斯也坚持使用 Pepys，尽管他被称为 Pepies、Paypes、Pepes、Peeps、Peppiss、Peipes、Peepys，Pypss 等。[16]休尔的智力水平和办事能力，他平和的脾气，他作为夫妻二人共同朋友在家中的中心地位，以及他承受皮普斯欺凌的方式，使他不仅成为他儿子的替代，而且随着时间的推移，也成为他最亲密的朋友。

斧场的房子（“我可怜的小房子”）的租约在一六六〇年秋天就结清

了，但皮普斯还是在此前趁它空着的时候招待了两个不同的年轻女子：
一个是他的老朋友贝蒂·莱恩，他对她“非常随便”，而她“也并非不愿 123
意接受”；另一个是黛安娜，克里斯普太太的女儿，他在斧场的邻居。一天晚上在她妈妈家里喝酒时，他曾疑心黛安娜没那么友善，当时她哥哥劳德要出门去侍奉桑威奇勋爵。当皮普斯和她单独在一起时，他发现她出人意料地顺从，于是他在日记中第一次用外语记录自己的成功：“*nulla puella negat*”，他用拉丁文写道，意思是“这女孩什么都不拒绝”。[17]为了缓解对伊丽莎白的愧疚，第二天他带她出去，给她买了一条价值四英镑十先令的珍珠项链。这是他道德核算体系的一个变体，他发誓——比如戒酒或不看戏——然后把钱投到济贫募捐箱里，以弥补每一次违背誓言的行为。花钱给妻子，是为了补偿他的不忠。

在他的职务之外，他现在还成了一名治安法官，他的崛起之路与五年前主持过他的婚礼的治安法官理查德·舍温交错而过：舍温当时是财政部委员的秘书，也是唐宁一位受重视的同事，现在他已经出局了，落魄到要寻找普通的文员工作来做。[18]皮普斯的新身份充满了这些惊喜。当他护送桑威奇勋爵上船时，他发现自己受到了五响礼炮的礼遇。市长大人请他吃饭。他能够护送妻子进入宫廷接待室(presence room)，近距离观察太后。他看到的是“一个普通的小老太太，其他也没什么”。[19]他饶有趣味地写道，一年前不肯屈尊和他说话的人现在都摘下帽子来找他，船长们非常恭敬，他不得不学会“如何接受这么多崇敬，一开始我也不知道该怎么做”。[20]他花了很长时间才相信自己是一位绅士；一六六一年夏天，他伯父罗伯特去世时，他向海军办公室的同事夸大了他得到的布兰普顿遗产的价值，因为他觉得他必须设法给他们留下深刻印象。[21]

他是那里最年轻的官员，最穷，最没有经验，也是为数不多的没有爵位的官员之一。他首先认识的两个人是威廉·巴滕爵士和威廉·佩恩

爵士，他们也是他在川流巷的新邻居，都是长期服役的海军指挥官，战功
124 赫赫，一六六一年一月皮普斯夫妇首次设宴招待他们。佩恩为英国人拿下了牙买加，而六十岁的巴滕曾在查理一世时期担任海军营造官(surveyor of the navy)，他对建造船只的海军造船厂了如指掌。对于一个只出过两次海、对舰船一无所知的年轻同事来说，他们可能是令人畏惧的人物。两人都是英国西南部生人，从小出海；巴滕训练过比他年轻一代，还不到四十岁的佩恩。两人都为共和国效过力，赚了不少钱，佩恩在爱尔兰购置了地产。两人都在沃尔瑟姆斯托拥有漂亮的乡村别墅。佩恩在克伦威尔治下升任海军中将。布莱克本告诉皮普斯，佩恩为了升职“假装虔诚”；但他年轻时，人们都被要求有清教徒的虔诚，这是当时的标准，桑威奇的历史可以作证。[22]佩恩曾与布莱克和蒙克并肩对抗荷兰人，并在地中海猛烈追击鲁珀特王子。一六五二年，他声称已经整整一年没有踏上陆地了。他肌肉发达、气势汹汹，还曾为克伦威尔起草过一份海军战术规范，并在海军处担任专员。他也曾与流亡的查理有过接触，虽然没有实质性结果，却被克伦威尔短暂地监禁，但理查德·克伦威尔封他为爵士。在蒙克的支持下，他又跟查理接触，这就是为什么他受到了接纳，在一六六〇年第二次受封爵士，并再次被任命为新海军处的专员。

总之，他和大多数同胞一样，不断改变以适应变化的时代和环境。巴滕在五十年代曾一度投奔过查理——并从他那里获封爵士——然后就改了主意，最后两人都设法在正确的时间站到了正确的一方。当皮普斯和他们一起在海豚客栈喝酒的时候，他倾听了他们的“押宝智慧”，并且互相指责对方在共和国治下的行为，他说他为他们的言论感到羞耻。但是他们肯定还有过很多这样的谈话，考虑到他自己的恩主的历史，皮普斯的话似乎有些奇怪，也不太合适。[23]共和国军舰上的雕刻装饰和纹章正在出售，巴滕买了一些，有些用来装饰花园，另一些则在查理二世加冕典礼的当晚被焚烧，这表明他并没有把这些东西看得太重。[24]他被重

新任命为海军处营造官，皮普斯注意到他和年轻的第二任妻子住在沃尔 125
瑟姆斯托的房子里，过得像个君主。佩恩有一半荷兰血统的妻子从他们的爱尔兰庄园来到伦敦和他团聚；皮普斯形容她是个“老荷兰女人”。他们有个名叫佩格的女儿和两个儿子，大儿子威廉在牛津大学读书，因为不信国教正麻烦缠身：他成了贵格会教徒，起初让他父亲大为光火，后来他创建了宾夕法尼亚殖民地。[25]皮普斯对这两个家庭很势利，而他没有权利这样做。他唯一的优势是上过大学，但这可以让他轻视他们，认为他们不够绅士。事实上，他们正是他最终所认可的那种海军军官，打从年少时就一路干上来，是了解每一根绳索的“油布帽”①，而不是对海上纪律丝毫不了解，只等着接受命令的绅士军官。尤其是佩恩，其人精力充沛、才智过人，很快就起草了一个新版的战术规范，成为标准，以“约克公爵航海和战斗指南”的名字发布。公爵称他为“佩恩老兄”，一六六五年他四十三岁时，尽管身患痛风，仍再次出海与荷兰人作战，被任命为“舰队副将”，作战英勇。[26]

这两位威廉爵士都是喜爱交际、殷勤好客的邻居，款待皮普斯和伊丽莎白吃饭、看戏，邀请他们来沃尔瑟姆斯托作客。皮普斯对他们的黑佣明戈和杰克很感兴趣，他们是通过非洲贸易获得的奴隶。拥有一个奴隶在军官中很时髦，桑威奇还为家里买了一个小土耳其人和一个黑人男孩。[27]为了庆祝当选为罗切斯特议员，巴滕邀请皮普斯一家去郊游，参加庆祝宴会，结婚三周年纪念日的时候，请他们吃高级馅饼。佩恩还邀请他们参加他结婚十八周年纪念日的庆祝活动，其间上了十八个肉馅饼。三人商定一起观看加冕典礼前的游行。友善的邻居们偶尔也会有争吵——巴滕夫人觉得皮普斯太太没有向她表示出应有的尊重——但也有很多欢乐与合作。皮普斯和巴滕合作，给他们在德特福德的造船厂

---

① 水手戴的油布帽(tarpaulins)，指代水手。

里盖的房子新加了个顶层。皮普斯和佩恩一起唱淫秽歌曲，当他谈到共
126 和国时期那些“我不懂的人和事”时，他也会认真倾听。[28]起初，他和他们共用一个办公室，但在一六六二年，他坚持要一间单独的办公室，剩两个威廉爵士共用一间。

虽然皮普斯是川流巷的一家之主，但他仍然是另一个家庭的一员，他在那个家里和在自己家一样，所扮演的角色却截然不同。一六六〇年十月，“我的夫人”桑威奇伯爵夫人来到伦敦，他自然立刻拜访了她。晚饭时，他发现她一个人在白厅的寓所里，她让他一起坐下，留下来，“她对我表示出了非同一般的爱和善意”，并和他谈起了他在布兰普顿的罗伯特伯父，许多年前在欣庆布鲁克时她就认识他。[29]她现年三十五岁，是八个孩子的母亲，孩子都活下来了，并且身体健康，包括双胞胎男孩在内——这在当时是个罕见的成功纪录。她在生活中表现出了非凡的勇气和谨慎，丈夫不在家的时候她负责管理他的房子和地产，年复一年地支持他度过困难和危险的时期。如今第一次以伯爵夫人的身份进入改天换地的新伦敦社交界，准备在宫廷亮相，她可能对自己的处境以及人们对她的期待有点紧张，尤其是她丈夫的期待。事实上，在那之前，她在生活中还没有为迎接新国王的宫廷做过准备，宫廷生活追求享乐，夜夜沉迷于赌博，处处是争奇斗艳的美人；她的美丽在于她那温柔的脸、体贴的眼神和宁静的心。她认识皮普斯很多年了，现在仍然可以用以前的方式跟他说话。他们可以闲聊，她也可以信任他。

和皮普斯谈话两天后，她邀请他和伊丽莎白共进晚餐，桑威奇勋爵当时不在，去了大法官家；几天后桑威奇出海了，皮普斯成了白厅住所的常客。他毕竟曾在那儿住过，认识所有的仆人和孩子；虽然确切地说他已经不再是仆人，但这个角色的某些特质依然保留了下来，他总体来讲表现得恭顺而有用。家里来了法国女仆，伊丽莎白过去做翻译，因为桑威奇夫人不

懂法语,在内战和共和国时期,清教徒家庭很少学法语。皮普斯写道,正是
在这一次,即一六六〇年十一月,桑威奇勋爵头一次注意到伊丽莎白“是我 127
的妻子”。五年来她一直是透明的,现在他突然能看见她了。[30]

桑威奇夫人并不反对皮普斯把自己当成这个家里的一员,只要他愿意随时都可以到白厅或御衣库吃饭,她在一六六一年五月搬到了御衣库。有时他和仆人吃饭,有时和夫人吃饭,主人在的时候,也和主人一起吃。比如皮普斯记下了在一六六一年五月他和克里德造访时享用到的精美食物,“我们,还有大厅里的其他仆人,坐下来吃饭,这是我一生中吃过的最好吃的冷荤”。[31]一个星期后,他和桑威奇勋爵以及所有御衣库的职员共进午餐,享用了一份鹿肉馅饼。他还记录道,桑威奇六月份又一次出海,食物的质量马上就下降了,他的妻子深通节约之道:“去和夫人共进午餐,现在我的主人不在家,她又得可怜地操持家务。”[32]

这本日记对十七世纪中叶盛行的这种近乎封建的安排及其向更现代的态度的缓慢转变进行了极其详细的研究。一六六〇年,皮普斯仍然理所当然地认为自己是桑威奇家的一员;多年来,只要他愿意,他随时可以跟桑威奇家的仆人一起吃饭睡觉,他仍然沉迷于和女管家萨拉的随便的性关系。他也知道自己对桑威奇夫人负有义务,应该尊重并协助她,尤其是在她丈夫缺席的情况下。他们两人都喜欢他对她的关心。比如在一六六一年一月,他答应陪她去查塔姆看看舰船,主人太忙了,现在还在海上,没时间带她去。约定的时间临近了,皮普斯却在视察造船厂,不得不在德特福德待了三个晚上,结果忘了他的诺言。他从德特福德回到家后,得知她已经乘马车出发,准备在罗切斯特跟他会面。尽管他很累,还是立刻穿上靴子,雇了一匹马和一个向导,用四个小时迅速赶了三十英里路跑到罗切斯特。[33]到那儿以后他发现“夫人和她的女儿杰姆、布朗太太还有五个仆人,全都不知道为什么在这里找不到我”,但“看见我来了她欣喜若狂”。[34]皮普斯喜欢在日记中强调她表达的爱意,但没有

理由怀疑她确实表达过。

128 她原打算不事声张，但不出所料，“查理号”的船长认出了她，于是举行了一个愉快的晚宴。皮普斯和她的随从同住一张床，和她一起吃早餐。一行人随后上了驳船，先是登上舰队中最大的一艘船，一六三七年战前建造的“皇家君主号”；船尾有六个灯笼，每个人都想钻进去玩玩。接着是“查理号”，当它还是“内斯比号”时皮普斯曾坐它去过荷兰；他很高兴重访“我开始交好运时乘坐的那艘船”，她听他描述她家老爷登船时一切都是如何安排的。又上了一顿早餐，响起了礼炮；之后皮普斯这个热情的老师，坚持要带她看一艘小船，好让她体会其中的区别。他把自己的角色扮演得非常完美，没忘记派发小费以及护送她回马车。回伦敦的路上，天气变得非常糟糕，他们被迫在达特福德的一家旅馆里过夜。在那儿吃晚餐时，皮普斯和桑威奇夫人友好地争论了长子继承制的是非曲直。之后他和船长们一起去寻找一个据说会弹吉他的漂亮女孩，但没找到。早上他们冒着雨各自回到伦敦。她刚有了身孕，他径直去看医生，咨询“我记忆衰退”的事，这让他忘记了和她的约会，霍利尔对此的建议是少喝酒。[35]这次旅行无疑取得了成功，两人都度过了短暂的欢乐时光，未来还会有更多的欢乐在等待他们。

她有时给他一些建议，告诉他应该对伊丽莎白更慷慨些，她格外喜欢伊丽莎白。她心胸并不狭窄，乐于聊天和开玩笑，喜欢八卦宫廷丑闻，尤其是国王的情妇卡斯尔曼夫人——皮普斯仰慕她——以及国王结婚后她的命运将会如何。桑威奇出海去葡萄牙迎回新王后，整整十一个月，皮普斯帮了她不少忙。其间，桑威奇夫人在伦敦生下了女儿凯瑟琳。日记记下了这段时间内对她的七十五次拜访。他写道：“夫人对我和我妻子表现出世上最大的恩惠”；“我认为夫人非常快乐，非常漂亮”；“非常乐意和夫人谈一两个小时”；“整个下午都和夫人聊天，直到天色已
129 晚”，“整个下午都和夫人单独聊天”；“和夫人聊了一两个小时神性”。

这番特殊的谈话之后，伊丽莎白到了，他们“非常高兴；夫人一如既往地非常喜欢我妻子”。[36]同所有的母亲一样，桑威奇夫人特别感谢他对孩子们的关心。他带大一点的女孩们去看戏，去伊斯灵顿吃芝士蛋糕，逛巴塞洛缪集市，带年幼的孩子去伦敦塔动物园看狮子。他和伊丽莎白提出让奥利弗、约翰和查尔斯这三个小男孩来家里住，他们在八月来到了川流巷，那时桑威奇夫人正要临盆。生完孩子后，她的朋友克里斯普太太告诉她，她要让国王做小凯瑟琳的教父，这让她非常尴尬，她告诉皮普斯，“她一说起这事就冒汗”。她无须冒汗，因为国王没有成为教父。[37]

她邀请皮普斯夫妇和她一起去汉普顿宫，并带他们参观王宫。他带着孩子们去看国王的游艇“凯瑟琳号”，后来还陪同她登上游艇。这是她第一次有机会来川流巷，办公室里的每个人都能看到她允许他牵着她的手穿过院子，她穿着漂亮的衣服，侍从为她举着裙子的拖尾。之后，他们乘船到格林尼治，一起爬上山顶——身穿一件带拖尾的裙子爬山实在是相当了不起的壮举——然后回到船上，“她对这次闲逛感到非常满意——方方面面都满意。于是我们和她一起吃晚饭，然后走回家”。[38]

皮普斯对“我的夫人”的依恋有点像威尔·休尔对伊丽莎白的依恋，因为不可能和这个女人发生性关系，这种爱让他可以安全地赞美甚至崇拜她。对皮普斯来说，她和她这个性别的大多数人都不在一个层次上，他从来没有说过一句不好或严重不尊重她的话。她突然到他家里拜访，当时伊丽莎白不在家，他急忙从办公室过来迎接她，看到她正坐在饭厅里的便壶上，她脸红了，他语速很快地说话以掩饰自己的尴尬。但之后两人都泰然自若，甚至讨论起下议院关于一场对荷战争的辩论来了，然后她体面地离开了。这段插曲出乎意料，她那时是高龄孕妇，怀着最后一个孩子，这是她在川流巷露面的仅有的另一次记录。这显然让他有点震惊，他在日记里写了这样一句话：“她宝贵的来访真突然。”[39]他几乎可以随时去看她。她刚生完孩子，得了麻疹，他去看她。麻疹让他非 130

常担心，他来的时候发现孩子们和主人已经离开了家，以为她可能死了："如果她流产，那家人会很难过。"[40]还有一次她生病的时候，他就站在她的床边。他佩服她在等待丈夫在一次海战后的消息时所表现出来的冷静，"既不盲目自信，也不杞人忧天，这样的沉着我平生头一次见到"。[41]桑威奇勋爵不在家，他帮她安排女儿杰姆的婚礼，她担心杰姆可能不喜欢这桩婚事，他同情地听她倾诉。他借钱给她，尽管并不情愿：即使是桑威奇夫人也不能白用他的钱，他收了她百分之六的利息。[42]他欣赏她的超凡脱俗，这特质使得她与他大不相同，他称之为天真。对他来说，她就是"我最好的桑威奇夫人"，这句精挑细选的话用于形容得到了他特别的爱的人。[43]

尽管如此，时间和环境的改变还是让他们的友谊起了变化。一旦他自己成了有权有势的成功人士，这种准封建家庭就不再吸引他了，他不愿让别人知道他以前当过仆人。有一两次，她责备他不去看望她，还有一次她催他到欣庆布鲁克来。一六六五年后，她在伦敦的时间少了很多，而皮普斯也越来越忙，时间被战争、公务、火灾、眼疾和其他烦恼占据。一六六七年秋天，他设法到欣庆布鲁克短暂拜访了她，他们谈了很久，她告诉他，她把他看作"自己的家人和关心的人"。[44]他也不时给她写信，但可能没有期待过，也没有得到过答复。她不擅长写作，从少数残存的写给丈夫的信中可以看出这一点。一六六八年夏天他在西班牙，下面这封信是写给他的："我非常缺钱，穆尔先生那儿也没钱，我只能找我的亲戚皮普斯借了一百英镑，我怀疑这钱不够用到你回来。我祈祷上帝尽快赐予我们一次幸福的团聚，如果他愿意的话。欣庆布鲁克尽管现在很快乐，但非常想念你。"[45]她经历了夫妻关系紧张、长期分离的痛苦，但对皮普斯来说，她始终是"以前那个最优秀、最善良、最谨慎的女人"。[46]

131 皮普斯对他的许多亲戚并不热心。和大多数人一样，他更喜欢那些混得好的。他最喜欢的是伦敦的亲戚简·皮普斯，她后来嫁给了特纳，他小时候她父母曾带他去过萨里。她缔结了良缘，继承了父母的善良，让他做手术时住在自己家。他和剑桥的叔祖塔尔博特的儿子、罗杰·皮普斯律师相处得很好。此外还有一个堂弟查尔斯·皮普斯，他在查塔姆当了木工师傅，在晚年写信给他时，自称是“阁下的穷亲戚”。皮普斯远远地、友善地关注着他。[47]怀特叔叔，他父亲同母异父的兄弟，一个伦敦的鱼贩子和杂货商人，他干得不错，但失去了所有的孩子，这显然引起了皮普斯的注意；第十三章会讲到他试图以与众不同的方式把两个家庭结合到一起。

他觉得他母亲的家人更麻烦。她的外甥女，玛丽和凯特·芬纳，嫁给了威廉和安东尼·乔伊斯兄弟，他们的父亲是富有的蜡烛商，但在皮普斯看来，他们“无趣又无礼”。[48]他嫌他们来串门的次数过多，他们看重彼此之间的亲戚关系，对家庭事务随意发表评论，例如，他们嘲笑国王一六六〇年登岸时可能会封皮普斯为爵士的想法；他们急火火地跑来告诉皮普斯他弟弟汤姆得了天花——结果是假的。[49]他们自己的婚姻都不幸福，但他们喜欢为汤姆介绍妻子，为帕尔介绍丈夫。在记日记的这段时间里，威廉因试图扣留一位欠债的贵妇而惹上了麻烦，皮普斯不得不出手相助。安东尼的房子在伦敦大火中被烧毁，皮普斯也借钱给他；安东尼在抑郁病发时要投河自尽，不久后就死掉了，皮普斯帮他的遗孀凯特保住了财产。尽管他因为这些麻烦的亲戚而发牢骚，但他对亲戚的责任感太强了，没法不履行自己的职责。

他对妹妹帕尔的善意不及对许多亲戚。他想让她在川流巷做个特别的仆人，但没有成功，到了一六六一年夏天，他决定把她赶走。罗伯特伯父死后，皮普斯的父母搬到了布兰普顿，把索尔兹伯里院的房子和裁缝店留给了汤姆。萨姆的计划是把帕尔送到亨廷登郡和他们
一起生活；他不指望她会喜欢这个主意。他先告诉了父亲，然后安排 132

了一出好戏：两个人都宣称不想和帕尔有任何关系；当他们"打压了她的高涨情绪"之后——一句充满了酸臭和欺凌味道的说教——他们才松了口，说她好歹还可以去布兰普顿。可怜的帕尔一直生活在伦敦，讨厌去乡下，但几天后，她和母亲一起被塞进慢悠悠的邮政马车，泪流满面地离开了。[50]

她的未来让他很担心。"天知道……她会怎么样，因为我还没有任何东西可以给她，她现在大了，必须以某种方式安置好"——这段话写于一六六三年，当时她二十三岁。[51]他留出五百英镑给她作嫁妆，在接下来的几年里，他曾多次试图为她找个丈夫，但都没成。我们知道，一六六七年他想把她许给威尔・休尔，后者礼貌地解释说他打算继续单身。[52]后来他试图引起他在文法学校和大学里的朋友理查德・坎伯兰的兴趣，但也没有成功，他正要成为主教。最后可能是她自己找了个丈夫，因为小伙子就是亨廷登郡人，叫约翰・杰克逊，"一个平庸的年轻人，对她来说够英俊了；一个没有文化、谈吐不佳、寡言少语的人……就好像他出身高贵似的，我对他既不喜欢也不满意"，皮普斯见到他时写道。[53]他和伊丽莎白都没有参加一六六八年二月二十七日在布兰普顿举行的婚礼。皮普斯只在几天后记下了这一消息，并写信恭喜他父亲，而不是恭喜杰克逊或帕尔本人。[54]杰克逊一家定居在离布兰普顿不远的埃灵顿，务农为生，老皮普斯先生搬去和他们同住。当皮普斯来访时，他注意到她变漂亮了，"但她是极其活泼的女人，我感到骄傲，他让她变得极其漂亮，他们说他俩极其相爱"。[55]这三个极其表明，甚至在她享受身为新娘的尊严和喜悦的短暂时光里，他也不会对他妹妹有温情。他一刻也不曾想到，活泼的帕尔和她没有教养的丈夫会生下一个儿子，这个儿子会获得他的爱，接受他的指导，实现他的梦想，为他的事业出力，并对他自己的家庭幸福贡献巨大。

注释

［1］《日记》,1661 年 1 月 1 日。

［2］《日记》,1662 年 2 月 8 日。

［3］《日记》,1663 年 5 月 26 日。皮普斯对夜壶的内容坦诚相告：固体和液体。

［4］《日记》,1661 年 11 月 3 日。在前文序言中也提到了。

［5］《日记》,1660 年 9 月 22 日。

［6］《日记》,1661 年 3 月 14 日。

［7］《日记》,1661 年 6 月 28 日。

［8］《日记》,1660 年 11 月 12 日。

［9］《日记》,1661 年 1 月 2 日。相比之下,东英吉利牧师拉尔夫·乔斯林在一六四四年的日记中写道,当时他的妹妹玛丽“作为仆人来到我的屋檐之下,但我现在和将来都把她当作妹妹来尊敬,上帝可能已经让我成为他人的侍者”。(《拉尔夫·乔斯林日记,1616–1683 年》)

［10］《日记》,1660 年 7 月 18 日。

［11］关于威尔哭,见《日记》,1660 年 8 月 11 日。

［12］《日记》,1662 年 6 月 8 日:“看到我的人威尔像个流氓一样把斗篷披在肩上走路;我不知道这是否是为了不让人看到他和男仆走在一起,但我很生气;回到家中,做完祈祷之后,我问他从哪里学来的这种不得体的样子,他回答我说这没有不得体,或者一些类似的漫不经心的回答,听到他的回答我给了他两耳光;我以前从未这样做过,所以后来就感到有点儿烦恼了。”

［13］《日记》,1662 年 2 月 24 日。

［14］《日记》,1662 年 1 月 8 日。司库乔治·卡特里特爵士提出指控,并向威廉·佩恩爵士表达了他对威尔的愤怒,后者建议皮普斯解雇他。皮普斯询问了威尔,但没有透露是谁指控的他,看到他明白了,就此罢休。在这之后,皮普斯就很少见到布莱克本了。

［15］例如,《日记》,1664 年 1 月 18 日、28 日,10 月 19 日。

［16］关于休尔的不同拼法的信息来自查尔斯·奈顿博士。关于皮普斯的不同拼写,我从霍尔银行的分户账中获取,他自十七世纪八十年代就在那里有一个账户,但最后一个拼写在皮普斯死后不久描述他的收藏的文件中找到。

(博德利图书馆,罗林森手稿,D 396,页 35)还有“Pyppes”在罗林森手稿,A 180,页 406, 及“Phips”在同样位置的页 369。

[17] 关于出售租约,见《日记》,1660 年 9 月 17 日;关于带贝蒂·莱恩到房子里,见《日记》,1660 年 8 月 12 日;关于黛安娜·克里斯普,见《日记》,1660 年 9 月 4 日。

[18] 皮普斯于一六六〇年九月二十四日宣誓就任治安法官。关于舍温的失势,见 G. E. 艾尔默,《国家公仆：英格兰共和国的公务员制度》,页 253-254。《日记》后来也提到了,例如在一六六五年一月十七日,当时皮普斯发现自己戴着帽子坐着,“而舍温先生作为文员站着,不戴帽子”,“非常奇怪”。

[19]《日记》,1660 年 11 月 22 日。

[20]《日记》,1661 年 4 月 9 日。

[21]《日记》,1661 年 7 月 24 日。

[22] 佩恩与劳森和第五王国派的人关系密切,正如蒙塔古被认为是宗教激进分子一样。见伯纳德·卡普,《克伦威尔的海军》,页 294。

[23]《日记》,1661 年 4 月 2 日。

[24]《日记》,1661 年 4 月 9 日。

[25] 贵格会是第一个原则上反对蓄奴的团体,时间是一六七一年。成为贵格会领袖的小威廉·佩恩当然也曾在他父亲的家里拥有过奴隶。

[26]《国家传记词典》,以及《国家文献大事记,国内系列》(1664-1665),页 407-408,威廉·考文垂爵士一六六五年六月四日致阿灵顿勋爵的信,赞扬了佩恩在洛斯托夫特战役中的表现。

[27]《日记》,1661 年 3 月 27 日,1660 年 11 月 1 日。他们被称为仆人,在他们服务的家中似乎受到了亲切的对待,但他们实际上是奴隶,从非洲带来,没有权利。皮普斯在一六六二年五月三十日看到桑威奇勋爵购买的小土耳其人和黑奴在他家当仆人。关于荷兰在几内亚海岸的胜利以及“在他们为了黑人与西班牙签订的大合同上击败他们”,还请留意皮普斯致桑威奇的信,1664 年 10 月 23 日?(国家海事博物馆,《塞缪尔·皮普斯通信》,LBK/8)奴隶贸易已经进行了四十年,巴滕和佩恩的家乡布里斯托尔是运奴船在英格兰停靠的两个主要港口之一,利物浦是另一个。无论是清教徒还是保王党,都不认为蓄奴有什么错。乔治·唐宁观察并赞同巴巴多斯的奴隶制,于一六四五

年八月二十六日写信给他的亲戚约翰·温思罗普(John Winthrop):“如果你去巴巴多斯,你会看到一个繁荣的岛屿,许多能人。我相信他们今年已经买了不少于一千个黑奴,他们买得越多,就越有能力购买,因为在一年半后,他们赚的钱(在上帝的保佑下)将和他们花的一样多。”后来,在另一个岛上,他称黑人是“此地的生命”。约翰·贝雷斯福德,《唐宁街的教父:乔治·唐宁爵士,1623-1684》,页44、45。查理二世鼓励成立皇家非洲公司,从事奴隶贸易。皮普斯本人后来也拥有两个黑奴。(见下文,页180)

[28]《日记》,1661年5月28日。

[29]《日记》,1660年10月12日。

[30]《日记》,1660年11月15日。

[31]《日记》,1661年5月16日。

[32]《日记》,1661年5月22日,6月15日。

[33] 从伦敦到牛津的马车要走十二个小时。皮普斯需要一个向导,因为当时没有公路地图——约翰·奥格尔比的地图是应查理二世的要求出版的第一部地图,于一六七五年问世。

[34]《日记》,1661年1月16日。

[35]《日记》,1661年1月18日。

[36]《日记》,1661年7月24日,10月25日,11月1日、9日、24日、27日。

[37]《日记》,1661年8月31日。

[38]《日记》,1662年5月12日,6月30日。

[39]《日记》,1664年4月21日。

[40]《日记》,1664年4月29日。

[41]《日记》,1665年6月6日。

[42] 见他在一六七〇年六月十五日与桑威奇家的往来账目,其中他对“借给我的夫人”的一百英镑收取“两年百分之六的利息……十二英镑”。(博德利图书馆,罗林森手稿,A 174,页437)

[43] 我知道的唯一的其他例子是雪莱,写给他的第二任妻子玛丽——“我最好的玛丽”。皮普斯在一六六五年九月四日两位夫人的孩子结婚后,写信给卡特里特夫人时使用了这句话。“我的桑威奇勋爵带着一支宏伟的舰队

出海了……我最好的桑威奇夫人和欣庆布鲁克的人,在我上次写信的时候,都非常好。”见《塞缪尔·皮普斯书信及第二部日记》,页 24。

[44]《日记》,1667 年 10 月 10 日。

[45] 国家海事博物馆,《桑威奇记录》,附录,页 130。

[46]《日记》,1667 年 10 月 9 日。

[47] 查尔斯致皮普斯的信,1697 年 3 月 15 日,见《塞缪尔·皮普斯私人通信及文件杂编,1679–1703 年》,第一卷,页 138。他的拼写很奇妙,例如,把“hurricane”写成“harrey caen”,“squire”写成“Scowayer”。但他作为皮普斯家族有儿子的人,其身份意味着他是皮普斯遗嘱中的剩余受赠人。

[48]《日记》,1662 年 4 月 8 日。

[49]《日记》,1660 年 6 月 1 日——伊丽莎白写信给皮普斯,告诉他乔伊斯两夫妇的情况。关于汤姆的故事,见第十一章。

[50]《日记》,1661 年 8 月 26 日,9 月 5 日。

[51]《日记》,1663 年 12 月 31 日。

[52]《日记》,1667 年 1 月 16 日。

[53]《日记》,1668 年 2 月 7 日。

[54] 关于婚礼的消息,见《日记》,1668 年 3 月 2 日;关于给父亲的信,见《日记》,1668 年 3 月 7 日。

[55]《日记》,1668 年 5 月 24 日。

第九章　工　作

皮普斯的办公室是他工作生活的中心,从他家穿过院子就到了。他走几步就到了办公桌前,再走几步就又回到了家里,从大清早到午夜过后,他就这样来来回回。海军处的官员没有固定的工作时间,尽管他们每周在川流巷开两次会,每周一上午去白厅觐见海军事务大臣约克公爵——有时他们发现他外出打猎去了。皮普斯的工作使他经常离开办公室,但当他因为任何原因要出城时,都要向公爵申请许可。他自己就能决定什么时候不工作,在伦敦城内找点乐子。他经常休息,但有时担心朝臣会看到自己在女人堆里或在戏院里无所事事,向公爵告他的状——但没有任何证据表明他们曾经告过状。[1]和几乎所有与海军有关的事情一样,事务的处置都是非正式的、灵活的、临时性的,并且依赖于个人关系。人们常说皮普斯是早期的公务员,但据我们所知当时没有公务员制度:没有职级编制,没有入职考试,没有明确的晋升途径,也没有养老金制度。[2]如果出了事,负责人可能会受到谴责或被解雇,有时还会被逮捕入狱。

海军处的成员由国王任命,他可以任意选择他听得进话的人。一六六〇年,时任海军中将的桑威奇是一名顾问,约克公爵及其秘书威廉·考文垂也是。他们一致认为,海军处应该按照查理一世时期的规矩,由四名主要官员——司库、审计官、营造官和书记官——以及三名专员组成，这一制度在共和国时期也运行良好。乔治·卡特里特爵士是位无可指摘的保王党人，在查理一世时期就开始在海上服役，并曾为他据守泽西岛，他被任命为司库。他因为公职在白厅有住处，此外在蓓尔美尔街
134 和德特福德各有一栋房子，在温莎附近还有一座乡间别墅，他收入最高，每年两千英镑，另外每过手一英镑就有权得到三便士——这是老派做事方式的残余。他对皮普斯很好，皮普斯知道必须巴结他。审计官由两位年纪更大的保王党人担任，先是罗伯特·斯林斯比爵士，他在一年内就去世了，继任者约翰·梅内斯爵士的海军生涯可以追溯到十七世纪二十年代。他曾在海上与鲁珀特王子并肩作战，对手当然是威廉·佩恩。他受过教育，是个才子、诗人，出版过模仿乔叟的作品，并鼓励皮普斯去欣赏《坎特伯雷故事集》和《特洛伊罗斯与克瑞西达》。

营造官是威廉·巴滕爵士，一位曾在内战期间为交战双方工作的专业人士，这个职位的特别职责是负责造船厂和舰船的设计、建造和修理。在专员当中，佩恩获得指示，要关照海军处工作的方方面面，他能被任命也归功于他多年的海军指挥官经验；两人都与共和国政权建立了有益的实际关联。另一位专员彼得·佩特，是查塔姆的造船专家，和保王派一点也不沾边，还曾热忱地为克伦威尔服务过，但任何政府的更迭都无法让他失去工作，因为佩特家族实际上垄断了泰晤士河造船厂的船只建造，而且他已平滑过渡到复辟政府的工作中来。一六六〇年五月，他被召上“内斯比号”，为迎接国王而改造这艘船。同年晚些时候，他开始建造“凯瑟琳号”皇家游艇，皮普斯对游艇赞赏有加。[3]

皮普斯主要和这些人一起工作；伯克利勋爵被任命为第三个专员，这纯粹是为了表示国王的恩典，没指望他做什么。还有离得远的官员在更远的哈里奇和朴次茅斯造船厂工作，其中一些人有为共和国服务的历史。[4]其他共和国时期遗留下来的小官员设法留在了不重要的职位上：

托马斯·特纳,一六四六年起任海军办公室文书长(clerk-general),一心想得到皮普斯的工作,对没能如愿很失望,尽管他被允许继续提供零用物品,并在川流巷有住处。皮普斯不喜欢他,却愿意和他妻子闲聊。

海军处每一位官员手下各有两名文员,由自己挑选,和主人一样,他们的工作也是通过个人关系获得的。皮普斯手下的两个文员汤姆·海 135
特和威尔·休尔受到任何批评时他都迅速为他们辩护,他也抨击其他人的手下办事效率低。其余的职员为所有人服务:两个送信人,一个门卫,一个搬运工,几个看守;还有船夫,随时准备载着海军处的官员沿河往来。

皮普斯刚开始工作就对即将离任的政权的文件进行分类和清点,此时他内心的疑虑多过热情。他开始意识到,如果想成为高效的海军处成员,他需要掌握多少技术和程序方面的知识。书记官的职责是作为秘书做好会议记录和档案记录,他一点也不确定自己是否想要这份工作。他得知还有一个叫托马斯·巴洛的老人也是这份工作的竞聘者,他在查理一世时期就身居此位,需要用年金买断才能让他放弃职位。皮普斯受到另一个人的诱惑,对方出五百英镑要买他的职位,见他犹豫不决,就把出价加了一倍,达到一千英镑。桑威奇不得不向他解释说,让一个人富有的不是薪金,而是“他身居要职时所能有的赚钱的机会”。[5]当金币、银杯、一桶桶的牡蛎和送给伊丽莎白的礼物纷纷到手之时,他终于领会到了这一点。他花了很长时间才开始享受工作。只有当他看到自己可以把它远远扩展到他的职能之外,并积极参与决策时,他才会对它真正感兴趣。

他在海军处的头十八个月里,所有的工作不过是在船只航行归来时结清款项。到一六六一年七月,克伦威尔的海军不复存在,貌似没有必要维持如此庞大的舰队了。[6]伦敦仍然沉浸在欢庆的气氛中,宗教领域偶尔会有关于反君主政体者的警报,但也不能掩盖人们欢天喜地的心情，这些反君主政体者相信基督的天国即将来临，于是拿起武器，但都遭到残酷镇压。一六六一年四月加冕典礼举行。皮普斯使出浑身解数报道了典礼，从凌晨四点爬上威斯敏斯特教堂的脚手架，到第二天早上在一摊自己的呕吐物中醒来——又是一场精彩演出。有些新开的剧院也令他无法抗拒，它们上演的剧目有伊丽莎白时代和詹姆斯一世时代的杰作，许多改编自西班牙和法国的作品，以及德莱顿和戴夫南特的新作品，
136 布景非常华丽。一六六一年一整年里，他每周去看两三次戏，要么去由才子朝臣托马斯·基利格鲁经营的国王剧团，要么去由戴夫南特经营的公爵剧团。一月，他第一次看到女人出现在舞台上，也许他想到了他自己小时候扮演阿瑞图萨的经历。八月，他看了托马斯·贝特顿演的《哈姆雷特》，觉得演出“超乎想象”：贝特顿是“世界上最好的演员”，他的老师是戴夫南特，曾和莎士比亚本人一起研究过这个角色。[7]他的新职位还带来了其他娱乐，有一次让他醉得厉害，甚至不能在星期天晚上带领仆人做家庭祷告。[8]这样的事情发生过两次之后，他羞愧极了，于是在十二月底发誓戒戏戒酒。至少一定程度上因此使得一六六二年成为他学习热爱工作的一年。他看到工作给了他证明自己能力的机会，他意识到，无论海军处的同事们有多高的地位、多丰富的经验，在才智和实践能力上，他都胜过他们，只有一个人除外。

这个人就是公爵的秘书威廉·考文垂。考文垂接替了皮普斯的朋友、共和国时期担任海军部秘书的布莱克本；但他很快就成了皮普斯的英雄，因为他头脑聪明，办事高效，遇事冷静。[9]一六六二年，他加入了海军处，同时仍然做公爵的秘书，他也是议员，在议会的发言很受赞赏。他比皮普斯大五岁，出身士绅阶层，社会地位远高于皮普斯，他父亲是查理一世的高级官员；牛津毕业后，他曾为国王作战，后来隐退幽居，至少去过欧洲大陆一次，坚定地表达他对流亡的查理二世的忠诚。复辟的时候，国王和御弟选择由他率领队伍进入伦敦。大家都知道他是“一位英

明而机智的绅士”,也“没有宗教信仰”。他有政治抱负。[10]与皮普斯相识之初,他就喜欢皮普斯的聪明和高效,并确信皮普斯和公爵“关系不错”。[11]他还觉得他的年轻同事很有趣,对他的品位也感兴趣,发现他喜欢小玩意儿,就送给他一支银钢笔。他给他写私人信件,其中一封明确地写下了下面这句迷人的话:“这不是给作为书记官的你的回信,而是给皮普斯先生的。”他听他唱歌。在他们一起工作之后,他接受了他一时兴起的邀请,到他家来吃饭。[12]八月里酷热的一天,他们一起在河上,
他用自己外套的下摆盖住皮普斯,替他挡太阳,这个姿势亲密得有些奇 137
怪,却也令人感动。作为回报,皮普斯信任并依赖他。当他的办事员海特因为参加贵格会的集会而惹上麻烦时,他直接去找考文垂,考文垂因而向约克公爵说起此事,并带回了他的裁断:只要海特工作出色,他的宗教信仰就没有关系。海特保住了工作,皮普斯对公爵有了更高的评价。

皮普斯太欣赏考文垂的谈吐了,甚至把它记录了下来。他有一个“规则,就是怀疑每一个向他提议做什么事的人都是无赖,或者至少是别有用心”。另一条格言是“一个不能静心坐在自己房间里的人……一个不会说不的人……是不适合做事的”(对此,皮普斯补充道,“最后一条是我的重大缺陷,我必须加以修正”)。他相信考文垂在改革他所发现的造船厂弊端方面可以有更多的建树——包括问题合同、维修监管不力、给海员以票代薪的糟糕制度——他相信他的贡献应该比海军处其他成员加起来都多,所以在一六六二年他们刚刚结识的时候就给他写信,敦促他在工作上多花些时间:“但愿你能在一段时间里每周抽出两个下午来进行常规讨论。”虽然没有迹象表明他确实照做了,但在写日记的这些年里,两人定期一起讨论办公室工作和公共事务。但他们的私生活与公务泾渭分明:考文垂没有见过伊丽莎白;威廉·佩恩爵士曾向考文垂的不知姓名的情妇祝酒,但她没有出现在皮普斯的日记里,他终身

未娶。[13]

皮普斯喜欢梅内斯文绉绉的谈吐、他讲的故事和对别人的模仿，但也看出他老得无法胜任工作，在审计官的位子上也起不到作用。[14] 他在日记里总用“老糊涂”“老傻瓜”之类的词儿来形容他，看着他尸位素餐两年之后，他告诉考文垂自己打算接管约翰爵士的大部分工作，当然对他只字未提。皮普斯说：“我觉得审计官不会不高兴的。”考文垂则机智地回答说，世界上没有什么比马槽里的狗更可恨的了。[15] 梅内斯已经过了雄心勃勃的年龄，当然乐意让后辈接管自己的工作。其他官员就不会如此默许了。当皮普斯开始起草合同时，佩恩制止了他，并“非常卑鄙
138 地告诉我，这件事要由审计官来做”，这场面很难堪。当时考文垂也在场，皮普斯和佩恩争执了一番，结果输了。他恼羞成怒，写下了这样一句话：佩恩“这样做像个卑鄙的恶棍，只要我活着就会记得他”，他确实一直记着他。皮普斯记恩又记仇。[16]

所有官员都要去德特福德、伍利奇、查塔姆和朴次茅斯的造船厂视察舰船，并在水兵们出海归来时结清薪资。这是工作，但有时候出差也会把娱乐与工作结合在一起，皮普斯在日记中有所记录。在查塔姆，他和负责制绳工场的官员的漂亮女儿调情。还有一次，伊丽莎白、克里德和他一起去了朴次茅斯，他让海特也带着妻子一同前往，把工作变成了短期度假。他们把妻子带到一艘船上，在城墙上散步、看风景，看到了一六二八年白金汉公爵被刺杀的房间。[17] 近处的造船厂，皮普斯可以从泰晤士河上乘船去，花七先令就能到德特福德或伍利奇。[18] 但他经常不走水路，而是沿着河的南岸走到雷利弗（现为罗瑟海特），然后穿过果园和草地到达德特福德、格林尼治甚至是伍利奇。他喜欢散步，河岸和附近的乡村人迹罕至，草地小路他也很熟悉，所以他经常边走路边看书，遇到台阶就停下来爬上去。今天你也可以重走他走过的路，穿过住宅区，

经过肮脏的教堂和零星的花园，跨过污染严重的雷文斯本河，一边走一
边努力让你的想象力清理和清空这个世界。当时泰晤士河还没有加筑
堤坝，退潮时露出一片宽阔的河滩。现在仍然有一个樱桃园码头，是他
在靠近河边的果园里买樱桃的地方，在萨瑟克和罗瑟海特之间的水边有
一家客栈，他经常停下来喝一杯。德特福德还保留了十五世纪的圣尼古
拉斯教堂的塔楼，墓园大门上方的骷髅咧着嘴笑。当你绕过河湾时，格
林尼治的绿色山坡赫然出现在你面前，三百年间都没什么变化，对皮普
斯来说，这是他职业生涯中最熟悉的风景之一。他描述了一六六二年春
天和佩恩一起在格林尼治公园散步，看到了国王新栽种的小树和山上刚 139
铺好的通往城堡的台阶，“城堡非常壮观”——建于十七世纪七十年代
的雷恩天文台现在矗立于此地。从山顶上他可以往回看，越过挤满船帆
的河湾和绵延数英里的绿色乡村，回望伦敦的尖塔和浓烟；至于他是步
行还是乘船回家则取决于潮汐。

海军处与造船材料供应商签订合同——木材、大麻、焦油、帆布、树脂、钉子——也和提供船上食物和饮料的食品供应商签订合同。这些主要是营造官巴滕的职责，但皮普斯起初带着批判的眼光密切观察，很快他就亲自签订合同了。在他自己的叙述中，他是一个好奇心极强、异常聪明、野心勃勃，很快也变得非常勤勉的人，所以对所见所闻的每件事都感兴趣，并着手系统地研究供货和管理的各个领域。他的热情非常罕见，令人钦佩，对海军很有裨益。没过多久他就意识到，了解这些程序以及为海军的利益——用他的话说是国王的利益——服务也会使他自己获利。事实上他很快就成了供应商的目标，他们把他看作是宝贵的盟友。威廉·沃伦是最大的木材商，在埃塞克斯、罗瑟海特和沃平都有房子和工场，他找到皮普斯，友好地提供财务建议，同时还带上了无异于贿赂的礼物，比如一双装着四十块金子的手套，皮普斯对此心知肚明。通过这种方式，沃伦击败了巴滕支持的木材合同候选人，实质上赢得了垄

断。皮普斯声称，为了国王的利益他选了最好的供应商，但他没法不这样说，当佩特质疑他时，他坚定地为自己辩护。[19]公爵向海军处发出的官方“指示”敦促官员在采购商品时要完全不牵涉个人利益，但任何人都不会太较真。皮普斯和巴滕经常争吵不休，各自都有支持某个供应商的理由。[20]

涉及的资金总数巨大，因为海军是国内最大的工业，也是最大的雇主。它的开支比政府任何部门都要多，即使在和平时期，每年也需要四
140 十万英镑来维持。[21]成千上万的人出现在工资单上，有军官、水兵、食品供应商和服装供应商，“服装”指的是普通水手穿的衣服，红帽子、帆布套装、蓝衬衫；没有海军制服。此外，还有造船商、绳索制造商、制帆商、桅杆制造商以及制造和修理舰船需要的所有物品的供应商。据估算，一艘船的寿命相当于三代人：建造它大约需要八个月，预期寿命会比它的建造者的孩子要长。而一根桅杆只能用十年。英国出产的木材不够用，不少木材是从波罗的海国家运来的；关于所供木材的质量问题一直存在着争议。共和国在一六六〇年留下的遗产是一支一百五十七艘舰艇的舰队，这是英国有史以来服役舰船最多的记录；克伦威尔在国内外享有盛誉的一个原因是他的海军的规模和威力。[22]国家的安全和威望与海军的成功治理密切相关，但是，公爵和国王虽然一方面急于维持其声誉，并且对舰船制造兴趣浓厚，另一方面却没有合适的计划来资助海军；议会也不赞成把钱花在海军上，至少在和平时期不会赞成。工作一年后，皮普斯注意到“缺钱使……海军陷入混乱；然而，我看不出国王会费心投钱进去”。[23]他任职期间反复说这句话。

他开始梦想他的勤奋会带来什么样的回报。一六六二年三月，一个星期天的早晨，他和伊丽莎白懒在床上，他说起了当爵士，还谈到一旦他省吃俭用攒下两千英镑就养一辆马车。[24]而当时，他的全部财产是五百三十英镑，只有那数目的四分之一。他开始每月记账，并为自己制定了

严格的开支规定，他向上帝发誓要遵守规定，并为自己设定了违规的惩罚。现在他有信心会发财了，只是时间早晚的问题。[25]当他开始享受工作时，他干得更起劲了。他起得很早，夏天的几个月里通常是四点起；将近中午时吃饭，要么在家里，要么和朋友出去吃，然后回到办公室，午夜时可能还在那里。“我的工作使我感到愉快，”他写道；它“让我抛弃了以前的享乐”。[26]还说道，“我发现，如果两天不工作而去消遣娱乐，我的心灵感到的不满足是十倍这样的娱乐也弥补不了的，不管是什么娱乐。”[27]伊丽莎白赞赏这种新出现的节制和勤奋。他辞掉了王玺处的工 141
作，到了年底，他满意地听到所有人都说他和考文垂先生“几乎完成了办公室里的所有工作，对此我感到非常自豪”。[28]

工作有时也要付出代价。例如，一六六二年五月，他按要求找到并交出有关亨利·文爵士的文件，亨利·文爵士是共和国时期最有能力、最重要的海军委员，正面临生死判决。文不是弑君者，他是个信仰宗教宽容的理想主义者。他的思想远远领先于他所处的时代，这些古怪的思想让他树敌不少。一六六〇年，他拒绝服从国王，因此被视为危险分子；议会和国王都希望处死他。他勇敢地为自己辩护，并且仅仅因为一件证据而被定罪，那是他在一封海军委员会信函上的签名，信是在查理一世被处决当天写的：这被视为他并不反对处决的证据，理由是如果他反对的话，就会远离工作。这是一条纤细脆弱的生命线，无论皮普斯是否清楚这一点，必定是他提供了那封致命的信。六月十四日他去塔山观看文被处决，这一天也是内斯比战役的周年纪念日——这是一次王室公关活动——他在日记中详细描述了罪犯的勇气和尊严，并给桑威奇勋爵写了一封信，桑威奇和佩恩、巴滕、布莱克本一样，曾和文一起共事。[29]几天后，皮普斯和克鲁一家吃饭，席间说起文的非凡勇气。他在街上遇到另一个财政部的老职员，他称文为圣人、殉道者，并指责皮普斯邪恶：“对此我不知该作何感想。”但他把这些评论转述给了桑威奇；几个月后，他读到关于文的文章，称他是一个“非常智慧的人”。[30]在场的士兵故意把鼓敲得很响，让人们听不清文的遗言，但它已经载入史册：“不能容许垂死之人讲话的事业是邪恶的事业。”[31]

皮普斯像个训练有素的学者一样，开始学习他服务于海军须具备的一切知识，从早期的海军档案到海军的招募方法，从乘法表和使用计算尺到木材测量的最佳方法，从绳索制造到食品供应和船舶管理员的账
142 目，从海图到潮汐表，从制旗到水手的语言。为了了解造船技术，他让一个造船工人领着，尽其所能地实地考察了许多船只，深入每个角落。他学习了如何画船。他的工作方案全面彻底，令人敬畏，通过实施这一方案，他开始认同海军，并对其历史和组织感到自豪。他不是那种能够指挥舰船或进行海战的人，他只在波罗的海之行、渡海去荷兰那次出过海，在整个职业生涯中，他还有过一次跨海峡航行，一次到苏格兰的沿海航行，以及奉国王之命进行的丹吉尔远征。对他来说，海军的浪漫不在于海风、海水或者潮汐，而在文件、合同、账本、一列列的数字和一次次的造船厂视察之中；但它对他所产生的强大魔力，不亚于对任何一位远洋作战的军官。这也是他受到海军史学家尊敬的原因之一。

他越来越觉得这就是他的海军，他最清楚事情该怎么做，这让他对同事们失去耐心、颐指气使、争风吃醋。开始记日记时他就表达了对他们的专业无能的蔑视。只有考文垂能完全免于批评。巴滕和佩恩则长期受到攻击，我们已经知道为了远离他们，他是如何坚持要一间独立的办公室。他嫉妒他们的经验、地位，他们之间多次发生争吵，这些都让他产生了敌意，再加上他决心证明自己比他们强，想掌控办公室和造船厂的事务，并让别人看到是他在掌控大局，这就让敌意更深了。[32]梅内斯可能是个老糊涂，但他对皮普斯不构成威胁；而佩恩尽管在私人交往中既友好又慷慨，但当皮普斯越权行事时，他很愿意援引先例跟他对着干，

就像他在考文垂面前因起草合同而和皮普斯发生争吵一样。皮普斯既没有忘记也不会原谅这一点。“骄横的 W. 佩恩爵士今天很奇怪，刚从朴次茅斯回来，满脑子都是他这次出差和那边的舰船的详细报告。当这一切都结束后，他又会判若两人，或者说会变得更差。但我不知道考文垂先生为何这么关心他……因为我确信他和我一样清楚那人就做了那么点贡献。”他在一六六四年夏天写道。[33]几个月后，皮普斯也抨击梅内斯写了份糟糕的报告，他在巴滕和他夫人面前评论他说：“我是对的，并 143
且在他们面前更愿意这样做，**好让他们知道我不容小觑**。”[34]皮普斯坚决要把自己置于那些地位比他高但能力比他低的诸人之上，在这句话里其决心显露无遗。

关于佩恩和巴滕的粗鲁的、鄙视的话成了极敏感的主题，简直成了老生常谈，因此没有说服力，有时这些话甚至会促使你同情被他攻击的人。巴滕在与木材商、大麻商、焦油商、制旗商和制绳商打交道时屡屡被指控腐败，这时你会问，难道他们不正是与皮普斯本人有过利益交换的商谈对象吗？虽然很难对巴滕和皮普斯所签合同的财务细节进行明确界定，但似乎双方都收受贿赂，那是当时的规矩。如果说巴滕是恶棍，那么皮普斯也是。

他仍然称巴滕和佩恩为恶棍，指责他们懒惰、贪婪、无能、虚伪，嘲笑他们的小错误，收集了大量关于他们的恶毒传言。巴滕年轻的第二任妻子是个妓女，那他就是个活王八。[35]佩恩虽然工作积极，却是个胆小鬼。[36]而实际上，巴滕虽然既不圣洁也不聪明，但待人热情、友好，能承受长期艰苦的工作，例如在第二次英荷战争中他就在哈里奇坐镇中军；而佩恩聪明、能干、勇敢，在一六六五年再次出海与荷兰人作战。[37]但皮普斯认定他们是敌人，不肯理性思考。他在描述自己勾引佩恩的女儿佩格时，其敌意和攻击性显得尤为阴暗。通过性侵一个敌对家庭的女人来毁坏其荣誉是个不文明的策略，显然对皮普斯来说，这关乎权力和对敌人的羞辱，而不是性吸引——他曾形容她没什么吸引力，甚至怀疑她得过天花——而且在他抚摸佩格的胸部或大腿时，他更感兴趣的是偷偷地羞辱佩恩，而不是满足自己。他还说她顺从，甚至热情（意愿**强烈**〔“*fort* willing”〕）；但他玷污一位同事兼邻居的女儿的罪恶并不能因此免除，何况这位同事对他那么热情友好，他也经常受人家款待。在她婚前婚后，他都和她发生过关系，她嫁给了安东尼·劳瑟，一位受人尊敬的
144 议员，也是皇家学会的创始会员，皮普斯自一六六五年起也是会员。这些信息如果不是出自他本人之口，会很难让人相信。但是，它们就摆在那儿，由他亲笔书写，那令人钦佩的精确描述就像他描述制绳过程一样。[38]

作为文书官，皮普斯容易结交到有钱有势的朋友，日记记录了他在一心争抢职位和财产的野心家中如何升迁、如何提升社会地位。他被邀请加入像领港协会这样的机构，这个组织负责管理泰晤士河上领航员的执照和领航，料理船只设备，管理海员慈善事务，同时也是个绅士俱乐部——性质介于共济会和加里克俱乐部之间——定期为会员精心举办美食宴会，席间一定讨论了很多工作事务，因为非正式所以效率更高。皮普斯在一六六二年成为“初级会员”，当时桑威奇是会长，后来他升格为“主持会员”，并在一六七六年晋升为会长，一六八五年他再次出任会长。一六六二年，他还被任命为丹吉尔委员会成员，这个委员会由国王设立，负责管理新殖民地——他的葡萄牙新娘的陪嫁。这是桑威奇关心的另一个问题：他曾为克伦威尔考察过丹吉尔，宣称它可以为英国人带来长久以来想要的东西——地中海上的舰队基地，尽管事实上这片土地完全被敌对的穆斯林部落包围。一六六一年葡萄牙人把它移交给英国时，他又被国王派到这儿。安置了一支卫戍部队，英国工程师修建了巨大的防波堤，这些都是丹吉尔委员会的工作。

令皮普斯越来越不耐烦的是,丹吉尔司库托马斯·波维对丹吉尔账户管理不善,他很有钱,对外贸很感兴趣,但对数字没有天分。一六六五年,经双方协商一致,皮普斯接任了司库一职。这工作有利可图,另外协议中还有一项私人条款,后来引发了一场争端。与此同时,热情友好的波维还把皮普斯介绍到皇家学会,在那里他可以结识英国最聪明的一群人。这是在一六六五年——学会的主席是布龙克尔勋爵,在一六六四年 145
成为海军处专员,工作积极,与皮普斯有密切的工作往来,总体上相处友好。布龙克尔是船舶设计师、数学家,对音乐理论感兴趣,还是个自由思想家。

一六六五年十月,皮普斯毛遂自荐担任海军后勤总管,这是他发明的职位,在考文垂的支持下,他于十二月正式受命。[39]他在这个职位上干了十八个月,在一六六七年七月第二次英荷战争结束时辞职。到那时为止,他的资产已增加到大约七千英镑。一六六七年和一六六八年,海军处被抨击管理不善,皮普斯在下院为其辩护,他在全体议员面前发表了三个小时的演讲,令所有在场的人都钦佩不已,在记日记的那段时期,这是他职业生涯的巅峰。那一年的晚些时候,他向约克公爵提交了关于海军状况的报告,并开始谋划进入议会——他在一六六一年首次有了这个想法。[40]尽管他直到一六七三年才成功当选,也就是在他成为海军部管理委员会(Admiralty Commission)秘书长的那一年,在这里简单列出的他的职业生涯的轨迹,表明他具备惊人的精力、野心和能力。他对自己希望实现的目标、对如何利用一份工作来支持另一份,以及如何从友谊中获利都有着现实的把握。他鼓励、提拔能力出众的人,和他们关系密切,培养了一群忠诚的追随者:例如,一六六五年他推荐雅茅斯的理查德·吉布森担任当地负责食品供给的官员,后来又让他担任他在川流巷的首席书记员,在两年后的危机中他把自己的黄金交给他带出城,他还认真听取过吉布森对海军的看法,并把这些意见写进给公爵的备忘录中。

当皮普斯知道自己可以逍遥法外时，他也可以冷酷无情。日记记录了他对波维在林肯律师学院田野的房子的羡慕，他被邀请去那里品尝美酒、欣赏画像，日记也对波维的智力缺陷作了许多猛烈的抨击。它没有写明的是皮普斯在一六六五年接手丹吉尔司库一职时与波维签订的私人协定的细节：我们从其他资料上了解到，条件是他通过这份工作收到的“报偿和酬金”，在收到后的三天之内，要向波维支付其总额的七分之
146 四。[41]这个司库的职位，就像皮普斯在海军处的书记官一样，除了官方支付的薪水以外，还能从承包商那里得到非官方的礼物。例如，日记告诉我们，一六六五年八月，皮普斯从他为丹吉尔承包商提供的服务中获得二百二十二英镑的个人红利；同年十二月三十日，丹吉尔的一位食品供应商给了他五百英镑，一六六六年六月十五日又给了他两百英镑——在不到一年的时间里，他总共收到了将近一千英镑。[42]然而他似乎没分给波维一分钱，九年后，波维抱怨说他什么也没得到——什么都没有，就是说，除了皮普斯“那没好气儿的、让人不舒服的回复，说你除了死工资以外，没得到任何好处”。波维觉得这难以置信，他当然有理由这样想，他也说了出来。这是一件“不可能的事情，连我那笨拙的手都能捞到点正当利益，转到你手里后居然什么好处都没有了……我相信你在其他事情上是很少会失手的”。[43]波维在一六七四年二月二十三日再次写信抱怨皮普斯违反了他们的协议。皮普斯又把他敷衍过去了。

波维继续写了更多的信：“因此，我仍然想象（你很乐意用这个词来鄙视我的无知），你至少总能得到些好处，因为那些你曾经有机会给予帮助的人会表达感谢，鉴于我发现这些人颇懂礼数。”[44]皮普斯仍然否认自己当司库有任何利润，他回信中的语气带着受伤的无辜和傲慢的庄严：“因此请让我们之间别再有这种通信，因为我是一个非常顽固的人，决不能忍受别人故意把罪名安到我头上，我也同样不愿意被人挑拨去玷

污我行事的众所周知的单纯，尤其在和那些一直以来都对我礼遇有加的人的交往中，这些礼遇可能会质疑，竟然在所有感激之词中承认一个明显的违法行为。”[45]他选择用华丽的辞藻说谎，与日记的简洁语言形成了有趣的对比。

皮普斯在玩一个可耻的把戏，把波维当成傻瓜，自信不会被揭穿。波维试着写信给丹尼斯·高登爵士，多年来他一直是丹吉尔的主要食品供应商，他向他打听他和皮普斯的账目，结果一无所获。但波维并不是十足的傻瓜，皮普斯告诉他自己从来没有向高登索要过什么，他回答说**他**也没有，因为他俩都知道，高登不等人提要求，自动就会把好处送上门。这件事还是没解决，皮普斯也毫不妥协。一六八五年，他俩签订君 147
子协定的二十年之后，波维除了“蔑视、忽略、肤浅的借口、顽固不化或装腔作势的沉默”以外一无所获，尽管这些年里他对皮普斯明显地施过几次善举。[46]那时丹吉尔已经被放弃了，高大的防波堤被拆毁，丢进海里，留下摩尔人占领此地。

在日记的许多地方都出现了他与那些他认为无能的官员打交道时所使用的可怕手段。有件事颇为引人注目，他简洁地描述了他与战利品专员安东尼·阿什利·库珀的一位拖拖拉拉的助手发生的争吵。那人让皮普斯一直等着，结果没找到必需的文件，还说天已经太晚。皮普斯提到那个人的政治经历来吓唬他。“然后不等命令，我们不到八分钟就把事办完了。”你可以看出皮普斯为什么能取得成功。他知道如何坚持，如何威胁，他吓唬跟他打交道的人，说他知道那人曾为共和国效力。尽管阿什利·库珀和皮普斯本人都经常威胁别人，但这个威胁还是奏效了。皮普斯期待并迫使别人按照他的速度和目标去做事。[47]

然而他自己也有低效和混乱的时候。一六六五年十月，他从波维手中接过丹吉尔司库一职后，发现自己在账目上混乱得令人震惊，“我有时候把钱弄混，就像我最近有几次把丹吉尔的账目弄混一样，把其他钱放了进去”。[48]他谋划把自己的私人账户和公共账户混在一起，然而进入了一种他“随时准备要绞尽脑汁”的状态。“我有生以来从未如此糊涂，而金额还如此巨大。”他连续熬夜想把账目理清楚，但还是做不到。这种情况也有它有趣的一面，但对皮普斯来说既耻辱又绝望。痛苦持续了几个月，新出现的对视力的焦虑令情况雪上加霜，直到第二年七月，他才终于理出些头绪来。[49]

这是个特殊的插曲。通常来讲他是个出色的组织者，能够意识到处理好细节的重要性，然后超越细节放眼更宏大的愿景。他为自己井井有
148 条、办事高效而自豪。他是第一个保存军官和舰船的书面记录的人，你仍然可以欣赏到他手下文书书写和管理得井井有条的名单。当他想证明一个观点——比如说，赊购造船用品成本太高——他可以让其中一个文书出示证据，一六六八年冬天他就让海特列出从五金商、杂货零售商、车床商等处购买的每一件物品——双弹簧锁、单弹簧锁、门把手、舷窗铰链、机台螺杆、缝帆针、火铲、刮板等——每件物品先给出国王支付的价格，再给出普通商人的价格；这样每一百英镑可以节省多少就一目了然。编辑这些一定是场噩梦，皮普斯把功劳全部归于海特，把他的名字写在作品上提交给委员们。[50]遗憾的是，这没有用。只要海军的财政仍然受制于国王的反复无常和议会的疑神疑鬼，所有类似的努力就徒劳无用。尽管如此，皮普斯证实了有多少钱被浪费、以何种方式被浪费，这样做是正确的。通过这种方式，以及诸多其他手段，他成了把共和国的高效行政人员和未来联结在一起的纽带，他推动造船厂提高效率，他促进建立了一支井然有序、训练有素、专业过硬的官员队伍。难怪他成了十九世纪发展起来的海军的英雄，那时所有的东西都得贴上标签，每个人都得接受检查。

日记让我们看到了政府官员和商人是如何一起工作的，通过俱乐部，通过热情款待，通过商务和娱乐相结合的旅行，通过精心挑选、谨慎

赠送的礼物,以及通过培养和那些有助于签署合同或颁发许可证的当权者之间的友谊。当时的情况和现在不同,但也有一些令人不解的眼熟之处:今天的武器合同、建筑合同,招待客户,俱乐部的悄声细语,豪华酒店的会议,董事会的竞争,捐款给偏爱的慈善机构,都属于同一传统。其他事情不提,皮普斯还描绘了一个依稀可见的现代世界。

注释

[1] 例如,《日记》,1666 年 9 月 1 日。当时皮普斯与佩恩、伊丽莎白和默瑟一起观看波奇尼拉木偶剧(Polichinelly)的演出,看到戏剧家的儿子、约克公爵的贴身男仆亨利·基利格鲁和他的朋友们,他“吓坏了”:“我们藏起来,直到我们认为他们看不见我们。”即使是王室的私人朋友、海军处官员布龙克尔勋爵,也担心在剧院被国王注意到,当他和皮普斯一起去看戏时,他们同意坐在高处的包厢,“因为害怕被看到,国王正在那儿”。(《日记》,1667 年 10 月 29 日)

[2] 以皮普斯的阶层,他或许能攒些钱,但他两个文员的事例说明了他们是多么地脆弱:当汤姆·爱德华兹因病早逝时,皮普斯亲自出面帮助他的遗孀和儿子,否则他们将无以为生。理查德·吉布森在海军中担任了五十多年的各种职务,寿命比皮普斯还长,他在一七一二年寄出了附有推荐书的可怜巴巴的信,乞求能在格林尼治医院当个管理员来养家糊口。

[3]《日记》,1600 年 11 月 8 日。“凯瑟琳号”于一六六一年五月完工。

[4] 托马斯·米德尔顿上校于一六六四年被任命为朴次茅斯的海军委员会成员,他曾为议会而战,有时将十七世纪六十年代糟糕的组织纪律与共和国时期普遍的优越状况作比。

[5]《日记》,1660 年 8 月 16 日。

[6] 伯纳德·卡普,《克伦威尔的海军》,页 375。

[7] 皮普斯在一六六一年一月三日第一次观看女演员表演。一六六一年八月二十四日他观看了贝特顿演的《哈姆雷特》,同年十一月二十七日又看了一次(一六六三年五月二十八日和一六六八年八月三十一日也观看了),在看过他在马辛杰的《农奴》(*The Bondman*)中的表演后,他认为他是最好的演

员。他还在一六六二年九月三十日观看他在韦伯斯特(Webster)的《马尔菲公爵夫人》(*Duchess of Malfi*)中扮演博索拉(Bosola)——“令人钦佩”。

[8]《日记》,1661年9月29日,11月10日。

[9] 关于考文垂取代布莱克本,见G. E. 艾尔默,《国家公仆：英格兰共和国的公务员制度》,页266。

[10] 伊夫林在一六五九年的《日记》中称他聪明机智;H. C. 福克斯克罗夫特(《乔治·萨维尔爵士、哈利法克斯侯爵一世,生平及书信》〔两卷本;1898〕,第一卷,页29)说他带领游行队伍。克拉伦登说他没有宗教信仰;安德鲁·马维尔在他的《给画家的最后指导》(1667)第228行中称他为“才子威尔”,颇有敌意;其他信息来自《国家传记词典》。

[11]《日记》,1662年3月16日,12月31日。

[12] 考文垂致皮普斯的信,1665年4月21日。(博德利图书馆,罗林森手稿, A 174,页458)

[13] 关于礼物笔,见《日记》,1663年8月5日。关于皮普斯在驳船上对考文垂唱歌,见《日记》,1661年4月16日。关于考文垂在船上为皮普斯遮挡阳光,并告之以自己的人生准则,见《日记》,1662年8月8日。与皮普斯在家中共进午餐,见《日记》,1662年12月18日。关于海特事件,见《日记》,1663年5月9日、10日、15日。关于皮普斯给考文垂写信,建议下午开会进行常规讨论,见皮普斯致考文垂的信,1662年8月22日。(国家海事博物馆, LBK/8)关于佩恩提到考文垂的情妇,见《日记》,1664年1月7日。

[14] 梅内斯表达了他对乔叟的强烈兴趣(《日记》,1663年6月14日),皮普斯后来获得了卡克斯顿(Caxton)版《坎特伯雷故事集》和乔叟手稿的一些残篇。他鼓励德莱顿改写部分故事。(见第二十五章)

[15]《日记》,1663年11月25日。

[16]《日记》,1662年6月3日。

[17] 关于查塔姆之行,见《日记》,1661年4月8日至11日;与伊丽莎白一同去朴次茅斯,见《日记》,1661年5月1日至8日。

[18] 摘自《海军白皮书》,刊印于《塞缪尔·皮普斯与第二次英荷战争》,页68。皮普斯记录他在一六六四年六月三十日提交了“我的旅程和支出账单”,约翰·梅内斯爵士敦促他多要点儿,“‘因为,’他说,‘为什么你得的

会比文员少？而且这也太少了。'但我就想维持原样，说我就花了这么多。"当他步行的时候，估计是没花钱。

［19］皮普斯致佩特的信，1665 年 6 月。引自阿瑟·布莱恩特，《塞缪尔·皮普斯：长大成人》，页 255–256。佩特对海军处没有考察其他的桅杆供应商提出异议，布莱恩特赞扬了皮普斯对佩特的巨大压制，尽管他在别处承认皮普斯接受了沃伦的贿赂。

［20］皮普斯记录了公爵下达的"指示"到达办公室，见《日记》，1662 年 2 月 5 日。它们在一六四〇年的早期"指示"的基础之上制定。

［21］参见 J. D. 戴维斯，《绅士与油布帽》（1991），页 15；戴维·奥格，《查理二世治下的英格兰》，页 260。

［22］复辟时有一百五十七艘舰船的数字是皮普斯自己在一六七五年对议会的演讲中提出的。其中有些船并没有服役，而是存在船坞里，没有军官和船员，被剥去了索具、火炮，甚至可能是桅杆：信息由伯纳德·卡普教授在私人交流中透露。他指出，海军处在一六六〇年实际需要经营的舰队有八十四艘船正在服役，其中二十五艘正等着偿清债务；其他的都在船坞中。

［23］《日记》，1661 年 9 月 30 日。

［24］差不多相当于现在的四万英镑，尽管所有这样的等价换算都只是近似值。

［25］《日记》，1662 年 3 月 2 日、3 日。关于他的财产数额，见《日记》，1662 年 5 月 30 日。

［26］《日记》，1662 年 6 月 28 日，9 月 1 日。

［27］《日记》，1662 年 9 月 30 日。

［28］《日记》，1662 年 12 月 23 日。

［29］《日记》，1662 年 6 月 14 日。他提到了他曾写过一封信给桑威奇勋爵，当时他正在欣庆布鲁克监督他的建筑工程，但这封信没有保存下来。皮普斯以前的导师塞缪尔·莫兰据说拒绝指证文，并烧掉了手中可能会牵连他的文件。见维奥莉特·罗，《小亨利·文爵士》（1970），页 237，脚注。

［30］《日记》，1662 年 6 月 22 日、27 日，1663 年 2 月 11 日。

［31］刊印于布鲁尔（Brewer），《短语和寓言词典》（*Dictionary of Phrase and Fable*），1970 年百年纪念版（centenary edition of 1970），《临终遗言》

（"Dying Sayings"）。

［32］例如，参见伯纳德·普尔，《海军处合同》（1966），页2。

［33］《日记》，1664年6月18日。

［34］《日记》，1664年11月20日。

［35］《日记》，1661年8月1日，1664年5月3日。

［36］皮普斯描述了布莱克本不怀好意地谈论佩恩，包括指责他懦弱（《日记》，1663年11月9日），而在一六六五年十一月六日，他记录了从卡特里特口中听到阿尔比马尔公爵说佩恩是一个"懦弱的流氓"，把"流氓疯子舰长带进舰队"，还记录了考文垂为佩恩的辩护。从这两段话中可以看出，佩恩受到来自两个政治阵营的攻击。

［37］这方面的证据可以在一六六五年的《国家文献大事记，国内系列》中找到，其中有巴滕在哈里奇的大量急信，以及威廉·考文垂在六月四日对佩恩在战斗中的表现的赞扬。

［38］关于皮普斯对佩格的企图，见《日记》，1666年11月28日，1667年4月13日、5月23日，1668年5月10日。关于佩格疑似得天花，见《日记》，1667年5月15日，9月13日。劳瑟的堂弟约翰·劳瑟爵士在一六八九年成为海军处的专员，皮普斯在这一年与他通信，替他的内兄巴尔塔萨·圣米歇尔和亲戚查尔斯·皮普斯请求帮助。（《塞缪尔·皮普斯与其家庭圈书信集》，页225、227、243）

［39］见《日记》，1665年10月19日，以及皮普斯同一天致考文垂的信，他在信中说阿尔比马尔公爵请他提名工作候选人：

> 这件事我希望多给点儿时间，因为我不愿意贸然提名……因为他们的服务是否有用主要取决于他的勤奋和细心，他要把来自每个港口的若干信息收集起来并报告，所以我丝毫不知道该找谁来做这项工作。
>
> 事实上，我知道一个人，如果你认为合适，可以跟他提，我敢保证他能按照你的想法完成工作……
>
> 我承认他在另一个岗位上的工作安排得很满，但这个工作增加的麻烦，有一半会被它的轻松拯救，他现在正困于诸多信函、命令、消息和脑力劳动之中。

引自《塞缪尔·皮普斯的其他通信,1662–1679年》,J. R. 坦纳编辑(1929),页63–64。

[40] 这是由第一任审计官罗伯特·斯林斯比爵士提出的。

[41]《日记》1665年3月26日和27日只提到了起草协议。“私人协定”的一个副本在博德利图书馆,罗林森手稿, A 172,页102。

[42] 类似事件还有更多:例如,一六六五年十二月十一日,高登在四千英镑的交易中给了皮普斯五百英镑,一年后,在一六六六年十二月十日,高登“答应为我今年的后勤业务以及担任丹吉尔司库提供报酬,我对此很高兴,但如果马上能得到报酬我会更高兴”。丹吉尔防波堤的第一任工程师休·乔姆利爵士(与皮普斯同时在圣保罗学校读书)于一六六五年十一月二十三日拜访了他,答应每年给他两百英镑;一六六六年一月十九日,他收到一百英镑,“波维一定拿到一半,”皮普斯在日记中写道,但他是否收了钱并不清楚;从波维的信件来看似乎并没有。一六六六年五月二十三日,丹吉尔总督贝拉西斯勋爵“向我许诺了和波维一样多的好处”。

[43] 波维致皮普斯的信,1674年2月16日。(博德利图书馆,罗林森手稿, A 172,页100)

[44] 波维致皮普斯的信,1674年3月8日、13日。引用的文字来自3月13日的信。(博德利图书馆,罗林森手稿, A 172,页104)

[45] 皮普斯致波维的信,1674年3月15日。(博德利图书馆,罗林森手稿, A 172,页107)

[46] 波维关于丹吉尔的收益致皮普斯的信,1685年2月3日。(博德利图书馆,罗林森手稿, A 179,页38)关于文中引用,见波维致安东尼·迪恩的信。(同上,页40)

[47]《日记》,1665年12月5日。

[48]《日记》,1665年10月18日。

[49]《日记》,1665年12月21日,1666年3月4日、25日、27日、30日、31日,4月1日、2日、3日、11日、16日、23日,6月25日、29日,7月3日。

[50] 海特致皮普斯的信,1668年12月31日;皮普斯致专员的信,1669年1月13日。见《塞缪尔·皮普斯的其他通信》,页207–213。

第十章　嫉　妒

149 伊丽莎白总是把新婚头几个月她弃他而去归咎于他的嫉妒。她可能有道理，虽然我们无从知晓；但我们对一六六三年的第二次因嫉妒引发的危机却了解得一清二楚，因为这件事被写进了日记。这段插曲持续了几个月，是由迷恋跳舞开始的。

皮普斯接触跳舞比较晚。一位船帆制造商邀请他去海豚客栈吃饭，想跟他套套近乎，以便能和海军处签订合同。这是一六六一年三月，他二十八岁生日后不久。受邀人包括佩恩夫妇、巴滕夫妇和他们的仆人。他们玩得很开心，都待到了晚上。伊丽莎白没有和他们在一起——她卧床在家，饱受经期折磨——皮普斯却不想赶回去陪她。他被劝说和一群现身海豚客栈的音乐家一起唱歌，拉小提琴。接着跳舞开始了，令他吃惊的是，他发现自己也加入了。这是他第一次尝试跳舞。舞蹈并不是他那一代勤奋好学的孩子的学习内容；在空位期，舞蹈与宫廷、假面剧、戏剧以及半异教色彩的乡村庆祝活动拉上关系，而且大多数舞蹈因为其自我展示和性挑逗的特点而遭受非议。随着国王重新入继大统，情况也发生了变化。查理喜欢跳舞，带来了法国舞蹈；虽然皮普斯第一次跳舞的晚上让他最感兴趣的不是法国舞蹈，而是巴滕的黑人家仆明戈应邀大秀舞技。[1]

几周后，皮普斯第二次跳舞，这次是去罗切斯特出差期间。伊丽莎白又不在身边。那里的制绳工场有个文员叫约翰·艾伦，他有两个漂亮女儿。大家在宴席上喝了美酒，吃了牡蛎，随后音乐响起，年轻女子们上场。皮普斯觉得有必要加入，尽管他不安地意识到了自己不擅此道——他说他做了个“丑陋的换位”——但勇气可嘉。部分原因是他迷恋上了 150
丽贝卡·艾伦，他获准送她回家，作为他努力跳舞的奖励。[2]

皮普斯就这样上了钩。此后很长一段时间里，他仍然保持谨慎态度。那年晚些时候，罗伯特·费勒上尉，桑威奇勋爵的掌马官，一个精力充沛的家伙，说服他去舰队街的一所舞蹈学校看姑娘们。皮普斯的好奇心被挑起来了，但他觉得必须表示不赞成助长她们的虚荣心。[3]不久之后，伊丽莎白在御衣库桑威奇夫人那里也跳了些舞：费勒上尉似乎又是鼓动者，并和伊丽莎白跳了舞。后来，跳舞的话题似乎就没再被提起，直到第二年，伊丽莎白向皮普斯宣布，她想学跳舞，“万一她明年去乡下好派上用场”。[4]她说的乡下是布兰普顿，但几乎不能指望老皮普斯夫妇会组织舞会；看来她和费勒已经商量好了，打算在欣庆布鲁克跳舞。一六六二年夏天她去那儿的时候正好他也在，他和桑威奇勋爵对她都很殷勤。[5]

皮普斯遂了她的意，给她买了本教乡村舞蹈的书——这是在一六六二年十二月——当他们为她的寂寞大吵一架之后，他为她找了个伴，结果发现她热衷于跳舞，勤学苦练舞艺。伊丽莎白的女伴是她哥哥巴蒂找来的，玛丽·阿什沃尔；她是他的女房东的侄女，他一开始向皮普斯推荐她时说她人长得很漂亮，还会唱歌。皮普斯发现她是个好人家的女孩，父亲在财务署工作，她在切尔西的一所学校教书。他不急着把事情定下来，两个家庭互相评估期间，她父母到家里来过几次。和她父亲讨论过工资，工资不多。但当巴蒂带她来吃晚饭时，皮普斯立刻就喜欢上了她；他喜欢她的容貌和风趣的谈吐。她同意几个星期后到他们这里来，同时邀请伊丽莎白去参观她教书的学校，学校的孩子们正在上演一出戏剧，而她正在参演另一出戏。大家都很高兴，她在三月十二日来到家里。皮普斯希望她能让他称心如意，尽管她会让他花点钱。他们想念女仆简，
151 她在二月离开了他们。现在伊丽莎白再也不能抱怨寂寞了，全家人都会从中受益。他大错特错了。他们一直都知道阿什沃尔很迷人——他称她为“快乐的娘儿们”——而且几乎无可指摘。她弹维金纳琴，还教他们玩纸牌游戏。但她出现在家里却成了一场灾难，引发了家庭动荡，比皮普斯夫妇在五十年代分居以来所经历的任何事情都要糟糕。

一切源自皮普斯不小心表达了他对阿什沃尔“极其优美的姿态”的仰慕之情。这立刻刺激了伊丽莎白，说她看到自己被这样比下去了“简直是耻辱”，并补充说她必须要去上舞蹈课，以便纠正这种情况。皮普斯有点惊慌失措，没让阿什沃尔和几个老朋友一起去参加舞会，并对伊丽莎白做了让步，安排她去上舞蹈课。皮普斯刚刚揍了韦恩曼·伯奇，因为他在街上待得太久，结果又派他到街上去打听舞蹈老师。他带着两个名字回来了。甚至在决定选哪个人并把他叫来之前，皮普斯就欣然拿出小提琴，在楼上的房间里，“我楼上最好的房间”，为阿什沃尔的舞蹈伴奏。[6]

被选中的舞蹈老师是彭布尔顿先生，第二天就开始上课了，而皮普斯此时不在家中，在办公室里特别费力地在一艘船的驾驶员的任命上要把自己的意志强加给巴滕。但到了晚上，两个女人跳舞时他又为她们伴奏，只是在日记里用一个丈夫的智慧说，他怀疑伊丽莎白不会跳得好，因为她太自信了。第二天是个星期天，一家人出去野餐——皮普斯，伊丽莎白，阿什沃尔，韦恩曼还有他们的狗——带着冷羊肉作食物。他们沿着河的南岸摘黄花九轮草，阿什沃尔还给他们讲她在切尔西表演的假面剧的故事。但在星期一，皮普斯开始担心他让伊丽莎白学跳舞是个错误。他担心她现在期望得到的快乐比他能给她的更多。这些快乐是什么？第二天，他放下办公室工作中途回家，“去看我妻子和她的舞蹈老

师跳舞”。他所看到的在一定程度上消除了他的疑虑:“我认为她最终
会跳得很好。”[7]这是他与彭布尔顿的第一次会面,他后来称他为“一个 152
长着黑头发的相当整洁的人”——黑,在皮普斯的时代通常是指他的头
发颜色。[8]

这次如愿以偿并不能提升伊丽莎白做家务的能力,也不能改善她的脾气。当皮普斯责备她忽视家务时,她生气了,很快他们就互相辱骂起来。他叫她“乞丐”,提醒她没有带嫁妆,她回敬他“戳虱子的”,意思是裁缝的儿子。第二天是星期天,她躺在床上闷闷不乐,皮普斯带阿什沃尔去教堂,然后给她上了一堂音乐课,两人都很高兴。伊丽莎白反对他和阿什沃尔待在一起,而不上来和她说话,皮普斯看出了她的嫉妒,觉得自己必须多加小心。[9]突然间嫉妒弥漫在空气中。星期一他要去伍利奇;他出发了,然后找个借口折返,回家再看一眼彭布尔顿。舞蹈老师对他表现出的兴趣作出回应,劝皮普斯自己也来上课,并建议他从科兰托(Coranto)开始。这是法国的路易十四最喜欢的舞蹈,也是贵族学的第一支舞,彭布尔顿肯定是这样解释的。跳的时候踮着脚尖,有轻微的跳步,还有许多鞠躬和屈膝动作。皮普斯认为这“对任何绅士都有用,什么时候我也有机会用到它”。[10]

从这时起日记里几乎每天都提到舞蹈课。五月五日,皮普斯在午饭后试着跳他的科兰托。六日,彭布尔顿在晚饭时间来了,他们都“上楼到我们的舞室”,跳了三四支乡村舞。此后又“练了一次我的科兰托……跳到很晚,也很开心”。第八天,皮普斯带着两位女士去看戏,彭布尔顿晚饭后又来了,他们又跳了舞,“她们说我有可能会成为一名舞蹈家”。大家都很开心,十一日他们跳的时间更长。到了十二日,又开始阴雨密布,因为伊丽莎白觉得彭布尔顿每天来一次不够,他必须来两次。也许她不喜欢和丈夫分享她的课;而在她丈夫看来,她“现在除了舞蹈老师什么都不在乎”。到了十三日,他们三个吵了起来,因为皮普

斯和阿什沃尔对她舞姿的任何评论她都听不进去。

川流巷并不是唯一有麻烦的地方。有人告诉皮普斯，桑威奇勋爵在
153 卡斯尔曼夫人府上和国王打牌时输了五十英镑；他现在住在切尔西，希望乡村空气能治好他的反复发烧。桑威奇夫人的父亲克鲁勋爵啰里啰唆地向皮普斯抱怨宫廷生活如何放荡，卡斯尔曼夫人如何狐媚惑主。他也许已经听到桑威奇在切尔西也中了一个女孩的圈套的传闻，尽管这传闻还没有传到皮普斯耳朵里；无论如何，克鲁对性方面的不当行为颇多怨言，还引用了一句意大利谚语“你不能和竖着的鸡巴争论”（“*Cazzo dritto non vult consiglio*”）。当晚，皮普斯回家晚了，回来后发现伊丽莎白和彭布尔顿单独在楼上，“不是在跳舞，而是在漫步。现在，我嫉妒得要命，心神不定，烦躁不安，什么事也干不了，只能去办公室”。他在办公室里生了一会儿气之后回到家里，想弄清楚他妻子是否穿着内裤。[11]

他的内心被嫉妒占据。他尽最大努力用工作分散注意力。他责备自己，试图控制一种他知道可能会让他变得可笑的疯狂，但他无法阻止。他确定彭布尔顿是个已婚男人，但这并不能阻止嫉妒一次又一次地发作，就像一团燃烧的火焰，抗拒一切熄灭它的企图。任何一个遭受过极度之苦的人都知道他所说的多可怕。皮普斯的荒诞感，他的直率和对自己的洞察，使他的叙述极其有趣，就像莫里哀或莎士比亚的戏剧场景一样精彩。皮普斯看过《奥赛罗》，很欣赏这出戏，注意到在苔丝狄蒙娜被闷死时观众席上有个女人哭了。也许他现在想起了这一幕。[12]

他做出了高贵之举，邀请彭布尔顿参加家庭外出，在南岸玩九柱戏；一看到他拉着伊丽莎白的手，甚至是“在游戏中”拉手，嫉妒的火焰就又窜得老高。这时已经到了五月中旬。下一个刺激他的事是她邀请舞蹈老师在家里和她一起吃饭，甚至懒得事先跟她丈夫说。这时读者开始怀疑伊丽莎白对自己有能力折磨他颇为享受，几乎就像她享受跳舞一样。那天晚上还发生了其他事，到了早上皮普斯感叹说他不能“像以前那样

起得那么早，也不能像学习跳舞以前那样一心扑在工作上”。[13]

整个家都感染了情绪。夫妻间又有过几次恶语相向。他走进书房，154
向自己发誓在课程结束前不和她对着干，每次做不到都要罚自己两先令六便士。伊丽莎白加大了赌注。当皮普斯回来时，又见到彭布尔顿在家里。晚饭时，她在阿什沃尔和舞蹈老师面前用“魔鬼”这个词公然和他吵架。如果只有他们俩在，皮普斯就要打她了。

他和克里德从格林尼治走到伍利奇，一路上听着夜莺的歌唱，心情平静了下来，回家后听笼子里的乌鸫婉转地鸣叫，是一个德特福德的木匠送给他的。但好景不长。星期天在教堂里，皮普斯看到彭布尔顿在整个布道过程中“斜眼看着”他妻子，意识到她已经变得一反常态地渴望参加圣奥拉夫教堂的两次礼拜。她还要求再上一个月舞蹈课。他写道：“我不想做最坏的打算，但……这让我诅咒我答应她跳舞的那个时刻。”两天后，他坐在办公室里沉思，回到家后看到了彭布尔顿，“诸多情况”让他相信“我的妻子和他之间的关系非同寻常；这让我非常苦恼，以至于我此刻在写日记的时候几乎仍然不知道我写了些什么，正在做什么，也不知道如何带着苦恼面对我妻子”。下午，他发现她把家里人都打发出去了，怀疑她要叫彭布尔顿来。觉得“五雷轰顶”，他又一次溜回家，的确发现他俩单独在一起，“这让我几乎发疯了”。“主啊，知道我究竟有多嫉妒吗？我竟然悄悄地爬上楼检查每张床是否被弄乱。”[14]

床铺都很整齐。但他的嫉妒似乎并非没有道理。与奥赛罗不同的是，即使在怒不可遏的时候，他也从未停止过想要相信妻子的清白；虽然她不打算和彭布尔顿上床，但她确实在尽其所能地调情，并在这一过程中故意刺激皮普斯。这看起来像是另一场维持他们之间权力平衡的战役，或者甚至仅仅是为了吸引他的注意。他总是很忙，夏天四点钟起床，经常在办公室工作到午夜；他经常去德特福德、伍利奇、查塔姆，大部分业余时间都花在海军事务的学习上，学算术、制帆、测量木材、绘制舰船，155

查阅海军办公室的旧档案。她十四岁就结了婚,知道自己有魅力,喜欢被人仰慕。也许,一个关注她的、爱吃醋的丈夫,总比一个全神贯注于自己的工作和学习而几乎对她毫不留意的丈夫要好。

那天晚上,夫妻俩聊了起来,她指责他犯了“嫉妒的老毛病”。他反驳说她举止轻浮。他们吵了一个小时,她哭了,他拥抱了她;她仍然心烦意乱。五月二十七日是她上课的最后一天,皮普斯没有同意延期。他请舞蹈老师吃晚饭,对他很客气,但在席间,他意识到伊丽莎白已经把他的嫉妒告诉了彭布尔顿,这使他更加丢脸。

至少现在舞蹈课结束了。但是伊丽莎白立刻对阿什沃尔产生了嫉妒,她抱怨说皮普斯因为这个女孩而忽视了她。他尽力安慰她。五月底他在日记里说没了舞蹈课让他如释重负——他的科兰托也被丢到脑后——他又能“心情平静,专心工作了”。但现在松口气还为时过早。伊丽莎白指责阿什沃尔偷了一条丝带。皮普斯注意到伊丽莎白出门前穿上了内裤,怀疑她要去见彭布尔顿。她很明显地表现出不再喜欢阿什沃尔的陪伴,尽管她们两个正要一起去布兰普顿。就在她们启程前不久,彭布尔顿来访,两个女人和他上楼进了舞室。皮普斯没进去,但忍不住去偷听;他把耳朵凑到门上,当听不到跳舞的声音时就很烦躁。[15]

在女人们动身去乡下的前一天,其他人都去了教堂,只有他和伊丽莎白在家,两人又进行了一次严肃的谈话。虽然他内心里咒骂着雇用了阿什沃尔以及同意上舞蹈课,也很讨厌伊丽莎白把他看作是一个善妒的丈夫,但他们至少在表面上达成了某种和解。她穿上骑马服,和他一起去佩恩家作客,第二天早上,她把她的钥匙给了他,在他出去办事的时候出发去坐马车;他随后及时赶到她坐马车的地方,亲吻了她一阵,也亲了“阿什沃尔一下”。[16]

156 当天,他被邀请参加领港协会的宴会。谈话一时转而谈论漂亮女人,桑威奇勋爵一边看着皮普斯一边问约翰·梅内斯爵士对邻居的妻子有什么看法："约翰爵士，难道你不认为他娶了个大美人吗？他的确是。"皮普斯听到她受人称赞感到很自豪，伊丽莎白引起他的庇护人的注意他也没觉得嫉妒。到了晚上，他走进她的私室，在那儿拉小提琴，没吃晚饭就上床睡觉了，他想念她，心情难过，觉得尽管发生了这一切，他还是全心全意地爱着她。

这场戏还没有结束。伊丽莎白不在，皮普斯为安慰自己，在一家酒馆见了贝蒂·莱恩，他们尽情享用龙虾，享受彼此的抚摸，一个男人透过窗户看到了他，朝他大喊，还扔了块石头；皮普斯因此非常担心，他们离开的时候走了不同的门。另一个他感觉糟糕的时刻是看见了一个长得像彭布尔顿的男人，即使他并不真的认为那是舞蹈老师，"我的血直涌到我脸上，我又陷入我以前的嫉妒和仇恨中，出了一身汗，我祈祷上帝让我摆脱它们"。[17]有一天他心情略好，看到宫廷侍女们走过白厅，去见王后，路上她们嬉闹着，互相试戴彼此的帽子和羽毛，他被她们迷住了，当天晚上他孤独地躺在床上，幻想着自己和最漂亮的弗朗西丝·斯图亚特调情。两个晚上之后，他选择了王后作为他的梦中床伴。[18]费勒上尉非常愿意和他谈论宫廷侍女，闲聊过程中，他透露了在切尔西时让桑威奇勋爵留在贝克太太家里的真正原因："我不知道他是否指的是这家里的某个女儿；但希望不是，"皮普斯写道，但这正是费勒的意思，而且很快又得到了桑威奇勋爵的另一个仆人的证实。威尔·豪知道桑威奇勋爵宠爱贝克太太的女儿贝蒂，在她身上花费时间和金钱，而她名声不好，"很不知廉耻……全世界都知道这一点"。这就是为什么那年夏天桑威奇不在欣庆布鲁克："好吧，我感到我的主人和这荡妇有一腿，对此我感到难过；尽管我并不诧异，他本来就非常多情，看到宫里的每个人都很随 157
便，也开始让自己随便起来，"皮普斯写道。他深感震惊。[19]

亨廷登郡传来的消息并不令人鼓舞。伊丽莎白信里写了帕尔、阿什沃尔、她自己和她公公在布兰普顿的争吵。然后她描述了如何因为阿什沃尔撒了“弥天大谎”而打了她耳光，而阿什沃尔又是如何回击；事情太糟了，皮普斯的父母甚至把情况报告给了桑威奇夫人。在这之后，他的父亲写信说伊丽莎白要提前回伦敦，他们“过得都不好”。[20]他也一同来到伦敦，但不愿意和她一起去川流巷，而是选择和汤姆住在一起。皮普斯不得不听伊丽莎白和阿什沃尔对所发生之事的不同说法。他发现阿什沃尔说得很可信，一五一十地摆出了她遭受的恶言恶语和拳脚相向，他不相信伊丽莎白的否认；他尤其感到耻辱的是，她竟然在欣庆布鲁克，当着夫人的人的面闹事。当阿什沃尔上床睡觉后，他把自己的感受告诉了伊丽莎白，清醒冷静，不吵不闹。[21]由于伊丽莎白控制不住对阿什沃尔的愤怒，皮普斯说他认为最好还是让她离开，仅仅为了实现和平。她同意了。后来在街上遇见他，阿什沃尔告诉他，伊丽莎白曾向她解释说是他希望她离开，而不是她——正像皮普斯说的，“这不太合适”。阿什沃尔会回去教书，她在川流巷的最后几天里一直不碍大家的事。

房子现在几乎空了。韦恩曼离家出走，随即被解雇。现任厨娘在阿什沃尔被解雇的那天出走，只剩下以前的女仆苏珊给他们帮忙。他们忘了她是个酒鬼，结果她把事情搞得更糟。八月十九日，皮普斯一家过得特别艰难。他忘了已经安排好木匠开始在房子里再铺一些新地板了，结果他们一大早就到了。他去找他的医生霍利尔，开些药治疗严重的胃胀气。伊丽莎白解雇了苏珊，苏珊离开时家里脏兮兮的，衣物也湿乎乎。皮普斯夫妇沦落到拿外卖当晚餐（从食肆买来的）。彭布尔顿来访，“这让我开始出汗”；他被告知不会再上舞蹈课了，于是匆匆告别。皮普斯
158 和桑威奇勋爵的经纪人亨利·穆尔和威尔·豪分别进行了长谈，聊到他们主人在切尔西的愚蠢行为：“我发现我的主人完全被这个荡妇征服了，大家都知道她人尽可夫。”豪敦促皮普斯和桑威奇谈谈，但是穆尔担心这不会有任何好处，只会伤害皮普斯，因此目前他决定“随它去，让上

帝来实现他的意愿”。[22]

阿什沃尔于八月二十五日离开，但局面并没有完全恢复平静。伊丽莎白指责皮普斯沉溺于他没完没了的建筑、工程和室内装饰，搞得她在家里不得安宁。皮普斯又碰到彭布尔顿几次，每一次都直冒冷汗，每一次都怀疑他密谋在自己不在家时拜访伊丽莎白。皮普斯的弟弟约翰过来住，对伊丽莎白在布兰普顿的行为和她对婆家人的粗暴无礼好一通抱怨；皮普斯只得好言相劝。他决心让她开心。他带她去巴塞洛缪集市。他带着她到波维先生在林肯律师学院田野的豪宅参加宴会。他带她去买了昂贵的印花棉布，用来装饰她房间墙壁的边沿。九月份，当他得去亨廷登处理一些法律问题时，突然灵机一动，殷勤邀请她同去：“嗯，你我再也不能一起旅行了吗？”她同意和他一起骑马去。他们一到布兰普顿，他就带她去拜访桑威奇夫人，白天他们待在一起。[23]晚些时候他们骑马到树林里去摘坚果，他带她参观了那条河——“在这里我度过了在这个庄园逗留期间的第一个也是唯一的快乐时光，”皮普斯写道；严格意义上来说，这不是真的，但这句话透露出，他认为他们在秋日的阳光下共同度过的那个下午就像田园诗一般。[24]

桑威奇勋爵的问题依然没解决。“我很惭愧我的主人如此下流地扮演了一个野兽和傻瓜，把所有的荣誉、朋友、仆人和一切善良的人和事都抛在脑后，只想让他自己对这个平庸妓女的淫欲不受干扰……他带她外出，在她窗下吹笛子，还有其他许许多多可怜的下贱勾当……但是让他继续这样吧，直到万能的上帝和他自己的良心，以及对他的夫人和家人的顾念终结这一切。”[25]此番话说在皮普斯自己突然去找贝蒂·莱恩
（“上帝原谅我……但她不在那里”）之后，这就让他的金玉良言威力降 159
低，但在他看来，他自己的情况和桑威奇不是一回事。一个是小人物的私人小过失，另一个是公众人物的丑闻，后者的所作所为臭名远扬，让众

人评头论足，并使他偏离了正当的生活方式，远离了家庭。虽然九月份桑威奇曾在欣庆布鲁克短暂逗留过，皮普斯在那儿见过他，但他和往常不一样了，威尔·豪说他急着赶回切尔西。

十一月，皮普斯决定必须和桑威奇勋爵谈谈。他来到他的住处等他，但他一进来，皮普斯就失去了勇气。他担心桑威奇听不进去；他似乎没有心情说话，他的态度很奇怪：也许他觉察出即将被人上一课。皮普斯退缩了，告诉豪他要写一封信替代直接的谈话。[26]他花了几天时间打草稿；其间受到些干扰，包括伊丽莎白旧疾复发，现在她的外阴脓肿严重到可能需要做手术。他把信的草稿给穆尔读了一遍，穆尔热情地表示赞同。皮普斯誊清了两份，并把一份交由威尔·休尔亲自送到桑威奇勋爵手中。这封信全文出现在日记里。[27]信的措辞极其礼貌圆融，表达了皮普斯对听到的坊间和宫中的议论很难过，各个阶层的人都谈论桑威奇缺席宫廷，未能继续为国王和海军服务；接着还提到他住留的那户人家的一个女儿被认为是“人尽可夫的妓女”，并说“她的淫荡如何造成了（尽管是不公正的）阁下的丑闻”。信的结尾说他觉察到大家对桑威奇有一种“普遍的冷淡”，这是他以前从未见过的；并向他保证，没有人知道他这封信的内容。皮普斯不厌其烦地把这封信封在另一封信里，并请求他的大人在独自闲暇时再打开看。

这对皮普斯来说是非常大胆的举动。他和桑威奇的社会地位并不平等，而且比他小八岁，一直是他的仆人，目前的地位也得益于他的帮助。诚然，他们是亲戚，而且关系友好，但皮普斯从来没敢邀请桑威奇来他家里。桑威奇没有向皮普斯提起过这封信里的话题，也没有征求过他的意见。他们所生活的社会是一个普遍私通的社会，国家的最高阶层公
160 开通奸。是什么让平时小心谨慎的皮普斯做出这样的事？他没有提供任何解释，我们只能猜测。

他明确地表示，穆尔、豪和他自己都对主人的变化感到震惊，并担心

由此导致的丑闻发酵，最后可能会影响到他们所有人。但原因不止这些。他们开始为他工作的时候，公众人物还不应该行为不检。我相信皮普斯一定感到痛苦失望，因为桑威奇长期以来一直代表着旧事业及其价值观，却如此轻易就被新政权腐蚀。政治变革是一回事，从所发生的一切来看，也许还是合理的；皮普斯本人也接受了这一点，并从中受益。但看到一个人腐化堕落，变得轻浮放纵，远离工作、职责和家庭，忽视、羞辱他无辜的夫人，这就是另一回事了。这一切都是为了一个下流的切尔西女孩——这并不是什么伟大的爱情。此前皮普斯对桑威奇一直都很恭敬，但现在他的家庭观念、他认为家庭成员之间应负的责任，已经战胜了他的恭顺。

当桑威奇和皮普斯谈话时，他的第一个问题是问谁是他的情报人。皮普斯给了他一份奇怪的名单：医生詹姆斯·皮尔斯，玛丽·阿什沃尔，桑威奇的外甥皮克林，以及斧场的约翰·亨特，贝蒂·贝克就住在他旁边。他补充说全城都在议论他的不务正业。据日记记录，他的消息主要来自桑威奇的雇员穆尔、豪和费勒，但他没有提到他们，无疑是为了保护他们。桑威奇为贝克一家辩护，然后说他打算“以另一种方式生活”。他继续质疑皮普斯的说法，即没有其他人知道他写信的内容；皮普斯保持沉默，希望能这样混过去。他认为桑威奇会忧心忡忡，但是哭的人会是皮普斯，桑威奇则转移话题，愉快地讨论起国王在白厅收藏的画像。[28]

他的信可能起了些作用，也许桑威奇已经计划结束他在夏天里的浪漫关系，但也可能没有。他在十月份与妻子发生过性关系，第二年七月第十个孩子的出生就是证明，但这并不代表贝蒂·贝克没有继续做他的情妇。[29]皮普斯好几周甚至好几个月都在担心桑威奇会不高兴，他关注 161
每一次冷淡的相见，并珍视更加亲切的相处。当“我的主人”在年底问候“他的亲戚（我妻子）”时他感到很高兴，这是他收到那封信以来的第一次。[30]在一六六四年新年，皮普斯考虑他是否斗胆邀请他共进午餐，并认为这不可能。桑威奇继续去切尔西看望贝蒂·贝克，甚至安排他的大一些的女儿们夏天在那里住上一段时间，据说他过去的时候就打发她们出门。皮普斯见到了贝蒂，和她说了话，贝蒂优美的身材和谈吐给他留下了深刻印象。“我断言她足够聪明，能迷住他，”他写道，很高兴见到我主人的情妇。

桑威奇的性丑闻没人再谈论过，无论如何，他很快又出海了。另一方面，皮普斯的性行为却急转直下，好像他在努力纠正“我的主人”的错误时已经耗尽了自己的美德。他们两个都不知道的是，五年后，在某个普鲁斯特式的真相揭露时刻，伊丽莎白会向皮普斯坦白，桑威奇勋爵曾引诱她做他的情妇，并派费勒上尉来穿针引线。[31]这件事最有可能发生的时间是一六六二年夏末，那时她在布兰普顿，桑威奇和费勒在欣庆布鲁克。她回来时一直在谈论费勒上尉，这足以使皮普斯感到嫉妒的痛苦，还谈到她在那儿的时候，桑威奇勋爵已经为布兰普顿拟定了一些改造建议；皮普斯在九月底的总结中写道：“我的桑威奇勋爵最近来过乡下，对我妻子非常客气。”[32]

伊丽莎白坦白时说他的做法是一种诱惑，但她出于对丈夫的忠诚拒绝了他。如果她屈从了他，可能就不会有切尔西的贝蒂·贝克，也不会有彭布尔顿的舞蹈课，皮普斯则会写给他的大人一封截然不同的谴责信。一六六三年发生的各种错误的喜剧可能演变得更像《奥赛罗》，整部日记的走向也可能会转向另一个方向。

注释

[1]《日记》，1661 年 3 月 27 日。

[2]《日记》，1661 年 4 月 10 日。

[3]《日记》，1661 年 11 月 11 日。

[4]《日记》，1662 年 10 月 5 日。

［5］例如,《日记》,1662 年 9 月 12 日。

［6］《日记》,1663 年 4 月 24 日。

［7］《日记》,1663 年 4 月 26 日至 28 日。

［8］《日记》,1663 年 5 月 15 日。

［9］《日记》,1663 年 5 月 2 日、3 日。

［10］《日记》,1663 年 5 月 4 日。

［11］《日记》,1663 年 5 月 15 日。

［12］他和克里德在科克皮特剧院观看《奥赛罗》,见《日记》,1660 年 10 月 11 日。

［13］《日记》,1663 年 5 月 20 日。

［14］《日记》,1663 年 5 月 26 日。

［15］《日记》,1663 年 6 月 9 日。

［16］《日记》,1663 年 6 月 15 日。

［17］《日记》,1663 年 7 月 13 日。

［18］《日记》,1663 年 7 月 13 日、15 日。

［19］《日记》,1663 年 8 月 10 日。

［20］同上。

［21］《日记》,1663 年 8 月 12 日至 25 日。

［22］《日记》,1663 年 8 月 19 日。

［23］关于皮普斯的殷勤邀请,见《日记》,1663 年 9 月 13 日。

［24］《日记》,1663 年 9 月 19 日。

［25］《日记》,1663 年 9 月 9 日。

［26］《日记》,1663 年 11 月 12 日。

［27］《日记》,1663 年 11 月 18 日。

［28］《日记》,1663 年 11 月 22 日。

［29］就是詹姆斯·蒙塔古阁下,家里的最后一个孩子;皮普斯记录下他于一六六四年七月十五日降生。

［30］《日记》,1663 年 12 月 30 日。

［31］《日记》,1668 年 11 月 10 日。

［32］《日记》,1662 年 9 月 30 日。

第十一章　死亡与瘟疫

162 皮普斯从小就与死亡为伍。历尽磨难,他成了幸存者,比所有的兄弟姐妹活得都长。在日记里,他对死亡有种种不同的反应。得知伯父罗伯特去世时,他把这当成稀松平常的事实,他从小就认识他伯父——“一方面有些难过,另一方面因符合我的期待而高兴”——听到教堂为一个黑眼睛的女孩敲响丧钟时他陷入悲恸的沉思,他只在教堂里见过她。[1] 他私下里喜欢叫她“我的莫瑞娜(Morena)”——我的摩尔女孩——他知道她得了一种病,会越来越瘦。当她去世时,他用一首优美的挽歌来纪念她:“今夜被埋葬,我在巴金教堂的钟声旁听到,我可怜的莫瑞娜——她的绝症害死了她可怜的父亲;他因悲伤而死,她说她无法康复,也不想活下去,就从那时起,她变得越来越憔悴,现在果然死了,埋了。”[2] 他观察到的另一个本地女孩,“歪歪扭扭的”,但长得并不丑,服毒自杀了,死前说她这样做是“因为她不喜欢自己,从没喜欢过自己,也不喜欢自己做过的任何事”。[3] 皮普斯对这些故事有一个作家式的反应:故事的主题存在于他的想象中,在那个私人空间里他任由自己忧郁,或为她们的命运感到震惊。但当他的亲戚安东尼·乔伊斯被认为是自杀身亡时,他主要关心的是他的财产将何去何从,按照法律规定,如果确属自杀,财产将归国王所有。[4]

作为一个幸存者，他对生者比对死者更感兴趣。南安普顿伯爵去世时，皮普斯的第一反应是描述这位伟大人物的看门人如何流泪；他为他感到难过，并从实际层面向他点明，他现在不太可能再得到那么多小费了：“这位大人一死，他就前途无望了，他们家将不再像以前那样门庭若市。”后来他记录了伯爵表现出的非凡的自制力，他如何准备死的时候自己“闭上眼睛，闭上嘴，以世上最大的满足和自由告别”。南安普顿在 163
结石的痛苦中死去，皮普斯因此尤其钦佩这种坚忍；他对他的精神状况没说什么。[5]在另一个例子中，一位同僚同时也是朝臣，在年富力强时突然去世，这使他注意起宫廷的反应：“我发现他的死对宫廷里那些严肃的人有所触动；但又不至于妨碍或减少他们的欢乐，他们谈笑风生，吃喝玩乐，该干什么干什么，好像根本没这事一样——这个例子让我从此认清了死亡不可避免又猝然临身，却对其他人影响甚微。这让一个人永远不要那么高贵、富有或善良，因为所有人死的时候都一样，谁也不比谁多什么；即使寿终正寝，其价值也不会被世人认可。”[6]他感兴趣的不是死去的人或他死后可能如何，而是活着的人的反应以及死者在世间的声名。

皮普斯自己不习惯于因死者而愁眉苦脸，但生命的无常有时会激发他的想象。我们已经见识过，在一六六〇年和患感冒的母亲告别时，他如何突然害怕自己可能再也见不到她了。[7]一六六二年十月，他来到布兰普顿，发现父亲、母亲、妹妹和两个弟弟汤姆和约翰齐聚一堂，他突然想：“我们现在都在一起，天知道我们什么时候会再次相聚”；事实证明，他们后来再也没能全家相聚。[8]另一次他们骑马去布兰普顿时，有一天伊丽莎白在一家客栈里喝了冰啤酒后生病了，他突然害怕起来：“我以为她要死了，于是在极度的恐惧中（我对她的真爱和感情经历了一次大考验）叫来客栈的女仆和女主人。”结果并不严重，第二天早上她情况好转，但那一刻曾使他如临深渊。[9]

一六六七年当他的母亲在布兰普顿真正垂死之际，他却没有去看望她；相反，就像普鲁斯特对待他的祖母一样，他通过梦见她来满足自己。在她死的那天，也就是他得到死讯的两天之前，他梦见自己在她的床边，“把我的头靠在她的头上哭泣，她几乎死了，快死了……但奇怪的是，我
164 觉得她的脸毛茸茸的，那并不是我母亲的脸；但也没有多想，只把她当成母亲，为她哭泣”。死讯传来时，他没有去布兰普顿参加她的葬礼，也没有安慰他父亲，而是让全家哀悼死者，自己因为穿着黑丧服去教堂的时候显得身材很好而感到自豪。他一定是第一个注意到衣着讲究的哀悼者的虚荣心的作家，而这是从他自己身上看到的。[10]他又梦见了她来到他面前，找他要了一副手套，在梦中她“认为我们以为她死了是个错误”——“这个梦让我烦恼，我醒了”。[11]

这种强硬的行为和温柔的想象的混合，贯穿在他对死亡的所有处理之中。他对弟弟汤姆死前最后几周的叙述时而冷酷，时而悲伤，特别让人无所适从。一六六三年夏天汤姆还是“个生机勃勃的人”，那年圣诞节他看起来健康快乐，但十个星期后他就死了。一六六一年，汤姆接手了他们父亲在索尔兹伯里院的裁缝生意，但他对这工作不太感兴趣，靠出租房间来弥补他微薄的收入。皮普斯费了九牛二虎之力要为他找个有嫁妆的妻子，但没能找到，部分原因是汤姆的语言障碍使准新娘担心，同时也因为他缺乏皮普斯的活力。他日子过得浑浑噩噩，是个公认的好人，债台高筑，挣的钱只够给妹妹寄点零花儿。他写过一封信给“妹妹帕尔”，字迹小巧工整，拼写错误太多，日期是一六六四年一月十六日，他最后的落款表明了他对她的喜爱，并且可能已经多少预感到他即将面临的命运：“你的至死不渝的挚爱兄弟”。[12]这封信是汤姆在皮普斯听说自己身体不适的几周后写的，那时皮普斯来看他，认为他“没病”。但自此以后，汤姆的健康迅速衰退。

皮普斯没有为汤姆做任何事。他没有去请医生或护士，尽管汤姆在

索尔兹伯里院的邻居、他们的族姐简·特纳告诉萨姆，汤姆只有不到两个月的生命了，他也每周最多去看望他一次。他似乎拒绝相信别人对他说的话，也许是因为他觉得这件事太让人心烦了，于是就让自己和正在发生的事情保持距离。他总是以工作忙为借口，那时恰逢他和桑威奇勋爵的关系陷入僵局；不过他还是抽出时间在星期三去公园散步，去看戴夫南特的新戏《倒霉恋人》。当他在三月八日终于去看望汤姆时，他意识到他病得很重，但之后又躲了起来，直到那个星期的星期日，他们的乔 165
伊斯表妹夫妇来找他，建议他找个女人来照顾他弟弟。他们还说，他们从一位大大咧咧的医生那儿听说汤姆得了痘，意思是梅毒。听说这个，皮普斯急忙赶到索尔兹伯里院。他发现汤姆神志不清，“脸露死相”。这时一个邻居已经雇了个护士。不管他弟弟是死了还是继续病着，皮普斯对眼前即将出现的麻烦都感到沮丧，他焦急地和汤姆的女仆交谈，她告诉他汤姆干活如何没效率，性行为多么令人担心——尽管夜里不睡觉“对自己做某事”听起来并不是很糟糕。汤姆得了梅毒的消息传遍了全家，接着又有人说他欠了债，皮普斯替他感到羞耻。当另一位医生宣布汤姆其实没得梅毒时，皮普斯松了一口气，甚至派人去买牡蛎，吃了一顿庆祝餐；后来他自己和医生一起检查了汤姆的身体，没有发现任何可耻的疾病的痕迹，汤姆现在一会儿有意识一会儿没有。他实际死于肺结核，当时称为“痨病”；它通常与性病有关——皮普斯说巴滕的一个死于痨病的文书“是因为得了梅毒，人们这样认为”——但无论是一般病例，还是在可怜的汤姆的个人病例中，这都是错的。[13]

皮普斯没有叫本地牧师来为他祷告或主持圣礼，但他对宗教的怀疑在他弟弟临终前有些撑不住了，随着死亡的临近，他亲自询问汤姆认为自己可能会去哪里。汤姆回答时虽然神志不清，却答得很好，皮普斯把它记了下来：“嗨，我应该去哪里？只有两条路。如果我去了不好的那条路，我必须因此感谢上帝。如果我走上另一条路，我更应该感谢上帝；

我希望我这辈子没那么不尽责，没那么不知感恩，但我希望我能走上那条路。”当汤姆捯气儿的时候，皮普斯害怕了。他出去了，一直到确定汤姆已经咽气了才回来，看到“可怜的家伙，躺在那儿，肋骨都瘪了”，他哭了。之后一贯高效率的他开始行动。他把汤姆所有的文件都收了起来，带到川流巷，给他父亲写信，黑灯瞎火地又回到索尔兹伯里院找伊丽莎白，她暂避在那里的简·特纳家。

166 她邀请他们“在蓝色房间”过夜，“我紧挨着我妻子躺着，心乱如麻，为我弟弟感到悲伤，我睡不着觉，醒来后也不舒服”。皮普斯写得再好不过了，它把我们带到房间里，带到床上，伊丽莎白温暖的身体既是安慰，也是提醒，提醒他想起弟弟的身体，小时候他一定多次与他同榻而眠——而现在他一个人躺在不远处，浑身冰凉。[14]这里最好地体现了日记的即时性。如果皮普斯晚些时候写他弟弟的死，他会忍不住理清事情的来龙去脉，编成更体面的故事；增加他去看汤姆的次数，删除看戏和吃牡蛎餐的情节，没指望邻居就早早地请了医生护士，隐去得梅毒的谣言。与此相反，我们看到的是他应对混乱：没错，他爱他弟弟，为他悲伤，但也为他感到难堪，并讨厌自己的活动被打断。在描述汤姆临终前的几个小时时，他在日记中颠倒了事件发生的顺序，先写汤姆死了，入殓，然后记起此前在他还活着的时候问过他的严肃问题，并记了下来。

他起先想把汤姆埋在他们兄弟姐妹的墓地里，后来改了主意，决定多花点钱，把他安置在教堂，靠近他们母亲的长椅。后来拥挤的地下墓穴里出现了莎士比亚戏剧的场景，掘墓人告诉皮普斯，他可以花六便士，“把他们往一块儿挤挤，给他腾出个地儿”，皮普斯对此非常震惊。[15]送葬者受邀到汤姆家吃饼干、喝煮红酒，他们迟到了几个小时，人数比预期的要多，吃饱喝足之后才护送棺材到教堂。然后皮普斯、伊丽莎白、简·特纳及其家人回到汤姆家的一间出租屋里，又享用了牡蛎、蛋糕和奶酪来犒劳自己，“这么晚终于做完一件悲伤的事，真是太高兴了”。那天晚上皮普斯写日记时承认，他弟弟一死，他就不那么悲伤了。

但还有更多的麻烦在酝酿。几周后，皮普斯从他们父亲的老仆人约翰·诺布尔那儿听说，汤姆的女仆玛格丽特，“一个丑娘儿们”，生了一对双胞胎女儿，其中一个活了下来。婴儿一出生就领取教区救济金，名叫伊丽莎白·泰勒，算在“约翰·泰勒”名下，这个杜撰的名字至少暗示 167
了汤姆的职业。① 他曾经承认那孩子是他的，并为照顾她出了些小钱，也曾打算把她交给一个女乞丐来摆脱她，直到诺布尔警告他，如果以后有人找她，而他不知道她的下落的话，就有可能会被怀疑谋杀。汤姆的下一个举措是用五英镑巨款将她交给一名本地男子，但这只导致该男子因为带一个贫民孩子来教区而被送进监狱。这个可怜的孩子又被转手，而汤姆死后，诺布尔转而向皮普斯和他父亲要钱。皮普斯声称根本没有证据表明伊丽莎白·泰勒是汤姆的孩子，尽管他私下里提到过“我弟弟的私生女”，并表示他可以为她做点什么；接生婆证明说汤姆曾经承认自己是孩子的父亲，并告诉她他是在十一月五日篝火之夜有的这孩子，说得如此坦率，听起来像是真的。

汤姆的女儿是目前皮普斯家唯一的孙辈。川流巷和布兰普顿地方都足够大，容得下一个小女孩，伊丽莎白和帕尔都年轻，自己没孩子，都有可能监管照料她。这种事没有发生——皮普斯似乎没有想过这个小女孩是他的侄女——而她从日记中消失表明她在一六六四年年底前就已经死了。如果他弟弟的孩子是男孩，皮普斯会更感兴趣吗？也许私生子的污点还是比血缘关系更重要；毕竟私生子在皮普斯所处的阶层不如在上层社会更容易被接受。然而他坚决排斥汤姆的后代却有点让人吃惊，因为当时他已经完全不可能有自己的孩子。[16]

---

①　Taylor是裁缝的意思。

众所周知，第二年，也就是一六六五年，伦敦发生了大瘟疫。一六六四年在阿姆斯特丹皮普斯曾听到过它即将来临的传闻。不管怎样，瘟疫是伦敦的流行病，每隔十几年就会爆发一次严重的瘟疫：一五九二年、一六〇三年、一六二五年、一六三六年，都是糟糕的年份。一六二五年，伦敦死了四万人，堂区记事簿记下了本世纪直到一六六五年几乎每年死于瘟疫的人名。有钱人也不能指望幸免于难，但他们通常在瘟疫肆虐时离开伦敦；由于瘟疫是由一种特殊的跳蚤传播
168 的，而跳蚤在城里繁殖得快，因此逃出城无疑是最好的选择。宫廷和几乎所有能担负得起费用的人，包括许多医生和牧师，都逃离了伦敦。穷人是预料之中的受害者，他们挤在简陋拥挤的住处中，房间低矮不通风，院子、里弄、街道都很狭窄。他们中的大多数不可能放弃自己的职业而搬走。人们认为瘟疫会传染，但没有人知道它到底如何产生，如何传播，这意味着，为控制瘟疫而采取的任何措施都无效，比如给已知有人感染的住家画上红十字标记并封锁房屋。一六六五年，那些在海上与荷兰人作战的人活了下来，因为瘟疫从未传播到舰队：这一次水手比在陆上生活的人占了明显上风。皮普斯直到八月底才离开伦敦城，他的家宽敞舒适对他有利。他甚至可能天生就有免疫力。有些人的血不招跳蚤，一六六二年他在朴次茅斯和一个朋友同睡一张床时就观察到，“所有的跳蚤都去咬他，却不咬我”。当时看似微不足道的好运气，如今可能具有更大的意义。[17]

一六六五年瘟疫的严重程度直到六月才显现出来，在最初的五个月里，这场瘟疫仅仅是一种威胁，皮普斯家的生活一切如常。一六六四年年底，他记录下家里有伊丽莎白、她的新女伴默瑟、三个女仆和已经进家门六个月的汤姆·爱德华兹，他对家庭兴旺感到心满意足。玛丽·默瑟是一个寡妇邻居的女儿，她出租房间，威尔·休尔就是她的房客，正是威尔向皮普斯夫妇推荐了默瑟；她是一个快乐、漂亮的十七岁女孩，唱歌好

听，皮普斯被她迷住了。[18]“我和任何一个英国男人一样，有个漂亮、可爱、安静的家。”他在日记中写道。[19]这并非完全属实，他刚刚因为伊丽莎白没有好好管教仆人，把她打了个乌眼青，而她则想还手，想咬他、抓他。整个圣诞期间，皮普斯和伊丽莎白都过着离群索居的生活，其中一个重要原因就是她觉得自己眼部淤青，无法外出。她白天躺在床上，晚上起来和仆人打牌、玩游戏，不带皮普斯玩。新年前夜，他在厨房里亲吻了她，他们一起庆祝一六六五年新年，但第二天他就出去找别的女人。169
他最近和德特福德的造船木匠威廉·巴格韦尔的妻子开始了一段精心策划的婚外情。巴格韦尔这个名字似乎好得令人难以置信，但它的确出现于德特福德的登记册上；当巴格韦尔太太把自己献给皮普斯时，她是在她丈夫的指示下做的。皮普斯从不跟巴格韦尔太太谈情说爱，也从不叫她的教名。他有时会因为自己的“愚蠢”而自责，但他很享受占有她的性快感，这种感觉也许因为她的不情不愿而变得更加刺激。这是一个下流无耻的故事，一个女人被两个恶棍利用：她那希望升职的丈夫，和策划了这一切的皮普斯。皮普斯并没有用这些词语来描述它，但事情显然就是这样的。他让我们看到这是件鬼鬼祟祟、卑鄙肮脏的事，他甚至让我们看到他自己行为中有趣的一面，但对巴格韦尔太太来说，这既不可能有趣，也不可能是件乐事。

整个一月份他都像只公猫一样。他对他的理发师的漂亮女仆简·韦尔什穷追猛打；他缠着天鹅客栈的姑娘萨拉并亲吻了她；他占有了贝蒂·马丁，此时她已有七个月身孕，后来他还指责她厚颜无耻；他去找巴格韦尔太太，她声称她爱自己的丈夫，这让他很吃惊。他发誓“不再沉湎女色”，但没过几天就违背了誓言，而他和伊丽莎白的关系一直不好。走了两个女仆，其中有一个指责伊丽莎白偏袒汤姆·爱德华兹并和家里的其他人都过吵架。[20]皮普斯又发了个誓，不再管女人们的事，这一次一直坚持到五月十五日。这几个月里他的工作非常辛苦，一个人干几个人的活儿，他常常在办公室里忙到深夜，在造船厂忙得不可开交，因为马上又要和荷兰人打仗了。必须阻止人们从船上离开，还迫切需要更多的人——需要三万人来组成必备的船员；还要雇用商船来充实海军力量，整个舰队都要做好战斗准备。他还在努力理清丹吉尔的账目，这工作他在二月接手。三月底，约克公爵和桑威奇勋爵都出海了，皮普斯则在处理舰队的财务问题。

瘟疫并没能阻止他母亲五月份从布兰普顿上城里来住，她在城里玩得很开心，和伊丽莎白一起买东西，去河上游览，到伊斯灵顿故地重游，
170 开心到他很难在六月底说服她离开，那时城市突然变得空旷，场面壮观。她说，她“想多待一阵”。[21]七月五日，皮普斯把家搬到了伍利奇。国王和宫廷先去了汉普顿宫，然后到了索尔兹伯里，又从那里去了牛津。这一年余下的时间里，皮普斯沿着泰晤士河奔波往返的次数比往常还要多，只要有时间他就去看望妻子，但实际上过着单身汉的生活，这可能是他情绪特别高昂的原因。

最显而易见的事实是，对皮普斯来说，这个瘟疫之年是他一生中最幸福的一年。它也是最繁忙的一年。他工作时间很长，利用每一个机会赚钱，让财富翻了两番。他寻求并得到了两个扩大其权力和赚钱能力的职务，一个是丹吉尔委员会的司库，另一个是海军后勤总管。本年他还入选了皇家学会；他听了几场讲座，并获得了自己的十二英尺望远镜。[22]他在性方面仍然胡作非为。他享受着一桩桩让他兴奋和喜悦的事情，例如桑威奇夫妇的女儿杰迈玛的婚礼，是他在桑威奇勋爵出海在外的时候帮着桑威奇夫人张罗的；再比如有几个秋天的夜晚，他住在格林尼治的住所，和朋友们一起弹奏音乐，创作了自己最著名的歌曲。同样在这个秋天，有一段时间，他有精力写两部日记，第二部日记专门记录洽谈购买桑威奇勋爵从荷兰人那里俘获的商船上的战利品。这一年发生了那么多的事情，甚至连瘟疫都在日记中被降级成了背景，而皮普斯

则欢欣鼓舞地全力以赴。当死亡人数增加最多时,他写道:“在过去短短的三个月时间里,我得到的幸福和快乐,比我在以前的全部生命里得到的还要多。”几个星期后,“这个月结束时我确实收获了最大的满足感,可以说,过去三个月里我收获了一生中最多的欢乐、健康和利益”。[23]到了年底,他用这样一句话总结了一六六五年:“我从来没有像这次瘟疫期间一样过得如此快乐(此外我也从来没有过这么多的收获)。”就像在战场上或遭受轰炸的人一样,肾上腺素总是保持在很高的水平,每一次经历都额外加剧了这种状况;皮普斯也是这样,当大约六分 171
之一的伦敦人在他周围死去时,他却连续几个月都情绪高涨,陶醉在自己的成功和快乐之中。

杰迈玛·蒙塔古的婚礼是个高潮,让他有机会掌控一场社交活动,扮演这对新人的导师,并为桑威奇夫人效劳。他在婚礼筹备中所扮演的角色给他带来了极度的快乐,甚至连瘟疫的恐惧都渐渐从他的意识中消退。他从一开始就参与筹划。桑威奇勋爵在一次海战后回来,没多久就又要出海,六月底让他负责商洽杰迈玛和乔治·卡特里特爵士的长子的婚事。这任务正中皮普斯下怀,受命处理两个贵族家庭间的私事,代表一个家族,被另一个家族的家长殷勤接待,而后者恰好还是他在海军处的上司。很明显,这是一次很好的职业进展,不仅如此:这让他了解了内情,并成为实际操控者。事实上,桑威奇突然随军出征,把事情交给皮普斯接手时,国王刚刚批准两人结婚,经济上的安排也刚刚商定。此时杰迈玛甚至还没有见过菲利普·卡特里特,两位父亲对此都不在意。后来,乔治爵士告诉皮普斯,如果他的儿子像宫廷里许多年轻人一样行为放浪,他是不会让他娶杰姆小姐的。桑威奇夫人向皮普斯表达了一个母亲的焦虑,担心她的女儿是否会喜欢这桩婚事。[24]但在婚礼举办之前,一切问题都解决了。

因为瘟疫,卡特里特一家住在德特福德的司库府,桑威奇夫人从汤布里奇过来和他们同住，她此前一直在那儿喝矿泉水，这不但没给她带来好处，反而害她生了病。那年夏天，她四十岁；皮普斯在卡特里特家进进出出，坐在桑威奇夫人的房间里把所有的事情都交代清楚，“她只能躺在床上”，仍然不舒服。[25]杰迈玛小姐被送到她姑妈家里，在埃塞克斯郡的达格纳姆，过了泰晤士河就是；婚礼要在那里举行，而不是在欣庆布鲁克。皮普斯见到了这位二十四岁的新郎，发现他谦虚、聪明，但举止笨拙；他说他第一眼见到杰迈玛就喜欢上她了——这是皮普斯迫不及待地套话问出来的——但他没有表现出来。皮普斯觉得有必要简单地教教
172 他如何牵女士的手，如何领着她在房间里走来走去，然后这对情侣独自在长廊里待了一个小时，后来又去了花园。天气闷热难耐。两人都显得拘谨而羞涩。他们的共同点，除了社会地位相当，还都有身体残疾，她脖子弯，还没有完全治愈，而他的脚瘸，他们的父母在筹划两人婚事时可能都已考虑在内。皮普斯被告知婚礼前她还得去看一次给她矫正脖子的医生，她还需要新衣服，所以他忙着张罗这些事。他还询问了她对未来丈夫的看法，她脸红了，捂着脸说她乐意顺从父母的意愿，他见状很高兴。卡特里特夫人送给她珠宝、漂亮的床上用品和各种各样的礼物。“好像他们要买下这位年轻小姐一样，”他写道，“这让夫人和我几乎不知所措，看到她如此和善地对待我们所有人。”[26]皮普斯的反应都是和桑威奇夫人联系在一起的，他扮演了所有角色：父亲、兄弟、老师和不可或缺的表侄。

在婚礼前的最后几天，他继续在川流巷的办公室工作，到汉普顿宫和格林尼治觐见国王和公爵，向他们汇报公务；像往常一样在城市街道和河岸散步。他劝他的表亲、两对乔伊斯夫妇离开伦敦去布兰普顿，“言辞激烈，费尽口舌”，但他们不愿意放弃自己的店铺；他还听说当文书的老朋友罗宾·肖在瘟疫中丧生了。然而，就在同一天，他宣布自己四天来已经享受到了“巨大的满足、荣誉和快乐，和我所能指望获得、期

待或者想象得到的任何人所能拥有的一样多”。[27]在威尔的帮助下，他理清了自己的账目，补全了会议记录；他不知疲倦地往返于川流巷、德特福德和达格纳姆之间，还抽空去了伍利奇几次，短暂看望伊丽莎白。又一次，他的旺盛精力显得更像神而非凡人。有两次他和卡特里特一家乘渡船过泰晤士河时被潮水拖延；有一个晚上他们不得不靠在狗岛旁，在马车里睡觉，而在七月三十一日结婚当天，他们又一次被耽搁，错过了婚礼。乔治爵士一直保持着“非常轻松、非常宠溺、非常快乐、非常孩子气”的态度，这让他很着迷；务实的卡特里特夫人给了皮普斯一瓶瘟疫水，这是医生们为抵御疾病而配制的许多药水之一。[28]

婚礼的日期和时间全都搞乱了，新郎新娘都没能穿上华丽的礼服， 173
只穿着普通衣服。皮普斯倒是光鲜亮丽，穿着一套崭新的丝绸套装，衣服上缀着金色纽扣，镶嵌着宽大的金色蕾丝花边。他觉得杰迈玛看上去既悲伤又严肃，这一天平静地过去了，吃了午餐，玩了牌，又吃了晚餐，做了祷告，但在这之后，皮普斯愉快地去看望了在房中更衣的新郎，然后他吻了床上的新娘，看着人拉上窗帘。他写道：“这件事低调而庄重，是如此得体，对我来说，比二十倍的欢欣快乐还要更愉快十倍。”在日记里和在写给桑威奇勋爵的信中，他都详细叙述了整个过程所带来的巨大喜悦和满足感，“我们就这样结束了这个月……在我获得了有史以来最大的满足之后”——并补充说，“只是，由于瘟疫，我们遇到了些困难”，仿佛这只是个小小的不便。

他现在被卡特里特家称为“表亲”，在桑威奇勋爵或他儿子都不在家时，皮普斯成了他家的首席男性代表。[29]这是一种人生巅峰。在婚礼前的几天，他的感情被深深地触动了，他甚至感谢上帝安排了这一切：“因为我想但凡一个人能够思考一下，想想这一切都是万能的上帝下令让我获得满足，甚至是眼下的这场婚礼，也是要来让我在生命中找到满足的，这是一件快乐的事，我想它应该使人在世上感到更加满意。”[30]语言和思想都表达得不太清楚，但总体意思是明白无误的：皮普斯对自己的命运感到满意。

尽管瘟疫肆虐，婚还是结了，但这对年轻夫妇并没能共同生活多少年。他们定居在贝德福德郡的霍恩斯，住在一座有鹿园的大别墅里，由乔治·卡特里特爵士为他们购置。他们生了三个儿子，第三个儿子的出生要了杰迈玛的命。她于一六七一年十一月去世，得年二十五岁。菲利普只比她多活了几个月。她死后，他重拾因结婚而放弃的海军旧业，结果在第二年五月，与岳父桑威奇勋爵并肩对荷兰人作战时，他战死疆场。这个故事让人欣慰的部分是乔治爵士和卡特里特夫人搬到霍恩斯照顾他们的孤孙，成功地养大了三个孩子。[31]

174 皮普斯已经养成了辛勤工作、精心计划的习惯，婚礼结束后，他一如既往地如此行事。他把所有文件整理好，重新写了遗嘱，承认自己可能会死于瘟疫。他嚼烟草来抵抗瘟疫，担心做假发的会不会用死难者的头发。七月里有一刻他感到“格外恐惧”，他听说威尔·休尔来上班时头痛，之后离开躺倒在了皮普斯的床上。皮普斯很精明地让手下人把他带出家门，尽管他吩咐他们“不要让他泄气”。[32]威尔的头痛好了。八月初，皮普斯亲自建议海军办公室从伦敦搬到格林尼治，请求考文垂去获取国王的许可，但他主动提出自己“依赖万能的上帝，留在城里”。[33]搬家的命令是在八月十六日下达的，八月二十五日皮普斯对考文垂说了一句豪言壮语：“先生，您已经拿起了剑；我因而也决不吝惜与瘟疫一拼高下”，实际上他说完之后就立即离开了伦敦。[34]然而他有时表现得好像坚不可摧。有一次他被好奇心驱使，毫无必要地去了趟穆尔菲尔德的瘟疫坑，因为他想看那里的一场葬礼。甚至在办公室搬走以后，他仍继续到伦敦去打理他的私人事务，或者去川流巷拿他想要的东西。[35]尽管他知道威斯敏斯特疫情严重，但他还去了那里，直到得知“曾经在大厅门口卖给我们艾尔啤酒的可怜的威尔”死了,“我想他的妻子和孩子们在一天后也全都死了”。[36] 八月底,他穿过城市去拜访一位金匠,说路上的人“走路的样子都像是将要离开人世”——这是日记中为数不多的暗示当时阴森恐怖景象的描述。[37]

当威尔·休尔的父亲和汤姆·爱德华兹的父亲在九月的同一个星期内死于瘟疫时,皮普斯让这些年轻人在格林尼治一直忙于工作,这可能是疗愈他们的最好方法。他对汤姆表现出父亲般的关怀,当其他职员回家吃饭时,他俩在办公室一起吃面包加奶酪当午餐,他还带他去了趟格雷夫森德,回来时乘坐办公室游艇。他认为如果他自己“尽其所能地抛开悲伤的念头,从而让妻子和家人都保持良好的心态”,那么对每个人来说都会更有益。[38] 保持高昂的情绪被认为是防止传染的方法。伊丽莎白告诉他,她担心她父亲病了,他回答说他觉得是瘟疫,因为德·圣 175
米歇尔先生的房子被封闭了。同一天,他还收到了桑威奇勋爵俘获荷兰商船的消息,并与同事和朋友为此庆祝。布龙克尔勋爵和他的情妇威廉斯夫人、约翰·梅内斯爵士、科克船长和约翰·伊夫林,全都处在“狂喜状态”中,互相讲着有趣的故事,“确实差点让我们都笑死了”。笑死比其他的死法好,“在这种情绪下,我们一直坐到晚上十点左右,之后勋爵和他的情妇回家了,我们也上床睡觉——这是我一生中真正最快乐的时刻之一”。[39] 他不能假装自己很担心伊丽莎白的父亲。不管怎样,老圣米歇尔的病好了。

皮普斯知道只要他在城里坚守岗位,他就有权为自己的勇气感到骄傲。他在写给卡特里特夫人的信里说得很清楚,在信中他用一种与日记截然不同的语气列举了自己的一些经历:

我一直待在城里,直到有一个星期之内死了七千四百多人,其中六千多人死于瘟疫,整日整夜除了丧钟几乎听不到别的声音;直

> 到我走在隆巴德街上，从一头走到另一头，都见不到二十个人，在交易所也见不到五十个人；直到整家人（十个、十二个一起）被清理；直到我的医生，伯内特医生，一直努力保护我不受传染……自己却死于瘟疫；直到夜晚（虽然长了很多）变得不够掩埋头天死去的人，因此人们不得不借白天来做这事；直到最后我找不到安全的肉和饮料，各处的屠宰场都受了感染，我的酿酒师傅家被封门了，我的面包师傅和他全家都死于瘟疫。然而，夫人，由于上帝的保佑，以及我新近在侍奉恋人［他指的是最近的婚礼］时产生的好心情，您可怜的仆人身体非常健康。[40]

他又一次表明他良好的精神状态有助于他免受感染。

皮普斯的瘟疫年日记首先叙述了一个人有能力把自己从灾难中抽
176 离，超越恐惧。办公室工作、海战及其后果、杰迈玛·蒙塔古的婚礼、家庭争吵、演奏音乐、性征服以及所有成为他日常生活一部分的个人兴趣和癖好，都比以往任何时候更加详细地记载了下来。瘟疫夹杂在这些事情之间，绝不比它们更重要。每个月都会有意想不到的消息和对内幕的洞悉，有些是政治上的，有些是个人的，都与瘟疫无关，都被详尽细致地记录了下来。例如，在四月为战争筹款的枢密院会议上，当时掌管财政部的南安普顿伯爵问道：“为什么人们不愿意把钱借出去呢？为什么他们不愿意像信任奥利弗一样信任国王？为什么到目前为止我们出了那么多奖金，却毫无用处？”——这些问题在场的人没有一个能够回答。[41]十一月，他经历了水手暴动，他们没有报酬，忍饥挨饿，砸碎了他在格林尼治办公室的窗户，并以更多的暴力行动相威胁。他认为“只有钱和绳子”才能对付他们，但主要是钱。十二月，他抱怨说，两个月来办公室连一个子儿都没收到，没法支付他们的工资。[42]

还有其他轻松的时刻。六月,他不知何故选用了花哨的词汇来描述一次约会,称这位年轻女子为“最美的花儿”“玫瑰”。他带着“最美的花儿”坐马车到托希尔田野里去呼吸新鲜空气,天黑的时候,他们就钻进马车“吃蛋糕,在那儿和我的花儿做了很多安全的事情”。这是他唯一一次尝试使用浪漫语言,完全不同于他通常使用的外国词儿,而且他后来也没再用过;你会疑惑这是否带有他在剑桥写的小说的痕迹。[43]九月,他在萨里郡的尤厄尔附近因公开会,会议在无双宫举行,这是个半荒废的破败花园,他倒颇能欣赏。在这个浪漫的地方,他一边处理财政事务,一边和一个小姑娘聊天,听她唱歌。她的歌声深深打动了他,他决定下次家里需要女仆的时候就雇她;一年多以后,他想起了她,就叫她到家里来干活了。[44]

瘟疫年的另一个插曲是关于皮普斯当文书时的老朋友彼得·卢埃林,他曾于一六六〇年登上“内斯比号”拜访过他。他们曾经通过信,一致认为如果他们有私人收入的话,生活将会得到改善,还在晚上一起喝酒,互相讲故事。他在爱尔兰待了一段时间,但没能发财,一六六三年回 177
到了英格兰,为一个叫爱德华·迪林的木材商工作。迪林想利用他跟皮普斯的友谊,因为皮普斯有权给木材商合同,很快卢埃林就提出一年给皮普斯两百英镑的斡旋费,以及五十块金币来交换即刻能得到的好处。皮普斯解释说他不会被贿赂,但他准备接受对他提供的服务的“认可”。[45]他更正式地重申:“我告诉他,我不会将自由出卖给任何人。如果他愿意假他人之手给我任何东西,我会努力配得上它,但我决不会为此感谢他这个人,也不会承认收到过任何东西……我也告诉他,无论是这件事还是任何事都不应使我做出任何不效忠国王的事。”[46]这是皮普斯关于接受利益相关方礼物的立场的核心声明,一六七〇年,当他在这一点上受到质疑时,他又重提这一立场。

目前他从迪林手中得到一张五十英镑的汇票,“我收到的最好的新年礼物”，卢埃林为他兑现，皮普斯给了他两英镑的劳务费。这件事之后，卢埃林经常来川流巷，吃饭，带伊丽莎白去看戏，甚至引得皮普斯妒火中烧。[47]但卢埃林的目标始终是皮普斯。日记展现了皮普斯玩的道德杂耍，一会儿希望从迪林那儿得到钱，一会儿又抱怨卢埃林想要强迫他收钱。海军办公室搬到格林尼治以后，卢埃林继续去那儿拜访皮普斯，带来了迪林的更多提议，皮普斯接受了二十块金币，“但确实、实实在在地违背了我的意愿”。[48]卢埃林使他感到尴尬，皮普斯认为他是个无足重轻的人，贪图享乐，成事不足。几周后，迪林告诉皮普斯，卢埃林死于圣马丁巷的瘟疫，“这让我很吃惊”。这句话是卢埃林从老朋友那里得到的仅有的墓志铭。皮普斯已经继续前行了。

到了年底，危险减轻了，他不像伊丽莎白那样急着想回到川流巷，她和玛丽·默瑟还有女仆们先回了家，还得专程去一趟格林尼治，催促皮普斯也回去。一六六六年一月，当他终于回来时，看到圣奥拉夫教堂的墓地里坟墓堆得很高，他被吓坏了；在过去的六个月里，有三百多人被埋
178 葬。二月下了场雪，积雪覆盖在坟墓上，看起来没那么可怕了，但他和当地的一个商人商量过要在上面撒石灰。他们的牧师米尔斯先生也在二月悄悄地回到了他的教区——第一个跑掉，最后一个回来，皮普斯这样嘲笑他——并做了一场布道，将瘟疫归咎于国家的罪恶，威尔·休尔将其速记下来。[49]每个人都紧张地关注着疫情数据，还有人死去，人们担心天气变暖后，疫情可能会加剧。“如果瘟疫再持续一年，天晓得我们会怎样。”皮普斯写道。[50]一六六六年，又有两千名伦敦人死去；剧场直到十一月才重新开张，在此之前没有举行庆祝瘟疫结束的公共感恩活动。我们知道的最后一例疫病记录是在一六七九年，在罗瑟海特。但无论皮普斯还是其他任何人都不可能知道瘟疫正在露最后一面，永远不会再回英格兰。[51]

注释

［1］ 关于罗伯特·皮普斯的死，见《日记》，1661 年 7 月 6 日。

［2］ 这个故事见于《日记》，1662 年 10 月 3 日、22 日。

［3］《日记》，1662 年 10 月 27 日。

［4］《日记》，1668 年 1 月 21 日。

［5］《日记》，1667 年 5 月 16 日、19 日。

［6］《日记》，1663 年 10 月 19 日。

［7］《日记》，1660 年 3 月 20 日。

［8］《日记》，1662 年 10 月 11 日。

［9］《日记》，1663 年 9 月 14 日。

［10］《日记》，1667 年 3 月 25 日、27 日。

［11］《日记》，1667 年 6 月 29 日。

［12］ 汤姆·皮普斯致帕尔·皮普斯的信，1664 年 1 月 16 日。见《塞缪尔·皮普斯与其家庭圈书信集》，页 6。

［13］ 关于巴滕的文书的病，见《日记》，1667 年 7 月 14 日。

［14］《日记》，1664 年 3 月 15 日。

［15］《日记》，1664 年 3 月 18 日。

［16］《日记》，1664 年 4 月 6 日，5 月 4 日、20 日、27 日，8 月 25 日。

［17］《日记》，1662 年 4 月 23 日。这一点是克里斯托弗·莫里斯（Christopher Morris）在对一六六五年瘟疫为何是英国最后一次大规模爆发的精彩探讨中提出的，收录于莱瑟姆和马修斯版《日记》的《指南》卷。他表示那些易受感染的人可能实际上已经死光了，剩下的人都具有天然的免疫力。他还提出有些人比别人更容易招跳蚤，这一点很多人都注意到了。

［18］《日记》，1664 年 8 月 1 日，9 月 8 日。

［19］《日记》，1664 年 12 月 31 日。

［20］《日记》，1665 年 1 月 31 日。

［21］ 皮普斯太太于五月十日到来，多次和伊丽莎白一起外出，并与皮普斯一起在河上游览，她在六月二十二日“想多待一阵”，就在前一天他看到马车上挤满了人，从克里普门出发离开。和她儿子一样，她显然更喜欢城市生活，而不是乡村，甚至不惜冒着瘟疫的危险。这是她最后一次来伦敦。

［22］《日记》,1665 年 2 月 15 日。他见到了罗伯特·胡克,对他印象深刻;他刚买了他的《显微图谱》。

［23］《日记》,1665 年 9 月 24 日、30 日。

［24］《日记》,1665 年 7 月 9 日、23 日。

［25］《日记》,1665 年 7 月 12 日。

［26］《日记》,1665 年 7 月 14 日。

［27］《日记》,1665 年 7 月 26 日。

［28］这可能是医学院(College of Physicians)研制的瘟疫药水之一,是植物汁液的蒸馏物——直立委陵菜、白芷、牡丹、鼠尾草、海绿花、飞蓬、金盏花、杜松都被纳撒尼尔·霍奇斯(Nathaniel Hodges)在其《瘟疫纪事》(*Loimologia*,1667)中提到,一七二〇年由 J. 昆西(J. Quincy)翻译,页 170–215。霍奇斯认为萨克葡萄酒有益,烟草没用,佩戴护身符纯粹是心理作用。像皮普斯一样,他认为保持愉快的心情很重要:“恐惧或悲伤……为感染扫平障碍。”(页 62)他把它称为“穷人的瘟疫”,富人因离开伦敦而幸免于难。

［29］《日记》,1665 年 7 月 31 日。

［30］《日记》,1665 年 7 月 26 日。

［31］见 G. R. 巴莱恩,《一切为了国王:乔治·卡特里特爵士生平故事》,页 162 及家谱。

［32］《日记》,1665 年 7 月 29 日。

［33］皮普斯致威廉·考文垂的信,1665 年 8 月 5 日。见《塞缪尔·皮普斯的其他通信,1662–1679 年》,页 49。

［34］皮普斯致威廉·考文垂的信,1665 年 8 月 25 日。见《塞缪尔·皮普斯的其他通信,1662–1679 年》,页 53。

［35］《日记》,1665 年 8 月 30 日,10 月 9 日。

［36］《日记》,1665 年 8 月 8 日。

［37］《日记》,1665 年 8 月 28 日。

［38］《日记》,1666 年 9 月 14 日、15 日、17 日。

［39］《日记》,1665 年 9 月 10 日。

［40］皮普斯致卡特里特夫人的信,1665 年 9 月 4 日。见《塞缪尔·皮普斯书信及第二部日记》,页 25。

［41］《日记》,1665 年 4 月 12 日。

［42］《日记》,1665 年 11 月 4 日;皮普斯致彼得 · 佩特的信,1665 年 12 月 2 日,见《塞缪尔 · 皮普斯书信及第二部日记》,页 82。

［43］《日记》,1665 年 6 月 1 日。

［44］《日记》,1665 年 9 月 21 日,1666 年 10 月 12 日。接替玛丽 · 默瑟的女孩是巴克,她虽然唱得很好,却不喜欢和皮普斯夫妇一起生活,因此他们解雇了她。

［45］《日记》,1663 年 12 月 12 日。

［46］《日记》,1663 年 12 月 29 日。

［47］这张五十英镑的汇票是一六六四年一月一日给的。一六六四年三月八日,卢埃林带伊丽莎白去看戏,这段时间和一六六五年,他多次与皮普斯夫妇一起吃饭。例如,一六六五年二月十七日,皮普斯回到家,发现卢埃林和伊丽莎白在一起,这引起了他的妒忌。

［48］《日记》,1665 年 9 月 30 日。

［49］《日记》,1666 年 2 月 4 日,以及莱瑟姆的脚注。

［50］《日记》,1666 年 1 月 13 日。

［51］一六六五年丹尼尔 · 笛福只有五六岁,当一七二二年他发表《瘟疫年纪事》时,意在以史为镜,借鉴未来。

第十二章 战 争

179 日记写作的两年半里——从一六六五年五月到一六六七年八月——英国都处于战争状态，但是在阅读日记时，很容易忘记这一点。由于这些年也发生了瘟疫和伦敦大火，战争有时会被国内的大灾难以及皮普斯的个人关注点和冒险经历抢了风头。这几年他在许多方面都忙得不可开交，他的叙述每天都越来越充实，篇幅越来越长：一六六七年的日记写得最厚。但他从来没有经历过战斗，他的书页没有表现出英雄主义，几乎没有暴力。他从后台观察战争。其中有困惑、嫉妒、诽谤和贪婪；有人被问责，有人忠诚动摇；有欢喜——有时为时过早——还有恐慌和沮丧。好几次从远处传来枪声，而更近处的动荡不安则来自因欠饷而暴乱的水手和被压迫者哭泣的妻子。他的工作一直是供应和维持作战兵力，而他的许多同僚在夏季的几个月里都在海上，当时预计舰队会打起来。桑威奇、考文垂、佩恩、约克公爵都在一六六五年的春天出了海。还有蒙克，现在是阿尔比马尔公爵、鲁珀特王子以及各式各样的人，有克伦威尔时代的冷静坚毅的老船长如劳森，也有漫不经心的年轻绅士，他们倾向于把战争看成一场光荣的游戏，却惊讶地发现自己身上溅满了鲜血和脑浆。

第二次英荷战争和克伦威尔时期的第一次一样，是一场商业冲突。

皮普斯早在一六六二年就预见到此事,并为此担忧。[1]战争是要确保英国在与波罗的海、东印度群岛和西印度群岛以及非洲海岸的贸易中占据优势。国王和约克公爵,以及桑威奇和皮普斯的同事波维都是奴隶贸易的投资者;皇家学会也于一六七六年和十七世纪九十年代分别将部分资金投资于非洲公司股票。[2]没有人反对抓人、卖人,直到一六七一年贵格会教徒开始反对,后来阿芙拉·贝恩在一六八八年发表了她的反奴隶贸易小说《奥鲁诺可》,但两者都未能影响奴隶贸易。我们已经知道一六 180
六二年桑威奇勋爵把"一个小土耳其人和一个黑人"作为礼物送给家人,而皮普斯本人在七八十年代拥有并出售了两名奴隶。[3]公爵是皇家非洲公司的主席,该公司认为向西印度制糖业和烟草业供应奴隶的业务受到了荷兰人的威胁。其他贸易路线同样重要,也同样有争议。国王认为战争会受到英国商人阶级的欢迎,他是对的。议会也赞成战争,投票同意拨出二百五十万英镑用作战争开销。

战斗几乎完全是在海上进行的,有几场大规模的对阵战,双方舰队在被称为浮动屠宰场的舰船上互相对峙,轰炸。[4]除了枪,其他武器有像鱼雷一样发射的火攻船,虽然不稳定,但往往是致命的。在英国这一方,许多人被强征入伍,意思是他们被赶到一起,不情不愿地被迫服役。荷兰人从不施压——他们无须如此——在这场战争中,有英国人和苏格兰人更愿意替荷兰人打仗,其中有政治原因,也因为他们知道这样更有可能得到报酬。英国水兵们得到的是被称为"票券"的代金券,而不是钱;这一制度很糟糕,因为正常的兑现经常被拖延,而急需现款的人于是低价出售他们的票券。一六六七年荷兰人突袭梅德韦时,皮普斯被告知在袭击者中听到了英国人的声音,高喊他们现在是在为钱打仗,而不是为票。他的内嫂埃丝特·圣米歇尔告诉他,她听到水手和士兵都非常肯定地说,他们宁愿为荷兰人服务,也不愿为国王效劳,"因为他们应该派上更好的用场"。[5]

支付军饷、供给和维持海军的工作重重地落在了皮普斯肩上。他积极投入，在给考文垂的一封信中自我表扬道："即便给我每年一万英镑的报酬，我也不会比现在更全心全意、夙兴夜寐地履行职责了……这六个月以来，除了星期天，我都没听过音乐。"[6] 这是在一六六五年五月，第一次战役之前。他因缺钱和船厂效率低下而工作受阻，他自己承认，他的办公室应该为舰队缺衣少食承担一些责任。[7] 考文垂在"皇家查理
181 号"上，写信要求为水手提供衬衫，他措辞轻松，却主旨严肃："我要买的这些衬衫里没有任何一件是给我自己穿的，但我很关心他们，我认为他们的健康取决于他们的衣服，水手很难找，如果失去他们我会很难过。"[8] 他还抱怨基本供给不足："很多舰船供给短缺，有的船上已经在喝白水了，有些船面临着既缺啤酒又缺水的危险。"[9] 不那么文雅的抱怨来自鲁珀特王子，他指责海军专员"令人无法容忍地玩忽职守"。[10]

无论供给是否充足，英国人都在六月三日的洛斯托夫特战役中击败了荷兰人。所有的伦敦人都出来，到公园、河边去听枪声。[11] 皮普斯的老上司乔治·唐宁，驻海牙的公使，也听到了"持续可怕的轰隆声，从周六大约凌晨两点一直到夜里十一二点"。当英国胜利的消息传来时，他小心翼翼地用石头和一桶桶的土在房子的楼梯顶上筑起了防御工事，担心有人会因为死了五千个荷兰人而报复他。[12] 考文垂早就断定，一次胜利对英国人没有益处，因为荷兰人还会再出兵，他是对的。无论如何，这是一个非常局部的胜利，因为约克公爵险些被一枚炮弹打中，他当时站在甲板上，炮弹打飞了他身旁朋友的头，出于对他安全的担心，对荷兰人的追击被取消了。这不是他的决定，是在他睡觉的时候做出的，但皇家海军上将已经被证明是个累赘。尽管如此，当胜利的消息五天后传到伦敦时，皮普斯在门口点了一堆篝火，并给当地的孩子们发了钱。当晒得黝黑的军官们回到伦敦时，考文垂被封为爵士，并进了枢密院。桑威奇抗议说他在战争中的贡献没有得到认可，并告诉皮普斯说他认为考文垂

应该对战争的官方账目问题负责。

桑威奇的下一次胜利带来的后果让人更不愉快。他再次出海——这次就是他让皮普斯负责女儿婚礼的时候——捕获了两艘荷兰东印度人(Dutch East Indiamen)商船,船上的货物价值数十万英镑。消息于九月传到皮普斯耳朵里,使他"欣喜若狂"——既为桑威奇勋爵和国家,也为他自己,因为他相信自己有望分一杯羹。[13]战利品的分配由几个特别 182
专员决定。官方规定大部分战利品总是要归国家的,还有一部分会分给夺取战利品的官员。但这样的安排并不能落实,在伊丽莎白女王时代,军官们有时会瓜分几乎所有的货物;到了下一个世纪,情况得到了更好的控制,即使是在共和国时期,财物有时也会不翼而飞,桑威奇在一六五六年带着战利品满载而归时就是如此。也许是对那次遭遇记忆犹新,他现在召集了一个军官委员会来权衡处置,大多数人同意在得到批准之前就开始在他们之间分配部分钱财。这叫"开舱卸货"。桑威奇可能认为,与其让钱财被别人抢走,还不如自己先动手。他还相信如果提出要求,国王会予以正式批准。这是一个傲慢的假设,四名军官拒绝参加分配。桑威奇在他的职业生涯中树敌颇多,他既令人嫉妒又不被信任。

他告诉皮普斯自己拿走了三千英镑的货物,并给他提供了另外再买价值五千英镑货物的机会。皮普斯和一位朋友乔治·科克船长合伙,他以前是个老保王党人,现在是个商人、海军承包商,他俩准备把一车车的货物运到海军处送信人约翰·图克在格林尼治为他们找到的储藏室里。就在这时,他开始写第二部日记,记录他的战利品交易,就好像他觉得必须把自己生命中的这一部分剥离出去。[14]桑威奇写信授权他"从两艘东印度人商船战利品中把几包烈酒、丝绸和其他物品"搬走,但在货物被搬移的时候,皮普斯开始心生疑虑。[15]桑威奇受到各方谴责:他自己的一些旗舰舰长宣布反对,克里斯托弗·明格斯爵士抱怨说他一直在"伯爵的船舱门口等了三四个小时……最后被拒绝入内”——这是皮普斯写的。[16]阿尔比马尔谈到了“侵吞财物”，他和卡特里特写信给桑威奇，建议他谨慎行事。考文垂也写信了，十月三日他冷静地要求桑威奇提供一份战利品清单，“并标明其品质……这也许对满足国民的需求有一定用处，证明他们的钱没有白白扔掉”。[17]桑威奇现在把他当成敌人，来自
183 敌人的警告腔调并不能阻止他。十月十四日他又写信给皮普斯，向他保证国王已经确认了他对所拿之物的权利，“这样你就可以放心大胆地占有它们了；如果有人查获并要扣押它们，那么就以我的名义将这些财物押回并答复他们。正大光明地去做，这事儿并不卑贱，也没有什么可丢人的，只是要行事周详些，好让我知道是谁冒犯了我的尊严”。[18]

桑威奇建议“正大光明地去做”是为了鼓励皮普斯。但没能如愿，因为皮普斯还有其他打算，成功与否则取决于考文垂和阿尔比马尔是否愿意帮忙。十月十九日，他请求考文垂支持他担任他为自己设想出来的新职位，即整个海军后勤总管；同一天，他向阿尔比马尔提出申请让巴蒂担任他的警卫。阿尔比马尔同意了，当考文垂就皮普斯负责后勤工作询问他的意见时，他也同意了。[19]皮普斯写信感谢约克公爵批准他担任这份工作，并给阿尔比马尔寄去了一份名单，列出了他希望能被任命为助手的人。他正在建立自己的恩庇和影响网络。

与此同时，他试图让两个敌对的赞助人，桑威奇和考文垂，重归于好。但桑威奇既傲慢又委屈，告诉他和解是不可能的，并指责考文垂在战利品上挑事儿。皮普斯见状不再坚持。“于是我就此罢休，”他平淡地写道，十一月十三日，他把自己的股份卖给了科克，不再进一步参与战利品的买卖，并在第二部日记的结尾写下了这样一句话：“以科克船长结束这一切。”[20]三天后，他和其他专员一起参观了一艘战利品船。他进了船舱，被眼前的景象惊呆了，“凡人能见到的世上最大的财富乱七八糟地摆在眼前。胡椒撒在每个缝隙里，你的脚就踩在上面；我走在丁

香和肉豆蔻里，它们没过膝盖，堆满了好几间房。一捆捆的丝绸，一箱箱的铜板，我看到其中一箱被打开了……这是我一生中见过的最壮观的景象”。这是一个伟大的时刻，向我们展示了这艘大商船的内部，满载着香料，在脚下嘎吱作响；也是一个象征性的场景，因为他现在以官方身份检查商业财富和战利品。这其中也颇具反讽意味，因为他只是刚刚才退出了被一些人认为是谋取私利的掠夺。

这并不是唯一的讽刺。参观完战利品船后不久，他对查塔姆的佩特 184
专员说：“现在差两天就两个月了，这个部门已经没拿到过一分钱来办任何业务，无论大小，尽管兑换票券能救人命。我们怀着微茫的希望，希望不久之后可以做到。”[21]当东印度人商船的财富在战利品船上堆积如山时，没有获得报酬的水手们在他的办公室外闹事，打碎窗户，咒骂里面的人，殴打可怜的送信人，袭击巴滕，威胁说还会回来把整个地方夷为平地。“少顷他们会把我做成什么肉，下封信里你会得知。”皮普斯给考文垂的信中写道。[22]但是皮普斯毫发未损，十二月四日，他正式被任命为后勤总管。这给了他另一份薪水——他现在有三份薪水了——以及更多从中牟利的机会。到了年底，他记录下个人财富的最大增长。

如果国王不迅速任命桑威奇为驻西班牙大使从而使其被豁免，他将受到弹劾。皮普斯极其伪善地在年终总结中写道：“今年最大的不幸，也是唯一的一个，就是我的桑威奇勋爵的倒台，我相信，他在战利品上犯的错误破坏了他在宫廷的势力……的确，他对战利品的不当处理是不可原谅的。”他的迅速判断让自己没有被牵连进桑威奇的错误之中，甚至改善了他在当权者中的地位。桑威奇倒下的时候，他站了起来，伯爵大人的名誉蒙上了阴影：“我所受到的公开侮辱和损害都没法跟你表达，”桑威奇写道。[23]他不得不寻求官方赦免，虽然获得了赦免，但在他前往西班牙之前的一次枢密院会议上，他受到了冷遇，甚至都没有为他设座。皮普斯把凳子让给老主人，但那天晚上他向考文垂卑躬屈膝，“希望他做最后一次友善的举动，把我犯的错误告诉我”。[24]几个月后，当皮普斯在枢密院会议上与鲁珀特王子发生冲突时，他仍担心自己被认为是“桑威奇勋爵的人”。他没打算与桑威奇保持联系，一六六七年九月，他发现自从桑威奇去西班牙后，他连一封信也没有给桑威奇写过。[25]

185 桑威奇赴任西班牙大使之前，法国成为荷兰的同盟加入了战争。一六六六年六月，这次由阿尔比马尔和鲁珀特指挥，英国人打了一场超长的战斗，被称为“四日大战”，此役他们损失了二十艘舰船和六千人，荷兰人摇身一变成了胜利者。皮普斯又听到了枪声，这次是从格林尼治传来的，当时他正在监督两百名士兵登船去增援海战。他看到他们中的大多数人在被运走时都喝得醉醺醺的。第二天是圣灵降临节，他从教堂回来后和贝蒂·马丁一起庆祝（“做了他想对她做的，正面和背后都做了，”他自吹自擂道）。在这之后，他听到了第一个消息，说海上的情况很糟，他和克里德都松了一口气，至少桑威奇不再卷入其中。

星期一川流巷来了个访客，“黑得像烟囱一样，浑身是污垢、沥青、焦油和粉末，身上裹着脏布，右眼被填絮堵住”。他是“皇家查理号”的丹尼尔上尉。他和一群受伤的人一起在哈里奇上了岸，身上沾满了战争的污秽，受伤的眼睛也没有包扎，就这样和一个朋友骑马来到伦敦。皮普斯认识丹尼尔，因为他在格林尼治时曾住在他岳母家。他很欣赏这种戏剧性的场面，把两个人都带到考文垂家，然后急忙走进公园去找国王，国王也被皮普斯的激动感染，让他立刻把这些人带来；丹尼尔站在公园里，讲述了到目前为止的战斗情况：“今天我们听到他们在打仗，但战争的结果如何，我们不知道。”查理以民间传说中国王的姿态，翻遍了各式口袋，翻出二十几块金币给这些人，并下令找外科医生给他们诊治。[26]

六月六日又传来了一个貌似不错的消息，人们点燃篝火庆祝胜利；但第二天早上有相反的报道说英国人惨遭失败。皮普斯陷入了沮丧之中。他为了让自己振作起来，让“小图克太太”——他的公务信使的女儿或侄女——整个下午都待在他的房间里，并趁着家人外出去伍利奇观看一艘新船下水时，“做了我想对她做的事”。那天晚上，他又听到些可怕的战争描述，之后他坐下来给桑威奇夫人写信，告诉她最新的坏消息。她留在欣庆布鲁克，他保持着和她的通信往来。[27]

这场战斗的另一个后果是在白教堂举行了明格斯上将的葬礼。他 186
战死疆场却未获殊荣。在白教堂举行的朴素仪式上，考文垂是唯一一个“有身份的人”，皮普斯也出席了葬礼。明格斯只比他大八岁，他是共和国的另一个坚定的拥护者，从小就出海，二十岁就当上了舰长；他享年四十一岁，脸上中弹而亡。葬礼结束后，一群水手走到考文垂的马车跟前，眼含热泪，对他说，他们想驾驶火攻船冲向敌人，为他们的指挥官报仇。“我们这里有十几个人，早就与我们死去的指挥官克里斯托弗·明格斯爵士相识，爱戴他，为他服务，现在已经为他做了最后一件事，把他埋葬。我们很高兴我们还有别的东西可以献给他，为他报仇——我们只有自己的生命。如果您愿意请求殿下给我们一艘火攻船，我们有十几个人……我们将让世人看到我们对死去的指挥官的纪念和我们的复仇。”[28]这是出于忠诚和无私的爱而表现出的最伟大的勇敢姿态，来自一个价值观与国王圈子里流行的价值观相去甚远的世界。按皮普斯的说法，明格斯是个鞋匠的儿子，靠自己的努力“光耀门楣”，但“还没来得及积累任何财富”；他一定也知道，明格斯是九个月前拒绝从桑威奇的战利品船上分赃的四名军官之一。现在人死了，明格斯会在“几个月后完全被遗忘，就好像他从来没有存在过一样，他的名声也不会因此变得更好”——皮普斯这样预测。他钦佩明格斯，但他可能同时也在考虑自己的未来。他有时间积累财富吗？他死后几个月也会被彻底遗忘、身名俱灭吗？[29]

葬礼在一个昼长夜短的夏日傍晚举行，长时间的日晒点燃了皮普斯的额外能量。他先是在白厅与约克公爵开了一次委员会会议，是个被取消了的丹吉尔委员会会议，他和巴蒂一起去了趟财务署，然后带着巴蒂去了画家海尔斯的画室，他当时正在为皮普斯的父亲画像；之后他买了两只龙虾，又把龙虾弄丢了，落在要回家吃饭时雇的马车里，巴蒂始终和
187 他在一起。然后他出门去巴塞洛缪巷的间接税务局开会，在交易所后面；他从那里出发去白教堂参加了葬礼。

对许多人来说，这一天已经够累人了，但皮普斯还没有停下来。他趁黄昏来到德特福德，十点左右天一黑，他就出现在巴格韦尔太太家，“进了她家，做我想做的事”。然后她告诉他，她的仆人刚刚死于瘟疫；虽然她已经给楼下的墙壁刷了石灰水消毒，但他还是极其想要离开。他买了一品脱萨克葡萄酒（sack），招呼船夫过来，在他向上游划船的时候坐着喝酒。行程结束时他把剩下的萨克葡萄酒给了船夫。最后，快到半夜了，他在回家的最后一段路上去了一个渔夫家，花三先令买了三条鳗鱼。这一天的活动令人印象深刻，第二天，第三天，也几乎一样忙碌。在夏天的这几个月里，他还记录了他做的其他事情，其中有他用他得来的望远镜观察木星及其卫星；作曲，吹拉弹唱；与皇家学会的同事就牙齿、光学和声音的性质进行科学对话；定做了一些玻璃前门的特制书架，因为，他写道，他的书“越来越多，一本摞一本地放在我的椅子上”。他帮着设计了书架，由海军细木工制作，这是英国已知的第一个特制书架，至今仍在使用。[30]

荷兰人为庆祝胜利，在海牙的一个糖柜里展示了一具经过防腐处理的英国阵亡指挥官的尸体，并让一名被活捉的军官在街上游行。[31]那年夏天又进行了两次交战，双方的力量再次趋向平衡。七月二十五日，圣詹姆斯节，阿尔比马尔和鲁珀特又和他们打了一仗。枪声又响了起来，皮普斯和国王、公爵一起来到白厅的屋顶上听枪声；然后他午餐吃了王室餐桌上的剩饭，在回家的路上去了两个相好的女人那里，又出门看了看他打算买的耶稣受难像版画和一些他感兴趣的光学仪器。又是没有

确切消息的四天，接着消息来了，又是打败了荷兰人，但只取得了局部胜利。皮普斯的结论是“没有值得炫耀的大不了的事，天知道”。尽管如此，他还是在八月举行公共感恩祈祷的这天庆祝胜利，他燃放烟火，还参 188
加了日记中记载的最疯狂的派对。他们喝酒，用燃放过的烟火把脸涂黑，跳舞，变装。皮普斯终于有机会成为姑娘，许多年前在杜尔丹斯时就打算这样做。他和另外两个男人换上女装，默瑟变成了男孩，穿着从汤姆那里借来的一套衣服，表演了吉格舞，佩格·佩恩的父亲远赴沙场，她则和伊丽莎白戴上了佩鲁基假发。凌晨三点以后人们才去睡觉。与此同时，在荷兰，所向无敌的罗伯特·霍姆斯爵士趁荷兰东印度舰队停泊时，用火攻船摧毁了许多舰船，随后又派了一支部队在斯海灵登陆，在那里烧杀抢掠，把这个有百姓居住的小镇夷为平地。[32]

一六六六年的秋天，伦敦大火前后，鲁珀特和阿尔比马尔抱怨说他们的舰队供应不足，其措辞“清楚，尖锐，带有威胁”。皮普斯忧心忡忡，考文垂怨恨不已，大家对账目和物资短缺问题进行了许多讨论，海军处警告说，如果没有更多的资金投入，他们就无法让人执行命令，无法为舰船配备基本供给并派船出海。十月十九日召开的一次重要会议致使考文垂告诉公爵，他宁愿放弃委任，也不愿继续在“一个他不能为国王效劳的糟糕地方”服务，皮普斯支持他；公爵答应把这个消息转达给国王。[33]但国王仍然无动于衷。皮普斯记录了在一次枢密院会议上，他陈述了丹吉尔的事务之后，国王坐在那里“像尊塑像”，“一句话也说不出来”。[34]

十一月，皮普斯写信给公爵，提醒他可能会出现“迫在眉睫的彻底失败”：海军没办法修理船只，水手们没有报酬，军官们被迫把时间浪费在施压上，造船厂的工人们快要饿死，“走起路来像鬼一样”。[35]约翰·伊夫林是个彻头彻尾的保王党人，连他都对国王不理国政感到痛心。世代从商的胡布隆家族预言，如果事态发展下去，贸易将面临灾难。到了年底，皮普斯把宫廷描述为“悲哀、邪恶、玩忽职守”。[36]新的一年向国王发出了一长串警告，以及来自臣民的尖锐抱怨。三月，皮普斯在查理面前发表演讲，再次告诉他如果不能为海军提供资金将导致灾难。四月，
189 皮普斯记录下考文垂再次威胁要“放弃国王的事务，任其自生自灭”。[37]五月，卡特里特告诉皮普斯，除非国王“专心政务”，否则他担心国家会毁灭；六月，伊夫林说国王的行为很可能会使王国的声誉扫地，并大胆地将他与克伦威尔作比——“在他之前的一个造反者为国家获取并保持了如此多的荣誉”。[38]

这些抱怨出现在一六六七年六月荷兰突袭梅德韦之前，这次突袭证实了海军处的观点，给这个国家带来了六个世纪以来最丢人现眼的耻辱。恐惧向伦敦袭来，随着荷兰人沿着梅德韦河航行，摧毁了希尔内斯的要塞，打掉了拦河防御链，烧毁了包括“皇家詹姆斯号”在内的几艘重要舰船，打跑了“皇家查理号”。皮普斯六月份的日记一定对一名高级公务员在国家危机时刻的行为，作出了有史以来最坦诚的描述。六月九日，星期日，荷兰人登陆坎维岛，肯特出动了民兵，他去见了考文垂，急切地希望全世界都能看到他俩关系有多好；嘲笑“年轻的赫克托尔们”出发去哈里奇阻击荷兰人，猜测他们会诱奸乡下妇女；和克里德去教堂，因布道太枯燥而中途离开，在家里和妻子、父亲吃午饭；回到白厅，去教堂里欣赏了贝蒂·米歇尔之后，拜访了贝蒂·马丁，并对她“做了想做的事”；独自一人乘船去巴恩埃尔姆，带着本书；最后回到川流巷，找到了派遣火攻船的许可证，佩恩和巴滕也从他们的乡间别墅回来了。星期一，有消息说荷兰人现在到了诺尔，他派人去德特福德干活，然后去了格林尼治、伍利奇和格雷夫森德，他在那儿听到了荷兰人的枪声，嘲笑了刚刚“和许多无所事事的贵族老爷和绅士”一起到来的阿尔比马尔，“他们配着手枪，说着蠢话”。事实上阿尔比马尔现在已经六十多岁了，正要去前线打仗。皮普斯乘船回家，路过很多船，满载着格雷夫森德城受

惊扰的市民的货物。

伊夫林周二记录下“乡村和城市”出现了普遍恐慌，所有人都在逃跑，“谁也不知道为什么跑，也不知道往哪儿跑”。[39]负责守卫查塔姆的佩特给海军处捎了个信，报告希尔内斯失守并请求增援；皮普斯形容他“处在非常可怕的战乱中”。[40]布龙克尔和梅内斯出发去支援他，而皮普 190
斯先是去德特福德派遣火攻船，然后确保了他的工资按时足额支付，接着自得其乐地在街上跟踪了一会儿默瑟，最后又去处理火攻船的问题。到了晚上，他听说伦敦城民兵队正在准备战斗，人们太害怕荷兰人会进攻伦敦了。

六月十二日，当皮普斯得知荷兰人打破了梅德韦河的跨河防御链，并击败了“皇家查理号”时，他首先想到的是他必须竭尽全力确保个人存款的安全。接下来他想到海军处很可能会成为替罪羊；但需要立即采取行动保住钱财。他让伊丽莎白和他父亲带着一千三百英镑的金币去了布兰普顿，理查德·吉布森带着更多钱跟随其后，借口是他要去北方传递官方消息。他为自己设计了一条腰带，可以再带上三百英镑的金币，他派人去把一个穷亲戚请来，把日记和一些文件托付给她，然后把更值钱的餐具分给其他亲戚保管。[41]水手们的妻子围着办公室大喊：“这是因为你们不给我们的丈夫发工资。”还有舆论说这个国家正在被天主教徒买卖和统治；汤姆·海特信以为真，甚至告诉皮普斯说他和其他不遵从国教者一样，正考虑搬到汉堡去。伊丽莎白的父母的确已经离开伦敦去了巴黎。[42]大法官克拉伦登位于皮卡迪利的新家前立起了一个绞刑架：他曾反对战争，但他将成为战争的替罪羊之一。事实上，荷兰人井然有序地撤退了，六月十六日，他们在本国举行了感恩祈祷来庆祝胜利。

在几乎任何其他国家，皮普斯想，他现在可能已经被割断了喉咙。[43]即使在英国，也要做好准备应对麻烦，他开始准备为自己的工作辩护，把与约克公爵的往来书信收集起来。当有消息说佩特专员已经被带到伦敦塔时，他又提心吊胆起来。六月十九日，他在委员会会议上加入了对佩特的攻击，“上帝为此原谅我吧，因为我并不想伤害他”，第二天他听到有传言说他也进了伦敦塔。皇家学会秘书亨利·奥尔登伯格因与一位法国科学家通信而被囚禁在塔里。卡特里特辞去了海军司库
191 的职务。伊丽莎白还不在家，皮普斯开始偷偷地出轨，和他的厨娘内尔，和佩恩家的女仆南，又一次趁佩格·佩恩独自一人时得手；在办公室里，他抚摸丹尼尔太太怀孕的肚子。这个月的最后一天，他和克里德在黎明前出发前往罗切斯特和查塔姆，乘驳船参观了战场，看到了他们自己的船只残骸和水边的几具尸体。皮普斯评论了荷兰人既不杀戮平民也不掠夺财物的高尚行为。

皮普斯对自己身处战争边缘的描述毫无英雄气概，就像莎士比亚笔下的福斯塔夫和他的同伴，或是像他描写的希腊人和特洛伊人一样，有时他比福斯塔夫或者忒耳塞提斯更像个小丑，更加无赖。碰巧的是，还有另一个不同版本的战争中的皮普斯，也是由他编撰的，他在其中扮演了一个无可指摘的勤奋工作者的形象。他在《海军白皮书》中展示了他的这张官方面孔，其中列出了他在哪些方面为战争做了准备，做了什么样的准备，占了好几页篇幅，专门介绍木材、制帆、沥青、柏油、绳索、承包商价格、海员招募和食品供应问题、处理船厂效率低下和腐败的努力、与同僚的交流和争吵。[44]他此时以令人印象深刻的行政长官的形象出现，有充分的理由为自己的所作所为感到骄傲，而《海军白皮书》则是这一记录的重要而严肃的一部分。但没人称其为天才之作，和日记恰恰相反。

一个原因是皮普斯发现自己很有趣，他不想错过任何东西。他的自画像，毫无粉饰，足以吸引我们，使我们不加批判地生活在他的身体里。每天迅速处理那么多事情，和那么多人打交道，他的充沛精力消除了指

责，让人意外地很难对他表示反对。有时停一会儿，发几句誓，意在约束一下自己的行为，他说：“我如此热爱享乐，甚至我的灵魂都因我爱享乐的虚荣心而自责。”我想，他的意思是立下超过自己真实道德水平的誓言，是一种道德上的虚荣，而在灵魂深处他认为最好保持他那真实的、追求享乐的自我。[45]在日记中他不止一次说，应该趁着还能享受的时候去享受尘世生活，因为总有一天你将无福消受。[46]他的真实自我总是被眼
前的事物吸引，所以对美化自己在保卫国家中的作用毫不在意，他更感 192
兴趣的是传达这个世界的肌理、性质，他身处其间，不断遇到令人兴奋的新人，听着、做着令人惊讶的事情。

与荷兰人缔结的和平条约于七月底在布雷达签署，八月底正式批准，这让英国人感到不快和羞耻。就在同一周，《失乐园》以每本三先令的价格发售；皮普斯既没有提到也没有购买这本书，这是日记中为数不多的令人失望的地方。[47]但他确实读过弥尔顿的朋友、诗人同行安德鲁·马维尔的作品《对画家描绘我们的海军事业的指导》，这首诗于九月出版，是关于战争的讽刺诗。马维尔拿佩特委员作替罪羊，后者仍然面临着弹劾的危险：

此役失利，为了安抚人心，
有人必须受到惩罚。
我们所有的失败必须落在**佩特**身上：
光是他的名字就似乎适合回答所有问题。
这场疯狂的战争是谁首先提出的？
谁把海军所有的舰队出卖？**佩特**……
谁在欠薪上骗了我们所有的船员，
又是谁侵吞了我们所有的战利品？**佩特**。

谁建议海军不要出海，
又是谁让堡垒不设防备？**佩特**。
谁忘了供应火药
给朗加德、希尔内斯、格雷夫森德和厄普诺？**佩特**。
谁让我们所有的舰船都暴露在查塔姆的网中？
除了那个**狂热的佩特**，还能是谁呢？
佩特，海洋建筑师，造了船
却成为所有这些海军灾难的首要原因：
如果他没有建造，这些错误就都不会出现；
如果没有创世，就不会有罪孽。
但他最大的罪过，是打发走了一艘船，
使我们失去了舰队，阻碍了我们撤退。[48]

193 果然，对佩特的弹劾被推迟到二月，之后再也没有启动。可以说他除了永远活在马维尔锋芒毕露的诗行中以外，渐渐变得无人知晓。皮普斯说“读它让我心痛，它太犀利太真实了”。[49]

大法官克拉伦登成功地成了替罪羊，因为议会不信任他、人民不欢迎他、卡斯尔曼夫人讨厌他；长期以来他一直是国王的智囊，如今国王也厌倦了他的智计。他把他赶走了。试图让考文垂成为战争失败的另一个替罪羊的努力没有成功，但他已经受够了，离开了海军处，告诉皮普斯“为一个不务正业的君主服务，对那些全心全意为他服务的人来说是最不幸的”。皮普斯发现没了他之后的委员会会议“平淡乏味”。[50]考文垂还放弃了约克公爵秘书的职位，他批评了公爵的岳父克拉伦登，公爵感到不满。[51]佩恩和巴滕都告诉皮普斯，说他们已经“安排他”来接任公爵的秘书，但没有人询问他此事，他坚定地认为他不会喜欢这份工作给他的家庭生活带来的破坏。[52]

战争结束意味着他不得不放弃他作为后勤总管的职位——一年损失了三百英镑——还要解雇他手下扩充的职员。佩恩的处境更糟：他因参与战利品船事件而被弹劾。对缺席的桑威奇又重新开始攻击。议会成立了一个委员会来调查战争中哪里出了问题;皮普斯觉得很有趣,这个委员会的主席居然是共和国的老官员约翰·伯奇上校:“很高兴看到他们肯找一位克伦威尔时期的老派人士来为他们做事。”[53]

他身受眼疾之苦,但仍然马不停蹄。三月,他在下议院全体议员面前为海军处辩护,讲了三个小时。前一天晚上他紧张得要命,早上不得不喝萨克葡萄酒和白兰地来壮胆,但他的演讲给人留下了深刻印象,此后的几个星期都有人为此恭维他;甚至国王和公爵在公园里都走到他跟前向他祝贺。[54]这是他迄今为止职业生涯的巅峰,促使他考虑进入议
会。因此,这场给英国带来耻辱和灾难的战争,终结了他许多同事的事 194
业,却几乎奇迹般地使他获益。这个结局没有人能预料得到。

注释

[1]《日记》,1662 年 6 月 28 日:“人们议论纷纷,害怕会跟荷兰开战……但我希望这不过是对外界的一种恐吓,让他们看到我们能厉兵秣马严阵以待;但上帝知道,国王目前连出动五艘舰船都有困难,我们既没有钱,也没有信用,更没有储备。”

[2] 亨利·莱昂斯,《皇家学会,1660–1940 年》(1944),页 81、105。

[3] 一六七五年,“凤凰号”(*Phoenix*)的约翰·豪上尉送给他一个“黑人男孩”(博德利图书馆,罗林森手稿, A 185,页 66、70),可能就是他在一六八〇年六月出售的那个(同上, A 181,页 317)。一六八八年九月十一日,皮普斯还请“展望号”(*Foresight*)的斯坦利(Stanley)舰长将他的奴隶三宝(Sambo)卖到种植园去,说他“在一个冷静节制的家庭中继续待下去很危险”,而且无法改造。见阿瑟·布莱恩特,《塞缪尔·皮普斯:海军的救主》(1938),页 270。关于皮普斯对桑威奇的奴隶小孩礼物的评论,见《日记》,1662 年 5 月 30 日。

［4］罗纳德·赫顿，《复辟》（1985），页221。

［5］埃丝特·圣米歇尔当时住在埃塞克斯郡海边，目睹了荷兰人的很多行动。她对皮普斯说的话，见《日记》，1667年7月17日。

［6］皮普斯致威廉·考文垂的信，1665年5月20日。见《塞缪尔·皮普斯的其他通信，1662–1679年》，页45。

［7］《日记》，1665年5月22日。

［8］威廉·考文垂致皮普斯的信，1665年4月21日。（博德利图书馆，罗林森手稿，A 174，页458）

［9］威廉·考文垂致阿灵顿勋爵的信，1665年5月24日。见《国家文献大事记，国内系列》（1664–1665），页382。

［10］鲁珀特的抱怨被记录在米尔沃德的议会日记中，1667年10月31日，见《约翰·米尔沃德日记，一六六六年九月至一六六八年五月》，卡罗琳·罗宾斯编辑（1938），以及他和阿尔比马尔的《书信集》，1667年8月9日，等等，见《一六六六年鲁珀特与蒙克书信集》，J. R. 鲍威尔、E. K. 泰明斯编辑（1969）。

［11］德莱顿写道："两国海军的炮声传到伦敦城，传进我们耳朵里，所有人都感到担忧，我们知道当时战争正处于生死存亡之际，在它悬而未决时却非常恐怖，此时每个人都凭借想象去追寻声音；伦敦城都快空了，有些人走向公园，有些人跨过河，有些人沿着河走，都在最安静之时寻找声音。"见《戏剧诗学》（*Essay of Dramatic Poesy*），引自戴维·奥格，《查理二世治下的英格兰》，页288。

［12］约翰·贝雷斯福德，《唐宁街的教父：乔治·唐宁爵士，1623–1684》，页192–193。

［13］《日记》，1665年9月10日。

［14］第二部日记，誊写自博德利图书馆，罗林森手稿，A 174，页299V.，r.，作为附录四刊印于埃德温·查普尔版《塞缪尔·皮普斯的丹吉尔文件》（1935），页335–337。

［15］关于桑威奇对皮普斯的授权，见《日记》，1665年10月1日。（博德利图书馆，罗林森手稿，A 174，页305）

［16］皮普斯从伊利斯致桑威奇勋爵的信，1665年10月12日。（国家海

事博物馆,《桑威奇文件》,第一卷,X98/065,页 63)

[17] 阿尔比马尔 1665 年 9 月 19 日给桑威奇勋爵的信,见博德利图书馆,卡特手稿,75,页 363。卡特里特 9 月 28 日的信,见国家海事博物馆,《桑威奇文件》,第一卷,页 51。考文垂 10 月 3 日的信,见国家海事博物馆,《桑威奇文件》,第一卷,页 54。皮普斯在 11 月 25 日的信中记述了阿尔比马尔关于“侵吞财物”的言论,见国家海事博物馆,《桑威奇文件》,第一卷,页 109。

[18] 桑威奇勋爵致皮普斯的信,1665 年 10 月 14 日。(博德利图书馆,罗林森手稿, A 174,页 303)

[19]《日记》,1665 年 10 月 19 日,以及皮普斯致考文垂的信,见《塞缪尔·皮普斯的其他通信,1662–1679 年》,页 63–64。

[20] 皮普斯致约克公爵的信,1665 年 10 月 25 日。见《塞缪尔·皮普斯的其他通信,1662–1679 年》,页 65。皮普斯致阿尔比马尔的信, 1665 年 10 月 28 日。见《塞缪尔·皮普斯的其他通信,1662–1679 年》,页 67–68。皮普斯与桑威奇勋爵谈论考文垂,见《日记》,1665 年 10 月 25 日。皮普斯在一六六八年二月十二日的一份声明中说,他最后除了给妻子的一件印度裙子和一套价值六英镑的印度小盒子外,什么都没有得到。(博德利图书馆,罗林森手稿,A 174,页 301)

[21] 皮普斯致彼得·佩特的信,1665 年 12 月 2 日。见《塞缪尔·皮普斯的其他通信,1662–1679 年》,页 82。

[22] 皮普斯致考文垂的信, 1665 年 11 月 4 日。见《塞缪尔·皮普斯的其他通信,1662–1679 年》,页 74–76。《日记》,1665 年 11 月 4 日。

[23] 桑威奇勋爵致曼彻斯特和克拉伦登的信,1665 年 12 月 29 日。引自 F. R. 哈里斯,《桑威奇伯爵一世生平》,第二卷,页 29,该书作者还记述道,桑威奇在圣诞节前请求赦免。(博德利图书馆,卡特手稿,75,页 422;34,页 514)

[24]《日记》,1666 年 1 月 29 日。

[25]《日记》,1666 年 10 月 7 日。皮普斯在一六六七年九月八日写道,自从桑威奇勋爵一六六六年二月去了西班牙以后,他就再也没有给他写过信。

[26]《日记》,1666 年 6 月 4 日,包括丹尼尔的讲述。

[27]《日记》,1666 年 6 月 7 日。另外值得注意的是,皮普斯拒绝了桑威

奇夫妇的儿子欣庆布鲁克勋爵在一六六七年六月十七日提出的借钱请求，“以便教会他必须做好当家人[即自己事务的管理者]，自己管理钱财或信贷”。

[28]《日记》，1666年6月13日。

[29] 皮普斯在《日记》中说克里斯托弗·明格斯是鞋匠的儿子，的确如此。《国家传记词典》中奈顿撰写的新词条也说他母亲是船夫的女儿，但父母都出身地主家庭，并表明他在政治上的激进行为可能会使他倾向于强调或者夸大他的出身的更低微的一面。他把钱和土地留给了他的孩子们；但如果皮普斯有一部分信息有误的话，这对他思考明格斯的命运并没有什么影响。

[30]《日记》，1666年7月23日。我感谢皮普斯图书馆的管理员理查德·勒基特（Richard Luckett）告诉我这书架是英国已知的第一个特制书架。皮普斯让伍利奇和德特福德船厂的细木工师傅托马斯·辛普森制作了书架，为了便于运输它们在结构上是可以拆分的。在剑桥大学抹大拉学院的皮普斯图书馆里可以看到他制作的这前两个以及其他的书架。

[31] 皮普斯在《日记》（1666年6月16日）中提到了这些细节——死去的人是威廉·伯克利爵士，被俘的人是乔治·艾斯库爵士。

[32] 关于这次派对，见《日记》，1666年8月14日。关于霍姆斯的“营火”（bonfire）的消息，见《日记》，8月15日，尽管事情发生在八月九日至十日。

[33]《日记》，1666年10月19日；另见皮普斯致约克公爵的信，1666年11月17日，见《塞缪尔·皮普斯的其他通信，1662–1679年》，页147。

[34] 皮普斯致威廉·佩恩的信，1666年10月19日。见《塞缪尔·皮普斯的其他通信，1662–1679年》，页144。

[35] 海军处致约克公爵的信，1666年11月17日。见《塞缪尔·皮普斯的其他通信，1662–1679年》，页146–154。

[36]《日记》，1666年10月15日、21日、31日，11月14日、31日。

[37] 关于皮普斯在国王面前的讲话，见《日记》，1667年3月14日；《塞缪尔·皮普斯的其他通信，1662–1679年》，页162。关于考文垂和国王，见《日记》，1667年4月4日。

[38] 关于卡特里特，见《日记》，1667年5月9日。关于伊夫林，见《日记》，1667年6月3日。

[39]《约翰·伊夫林日记》,1667 年 6 月 11 日。

[40]《日记》,1667 年 6 月 11 日。

[41] 这人是萨拉·贾尔斯,他母亲的姐姐的女儿。

[42] 他们在巴黎只待了几个月,到一六六八年夏天就回到了英国,与贝蒂及妻子一起住在德特福德,当时皮普斯记录了伊丽莎白曾去那里看望他们。

[43]《日记》,1667 年 6 月 13 日。

[44]《海军白皮书》部分是速记,部分由吉布森、海特和休尔撰写,记录了从一六六四年战争拉开序幕到一六六九年成为调查对象,由罗伯特·莱瑟姆编辑,威廉·马修斯转写,海军档案协会于一九九五年在《塞缪尔·皮普斯与第二次英荷战争》中出版。

[45]《日记》,1666 年 6 月 6 日。

[46] 例如,《日记》,1661 年 5 月 20 日:"不过,虽然我非常反对过度消费,但我的确认为只要我们身体健康,不缺钱,时机又允许,最好是享受适度的快乐,而不是把快乐留到年老或贫穷的时候,那时我们就不能这样充分享受快乐了。"

[47] 皮普斯图书馆里有一本一六八八年的第四版。

[48] 摘自安德鲁·马维尔的《给画家的最后指导》,第 765 行,在对梅德韦灾难的描述之后,发表于 1667 年 9 月 4 日。

[49]《日记》,1667 年 9 月 16 日。

[50]《日记》,1667 年 12 月 8 日,9 月 10 日。

[51] 关于让考文垂做替罪羊的企图,见伯纳德·卡普,《克伦威尔的海军》。约克公爵在一六六七年八月三十日告诉他自己对他的态度很不满,而考文垂在九月二日离开。

[52]《日记》,1667 年 9 月 2 日。后来他很想得到这份工作,见下文页 294–295。

[53]《日记》,1667 年 10 月 22 日,1668 年 1 月 31 日,等等。

[54]《日记》,1668 年 3 月 5 日、6 日,等等。

第十三章　婚　姻

195 日记以对婚姻的考虑开始，也以对婚姻的考虑结束。皮普斯一开始就把婚姻当作生活的中心，在最后两天的每一天，他都写下了“被我妻子要求”。在这九年半的时间里，他对婚姻状况作了前所未有的描述，包括它的斗争、痛苦、快乐和不满。你可以把本日记交到火星人手里来给他们解释这一制度及其运作方式，至少从十七世纪到二十世纪，在它存在的这三个世纪里，对中产阶级来说，男人在经济和智力上都支配着他们的妻子；但在许多方面它仍然与我们密切相关，因为它那了不起的成就在于它画出了婚姻的潮汐图，描绘了感情的波涛从这一小时到下一小时、从这一个月到下一个月如何起伏涨落。皮普斯夫妇总是在依赖与怨恨、保护与急躁、骄傲与耻辱、嫉妒与愤怒、共谋与冷漠、爱与恨之间徘徊。他们能够对彼此施以轻微的虐待和身体上的暴力，也能够表现出细腻、温柔和忍让。无论他们的婚姻是幸福还是不幸，对此我们现在和他们当时一样难以判断——一切都取决于你碰巧看到了哪一方面——但没有人能够指责皮普斯曾有任何一刻失去对婚姻的感受。

日记描述了长期的战斗和突发的怒火。有的夜晚她抱怨不停，让他无法入睡，有的夜晚他自己生闷气。但是，他刚说完“于是我们上床睡觉，一整夜都躺在床上争吵”，接下来的一句话便是“今天晚上我梦见我妻子死了，整夜被这个梦打扰，整夜都没睡好”。[1]他能把她打成乌眼青，或扭伤或拉伤她的鼻子，行为非常恶劣，虽然是不经意的暴力，就像一个男孩被激怒后的攻击，而不是蓄意的残忍；皮普斯不赞成丈夫殴打妻子，他和伊丽莎白，像大多数夫妇一样，都同意他打她是一件私事，对他们双方都是可耻的，最好不要让别人知道。我们已经见识过两人之间 196
的嫉妒，这贯穿了他们的一生，用折磨人的双重锁链把他俩绑在一起。伊丽莎白总是希望他在她身上投注更多的时间和精力，本书开头的那封谴责信对此说得清清楚楚。作为一家之主，他需要她驯顺，而她总是和仆人吵架，惹得他心烦意乱。在和一个即将离职的女仆吵架之后，那女孩不停地八卦伊丽莎白，暗示她和皮普斯的男仆汤姆·爱德华兹黑灯瞎火地坐在一起很久，还让他闲着不干活。皮普斯在日记中表达了他的愤怒，“我在世上几乎所有的麻烦都来自……一个言行不谨的妻子，她给我带来的几乎（除了人长得标致之外）只有麻烦和不满”。[2]他还担心他日渐富有会使她花钱大手大脚：“我担心她会逐渐忘记如何节俭度日，如何带着匮乏感生活。”他在一六六四年写道。[3]

他也可能当着她的面做出极其粗鲁的事。一个星期天他们一起去教堂，他对她的着装非常挑剔，于是她又回了趟家，之后他带她去了另一个教堂。还有一天他管她叫妓女，因为她系着不相称的丝带。[4]但她也不是好欺负的。在为她的厨房账目吵了一架之后，他写道：“我发现她很狡猾，当她最不动声色的时候，就是在运用她的智慧，但这是一种不好的智慧。”[5]她学会了跟他讨价还价，提出如果他不再去见他的演员朋友尼普太太，她就不再戴她喜欢而他讨厌的假发。对衣服和头发的评论完全是一边倒，日记里没有提到伊丽莎白对他的外表的意见。一六六三年十一月，他决定让理发师剪掉他的头发，并从他那儿买了一顶佩鲁基假发，他记录了他担心邻居、同事、上司甚至女仆会作何反应。即使在这个时候，他也一句不提她是如何看待这一变化的，尽管这对于她来讲意味着她嫁的这个男人完全变了样，晚上上床的时候光着头，白天则戴上了权力和地位的象征。[6]戴佩鲁基假发是从法国开始流行的——这个词是 *perruque* 的英语化——皮普斯是最早在英国戴这种假发的人之一。别人一看到你戴假发就知道了你的社会地位。拥有假发花费不菲，你得持有若干顶，它们是用穷人卖掉的头发做成的——皮普斯有一顶用他第一次剪短发时剪下的头发做成的假发，这就是我们为何知道它是深棕色
197 的。起初他颇有疑虑，想重新把头发留长，但到了一六六五年五月，"我发现佩鲁基假发太方便了，我又把短发剪了，并将一直戴着佩鲁基假发"。[7]假发意味着在公共场合你永远不会头发花白或者秃顶；你看起来更像幅画像，而不是个大活人。这就是为什么假发在肖像画上有如此窒息生命的效果，扼杀了巨大的鬈发垫子下面的个性。不幸的是，在皮普斯的所有肖像画里他都戴着假发；你只要看看他同时代的少数几幅不戴假发的肖像画就可以看出他们有多生动：头发斑白的老伊夫林，牛顿的小半身像（稀疏的头发往后梳着），德莱顿的一幅罕见的不戴假发的肖像画。[8]

在这段婚姻中，有和争吵一样多的好日子，那时他向她倾吐心事，为她的陪伴而高兴。星期天的早晨，他们懒在床上不起，谈论他的希望和计划，对他来说这是一种特别的乐趣和安慰；也许对她来说也是，尽管我们不得不靠猜测得出这一点。两人都喜欢一起出门去剧院和商店，也喜欢夏天去郊游——乘船去沃克斯霍尔或巴恩埃尔姆，或者乘马车去伊斯灵顿和哈克尼的乡村客栈。一六六二年十月，他回顾过去，感叹他们"几年来都是，现在越来越是，多么幸福的一对，受上帝保佑"。[9]有时候他们心怀怜悯地呵护彼此的病痛，她建议他在排便时"挺直了"坐，他排便经常有困难；当她给他捎信说"那些事儿让她非常疼痛"时，他急忙从办公室赶回家抚慰她。[10]当他被同事们激怒或者为工作的事而烦恼时，他梦想着远离海军处，和她一起去享受生活："我妻子和我彼此不离不

弃,管这个世界怎么样呢。”[11]下午也许去见情妇,晚上却和伊丽莎白交谈,“和她在一起我感到很舒服”。[12]

当他们之间相处轻松的时候,她会很高兴地向他学习：音乐、算术和天文学。他为自己的教学感到自豪,她对获得知识和技能的渴望也告诉我们她的教育是多么欠缺：在那个年代要成为一个聪明的女孩,意味着要经历更多的挫折而非快乐。她开始学画画,学得很努力,画出过让皮普斯欣赏的作品。她上学是在法国,部分的她总是怀念在法国度过的童年和修道院的老师。她父母的流浪习惯和没落贵族的身份使她有了他 198
引以为傲的异国情调,但并没有使她成为他所希望的有板有眼的家庭主妇：做煨牛肉和一般的应对,她很出色;家庭账目和管束仆人,不怎么样。她喜欢穿着晨衣度过漫长的早晨;当她把一件旧睡衣淘汰给她母亲时,皮普斯充满柔情地记起她曾称它为“她的王国,因为她过去穿着它既轻松又满足”。这是日记里为数不多的几则,我们从中能听到她的真实声音。[13]

像她丈夫一样,伊丽莎白也非常享受定制和穿着新衣服的乐趣。她是个美人——在海尔斯的画像中,她丰腴性感又敏感多情——她很在意自己的外表。除了戴假发,她还让王室牙医给她刮牙,贴饰颜片,为美白肤色收集露水。她受到许多男人的仰慕,包括约克公爵,他在公园里“可劲儿地”盯着她。[14]她和她的崇拜者调情,俘获了威尔·休尔的心,与英俊的舞蹈老师共度欢乐时光,而她接受同乘一辆伦敦马车的近卫团军官的殷勤也让她的公爹感到不安。[15]她意识到斧场的邻居约翰·亨特和罗伯特·费勒上尉都对她很殷勤,因此把他俩的名字都列为本年度圣瓦伦丁节送礼致意的情人,而皮普斯却执意否决了这种费钱的愚蠢行为。[16]后来,他注意到她对丹吉尔防波堤的一位工程师、迷人的亨利·希尔斯**充满柔情蜜意**(*tendresse*),因此吃起醋来。希尔斯主动提出要教她透视法,皮普斯观察到当他表现出自己不仅是工程师还是个诗人时,他对她更具吸引力了。[17]她可能希望皮普斯更具诗意,希望他们在一起的生活更具诗意。

她的泼妇脾气使他害怕，他有时会受其威胁。有一天她骂他不在家吃饭，他“拉着她的鼻子，说了几句脏话”就离开家到办公室去了，她也在背后跟着，他怕她继续吵架，被他的职员听见，就把她领到花园里，让她冷静下来，“以防丢人现眼”。[18]当他对他们的朋友尼普太太和皮尔斯太太的殷勤激怒了她时，她在公共场合大吵大闹。皮普斯的弟弟约翰待
199 在川流巷时，她的粗鲁让他很不高兴，皮普斯注意到她在布兰普顿“居高临下地”对待他父亲和妹妹。[19]当老皮普斯先生告诉皮普斯她在马车里的轻佻行为之后，她对他勃然大怒；说对他怀有“不容置疑的仇恨”，不会考虑在帕尔出嫁后接他来住在一起。“好大一顿脾气，”皮普斯写道，她怒气冲冲地威胁说她也会拒绝和皮普斯一起生活，并对“全城和宫廷”抱怨他如何刻薄、她如何没有自由，好让他丢脸。[20]向宫廷或全城指控他，不太可能打击到他，但她知道怎么能扰乱他的心情。她说他刻薄，这没错，因为他花在自己的衣服和娱乐上的钱总是比他允许她花的多。但说到她的自由，却言过其实：日记记录了她和朋友外出，参加舞会，甚至彻夜不归。与此同时他总觉得她脱离他的控制是不好的，当他不在身边管着她的时候，她的性格也发生了变化。伦敦大火时他把她送到伍利奇住，他去看她时发现她“心情不佳，态度冷漠，因为在外无拘无束而养成了这样的习性”。[21]另一次，在她离开他在布兰普顿住了很长一段时间之后，他反思起“我妻子凡事疏忽大意、心不在焉，是我不在身边、自由放纵所致，以后再也不敢让她这样了，因为她就是个傻瓜”。[22]

他们的关系周期在日记开头几页就确定了，那时她二十岁，皮普斯二十七岁，他们结婚五年了，经历了贫穷、疾病、争吵、分居与和解，而政治风暴汹涌澎湃，他们前途未卜。结婚五年来他都没有把她介绍给他的恩主爱德华·蒙塔古；她只作为他叙述的背景出现，他甚至没有透露她的名字——对皮普斯来说，“我的妻子”这样的称呼就足够了。他们的

社交生活明显是和他的家人在一起，而不是和她的家人：拜访他的父母，和他的亲戚一起参加第十二夜的聚会。她和他的族姐简·特纳的女儿西奥菲拉在公园里赛跑，在例行的星期天**家庭**（*en famille*）聚餐后突然下起雨来，她借了婆婆的羊毛斗篷和小叔子约翰的帽子让皮普斯穿戴起来走回家。她独自去看望她父母，当她哥哥给她带来一条狗作礼物时，皮普斯也没提到她哥哥巴蒂的名字。他喜欢这条狗，但好景不长，很快 200
他就告诉她，“如果它再在家里撒尿的话”，他就把它扔到窗外。[23]这是她家的错。日记里的第一次争吵发生在他晚上外出不带她，她不愿意，沿街跟着他走。他坚决送她回家，然后又独自出发，他似乎赢了争执，但最后还是她更胜一筹，因为她去了邻居亨特夫妇家，并且设法比他在外面待得更晚。[24]她强大的战斗力在日记头两个星期就已经确定无疑。

在第一个月里，我们就对她的生活有了一个清晰的印象，对女性读者来说，她出场时也确实和一般妻子没什么区别，新年那天，她在料理吃剩的圣诞火鸡时烧伤了手。我们听说她去市场买食物，为在白厅的蒙塔古寓所举办的午宴做准备，做馅饼、给鸡和云雀抹猪油一直到晚上。她厨艺很好，而且很能干，亲手宰了蒙塔古夫人送来的火鸡。她有时会像她丈夫一样沉迷于一本书，在他上床后熬夜不睡，因为她无法从她的法语小说《波莱山德拉》中抽身，这本小说讲述了一位美丽的女王居住在一个无人能到的小岛上，并派她的骑士惩罚那些想要向她求婚的王室追求者。[25]但她也很勤劳，她和简在一个严寒的夜晚，整晚不睡觉，一起做月度清洗。她像姐妹一样关心简的外貌，给她盘头发，使皮普斯钦佩不已。她和皮普斯在一起，感到舒服的时候居多：一个寒冷的早晨，她躺在床上，在他起床的时候大声读书给他听。又有一天晚上，她看着他写东西，此时外面响起一声鼓声，他们自忖在那乱世里这鼓声有何意味。

这种平凡的生活成为皮普斯的活动和一六六〇年前几个月的政治事件的背景——蒙克率领他的军队抵达伦敦，蒙塔古和唐宁都屏息凝神，等待合适的时机向查理称臣。皮普斯骑马出门，打算去欣庆布鲁克见蒙塔古时，伊丽莎白和简待在斧场的家里；但他一得知自己要出海，不知道什么时候才能回来时，马上就安排她离开伦敦。他觉得她不可能和
201 她父母或他父母住在城里，所以又不辞辛劳地骑着借来的马，在漆黑的夜里，带着严重的感冒，到白金汉郡去了，在可靠的朋友鲍耶家为她安排了合适的住处，她还可以带着简和她的狗。然后他在他们分离前安排了一顿大餐。他们一起去了鱼街，花八便士买了三文鱼——很大一块——拿去太阳酒馆烹调；在那儿吃饭的时候，“我答应她万一我死在海上，我在世上的所有东西都留给她，除了我的书”。[26] 几天后，她去了白金汉郡，他依照他说的立了遗嘱，但后来又想到法语书应该给她。这是皮普斯最温柔体贴的时刻。他不在的时候，他们有空就互相写信，但他回来后，忙得顾不上她，直到他们在川流巷安顿下来，开始了新生活。从那时起，他履行了丈夫的首要职责，好好养家糊口；他们的社会地位稳步提升，她不再需要做家务，过上了淑女的生活。

作为对丈夫的支持和保护的回报，人们期望妻子能够监督家庭事务并提供正常的性生活。日记的最初几年对这最后一点没怎么提及，但我们知道他希望如此，因为在她不能提供服务的时候他总有怨言。一六六〇年八月二日，她感到疼痛——“她的**东西**（*chose*）的边缘的旧痛，我们刚结婚时她就有”，看来是她的私处的囊肿复发了——到了六号，他“急不可耐”。八号他再次获准和她亲近。就连这短暂的中断也给了他自由去别处寻找满足，几天之内，他记录下与他在威斯敏斯特大厅的旧情人贝蒂·莱恩的一次邂逅。她有好几个仰慕者，其中有皮普斯的朋友约翰·霍利，他有时劝她嫁给霍利。他也怂恿霍利结婚，他在日记里自言自语：“天知道我在这件事上想要捣鬼。”[27] 用捣鬼来称呼这种行为似乎太温和；霍利和贝蒂没有结婚。要不是皮普斯使君有妇，她可能会希望嫁给他本人，因为她和他在一起很快乐。他们做爱时他会提供一瓶葡萄

酒，也许还有一只龙虾，而她则带来毫不掩饰的热情。后来他描述过在酒馆椅子下进行的一次激烈性爱，她表现得颇为享受，而他对此感到尴尬。还有一次，她从他身上“几乎把快乐榨干［耗尽］”。[28]与她不同的是，他对他们一起做的事感到愧疚，对人们知道后会怎么想也感到愧疚。202
他无法抗拒她的芳泽，但这让他很焦虑：“我的心情受到我今天所做之事的打扰。但我希望这将是我这辈子的最后一次，”他在椅子下那次之后写道；但这不是最后一次。[29]

和贝蒂·莱恩约会的三周后，又有另一段插曲，这次是和黛安娜·克里斯普。我们知道他在第二天给伊丽莎白买了一条珍珠项链。她那时并不知道原因，但这种性与钱的平衡关系一直持续到日记的最后，那时她发现他严重行为不端，终于因此赢得了她朝思暮想的年度置装费。在她看来，她接受了他对她身体的权利，并把他的要求看作她控制他的标志；她只有在生病的时候才拒绝他，有一次他离开她几个月，她变得如饥似渴。并不是说她有多少身体上的享受。直到结婚十四年后，她被逗弄得欲火中烧时，才有一种接近快乐的东西在她体内苏醒。他偶然间让她变得更快乐，那时他第一次“poner my digito［把我的手指］放进她的东西里，这确实给她带来很大乐趣；但我祈祷上帝不要让她认为 yo［我］以前就懂——或者让她喜欢上它”。[30]他担心她可能会“喜欢上”他对她做的事，表明他仍然受到他童年的严苛传统的影响，该传统认为性本质上是罪恶的。男人们情不自禁地渴望性，享受性，但一个贞洁的女人分享这种快乐太让人尴尬，事实上他宁愿她别这样。

尽管如此，他还是希望和她过性生活，抱怨她“最近被旧疾折磨，我几乎两个星期没和她亲热，这对我来说很痛苦”。[31]值得称赞的是，他也对帮她对付疾病产生了实际的兴趣。例如，一六六一年五月，在她的医生威廉斯的建议下，他亲自照料她：治疗方法是在囊肿内放置一个“探针”，囊肿现在已经感染化脓，探针是为了排出感染物。这并没有解决问题，两年半后，他们不得不请他的外科医生霍利尔来，因为那时脓肿已经有三英寸厚。霍利尔建议把它切掉。伊丽莎白坚持说，除了皮普斯没
203 有人能看护她，因为她担心女仆们会认为她得了一种丢脸的疾病。霍利尔于是断定只能用热敷剂来治疗；这似乎可以缓解症状，但无法根治疾病。[32]伊丽莎白和皮普斯都错误地认为，这病是性行为引起的："我们担心是我带给她的疾病，因为她只在和我在一起之后才得了病。"[33]这对他们两个来说都是令人沮丧的局面，他性欲旺盛，她却受到难以启齿的伤痛的折磨，既痛苦又屈辱。在日记的最后几年里，他记录下他长时间没有和她做爱的情况——半年多，他在一六六七年八月写道。[34]他们在一起度过的最愉快的夜晚可能是在赫特福德郡的一家旅馆里——是在韦林——他们发现房间里有两张床，但两人睡在同一张床上："在我一生度过的所有夜晚中，从来没有过一个夜晚如此享受——不时有人活动吵醒我；雨下得很大；我有点疲倦，在半梦半醒之间，我们做了一次又一次，我一生中从来没有感到如此满足。我妻子说她也一样。"[35]这一描写多么令人愉悦，你甚至想找到这样一个旅馆，这样的床和这样一个雨夜，一会儿睡，一会儿醒；必须指出，皮普斯此处表达的快乐是他在别处描写性行为时所没有的。①

他们还有孩子的问题。皮普斯从来没有表现伊丽莎白对他们没有孩子的伤心，似乎也没有和她或他们的医生讨论过这件事。日记对她的感受没有留下蛛丝马迹。是他太专注于自我而没有留意，还是她对他隐瞒了自己的悲伤，两者都没有证据。她每次经期都习惯躺在床上可能是没孩子的信号，但也可能只是身体上的疼痛，或者是从她母亲那里学来的文化模式。甚至有可能她并不在意有没有孩子。她看到其他女人不

① 这一段，托马林疑理解有误。皮普斯写的是雨夜在客栈一会儿睡一会儿醒，有好几次，半梦半醒之间就听到雨声，有时是客栈的人声。因为白天赶路劳顿，身体疲惫、又不会被真正打扰，很快就又睡着了。屋里有两张床，夫妻二人各睡一张，不是睡在一张床上。

停地怀孕，经受着分娩的折磨，失去了青春美貌，还失去了孩子，因为死
去的孩子比活下来的多；而她相比之下仍然自由，年轻貌美。至少其他
女人也没生出小皮普斯，而她学会了用上课、绘画、舞蹈、装饰房间、购物
和缝纫等活动来充实自己的生活。偶尔她告诉丈夫她认为自己怀孕了， 204
而他也及时记下来。日记给人的印象是，他才是那个为此事忧心忡忡的
人。一六六二年一月，他在“思考我没有孩子的可能性”。几周后，在一
次船上的宴会上，人们口无遮拦乱说话，他不得不接受和另一个人划作
一类，那人也没能让妻子生孩子，他俩都被称为“失球者”。一六六三年
十一月，伊丽莎白说她确信自己怀孕了，“如果真如此，那就让它来，欢
迎”，他写道；但她没有怀孕。[36]

第二年年初，一桩怪事发生在他叔叔怀特身上，他是个有钱的鱼贩子，与皮普斯的父亲同母异父，妻子已经过了生育年龄。皮普斯有望成为他的继承人，因此和他过从甚密。但怀特叔叔没有立下一份有利于他的遗嘱，而是私下向伊丽莎白表达了爱慕之情，并提议伊丽莎白给他生个孩子：“他会事先给她五百英镑，现金或珠宝都行，他还会让孩子成为他的继承人。他称赞了她的身材，并说据他所知这样做是合法的。她说她回答他时发了火。”当她向皮普斯转述这个奇怪建议时，他异常镇静。她毕竟把那个好色的老头子打发走了；他觉得最好别再提了。他甚至没有断绝与怀特夫妇的关系，两对夫妇还不时在一起吃饭，好像什么事也没发生过似的。这一定或多或少给伊丽莎白带来了麻烦，但皮普斯仍然希望得到遗产。[37]其他男人对她调情，他处之泰然，这表明他认为男人们想要在女人那里碰碰运气是很正常的，他也这样干，而且只要她把他们挡开，就不会造成伤害。只有当她对另一个男人表现出强烈的兴趣时，他才变得狂躁不安。

怀特叔叔的行为至少促使皮普斯去寻求建议。一六六四年七月，伊丽莎白去了布兰普顿，他则在伦敦参加了乔伊斯表妹夫妇举办的洗礼聚

会，为此带去了六瓶葡萄酒，因为他去的目的是向年长的女士讨教。皮普斯和女士们一起起身离席，留下男人们在饭后聊天，那一刻一定引人注目：“女人们很愉快，从餐桌旁起身，此时我和她们一起站起来，除了我以外没有别的男人；我开始谈论自己没有孩子，并祈求她们给我意见
205 和建议；她们自愿而热心地给了我建议，包括但不限于这十条。”皮普斯以他处理公务的效率，把她们的建议列出来，编上号，还加上一条他认为最为重要的按语。建议如下：他应该喝鼠尾草汁；喝葡萄酒吃吐司面包；胃要暖，背要凉；想要做爱时才做，而不是在某个固定的时间做；调整床面的角度，使他和伊丽莎白的脚高于头。女士们还建议他穿凉爽的内裤，建议她少穿束腰衣服。她们的某些建议现在仍然适用于有生育问题的夫妇，但对他毫无用处。[38]

那年九月有几天伊丽莎白又相信她有了孩子。[39]那时皮普斯的评论是，他既不相信也不希望她怀孕，从那以后，两人似乎都放弃了；他们结婚九年，一直没有个一男半女。皮普斯开始更多地与其他女人交往，英荷战争、瘟疫、伦敦大火，在这些危机时刻他们忙得不可开交，流离转徙。有迹象表明他认为是她没有生育能力，而不是自己，因为在一六六七年七月，贝蒂·马丁给了他一个“没有怀孕的好消息……对这事的恐惧……使我非常不安”。[40]他因此松了口气。就在同一个月晚些时候，他弟弟约翰和他们在一起时莫名其妙地晕倒了，这时皮普斯突然想到是否会“剩下他自己，没有兄弟，没有儿子，这是我有生以来第一次有这样的想法”。[41]几个星期后，看到一个漂亮的小男孩，他真希望他是自己的孩子，不过这是表妹萨拉·贾尔斯的孩子，她在瘟疫中失去了几个。[42]他一直喜欢孩子，但自己从来没有过，无论是和伊丽莎白还是和其他人，只能满足于做一个尽职尽责的教父和舅舅。

这本日记的一个主要主题是他的现实理智的自我与浪漫情色的冲

动之间的典型冲突，一方面是谨慎与秩序，另一面是追随自由的性冲动。一段始于浪漫而不涉及金钱的婚姻是他生活中的一桩咄咄怪事，因为这与他成长中接受的许多价值观相抵触。即便是下层中产阶级家庭，也希望自己的孩子结婚时与父母商量，父母会确保他们在经济上占些便宜；身为年轻大学生的皮普斯，如果觉得自己比父母的建议高明，他大可着 206
手为自己找个有钱的年轻寡妇或伦敦城里的女继承人。当他的同事约翰·克里德向桑威奇勋爵的外甥女、吉尔伯特爵士的女儿、德莱顿的亲戚伊丽莎白·皮克林求爱成功时，皮普斯声称自己感到震惊，理由是他们的地位太不匹配，但他的愤怒实际上是对克里德攀上高枝的嫉妒。[43]皮普斯知道他浪费了改善自己处境的机会，在日记里他有时会责备自己愚蠢，责怪伊丽莎白没有嫁妆，管她叫“乞丐”来提醒她这一点。有时他深情款款又首肯心折地回顾他们的恋爱，认为这是真爱的典范。涉及家里其他成员时，他的态度又变了，他竭尽全力确保没有人偏离谨慎小心和妥善解决经济问题的道路；我们会看到在其生命的最后，他剥夺了大外甥的继承权，原因是大外甥恰恰和他自己一样，草率进入了婚姻。

查理二世的性格给他造成了另一种冲突。年轻时，皮普斯生活在一个两种文化并存的社会里：一种是性开放的低级生活，在白厅的职员、威斯敏斯特大厅的酒馆老板和店主中常见；另一种是他从小接受的清教徒文化，其理想是禁欲和永远努力抵制诱惑。你可以看到皮普斯如何坚定地支持清教精神，例如，当他发现弟弟汤姆有个私生女时，他表示震惊和羞愧；在桑威奇勋爵通奸一事上他也有同样的反应。当布龙克尔勋爵一六六四年成为海军专员，和阿比盖尔·威廉斯一起搬进川流巷时，他仍然抱持同样态度。这个女人和他一起生活，却没有冠上他的姓氏。皮普斯几乎无法抑制他的不满，在日记里也很少错过任何辱骂她的机会，称她为“妓女”“涂油彩的女人”“欢场女子”“淫妇”。与此同时，多年来他一直了解另一种低俗文化，并受其诱惑，这种文化在共和国时期一直存在于高调标榜道德的公共生活底下。君主制的回归带来了戏剧性的变化，上层生活迅速变得比下层生活更肆无忌惮。国王和宫廷的例子，被皮普斯描述为“从上到下……几乎只有淫秽”，几乎不能不让一个努
207 力控制自己性欲的年轻人自问为什么还要费这么大劲儿自我约束。[44]国王对婚姻制度的漠视明目张胆；他实质上有个后宫，他把他的情妇以及她们给他生的孩子们都封为贵族，他主持的宫廷纵情享乐，贵族老爷们与女演员交往，贵族夫人们据说都染上了梅毒，怀了不想要的孩子就流产。约克公爵也好不到哪儿去，据说布龙克尔勋爵为他拉皮条。皮普斯从他的朋友詹姆斯·皮尔斯那里听到了很多宫廷八卦，他是蒙塔古在“内斯比号”上的外科医生，一六六〇年成了公爵的外科医生，知晓所有的热门新闻。然而他几乎不需要内幕消息，因为人人都知道宫廷里发生的事。皮普斯甚至和桑威奇夫人讨论过国王的首席情妇卡斯尔曼夫人。他的朋友波维为了给他找乐子，对国王的性行为进行了淫秽的描述。[45]海军办公室的同事们还传播了更多淫秽的故事。当梅内斯和巴滕对他讲述诗人兼廷臣查尔斯·塞德利的下流的恶作剧，并发表粗野的评论时，他在日记中承认，他不知道什么是鸡奸：“但上帝保佑，我直到今天都不知道这项罪的含义，也不知道哪个是迫害者，哪个是受害者。”他写道。[46]他这时三十岁了，但我们听到的却是清教徒男孩的声音。[47]

皮普斯自己的冒险经历，如此不加掩饰地记录下来，让他因此青史留名，但事实是他在性方面没有多少自信。看看这个：“步行（天气晴朗）到德特福德，在那里处理了公务，又折回；步行，很高兴看到一个漂亮女人在路上走来走去，如果我能结识她，和她在一起我会心满意足；但**在这样的时刻，我怅然若失，因为既没有信心，*ni alguno*［又没有］急智**。于是回到办公室，待到很晚；然后回家吃饭睡觉。”[48]斜体①是我加的：

① 中译本改用粗体显示。

他在此发表了关于自己的核心声明。你可以看到，当他在剧院里挨着塞德利和一位宫廷贵妇坐时，为什么对他俩的打情骂俏、调风弄月如此着迷——这是因为他渴望模仿他们在求爱游戏中的老练世故、轻车熟路，但他不知道如何做到。[49]当他向伊丽莎白求爱并娶她时，她还是个容易被打动的孩子。贝蒂·莱恩高兴又粗鲁地主动迎合他。桑威奇夫人是个遥不可及的理想。他渴望其他的东西，更多的东西——能够吸引聪明 208
女士，在赢得她们的性青睐的同时互相调笑打趣。

但在写日记的那些年，他从来没有取得过这样的成就。取而代之的是他在出城的旅途中遇到的商店女孩、酒馆女孩、单纯的年轻女子，完全是些土得掉渣的邂逅，比如一六六七年六月他在樱桃园遇到了来自罗切斯特的愚蠢的店主妻子，亲吻了她，并把她带到田野里。[50]年轻女子是他的固定目标，有些显然还未成年，比如"小图克太太"，这个"非常漂亮的孩子"，一六六五年闹瘟疫的冬天，他在自己的寓所里对她为所欲为。她似乎已经习惯于被这样对待；那时没有法定结婚年龄，她母亲非常愿意把她献出来，她也愿意配合皮普斯；但在我们看来，她似乎是受害儿童，按照今天的标准，他的所作所为将使他坐牢。[51]在自己家里，他经常骚扰妻子的年轻女伴和女仆。一六六六年，他说他觉得自己开始变得太爱玛丽·默瑟了，"一个早晨在她给我穿衣服时，抚摸着她的乳房，这是我有生以来见过的最好看的乳房；真是这样"。[52]他对她，还有对简·伯奇的挑逗都是家常便饭，都无须在日记中经常提到；偶尔的记录让我们清楚发生了什么事。当仆人的一定已经习惯了被主人如此粗暴对待，她们因此学会了自卫，威胁说要告诉女主人，或者放声大笑；要不然她们就干脆逆来顺受，就像厨娘内尔·佩恩那样。[53]他把魔爪伸向了佩恩家的女仆南，还指责她是威廉爵士的妓女。在已婚女人中他专挑那种丈夫如果默许他就能回报以升职或者经济帮助的，像海军上尉丹尼尔，还有船厂木匠巴格韦尔。女演员尼普太太是个例外。她是另一个意志坚强的女人，她随心所欲，无视她的马贩子丈夫，在完全平等的条件下与皮普斯调情、性交、亲吻，有时接受他的爱抚，有时把他的手推开。毫无疑问，她的独立源于她能自食其力。

据皮普斯自己的描述，他的大部分女人的故事都是追求及性失败的
209 故事。在写日记期间，他图谋追求差不多二十个女子，但只成功地引诱了三四个。[54]约翰·多恩有诗云，“恋爱的人，如果不打算要／爱的真正真实的结果，就像那种／出海只感到晕船，却什么都得不到的人”。这几行诗暗示除了插入式性交，什么都不算数，但皮普斯不这样认为，波维对国王享受非插入式性交的描述肯定让他确信，这种性爱的价值不可低估。[55]他从追逐本身中得到了乐趣，偷吻，摸胸，摸大腿，把手伸到衬裙下。他也尽其所能劝说女人抚摸他；大多数女人都拒绝了，他在日记中多次明确表示他多么想要更多的爱抚。他自我激励，坚信自己可以拥有一个特别的女人——佩格·佩恩，丽贝卡·艾伦，罗切斯特的店主妻子——只要环境更有利。我们不信他说的话，他可能也并不真的相信自己，但写下来看起来不错，能使他振作。

当谈到他和某个女人在某个场合实际做了什么事时，所有迹象都表明他提供了准确的记录：没有吹嘘事实。记录中可能包含希望、兴奋、满足、羞辱或失败，他的语气可能急切、滑稽或屈辱；场景总是真实的，往往真实得让人不自在，而他也一眼便能被认出，在上一段还在参加委员会会议，下一页就在计划装修房子。每段故事都紧紧围绕他的生活和其他专注的事务。有时候他像个野兽一样出巡觅食，从一个他痴迷的女孩到另一个，在每个女孩身上都尽量得到满足——这儿亲一口，那儿抱一下——最后去找可靠的贝蒂·莱恩，或者至少是顺从的巴格韦尔太太，和她们在一起，他敢做他做梦也想不到会和伊丽莎白在一起做的事，比如仔细观察她裸体的各个部位。[56]有时候，他可能会在某个星期日冒着严寒在威斯敏斯特教堂外等上三个小时，等一个他事先约定见面的商店

女孩。他还会对陌生人粗野地主动出击，比如对那个在教堂里用别针保卫自己的女孩。[57]

幻想和独自享乐是男欢女爱的最简单的替代品，他写到用它来安慰自己，一次在教堂里，他看到另一个他垂涎的女孩，还有一天晚上独自在家时，一个宫廷美人的形象出现在脑海，他大胆地决定让她成为下一个梦中情人。[58]在现实世界中，就像莫扎特的唐·乔瓦尼一样，他花了不 210
少力气但所获无几。也许这就是为什么，不管你对他追求的某些大姑娘小媳妇感到多么怜悯，你很少对他不留一丝同情。他常常把自己的求爱搞得一团糟，但也不试图为自己猥亵和笨拙的行为辩解。他妻子的健康状况可能在一定程度上为他提供了借口，尽管他并不以此为借口。最重要的是，他讲述失败故事时充满活力，这种活力把故事提升到某种崇高的境界，接近莎士比亚（以及威尔第）的福斯塔夫的崇高，或歌德的艳情诗的崇高。

就拿他迷恋贝蒂·米歇尔的历史来说，这个贝蒂，和贝蒂·莱恩一样，来自威斯敏斯特大厅，她的父母在那儿开了家店，也是皮普斯的朋友，他第一次见她也是在那儿，那时她还是个孩子。他觉得她长得像伊丽莎白："一个漂亮女孩，我一直叫她老婆；因为我以前认为她像我老婆。"他在一六六三年写道。从那时起，他经常提到她，提醒自己过去如何称呼她为他的第二任妻子，预言她会长成"一个非常漂亮的姑娘"，"一个很漂亮的女人"，并宣布他爱她；他还向大贝蒂探问小贝蒂的信息。[59]在她看来，他一定像个快乐的叔叔，在她父母的摊位上闲逛，既是顾客也是朋友，受到他们的喜爱和信任。有一天，在大厅里看到她后，他做了个实验，并怀着科学兴趣记录了下来。他想象了一条船，"恰好躺在我的船里……不用手，非常享受，我第一次没有用手帮忙，只试着使用幻想的力量，和我今天在威斯敏斯特大厅看到的女孩做完了"。[60]此时她就要嫁给米歇尔了，皮普斯的一个书商的儿子；她先是和他哥哥订了婚，但他在瘟疫时死了，皮普斯觉得，“这真是一件怪事”。[61]但他很高兴这对年轻夫妇搬到他这片儿来了，在泰晤士街东端开了家店卖烈酒。

到目前为止，皮普斯对贝蒂的态度与其说是贪婪，不如说是多情。现在他下定决心要占有她。他开始了一场深思熟虑的战斗，日记中描述了它全部的阴险狡诈。他把伊丽莎白带到威斯敏斯特大厅，介绍给贝
211 蒂，说她是他合作多年的、友好的供应商们的新娘、女儿和儿媳，并即将成为邻居。接下来，他顺道来到米歇尔夫妇的店里给自己买了一杯酒，这之后创造了一个机会让夫妻俩搭他的船。然后，他一反常态，在经济上帮了米歇尔的忙，解决了一张水手券的问题。到目前为止一切顺利，当他再次来访，发现贝蒂一个人时，他决定是时候“偷偷亲一两下”了。下一步是建议伊丽莎白邀请米歇尔夫妇星期日到家里吃午饭，这对年轻夫妇配得上这样的善意之举。他们应邀而来，饭后皮普斯夫妇雇马车带他们到乡间去。他被风吹得很难受，除此以外，这次外出还是取得了成功，因为伊丽莎白喜欢上了米歇尔夫妇。她发现他们是迷人而天真的一对儿，他们对皮普斯夫妇的屈尊俯就和善良友好心怀感激。更多的午餐邀约接踵而至，并被欣然接受。

一六六六年九月的大火打断了他的计划，但为时不久。米歇尔家的房子被毁了，他们搬到了沙德韦尔，离得还很近，可以邀请来吃午餐。贝蒂现在怀孕了，她母亲向皮普斯诉苦，说小米歇尔对她并不像预期得那么好，并暗示，他年纪更长，智慧更深，也许可以“给他做个顾问”。[62]他很高兴得到了干预的许可，实际上他所做的是让贝蒂搭马车回家，并成功地让她把手伸到他的外衣底下“并穿过我的衬衫，tocar mi cosa con su mano[用手触摸我的东西]，却 hazer me le grande cosa[把我的东西弄大了，即性高潮]”。[63]这是个新游戏，他非常着迷，于是他开始尽可能地安排共同出行，并坚持不懈，即使有时她丈夫也和他们一起，或者她以头疼来推托。有一次，一起去看戏、购物之后，他让伊丽莎白和他在马车里交

换座位，这样他就能握住贝蒂的手了。圣诞节前的星期日，他和米歇尔一家去教堂；地上有积雪，他好心提出在当天晚些时候把雪从她父母那里铲出去。这次他不得不用“点儿劲儿”，“不顾她的意愿”抓住她的手，并强行把它放到他想要的位置，“尽管她做了很多小努力，要把手挪开”。有一次在川流巷，贝蒂“看起来确实有点不舒服”。但是皮普斯愉快地吻了她，跟她道晚安，走进了他的房间，在房间里“和我的兄弟和妻 212
子一起，把我壁橱里所有的书编号，并把书名列了份清单；这非常合我心意，这是我非常想干的活儿”。贝蒂有孕在身，身体不适，对于如何对待一个有能力给她和丈夫带来好处的全家人的老朋友不知所措。如果不考虑贝蒂的想法，这一幕还真是滑稽可笑哩。[64]

这件事的高潮出现在一六六七年二月。皮普斯拜访了米歇尔，并给贝蒂留了一张请柬，邀请她当天下午同他和伊丽莎白一起去新交易所再买点东西。她五点钟来了，却发现只有皮普斯在，他找了个借口，坚决地给她买了个昂贵的梳妆盒。制作要花一个小时。他建议去喝一杯。她说她宁愿花一个小时去附近的亲戚家串门，之后再回店里。他们就在那儿一起看着梳妆盒完工。故事的下一部分是皮普斯的一篇艺术鉴赏式的叙事。他在英语里掺杂了西班牙语和法语的词汇，描述了他从喜悦到色情，再到忧虑、胆战心惊以及解脱的心路历程：

> 商店的女主人把我们带到厨房里，在那里和我们聊天，对待我们殷勤而周到；她把她[贝蒂]当成我妻子，我承认是，还承认她的大肚子里是我的孩子；在那里非常快乐，直到我的东西做好，然后乘马车回家，路上握住她的手，把它放在我以前放的地方；她确实吃了苦头，但是从来没有像这次这样放肆，我清楚地觉察到她对我alguns[有些]恐惧，但我的确没有提出要求做比平常更多的事。但现在我们的麻烦来了，我确实开始担心su marido[她丈夫]可能会

> 到我家去找她，trovando mi moher[发现我妻子]在家，不仅他自己会胡思乱想，还会给我妻子一个胡思乱想的机会。这确实使我非常不安，所以虽然她似乎不想让我为这件事烦恼，但还是同意让马车在街的尽头停下；我和她走回家，立刻听他说刚派了女仆去我家找妻子。这可把我难住了，我马上就往家赶 tergo[背]着她的丈夫，贝蒂悄声对我说，如果我说我们是经水路回家的，她可以把故事编得 satis[很]圆。我满头大汗地来到家门口，心里想着该如何对我妻子解释；上帝保佑，正当我在这样的处境之中时(我一生中和我妻子
> 213 有关的最糟糕的处境)，一个小个子女人在黑暗中跌跌撞撞地走到门口台阶上；我问她是谁，她问这是不是我家；我认得她的声音，告诉她 su dona[她的女主人]已经回家了，于是她就走了。但是，主啊，她走了以后，我是多么痛苦地在回忆这是不是她第二次来；但最后我终于断定她此前没有来过，我真的庆幸自己能比她早到家，而且确信她在路上晃荡了一阵子，我真是吉人天相；于是我进了家门，发现一切正常。于是我欢天喜地去办公室待了一会儿，然后回家。[65]

二十四小时后，皮普斯写下了这个片段，之前他度过了忙碌的一天，上午在办公室，下午观看了一场意大利歌曲演唱会，又和托马斯·基利格鲁就剧院的情况聊了很久。在那段时间里，他的想象力在加工材料，时间记录者成了作家，因此他与贝蒂的冒险故事情节发展迅速，旁白富有戏剧性："现在我们的麻烦来了"，"贝蒂悄声对我说"，"和我妻子有关的最糟糕的处境"。叙述者的情绪从被当作贝蒂孩子的父亲时的喜悦，到她在丈夫背后窃窃私语时那种同谋的激动，到想到在自己家里被拆穿时的恐惧时刻，再到他遇到老妇人时近乎奇迹般的暂时得救，在这个过程中外语词的使用非常醒目。就像喜剧一样，所有的结局都是快乐的——

至少当时是这样。皮普斯这个人给皮普斯这个作家提供了素材，他很清楚该如何处理。

伊丽莎白一直没发现。一周后贝蒂告诉他她不喜欢“触摸”，他打定主意要“更专注于工作”，尽管他仍然爱她——“I aime her de todo mi corazon”［“我全心全意地爱她”］。贝蒂的孩子出生了，是个女儿，随了伊丽莎白的名字，伊丽莎白协助产婆接生，还成了教母。皮普斯夫妇都参加了洗礼，尽管他对这群穷人不屑一顾。夏天的时候孩子夭折了，米歇尔夫妇来访，和皮普斯夫妇坐在花园里哀悼孩子。贝蒂又怀孕了。皮普斯没有再抓她的手，但他仍然时不时地渴望她，虽然他爱上了另一个女孩。有一次他在教堂看到她，评价她容颜衰败，但在日记的最后一页，他拜访了米歇尔家，发现她和她母亲在一起，她丈夫不在家：“在这里我 214
吻了她，但我没有机会和她做爱，如果我有机会的话，我会主动提出来的。”他在日记中所表达的是许多男人——也许是大多数男人——在人生的某个阶段的感受，那时他们胜券在握，精力旺盛：他们想拥有世上所有的漂亮姑娘，或者至少和街上路过、入了他们眼的每个女孩做爱。

但是贝蒂·米歇尔没有被皮普斯占有，而是在历史的黑暗中销声匿迹，一同消失的还有她那日渐褪色的美丽童颜，她的梳妆盒，泰晤士河边的烈酒店里她闷闷不乐的丈夫，她的命运不为人知的第二个女婴；她摆脱了皮普斯叔叔，也全然不知他给予她的这份文学荣誉。

至于他为什么把自己行为的可耻细节都记录下来，毫无疑问，部分原因是在得意之处延长享乐时间，并给自己一个重温旧梦的机会，还用外语增添了额外的光彩。此外，也许主要是因为他更感兴趣的是观察和记录自己的行为，而不是呈现出一个完美无瑕甚或是对自己有利的形象。因此我们得以观赏一个人仔细记下的我们每个人都会隐藏的东西，如果可能，对我们自己也隐藏，当然也对后代隐藏。尽管皮普斯知道自己是个淫棍，是个撒谎精，但他同时也是个怀疑论者，一个人本主义者；

他不是在日记里忏悔罪行，而是记录下他这个处在复杂环境中的人所经历的真实生活。只有当你接受了他在日记里的行为中最不吸引人的部分时，你才能充分体会到这是人本主义的胜利。

他当然是他叙事里的英雄，用最鲜艳的色彩和最精细的细节描绘自己。背景中的伊丽莎白形象更模糊、更简单，她沉默无语，因为她的信没有留存下来。罗伯特·路易斯·史蒂文森认为皮普斯的魅力无可抗拒，称她粗俗，而二十世纪女性主义者试图给她一个声音，却难以让人信服。她没能和任何一个女伴处好关系，这一点对她不利，但桑威奇夫人喜欢她则对她有利。她可能对待仆人慷慨大方，到地下室参加他们的圣诞聚会和庆祝活动；其他女人分娩的时候她曾经去帮忙。她一生中最深的联
215 结很可能是和她的哥哥巴蒂；这是互惠互利的关系，在日记的书页里，他俩互相照顾彼此。她坚持不懈地敦促皮普斯帮助他，并最终达成：在她死后几十年，他仍然把她的心愿放在心上。她和皮普斯结婚有很多事要忍耐，但总的说来，快乐更多。当她想要某样东西时，她不轻易放弃，在争论中她坚持己见。嫁给精力过人的男人可能会被他们吓住，就像凯瑟琳·狄更斯那样。伊丽莎白却没有。她从未沦落到死气沉沉或意志消沉的境地，拒绝扮演受害者的角色。在日记进入尾声之前，读者已经体验了强烈的戏剧效果，见证了夫妻之间可怕的权力斗争，双方势均力敌，结局痛苦而出人意料。我们稍后再谈。

注释

[1]《日记》，1660 年 11 月 6 日。

[2]《日记》，1665 年 2 月 3 日、4 日。

[3]《日记》，1664 年 9 月 29 日。

[4]《日记》，1662 年 6 月 15 日，1661 年 12 月 19 日。

［5］“狡狯”(cunning)没有现代的贬义,在这里表达的更像是聪明的意思。(《日记》,1665 年 2 月 28 日)

［6］《日记》,1663 年 11 月 3 日及随后几天。

［7］《日记》,1665 年 5 月 5 日。

［8］见莱昂内尔·卡斯特,《皮普斯肖像中的独特特征之说明》,载于《塞缪尔·皮普斯俱乐部会议成员宣读的专题研究》,第一卷,页 38。作者写到了“佩鲁基假发的可怕的干草堆”,并继续说,“一个人的许多形态特征有赖于他的头型、耳朵的位置、头在脖子上的姿势。戴上佩鲁基假发后,这一切都消失了,除了脸部的实际特征外,一个人的上半身没有其他东西能把他和他的同类区分开来”。

［9］《日记》,1662 年 10 月 24 日。

［10］《日记》,1663 年 12 月 9 日。

［11］《日记》,1667 年 3 月 5 日。

［12］《日记》,1666 年 11 月 1 日。

［13］《日记》,1664 年 3 月 28 日,他称其为晨衣。也许他俩都知道约翰·多恩的诗《致情妇之上床就寝》(“To His Mistress, Going to Bed”),其中有一句“我的王国,只有一个人的时候最安全”,尽管她把它称为她的王国。皮普斯在一六六九年买了一本多恩诗集。

［14］《日记》,1669 年 4 月 11 日。

［15］皮普斯的父亲在信中把这件事告诉了他,还说伊丽莎白同意和那个叫科尔曼(Coleman)的军官乘坐同一辆马车回伦敦。(《日记》,1667 年 6 月 24 日)她邀请他参加旅行后的午餐会,但他没有出现。

［16］《日记》,1663 年 2 月 13 日。这一年皮普斯以费钱为由反对过圣瓦伦丁节。关于圣瓦伦丁节,见第十六章,注释 8。

［17］《日记》,1669 年 3 月 31 日,4 月 26 日,5 月 1 日。

［18］《日记》,1667 年 7 月 12 日。

［19］《日记》,1663 年 9 月 1 日,1667 年 10 月 9 日。

［20］《日记》,1668 年 1 月 12 日。

［21］《日记》,1666 年 9 月 10 日。

［22］《日记》,1668 年 6 月 17 日。

［23］《日记》,1660年2月8日。

［24］《日记》,1660年1月13日。

［25］《日记》,1660年1月31日。理想化的阿尔西迪安(Alcidiane)的故事,一部伪历史传奇,由一位学究马林·勒罗伊·德·贡贝维尔(Marin Le Roy de Gomberville, 1600-1674)用法语讲述,共五卷。书太长了。

［26］《日记》,1660年3月15日。

［27］《日记》,1663年12月22日。

［28］关于在椅子下的性交,见《日记》,1664年1月16日,关于皮普斯被"榨干"的性交,见《日记》,1667年2月16日。

［29］《日记》,1664年1月16日。这是他第一次用法语讲述这样的情节,有趣的是,他既用法语讲述了性爱部分,也用法语表达了悔恨。

［30］《日记》,1669年2月7日。

［31］《日记》,1660年10月31日。

［32］《日记》,1663年11月12日、16日、17日。

［33］《日记》,1663年10月24日。

［34］《日记》,1667年8月2日。

［35］《日记》,1661年9月23日。

［36］皮普斯认为自己可能不会有孩子,见《日记》,1662年1月23日;被称为"失球者",见《日记》,1662年3月22日(注意,《牛津英语词典》将"失球者"〔"fumbler"〕的性含义解释为"阳痿",皮普斯如果知道肯定会对此感到不满)。伊丽莎白认为自己有了孩子,见《日记》,1663年11月6日。

［37］关于怀特叔叔,见《日记》,1662年2月21日、22日,5月11日、15日。

［38］《日记》,1664年7月26日。

［39］伊丽莎白认为自己怀孕了,见《日记》,1664年9月22日、27日。

［40］《日记》,1667年7月6日。

［41］《日记》,1667年7月25日。

［42］《日记》,1667年9月19日。

［43］《日记》,1668年7月29日,等等。

［44］《日记》,1663年1月1日。

［45］《日记》,1663 年 10 月 16 日。

［46］《日记》,1663 年 7 月 1 日。其中有塞德利的故事,皮普斯听到梅内斯和巴滕的讲述后的私下反应,以及他们说的“现在鸡奸在我们的时髦人士中几乎变得和意大利一样普遍,甚至仆人开始因此而抱怨他们的主人了”。

［47］ 二十年后,他对此更加了解了,见下文页 334。

［48］《日记》,1667 年 4 月 1 日。

［49］ 关于剧院里的塞德利,见《日记》,1664 年 10 月 4 日。

［50］《日记》,1667 年 6 月 30 日。皮普斯当时在荷兰人进攻之后,与克里德一起访问了梅德韦。

［51］《日记》,1665 年 11 月 23 日,1 月 4 日,1666 年 6 月 7 日。没有给出“小图克太太”的年龄,但皮普斯称她是个孩子。他似乎差点儿就跟她进行了完全的性行为,虽然只是差点儿。一六六七年二月,伊丽莎白告诉皮普斯,据说这个女孩得了淋病,归咎于她的母亲在有男人来找她时就让他跟她上床,而在三月,她说她得了梅毒。毫无疑问,她是要警告他离她远点儿。皮普斯仍然觉得她很有吸引力,“长成了一个小女人”,亲吻、爱抚她。四月,她与皮普斯夫妇共进午餐,此后便从故事背景中消失了。

［52］《日记》,1666 年 6 月 19 日。

［53］ 见关于简・伯奇的那一章,以及《日记》,1668 年 9 月 16 日。内尔・佩恩在一六六七年夏天被皮普斯好一通折腾,一六六七年八月五日被伊丽莎白解雇,因为她爱传闲话,老往外跑。一六六九年三月四日当皮普斯见到她时,她高兴得叫出声来,而他对她仍“惦记了一个月”,并想着什么时候他可以再去找她大战一个回合。

［54］ 贝蒂・莱恩和她妹妹多尔,巴格韦尔太太,可能还有黛安娜・克里斯普,因为他说过“那女孩什么都不拒绝”。

［55］《日记》,1665 年 10 月 16 日。

［56］《日记》,1667 年 2 月 1 日:“我亲吻了她的腹部和阴部,看到了阴毛。”

［57］《日记》,1667 年 8 月 18 日。在圣邓斯坦教堂,“站在一个漂亮、正派的女仆身边,我费尽心思想要握住她的手和身体;但她不愿意,反而离我越来越远,最后我发现她要从口袋里拿出别针来扎我,如果我再碰她的话;见此

情景，我罢手了”。

[58] 关于他强迫贝蒂·米歇尔在马车上抚摸他的情节，见《日记》，1667年1月27日，2月5日、11日。关于对弗朗西丝·斯图亚特（Frances Stewart）和凯瑟琳王后的幻想，见《日记》，1663年7月13日、15日。

[59]《日记》，1663年7月13日，1664年2月8日。

[60]《日记》，1665年12月16日。

[61]《日记》，1666年3月23日。

[62]《日记》，1666年9月12日。

[63]《日记》，1666年12月2日。

[64]《日记》，1666年12月23日。

[65]《日记》，1667年2月11日。

第十四章　国　王

一六六五年九月，当桑威奇勋爵带来他从荷兰人手中抢来的载满战 216 利品的舰船时，约翰·梅内斯爵士在伍利奇请他吃了一顿“丰盛的晚餐”，布龙克尔勋爵、皮普斯、伊夫林和其他几个朋友也在场。那是一次欢乐的聚会，桑威奇讲了一个皮普斯的故事。他描述了他在一六六〇年五月看到国王的一封信时是多么欣喜若狂，当时国王还在荷兰。信是寄到海上给他们的，桑威奇告诉在场的人说皮普斯吻了它，还说“不管他怎样”，皮普斯是始终爱着国王的。桑威奇在褒奖了皮普斯的同时，又回头说起他自己曾经为克伦威尔效力，这段历史仍然对他不利。说到这儿，布龙克尔勋爵宣布“他忍不住在我的大人面前吻我，并声称他每天都在找机会变得更加爱我”。他们都喝多了，也许布龙克尔勋爵是在取笑皮普斯。但皮普斯并不认为这是在开玩笑，当科克船长后来提到这件事时，他认为这可能会“对我有好处”。[1]

皮普斯在海军处的职位意味着他对国王负有直接责任，理应效忠国王，他的大量的海军文件以花名册、会议记录、信件和备忘录的形式保存了下来，这些都证明了他为国王服务的热情。他的公务信函中充满了“国王的服务”“国王的船厂”“国王的安全”“国王的舰船”这样的字眼。从一六六五年起，查理就知道了他的名字，逐渐赏识他，认为他是一名有用的官员和杰出的海军事务演说家；顺理成章地，浩荡皇恩使他飞黄腾达，竟至在一六七三年被任命为海军部秘书长。[2]国王对皮普斯的评价很高。尽管有桑威奇勋爵的佐证和布龙克尔勋爵的亲吻，皮普斯对国王的真实回应却不是那么回事。

一六六〇年，举国上下对复辟充满热情，他也随大流，加入其中。当时人人都感受到了查理的魅力，皮普斯也不例外，他甚至感受更深，因为他借着桑威奇在国王还朝中所起的作用而获得了丰厚的回报。皮普斯
217 由衷地被他的故事打动，他年轻时遭受的苦难、他的贫穷、勇气、在伍斯特战役后的颠沛流离，皮普斯也钦佩他如此精力旺盛——“非常积极活跃”，还有他的平易近人、虚怀若谷。[3]他喜欢复辟的盛大庆典，也喜欢加冕典礼，有游行队伍穿过街道、凯旋门、华丽的服装、仪式、宴会。一切有画面感的东西都能触动皮普斯。他不会抱怨宫廷里挤满了丽质佳人，她们炫耀着锦衣华服、羽毛帽子、珠宝首饰，为他提供了丰富的八卦资源，装饰了他的梦。国王对戏剧、绘画和音乐的赞助也受到明确的欢迎，日记中充满了种种赏心乐事：教堂音乐复兴，剧院重新开放，参观画家工作室，宫廷美人在那里得以芳容永驻。[4]

王室生活的肥皂剧的一面也吸引了他。一六六二年，他被带进萨默塞特宫时兴奋得直发抖，他得以观察国王和他的新王后凯瑟琳去看望太后亨丽埃塔·玛丽亚，“这样轻松悠闲的景象我几乎不可能有幸看到”。他记录了一段王室谈话。国王告诉太后，王后怀孕了。王后反驳说“你撒谎”——这是皮普斯听她说的第一句英语——国王取笑她，说要教她说“认罪，然后被绞死”。对一个国王来说他非常机智，皮普斯离开时对于耳闻目睹了这桩“最稀罕的事儿”感到心满意足。[5]在其他王室仪式、国宴、王后生日舞会上他仍然是个好奇的旁观者，后者他是在上面的楼厢上观察的。[6]他的朋友皮尔斯，约克公爵的外科医生，对宫廷里每一桩风流韵事、堕胎、决斗和梅毒病例都了如指掌，就像今天的小报一样，尽

给他讲丑闻故事，其中有太多故事被皮普斯记到了日记里。

这些都不意味着他丢弃了他怀疑的理智。第一次和桑威奇进宫时，
他就注意到“宫廷里的侍奉太无聊了”。[7]他看到国王把手庄重地放在
来国宴厅接受国王碰触治疗的病人身上，之后他毫不犹豫地写下了自己
的看法，认为这种行为很愚蠢。[8]和国王一行人参观伦敦塔时，他评论
道：“国王的同伴们……对他所说的那些空洞无聊的话。”[9]新王后的到
来促使皮普斯指出，人们并没有大喜过望，反而“对宫廷的豪华奢侈非 218
常不满，还有它的累累负债”。[10]不久以后他就听说宫廷里的人咒骂、酗
酒、嫖娼，他对此感到震惊，但让他更惊讶的是那里奢侈之风盛行，还有
对无限信用的期待。人人花钱，没人付钱。[11]皮普斯记下了国王的文具
供应商的故事，以证明这对那些为他服务的供应商意味着什么。登基七
年后，一天早晨查理去参加枢密院会议，发现桌上没有纸。当他抱怨的
时候，他被告知，提供这些东西的人“只是个穷人，亏了四五百英镑……
不给钱他就不能再提供这些东西了，自从国王执政后，他一分钱也没有
收到”。[12]皮普斯补充说，“国王现在收到很多这样的警告”。他年轻时
忍受的苦难再多，他现在的魅力再大，也不应当这样对待他的臣民。

查理公然的通奸，虽然是八卦的好材料，但在皮普斯看来也是“一名君主做的糟糕的事”。他反对的与其说是通奸这种事，倒不如说是言行不谨——国王至少应该在表面上树立榜样——一六六三年他就这个话题对克里德畅所欲言，甚至后来变得焦虑不安，担心他能否指望克里德守口如瓶——独裁者的国家里总是潜藏着一丝恐惧。[13]这事不久之后，桑威奇夫人的父亲克鲁勋爵对皮普斯谈起国王的行为，言语更加不慎重，说他不理朝政、受控于卡斯尔曼夫人、轻易受宠臣的影响、无视谋臣的建议、讨厌“看到或想到政务”。[14]皮普斯写下克鲁的话，仔细掂量。他那代人中没有人不在脑子里把克伦威尔和查理作比较，无论是作为个人还是作为领袖。和克鲁交谈不久之后，皮普斯在海德公园参观了国王

卫队（King's Guards）的阅兵式，他用近乎叛国的话对这场盛大的表演做了评论："我认为这些衣着光鲜的人并不是能为国王打仗的士兵，当初让老国王失去了一切、被最普通的人打败的人，就和这些家伙一样。"[15]

219 此处使用"普通"一词来称赞议会军。在和国王相关的叙述中它不止一次出现，意思却不一样："对于一个不认识他的人来说，似乎是个很普通的人"，"我觉得只会说一些普通的话"。[16]皮普斯把君主制的崇高地位与它的实际情况放在天平两端衡量，就像他的上一代人评估查理一世，认为他德不配位一样。皮普斯对老国王没有什么兴趣。一六六九年，他为约克公爵准备了一份关于海军处历史的文件，其中提到"先王陛下与议会之间的决裂"，表明了他对查理一世执政的看法。公爵让皮普斯删除他写下的文字，用"上次叛乱的发端"来代替，因为任何说这场冲突发生在两个同样合法的力量之间的暗示，在政治上他都不能接受。[17]

皮普斯对查理二世的能力第一次严肃地说出不敬之辞，是在一六六三年七月公园阅兵式后不久；他总是渴望亲身经历，他设法违规挤进上议院听国王演讲。他形容查理坐在王座上，照着放在他腿上的一张纸朗读，读得很糟糕，几乎没有抬起眼睛。"他的演讲很平淡，完全没有精气神，说话也有气无力，讲得很不好，通篇都在念稿子，好几处还念重复了——看得我真难过，对他来说原本不念稿子也不难完成整个演讲的。"[18]皮普斯的鄙视来自一个自身学习过在公共场合背诵和演说的人，他深感震惊的是，查理竟然懒得在济济一堂的贵族面前做一场得体的表演。第二年，他又偷偷进了上议院听国王演讲，又对它做了批评："他的演讲是我一生中听到过的最糟糕的——如果他通篇朗读都比这强，他手里还拿着演讲稿呢。"[19]

然而查理却开始赏识皮普斯。日记表明，一六六五年四月十七日，在白厅，他第一次叫了他的名字，并和他聊起了舰船；造船是查理非常熟悉的话题。不管皮普斯对他的看法如何，这是向前迈出的重要一步，他决定从现在起做好准备接受垂询，并给出正确回答。接下来的几周里，两人就海军事务有过更多的非正式交流，七月的一天，查理和约克公爵 220
在格林尼治，也把他召过去。瘟疫把他们赶出伦敦，他们乘驳船从汉普顿宫出来，只带着几个随从以及在他们身边上蹿下跳的年轻的蒙茅斯公爵，来视察格林尼治公园的新宫殿的修建进度，并检查船厂里正在建造的一艘船。皮普斯在那里回答他们的问题，觉得自己表现得很好，因此当他没有被邀请与国王一行人共进午餐时，他觉得很屈辱。但到了下午，他登上了他们的驳船，和他们一起驶到伍利奇，然后返回，一路上坐得离他们很近，能够观察到国王兄弟俩，倾听他们的谈话。那天晚上，他写下了他们给他留下的印象："上帝饶恕我，尽管我尽我的本分去崇拜他们，但是一个人越是观察和思考他们，就越不觉得他们和其他人有什么区别，尽管（上帝保佑）他们都是非常高贵的王子，而且勇气过人。"[20]"崇拜"表现出人们对王室该有的崇敬；这不是皮普斯经常说的词，在这里它被用作一种软化剂，软化了他的真实观点，即他觉得国王和公爵都很平庸。两次祈求上帝，并赞美他们的高贵和勇气，即使有上述两点支持——公爵确实刚刚从海上与荷兰人作战归来——他写下的也不是一个忠臣的话语。

在皮普斯眼里，查理没有认真对待自己的国王角色，从而丢弃了优势。他不勤政，不追求尊严和荣耀，沉溺于声色犬马的生活：美色、赛马、游戏、饮酒、看戏、游船。他对巡幸他的王国不感兴趣，毫无疑问，他认为自己年轻时已经流浪够了。他很聪明，但即使是他经常被人提及的对科学的兴趣，也没有得到认真发展。他和蔼可亲、彬彬有礼、变化无常，很少直接表达不满，很快就感到厌倦。他有宠臣，但用对他知之甚深的伯内特主教的话来说，他"对世人的评价都不高；不认为世上会有出于信念的真诚或贞洁，如果有人真诚或贞洁的话也是出于性情或虚荣心。他认为没有人出于爱而为他效劳，因此他与全世界两不相欠，他不怎么爱别人，正如他认为别人也不怎么爱他一样。”[21]

221 皮普斯对伦敦大火的描述在另一章中讨论。他那时对国王的态度最突出的一点是，毫不犹豫地主动承担责任，向他汇报正在发生的事情，同时直接给他建议——你可以说是指示——叫他应该如何行事：“除非陛下下令拆除房屋，否则不能阻止这场大火。”[22]这一定给查理留下了深刻的印象，尤其事后证明这是他得到的唯一的好建议时。在火灾发生后的几个月里，皮普斯不断地批评他在战争中的无能。一六六六年秋天和一六六七年的头几个月，海军处提醒国王，没有资金他们就不能执行派遣舰船的命令，舰船一艘接一艘地进坞检修。[23]但他们的请求未见成效。皮普斯记下了他的“悲伤，悲伤的是国王自己都不管自己的事，因此会完蛋”。他记录了同事们的话，说到“宫廷的道德败坏。国王因此给自己带来的耻辱”。约翰·伊夫林正努力张罗着照顾病人、伤员、囚犯，他也被逼到谴责查理不问国政。在一六六六年的年终总结中，皮普斯将宫廷概括为“可悲，邪恶，疏忽”，一六六七年的日记记载了一系列别人对国王的抱怨和提醒。[24]三月，皮普斯在他面前发言，告诉他如果不资助海军，将导致灾难。五月，卡特里特对皮普斯说，除非国王“管好自己的事”，否则他担心国家会毁灭；六月，伊夫林说国王的行为很可能会让王国名誉扫地，并说查理与克伦威尔相比相形见绌。[25]

梅德韦的灾难接踵而至。皮普斯得知“荷兰人烧毁我们船只的当晚，国王在蒙茅斯公爵夫人那里与卡斯尔曼夫人共进晚餐，大家都在疯狂地抓一只可怜的蛾子”。[26]告诉他消息的人，丹吉尔防波堤的首席工程师休·乔姆利，继续谈论查理能力不足的话题，暗示他“没有头脑，或者至少不够小心，没有先见之明”，不能像法国国王一样统治国家。皮普斯补充了自己的看法：“奇怪的是，他和其他每个人现在都在反思、赞扬奥利弗。[原文如此]他做了如此勇敢的事，使所有邻国的君主都畏

惧；而现在这位国王，带着人民所有的爱、祈祷和善意上台……很快就失
去了一切，一个人能想出什么办法在这么短的时间内失去这么多，还真 222
是奇迹。”[27]他想到要再次去议会听国王的演讲，但“转念一想，觉得不值得跟那么多人挤”。他把他的不满更推进一步，实际上开始回避国王，“自从荷兰人第一次登上海岸来到希尔内斯，我就不想见到他，因为在这样的耻辱之后，要是见到了他我会感到很羞愧，要不然我觉得就是见到我他也会感到很羞愧”。[28]

卡特里特曾经如此坚决地为他的君主辩护，现在却当面指责他的所作所为，并向皮普斯重复了他对查理所说的话，即“政府至少表面上要有宗教信仰，要节制，这是必要的；正是这一点让奥利弗上台并维持统治，尽管他是世上最大的流氓”。[29]表面上有宗教信仰和皮普斯关于通奸的观点是一样的：国王信也好不信也好，有情人也好没情人也好，但统治者必须树立一个好榜样。皮普斯变得更加尖刻，他写下了国王在议事厅里的作为：“我所看到的只有国王的愚蠢，他一直在逗他的狗，或是摸他的裤裆盖片，并不关心这件事，他说的话非常软弱。”[30]在另一次枢密院会议上，皮普斯提交了一份文件，激使他说道：“我可以轻易看出他们中没有人懂这件事；国王最后结束了会议，懒洋洋地说，‘呃，’他说，‘经过这么多的讨论，我现在终于明白了；也就是说，对此我们没有什么可以做的’（我从来没有听过这么蠢的话），‘因此，’他说，‘我希望先生们尽其所能催一催财政大臣的账目；就这样。’于是我们散会；我承认我走的时候感到羞愧，因为事情进展得微乎其微。”[31]此后还会多次提到国王“简短、愚蠢的讲话”，“简短无力的回答”，他的“让人难过的谈话”，“无聊的交谈”，以及他喝醉后“伤感的胡言乱语”。[32]

考文垂和卡特里特一样，在一六六七年对国王的统治能力完全丧失了信心。有一次皮普斯试着礼貌地向他表达对查理在财政和议会方面遇到的困难的同情——说“当个贫穷的国王，还要让别人来纠正他自己

臣仆的错误，是一件很遗憾的事，正是这一点使我们大家都陷入了这样
223 的境地”——这时考文垂对查理的行为突然迸发出强烈的厌恶。“他回答说他永远不会成为一个贫穷的国王，然后其他的自然会变好；他说，‘不，我会先吃面包，喝白水，现在就把我周围所有无所事事的人都打发走，只带两个仆从；这一点我已经告诉过国王——这一点最终必须做到’。”[33]在与皮普斯的另一次谈话中，考文垂坦言：“为一位不关心自己事务的君主服务，对那些全心全意为他服务的人来说非常不幸。”考文垂是皮普斯非常尊敬的人，而他公开表示对国王的不满。[34]

在此期间，查理做了两件让皮普斯高兴的事：一是一六六七年十月，他恩准给他一艘小型战利品船，二是一六六八年赞扬他在议会发表的演讲；但这两件事都没有改变皮普斯对他的个人看法。他继续评论他“说话愚蠢”、纵情声色、回答“简短无力”、作风诡诈。一六六九年三月，皮普斯和伊夫林一起吃午餐，伊夫林“公开对我说他认为时代和我们即将要毁灭，一切都由国王的愚蠢所招致”。[35]四月，皮普斯听到传言说即将与法国人达成协议，他们会给国王提供资金，让他摆脱对议会的依赖，他写道：“这是一件会使议会和王国发疯的事情，并将使我们走向毁灭——因为国王会用这笔钱在吃喝玩乐中肆意挥霍时光，把正事抛诸脑后，直到噬脐莫及。”[36]没有公开签订这样的协议，但皮普斯的见解是对的，因为查理在一六七〇年与路易十四签订的秘密条约，正和他所描述的一样，在他余下的统治期内，法国人的钱成为他的武器，用来对抗议会。

日记的最后一部分讲述了考文垂，这个多年来一直是御弟的忠实朋友和顾问的人，如何因拜占庭式的宫廷阴谋而失宠，并被开除所有公职。英荷战争的最后，考文垂建议查理摆脱年迈的大法官克拉伦登，他自己也认为克拉伦登碍手碍脚，成了累赘。考文垂心里想的是让这个策划查理复辟的主谋体面地退职，但议会想要克拉伦登的命，卡斯尔曼夫人恨

他,因为他毫不掩饰对她的蔑视。无论如何,查理已经厌倦了让别人告诉他该怎么做。他比考文垂预想的更进一步,当克拉伦登受到议会弹劾的威胁时,国王把他流放了。这是可耻的忘恩负义。现在考文垂和约克 224
公爵之间的关系冷淡了,约克公爵夫人恰恰是克拉伦登的女儿;考文垂离职,不再担任公爵秘书。他告诉皮普斯这是他自己的意愿,但他仍然是枢密院成员和财政部委员。

皮普斯告诉我们,考文垂在向国王提出建议时可能有些严厉,他描述了一个场景:考文垂向国王提议减少开支,国王说他对这事不感兴趣;对此,考文垂回答说,"我看陛下不记得那句古老的英国谚语了,'不肯为一根别针弯腰的人,绝对不值一英镑'"。[37]这种语气,明确严谨,像是在布道,但用在查理身上完全是错误的。他有更风趣的顾问可以求助,其中包括他儿时的朋友白金汉公爵乔治·维利尔斯,他野心勃勃,不可信赖,但对男人和女人都很有吸引力:据说当他经过时,人人侧目。白金汉决定取笑考文垂,为此在即将上演的新喜剧中添了一个附加场景。这出戏名叫《乡村绅士》,除其他角色外,还有女房东分尼口·放特(Finicall Fart)和政府高官考慎·特劳尔爵士(Sir Cautious Trouble-all);白金汉添加的场景里展示了考慎爵士的办公桌,并拿它取乐,这是一个特制的圆桌,有个通道通向中间的洞,他可以置身其中,轻易就能转动身体看到他的众多文件。众所周知考文垂就有这样一张桌子,并对此颇为得意;事实上他曾经向皮普斯展示过。在白金汉添加的场景中,考慎爵士成了被嘲笑的人物,像个小丑一样坐在旋转凳子上,从一套文件转向另一套文件,嗖嗖地忙个不停。[38]

考文垂的幽默感并不足以忍受白金汉的讽刺。他听说这出戏后非常生气,甚至向国王抱怨,国王要查看剧本。他得到的剧本中,关键的一幕已被删除。考文垂随后告诉剧院经理基利格鲁,他会让任何参演该剧的演员鼻子开花;他还向白金汉发起挑战,要求决斗。白金汉最近刚跟

情妇的丈夫决斗过，打死了那个男人，他急于避免再次发生流血冲突，于
225 是向国王透露了挑战的消息。在下一次枢密院会议上，考文垂被逮捕，并被送进了伦敦塔，理由是对枢密院成员的挑战构成重罪，因为这可能导致他的死亡——一条被遗忘已久的亨利七世的法令被援引来实施这一非常举措。

考文垂被捕的消息“确实深深刺激了我”，皮普斯写道。他急忙赶到伦敦塔，并在他被拘捕期间定期探望他。他不是唯一一个这样做的——有一天，有六十辆马车在伦敦塔前排队。他受到的惩罚显然是不公正的。但是国王漠不关心地去了纽马基特，写信给他妹妹说：“我不为威尔爵士感到难过。考文垂给了我这个好机会……把他赶出枢密院。我也打算把他赶出财政部。事实是，他在这两个地方都是个麻烦，我完全摆脱了他。”[39]考文垂不得不请求赦免才得以释放。

一天，皮普斯和他坐在伦敦塔里，看到他正在写日记，考文垂告诉他，自己经常写日记。皮普斯于是也把自己写日记的事透露给了他，“我想他是我唯一告诉过的人，在这八到十年间，我一直严格保守秘密，告诉他之后我感到后悔——没有必要告诉他，也不适合让人知道”。[40]考虑到他这些年来所写的东西，他很可能会担心；但考文垂不是一个会侵犯朋友隐私或者背叛朋友的人。然而，在皮普斯看来，他已经成了危险的朋友。在他从伦敦塔被释放之后，到他被允许再次出现在御前之前，皮普斯开始害怕在公共场合被人看见和他在一起。当考文垂提议像以前一样在圣詹姆斯公园散步时，皮普斯找借口离开了。他必须考虑自己的立场，不能再让人看到他和考文垂在一起了。[41]在日记里皮普斯可以对自己声明，“我想我应该不惜一切代价为他效劳”，但他不准备冒任何风险。

考文垂又为皮普斯做了一件事，他告诉一位政府顾问说，国王要花一万英镑才能找到一个像时任书记官一样优秀的人，皮普斯因此保住了

工作。[42]但考文垂的仕途终结了，尽管他继续担任议员。[43]皮普斯现在实际上是个职场孤儿，因为桑威奇去了西班牙，考文垂又下了台。他俩都曾帮助他获得国王的恩宠，他从他俩身上都学到了君恩不可恃。从现 226
在起，他将不得不自立，直接与国王兄弟打交道。我们遗憾的是，他对国王的轻率言行随着日记的结束也不复可见。

注释

[1]《日记》，1665 年 9 月 10 日。皮普斯在一六六〇年的日记中没有关于亲吻信件的内容。

[2] 查理在一六六五年四月十七日第一次称呼他的名字，卡特里特说他欣赏皮普斯的能力。（《日记》，1665 年 11 月 6 日）

[3]《日记》，1660 年 5 月 23 日。他还记录了他有早起的习惯，见《日记》，1660 年 8 月 15 日。

[4] 彼得·莱利实际上是在克伦威尔治下成名的，曾为他和爱德华·蒙塔古作画。他摇身一变成了查理二世宫廷中为美女画像的最高超的画师。

[5]《日记》，1662 年 9 月 7 日。

[6]《日记》，1666 年 11 月 15 日。

[7]《日记》，1660 年 6 月 16 日。

[8]《日记》，1661 年 4 月 13 日。

[9]《日记》，1662 年 11 月 24 日。

[10]《日记》，1662 年 5 月 15 日。

[11] 关于咒骂等内容，见《日记》，1661 年 8 月 31 日。关于不付账单，见《日记》，1662 年 5 月 15 日，11 月 30 日。

[12]《日记》，1667 年 4 月 22 日。

[13]《日记》，1663 年 2 月 1 日。

[14]《日记》，1663 年 5 月 15 日。

[15]《日记》，1663 年 7 月 4 日。

[16]《日记》，1661 年 8 月 19 日，1663 年 11 月 2 日。

[17] 皮普斯致约克公爵的信，1669 年 5 月 17 日，海军办公室职责的历

史记载，引自《塞缪尔·皮普斯的其他通信，1662–1679年》，页232。

[18]《日记》，1663年7月27日。

[19]《日记》，1664年4月5日。

[20]《日记》，1665年7月26日。

[21] 吉尔伯特·伯内特，《我们自己时代的历史》（四卷本；1818），第一卷，页168。伯内特做了几年查理二世的牧师，也是一名对他不利的证人。

[22]《日记》，1666年9月2日。

[23]《日记》，1666年10月19日；皮普斯致约克公爵的信，1666年11月17日，见《塞缪尔·皮普斯的其他通信，1662–1679年》，页147。

[24]《日记》，1666年10月15日、21日、31日，11月14日，12月14日、31日。

[25]《日记》，1667年5月9日（关于卡特里特），6月3日（关于伊夫林）。

[26]《日记》，1667年6月21日，皮普斯讲述了休·乔姆利。

[27]《日记》，1667年7月12日，有休·乔姆利和皮普斯的观点。

[28]《日记》，1667年7月29日。

[29]《日记》，1667年7月27日，8月8日、9日。

[30]《日记》，1667年9月4日。

[31]《日记》，1667年9月25日。

[32]《日记》，1667年9月23日。

[33]《日记》，1667年10月28日。

[34]《日记》，1667年12月8日。

[35]《日记》，1669年3月16日。

[36]《日记》，1669年4月28日。

[37]《日记》，1668年1月2日。

[38] 罗伯特·霍华德爵士是一位知名剧作家，也是白金汉的朋友，他是该剧其余部分的作者，除了考慎爵士的办公桌之外，这是一部情节标准的喜剧。参见《泰晤士报文学增刊》，1973年9月28日，页1105中的文章，作者阿瑟·H. 斯考滕和罗伯特·D. 休姆。

[39] 查理二世致亨丽埃特的信，1669年3月7日，前注文章中引用了这

封信。

[40]《日记》,1669 年 3 月 9 日。皮普斯忘了他曾对一个海军上尉提到过他的日记,见《日记》,1660 年 4 月 11 日。考文垂的日记还没有被发现。

[41]《日记》,1669 年 3 月 30 日。

[42] 同上。

[43]《日记》,1669 年 3 月 3 日至 20 日,涵盖了考文垂的被捕、监禁和释放。

第十五章　伦敦大火

227 九月二日，星期日，凌晨三点，简叫醒了皮普斯，她早就起来为一个午餐会做吃的。她透过窗户看到西南部比林斯门地区着火了。这足以让她去叫醒皮普斯。他穿上晨衣，走到她窗前亲自观察，之后他断定火离得还远，不足为虑，转身回到床上继续睡觉。简下楼开始用他们自己厨房的火做饭。大火是从布丁巷着起来的，在一个面包师的房子里，他没能把烤炉下面的火扑灭，火焰从他的房子蔓延开来。

皮普斯七点钟又醒了。这次他从自己卧室的窗户往外看，认为火势似乎比他最初想的要小，甚至离得更远——毫无疑问，这是因为大火被一股强劲的东风吹得往西走，远离了川流巷。他走进自己的内室，是一间把边的小房间，里面放着他的一些财宝、绘画和书，他打算趁着前一天清洁工打扫完重新整理一下，因为他想把里面的东西展示给一位赴宴的客人看。然后简又来了，说她听说已经有三百所房子被烧毁了，现在火已经快烧到伦敦桥了。这时他决定穿好衣服，去伦敦塔，打算把伦敦塔的高窗户用作观察点。伦敦塔的中尉的小儿子跟着他一起上去。他们眼前的景象足以使他担心。据他所写，他首先担心的是他喜欢的两个姑娘，住在桥附近的贝蒂·米歇尔和现在住在桥上的、他以前的女仆萨拉。

他意识到除了姑娘们以外有更多的东西处境危险，他没有回家，下来后来到河边，给自己叫了条船，经过桥下，往西边划去。他看到米歇尔

家的房子已经被烧毁，河岸边的人们正把他们的家什拿出来，扔进驳船
里，甚至扔进水里。他注意到有些人非常不愿意离开自己的家，拖到最 228
后一刻才走，鸽子的行为也一模一样，在它们熟悉的栖息地盘旋，直到有些鸽子的翅膀被烧——这是他最生动鲜明的观察之一。他在水上待了一个小时，就这样环顾四周，思考看到的一切。他看到大火由强劲的东风吹着，夏季干燥的天气使一切都变得易燃；于是他决定采取行动。这时他让船夫载他去白厅，那里的礼拜堂正在举行礼拜仪式。他径直走向国王的祈祷室，告诉人们着火了。似乎还没有人听说过这事，很快就有人禀报国王，国王传他过去。皮普斯告诉他自己所看到的一切，并建议他和公爵下令炸毁房屋，以阻止火势进一步蔓延，他告诉他们摧毁大火所经之路上的房屋是阻止火势蔓延的唯一途径。

这是他在伦敦大火中的关键角色，第一个报告国王并提出合理建议的人。国王让皮普斯去找市长，命令他拆除房屋，并许诺会派兵帮忙。皮普斯坐上一辆借来的马车，和克里德一起，重回火灾现场。他们一直驱车到圣保罗，然后沿着华特林街向东走，遇到了成群结队的难民，其中有病人用床抬着，后来走到坎宁（Canning，即坎农〔Cannon〕）街，发现市长托马斯·布拉德沃思爵士筋疲力尽：“他像个失去勇气的女人一样大喊：‘上帝，我能做什么？我累坏了！人们不会听我的。我一直在拆房子。但火烧得比我们拆得快。’”他整晚都没睡，现在想要休息。皮普斯没有回白厅接受进一步指示，只是继续往前走，眼睛不闲着，对一切奇特之处感到着迷。这成为他的另一项伟大贡献，向后代报道火灾。他对火灾的描述是日记中当之无愧的最著名的精彩片段。大部分都写在活页纸上，真的是趁热打铁，后来才誊抄到日记正文里，以小时为单位记述了他的经历。

为了安全，人们正在把他们的东西堆进教堂，富商胡布隆一家正在
把他们的家什搬出房子，除了一个兄弟的家以外，其他人的家都毁了。 229

现在已是中午，他记得有客人要来吃午饭。他没想别的，只想赶紧回家迎接他们。客人里有一对新婚夫妇，伍德夫妇，巴巴拉·伍德是伊丽莎白的朋友，也是瘟疫期间她住在伍利奇的房东家的侄女；男的是个有钱的桅杆制造商的儿子。还有穆恩，贝拉西斯勋爵的秘书，皮普斯通过丹吉尔的工作结识了他；皮普斯一直希望给他看看自己的内室。现在这事儿被推迟了，午宴也没有持续多久；不过，“我们吃了一顿非常丰盛的午餐，而且在这个当口算是非常快乐了”。然后皮普斯和穆恩一起再次穿过伦敦城，一直走到圣保罗，然后再次乘船。国王和公爵坐着他们的驳船在河上，皮普斯和他们一起，传唤了城市民兵的一位上校，命令他拆除桥下更多的房屋。但为时已晚。风正把火吹进市中心。

与此同时，伊丽莎白和伍德夫妇、克里德一起去了圣詹姆斯公园。皮普斯去那里和他们会合，又把他们带到河边。空气很热，充满了浓烟和“阵阵火星”，风势猛烈不减。当再也忍受不住热气的时候，他们调头来到岸边区的一座艾尔酒馆，在那儿一直坐到天黑，看着整个城市燃烧，目力所及他们能看到火一直烧到山上，“一种非常可怕、邪恶、血红色的火焰，不像普通火的那种纯净的火焰”，还看到伦敦桥上火焰形成了拱形。他们还听到一种可怕的声音，是被烧毁房屋的破裂声和风吹火焰的呼啸声。皮普斯感受到了恐怖——“看到这一幕我哭了”——但他也专心记录下了这场面。

回到家里，皮普斯发现汤姆·海特来了，他的房子被烧毁了，于是皮普斯邀请他住到川流巷。他们很快意识到，他们也必须开始尽可能地抢救财物，因为尽管大火的主要移动方向是向西，但现在火势太大，甚至也在缓慢地向东蔓延。海特帮他把几个铁箱子拖到地窖里，把其他物品拖到花园里，皮普斯则把几袋金子和账本放到办公室，方便带走。巴滕动
230 作麻利，已经从乡下叫来了几辆大车，预计在夜间到达。皮普斯睡了一小会儿。星期一早上四点，他又起床了，穿着晨衣坐在巴滕的一辆大车

里，带着一堆贵重物品，来到贝思纳尔绿地，那里住着海军办公室的一位商人朋友，他同意把他们的东西放到他的大房子里。为了安全起见，皮普斯把日记也带过去了。

他找了艘海军驳船从伦敦塔码头又带了些东西走。约克公爵到办公室来了。他已被指派管理伦敦城，正乘车到处维持秩序。家里也上演了不幸的一幕。玛丽·默瑟未经允许就去了她母亲家，伊丽莎白很生气，就骂了她。她母亲对伊丽莎白说玛丽不是个学徒姑娘，不能这样对她，伊丽莎白当场就解雇了她，这让皮普斯相当恼怒。但他无计可施。默瑟走了，晚上他们就吃周日午餐的剩饭。两个年轻的女仆似乎已经离开，去查看她们自己家现状如何，因为暂时再没她俩的消息。威尔·休尔去看他母亲，发现她家里全烧了，便让她搬到伊斯灵顿住。现在睡觉没有床了，因为床已经拆了搬走了，那天晚上，皮普斯和伊丽莎白在办公室地板上铺了休尔的一条小被子，睡在上面。

星期二皮普斯又在破晓时分起床，用另一艘驳船又运走了些东西。然后他和佩恩走到塔街，看了一眼正在前进的大火，就急忙回家，在花园里挖了个坑，把他们的葡萄酒放进去；皮普斯还把他的帕尔马干酪埋了进去，这事儿很有名。他和佩恩现在都认为川流巷保不住了，但是皮普斯还是提议从德特福德和伍利奇派工人来拆除更多的房子以拯救海军办公室，并致函考文垂请求批准。虽然没有得到官方的答复，但佩恩找了些人，开始炸毁房屋。那天晚上，皮普斯夫妇从一家小饭馆买了一块烤羊肩，和他们的几个邻居一起在户外吃饭。饭后他出了门，先到花园里，然后去塔街查看大火离得有多近。除了威胁他们之外，大火还沿着舰队街向西推进；齐普赛德街和圣保罗现在都着火了。皮普斯给他父亲写了封信，却发现寄不出去，因为邮局已经烧了。

九月五日，星期三，又试着在办公室地板上睡了几个小时后，凌晨两 231
点皮普斯被伊丽莎白叫醒。她告诉他火烧到了川流巷尾，万圣教堂附近，他立刻决定带她去伍利奇，瘟疫期间她曾住在那里。他们带着简、威尔和另一袋金子乘船出发，留下了汤姆·爱德华兹和海特。皮普斯和休尔几乎没指望回来时川流巷的房子还在，但它们确实还在。佩恩对那些炸房子的人指挥得当，而且风也终于停了。万圣教堂也保住了。皮普斯爬上了它熟悉的尖塔，“在那里看到了我所见过的最凄凉的景象”。到处是熊熊烈火，储存在地窖里的煤油和硫黄让它烧得更旺。他觉得这景象太可怕了，所以很快又下来了。

佩恩给了他一些冷肉，吃完后他走进伦敦城，脚下到处都是热煤，他冒着脚被烫焦的危险走着，发现主干道和交易所都被毁了，穆尔菲尔德挤满了临时搭帐篷的人。他买了杯饮料和一个一便士白面包（注意到价格上涨了），捡起教堂窗户上掉下来的一块玻璃，窗户被热气熔化，坍塌了，看到一只猫从烟囱的一端被弄出来，还活着，毛被燎了。回到川流巷，办公室里安排了消防值班员。从星期日以来似乎已经过了很长时间，他几乎忘了现在是星期几。他记录下有传言说火灾是由荷兰人或法国人引起的，谣言不断扩大，历久不衰。他抽空又睡了一会儿。

星期四早上，他看到有人抢劫，也不严重，就是有人从袋子里拿糖，掺到啤酒里喝。他乘船去了威斯敏斯特，打算给自己买件新衬衫，但威斯敏斯特大厅里没有摆摊的，大厅现在被用来存放无家可归者的物品。白厅附近也没有人。他想办法刮了脸，又回到家，发现邻居理查德·福特爵士临时请大家吃午餐，吃的是用陶盘盛的煎羊肉。饭后皮普斯到德特福德去视察他的东西，已经被运到卡特里特的房子里了。回来后又和男同胞们一起，享受了同志情谊。大火现在自行熄灭了。他又想在办公室里睡觉，但工人们整晚都在说话，到处走动，吵得他睡不着。

232 第二天早晨，他巡视那些已经消失了的、在他生命中有意义的建筑，心情忧郁。圣保罗大教堂不见了，包括它的学校。路德门和舰队街的大部分都被毁了，包括圣新娘教堂，他曾在那儿受洗，小时候在那儿礼拜，还有索尔兹伯里院“我父亲的房子”——此外,尽管他没提到,但他族姐简的房子,就是他做结石手术的地方,也被毁了。这些都是他直接也是最个人的损失。在这些建筑周围,四百多英亩的土地和四百多条街道都沦为浓烟滚滚的废墟。中世纪的城市已经不复存在。他继续走到克里德的住处,借了件衬衫,洗漱干净,然后去圣詹姆斯拜访考文垂。他发现他坐在一张没床帏的床上,所有的东西都搬走了;宫里人人都是这么干的。考文垂对他说他也听说法国人有参与放火的嫌疑。

皮普斯下令打扫他的房子——年轻女仆们现在肯定已经回来了——然后伍利奇去看望了伊丽莎白。晚上他和邻居们一起度过,讨论房子的价钱和重建计划,佩恩好心让他在家里一张没有床帏的床上睡。在地板上睡了四个晚上后,他穿着内裤舒服地躺下,醒着的时候就担心还会起火,睡着时又梦到火灾。第二天,他和考文垂开始恢复工作——国家正在打仗——他还见到了阿尔比马尔,他被国王从战舰上召回伦敦,以镇安朝野,稳定人心。

皮普斯的弟弟约翰从亨廷登过来看望他。皮普斯很感动,但不知道如何安置他。他带着他去贝思纳尔绿地取日记,晚上和他一起睡在佩恩家的床上;但他并不真的想让他在身边,第二天,就打发他去伍利奇和伊丽莎白一起吃饭,然后给他“口袋里装上”四十先令打发回乡下去了。那天又是星期日,火灾爆发有一周了。皮普斯去了两次教堂,在办公室补写日记;他注意到终于下雨了——这对约翰的旅途不利,但“对火灾是好事”。汤姆在佩恩家给他念书,直到他睡着。

星期一他清理了地窖,现在才想起来他以前放在地窖里的木材可能会引起火灾。一切都在慢慢恢复正常秩序。简回来了,他动身去德特福 233
德,想私会巴格韦尔太太。没见到人,他又去了伍利奇,伊丽莎白令人恼火地“心情不佳,态度冷漠”。但他和她住了一夜,第二天又开始和同事们在布龙克尔家办公。随着他自己的家慢慢恢复正常,他又恢复到以前的工作模式。一同恢复的还有他的性冒险：九月十二日，上午他与贝蒂·马丁邂逅，下午又与巴格韦尔太太上床，事后感到懊悔和厌恶。第二天晚上伊丽莎白回家了，他们睡在地板上，巴蒂和他妻子埃丝特睡在另一个房间。直到十五日，床才重新安装好，挂上了床幔。再次睡到自己的床上，皮普斯做起了噩梦，梦见着大火，房屋都倒了。这些梦持续做了好几个月；第二年二月，他观察到自己"没有一晚不梦见可怕的大火；而今天晚上，由于想着火灾，一直到差不多凌晨两点才睡着"。[1] 大片的废墟持续几个月都有余烬未熄，冒着青烟，人们相信有强盗暗藏其间；夜里皮普斯坐着马车穿过伦敦城时，他把剑拔出了鞘。

这场火灾对所有受牵连的人来说都是一场可怕的磨难，留下了恐惧的后遗症；人们有时会把它和一九四一年纳粹德国对伦敦的空袭作比，但两者区别很大。同样有熊熊大火、房屋倒塌、噪声喧阗，但据悉死亡人数不到十人——如果多于这个数字的话，他们的死亡也无人察觉，没有记录在案——最糟糕的情况只持续了几天。这自然造成了一系列的困难和巨大的经济损失。最大的受害者是书商，他们的店和家都在圣保罗大教堂附近。皮普斯在日记中哀叹他们的命运。他自己的书商柯顿失去了住处、商店和价值数千英镑的书籍，损失巨大，无可挽回。一年后他去世了，皮普斯认为他"死于悲痛火灾中的损失"。[2] 他的一些同行把书放进了教堂或书业公会会所，指望能保住库存，结果却看到会所和教堂被烧，里面的书都成了燃料。皮普斯曾经的校长塞缪尔·克伦霍姆，曾帮助培养了他对书籍的热爱，也失去了据说是伦敦最好的私人图书馆。[3] 皮普斯搬运货物的损失可以忽略不计，只遗失了两幅船与海的绘画、一个金画框，另一个镀金画框碰了豁口；他以为丢了的几本书又找到
234 了。命运又一次眷顾了他。皮尔斯夫妇从火灾中获了利，他们把皮尔斯太太的内室，包含一个没有窗户的小房间和一个阁楼，高价租给了一个流离失所的丝绸商，现付五十英镑，一年租金为三十英镑。皮普斯和伊

丽莎白谈过长期收留海特和休尔的事儿,但并没有实现这个想法,海特只好找个新地方住,他的妻子十月底还在乡下。十一月,皮普斯的族姐简·特纳从约克郡南下来到索尔兹伯里院,查看她家房子曾经矗立过的空地。老皮普斯先生也在十月来到伦敦,参观这片废墟,这里已然成为一个旅游景点。

人们立刻考虑规划在古老街道的原址上建起一座现代城市。皇家学会的三位成员,约翰·伊夫林、罗伯特·胡克和克里斯托弗·雷恩,很快就准备好了三份不同的方案。所有方案都提出以宽阔漂亮的林荫大道取代从前狭窄杂乱的街道。下议院在月底前讨论了此事,但街道格局的任何重大改变都没有被采纳,因为可以预料到每个房主都想在自家原址上重建房屋。拓宽了几条街道,开辟了河岸,并试图把舰队河改造成一条有码头的运河。颁布了法令规定房屋必须用砖建造,正面须是平的;雷恩设计的教堂一个接一个地出现在许多消失了的中世纪教堂的遗址上。新圣新娘教堂建于十七世纪七十年代,尽管它迷人的尖塔,雷恩设计的最高尖塔,直到下世纪初才出现。圣奥拉夫教堂依然矗立,不起眼,令人欣慰的是还维持了原样,但皮普斯迄今为止所上演的人生大戏的背景一去不复返了。他做噩梦也就不足为奇了;火继续在他的生活中造成巨大的破坏,因为七年后,川流巷发生火灾,毁掉了他生活的另一部分。

火灾的政治后果几乎和火灾本身一样惊心动魄。关于纵火的谣言太多了,议会不能置之不理,九月下旬,天主教徒被通知离开伦敦城,除非得到特别许可才能留下来。皮普斯并没有宗教偏见,他的绘画涂漆师洛维特就是天主教徒,他非常高兴能在十月份成为洛维特儿子的教父。他刚刚从洛维特那里得到了一幅耶稣受难的精美图画,或者可能是一幅十字架的图画。太后的一个嘉布遣会牧师主持了仪式;皮普斯注意到他 235
穿着普通人的衣服,比穿自己的常服更漂亮。

他这种随和宽容并非常态。十月,人们在一座据说是教皇党人拥有的房子的废墟中发现了一批匕首，这引起了恐慌；十一月，坊间传言天主教徒阴谋毒害国王；十一月五日，皮普斯去克鲁家时，托马斯爵士告诉他，这场火灾是教皇党人策划的，他们到处夸耀此事。[4]一六六七年一月，一本书问世，声称里面有上呈给下议院的关于火灾的证据，说是法国天主教徒、耶稣会士和约克公爵本人一起放的火；有人拿了一本给皮普斯，但他没有对此发表评论。[5]一六六八年五月，当天空中出现一颗流星时，他的文员海特和吉布森向他报告，说人们担心这是一个预兆，预示着伦敦城其他部分会被烧毁，教皇党人会割断他们所有人的喉咙。[6]一六七八年天主教阴谋发生时，他们对火灾负有责任的指控再次流传，一六八一年一月议会将其作为《排除法案》的依据，旨在阻止约克公爵继承王位。同年，火灾纪念碑上增加了一段碑文，说明火灾的原因是“天主教集团的背叛和恶意……要引入罗马天主教和奴役”。[7]此时，像皮普斯所秉持的这种宗教宽容本身就已经变得危险了。

注释

[1]《日记》，1667 年 2 月 28 日。

[2]《日记》，1667 年 11 月 11 日。

[3] 关于书商的损失以及克伦霍姆的损失，见《日记》，1666 年 9 月 26 日，10 月 5 日。

[4]《日记》，1666 年 11 月 5 日。

[5]《日记》，1667 年 9 月 23 日。他只写了“调查非常清楚”——公爵毕竟是他的上司，而他目睹他为了救火而工作。

[6]《日记》，1668 年 5 月 21 日。

[7] 信息来自尼古拉斯·佩夫斯纳，《英格兰建筑之伦敦(Ⅰ)：伦敦城》(*Buildings of England, London 1: City of London*, 1998)，页 322。一六八五年詹姆斯二世登基后碑文被抹除，一六八九年又刻了上去，一八三〇年再次被抹掉。

第十六章　三个简

日记中有许多名叫简的女子，内有三人个性鲜明，在皮普斯零散的 236
叙述中栩栩如生。其中简·韦尔什是着墨最少的——值得注意的是她的固执和他对她匪夷所思的痴迷。她引起他的注意是在他的理发师和假发制造商杰瓦斯那儿，新宫场的另一户人家；他第一次提到她是在一六六四年七月，说她是个“相当单纯的女孩”，已经在那儿干了一段时间。趁伊丽莎白在乡下，他邀请简到一家艾尔酒馆去，和她“玩”了一会儿，鼓起勇气去追求她。此后的六个月里，她的名字经常出现。起初，他希望杰瓦斯会派她来川流巷送他刚洗过的假发，但他没能如愿。接下来他试图让她在店里和他说话，也没有结果。当他设法建议在店外见面时，她告诉他，她的男女主人都不允许她在没有他们陪同的情况下外出，并补充说他们正在为她物色一个丈夫。皮普斯决定自己给她找一个，因为她是个本性如此纯良，而又富有魅力的姑娘；他看不出这和自己追她有什么矛盾。最后，她同意在一个星期天见他，趁着杰瓦斯一家不在家；约会的地点在威斯敏斯特教堂外面，但到了那天，她没有来。他很不耐烦地从下午三点等到六点，第二个星期天他又去等她，但她还是没来。他去店里时，她态度冷淡，那一年剩下的日子里，她一直漠然以对。[1]这种对他表示的关心的明显冷漠所导致的结果是，十二月九日她再次拒绝在国王街的喇叭客栈跟他一起喝一杯时，他已经发展出“[对她]强烈的欲望，还有真爱与激情”。

到目前为止都是皮普斯在直截了当地追求。但到了新年，杰瓦斯夫妇告诉他，他们很担心简，因为她现在告诉他们，她已经答应嫁给一个身无分文的小提琴手，不会再考虑其他人。当皮普斯主动提出要给她一些
237 好建议时，他们很感激。他又有几次尝试见她，但都失败了。然后，一天早上，她突然主动来到他的办公室，想和他谈谈，并宣布为了她那个拉小提琴的心上人，她已经辞去了杰瓦斯家的工作。皮普斯想都没想为什么她要来跟他说这个，径直把她带到南岸田野的一所房子里，给了她很好的建议，就像他答应过杰瓦斯夫妇的那样：她应该回到他们身边，回去工作，忘掉那个小提琴手。同时，诱奸的机会也不容错过。她任他扑到身上来，这已经让他够享受了，但当他想要更进一步，超出了她的底线时，她阻止了他，“不会任由我做其他的事，尽管我做了她肯让我做的”。让他做这些事，也许是她为了得到他的关心而决定要付出的代价，因为她需要有人跟她说话；也许她很喜欢他耐心地追求了她好几个月。但她主要是想让他知道她要嫁给这个小提琴手，以及为什么要这样。她说这是因为她“相信拥有这个男人是她的命运，尽管她确实相信这会毁了她”。[2]

正是这件事使简·韦尔什在他脑海中定了格：她的古怪，她固执地坚持做她认为会对她不利却是命中注定的事；她需要向一个愿意倾听并且只是有可能会理解的人解释这一点。皮普斯，即使受到肉欲的控制，也有善意去理解她想要说明对自己命运的看法；尽管他认为她愚蠢，甚至是自我毁灭，他还是花工夫写下了她的解释。

他对简·韦尔什的刻画没有更进一步。几周后，杰瓦斯夫妇告诉皮普斯，简已经“完了”，正如她所预测的那样。他们说，她和那个小提琴手同居了，现在却发现他有老婆孩子；因此她要离开伦敦去爱尔兰——

没有解释原因，但她可能在那里有家人。[3] 这几乎是但还不完全是关于她的最后记载。离开使她有幸避开了瘟疫，一年后，一六六六年四月，她安然无恙地回到伦敦。皮普斯在威斯敏斯特码头附近看到了她，又带她到河对岸去喝了一杯，这次不是去田野，而是去兰贝斯。在追问之下她承认她的情人已经结婚，并声称她没有和他睡过，但皮普斯已经意兴阑 238
珊，不想再问她目前的处境。“我离开了她，没有和她做任何事。”他就说了这些。他不再追求她，继续在鱼街请年轻女人吃虾和龙虾，然后在家里愉快地抚摸玛丽·默瑟的乳房来结束一个晚上。[4] 简·韦尔什，几个月来一直在他的想象中跳动，变幻莫测、令人恼火，现在销声匿迹了。从他告诉我们的情况来看，她很有可能会在伦敦的摸爬滚打中立于不败之地：她长得好看，性情坚忍，而且她的命运比她预料的要好，因为她不仅脱离了她的骗子小提琴手，还躲过了大瘟疫。

简·特纳——皮普斯有时称之为“特纳夫人”——是个更要紧的人。从日记中可以看出，她是皮普斯家族中继萨姆之后最有分量的人物。他们从小就认识了，那时他还是个婴儿，她也是个孩子，因为她父亲约翰·皮普斯和他父亲是同一个高祖的后代，在索尔兹伯里院拥有一所大房子；这可能确实是他父亲当初在那里开裁缝铺的原因之一。这些人是阔亲戚，小时候带皮普斯去过阿什特德和杜尔丹斯，简是他们三个孩子中最小的一个，比萨姆大十岁左右，显然很喜欢他，早在他发达之前就关心他的发展。她从来不缺钱。一六五〇年前后，她嫁了个当律师的丈夫约翰·特纳，他是约克郡人，比她大十岁，在剑桥读的书，一六三四年又进了中殿律师学院，内战期间一直韬光养晦，一六六二年成为约克郡的刑事法院法官。他想住在自己的家乡约克郡，但她更喜欢伦敦；尽管她给他生了四个孩子，但在相当长的一段时间里，她都能够违抗他的意愿，因为她继承了父亲在索尔兹伯里院的房子。拥有这所房子是她独立的关键因素。当特纳在北方置下一处产业时，她宁愿和他分开，甚至和她的孩子分开；例如，一六六二年的日记告诉我们，她的两个儿子（“非常普通的男孩”）过去三年在约克郡由父亲照料。[5]只有在征求法律意
239 见时，他才会出现在皮普斯的书页上，他被描述为“一个优秀、冷静、严肃的人”——对特纳太太来说，似乎过于冷静了。[6]

尽管她对儿子们似乎不关心，但她对族弟萨姆表现出喜爱和慷慨。她是那个在他做结石手术时主动提出照顾他的人，这种好意一定完全打乱了她的家庭生活有两个月之久。六年后，当他弟弟汤姆临死之际，她再次表现出超出亲属义务的关心，给萨姆送去便条，敦促他去探望汤姆，坐在他身旁跟医生交涉，在汤姆死的那晚让皮普斯夫妇在她家住，还参加了葬礼。[7]和皮普斯一样，她喜欢忙活，喜欢张罗事儿。为了表示对她在手术期间给予的照顾的感谢，他筹划了一年一度的“结石宴”，她永远是座上贵宾。像许多这类计划一样，这一计划也逐渐废弛：一六六〇年他不在家，一六六六年之后还有其他原因——瘟疫、工作压力、他母亲即将去世、简的缺席——打断了计划。不过，这对同族姐弟还一起参加其他聚会，一起外出；她有时也很有风情。他们去了格林尼治公园和海德公园，沉迷于阅读剧本，一六六九年，他为她举行了一场盛大的“第十二夜午宴”，这之后她选他当她的圣瓦伦丁节情人。[8]有一天，他来她家时，她正在炉边穿衣，她对他展示了自己颇为自豪的双腿。他得体地称赞了它们，没有被眼前的景象挑逗或者引诱：她是一个非常安全的姐姐形象。不过，轮到他来挑选送给她的情人节礼物时，除了手套和吊袜带，他还给她买了时髦的绿色丝袜，这是对那双美腿的微妙暗示。[9]

她在索尔兹伯里院以自己为核心组建了伦敦的家庭，成员包括她守寡的姐姐、表亲乔伊斯·诺顿以及家中一众仆人；通常还会有其他女性朋友在。[10]下一个不容忽视的家庭成员是她的女儿西奥菲拉，被称为“西”（“The”），与她弟弟们不同，她总是和她在一起。[11]“西”第一次在

日记中亮相是在一六六〇年一月一日,当时她正和皮普斯的父亲共进晚餐;她是个早熟、受宠、自信的孩子,有点顽皮。九岁时她就会整理自己的羽管键琴,当皮普斯让她教他弹时,她拒绝了(他会几种弦乐和管乐乐器,但他从来不会弹键盘乐器)。当伊丽莎白送她几只鸽子作礼物时,“西”出人意料地给她写了一封粗鲁的信,抱怨鸽子笼太小;她埋怨 240
加冕礼上没找到好位置;她逼皮普斯选她作他的圣瓦伦丁节情人。[12]他弟弟汤姆死后,她主动给他弹竖琴安慰他,后来他写道:“音乐也没让我高兴。”[13]她母亲有事会交给她做,十岁时她被派去请皮普斯替他们的仆人约翰在海上找个活儿干;十几岁的时候,她能够护送她的两个弟弟和小妹妹贝蒂从约克郡到伦敦,把他们安顿在帕特尼的学校里。母女二人很像,意志都格外坚强。

简还和另一个皮普斯家的亲戚、剑桥议员罗杰走得近,关心他的孩子们以及他们的婚姻。你可以在日记中看到,她和罗杰是如何欣赏萨姆稳步提升社会地位,同时还挣了钱,获得了权力和影响力的——他正在成为他们中的一员。他很高兴证明自己不再是穷皮普斯中的一员。一六六三年,他就能送给她葡萄酒和鹿肉当礼物;她哥哥去世时,他帮忙安排筹划葬礼;到了一六六九年,他已经能把自家马车的马借给她了。他向她展示了他在上流社会的新朋友,带她去波维家看他的透视画和“鸟笼”。[14]利益是双向的,她的财富和关系也有助于他;他在一次与她外出后写道,“我认为保留像特纳太太这样的朋友没有错,尽管这让我付了点儿代价”。[15]他也知道能够依仗她的喜爱。当他忙着在川流巷安顿下来,六个月没拜访她时,他说她是个好女人,“不会生我的气”,他真心喜欢她,当她生病时很为她担心。[16]

然而,当她丈夫来伦敦组织几次中殿律师学院午宴,希望皮普斯通过他的海军后勤职务帮忙弄些食材时,他让她丈夫失望了,甚至一次也没来赴宴。她指责他越来越傲慢。[17]她在一六六六年十一月再次责备他，在瘟疫和火灾期间她长期住在约克郡，当时她南下来查看她家的旧址，现在除了灰烬什么都没有。皮普斯写道：“她对我很生气，因为这段时间我从未写信给她；我认为这是我的错，答应会改正。”失去房子以及
241 里面的一切是一场灾难，这意味着她再也不能坚持住在伦敦了。为了安慰她，皮普斯请她吃了一顿“豪华而昂贵的午餐”，并听她抱怨约克郡的无聊：“她对乡下生活相当厌倦，但她不能让丈夫再允许她住在这里了，这让她非常烦恼……我们坐了很久；在鱼街谈了很多她的乡下生活，但也没什么让人高兴的地方，之后我们非常友好地分手了。”[18] 几天后她告诉他，她不得不再次离开伦敦：“她要回到北方她的孩子们身边，我感觉到，在那边她的丈夫显然统治着她，她很可能会在那里度过一生，我有点替她感到难过，尽管对他来说，他想让她在哪里生活，她就应该在哪里生活，这是天经地义的。”[19] 皮普斯不会反对丈夫拥有控制妻子的权力。事实上，没等几个月，“西”就把小一点的孩子们带到伦敦来上学，一六六八年特纳夫人自己也兴高采烈地回来了；她的二女儿贝蒂有望出落成一个美人，他们在租来的房子里像以前一样快乐。戏剧派对、午餐、晚餐、音乐、参观桑园，活动很丰富。一天晚上，他们在川流巷跳舞到两点，之后十五个人全部留宿在那儿，包括罗杰·皮普斯和他的妻女。为了安顿他们，皮普斯和伊丽莎白搬进女仆的卧室，女仆睡在马夫的床上，马夫和男仆睡在他的折叠床上。这一亲戚间的热情好客和享乐的高潮差不多出现在日记结尾，最后一幕是，“我的族姐特纳、西和乔伊斯穿着骑马服”，准备再次北上。

在接下来的几年里他们一定又来过伦敦。一六七三年，西嫁给德文郡的一个准男爵，成了哈里斯夫人；但皮普斯的书信中没有见到他们的踪迹，如果他信守诺言给简写信，他们的通信也没有留存下来。这令人遗憾，因为她是值得通过自己的言辞和他的言辞来了解的人。她是天性活泼、独立自主的女人的好典范，这活泼和独立是她父亲留给她的遗产

房子所赋予的。对她丈夫来说,这可能是件讨厌的事,对她来说,却是明智之举。阿什特德的约翰·皮普斯知道经济状况决定社会地位,所以给了女儿财产,好让她随心所欲地生活。[20]

“西”·特纳在日记中的最后几次露面包括给皮普斯的女仆简·伯 242
奇当伴娘,后者嫁给了皮普斯的文员汤姆·爱德华兹。简·伯奇是几个简中最重要的一个,也是唯一一个能把故事从日记开始之前讲到皮普斯生命结束的。在日记里,她出现在第一页,年方十五,已经在斧场住下来;在日记末尾她是个已婚妇女,依旧乐意做这个家庭的朋友;在这几年间,他就她的性格给我们讲了很多,关于她如何委曲求全则讲得更多。有一次皮普斯说她“无害”,他也用这个词形容过桑威奇夫人,无疑他在心里把这两个女人的本性与他妻子和妹妹那更加危险、更加不可预测的脾气作了对比。[21]威尔·休尔,另一个性情温和的人,也对简评价很高。有一次她不在,有人听到他告诉其他仆人她有多好,皮普斯夫妇永远不会找到一个更好的女仆了;后来他自己雇用了她。[22]虽然她可能是无害的,但她也跟皮普斯保持了良好的关系,因为和威尔一样,她学会了抵抗他的凌霸。

她的大部分故事都非正题,有时甚至没有提到她的名字,只称她为女孩,或者姑娘,因此你得猜测说的是不是简,是不是这个简;然而她却成为日记中引起皮普斯注意的女人中最有趣的一个。在我们看来,她也代表着人数众多却几乎没有记载的群体。到十七世纪为止,做家庭女仆是未婚和已婚妇女最常见的职业;几乎没有其他的谋生方式——这就是为什么皮普斯把自己的妹妹当仆人。虽然每个家庭都有女仆,但有关她们生活细节的信息几乎没有流传下来。通过皮普斯对简和她的女仆同伴的描述,我们可以收集到不少信息。例如在他家,女仆们有时睡在阁楼里,天冷的时候也睡在厨房的炉火旁,有时睡在其他房间,包括他和伊丽莎白的卧室,有的女孩觉得这样挺别扭,但简并不在乎。她们是通过朋友雇来的,除了食宿,每年有两到四英镑工资;她们似乎没有正式的假期。主人淘汰下来的衣服可能会给她们,外出的时候也会带她们出去。
243 他们和雇主朝夕相处,通常知道家里发生的一切。这一制度既尊卑有别也亲密无间,女仆和雇主之间的距离是弹性的,这意味着简既是女仆,也是理发师、按摩师、秘书,甚至是女儿。她不仅可以睡在雇主的卧室里,有时还和女主人睡在一张床上,或者在男主人准备就寝的时候坐在床边做针线。

也许是因为她是他的第一个仆人,皮普斯没有对她习以为常。从一开始,他就对她很感兴趣,把他看到她做的一些事记下来,比如织袜子,可能是给自己织,也可能是给他织。他还注意到她凌晨两点就起床开始洗衣服。他很喜欢她,甚至在星期日带她去父母家吃午餐,还把书托付给她:她被指派了个活儿,把他留在白厅宫阁楼房间里的书搬到斧场的家里来。就在他们搬到川流巷之前,她病了——这是唯一一次我们听说有这样的事——腿坏了,在床上躺了两天。“没有她我们都不知道该做什么,”他沮丧地写道,但他找到了解决办法,又找了个仆人帮忙,一个男孩。皮普斯和伊丽莎白乘马车搬到了他们的新家,在斯特兰德大街超过了载着他们的家什的大车,大概还载着简和那个男孩。一到家,她就开始打扫房间,而伊丽莎白则上床睡觉。皮普斯写到在厨房里她和那男孩一边给他梳头——他睡前的例行公事——一边和他玩闹:来点儿恶作剧,讲些笑话。几周后,当简在他们的卧室里一起睡时,新来的男孩因为偷窃惹了麻烦,而她觉得自己听到楼下有声音。伊丽莎白很怕那个男孩会使坏伤人——皮普斯说她吓得发抖——是勇敢的简下楼去侦查,点了支蜡烛,把门锁紧,让她的东家放心。男孩被解雇了,简看到了机会,把她弟弟韦恩曼带进了家,顶替他的位置。她开始教他干活:伺候皮普斯就寝,给他叠衣服,很可能还有梳头以及把夜壶放进房间。

一六六〇年十二月是个亲密的月份：头一天，发现家里乱糟糟的，
皮普斯气炸了，用扫帚打她，直打得她“大”喊。这令他不安——他可能
想着她会把这当作另一种玩闹？——他觉得应该在出门之前安抚（他 244
的用词）她。不久之后，他描述了一个温馨静谧的场景，当时伊丽莎白
和朋友们一起出门了，他躺在床上做睡前阅读，而简就坐在他旁边陪着
他，给他缝裤子。圣诞节前两天，她和伊丽莎白一起使劲把一只大火鸡
插到烤肉叉上；圣诞节后，皮普斯夜里生了病（“我想是饮食过量造成
的”），把简叫起来，让她去拿个盆，他很快就恢复了，居然被她穿着睡衣
上下奔走的纯真样子吸引，大概是膀子和大腿没少露出来。[23]

简并不怯懦，她知道如何为自己抗争。当皮普斯或伊丽莎白对她太过分时，她要么说要辞职，要么拒绝屈从于他们的责骂，并让他们解雇她；后来她坚持要解雇书而他们显然希望重新谈谈。她离开时哭了，但她还是走了。皮普斯在这些场合也差点哭了。为皮普斯夫妇干了三年后她第一次离开，在斧场干了两年，在川流巷干了一年。这是一六六一年，她给出的理由是她母亲在乡下需要她伺候。韦恩曼现在为皮普斯夫妇工作，他会留在伦敦。我们不知道他们来自哪个地区，但鉴于她和她的两个兄弟都来伦敦工作，她自己也来回奔走，他们的老家一定不远。一种可能性是，她是个白金汉郡的女孩，由皮普斯的父亲般的朋友、在财务署工作的罗伯特·鲍耶推荐给他的，鲍耶在白金汉郡有一所房子，一六六〇年伊丽莎白曾经和简住在那儿。

一六六一年当简决定回到母亲身边时，皮普斯说她变懒了，有帕尔分担工作，把她给惯坏了，但他仍然不愿失去她。尤其讨厌的是，他刚刚决定要摆脱帕尔，把她送到乡下去和父母住。帕尔讨厌离开伦敦的主意，但不得不离开；皮普斯夫妇很走运，就像帕尔不喜欢和她父母在乡下生活一样，简也不喜欢和她母亲住在乡下，一六六二年春天，她又回来为他们工作了。她不在的时候，韦恩曼惹了麻烦，因为口袋里装着为

盖伊·福克斯之夜准备的火药而挨了打。简回来后不久,皮普斯又把他
245 带到地下室打他,这次她替他求情,皮普斯于是停了手。后来他觉得有必要向她解释,说他这样做是为这孩子好。[24]简很圆滑,接受了这个解释,但对此颇为不悦。八月和九月韦恩曼与伊丽莎白在布兰普顿时,因行为不端在皮普斯这儿又记上一笔。她指责他的行为“说不出口”,老皮普斯先生也抱怨说不会再让他留在家里,所以他一定做了相当糟糕的事。[25]正是在这个夏天,费勒和桑威奇勋爵注意到了伊丽莎白,这可能占用了她太多精力,以至于她任由韦恩曼胡闹。对每个人来说这都是个多事之秋。

简和皮普斯留在川流巷,帮着处理他在那儿大兴土木造成的混乱。加盖一层楼之前,屋顶得先拆掉,结果突然下了大雨,把整个施工进程变成了一场噩梦;走运的是,佩恩夫妇有几个星期不在家,在工程的最糟糕阶段,皮普斯和简得以搬进他们家。皮普斯提到八月底在佩恩家她“躺在我的东西中”。日记里还说他希望能和她来“一场”,但由于担心如果他提议这样做,她会太诚实,把这事儿告诉伊丽莎白。然后他写道,“我很难控制自己不去想我的丫头,但我希望我不会做出让自己出丑的事”。[26]什么也没有发生,或者至少从文本中看不出更多的事情,这表明皮普斯控制住了自己;但简不是傻瓜,十八岁的她很可能已经觉察到了雇主的兴趣。

佩恩九月份回来,不久后他告诉皮普斯,简攻击了在施工地干活的一个木匠,剪掉了他的长胡子,这一大利拉式的举动可能是自卫。像这种处境的女孩需要找到自己的防护策略。木匠说他的妻子看到胡子被剪时,以为他“和他的女仆们在一起鬼混”。[27]此后又发生了一件事,巴滕夫人抱怨简无礼地模仿她叫女仆的方式。皮普斯觉得一定要“教育”她;但简知道他不喜欢巴滕夫人,于是在应对他时“很谦恭、很可笑,虽然我看起来很生气,但我对她还是很满意的”。[28]圣诞节时,他斥责她对

伊丽莎白讲话无礼，说她越来越傲慢，越来越粗心大意。一六六三年一
月，当他因为韦恩曼撒谎再次打他时，她表现出了愤怒，皮普斯则让她离 246
开。她收拾好东西准备走。他“忍不住要哭”，她哭了，“说她要走不是
她的错。的确，很难说清什么原因让她离开，除了她不想留下来”。[29]她
实际上已经占了他的上风。

姐姐走了以后，韦恩曼变得更加肆无忌惮。他也想离开，他哥哥威廉劝住了他，但是，当看到皮普斯因为他没有抄写字帖而准备打他时，他逃跑了。没人知道他去哪儿了，直到几天后皮普斯看到他在塔山上玩耍；他一定是睡在街上，还穿着他最好的衣服。皮普斯派川流巷的门房接他回来，让他换上旧衣服，当场解雇了他。简和威廉·伯奇一起登门乞求皮普斯要么让他回来，要么送他到海上当水手。皮普斯哪个都没干。他把整件事看得很重，心烦意乱，详细地描述了他和简的对话：“虽然我还愿意因为她的缘故为那男孩做任何事，但再接纳他，我不会，也不会给他任何东西。她想让我把他送到海上；如果可以的话，我也会这样做，但是没有船出海。这个可怜的姑娘一直在我身边哭，不愿离开，跟我待了差不多两个小时，一直到晚上十点或十一点，指望能从我这里得到些东西；但接纳他，我不会。所以可怜的姑娘只得告辞，哭着，没怎么说话。”[30]皮普斯的语言在这段情绪激动的话中几乎用了圣经体，使用短词，重复（“可怜的姑娘”）和强调倒装（“接纳他，我不会”），倒装也重复了；它使用“只得”的意思是两害相权取其轻——在这里指的是不满足地离开，而不是没结果地留下。他试图说服自己，在好言好语之下他对正在做的事情有疑虑——惩罚他爱着的、无辜的简，还有让他失望的韦恩曼。韦恩曼的下一个雇主也发现他不受管教，准备把他运到巴巴多斯当契约奴。简又一次向皮普斯求助，请他解救他，但他拒绝了，“出于对这个男孩的爱；因为我怀疑把他留在这里最终会导致他上绞刑架”。[31]他打定主意韦恩曼已经无药可救，他管不了，也帮不了他，于是这个男孩

247 消失在种植园的艰苦生活中，只比奴隶强一点点。从那以后，简有两年多没登川流巷的大门。

是伊丽莎白在一六六六年春天找到了她，希望能劝她回来。当她成功脱离当时的雇主时，皮普斯在日记里高兴得几乎胡言乱语。“今天，我可怜的简，我的小老简，又回到了我们身边，让我妻子和我都非常满意。”[32]至此他认识她快七年了。他已经完全忘了自己曾经指责她傲慢、厚颜无耻、忘恩负义，并且确信她具有“一个善良、慈爱和诚实的仆人的所有特征和品质”。他们决定提拔她当厨师，这意味着她的工资会涨到每年四英镑左右。她二十一岁了，干得很好，从家里一个干杂活的女仆升到了这个高级职位。现在家里还有三个女仆，以及皇家礼拜堂唱诗班的汤姆·爱德华兹，他和皮普斯一起玩音乐，做些文员的工作，大体上这个家哪里有需要就去搭把手。此外，她的老朋友威尔·休尔也经常来看望她；她很得宠，一个星期天下午，她被带出去，和皮普斯太太以及她的侍女玛丽·默瑟一起乘海军办公室的船到河上游玩，还在萨里堤畔的巴恩埃尔姆的草坪上散步。但仍然保有尊卑分际：例如，皮普斯从没带她去过剧院，虽然伊丽莎白带她去过一次，“让她看这出戏”，一出新喜剧，叫作《大错特错，又名，疯狂夫妇》。[33]

正是为了准备第二天的午宴而工作到深夜的简，在一六六六年九月二日凌晨三点把皮普斯叫醒，告诉他她看到城里着了大火。她一边继续做饭一边盯着火势。尽管她同意在城市着火之际和伊丽莎白一起去伍利奇，但她还是怀着特有的冒险精神，在皮普斯把女主人接回来之前，自己主动回来，并和他一起努力工作到很晚才把他的书放回到书架上。十月，她和汤姆·爱德华兹还帮他把几个铁箱子从地窖里拖出来，放回内室里。[34]汤姆比简小一岁，他们成了朋友，同住一个屋檐下，分担家务。简的兄弟缘不佳——她失去了韦恩曼的消息，一六六七年威廉英年早
248 逝，留下了妻子和两个孩子——她需要安慰。皮普斯同情她的伤痛，为

她兄弟的葬礼给了她二十先令和葡萄酒；但汤姆填补了她失去亲人的空虚。一六六七年的某个时候，他们俩商定有能力时就结婚。那年夏天，伊丽莎白送给简一条蕾丝领巾，一天下午，当皮普斯在罗瑟海特附近的泰晤士河畔遇见她们时，他觉得她戴着它看上去是个“非常优雅的仆人”；这一赞美比平常的更正式。[35]此时他对她和汤姆订婚的事一无所知；他们先告诉了伊丽莎白，他们的行为非常谨慎，直到一六六八年二月她把消息传出去时皮普斯都没有察觉。然后他说汤姆是个无赖，因为据说他先是向简求爱，然后又冷落她，说他担心会惹恼皮普斯。汤姆明白对皮普斯来说成为家里占主导地位的男人是多么重要，而他自己的地位又是多么卑微。尽管如此，皮普斯写道：“我认为这事会有下文；因为她爱上了他，出于对她的爱，我乐见其成。”他认为简能嫁得更好，但还是决定给她五十英镑，“用我的方式、尽我所能为他们做点好事”。[36]

订婚进展得并不顺利。到了夏天，简似乎因嫉妒而发了一阵疯。她不得不被五个男人按住整整半个小时才平静下来。在这令人印象深刻的一幕之后，皮普斯和威尔·休尔都盘问了这对恋人，之后皮普斯断定汤姆对这桩婚事冷淡了。他认为他得把他俩都从家里赶出去；但他的心思放在“其他更重要的事情”上，于是整个事情就这样过去了。[37]或者至少在某种程度上过去了。几周后，皮普斯在穿衣服的时候，“开始抚摸我的女仆简的乳房，她比以往任何时候都更顺从，所以我想尝试多搞些花样”。[38]他这样说就表明他以前也做过很多这样的事，在很多时候这些行为太不值一提，现在却似乎经常在日记里提及。搞一下家庭女仆似乎再寻常不过；皮普斯提到要和“小女孩”苏珊一起试试，还有其他人，汤姆·皮普斯也让他的女仆怀上了孩子。[39]科学家、建筑师罗伯特·胡克是皇家学会的秘书，和皮普斯相熟，他在七十年代写日记，虽然比皮普斯写得简短，但在某些方面和他一样坦率，日记透露出他把住在他家里的年轻女子都视为自己天生的猎物；他期望和他的几个女仆发生性关 249

系，而且如愿以偿，后来还跟他的外甥女发生了性关系，她来投奔他的时候是个学生，后来成了他的管家。胡克身体不好，外表不讨人喜欢，但这很难为他的家庭习惯开脱。这里有两个同时代的记录，记录者性格迥异，都有杰出的智力，都不断骚扰他们家的年轻女子。他们不可能是仅有的两个。[40] 汤姆·爱德华兹的犹豫也可能与担心皮普斯和简的关系有关。

伊丽莎白·皮普斯开始指责丈夫和简合伙骗她。她声称简和他串通好，为了让皮普斯看她穿衣服而晚起床，并允许他进入她的房间做他想做的事——“和她干坏事”，这是个表示性行为不端的短语。简必须离开，她说。当简被叫到他俩面前时，她同意复活节离开，条件是汤姆得和她一起走。[41] 慢慢地才找到了解决方案，皮普斯告诉汤姆他不会在简离开后继续留用他，但会为他“安排好”。他信守诺言，在海军处给汤姆找了个工作。[42]

伊丽莎白立刻忘却了妒火，当他们要结婚时，她兴致勃勃地为“我们的年轻人”筹划婚礼。她帮忙办下了结婚证，婚礼定在一六六九年三月二十六日，也不管当时正值四旬斋节和皮普斯的结石手术周年纪念日。她安排了伴娘和伴郎；有两人是皮普斯的亲戚，“西”·特纳和塔尔博特，罗杰的儿子，另一个是威尔·休尔；婚礼结束后，她在伊斯灵顿的国王头颅酒馆为他们准备了一场婚宴，并把蓝色房间作为他们的新房。蓝色房间是家里最好的卧室之一，她花了十天工夫亲自在里面挂上了帷幔，后来又叫来室内装潢师把房间弄得更舒适，效果尽善尽美。[43] 但伊丽莎白忙着准备庆祝活动时，皮普斯却闷闷不乐。他并没有仁慈地去主持筹备工作，而是表现出他多么讨厌所发生的一切，多么厌恶看到自己的简被交给另一个人。他的情绪如此强烈，甚至决定去趟查塔姆，恰巧
250 安排在婚礼前出发，“这样我就可以在婚礼上不碍事了，自己享受一两天的自由，找点乐子，让我的眼睛放松放松”。[44] 他确实担心他的眼病，

但他在家也能休息眼睛。他宁愿离开四天，到肯特郡观光，和他的老相识丽贝卡·艾伦调情，丽贝卡是查塔姆一位官员的女儿，现在已经结婚了。皮普斯记得一六六一年在她结婚前和她跳过舞，现在他又把注意力放在她身上。他注意到，当他摘下她的手套时，她的手湿润了，而且她的举止"非常随便"，他断定只要时间允许，他可以从她身上得到任何他想要的东西。他在日记中还给她取了名字："她是个妓女，这是肯定的，却是个非常标致俏丽的妓女。"[45] 这是皮普斯最怒火中烧、最咄咄逼人的时刻。慢慢地他平静了下来。他想到了汤姆和简在新婚之夜同床共枕，也想到了他那无人庆祝的结石纪念日；他离开家直到一切都结束。然后他又恢复了好心情，当他回了家，被告知庆祝活动是多么愉快时，他说他很高兴，并和伊丽莎白一起去国王头颅酒馆结账。他开玩笑说——至少你希望这是个玩笑——汤姆和简看起来都很得意。两天后他们搬出去，回了自己的住处。那天晚上，皮普斯为了让自己开心，躺在床上幻想了一会儿新来的女仆，简的继任者。

这几乎是简最后出现在日记中，日记就写到一六六九年五月。四月有几则日记很开心，他带着这对新婚夫妇去了一家时髦的餐厅，鲍街的公鸡饭馆，并再次记下来打算送给他们一份结婚礼物，给汤姆四十英镑，他和伊丽莎白各自给简二十英镑。毫无疑问他履行了诺言。他的另一件礼物在现代人看来可能是象征性的，但在皮普斯看来，这件礼物肯定是完全实用的：他送给汤姆一把剑，拴在他自己的一条旧腰带上。[46]

此后他与汤姆和简保持着良好的关系。他们的长子塞缪尔出生于一六七三年，他成了他的教父。他关照汤姆的工作，让他当上了点名官，五年后又接替巴蒂·圣米歇尔被任命为迪尔的海军代表，因此这项工作实际上一直是这个家的人在做。[47] 一六八一年，汤姆不幸英年早逝，撇下简和两个孩子，她又回来给皮普斯工作，此时皮普斯正和威尔·休尔住在一起。不管皮普斯的欲望是否变得没那么强烈了，她那时已经是个 251

中年寡妇和母亲，他要扮演一个叔伯角色，充满仁爱和理智。他做得很好，安排年轻的萨姆进基督公学学数学，并且看到了他成功，总算不负苦心。萨姆是一六八八年年初被带到詹姆斯国王面前的学生之一，长大后成为海军军官，这一定称了皮普斯的心。简再婚了，嫁给一个叫乔治·彭尼的人，我们对他一无所知，不久她又成了寡妇。一六九〇年开始皮普斯每年赠给她十五英镑。

皮普斯对简的爱就像人们对一个成为自己生活一部分的人的爱一样。例如，日记表明，他对她的感情比他对妹妹帕尔的感情要温暖得多；她看起来是日记中最吸引人的人物之一。他展现了她的温柔、善感、勇敢、倔强、幽默、活泼，努力工作并且工作出色，对母亲和兄弟忠心耿耿、对雇主诚实可靠。就连伊丽莎白也很难跟她吵起来。他还告诉我们，他经常让她不好过，而她是如何坚强地忍受他的严厉、不公和一贯的累人。皮普斯葬礼那天，她的儿子代表她参加，他那时已经是萨姆·爱德华兹上尉了。按照皮普斯的指示，他和他母亲每人都收到了一枚戒指，除了在他遗嘱中继续"赠给我忠诚的老仆人简·彭尼"年金外，她还额外得到五基尼的丧服费。[48]无论他对简怎样地责骂、殴打、让她伤心、在黑暗角落里乱摸以及干其他坏事，早都已经被忘得一干二净，在这件事上时间使他得以加倍地救赎自己：让她在生命的尽头尽可能过得舒服，还有，尽管她从来不知道，他还给后人留下了她的一幅令人钦佩的肖像画。

注释

[1]《日记》，1664 年 7 月 24、28 日，8 月 18 日，9 月 3 日、11 日、18 日、19 日。

[2]《日记》，1665 年 1 月 26 日。

[3]《日记》，1665 年 4 月 6 日。

[4]《日记》，1666 年 4 月 18 日。

［5］《日记》,1662 年 5 月 21 日。

［6］说到约翰·特纳于一六六一年十一月和十二月在伦敦,当时皮普斯向他咨询过法律意见,并在一六六二年春秋两季短暂回城;一六六五年年初和一六六九年春天,他为中殿律师学院庆祝大斋节担任讲师——皮普斯在一六六九年一月二十七日称赞他的品格。

［7］《日记》,1664 年 1 月 27 日至 3 月 18 日。

［8］阅读剧本是在一六六四年四月二十二日,但令人失望的是《日记》只说"一部好戏的一部分",却没有说清是哪一部。关于第十二夜的聚会,见《日记》,1669 年 1 月 6 日。十七世纪的习俗是从家人、朋友和邻居中选择自己的情人,被选中的男人必须向选中他的女子赠送礼物。

［9］《日记》,1665 年 2 月 3 日。皮普斯使用的是"腿"的单数,也许一条腿比两条腿更合适。关于圣瓦伦丁节礼物,见《日记》,1669 年 2 月 15 日。

［10］简·特纳的姐姐是伊丽莎白·戴克,她的表亲乔伊斯·诺顿来自家族的诺福克分支,两人出现的时候都像合唱队一样,陪着简吃饭,陪着萨姆外出。

［11］"西"显然是以杜尔丹斯的西奥菲拉·科克夫人命名的,见第一章,注释 25。

［12］给伊丽莎白的粗鲁的信,见《日记》,1660 年 10 月 18 日("西"这时不可能超过八九岁);对加冕礼的不满,见《日记》,1661 年 3 月 25 日;羽管键琴,见《日记》,1661 年 2 月 22 日、26 日,3 月 31 日;圣瓦伦丁节,见《日记》,1663 年 3 月 3 日。

［13］《日记》,1664 年 3 月 16 日。

［14］关于葡萄酒,见《日记》,1663 年 6 月 17 日;关于哥哥的葬礼,见《日记》,1663 年 12 月 17 日、23 日;关于马,见《日记》,1669 年 4 月 21 日;关于拜访波维,见《日记》,1663 年 8 月 11 日。

［15］《日记》,1663 年 8 月 11 日。

［16］《日记》,1661 年 2 月 22 日。关于她的病,见《日记》,1661 年 11 月 14 日、24 日,12 月 5 日、18 日、23 日,1662 年 2 月 16 日,当时皮普斯参加了在圣新娘教堂为她的康复而举行的特别布道会,并护送她回家。

［17］《日记》,1665 年 2 月 3 日,3 月 3 日。

[18]《日记》,1666 年 11 月 30 日。

[19]《日记》,1666 年 12 月 11 日。

[20] 关于简·特纳没有更多信息了,除了她的四个孩子都觅得良缘,另外根据惠特利的注释,她在一六八六年先于她丈夫去世;他在一六八九年去世。《日记》的读者必须仔细区分她和皮普斯的海军办公室的八卦邻居,另一位特纳太太(伊丽莎白),她也有一个女儿叫贝蒂。他有时称简为"我的族姐特纳",有时是"特纳太太",有时是"特纳夫人"。无论是惠特利还是莱瑟姆,关于这些特纳的索引都不完全可靠。

[21]《日记》,1661 年 8 月 26 日。

[22]《日记》,1664 年 1 月 11 日。关于简给休尔当管家,见阿瑟·布莱恩特,《塞缪尔·皮普斯：海军的救主》,页 228。

[23] 关于简搬运书籍,见《日记》,1660 年 2 月 18 日。关于与皮普斯父母一起吃饭,见 3 月 4 日,编织,见 3 月 10 日,早起洗衣,见 3 月 12 日。关于她的病,1660 年 6 月 29 日,7 月 2 日。关于搬家和打扫房子,7 月 17 日,以及再次打扫房子,9 月 11 日;梳头,8 月 14 日;睡在他们的卧室,8 月 29 日;皮普斯打她,12 月 1 日;坐在他的床边,12 月 12 日;烤火鸡,12 月 23 日;穿着睡衣来回跑,1660 年 12 月 27 日。

[24]《日记》,1662 年 4 月 18 日。

[25]《日记》,1662 年 9 月 28 日。老皮普斯先生说他不想让韦恩曼回来。(《日记》,1663 年 6 月 11 日)

[26]《日记》,1662 年 8 月 1 日、6 日。

[27]《日记》,1662 年 9 月 14 日。

[28]《日记》,1662 年 11 月 5 日。

[29]《日记》,1663 年 1 月 8 日,2 月 2 日

[30]《日记》,1663 年 7 月 28 日。

[31]《日记》,1663 年 11 月 14 日。

[32]《日记》,1666 年 3 月 29 日。

[33]《日记》,1667 年 9 月 20 日。这是德莱顿的内弟詹姆斯·霍华德的喜剧的早期演出。

[34]《日记》,1666 年 9 月 20 日,10 月 21 日。

［35］《日记》,1667 年 7 月 7 日。

［36］《日记》,1668 年 2 月 11 日。

［37］《日记》,1668 年 8 月 19 日。

［38］《日记》,1668 年 9 月 16 日。

［39］关于小苏珊,见《日记》,1665 年 8 月 6 日。

［40］罗伯特·胡克(1635–1703)是一位杰出的实验科学家和建筑师,他是乡村牧师的儿子,与皮普斯几乎同龄,生活在同一个世界,即在伦敦工作的专业人士的世界,有共同的朋友,如威廉·佩蒂、布龙克尔勋爵和伊夫林(见下文第十七章)。他是皇家学会的官员、图书收藏家,对世界语感兴趣。他不信教,他的日记表明他从不去教堂。与皮普斯的日记相比,胡克的日记很短,往往一天也就几句话。他未婚,被认为古怪、难相处、爱争吵,部分原因是他不愿意发表自己的成果,当别人声称比他更早发现那些成果时,他又忿忿不平。他健康不佳。作为一名科学家,皮普斯非常欣赏他,他在一六六五年至一六六八年的《日记》中都有提及。胡克的日记也提到了皮普斯。

［41］《日记》,1669 年 2 月 7 日、8 日。

［42］《日记》,1669 年 3 月 14 日。

［43］伊丽莎白在一六六六年挂上了蓝色帷幔(《日记》,2 月 26 日),一六六八年十一月六日至十七日完成了装饰工作。

［44］《日记》,1669 年 3 月 22 日。

［45］《日记》,1669 年 3 月 24 日。

［46］《日记》,1669 年 4 月 12 日、19 日、30 日。

［47］国家海事博物馆,《塞缪尔·皮普斯通信》, LBK/8,页 809。

［48］关于简的晚年生活和她儿子的信息,来自莱瑟姆和马修斯版《日记》的《指南》卷,包括文本和注释;《塞缪尔·皮普斯私人通信及文件杂编,1679–1703 年》,第二卷,页 315。

第十七章　秘密的科学家

252 皮普斯在一六六五年入选皇家学会，后来在一六八四年成为学会主席。作为主席，他的名字出现在艾萨克·牛顿的《数学原理》的扉页上，永远将他与这位伟大的英国科学家连在了一起；尽管皮普斯认识牛顿，并与他通过信，他自己却几乎没有科学资历。他被一位现代科学史家称为“近乎滑稽的文科生”，他确实不是化学家、物理学家或天文学家。[1]然而，只有看到他对自己的仔细观察，他对自己身体、道德和心理状态的坦率、冷静、规律和详细的记录，才知道皮普斯也是某种秘密的科学家。

他的同代人中有一代杰出的科学家，他们都是英国皇家学会的知名人士，他也认识他们。除了牛顿（生于1642年）之外，还有化学家罗伯特·波义耳（1627年生）、克里斯托弗·雷恩（1632年生）、罗伯特·胡克（1635年生）和威廉·佩蒂（1623年生）；还有物理学家威廉·克鲁恩（1633年生），以及老数学家约翰·沃利斯（1616年生）和威廉·布龙克尔（1620年生）。还有许多其他成员是语言学者、文物收藏家，还有人只是绅士而已，他们对物理和化学的了解并不比皮普斯多，和皮普斯一样，只是渴望成为这个国家最杰出的俱乐部的一员，在那里，有科学天赋的成员展示实验，带领大家讨论；其他人过来散散心，学习学习。皮普斯最看重的无疑是对这个群体的归属感，倾听他们交流思想和理论，感觉自己站在了进步思想的前沿。

皮普斯受过当时认为的良好教育，但这并没有鼓励他进行科学思考：“科学”一词的现代意义当时并不存在。与他同时代的实验科学家们都在传统学术体系之外的思想家和老师那里寻求鼓励和训练，着手创建新学科和新的思想体系。波义耳离开伊顿公学后出国留学，并受教于 253
私人教师。雷恩从小就开始制作太阳系模型，十四岁时离开威斯敏斯特学校，成为伦敦解剖学讲师查尔斯·斯卡伯勒医生的助手，后来进入牛津与波义耳共事，二十五岁时他成为天文学教授，不是在大学里，而是在伦敦格雷沙姆学院。牛顿的家人想让他当农民，胡克的家人想让他当牧师，他俩小时候也都酷爱制作模型；他们制作机械玩具，胡克造了一个能走的木钟，牛顿为村里的小女孩做了玩偶娃娃的家具，还有一个磨坊模型，有只老鼠当磨坊主。[2]离开牛津后，胡克和波义耳一起学习。牛顿离开剑桥之后做了一些他最出色的研究。佩蒂没有受过教育，也没有钱，却想方设法到国外学习医学和化学，当上了格雷沙姆学院的音乐教授，二十八岁时成为牛津大学的解剖学教授，全面考察了整个爱尔兰，设计了舰船，创立了政治经济学。这些都不是正统的学术职业路径；有些是被内战和共和国促成的。

雷恩在一六五七年就任格雷沙姆学院教授时做了演讲，特别赞扬了伦敦城所给予的赞助。这所学院位于主教门和布罗德街之间，于十六世纪九十年代由伦敦城的商人、伊丽莎白女王的顾问托马斯·格雷沙姆捐资创建；他任命了能像用拉丁语一样用英语公开上课的教授。这实际上是第一所开放性大学，皮普斯有可能在小时候去那里听过一两次课。它在英国设立了第一批几何学和天文学教授职位，在克伦威尔护国时期的后期，佩蒂和雷恩正在那里教书，学院的活动不断扩大。雷恩的演讲特别赞颂了伦敦城的文化。他称赞它是机械技术和贸易以及人文学科的中心，“其程度在大学[即牛津和剑桥]里都很难见到”。它的市民是“海洋的主人”，城市本身就是另一个“亚历山大城，数学知识在此扎根”，确实，城市与海军的长期关联促进了对航海器具的研究和造船业。[3]

254 皮普斯的背景中就有这座城市的智力活力。他还热情地阅读培根的著作，培根把自然界的研究置于形而上学之上。所以他的所见所闻已经足够让他渴望获得有关发现和发明的消息。早在一六五六年他就和蒙塔古一起观摩了“磁力实验”。[4]他经常光顾朗埃克街、阿尔德门和法庭巷的仪器制造商的店铺，这些人制造显微镜、计算尺、温度计、望远镜和透视绘图装置；一六六四年他买了一台显微镜，并买了些科学书。他观看他的朋友外科医生皮尔斯和克拉克医生私下做的实验，后者给狗喂鸦片并做解剖。[5]他去医师公会会所观看了斯卡伯勒医生对一名绞刑犯的解剖，并参加了他的解剖学讲座。[6]他喜欢与那些思维有创意的人交谈：在咖啡馆，威廉·佩蒂暗示我们无法确定当我们认为自己醒着的时候是否是在做梦，或者认为自己在做梦的时候是否是醒着的，这激发了他的想象。[7]佩蒂在他看来是“我所听到的用舌头说话的人中最理性的一个，他的所有观念都表达得最清晰明确”。[8]

一六六一年一月，仪器制造商拉尔夫·格雷托雷斯把他带到格雷沙姆学院，皇家学会刚刚在那儿成立。创始成员包括他过去和未来的老板桑威奇勋爵、布龙克尔和威廉·考文垂；注定要成为朋友的约翰·伊夫林；佩蒂、胡克和雷恩；约翰·威尔金斯，他的世界语计划引起了皮普斯的兴趣；威廉·克鲁恩，他预言了人类输血的益处；还有数学家约翰·沃利斯。一年后，克拉克医生谈到介绍皮普斯入会，但他的提议没有下文，皮普斯反而看到他的对手约翰·克里德在一六六三年被托马斯·波维引荐入会。皮普斯记录了有一次与克里德谈论十二进制算术，还有一次克里德描述了胡克在学会做的实验。[9]克里德走到哪里，皮普斯都跟着，一六六五年又是波维提名皮普斯入会。他于二月十五日全票当选，随后与戈达德医生等知名人士一起参加俱乐部晚宴，戈达德医生曾是克伦威

尔的首席医生，现在把他那著名的“戈达德滴剂”卖给了国王：里面含有
粉碎的人骨和毒蛇肉，能提神解困。[10]查理二世是学会的赞助人。他对 255
科学好奇，有自己的实验室；他的保护被认为有助于对抗那些可能反对学会活动的人。他时不时地给学会的午宴送去鹿肉，但他从来没有参加过聚会，而且他的兴趣随着时间流逝而逐渐衰减。[11]

皮普斯入会的头几个星期，有个罕见的机会让我们对他有了一些了解，但他在日记中没有提到。学会的档案记录显示，他被要求去询问从非洲海岸归来的罗伯特·霍姆斯船长，问他替学会带去那里的一些摆钟的活动情况。霍姆斯被关进了伦敦塔，他被指控违抗军令攻击荷兰人，皮普斯不愿意和他说话，因为当皮普斯为霍姆斯的船委派一位技术官时，他们发生了冲突，霍姆斯解雇了他，并威胁要跟皮普斯决斗——所以皮普斯选择咨询霍姆斯船上的技术官，而换成罗伯特·莫里爵士去拜访霍姆斯。这两个人对摆钟的活动有不同的叙述，于是皮普斯被要求搞到舰船技术官的日记，他们“曾与霍姆斯少校去过几内亚，但在摆钟的叙述上与他有所不同”。[12]皮普斯在日记中的沉默令人费解。他可能不明白摆钟实验的意义；也许他觉得自己被当作下属对待，对这种轻视感到愤慨。[13]

无论如何，国家现在处于战争状态，六月，瘟疫中断了学会的聚会，驱散了会员。有些人出了国。胡克、佩蒂和威尔金斯回到皮普斯儿时的乐园杜尔丹斯，在那里一起研究机械发明。[14]瘟疫、大火和战争意味着有好几年混乱不定的日子，有聚会时，皮普斯的繁重工作使他很难参加。后来他有时设法加入会员们的活动，就这样，他听说胡克给狗输血，并和他讨论了此事。一年后又有给人输血的实验，后来他遇到了手术对象，发现他“头脑有点狂热，虽然他说话很好，很通情达理”。令人惊讶的是，这名男子活下来了。[15]皮普斯还观看过一个用到了气泵和“一个放在酒精盐里防腐的流产的孩子”的实验。[16]

对科学问题的敏感贯穿于整部日记。一六六六年夏天，他和布龙克
256 尔讨论了是大自然给了每种生物适合特定食物的牙齿，还是牙齿去适应能够获得的食物。他满怀赞赏地听胡克讲述声音的本质是振动。他借了望远镜，安置在屋顶上，熬夜到午夜一点，观察月亮和木星。[17]他提到把蜡球放进水中演示折射现象；以及他为自己的图书馆购置的威尔金斯博士关于世界语的书。[18]他还购买、阅读并重读了胡克的《显微图谱》；还获得了波义耳和牛顿的书，和我们中的许多人一样，他发现这些书他读不懂。[19]皮普斯对胡克的尊敬是值得赞扬的，因为胡克虽然杰出，但很难相处，胡克在自己的日记中不止一次提到过他的和善。[20]

皮普斯成了学会的有用成员，因为他对自己能贡献什么、不能贡献什么有着正确认知，而且一直兴趣不减。他定期支付会费，有要求的话还额外捐钱；他筹集资金并就如何投资提供建议。[21]他在理事会任职长达二十七年，从一六七二年第一次当选，到一六九九年十一月三十日最后一次。他没有在会议上发表过不当言论，不像波维，描述了自己的一颗细长牙齿被锉平后是如何变粗的，还提供了自己的醋栗酒配方。[22]皮普斯在学会会议上几乎不说话，仅在理事会会议上发言。有一次，佩蒂提议理事会的每一位成员每年都应在公共会议上做一次"关于实验的讲话"，否则就要罚款四十先令，这是他差点儿就要发言的时刻。皮普斯表示愿意遵守，并在另一次会议上重复了他的意愿，但从未发表讲话。那是在一六七五年，他借口自己是个大忙人；一想到要对着全国最聪明的人讲话，他可能也就失去了勇气。[23]

艾萨克·牛顿在十七世纪七十年代中期成为会员，克里斯托弗·雷恩从一六八〇年开始担任了两年主席，当时学会陷入困境，会员人数减少，许多会员拖欠会费。皮普斯，一六八四年十二月当选主席，是一批非科学家主席中的一个，因为行政能力和影响力而被选中。他立刻开始清理整顿学会各项事务，命令所有拖欠会费的会员不能出现在下一届会员

的名单上，除非他们付清会费：六十人被除名，其中包括白金汉公爵。
皮普斯坚持要得到学会现金状况的书面说明。然后，利用自己在海军办 257
公室培训文员的经验，他对学会文员定下了规则。他们必须单身，没有孩子，熟练掌握英语、法语、拉丁语和一些数学知识。他们在受雇期间不可以成为学会会员。他们的年薪至少应为五十英镑。他们必须把会议记录记在本子上，而不是散页上，并给本子编制索引。这些规则的一些良好效果至今仍能在学会书写整齐的记录中得以欣赏。另一方面，我们欣慰地得知，有一项规则被放弃了，为的是让伟大的天文学家埃德蒙·哈利能够为学会服务，“尽管他不具备第五种资格”——未婚无子。[24]

皮普斯邀请会员们带着做实验的想法来参加一次理事会会议。他命令检索学会的会议记录，“看看为改善航海做了哪些工作”。[25]通过约翰·伊夫林，他传达了自己对一六八五年十月一场暴风雨中雷电对停在朴次茅斯港的国王的两艘船的影响的观察。他个人向学会捐赠了五十英镑，用于支付学会拟作为商业投资出版的《鱼类历史》的印版费用。他最出名的是下令为学会印刷牛顿的《数学原理》，尽管他没有出席任何一次提出此事的理事会会议，也没有下令学会支付印刷费用，学会没有这样做。这项荣誉属于埃德蒙·哈利，当时只是学会的一名秘书。直到皮普斯主席任期结束后的那个夏天，《数学原理》才真正问世，尽管他无疑批准了它的出版，并为和牛顿有了关联而自豪。[26]

他对学会的兴趣一直保持到生命的尽头。一六九四年，他安排他的外甥约翰·杰克逊当选为会员。[27]一六九九年，他鼓动东印度公司捐款。[28]那年晚些时候，人们仍在征求他的意见，请他为学会“促进自然知识”的活动提供建议。[29]在他生命的最后几年里，他得到了同是会员的汉斯·斯隆和查尔斯·伯纳德医生的诊治；他们也以他会认可的科学精神为他验尸。这是一段为学会和皮普斯都增添光彩的记录。

然而他最大的成就却不为同时代的学会会员所知。一六六四年，也 258

就是他当选会员的前一年，学会成立了一个委员会，思考如何鼓励更好地使用英语，伊夫林和德莱顿都是委员会成员。他们的建议是，写作者应该致力于达到“一种简洁、直率、自然的说话方式；表达明确；意思清楚；一种天然的流畅，尽可能使所写的内容接近数学的朴素”。[30] 这几乎就是对皮普斯的语言的描述，因为当他开始写日记的时候，他独自一人、不为人知地达到了这一水平。如果他们能够读到他的日记，至少有人会惊讶于一个人在自己生活的陌生海洋中航行时，用科学的好奇心观察自己所取得的成就。

注释

［1］关于皮普斯不懂科学的说法，来自 A. 鲁珀特·霍尔（A. Rupert Hall）的文章，该文载于莱瑟姆和马修斯版《日记》的《指南》卷，页 384–385。

［2］杰里米·伯恩斯坦（Jeremy Bernstein）在《怪人、夸克、宇宙》（*Cranks, Quarks and Cosmos*）中（页 162–163）引用了牛顿的传记作者斯图克利（Stukeley）。

［3］雷恩的就职演说，引自道格拉斯·麦凯（Douglas McKie），《皇家学会的起源与奠基》（“The Origins and Foundations of the Royal Society”），收入《皇家学会：起源与奠基者》，亨利·哈特利编辑（1960）。

［4］皮普斯致爱德华·蒙塔古的信，1656 年 12 月 9 日，提到他们一起去看“W. P. 爵士的磁力实验”，见《塞缪尔·皮普斯书信及第二部日记》，页 4。参见第四章，注释 31。

［5］《日记》，1664 年 5 月 16 日。

［6］《日记》，1663 年 2 月 27 日。

［7］《日记》，1664 年 4 月 2 日。

［8］《日记》，1664 年 1 月 27 日。

［9］关于波维引荐克里德，见托马斯·伯奇，《皇家学会史》（四卷本；1756–1757），第一卷，页 340、342。关于克里德与皮普斯的科学对话，见《日记》，1663 年 6 月 9 日，1664 年 4 月 14 日。

［10］戈达德“滴剂”是在烈酒中泡入鹿茸，并佐以充分干燥并打成碎片的人骨以及两磅毒蛇肉炮制而成。所有这些都被蒸馏成酒精、油和挥发性盐，在土中放置三个月，然后油便分离出来，留待使用。在一杯加纳利白葡萄酒中滴入二十至六十滴滴剂，用于治疗昏厥、中风、突发骇人疾病及昏睡。在戈达德医生去世后的很长一段时间里，它们仍在使用。资料来自上文引用的道格拉斯·麦凯的文章，收入《皇家学会：起源与奠基者》，页74。

［11］见E.S.德比尔，《查理二世与皇家学会》（“Charles Ⅱ and the Royal Society”），收入《皇家学会：起源与奠基者》，页39-47。

［12］罗伯特·莫里爵士在十月二十一日向皇家学会宣读了霍姆斯的报告《一六六三年四月二十八日至九月四日携带两只表出海航行的记录》（“An Account of the Going of Two Watches at Sea from 28th April to 4th September 1663”）。理查德·奥拉德，《战士：罗伯特·霍姆斯爵士与复辟后的海军》（1969），页84及整个第七章《与皮普斯的冲突》（“The Clash with Pepys”）。

［13］托马斯·伯奇，《皇家学会史》，第二卷，页21、23、24。皮普斯还被要求从德特福德找个潜水员，这在《日记》中也没有提及。

［14］伊夫林在这件事上给我们提供了信息——一六六五年九月七日，他到访，发现三位科学家待在那儿。（《约翰·伊夫林日记》）

［15］关于狗，见《日记》，1666年11月14日、16日；关于人，见《日记》，1667年11月21日、30日。

［16］《日记》，1665年3月22日，5月3日。他说的酒精盐是错的，应该是盐酸，前者会破坏胎儿。

［17］《日记》，1666年7月28日，8月7日、8日。

［18］《日记》，1667年11月30日。

［19］关于他阅读胡克的《显微图谱》，见《日记》，1665年1月21日。

［20］胡克在一六七六年八月二十八日的日记中写道：“我和皮普斯先生见过两次，他很客气，很亲切。”一六九三年六月三日的日记写道：“我拜访了皮普斯先生，他非常友善。”这两个例子都被A.N.达C.安德雷德关于皮普斯的文章援引，载于《伦敦皇家学会注录》，第十八卷（1963），页86。

［21］一六九九年二月八日，学会命令司库给皮普斯五基尼，“将其分送给东印度公司的官员，作为最近所收礼物的答谢”，这表明皮普斯与此有关，

无疑是通过休尔。（皇家学会的秘书会议记录手稿，页145）

[22] 托马斯·伯奇在他的《皇家学会史》中给出的日期是一六八〇年一月十五日和一六七九年七月十七日。

[23] 本段的信息来自托马斯·伯奇，《皇家学会史》，第三卷，页137、178。皮普斯在一六七五年一月十四日和二十八日自愿捐款，又参加了一次会议，之后在这一年的剩余时间里一直没有出现。一六七六年十一月，他再次被选入理事会。

[24] 皇家学会的秘书会议记录手稿，1686年6月16日，页85。

[25] 托马斯·伯奇提出此事发生在一六八六年三月三日，给文书下命令是在一六八六年一月二十七日。

[26] 关于哈利免于遵守文员的规定，见皇家学会的秘书会议记录手稿，1686年6月16日，页85。皮普斯的名字出现在牛顿的《数学原理》第一版的扉页上，"IMPRIMATUR / S. PEPYS, *Reg. Soc.* PRAES. / Julii 5. 1686"，下面是它问世的日期，Anno MDCLXXXVII（1687）。约瑟夫·威廉森爵士、约翰·霍斯金斯爵士和托马斯·盖尔在他一六八六年错过的会议上担任主席。在参加了五月十九日由威廉森主持的学会会议之后，哈利于一六八六年五月二十二日写信给牛顿，告诉他《数学原理》的印刷将由学会负责。在六月二日由托马斯·盖尔主持的理事会会议上，再次下令"印制牛顿先生的书"，但他们没有批准大会关于由他们负责印刷的决议，而是补充说"由哈利先生负责照管此事，并由他自己负责印刷，他承诺会这么做"。哈利向牛顿解释延迟的原因是"主席要侍奉国王"（詹姆斯二世确实占用了皮普斯的时间），但更可能是与学会糟糕的财务状况有关。资料来自《皇家学会日志簿》（Journal Book of the Royal Society）的秘书会议记录，以及由亨利·泰勒撰写的《大英百科全书》（*Encyclopedia Britannica*）第十一版中牛顿的详细条目。

[27] 秘书会议记录手稿，尤其是1694年11月21日，页120。

[28] 同上，1699年2月8日，页145："命令司库给皮普斯先生五基尼，分给东印度公司的官员，作为最近所收礼物的答谢。"

[29] 同上，1699年3月8日，页148。

[30] 托马斯·斯普拉特（Thomas Sprat）一六六七年的《皇家学会史》（*History of the Royal Society*）记述了一六六四年委员会的这一建议。

第十八章　台词与故事

一六六七年一月的一个星期天下午，皮普斯在公园里遇到了他当律师和议员的堂叔罗杰，两人沿着蓓尔美尔街散步，讨论议会事务和人头税，罗杰在剑桥负责收税。当他们到达白厅时，罗杰请皮普斯把他带到那些可以看到宫廷各色人物的房间里，并把美丽而声名狼藉的卡斯尔曼夫人指给他看；当他们站在那里盯着她看时，她的小黑佣，受他的女主人差遣，急匆匆地走过去。有条狗挡住了他的去路。此时皮普斯在日记中采用了直接引语，这样写道："'遭瘟的狗！'男孩说。'现在，'他[罗杰]庆幸地说，'如果这是我的孩子，我会用鞭子把他抽出血来！'——我相信他会的。"这是一段完美的对话，用几个字就让我们知道罗杰从小的教育把他培养成了一个虔诚的清教徒，另外用男孩讲的四个字，告诉了我们宫里的讲话风格和宫廷风范。皮普斯的耳朵很好使，他本可以成为一个比他在剧院里看完的许多戏的作者更好的剧作家。他完全知道如何提取和呈现一个场景的戏剧性核心。[1]

另一场戏是与一位官员的争吵，他反对皮普斯坚持让他在下班后寻找一些丢失的文件："他对我说我应该让人在晚上休息，所有的事情都要在白天完成。我疾言厉色地回答他，说我和任何诚实的人一样，在为国王服务上都不分昼夜……他粗鲁无礼地回答了我；我告诉他，我知道他更加勤奋地为别人做事的日子(意思是残余国会的那段时间)。他叫道,'不,别这样说',然后闭了嘴,一句话也没再说。"[2]这五个字告诉我们,这个人有多害怕他的政治过往会被人拿出来针对他;皮普斯扼住了他的咽喉,他做了他要求他做的事。

不像伊夫林,皮普斯从不写正式的人物素描。他是一个**点彩派画家**(*pointilliste*),轻描淡写就能构建起自己的印象。他展现了朋友、敌人和
260 名人的行动,并让他们自我展示：例如,当国王说他不是她孩子的父亲时,卡斯尔曼夫人只"啐"了一口,第二天告诉他,"我该死！但你应该承认它"。[3]还有一个关于乔治·唐宁的故事,是他的老邻居约翰·亨特生动地讲给皮普斯听的,他现在是剑桥郡的税务官,唐宁在那里购置了一处乡村地产。当了乡绅之后,唐宁得知本地的风俗是要在圣诞节款待教区的穷人。乔治爵士于是吩咐他母亲为他们准备一顿饭;但是她没有给他们吃传统的烤牛肉,只给了他们"牛肉汤、布丁和猪肉……就餐过程中没人说话,只有他母亲说,'这是好汤,儿子。'他回答,'是的,这是好汤。'然后他夫人再次肯定他俩,说道：'是的,非常好的汤。'过了一会儿,他又开始说：'好猪肉。''是的,'母亲说,'好猪肉。'然后他大声说：'是的,非常好的猪肉。'他们就这样把所有的食物都说了一遍;没有人回应他们……因为这事儿现在整个乡里都在嘲笑他"。唐宁街之父永远被定格为吝啬和伪善。[4]

即便是对皮普斯崇拜的本·琼生来说,这都是一出很棒的戏,他自己塑造了这一幕,因为他得到的是二手材料。莎士比亚的赞助人的儿子、老财政大臣南安普顿的辞藻则有着另一种戏剧的光彩,在听完皮普斯讲述海军所需资金后,他直接向皮普斯提出了问题："嗨,这一切意味着什么,皮普斯先生？你说这是真的,但你要我怎么办？我已经为我的生活付出了一切。为什么人们不愿把钱借出来？为什么他们不愿像信任奥利弗一样信任国王？为什么到目前为止我们出了那么多奖金,却毫

无用处?”[5]我倾向于认为这是个一字不差的记录,一听到就记了下来,部分原因是他认为从政治上来说南安普顿的话很重要,还因为他捕捉到了他们戏剧性的、类似莎士比亚式的对话语气。日记读者必须多加小心,但皮普斯复述的时候比他提供直接转录要频繁得多,所以当他直接引用时,似乎可以合理地相信他;另一个例子是他弟弟汤姆临终前的话,第十一章里已经写过。随着时间的推移,以及他对自己能用日记做些什么的感觉越来越强烈,把听到的话原样记录下来越来越让他感兴趣;一六六七年,直接引语的使用次数差不多是前三年加起来的五倍。此后它 261
又逐渐减少,可能是因为他的眼痛让他更难当场做速记。

他自始至终使用直接引语的惊人之处在于,他如何捕捉到每个说话人不同的抑扬顿挫、措辞风格和节奏韵律。这里有好斗的卡特里特,生气的时候会大喊一声“*Guarda Mi Spada*”(“当心我的剑”),还向皮普斯夸耀他几乎实现了的抱负:“‘上帝为证,’他说,‘我将要,而且已经差不多实现了,国王不会酗酒了,但我必须紧盯着。’”[6]约克公爵的不耐烦的傲慢突然出现在他对丹吉尔委员会说的话里:“人人都骑在我们头上,我想我们永远也骑不到任何人头上。”[7]阿尔比马尔公爵夫人性格粗鲁,对丈夫忠诚,善于表达自己的观点,在桑威奇灰溜溜地离开海军指挥官的职位,并被国王任命为大使之后,她这样抨击他:“如果我的丈夫是个胆小鬼,也许他就不会再出海了;那么他可能会被原谅并被任命为大使[指的是桑威奇勋爵]”——“这话真恶毒”,皮普斯写道,但他记下了这些话。[8]他虽然很不喜欢巴滕,但有时也喜欢他那老水手的措辞:“‘上帝为证,’他说,‘我想魔鬼拉了荷兰人一身屎。’”[9]一个路过的清教徒从一扇威斯敏斯特的窗户看到皮普斯正在爱抚贝蒂·马丁,“先生,你为什么这样亲这女士?”甚至这句话也被记录下来——很难想象除了皮普斯谁会这么做。[10]佩恩的马车夫被派去接佩恩夫人时抱怨说:“让上帝的梅毒沤烂她!她不能走着来吗?”他很震惊,但也记了下来。[11]

他喜欢自己说出的"天啊！……我的龙虾怎么样了？"，当他发现自己把龙虾落在一辆出租马车里的时候。[12]还有他弟弟汤姆对他们的乔伊斯表妹夫妇的描述："他俩好的时候跟蜜似的，坏的时候跟屎一样。"[13]

他让我们听到鲁珀特王子的声音，那时他与约克公爵争论海军军官是否应该因酗酒而被革职："该死的，如果他们要把每个喝醉的人都赶走，舰队上一个指挥官都剩不下。如果他喝醉了但是不耽误打仗，那喝酒又有什么关系呢？"[14]巴滕宣称他瞧不起弗雷希维尔·霍利斯爵士，一个自吹自擂的绅士舰长，当他是个"吹牛大王"，不把他当回事儿。[15]
262 桑威奇勋爵在复辟四年后给了皮普斯一个悲观的建议："相信我，不要对世上任何人过于信任，因为那样你就受他掌控了；目前看似是最好的朋友和真正的朋友，可能有机会或找机会就会和你闹翻；然后一切真相大白。"[16]皮普斯和考文垂之间的一次交流定下了他们私人谈话的基调，当时他们考虑到英荷战争的失败会给他们带来怎样的前景。考文垂说他厌倦了工作，如果再有一场战争，"他们一位秘书也找不到；我说，'也找不到一位书记官，因为我看清了它的回报；感谢上帝，我自己有钱，足够买本好书和一把不错的小提琴，我还有个好妻子；'——'哎呦，'他说，'我自己有钱，足够买本好书，但不需要小提琴，因为你的好妻子们我从来没有过一个'"。考文垂一语双关地结束了这段完美的对话，可以想象他此时面露一丝轻笑。[17]

考文垂被引述的次数比任何人都多，他对自己服务的政府发表了一些惊人的评论。尽管他是坚定的保王派，但他告诉皮普斯他知道没有了共和国时期的老军官，海军就无法运转。"'嗨，'他说，'海军里没有他们什么事儿都做不成，国王这边全部人里能胜任指挥的几乎不超过三个。'"[18]他在退休前做出告诫，"为国王服务的人必须指望并满足于承受所有的命运，并准备好隐退"。皮普斯在他日后的职业生涯中肯定不止一次想起过这些话。[19]

桑威奇勋爵的话，“哎呦，约翰爵士，你不认为他娶了个大美人吗？我敢保证的确是”。我们能够看出这是在挑逗，而不是单纯的恭维，但皮普斯看不出来。[20] 皮普斯声称被伦敦塔的中尉的妻子鲁宾逊夫人（Lady Robinson）的“言辞不检点”冒犯：“看，这儿有个漂亮男人，我愿意和他一起干点儿出格的。”但在我们听来，她就像康格里夫戏剧中的女主角。[21] 他还转述过一个故事，故事中的白金汉公爵也像戏剧人物一样讲话，那时他带着情妇施鲁斯伯里伯爵夫人回家，却发现公爵夫人，他的妻子，正在家里。公爵夫人闺名为玛丽·费尔法克斯，是克伦威尔的将军的女儿，安德鲁·马维尔的学生——你可能会认为，她不是一个可以被戏弄的女人——她告诉白金汉，她不能跟他的情妇在同一屋檐下。对 263
此他回答说：“‘哎呦，夫人，我也是这么想的，所以我已经下令备马，送你到你父亲那儿去；’这话很邪恶，但他们说的是真的，”皮普斯写道。虽然只是道听途说，但这话太精妙、太可耻，必须记录下来。[22] 他还听说了妻子和情妇之间的另一场争斗，卡斯尔曼夫人对王后说，“‘我很惊讶陛下，’她说，‘居然有耐心坐在梳妆台前这么久。’‘哦，’王后说，‘我有足够的理智来运用耐心，所以我很能忍受。’”[23]

约翰·克里德就皮普斯把海军办公室的账目交给他时该付给皮普斯多少钱一事与他发生争执，最后被克里德的一个形而上学的比喻解决了。“他说，‘毕竟，好吧，’他说，‘既然必须有某种屈尊俯就[即让步]，我知道你会期待我先提出来。’因此，他说，‘我建议（就像从老国王死去到现在的国王取而代之的那段间隙全部被吞没，好像从来没有过一样），我们之间友谊的破裂也可以当它从未发生过。’”[24] 从一六四九年一月到一六六〇年五月，这十一年因为上帝同情保王事业而被抹掉了，这个想法如此有创意，特别是它还来自一个清教狂热分子，使得皮普斯同意结束争执，接受了比他希望的更低的报酬，但他并不因为克里德的聪明而更喜欢他。

皮普斯喜欢上流社会的八卦、政治、戏剧效果和妙语警句，但言辞简洁几乎同样使他着迷。在七月一个炎热的星期天，埃普瑟姆高地上的牧羊人回答了他为什么他穿的鞋有铁足尖和铁鞋跟的问题：“‘哎呦，’这个可怜的人说，‘你看，高地上到处都是石头，我们很乐意穿上这样的鞋；这，’他说，‘会让石头飞起来，直到它们在我面前歌唱。’”[25]这是自然的诗，对皮普斯来说，牧羊人让他想起人类的祖先，他在羊群中间，他的儿子在他身边大声朗读圣经。掘墓人在圣新娘教堂准备埋葬汤姆的时候，发现所选的地方很拥挤，他说了同样质朴的话，令皮普斯喜欢，这句话已经被引用过，但在这里值得重复：“我会把他们往一块儿挤挤，给他腾出个地儿。”[26]那位对国王说话的贵格会女信徒，“一直回答说，
264 ‘哦，国王啊！’，而你一直想要他”，在他的众多人物中赢得了一席之地。在达特福德路旁放牛的小女孩，当皮普斯跟她讲话时，认定他是她的教父，她立刻跪下，“真诚地叫道，‘求求你，教父，祈祷上帝保佑我吧’”。[27]

他和桑威奇夫人交谈过很多，从长子继承制到宗教，话题颇广，但他从来没有提供她的原话。例如，“和我的桑威奇夫人（好夫人），坦诚地谈论出色的治家之道、她女儿们的丈夫、时代的奢靡、放荡，还有其他类似的事情，直到晚上十点多”。是她的话过于无足轻重、杂乱无章，还是他认为记录下来可能有失敬意？他对她丈夫不那么拘束。两周后，当桑威奇勋爵从海上回来，当着皮普斯的面对他妻子讲话时，他确实提供了他的原话：“‘你好吗，亲爱的；你这一周都过得怎么样？’——他自己在我面前提起，这周之前他几乎没见过她。”皮普斯对桑威奇向妻子提出的问题感到不安，因为他责怪桑威奇回来后对她不闻不问，但桑威奇的语气非常轻松，一句“亲爱的”软化了他对她的忽视，表明他很有魅力，桑威奇夫人对此很满意。[28]

皮普斯和伊丽莎白的交流却不一样，虽然她也没有直接讲话，但在他们最激烈的争吵期间，他几乎提供了她的原话，一次他写到她叫

他“狗,流氓”,“说我有一颗腐烂的心”,几天后又说,“一个虚伪、坏心肠的流氓”;“她发誓……她会切开这个女孩的鼻子,今晚她就得从我这儿滚开”。[29]听起来很真实。只有一次我们听到他用求爱者的殷勤语气对她讲话,那时他正计划去布兰普顿处理法律事务,他转向她说道:“你和我再也不会一起旅行了吗?”她立刻同意和他一起骑马同行。[30]

皮普斯交往的人中最显赫的是大法官克拉伦登,一六六〇年在海牙他第一次“非常愉快地”和他说话,当时他身患痛风,卧床不起。在接下来的几年里,皮普斯有时会被克拉伦登的批评刺痛,在委员会会议上观察他睡觉打鼾;他也非常钦佩他公开演讲时的轻松和权威,甚至说他因 265
此而“疯狂地迷恋”他。桑威奇派皮普斯去向大法官道歉,因为海军在他的威尔特郡庄园砍伐树木而登记在案,这时皮普斯对所发生的事情感到非常“恐怖”,他畏缩了。“我就是那个不幸的皮普斯,陷入他的盛怒之下,来此请求他允许我更好地向大人表明来意——让他相信我的职责和服务。”克拉伦登决定不发火,叫他晚饭后再来,然后轻快地邀请他,“来吧,皮普斯先生,你我在花园里转一圈”。他让皮普斯戴着帽子,平等以待,两人一起散步一个小时,同时其他人在等候着,分手时他们的态度“友善而尊重”。[31]日记中还提到了克拉伦登在讨论荷兰人袭击梅德韦时对国王所说的尖刻的话:“‘背叛?’他说,‘我真希望我们能证明其中有任何背叛,因为那意味着动了脑子,思考周详;但毁灭我们的只是愚蠢和疏忽。’”[32]

日记也展现了克拉伦登的温柔和人性。皮普斯听到他私下打听他的外孙们,他女儿安妮的孩子们,他们在血统上是王子,因他们父亲约克公爵的关系有王位继承权。一六六七年春天,两位小王子都病了,克拉伦登在开办公会议的时候派人去询问他们的消息,皮普斯当时也在:他写道，“这太好了，看到大人如何询问（不是像其他人那样问王子或公爵怎么样了），而是‘孩子们怎么样？’，我认为这非常了不起，像个伟人，像个祖父”。[33]皮普斯对这一切都感到满意，因为他自己对孩子也很温柔，希望看到一个大人物按照罗马元老院议员的风格简单行事，他和克拉伦登都很钦佩这些人。

至于国王，我们已经说过他没有给皮普斯留下健谈的印象。看到自己的官员来到白厅，“‘哦，’他说，‘海军办公室来了’”。就像他称赞皮普斯在下议院的讲话一样，“皮普斯先生，我对你昨天的成功感到非常高兴”，这些话之所以获得一席之地，仅仅因为它们是国王说的。[34]

轮到自己说话的时候，他有各种各样的声音。一种是像詹姆斯一世
266 时代的剧作家的语言一样粗鲁、生动，使用狗啊、吃的啊这类家常意象，还有双重否定和突兀的肯定。“我会找他报仇的，”他写道，仿佛对着书页大吼一声。[35]对一个陷入困境的政敌，他写下了“但一切都不会，也不该有用，因为他要出局了”。[36]他这样写卢丝，一个不尽人意的厨娘：“她是一个非常吃苦耐劳的丫头；只是，她酗酒。”[37]担心计划可能流产，他害怕“我的蛋糕永远都会是生面团”。[38]一场海战大败之后，已经做了申辩：“从这一切中，会剔出一大块好肉。”[39]强大的卡特里特受挫以后，“现在像小狗一样柔顺”。[40]有人从法国回来，俨然成了“十足的Monsieur①”。[41]瘟疫过后，皮普斯乘布龙克尔勋爵的马车进城：“可是主啊，贵族的马车进城来是多么引人注目，到处都有搬运工向我们鞠躬，乞丐拼命乞讨。”[42]

他有从华丽词藻转换到质朴语言的技巧：“和他在蓓尔美尔街转了一圈，谈论令人沮丧的事态，每个人都在互相咆哮。”[43]另一段话从轻快

① 法语：先生。

舞步到基本动作:“天气晴朗明媚,我的确**乐意**提议去鲍村呼吸新鲜空气,并在那儿吃午餐……他们来了,我们去了牡蛎酒馆,然后聊天。”[44]还有的时候,他的表达完全是断断续续,他总结海军处的糟糕状况时,砰砰地像开枪一样:“这个月就这样结束了——事态不妙。海军事务完全停滞不前。没有信誉。没有货物卖给我们。没有人会相信我们。我们在办公室里所要做的全部事情就是听人们抱怨缺钱。”[45]偶然还会有诗意闪现,就像“燃着篝火,城市周围发亮,像一圈光晕”。[46]

写到性的时候他经常使用乱七八糟的外语词,也许想要隐藏,更可能是他喜欢用特殊词语来标记性经历,从而增强重温时的兴奋感。有些词他特别喜欢:“tocar”(“触摸”)、“ella”(“她”)和“su”(“她的”)、“abaxo”(“下面”)、“douce”(“柔软”——如“皮肤非常柔软”)、“mamelles”(“乳房”)。他会单独用一个他喜欢的词“formosa”[漂亮]来形容竖琴与舞会客栈(Harp & Ball)的新女仆:“女仆,玛丽,非常漂亮。”[47]他也令人愉快地把不同的语言混在一起:“她有我一直喜欢的罗马鼻子和匀称身材”。①[48]和伊丽莎白关系好的时候,这种特殊词汇也会用在她身上:“一早醒来,躺了很久,和我妻子做了几次,我和她都感到 267
很快乐;躺在那儿开始聊天,过了一会儿就起床了。”②[49]这是一个情场上的聪明学生,同时用两种方式对着自己炫耀。

琼生讽刺伪善的清教徒的唧唧歪歪,也许使他感到好笑,但他自己也不能幸免:“主啊,看看一个人多么不幸地陷入被迫贿赂别人才能被公平对待的境地,而他处事诚实无欺,却付出了昂贵的代价。”[50]“……读了点《女子学校》(*L'escolle des Filles*),非常淫秽,但对一个严肃的人来说,通读一次,让自己了解这个世界的罪恶,并不是错。”[51]在和一个讨

---

① 皮普斯的原文是“ella con the Roman nariz and bon body which I did heretofore like”。

② 皮普斯的原文是“Waked betimes, and lay long hazendo doz vezes con mi moher con grando pleasure to me and ella; and there fell to talking, and by and by rose”。

好他的伦敦商人吃饭时，“主啊，看看我受到了怎样的款待，它开始得如此卑鄙，让我都感到惊讶”。[52]他急切寻找使用上帝之名的标准表达模式，在他感到愧疚（“上帝原谅我”）或感激（“应该感谢万能的上帝”）时，买了件昂贵的新衣服，想要强调时说“我祈求上帝让我买得起”，修缮房子时强调“我祈求上帝不要让我太在意它”。他还残留着童年时的信仰，害怕上帝掌管着某种抽签制度来决定奖惩，有时这会促使他的信仰更加坚定；当他想到自己的健康时，我们会听到真正感恩的语气，当他的婚姻陷入困境时，他会将自己的痛苦短暂地归咎于上帝。但这很少见，在其他时候，他像不信教和半信教的人一样，呼唤神的名，只是作为一种修辞。

每个读者都会注意到频繁重复的表达，从著名的“于是安歇”到“很快乐”，“非常满意”，“但是主啊”，“丰盛的午餐”，“高贵的谈话”，“令我极为满意”，等等。它们可能会变得乏味，尽管大多数读者喜欢把它们当成标志性的调子，既有趣又令人安心，是他的写作自然不做作的证据——皮普斯也可能偷懒，依赖陈词滥调。他常常抽身观察自己：“我很高兴看到自己很想工作”；“带回家价值十英镑的书，都是我长期以来想买的”：他在给自己提供快乐和希望。[53]他的语言总是明白如话。日记里有一封给朋友的信的草稿，你可以借此把他的语言和他费劲写其他东西时做个对比。它是这样写的：“（上帝尽管上帝知道
268 （尽管没有虚荣心（尽管我感谢上帝（尽管这世界对我很有利（尽管我不能抱怨（尽管这世界在这件事上对我并没有很不好），见到我[家里]的朋友们在家，我还是不太高兴……”[54]诸如此类。在试图保持礼貌的过程中耗尽了活力，正如后来十七世纪典雅文学的乏味压制了他，的确耗尽了他的语言活力一样。这让你更加惊异于日记的语言竟然无比生动，无比多样。

注释

［1］《日记》,1667 年 1 月 27 日。

［2］《日记》,1665 年 12 月 5 日。

［3］《日记》,1667 年 7 月 29 日、30 日。

［4］《日记》,1667 年 2 月 27 日。

［5］《日记》,1665 年 4 月 12 日。

［6］《日记》,1662 年 5 月 8 日,1665 年 8 月 14 日。

［7］《日记》,1664 年 8 月 12 日。

［8］《日记》,1665 年 12 月 9 日。

［9］《日记》,1667 年 7 月 19 日。

［10］《日记》,1663 年 6 月 29 日。

［11］《日记》,1667 年 9 月 13 日。

［12］《日记》,1666 年 6 月 13 日。

［13］《日记》,1663 年 12 月 13 日。

［14］《日记》,1668 年 1 月 2 日。

［15］《日记》,1667 年 6 月 17 日。巴滕对这位大摇大摆的舰长、朝臣、白金汉公爵的朋友、海军处的批评者的蔑视并不完全公平：他在一六六六年六月的“四日大战”中失去了一只胳膊,并在一六七二年的索尔贝战役中阵亡。

［16］《日记》,1664 年 7 月 13 日。

［17］《日记》,1668 年 2 月 18 日。

［18］《日记》,1663 年 6 月 24 日。

［19］《日记》,1667 年 9 月 2 日。

［20］《日记》,1663 年 6 月 15 日。

［21］《日记》,1665 年 11 月 5 日。

［22］《日记》,1668 年 5 月 15 日。

［23］《日记》,1663 年 7 月 4 日。

［24］《日记》,1664 年 2 月 12 日。

［25］《日记》,1667 年 7 月 14 日。

［26］《日记》,1664 年 3 月 18 日。

［27］《日记》,1664 年 1 月 11 日,1661 年 4 月 11 日。

[28]《日记》,1665 年 2 月 21 日,3 月 5 日。

[29]《日记》,1668 年 11 月 19 日。

[30]《日记》,1663 年 9 月 13 日。

[31]《日记》,1664 年 7 月 14 日。

[32]《日记》,1667 年 7 月 12 日。休·乔姆利(讲述克拉伦登)重复这些话时,皮普斯把它们记了下来,这些话是在会上说的,新鲜出炉。

[33]《日记》,1667 年 5 月 14 日。

[34]《日记》,1663 年 11 月 2 日,1668 年 3 月 6 日。

[35]《日记》,1666 年 6 月 13 日。

[36]《日记》,1667 年 4 月 3 日。

[37]《日记》,1667 年 5 月 18 日。

[38]《日记》,1665 年 4 月 27 日。

[39]《日记》,1667 年 11 月 1 日。

[40]《日记》,1666 年 6 月 23 日。

[41]《日记》,1667 年 11 月 15 日。

[42]《日记》,1666 年 1 月 5 日。

[43]《日记》,1666 年 2 月 28 日。

[44]《日记》,1667 年 3 月 14 日。

[45]《日记》,1666 年 10 月 31 日。

[46]《日记》,1661 年 4 月 23 日。

[47]《日记》,1665 年 5 月 15 日。

[48]《日记》,1667 年 3 月 19 日。

[49]《日记》,1668 年 5 月 25 日。

[50]《日记》,1665 年 10 月 10 日。

[51]《日记》,1668 年 2 月 9 日。

[52]《日记》,1665 年 11 月 24 日。

[53]《日记》,1666 年 3 月 1 日、2 日。

[54]《日记》,1668 年 6 月 13 日——在这段时间里,皮普斯在旅行中把未完成的笔记写进《日记》。因为不是官方信件,而是给私人朋友托马斯·希尔的,这篇磕磕巴巴的草稿也就更加有趣。

第十九章　意外与混乱

日记记录的风流韵事中，只有一件真正带有浪漫和悲剧色彩，也许因为它也是被伊丽莎白发现的唯一一桩。被发现后，皮普斯的叙述变得非常紧凑，当时他挣扎于冲突的情绪，对两个女人的愧疚、悔恨和痴迷之中。他的叙述中没有喜剧，只有温柔和巨大的痛苦。在某些段落中，他提前描画了十九世纪小说中著名的出轨女性，像包法利一样感受着狂喜和折磨交替出现，像卡列尼娜忍受着愤怒而贞洁的配偶所施加的惩罚。

让他引火上身的女孩是黛博拉·威利特。一六六七年秋天她来做伊丽莎白的女伴时才十七岁，一个身材苗条、漂亮、体面的女孩，在城北几英里、利河河畔的鲍村上过七八年寄宿学校。是她受过良好教育的姑姑送她去的，她父母早逝，姑姑把她从布里斯托尔带到伦敦。黛博拉受朋友引荐，伊丽莎白选中了她，皮普斯第一眼看到她时——“我们的漂亮女孩”——他疑心她是否“对我家来说有点儿太好了”。[1]无疑这是在晚上外出回来后，那晚他先是把天鹅客栈的侍女按在椅子下，抚摸她的大腿，然后又拜访了贝蒂·马丁，做他通常的娱乐。黛博拉，他觉得很庄重，也很漂亮。他和伊丽莎白几乎立刻就带她去看戏，然后他们又一同去奥德利庄园和剑桥观光旅行，威尔·休尔伺候左右。对于一个可能不记得父母的女孩来说，发现自己又成为一个家庭的一部分，一定是强烈的情感体验。突然间她成为最小的，既是宠儿，也是仆人，几乎是个女儿，有一个快乐的父亲和一个优雅的母亲；和皮普斯夫妇一起旅行与寄宿学校的生活可完全不同。他们兴高采烈，对美食和享受都有良好的品
270 位，花钱大手大脚，因此不可能不引起注意。起初皮普斯有时会忘记她的名字——有几周他在日记中称她为“女孩”——但很快所有人都叫她黛布，而她无处不在。他们参观了国王学院礼拜堂、三一学院和圣约翰学院图书馆（但似乎不是抹大拉学院）；他们下榻在玫瑰客栈，伊丽莎白和黛博拉同榻而眠，皮普斯睡在同屋的另一张床上，享受着与两个女子的愉快夜谈。

剑桥是前往布兰普顿途中的一站，他打算去布兰普顿，把六月梅德韦危机发生时他父亲和伊丽莎白埋在那儿的黄金挖出来。自从他母亲在春天去世后，他就一直没去过那里，或者说她母亲死前差不多有三年他都没去过，他对父亲打理这个地方的方式感到满意，尽管他发现天花板比伦敦的低矮。但他首先想到的是去欣庆布鲁克拜访桑威奇夫人。自从她的女儿杰迈玛结婚后，他已经两年没有见到她了，他发现她和以前一样，优秀、善良，人们谈起她那依然远在西班牙的老爷时，她言辞谨慎。伊丽莎白跟在他后面，沿着小路散步，带着黛布；那天晚上，在布兰普顿家里，黛布睡在矮床上，挨在皮普斯和伊丽莎白睡的高床边上。

在伦敦她有自己的房间。其他的家庭成员有简·伯奇、汤姆·爱德华兹和另外两个女仆。玛丽·默瑟虽然不再是这个家庭的正式成员，却是一位老朋友，经常和他们在一起，参加他们的外出活动，威尔·休尔也经常在家里进进出出。当伊丽莎白注意到皮普斯似乎喜欢黛布时，他看到她因为嫉妒而发抖，除此以外，她并没有表现出跟黛布失和的迹象。他决计无论如何不能挑事儿。[2] 他们两个现在都年纪渐长，足够理智——皮普斯三十四岁了——他会把黛布当成女儿对待。晚上她和默瑟、威尔一起玩纸牌，参加聚会、去剧院、上街购物，都会带上她，她还和

伊丽莎白多次拜访她的裁缝约翰・吴谢。似乎没有人警告过她要提防她的主人，简没说过，默瑟也没有，当然伊丽莎白自己更没有；在那一次感到妒火中烧之后，她似乎压根儿没觉察到任何可能的麻烦。皮普斯比以前工作得更努力，忙着应付议会对海军处的抨击，更要紧的是他的眼睛问题：让他自顾不暇。

日记里没有一句预警的话，也没有暗示他可能有任何欲望或计划。 271
他只是列出了一系列缓慢发生的事件，好像它们都是在他非自愿的情况下发生的。期望黛布为他梳头或帮他铺床并没什么稀奇，因为这些都是像她这样的家庭成员的常规工作。她从十一月开始为他梳头，一六六八年一月，他提到他喜欢梳头，“我现在经常被黛布梳头，我喜欢她，她会抚弄我”。[3] 你可以从这些话中闻到头发、温暖的肉体和亚麻内衣混合在一起的舒适气息。伊丽莎白生了病，圣诞节前三天的星期日卧病在床，此时他给了她第一个父亲式的吻。简一定正在楼下厨房里准备派和布丁，伊丽莎白需要人跑上跑下给她一碗一碗地送水喝，倒尿壶，还要有人给她整理床铺；每个人都在黑暗的房子里走动，从一块火光走到下一个蜡烛光圈。皮普斯小心翼翼地接近黛布，她甚至都找不到好时机来反抗或者拒绝；而且他很友善，她也完全有理由喜欢他。三月底以前，他训斥她记下的东西不对，之后又把她抱到膝上，像哄孩子一样哄着她收了眼泪。他的描述介于色情和伤感之间：“我对她好言相劝，吻了她，她还在哭。我有生以来第一次把她拉到我膝上，把手伸到她的裙子下，抚摸她的大腿，这让我非常快乐。之后停了手，只是吻了她，上床睡觉。”[4]

伊丽莎白和黛布第二天一起去了乡下，所以事情一直没有进展，直到八月皮普斯第一次进行了明确的性侵犯。他试图“第一次在马车里用我的手抚摸我们黛布的东西［即性器官］——她对此感到不安——但还是顺从了”。[5] 此后，他利用梳头和睡前的时间变本加厉地侵犯她。白天，黛布和伊丽莎白忙于各种消遣娱乐，和默瑟一起去找吉卜赛人算

命，去看戏，逛巴塞洛缪集市。九月，她们又一起去了剑桥，这次没有皮
272 普斯，是应罗杰堂叔的邀请去逛斯特布里奇集市。她们似乎处得不错。她们去剑桥的时候，皮普斯对简·伯奇下了手，标准操作。她们回来后，他带着伊丽莎白和黛布一起去看床幔和床，因为他正在计划布置一间雅致的新卧室，并想要一张和约克公爵的秘书马修·雷恩的一模一样的床，雷恩很乐意让人看他的床。

后来有一天晚上，伊丽莎白"突然上楼"，发现他正抱着黛布，"我的手放在她的阴部。见此情景我很惊讶，茫然失措，这女孩也是"。[6]可以预料到，这也使伊丽莎白陷入一种疯狂状态。因为虽然我们作为日记的读者知道这不算什么新鲜事，但对她来说，这是第一次发现他的不忠，打击很大。此外，这事就发生在她眼前，还是和她的朋友兼女伴。她几乎立即做出反应，告诉他她是个天主教徒，也许因为这是她能想到的最能吓唬他的事；也许也是痛苦促使她重回童年时的信仰，而她知道这是真的。她说她当然会把黛布赶出门。她还威胁要公开羞辱他，尽管妻子揭露丈夫的不忠行为似乎不太可能引起其他人的兴趣。皮普斯缩头缩脑，什么也不承认，黛布也一样。家里有几天除了伊丽莎白没有人说什么话。她每天晚上都对皮普斯大发雷霆，让他无法安眠。为表达愤怒和悲伤她还不做任何清洁洗漱。

虽然事情很糟糕，但看起来好像能够缓和。黛布的姑姑拜访了伊丽莎白，"友好地"讨论了她离开的事，而黛布也出门寻找其他去处。但一场更大的风暴正在酝酿。十一月中旬，伊丽莎白想办法从黛布那里榨出一份"供词"，可怜的孩子。不管她供认了什么，结果都让伊丽莎白几乎发了疯。她就是在这时告诉了皮普斯，桑威奇勋爵曾企图侵犯她的贞操。她现在坚持要皮普斯解雇黛布，并告诉她他不喜欢她。伊丽莎白连续三周不让他睡觉；他意识到黛布不得不离开，但担心自己会成为妻子的"奴隶"，仍然渴望"拥有这女孩的童贞"，与此同时记录下与妻子的性

行为大大增加，也更加快乐。十一月十四日，黛布走了，伊丽莎白禁止他去楼下厨房和她说话，对他说他是条狗，是流氓，“坏了心肠”。第二天 273 是个星期天，他补写了日记，深思后认为他还是想去找黛布，“尽管我担心这会毁了我”，这几乎是女性表达绝望的用语。但星期一，他把恐惧扔到一旁，真的出门去找她了。

两天后，他找到了她，说服她在一辆马车里和他见面。接下来的一幕是激情的拥抱和承诺，他成功地让她“把我的东西握在手里，同时我的手放在她的胸前，这样做非常快乐”；然后让她发誓不让任何其他男人做他对她做的事。他给了她二十先令和一个他的书商的地址以便联系，然后开开心心地回家了。可是伊丽莎白对他的行动和情绪都太警觉了，不可能猜不出发生了什么事。第二天她又愤怒地炸裂了，逼他供出了自己新近的英勇事迹，对他又是咒骂，又是威胁，说他要是给她几百英镑，她就准备好离开他。此外她还说要切开黛布的鼻子。他一筹莫展，把威尔·休尔叫了来，把事情告诉了他，请他代为说情。威尔哭得像个孩子，皮普斯发誓再也不见黛布；但他写下自己无意遵守誓言。为了让家里的日子过得下去，他同意了一项安排，即他只有在威尔的监督下才能出门。某种和平得以实现。皮普斯向伊丽莎白求爱以安抚她，他似乎不在乎她现在又脏又臭——然后独自一人在卧室里，跪下来向上帝祈祷，请求神让他忠于“我可怜的妻子”。他还记下来装潢师们刚刚装修完那间最好的新卧室，非常豪华，但他无心享受。

对夫妻间的愤怒和嫉妒的描述，据我所知没有哪个能与此相比。任何经历过类似事情的人，无论处于三角关系的哪一方，都会承认它的真实和力量，虽然它完全是一面之词。皮普斯受到几种情感的揪扯，首先是对他妻子的同情，他承认自己伤害了她；其次对黛布也感到同情和悲痛，他也伤害了她；还有就是对自己的深切同情。总体而言，他对每个人都是公平的。这件事就这样过去了，这种事通常如此。十一月二十二

274 日，星期天，他告诉我们，伊丽莎白终于决定洗漱，“在持续四五周的肮脏状态之后，清洗干净”。下个星期天，皮普斯记述了他忍不住想起黛布。伊丽莎白逼他给她写信，告诉她她是个妓女。威尔也希望对每个人都公平，向他眨眼示意，表示他会处理这件事，他的确摆平了，在把信交给黛布之前删除了信中的无礼之词。一月的一天，皮普斯设法不带威尔出了门，那天晚上，伊丽莎白，像麦克白夫人一样可怕，拿着一把烧得炽红的火钳来到床边。[7] 皮普斯为自己的行为辩解，终于摆脱了这个棘手的局面，一段时间内事态逐渐平息了，尽管还有起伏，因为有时伊丽莎白会听说黛布过得很好，贴着时髦的黑色饰颜片，还说她的坏话。他思考后气馁地说他不知道她究竟怎么样了，尽管“我内心的魔鬼希望我能知道”。[8] 他越是痛苦，就越会回归童年的宗教训诫。

三月底，简结婚以后，他高兴地想到现在家里已经没有一个仆人还记得黛布的事了。他逐渐恢复了自尊。一切都结束了，他照旧去找贝蒂·马丁——后来在四月十三日，他和威尔在白厅，

> 依照上帝的旨意我瞧见黛布了，这使我心神激荡，我当时不能自已，只得派W.休尔去找雷恩先生（我觉得W.休尔看见了她，但不知道他是否看到我也看见她了，也不知道他是否对我把他支走起了疑心），但我的心不能阻止我。我跟在她后面，还有两女一男，都是更普通的人，她穿着旧衣服；追了一阵之后，在教堂楼下的走廊里，我找到了他们。在那里我注意到她试图避开我，但我和她说了话，她也和我说了话，我还让她告诉我她现在住在哪里。告诫她不要把我见过她的事说出去——她答应了；于是，我离开了，内心深感意外和混乱。

他和一个同事去了公园，又折回白厅找她，担心万一威尔会从他的表情里看出端倪。皮普斯和他一起回了家，在家里为上帝是否会让他见到黛

布而苦恼,“我真的爱她,非常非常爱”——这次说得很文雅。但无论上帝的旨意是什么,他都安全地得到了她的地址。两天后,他和她一起坐 275
在一家艾尔酒馆,努力帮她克服羞怯,只取得了部分成功,又给了她二十先令。[9]

这是他们最后一次见面。尽管她同意下周一在威斯敏斯特大厅与他会面,却没有露面。他来来回回走了两个小时,然后和贝蒂的妹妹多尔·莱恩在一起来安慰自己。我们永远不会知道黛布是故意让他失望还是被人拦住了。另一个悬而未决的问题是,她是否爱上了皮普斯,这很有可能;或者只是无法应付他的殷勤。不过尽管这件事可能动摇了她对家庭和父亲的信心,但是可能的悲剧没有发生。她没有怀孕,严格说来还是个处女。她可以重新开始生活,而且也做到了。四月底皮普斯在街上看见了她,那一刻他感到很惊讶,她和另一位女士在一起,他则和伊丽莎白在一起,伊丽莎白没看见她;黛布对他眨眼微笑。接下来他听说她搬到了格林尼治,这让他渴望再去找她。这段恋情似乎对他的伤害比对她更大,他在日记的最后一页又回忆起来,说“我对黛布的爱”已经成为过去。

伊丽莎白自己也开始和亨利·希尔斯调情。有一两次皮普斯感到了嫉妒,但希尔斯马上就要离开英格兰去丹吉尔了,所以无论如何皮普斯都把他当作朋友。整个事都没有明确的结局,一方面是因为这种事很少会有明确的结局,另一方面是因为日记到五月三十一日就完结了。伊丽莎白的愤怒对皮普斯有作用,因为这使他从小所受的严格的道德约束重新复活了,这种约束有着基督教的基础,规定婚姻之外的性行为既错误又可耻,因此他看到了伊丽莎白反对他在家中所行之事的正义性。但他的反应仅限于此。被捉奸时他感到愧疚,但他对黛布的热情让他相信自己仍然有权得到她。这是一个浪漫主义者的态度,尽管很久以后人们才对浪漫主义有概念。然后在这个家之外,在不能被认为是伊丽莎白的

势力范围的地方,他根本没有改变自己的生活方式。他继续与贝蒂·莱
恩和多尔发生性关系,拜访并梦想着征服贝蒂·米歇尔,与巴格韦尔太
276 太一如既往,寻找机会与“图克太太的女儿们”碰面,还和一个城外的舞
伴下流地调情。即使在家里,他也开始幻想伊丽莎白雇用的新女仆马
特。[10]但这一切伊丽莎白都没有察觉;撇开基督教伦理不谈,在黛布这
件事上使他向她屈服的最重要的原因,是他对平静生活的渴望。在抑制
通奸上,它可能比任何道德教诲都更有力。

注释

[1]《日记》,1667 年 9 月 30 日。

[2]《日记》,1667 年 10 月 12 日。

[3]《日记》,1668 年 1 月 11 日。

[4]《日记》,1668 年 3 月 31 日。

[5]《日记》,1668 年 8 月 6 日。

[6]《日记》,1668 年 10 月 25 日。

[7]《日记》,1669 年 1 月 12 日。

[8]《日记》,1669 年 3 月 12 日。

[9]《日记》,1669 年 4 月 15 日。

[10] 关于贝蒂·莱恩,见《日记》,1669 年 4 月 9 日,5 月 12 日;多尔,1669 年 4 月 19 日;贝蒂·米歇尔,1669 年 5 月 31 日;巴格韦尔太太,1669 年 3 月 29 日,4 月 15 日;图克太太的女儿们,及与父姓艾伦的丽贝卡·朱尔斯跳舞,1669 年 3 月 24 日;幻想新女仆马特,1669 年 3 月 29 日。

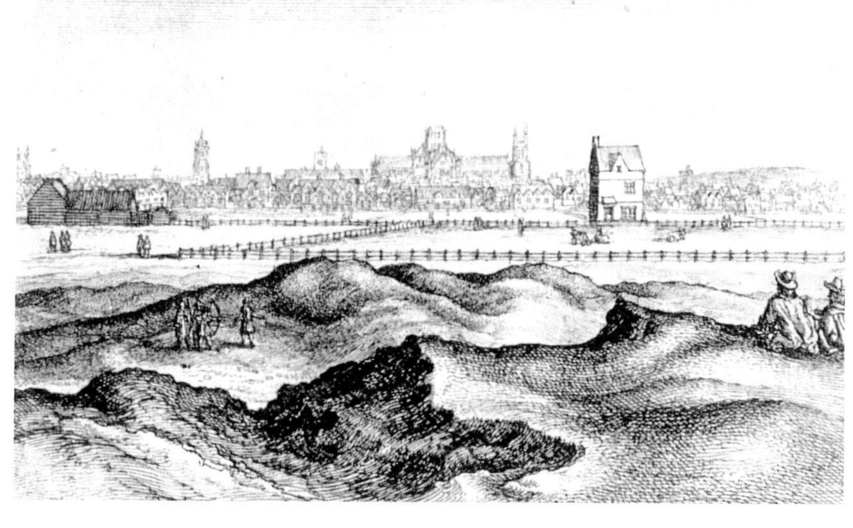

1. 伊斯灵顿乡村远眺圣保罗大教堂和伦敦城，皮普斯的父亲曾带着孩子们到那里郊游，在国王头颅酒馆享用“蛋糕和艾尔酒”。霍拉一六六五年的蚀刻画描绘了残余的内战时期的防御工事。

2. 泰晤士河是伦敦人的主干道，河岸上的水边台阶颇像公共汽车站。皮普斯在一六六一年五月三十日的《日记》中提到，米尔福德台阶那里有一间公共厕所。霍拉的这幅画作于十七世纪四十年代。

3. 皮普斯还是个孩子的时候，为科克家族做事的族伯约翰带他到了萨里郡的杜尔丹斯，这是他第一次接触到高尚文化和奢华生活的世界。罗伯特爵士和西奥菲拉·科克夫人在这里拥有一座漂亮的房子，里面有图书馆和布局优雅的花园；他们新修了一条古典风格的长廊，扩建了詹姆斯一世时期的豪宅。他们的娱乐消遣活动有戏剧表演，他们非常喜欢小萨姆·皮普斯，他甚至被邀请在博蒙特和弗莱彻的《菲拉斯特，又名，爱神痛心撒谎》中扮演主角阿瑞图萨公主。

4. 随着内战的爆发，清教狂热分子摧毁了彩绘玻璃、雕像和十字架，禁止在礼拜日开展娱乐活动，并关闭了所有剧院。

5,6,7. 亨廷登外的欣庆布鲁克府邸，爱德华·蒙塔古的家，他是克伦威尔的衷心拥护者。他的母亲是皮普斯家的人，在内战爆发时他娶了来自清教徒家庭的杰迈玛·克鲁，当时两人都是十七岁。他攻占了林肯，突袭了布里斯托尔，并参加了马斯顿荒原战役和内斯比战役。

8. 位于欣庆布鲁克附近的布兰普顿的小房子，属于皮普斯的伯父罗伯特，他是蒙塔古家的管家。皮普斯在内战初期来这里上亨廷登免费文法学校。欣庆布鲁克和这所房子仍然矗立在原地。

9. 伦敦城有数千人请愿，要求弹劾查理一世的谋主斯特拉福德。霍拉描绘了一六四一年五月十二日在塔山的这一场景，男男女女围得水泄不通，要目睹他们所憎恨的人被处决。

10. 来自皮普斯自己收藏的版画，描绘了强大而庄严的克伦威尔，他在收藏中将克伦威尔家族置于英格兰王室之列。

11. 一六四九年一月三十日星期二，查理一世在白厅的国宴厅外被处决。十五岁的皮普斯从圣保罗学校逃课来到现场，他对朋友们表达了对此事的赞同，说如果他要就此事布道，他会以“对恶人的记忆将会腐烂”作为题目。

12. 霍拉在一六四四年绘制的从河边观看新宫场的风景画，描绘了左侧的威斯敏斯特大厅，右侧的钟楼，其后是门楼。下议院开会的圣斯蒂芬礼拜堂在大厅后面看不见。宫场不仅是国家的政治核心区，还是购物中心和一般会面场所。

13,14,15. 莱利在一六五九年画的塞缪尔·莫兰（左），皮普斯在剑桥大学抹大拉学院的导师。他和乔治·唐宁（右）是共和国时期权势显赫的人物，担任驻外使节和情报专家。唐宁很早就注意到了皮普斯，并让他编写密码。莫兰和唐宁也都成了双重间谍，他们投靠斯图亚特兄弟的时机把握得非常好，甚至都获得了嘉奖，受封为爵士。莫兰后来成了工程师，发明了一台计算器和水泵，而唐宁则在财政部发挥才干：唐宁街就是以他的名字命名的。下面的版画描绘了一六九〇年的抹大拉学院，图后方的建筑已经建成，就是皮普斯图书馆所在地。

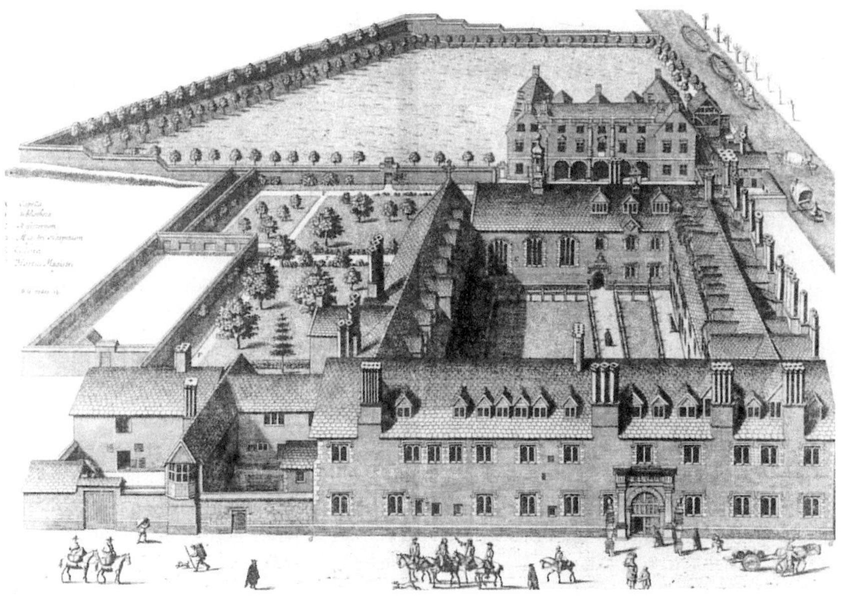

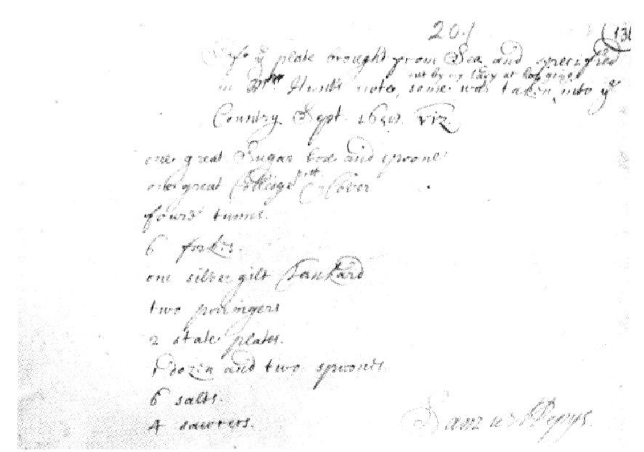

of ye plate brought from Sea and specified in Mr. Hewitt's note, some was taken into ye Country Sept. 1658 viz

one great Sugar box and spoone
one great Porringer & Cover
foure turnes.
6 forks.
one silver gilt Tankard
two porringers
2 state plates.
1 dozen and two spoones.
6 salts.
4 sawcers.

Samuel Pepys

16. 十七世纪五十年代末皮普斯在蒙塔古家作仆人时，住在白厅一个门楼的塔楼里，整齐地写下了家庭物品清单。他记录下一些餐具“在一六五八年九月被我妻子去乡下时带走”。

17. 一本由弥尔顿的外甥爱德华·菲利普斯在十七世纪五十年代编纂的书的卷首插图，该书包括了“时尚消遣”、笑话、谚语——“看见女人不追求，就像抓湿鳗鱼只抓尾巴一样”——以及给像皮普斯和他的“凑钱聚餐”的朋友这样的年轻人关于如何获取女子芳心的建议。“多萝西，这枚戒指归你 / 现在你那健壮的身子归我。”一首诗这样写道。皮普斯尽管很穷，还是在一六五五年追求并迎娶了活泼的十四岁新娘。

18. 出自托莱的外科手术课本一六八三年英文版中的雕版印刷画，显示了一个病人被捆绑着准备切除膀胱结石，皮普斯在一六五八年做了这一手术。

19,20. 约翰·海尔斯在一六六六年绘制的伊丽莎白和塞缪尔·皮普斯的画像；她二十五岁，他三十三岁。皮普斯抱怨说为了这幅画他“望着肩膀上方摆造型”，差点扭断了脖子。他让人重画了伊丽莎白的手和他的乐谱，最后的结果令他满意，两幅画都被挂在他位于川流巷的海军办公室的房子里。

这两幅画一直由皮普斯的外甥一家拥有，直到一八三〇年左右，一位苏格兰护士震惊于画中衣着下流不雅，把伊丽莎白的画剪成一条一条。所幸它被雕版印刻在了《日记》第一版中。

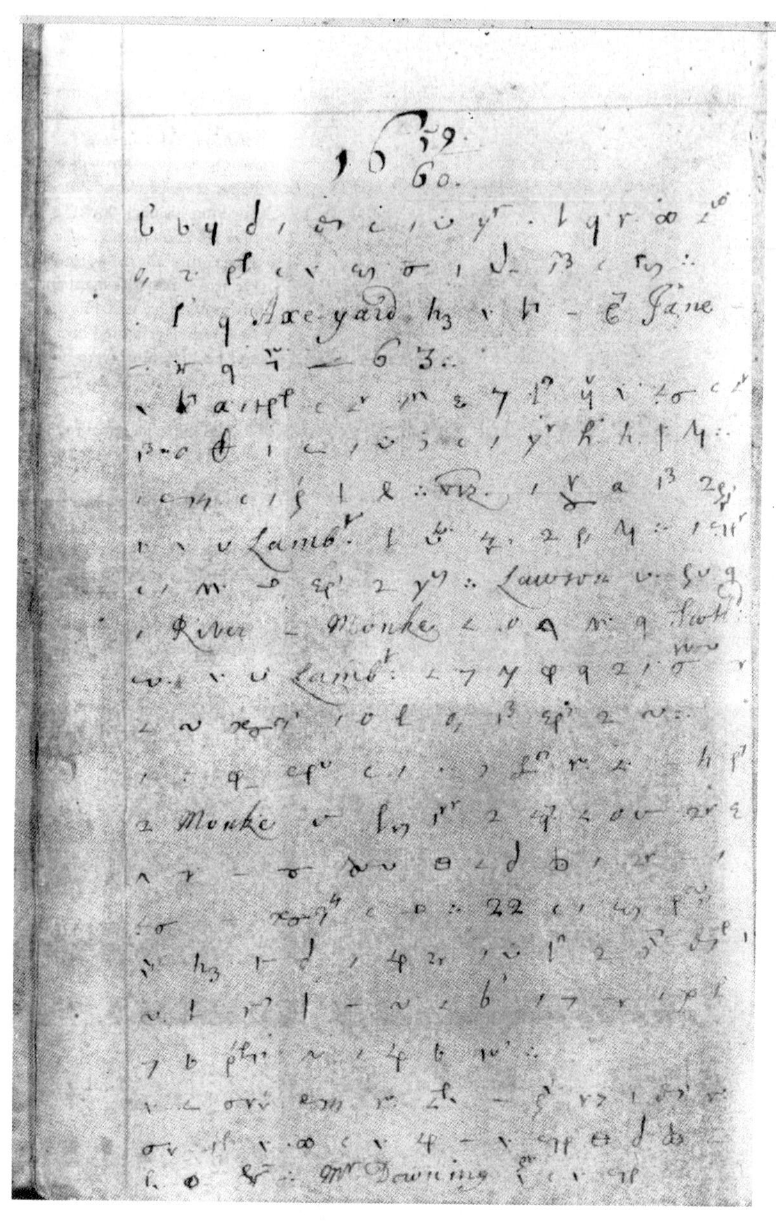

21. 皮普斯书写的《日记》的第一页，速记和普通书写混合在一起，字形和间距漂亮清晰。他写的是“1659 / 60”，因为根据当时使用的历法，新年直到三月二十五日的圣母领报节才开始。

22. 威尔·休尔是一六六〇年被解雇的共和国时期的高官的外甥，十七岁的时候开始为皮普斯工作。在某次激烈冲突中皮普斯打了他，并把他赶出家门，还让伊丽莎白把他送给她的钻石项链盒还给他，经过这次风波以后，休尔成了这个家庭的重要成员，并且随着时间的推移，成了皮普斯最亲密的伙伴和朋友。

23. 没有皮普斯夫妇的女仆简·伯奇的画像，从一六五八年起，她的生活就与他们交织在一起。我从查尔斯·比尔一六七〇年的素描本中选择了这幅画来代替简：画里的人是苏珊·吉尔，他父母伦敦家中的一个女仆。她长相甜美，一头短发，衣着朴素，手拿扫帚，坐在厨房的椅子上，她代表了一大群沉默的女孩，她们从早到晚打扫、清洗、擦刮、扫地、切菜、做饭、打水、倒泔水、搬煤块、侍奉男女主人。她的收入是年薪三英镑。

24,25. 皮普斯决意憎恨他在海军办公室的同事、勇敢的威廉・佩恩爵士（上图），他嫉妒他的资历，蔑视他的智力。丹吉尔委员会的托马斯·波维（下图）的遭遇更惨：他的慷慨换来了皮普斯对他应得钱财的欺骗。

26. 皮普斯钦佩的上司威廉·考文垂，约克公爵的秘书、海军专员，皮普斯经常在日记中记下他的高论。他是个终生为查理二世辛勤工作的保王派，曾提醒皮普斯说：“为君主服务的人必须预料到并满足于承受所有的命运，并准备好隐退。”果然如此：考文垂对国王的统治能力失去了信心，国王对他提供的建议越来越感到厌烦，考文垂逐渐失宠，在伦敦塔里被囚禁过一段时间后，退出了公共生活。

27. 大约在一六七五年，查理二世在白厅宫接见地图绘制者奥格尔比，王后、约克公爵和公爵夫人、鲁珀特王子、公爵的女儿安妮公主和玛丽公主陪侍左右。这幅画于一六八二年问世，当时变幻莫测的政治风云已经让皮普斯失去了工作。此后不久，国王为他找到了另一份工作。

28. 哈特街的圣奥拉夫教堂，是海军办公室成员去做礼拜的地方，画中描绘的是它大约在一六七〇年的样子；它在伦敦大火时幸免于难。皮普斯在这里埋葬了他的妻子和弟弟，并安排自己安葬于此。

30. 一六六六年大火的全景画，作者是一位不知名的荷兰艺术家。伦敦桥出现在左侧，圣保罗大教堂在中间笼罩在火焰中，伦敦塔在右边。前景是聚集在河岸上的人群，他们试图尽力抢救物品。皮普斯在大火第一天在河上的一艘船里观察这场大火，并注意到空气非常热，充满了浓烟和被强劲的东风吹起的“阵阵火星儿”。房屋的破裂和火焰的燃烧也发出了巨大的声音。他写道：“看到这一幕，我不禁潸然泪下”，但他仍然下定决心记录下这一景象。

29. 从格林尼治山上观看的风景皮普斯最为熟悉，可以看到横跨主干道的王后宫，约翰·韦布（John Webb）十七世纪六十年代的建筑，在它们身后，泰晤士河上船只往来，河水从伦敦蜿蜒流经德特福德造船厂和罗瑟海特。

31. 当伊丽莎白在二十九岁突然去世时，皮普斯委托雕塑家约翰・布什内尔制作了一尊半身纪念像。皮普斯的判断很准确。布什内尔曾在罗马学习并观察过贝尼尼，后者认为半身像应该表现出人物的活力，就像在谈话中一样；伊丽莎白就是被这样处理的，效果引人瞩目。这尊半身像被高高地安在圣奥拉夫教堂的墙上，至今仍然可见。伦敦国家肖像馆中的复制品可以让人近距离观察，但并不总是展出。

32,33. 桑威奇伯爵形象的爱德华·蒙塔古（下），身穿嘉德长袍，看起来俨然一副斯图亚特王朝重臣的样子：枢密院成员、海军司令官、驻西班牙大使。伯爵夫人的五官被画家修饰得近似于宫廷美人，但她的性格没有改变，用皮普斯的话说，还是那个“优秀、善良、谨慎的夫人”。她既没有抱怨丈夫的不忠，也没有抱怨他被迫长期缺席，而她则在缺钱的情况下维持欣庆布鲁克的生活，抚养他们的十个孩子。

一六七二年，蒙塔古在绍斯沃尔德与萨福克海岸边的荷兰人作战，在海上未临绝境而壮烈牺牲。丧偶的伯爵夫人离开了欣庆布鲁克，在他死后只活了两年。

34,35. 詹姆斯·胡布隆是胡格诺教派难民的儿子，他父亲在伦敦城定居，并将七个儿子培养成了成功的商人。他的商业利益让他在一六六五年结交了在海军办公室工作的皮普斯，伊丽莎白去世后，他和他的英国妻子萨拉欢迎皮普斯进入他们的家庭圈子。他们举办盛大的宴会，据皮普斯的记录，有一次他带着两瓶香槟酒去拜访他们。他和萨拉有着共同的音乐品位，他们一起去看戏，并在帕森绿地共享一座夏季别墅。一六七九年皮普斯被关进伦敦塔时，胡布隆为他承担了五千英镑的保释金，一六九〇年又重复了这一举动。一六九一年，胡布隆受封为爵士，并于一六九四年成为新成立的英格兰银行的董事会成员。虽然他是辉格党人，而皮普斯自称是托利党人，但他们的友谊超越了这些标签。

36. 这幅画像的摹本在威特图书馆。它被称为《皮普斯太太》，并被归于内勒名下，但它看起来不像是内勒的作品，也显然不是伊丽莎白·皮普斯，而且原作自从一九三一年在皮普斯物品中露过面后就消失了。这可能是有时被称为皮普斯太太的年轻的玛丽·斯金纳吗？内勒为她画过像，尽管这不可能是他在十七世纪九十年代的创作——头发和衣服表明作品属于十七世纪七十年代。

37,38. 沙夫茨伯里伯爵安东尼·阿什利·库珀，辉格党杰出而狡猾的创始人，因皮普斯是海军事务大臣约克公爵詹姆斯的忠实仆人而迫害他。在沙夫茨伯里看来，公爵的罗马天主教信仰使他没有资格成为国王；而沙夫茨伯里怀疑皮普斯也是天主教徒。事实上，皮普斯对宗教并不关心。将他与詹姆斯（下）捆绑在一起的是，詹姆斯保护、提拔并倚重他。皮普斯经受住了沙夫茨伯里的攻击，也活到了沙夫茨伯里身后，后者于一六八三年在流亡中去世。然而，一六八五年继承王位的詹姆斯只当了三年国王，就被沙夫茨伯里的政治继承人赶到了国外。皮普斯在新政权下失势，并对其保持敌意。

39,40,41,42. 皮普斯结交了一批有学问的人，其中包括日记家、花园设计师和城市规划师约翰·伊夫林（左上），以及解剖学家、经济学家、社会理论家及自由思想家威廉·佩蒂（右上）。皮普斯与艾萨克·牛顿（左下）通信并征求他的意见；他还陪同克里斯托弗·雷恩（右下）到格林尼治考察设计皇家海军医院。实验科学家、建筑师罗伯特·胡克是另一位应该出现在这里的朋友，但没有他的肖像存世。

43,44. 皮普斯的高层书斋在当时的两幅图景，他把书斋安置在他在白金汉街的房子的上层，面向泰晤士河。图中描绘了他的七个书柜、肖像画和一张地图。后来的一份清单提到了“斯金纳先生绘制的微型画，马背上的法国国王”，就挂在敞开的门外。我相信“斯金纳先生”就是玛丽·斯金纳，我们知道她是位艺术家。

James R

Wee doe hereby graciously declare our continued sense of ye long & faythfull services performed to our late dearest Brother & our selfe by Mr. Pepys our Secretary for ye Affayres of our Admiralty of England; & that his long want of Satisfaction to his just praetensions attested by our selfe when Duke of Yorke & confirmed by our sayd dearest Brother in a state thereof bearing date ye second day of March 167 8/9 shall bee noe impediment to his receiving ye same from us; wee hereby earnestly recomending him to ye Lords Commissrs of our Treasury for theyr doeing him full right on our behalfe therein, & in what is further due to him on his Account as late Treasurer for Tangier. Given at our Castle of Windsor this 17th day of November 1688.

JR

45. 皮普斯呈交詹姆斯二世并由詹姆斯于一六八八年十一月十七日签字的借据信，承认皮普斯对财政部欠他的款项有“正当的权利”，并附有摘要和水印图。

46. 皮普斯在霍尔银行的账户上的记录。这条记录写下了他在一七〇一年六月二十三日存入了两个“用麻袋装起来”的盒子，斯金纳女士在一七〇一年十二月十日提走了其中一个。

Novr. 17. 1688.

His Majesty's Confirmation & Recomendation of ye Arrear due to Mr Pepys upon his Service in the Navy & Admty & as Trear for Tanger to the Lords Commrs of the Treary.

Saml. Pepys Esqr 2 boxes Rapt up in Sacking June 23: 1701
Dec. 10. 1701 ... Puting ye Cubbard in my fathers Closet
Delivered one of them to Mrs. Skinner ... 292

47. 皮普斯的外甥约翰·杰克逊活泼的面孔，是他不喜欢的妹妹帕尔和她的乡巴佬丈夫的儿子。约翰成了他舅舅的宠儿，十三岁时被送入皮普斯的抹大拉学院，进入皮普斯在伦敦的家，被引荐进入皇家学会，并被送去壮游——这是皮普斯本人一直求而不得的。他讨舅舅喜欢，成了他的主要继承人，但仍旧泯然众人；只有他对皮普斯生命最后几个小时的描述比较精彩。

48. 克洛斯特曼画的十七世纪九十年代的老年皮普斯。政治厄运和健康恶化都没有妨碍他求知的兴趣，也没有阻止他维持旧交及结交新友。他的图书馆是他的热情所在，并与他一起搬到了他最后的家——威尔·休尔在克拉珀姆的乡间别墅，在休尔、玛丽·斯金纳和约翰·杰克逊的爱护下，他于一七〇三年去世。

49. 皮普斯的侧面像，一六八八年由胡格诺教派艺术家让·卡瓦利耶雕刻在一枚小象牙纪念章上，背面有签名和日期。它在皮普斯·科克雷尔家族中一直保存到一九三一年。

The private journal of Samuel Pepys, Esquire,
decyphered and transcribed from the Original Ms..

Vol I. 1659-60. Part 1.

Blessed be God, at the end of the last year I was in very good health, without any sense of my old pain, but upon taking of cold. I lived in Axe-Yard, having my wife, and servant Jane, and no other in family than us three. My wife, after the absence of her terms for seven weeks, gave me hopes of her being with child, but on the last day of the year she had them again.

The condition of the State was thus, viz. The Parliament, after being disturbed by my Lord Lambert, was lately returned to sit again. The officers of the army all forced to yield. Lawson lies still in the River, and Monk is with his Army in Scotland. Only my Lord Lambert is not yet come in to the Parliament, nor is it expected that he will without being

50. 约翰·史密斯转写的《日记》的第一页，工作开始于一八一九年春天。这项工作花了三年时间，写满了五十四本笔记本。他没有速记的解读表，得到的报酬只有两百英镑。他完成得很出色，但作品交给布雷布鲁克勋爵后，被删掉了大约四分之三的内容，并被大幅度重写。

第三部分　1669-1703

第二十章　日记之后

日记写完了。对眼病的恐惧让皮普斯停了笔，这自省和启示的独一无二的过程永远停止了。他写道，放弃它就像是一种死亡，“几乎和看到自己走进坟墓一样”。这不是浮夸之词，而是句认真的话。他正在杀死自己的一部分，那个在每天的叙述中创造出来的自我，一个不可能更完整的造物，比任何虚构刻画、戏剧塑造、历史描绘都更完整。读者的损失是难以承受的，因为他们突然发现自己搁浅了，对那些想了解更多他的生活的人来说，日记中精妙绝伦而又令人不安的亲密，被官方文件、议会记录、信件、零散的笔记取代了。在他的青春之下已经画出了一道三重线，他后来写的任何东西都没能复苏那个声音，也没能复活那个人。一旦抛弃了他所创造的形式，他和世界的关系就变得不一样了；而在失去他的同时，我们也在失去对当时时事的一个无与伦比的记录。没有其他人记录公共事件，因此十七世纪七十年代似乎没有六十年代那么生动。

他不再写日记是因为担心自己会失明。早在一六六三年，他干细活儿或在烛光下看书时，眼睛就开始痛了——“于是上床睡觉，疲惫、困倦，在烛光下盯着白纸看了那么久，眼睛开始不好使了”——但在接下来的几年里，他很少提到眼疾，从一六六七年开始他才频繁地抱怨。[1]那时他的眼睛因多年的近距离工作而饱受折磨；如果他读书时间太久，眼睛会越来越频繁地疼痛，受不了强光，还会酸痛、流泪。他尝试过各种治疗方法——眼镜、冲洗液、眼药水、药丸、泻药、阅读时使用纸卷——全都无效。现代医学认为他有远视，导致阅读困难，还有点散光。但他并没
280 有失明，眼睛也没有进一步恶化。[2]无论放弃写日记是否对他的眼睛有好处，它们在他的余生足够他用了。

这个好运气且不论，日记结束后的那一年他倒了大霉：几个月的风平浪静之后，打击开始降临。一六六九年七月，当约克公爵推荐他担任奥尔德堡的议员时，他进入议会的雄心壮志似乎很快就能实现。桑威奇、考文垂、波维和其他要人都写信支持。此时却出现了一抹阴云，皮普斯的反对者暗示他和他的赞助人公爵一样，是个天主教徒。詹姆斯正在皈依天主教，但皮普斯并不知道这一点，他对别人对他的怀疑颇为惊讶，“我在剑桥受的教育……我过去和现在的整个生活实践，都证明我不是天主教徒”。[3]阴云非但没有散去，在接下来的几年里反而越来越大，越来越黑；但是他以为事情已经解决，最后他和伊丽莎白终于有空去法国度假了，这是她多年来梦寐以求的。

公爵准许皮普斯休假三四个月，认为长假更有助于他眼睛的康复。汤姆·海特将接替他在海军办公室的工作。这本应该是个完全令人满意的安排，但皮普斯忍不住向国王提议，他可以在旅途中收集外国海军事务的信息，以便为国王效力。查理热切地接受了他的建议。这意味着旅行将从荷兰开始，先去看看那里的造船厂，这可和伊丽莎白想的不一样。[4]后来皮普斯一想到要离开工作这么久就感到不安，于是把假期缩短到两个月；和许多男人一样，他觉得工作是人生的支柱。

他们八月底出发。此前他向约翰·伊夫林寻求在法国旅行的建议，收到了一封长信，写满贴心又繁琐的建议。伊夫林建议他们到巴黎后找一间“**带家具的房间**”住，让他在圣日耳曼郊区的一个朋友的朋友帮他

们找，他把这个人的名字告诉了他；他解释说这是达官显贵都喜欢住的郊区，因此很适合皮普斯夫妇。[5]他接着把法国和英国做了一番比较，多数在扬英抑法。卢森堡宫很像皮普斯欣赏的克莱伦登宫。圣母院要比 281
圣保罗大教堂或者威斯敏斯特教堂逊色得多。皇家广场就好比“是我们的考文特花园广场”。在索邦大学，他们应该参加一次“公开的学术活动，并在活动之后会更加热爱我们自己的大学”。枫丹白露“你会认为不能与汉普顿宫相提并论；法国国王在他广阔的疆土内也展示不出一座像我们的温莎堡那样的城堡、宫殿和教堂”。只有新桥比英国的好，会让人“希望我们伦敦的桥上没有房子”。（新桥上没有房子。）“得到特殊许可的话您可以进入巴士底狱参观（那是他们的伦敦塔）。”他还特别推荐他们爬上圣雅克钟楼的楼顶，那里可以俯瞰全城，还推荐去卢浮宫参加公众觐见国王路易十四和王后的活动；还提到许多图书馆、画廊、镌版印刷店、植物园、医院、巴黎外的郊游——远远超出他们指望在仅有的几周内就能看得完的。伊丽莎白可能想带丈夫看看她记忆中小时候的街道，甚至可能是那座修道院，那里的修女们尽了最大的努力要把她培养成虔诚的罗马天主教徒；巴蒂至少跟他们旅行了一段，可能也提出了自己的建议。但事实上我们几乎不知道他们做了什么，除了为她买宝石和绣花毛衣，为他买有关巴黎的书；伊丽莎白还可能请皮埃尔·隆巴尔为她画了像，他以女性肖像画而闻名。[6]巴黎很繁荣，沿着圣路易岛建有坚固的私人宅邸，像圣叙尔皮斯这样的老教堂正在重建；皮普斯后来写道，这是一次“非常幸福、令人满足的旅行”。[7]回程时他们去了鲁昂，等他们抵达布鲁塞尔时，伊丽莎白寄了一面镜子作为感谢礼物送给鲁昂的一个商人的妻子，然后他们回了英国。[8]

回家途中，伊丽莎白生了病。十月二十日他们回到川流巷，她直接躺倒在床。[9]霍利尔对她的身体状况很熟悉，肯定被请来了，她的医生肯定也被请来了。她在发烧，治疗无效。在皮普斯努力了解、处理这一令人担忧的情况时，工作上也传来了坏消息。一个议会委员会已经在布鲁克府工作了好几个月，调查海军办公室涉嫌滥用职权的行为，他们拿出
282 一张清单，里面提了许多问题。他们希望马上得到详细答复，而他的同事们指望着他来回答这些问题。尽管有这么多事情要记挂，他还是给伊夫林写了封谨慎的短信，感谢他对法国之行的有益建议。这封信的日期是十一月二日，信中说他们已经回来十天了，他的妻子“从她回到伦敦的第一天起……就一直发高烧，此时已经没有希望康复了”。尽管她病情危急，他的语气却很庄重，句子也很华丽。他接着说，“此种苦恼令我非常不适宜再做那些寒暄应酬的事，但众友人中我首先应该感谢您，我最近的旅行称心如意，您厥功至伟。其次，我要向塞缪尔·图克爵士致谢，我请求您（如果有条件的话）把我引荐给他，好让我同样向他表达谢意”。[10]这段令人称绝的文字措辞彬彬有礼，写给他高贵的朋友，他自然而然地遵守了绅士间通行的那种精巧的礼节：与日记中的语气相去甚远，仿佛出自他人之手。

接下来的八天都过得杂乱无章，每分钟、每小时或紧张，或松弛，取决于面色凝重、出语谨慎的医生什么时候来；病人嘴里吐出的宝贵的只言片语；还有她呼吸时最细微的变化。这几天看护人几乎不敢入睡，却越来越疲惫；这几天一定让皮普斯想起了他奄奄一息的弟弟汤姆的病床，甚至回想起了更早时候，他的兄弟姐妹们在病床上出着汗，极力让生命之火闪烁。高烧在几天之内就可以夺走一个人的生命，就像克伦威尔那样。但二十九岁的伊丽莎白又年轻又强壮，她的身体还要为她战斗。他看护她的时候，脑子里浮现出两个问题，一个是他在奥尔德堡的议员竞选代理人，正等着他过来讨好选民，十一月九日就要投票了；另一个是布鲁克府委员会的指控。第一件事他放弃了；第二件事他不得不考虑，在脑子里盘算如何反驳。

伊丽莎白挣扎了三个星期。对于严重的疾病，有两种走投无路的疗

法：一是剪掉头发，二是把鸽子放在病人脚边，这两种方法都曾在一六六三年用在王后身上，她康复了。假如伊丽莎白的病也用了这两种疗法的话，它们可一点效果都没有。[11]十一月九日或十日，皮普斯派人请来 283
了圣奥拉夫教堂的牧师丹尼尔·米尔斯给她做圣礼，伊丽莎白曾在幸福快乐的日子里当过他孩子的教母。据我们所知，这是她多年来第一次接受圣礼；她的宗教信仰始终难以确定。十五年后，国王临终前回归天主教信仰，皮普斯对此表现出强烈的兴趣，这也许可以追溯到伊丽莎白临终前的几个小时，那时他必须决定该怎么做。他一定记得，她在弟弟汤姆死后说过，她打算以天主教徒的身份死去，也一定记得她在一六六八年十月，承受着黛布事件的压力时，是如何重申她是天主教徒的。皮普斯选择对此视而不见，尽管他很喜欢福古迪神父，相当不喜欢米尔斯，但他还是按照惯例谨慎行事。[12]彼时她无疑已经没有能力提出任何要求，或者为自己做出任何决定。

我们不知道她的父母是否在她临终之际，多年来第一次与女婿面对面，这似乎是可能的，从那时起，皮普斯开始出钱赡养他们。[13]威尔·休尔肯定前来悼念她了，还有简和汤姆·爱德华兹；族姐简·特纳，玛丽·默瑟和她母亲，汤姆·海特和他妻子，她生孩子时伊丽莎白曾帮过忙，他们在斧场的老朋友、老邻居，约翰和伊丽莎白·亨特，这些人想必都来了，一队吊丧的人往家里来。桑威奇勋爵正在伦敦，他目前很少离开伦敦；这年早些时候他的女儿保利娜去世，他从中体会到了悲伤的滋味，他肯定派仆人——也许是罗伯特·费勒——去打听他的美丽亲戚的消息。皮普斯一定会给欣庆布鲁克的桑威奇夫人送信，还有他父亲、弟弟、妹妹；就在伊丽莎白弥留之际，新一代终于在亨廷登郡诞生了，帕尔——约翰·杰克逊太太——即将生下她的第一个孩子。是个儿子，她给他起名叫塞缪尔，这让人多少有些意外，她还邀请哥哥作孩子的教父。[14]

伊丽莎白于十一月十日去世，皮普斯将葬礼安排在十三日晚上于圣奥拉夫教堂举行。时髦的人更喜欢在夜晚举行葬礼，约翰·伊夫林的日记告诉我们，他留在了城里，在“头天晚上”出席了“皮普斯太太的葬礼”之后，第二天才回家。除此以外就没有对葬礼的记载了。教堂会敲响钟
284 声，房子里挂上了黑布，所有家仆都穿上了丧服。教堂里烛光昏暗，米尔斯先生为埋葬死者朗读事先指定的悼词，伊丽莎白美丽的尸体躺在高坛地板之下。在皮普斯杂七杂八的文件中有他弟弟汤姆的丧葬费的记录，却没有伊丽莎白的。在这最后时刻，他在纪念她时颇为慷慨。他写了一篇拉丁文墓志铭，赞扬她见识丰富、姿容美丽，也许夸大了她的家世。他还从创意卓然、风格新颖的雕塑家约翰·布什内尔那里定制了一尊半身像作为纪念。他曾在罗马学习，那时贝尼尼也在罗马创作，后来他创作了皇家交易所的查理二世、查理一世和托马斯·格雷沙姆爵士的大型巴洛克式雕像，还有威斯敏斯特教堂的阿尔比马尔和诗人亚伯拉罕·考利的纪念雕塑。[15] 皮普斯的选择再好不过了，布什内尔创作了成功的作品。他的伊丽莎白半身像，没有表现她对天国的虔信或对上帝意志的顺从。取而代之的是，她似乎正在交谈中，笑容微现，嘴巴张开，眼睛睁大，仍然关注着这个世间的喜剧。不知为何，他赋予她更多的法国气息，而不是英国人的神态；你忍不住问自己要对这位活泼的年轻太太说些什么，因为她看上去随时都可能轻快地讲起话来。这尊半身像被高高地竖立在教堂的墙上，醒目、逼真，具有人文主义色彩，与日记中的肖像画一样。纪念雕塑安置好以后，皮普斯和他的同事们坐在海军办公室的席位上，可以近距离地观赏她，但这都是以前的事了，现在站在教堂的地板上很难清楚地欣赏到她；不过历经几个世纪的风霜她依然安然无恙，“二战”时她被取了下来，得以在大轰炸中幸存。[16]

有几封吊唁信要回复，悼念“您亲爱的、高尚的夫人之亡故”，几个月来皮普斯用黑色的封蜡封自己的信。[17] 最能让人从悲伤中转移注意

力的是工作,而工作并不缺少。葬礼结束两周后,他写完了给布鲁克府委员会的答复,然后亲自递呈。即使在那里也有人提到他丧妻。碰巧有个文员是他以前的朋友威尔·西蒙斯;他们在同一个地方结婚,间隔不过几个月。皮普斯在威尔的妻子死后不久曾经见到过他,还不以为然地 285
记下了作为一个失去亲人的人他的谈吐是何等不得体。现在他们都年纪轻轻就成了鳏夫。

十二月二日,星期一,皮普斯正式回办公室上班,下个星期一,他和海军处全体成员一起去白厅觐见约克公爵。第二天一早,他来到白厅,与公爵的秘书议事。[18]十二月十四日,他在授权他做桑威奇代理人的文件上签了名,现在他可以代表桑威奇要求和接受付款;他的老恩主仍然对皮普斯的财务能力充满信心。[19]他的另一位前雇主唐宁,也从财政部写信给他,请他帮忙解释卡特里特当海军司库时的领款,金额超过五十万英镑,他们认为并非所有钱都花在了战争上:对皮普斯来说,这个情况很微妙,自从卡特里特的儿子与杰迈玛·蒙塔古结婚后,皮普斯就成了他的"亲戚"。[20]

一月和二月,他几乎每天都在和布鲁克府委员会一起开会,忙得不可开交。他们的指控实质上是议会在表达对英荷战争指挥的不满,以及对在梅德韦发生的事情的厌恶。他们指控的主题是腐败和失职,指责几乎每一个人,上到海军司库,下至最底层的事务长和船坞工人,不是涉嫌腐败就是有失职之嫌,经常两者兼而有之。皮普斯本人也被指控进行各种不法交易,包括私造旗帜,这事他过去确实干过五年。考文垂在一次吃饭时提醒他肯定将面临艰难处境,于是他花了几个小时盘算放弃自己的工作,他知道自己在这件事上和无能的同事们成了一根绳上的蚂蚱,还被迫为他们的失败辩护,这些失败他是再清楚不过了。[21]可一旦与指控者面对面,他天生的粗野好斗又回来了,于是他发起了激烈的甚至是杀气腾腾的反击。

他为自己和集体辩护的理由是，除非有正常的资金支持，否则海军无法正常运作，这是事实。他在运用他对档案的细节知识时表现出了巨大能量和高度技巧，这使他得以为某些特殊指控辩护。他一样指控都不承认。正如理查德·奥拉德所证明的那样，皮普斯保存的这两个月调查的逐日记录是一份公开文件，口授给他的职员，规定了海军办公室的官
286 方辩护，并且绝不代表他对事情的私人看法。例如，他对其中一位委员、克伦威尔时期的老上校乔治·汤姆森评价很高，但不得不在公共场合与之争吵，因为汤姆森正在针对最近这次战争的管理提出指控。皮普斯很清楚战争管理不善，但他一定要为海军办公室辩护；他辩护的时候也有力地捍卫了国王及其政策，而他私下里经常对此进行谴责。他以令人钦佩的技巧完成了艰巨的任务。他不必真诚。

他的技巧没有开罪国王。查理出席了大多数会议，目睹自己找到了一个全副武装、忠心耿耿的捍卫者。一段新关系初绽芳华。在皮普斯这一方，日记中表达的对国王的不满和蔑视似乎渐渐消失了。他们很快就在一起大笑，互相逗趣，一唱一和。当查理说咖啡馆里的人总是说共和国时期的海军如何比现在强时，"'那个纯洁无瑕的时代'（国王说）"，皮普斯附和道，"人们谈论那个时代的海军问题，就像历史学家谈论原始时期的教会一样"。[22]皮普斯本人对共和国时期的海军及军官的看法几乎正是查理所讽刺的，但与国王插科打诨是一个不容错过的好机会。权力和真理对人提出的要求不一样。

皮普斯是个表演者，这一点他一六六八年在议会演讲时已经证明了。现在他庆幸自己扳倒了对手，又几乎轻快地起身迎接挑战。他认识并且喜爱的布雷顿勋爵指责他经销海员券，他问道："皮普斯先生，你怎么能在这件事上公然藐视所有人？"他回答说："是的，我的确公然藐视所有人，尤其是我的布雷顿大人，如果他被认为是其中之一的话。"你可以听出他嘴里说出这番话时兴味盎然。他能用滔滔不绝的口才让所有

人闭嘴，而且乐于讲上好几个小时。阿灵顿勋爵听了他的讲话，轮到他写自己的演讲稿时，认为使用朴实的、“最不花哨”的语言是明智的，因为国王容易被取悦，但也容易感到厌烦。[23]

整个事件中最奇怪的表演是皮普斯给委员们的信，在信中他举证为 287
自己辩护。信的开头表现出了自以为是、沾沾自喜，或许还有情可原，但其结尾是赤裸裸的谎言。他在瘟疫期间如何勤勉，在星期天和深夜工作是家常便饭，经常工作到午夜，他所承担的责任如何巨大，如何伤害视力，统统都列在清单上。他说得没错，尽管由其他人来说可能会更好；而且在徇私舞弊这个棘手的问题上，也没有人出来作证。皮普斯声称他从未索要任何费用、小费、报酬，别人做出的任何提议，只有在他相信此事有利于国王陛下的情况下才会接受；他坚称他被拖欠了四百英镑的花销——漂亮的反击——并坚决地说他十年的服务只让他的财产增加了不到一千英镑。[24]即使是皮普斯从未得罪过的布莱恩特，也把这最后一句话称为“胆大的谎言”。[25]有了休尔的帮助，他一定对自己的记账方法很有把握，因此可以经得起所有质疑。他还间接提到了自己的日记，夸口说在为海军办公室工作的整个期间，他都“发誓能够”提供他日常工作的记录；此时他也有信心不把日记给任何人看。[26]

布鲁克府的听证会持续了两个月，等到结束时，所有人都一定感觉到，无论人们对皮普斯提出过什么指责，他都是个值得拉拢的好人选。他这样结束自己的报告，宣布“这些审查事项均已完结，国王陛下对每一个细节都非常满意”。[27]战争期间他在海军处的同僚中，巴滕已经死了，佩恩也死期将近——他死于一六七〇年九月。考文垂和卡特里特在一六六七年离开海军处，佩特被赶了出去，约翰·梅内斯爵士没有任何实权——他于一六七一年二月去世。老人中只有布龙克尔和皮普斯留下来承担责任。两人都没有失业。皮普斯退隐田园的计划可能会推迟。

因此，他眼下希望进入议会。不出所料，他在奥尔德堡的补选中落

选，因为他都未能拜访该镇。现在他又回到了办公室的日常工作中，和
288 他挑选的职员休尔、海特、吉布森和爱德华兹一起工作，感到很舒服。威尔跟他最亲近，他把他当成第二个自己来信赖；他和汤姆一起更新货运单，一起吹拉弹唱；海特从一开始就和他关系很铁，吉布森也是同龄人，亲身经历过共和国海军的历史，此外还会引用约翰·多恩。[28]他们组成了一个团队，有序、勤奋、智慧、忠诚，非常接近由父子兄弟组成的家庭。而他的亲弟弟约翰却成了麻烦，他正在亨廷登郡的杰克逊家里不耐烦地等待着。三月份，皮普斯听说海员基金会领港协会缺人，他催促约翰立刻到伦敦来，同一天写信给约克公爵、桑威奇、伊夫林的岳父理查德·布朗爵士以及其他要人，请求他们支持约翰·皮普斯出任该职。他把约翰描述成一个冷静而勤奋的学者，他早就打算让他出任这样一个职位，并为此亲自指导过他；事实上他和约翰的关系一直很差，约翰二十九岁就失业了，从来没有再工作过，但这事儿就不提了。[29]皮普斯为他所作的巨大努力成功了，约翰搬去了水巷的领港协会。他在哥哥的指导下低调地在那里工作；他的烟酒账单保存了下来，还有证据表明他给老皮普斯先生、帕尔和她的儿子送了礼物——一顶小男孩的帽子、一些牡蛎、红酒，一瓶烈酒、几盒果脯。[30]就在一年前，皮普斯还发布了一份备忘录，愤怒地抱怨任命职员的方式，“因为是熟人亲戚或者其他一些与他们目前的资格不相干的理由”。他忘了自己是怎么发迹的，也没有预见到他弟弟也会如此。[31]

他重建了生活模式。海军处的会议记录簿显示，每周一、周三和周五从早上八点开始开会。通常有合同要处理，还要去德特福德、伍利奇和查塔姆，不过，既然他有了自己的马车，也许他不再像以前那样经常走着去，也不太会愿意带着本书，穿过罗瑟海特和德特福德之间的田野了。一六七〇年五月，他准备了一份海军财政状况的摘要上呈国王。他计算出需要九十万英镑来偿还去年的债务，修理、装备舰船和船坞。[32]六月，

他写了一篇“令我自己满意的”更详尽的文章，表明海军需要的资金比 289
今年规划的二十万英镑的维修费多出多少：他对实际成本的估计比这个数字的两倍还要多。[33]计划没有实现。永远不能相信国王会走正路，他正忙于更多惊险的计划。同年五月，他派桑威奇去敦刻尔克接他的妹妹亨丽埃特（Henriette），路易十四的弟媳，并亲自到多佛迎接她。她带来了一项秘密条约，根据该条约，法国向查理提供十五万英镑，让他宣布自己是天主教徒，并在路易准备好的时候向荷兰挑起战争；在战争期间，还将给他更多的钱——每年二十万五千英镑。查理并没有公开宣布他的天主教信仰，但他注定要与议会对抗，并发动第三次英荷战争。

皮普斯职业生涯的悲剧在于，他一直在为统治者效力，先是查理，之后是詹姆斯，他们都想加强个人权力，击败议会。二十八年间，他们重演了四十年代的斗争，并以他们的法国亲戚、专制君主路易十四为榜样；从长远来看，他们注定要失败。从性情和教养上看，皮普斯是个议会党人，他发现自己站错了边，跟国王绑定在一起，而他们的野心注定会破灭，他们的恩典也是有毒的。

日记向我们充分展示了皮普斯的敏感，这意味着伊丽莎白去世时，他一定痛苦万分，泪水涟涟，回忆起她的美丽和他对她的爱，并为自己的过失和不良行为而自责。日记还告诉我们，他很快就从悲伤中恢复，他对世界和他在其中扮演的角色兴趣盎然，不会从繁忙的生活中抽身而去，而这生活中的很多东西无论如何都与她不相干。她活着的时候，他的娱乐活动是看戏、购物、装修房子；去皇家学会开会；在河边散步、远足；读书、音乐，不管是听音乐还是自己演奏：有一天他闷闷不乐，在日记中写道“音乐是这世上我最喜欢的东西，几乎是我现在可以享受到的所有快乐”，无论顺境还是逆境，都是如此。[34]还有和朋友一起吃饭，邀请他们到家里作客，八卦，追逐女性。这些活动都不需要妻子在场，他完

290 全有能力料理好家务，最初无疑有爱德华兹太太、他的“小老简”的协助，后来有管家帮忙。

据知他参加的唯一一次娱乐活动是一六七〇年一月在泰伯恩绞死街匪路霸克劳德·杜瓦尔，这件事尽人皆知；如果他能去的话，你一定希望他也能在剧院里找到更好的消遣。那年春天，德莱顿让内尔·格温在舞台上从临终病榻上爬起来，在他的戏剧《暴君的爱》中作了一个诙谐的结尾。“停！你疯了吗？你这可恶、该死的狗！”她责骂准备把她抬下舞台的工作人员。“我要站起来，念收场白。”她接着说她将会出没于观众席上的男人的床上：“相信你会得到一种甜蜜的享受／在半梦半醒之间我突然出现之时。”也许皮普斯梦到了耐莉，就像他曾梦到的其他连国王都喜欢的女人一样。醒着的时候，一个坚决的人可能会追寻黛布，但一个悔过的人，想起伊丽莎白的愤怒，可能会觉得这样的搜索近乎亵渎；而且，即便他找到了她，黛布自己也可能有别的想法了。贝蒂·马丁、她妹妹多尔和巴格韦尔太太可以一解心头之痒，抚摸尼普也很刺激，没有理由认为他会放弃与她们的往来。他甚至可能对贝蒂·米歇尔抱有希望，她带着孩子，和她那愤怒的丈夫一起生活在河边的烈酒店里。他还以惊人的速度新找了个情妇，年轻而且确有其人；她的故事还得等下一章再说。

皮普斯非常善于交际，在不同场合他有不同的朋友，八卦的时候有皮尔斯夫妇；谈严肃话题找克鲁一家；和亨特夫妇可以一起追忆过往；造船师安东尼·迪恩在伦敦时他们一起购物；波维也许是个傻瓜，但善良，富有，是另一个可以说闲话又慷慨的主人。剧作家、诗人托马斯·沙德韦尔和他的女演员妻子成了他的亲密朋友，甚至请他作儿子约翰的教父。[35]同事布龙克尔除了工作以外，在其他方面也与他志趣相投，特别是皇家学会，布龙克尔长期担任主席；考文垂很高兴与他谈论政治。他的族妹巴巴拉，罗杰·皮普斯的女儿，一六七四年嫁给了托马斯·盖尔博士，给他带来了一个既有学问又喜交际的新朋友。盖尔是一位杰出的学者，也是圣保罗学校的校长；盖尔家最小的男孩也成了皮普斯的教子。 291
罗伯特·维纳爵士和爱德华·巴克韦尔等伦敦城的银行家对皮普斯也很友好，一六七一年，皮普斯在巴克韦尔那儿有将近七千英镑的存款；东印度公司的约翰·班克斯爵士富甲一方，因一六六一年借钱给国王而受封爵位，也为海军提供稳定的贷款，他觉得皮普斯是个情投意合的朋友。克里德在日记中自始至终都令人讨厌，因为结婚而突然冒出来，准备离开伦敦，去昂德尔当个乡绅，生了十一个孩子，还成为北安普顿郡的高级治安官（high sheriff）。[36]

皮普斯在伦敦最好的朋友是胡布隆家族，他们是法国新教徒，在十六世纪九十年代从里尔带着他们的商业才能来到伦敦，躲避宗教迫害。老詹姆斯·胡布隆在内战时期已经成了一名成功的商人，支持议会党，为他们提供马匹和武器，可能还提供了金钱。他养了七个儿子，其中五个成了商人。他们的贸易和航运生意遍及全世界，他们与皮普斯的友谊也起源于商业往来，海军处的成员对于仰赖船只自由往来的商人来说显然有用。所以他们和他结交；他希望从经济上受益，也确实受益了。小詹姆斯·胡布隆成了他特殊的朋友。一六六五年，皮普斯与他共进午餐——男人的午餐，尽管饭后他被带到另一个房间听胡布隆太太唱歌——日记在一六六六年记录下送给皮普斯两百英镑作为“礼物”，因为他在航运困难的时候批准了两次航行。[37]在十七世纪六十年代后期，他们时不时地谈论商业和政治。有一次，兄弟五人和皮普斯一起吃饭，另一次，他和他们在小酒馆吃饭，伊丽莎白不在场，当詹姆斯·胡布隆来访时，他让妻子和一个同伴在外面的马车里等着。[38]因此，在伊丽莎白死后，这段关系才发展成亲密的家庭关系。小詹姆斯和他的英国妻子萨拉与皮普斯同龄，于一六五八年结婚；他们热情地欢迎他到家里来，他们住在一所漂亮的大房子里，以前是西班牙大使的府邸，位于温彻斯特大

街，靠近伦敦城墙，在摩尔门和主教门之间。他们在那里做生意，把四个
292 孩子抚养长大，也在那里大宴宾客。伊夫林在詹姆斯·胡布隆与他一起吃饭时形容他过得“**像个君主**”，皮普斯在另一次饭后说，食物和葡萄酒没有从比波斯、中国和好望角更近的地方来的。[39] 萨拉从她的画像看是个美人，黑眼睛、黑头发，穿戴打扮像宫廷贵妇一样奢华。[40]

在日记之后的年月里，皮普斯结交的许多朋友都很有钱，胡布隆家是其中最富有的；虽然皮普斯喜欢钱，但他与他们之间的友谊变得真诚而且深厚，既和这家的男人交朋友，也和女人。他们觉得皮普斯很讨人喜欢，而他也和他们有来有往。一六七〇年十二月，他写了一封信，信中“亲吻”夫人的“手”，告诉他们圣诞节会去拜访，并希望他们回访。[41] 此后，他们还一起去看戏，去切尔西郊游；皮普斯和萨拉开始一起唱歌，后来他们都合住在帕森绿地的度假别墅里。他管他们叫“亲戚”，像长辈一样关怀着下一代，“我亲爱的温（W［ynne］）”和“小杰米（Jemmy）”。[42] 萨拉告诉他，这家的孩子生就一副祝福他的本能，而皮普斯则把他本可以给自己孩子的爱都倾注在他们身上，如果他能有孩子的话。[43] 他们在一起很开心，还互通亲密信件；皮普斯在一六八三年去丹吉尔的路上寄了一封“快乐、淘气、神秘的信给 S. H. ——大概是萨拉吧，给詹姆斯的信则充满感情、诙谐幽默。[44] 胡布隆一家从来都不认识年轻的他——贫穷，给人当仆人，坐在剧院里张口结舌，羡慕风流男子调情，所以他可以轻松地面对他们，带着饱经世事的自信；而他们则满足了他对成为另一个理想家庭一员的渴望，曾经理想化的蒙塔古家的新版本。

他很可能一直和他的各种穷亲戚保持着联系，但几乎再也没有他们的任何信息。新近发掘的家族亲戚代替了他们出现在镜头里。[45] 她们是莫当特夫人和她的妹妹斯图亚特太太，简·特纳的丈夫那边的亲戚——又和阿什特德有关——她们在林肯律师学院田野南侧的葡萄牙街过着优雅的生活。贝蒂·莫当特，两次丧偶，却仍然年轻、活泼，善于

交际，有自己的收入，她很乐意有皮普斯陪她去看戏，请他一起吃午餐；
他们之间有过轻松、安全的调情。[46]她们与皮普斯的两个乔伊斯表妹大
相径庭，她们也是姐妹，但在过去给他制造过麻烦。这两个新发掘的关 293
系相当体面，足以被介绍到约翰·伊夫林的圈子里，皮普斯在一六七一
年年初第一次与他吃饭；与伊夫林这位绅士学者兼朝臣的友谊日益加
深，是他社会地位不断提升的另一个标志。

他一如既往地仔细留意着自己的财务状况。一六七〇年六月，他记录下两年前借给桑威奇夫人的一百英镑，收了百分之六的利息，而借给桑威奇勋爵的五百英镑也收取了同样的利息；他没有考虑放弃利益。[47]一六七二年一月国王做了件相当无耻的事，让财务署停兑，这意味着以前借钱给政府的人都不能把钱取出来，他的许多臣民因此都破了产，大银行家们也陷入严重困境，包括皮普斯的银行家朋友巴克韦尔；皮普斯本人却安然无恙。他此前就把储蓄转移到别处，把他在巴克韦尔的信用额转为透支额，几乎可以肯定，他事先就得到停兑警告。[48]

他非常留心升迁机会，因此请重要人物吃饭。阿什利·库珀，即将成为大法官，以及沙夫茨伯里伯爵，一六六七年曾与他共进午餐，此时至少曾有一次到川流巷进行社交访问。[49]皮普斯听说有晋升机会时反应很快。一六七一年二月，约翰·梅内斯爵士弥留之际，他给约克公爵写了一封信，强调任命一位经证明有能力接替他的人来掌管海军处是多么重要。这不是他第一次提出这个观点，他小心翼翼地否认自己有野心想得到这份工作，但他是在推销自己。托马斯·艾伦爵士这次会被任命，但下一次，谁知道呢？[50]

另一封关于晋升的信在第二年发出，当时英国依照国王的承诺，与法国人结盟，跟荷兰人打起了仗。英国人讨厌这场战争，桑威奇勋爵本人宣称，他既不理解战争的原因，也不赞成打仗。尽管如此，作为海军中将，他在一六七二年春天出海，而约克公爵再次指挥舰队。桑威奇心情

忧郁。他告诉朋友他希望以死来挽回他的名誉。一六六五年他被指责贪婪、怯懦，现在他仍然对此感到忿恨，可能觉得他在共和国时期的历史
294 既没有被完全遗忘，也没有被原谅。[51]当得知荷兰舰队在五月威胁东海岸时，他建议谨慎行事，并觉察到公爵怀疑他贪生怕死。

果真如此，公爵就错了。五月二十七日，圣灵复活节星期一晚上，桑威奇郁郁寡欢地与一名年轻军官吃饭，第二天一早，有消息说荷兰人正在逼近，他让贴身男仆把他的长发扎好，给他穿上嘉德骑士的全副盛装，衣领镶宝石，胸前佩星章，头戴黑色羽毛帽子。经过这番隆重准备，五月二十八日，他指挥他的旗舰"皇家詹姆斯号"在萨福克海岸的索尔贝，首当其冲投入战斗。他第一个与荷兰人交锋。双方战斗很激烈；桑威奇摧毁了几艘敌舰，但到了早上九点，他的船身被炮弹严重损毁，数百名船员非死即伤。但他还是赶走了几艘火攻船，当"大荷兰号"靠近时，两艘船的索具缠在一起，不得不割断索具才能挣脱，最后他也把它赶跑了。接着，在滚滚硝烟中，另一艘火攻船引燃了"皇家詹姆斯号"。他的大多数船员和军官都死了，也没有任何其他英国舰船前来救援，桑威奇知道他救不了他的船了。

对发生的事情众说纷纭。理查德·哈多克舰长试图劝说桑威奇弃船，但他不听；他自己也受了伤，从舷窗滑了下去，在海上游着直到被一艘英国船救起来。他几乎是唯一幸存的军官；桑威奇的女婿菲利普·卡特里特没能活下来。有几个人乘"船载小艇"逃走了。有人说桑威奇勋爵死在了船上。还有人说看到他的身体在海里，但没有动。有人怀疑乘小艇逃走的人抛弃了他，而荷兰人说他是在小艇上被跳到他身上的船员闷死的。但也有一个说法是他"确实努力地游泳自救，但丧生了"。在灿烂的阳光下，大海"像一碗牛奶一样平静"，岸上的人可以清楚地看到舰船整个下午都在燃烧。六点的时候，她化成灰烬。桑威奇的命运，一时间街谈巷议，但在十二天之内都是未知数。[52]

在这段令人焦虑的时期，皮普斯听说约克公爵的秘书马修·雷恩在战斗中受伤，于是他写信给考文垂，请求他支持自己接任雷恩职务的申 295
请。从职业发展的角度看，皮普斯把握住时机是对的，考文垂是他觉得可以信赖的人。如果皮普斯曾经犹豫不决，出于对他在海上失踪的老主人的尊敬和悲痛，并且清楚地意识到桑威奇视考文垂为敌，那么他的犹豫也是短暂的。六月三日他亲自将信交给考文垂，一晚上都和他待在一起，得到了他会替他说话的承诺，高兴地回家了。第二天一早，考文垂寄来一张便条，撤回了他的支持，理由是他的外甥亨利·萨维尔想要这份工作。考文垂和皮普斯都知道他的能力比萨维尔强，但皮普斯并不是贵族小圈子的一员，就连考文垂也不准备为了支持他而反对自己的亲族。萨维尔得到了工作：这是一个残酷的教训。

六月十日，水手们在哈里奇附近的海面上打捞丢失的锚的时候，发现了桑威奇的尸体。他仍然戴着嘉德绶带、珠宝和星章。桑威奇夫人在欣庆布鲁克得到了消息。此后皮普斯在舰队待了五天，这对他来说是个不同寻常的举动，同时他可能去了趟欣庆布鲁克问候她。他也不忘为家人尽自己的一份力，敦促公爵让巴蒂在迪尔的职位变成永久职位。[53]

国王下令为桑威奇举行国葬，七月三日，他经过防腐的尸体在泰晤士河沿岸被抬到一队蒙着黑布的驳船前面，船上载着大多数国家领导人——女人不出席这种场合。伦敦塔和白厅响起了枪声，鼓号齐鸣，声音庄严。送葬者从威斯敏斯特河梯登岸，步行跟随尸体进入教堂，安葬在亨利七世礼拜堂里，阿尔比马尔已经躺在那里了：于是这两个促成查理复辟的主谋并排躺在了一起。皮普斯扛着一面绘有死者纹章的大旗，扛到棺材旁边，然后盖在他的安息处。[54]

桑威奇卒年只有四十六岁。皮普斯这时三十九岁；他们之间的差距似乎不再像他还是个穷小子，而他那表叔是个政治家和士兵时那么大了。虽然这两个人没有完全决裂，但随着岁月流逝，他们的关系越来越

冷淡了。感恩会让人厌烦,而双方都有怨恨的理由。桑威奇在遗嘱中没
296 有提到皮普斯,皮普斯在失去亲人的同时很可能也感受到了解脱。然而他欠桑威奇的太多了,他们的生活联系得太紧密了,所以他一定因为一个曾经主宰他年轻时代并给予他人生机会的人的死而感到震惊。桑威奇把布兰普顿庄园留给了他的夫人,这表明她喜欢这个地方;但成了寡妇之后,她不得不离开生活了近三十年的家欣庆布鲁克。由于失去了两个大女儿,她决定与三女儿安妮住在一起,安妮刚刚嫁给理查德·埃奇库姆爵士,搬去了他在康沃尔郡的塔玛河畔的庄园。[55]她和皮普斯不太可能再见面了。在遗嘱中,桑威奇称她为“我钟爱的亲爱妻子(我怎样对她表达善意都不够)”,并在最后阐明了他对自己所娶女子的坚忍、纯真和忠诚的爱和尊重,他俩结婚时都只有十七岁。[56]她不是露西·哈钦森或安妮·范肖,从来没有想过为自己的生活做任何记录——仅有的几封信表明她只是认得字——因此她的故事很不幸并不为人所知。[57]她出身清教士绅家庭,是议会军里最年轻军官的新娘,她见过查理一世、克伦威尔、查理二世,掌管一座乡间大别墅,生了十个孩子,以堪称楷模的谨慎处事,度过了内战和政权频繁更替的时期;与丈夫荣辱与共,无论是危难之时,长期分离,还是在宫廷里封爵受宠,尽管那个宫廷对于有着她这样教养和品格的人来说毫无用处。她在丈夫死后只活了两年。皮普斯在日记中对她的崇拜之情和坚定不移的爱,成了对她的极好的颂辞,尽管她的名字不再出现在他的文件中,但一六八三年他乘船前往丹吉尔时,还是花时间去康沃尔拜访了她的女儿安妮,桑威奇夫人在那里结束了她的一生。无论他当时是否站在她的墓旁,他都不可能不想起她。[58]

一六七二年,皮普斯的家族又有两人死亡。八月,他的岳父亚历山大·德·圣米歇尔在迪尔去世,他和妻子跟儿子住在那儿。这对皮普斯没什么影响,他仍然是所有活着的圣米歇尔的主要资助者,包括另一个

外甥兼教子"小塞缪尔"。九月,曾经希望替皮普斯让伊丽莎白受孕的怀特叔叔也去世了,身后无子,也没有留下遗嘱。皮普斯的父亲从中得 297
了些好处,成功获得了部分遗产。

一六七三年一月进一步割断了与过去的联系。海军处一月三十日的记事簿中记录道:"昨天凌晨三点到四点之间,布龙克尔勋爵在川流巷的海军办公室的住所发生了一起不幸的火灾,在六个小时之内,这场大火把办公室和周围的几栋房子都烧成了灰烬。"[59]人们认为布龙克尔勋爵的情妇阿比盖尔・威廉斯在她的私室引起了火灾。皮普斯有时间抢救他的书,包括六卷日记,其他东西就来不及管了。他的房子和周围二十多幢房子,连同办公室一起全都被烧毁。伦敦大火后他所做的噩梦变成了现实,那座他倾注了大量心血、铭记着他与伊丽莎白共同度过的岁月的房子消失得无影无踪。他的经济损失只有房子里的家什,因为房子属于国王,国王有义务重新安置他;但对于一个通过精挑细选、合理安置,已经有了丰富储藏的人来说,对于一个关心生活的形式和意义的人来说,这一定成为他丧妻之后的余震。他的物品、衣服、绘画,他的生活习惯和安排,以及他与过去的一切有形的联系都消失了。

注释

[1]《日记》,1663 年 2 月 19 日。

[2] 米洛・凯恩斯给出了清晰的描述,见他的论文《塞缪尔・皮普斯为何停止写日记:视力减退和健康问题》,载于《医学传记》,第五卷(1997 年 2 月),页 25–29。

[3] 皮普斯致奥尔德堡的埃利奥特(Elliot)船长的信,1669 年 8 月 19 日。见《塞缪尔・皮普斯的其他通信,1662–1679 年》,页 256–257。

[4] 皮普斯致查理二世的信,1670 年 1 月 8 日,他在信中提到了这一点。见《海军白皮书》,刊印于《塞缪尔・皮普斯与第二次英荷战争》,页 330–332。关于他对"穿过荷兰和佛兰德斯到巴黎然后回家"的回忆,见皮普斯致约翰・

伊夫林的信,1701年12月24日,收入《塞缪尔·皮普斯私人通信及文件杂编,1679–1703年》,第二卷,页242。

[5] 约翰·伊夫林致塞缪尔·皮普斯的信,1669年8月21日。见《特殊朋友：塞缪尔·皮普斯与约翰·伊夫林通信集》,G. 德·拉·贝杜瓦耶编辑(1997)。

[6] 巴黎商人佩尔捷(M. Peletyer)一六六九年十月二十六日给伊丽莎白的信中提到了宝石和绣花毛衣。(博德利图书馆,罗林森手稿,A 174,页335)皮普斯在一六七五年三月十二日给巴黎的布里斯班先生(Brisbane)的信中,提到了他上次在巴黎想要购买一本正在重印的巴黎史。(国家海事博物馆,《塞缪尔·皮普斯通信》,LBK /8,页705)

皮普斯在一六七四年二月在下议院接受质询,在描述他的内室时提到了"隆巴德"(Lombard)为伊丽莎白画的肖像。皮埃尔·隆巴尔(1620–1681),以范·戴克(Van Dyck)风格的女性肖像画而闻名,共和国时期曾在英国工作,但十七世纪六十年代在巴黎。

[7] 皮普斯致埃利奥特船长的信,1670年3月3日。见《塞缪尔·皮普斯书信及第二部日记》,页37。

[8] 玛丽·勒让德尔(Marie Legendre)致伊丽莎白的信,未注明日期,但与"私人文件"中的信件捆扎在一起,日期为一六六九年十月底至十一月初。(博德利图书馆,罗林森手稿,A 174,页341)

[9] 见皮普斯,《布鲁克府日志》("Brooke House Journal"),收录于《布鲁克府文件》,刊印于《塞缪尔·皮普斯与第二次英荷战争》,页334,其中他给出了这个日期。

[10] 皮普斯致约翰·伊夫林的信,见《特殊朋友：塞缪尔·皮普斯与约翰·伊夫林通信集》。图克是伊夫林的亲戚。

[11] 关于凯瑟琳王后使用的治疗方法,见《日记》,1663年10月19日。

[12] 伊丽莎白在一六六四年三月二十日,即汤姆死后的几天,谈到了"作为天主教徒,决心以天主教徒的身份死去"。她在一六六八年十月二十五日重申了这一观点,这天她发现皮普斯和黛布·威利特在一起。那是一个星期天,她还说她已经接受了圣礼。

[13] 有一段时间,法国教会给了他们支持,见皮普斯在《日记》(1667年

3 月 29 日)中的叙述。后来他们在一六六七年搬去巴黎,但在一六六八年又回到英国,和儿子一起住在德特福德。

[14] 那时,不仅是老皮普斯先生,还有他的小儿子约翰都和杰克逊一家住在一起。帕尔的第一个孩子塞缪尔于一六六九年年底出生,接着生了第二个儿子约翰,于一六七三年夭折,第三个儿子也叫约翰,于一六七三年十二月出生。还有一个孩子也死了,最后她剩下两个儿子,萨姆和约翰·杰克逊。

[15] 查理一世、查理二世和格雷沙姆带有英雄色彩的宏伟雕像现在被安置在老贝利大楼内,得到了很好的保护,但它们的优点没有被呈现出来。布什内尔的另一座纪念碑完成于一六七五年,表现的是阿什伯纳姆勋爵悲悼亡妻,被佩夫斯纳(Pevsner)称赞为"新的构图自由和创造性的新可能"。一六八一年在拉万特(Lavant)完成的《玛丽·梅夫人》(Dame Mary May),表现出这个死去的女人"显然有着和生前一样的麻子","任性,但塑像惟妙惟肖,技巧精湛"。有资料表明布什内尔曾经索要过他的纪念碑主人的画像。

[16] 一九七〇年,国家肖像馆为该馆的皮普斯展览铸造了一个半身像,虽然在我二〇〇一年写书时它还没有展出,但很可能会再次和公众见面。

[17] 这句话出自皮普斯现存的私人文件中唯一一封这样的信,写信人是鲁昂的勒让德尔先生。(博德利图书馆,罗林森手稿,A 174,页 331)见他一六七〇年三月二十六日致弟弟约翰的信(同上,A 182,页 475),这封信是用黑封蜡封的。

[18] 见皮普斯《海军白皮书》中的条目,《塞缪尔·皮普斯与第二次英荷战争》,页 250–252。

[19] 文件在博德利图书馆,罗林森手稿, A 174,页 446。

[20] 皮普斯 1670 年 1 月 3 日的记录,见于《布鲁克府文件》,刊印于《塞缪尔·皮普斯与第二次英荷战争》,页 336。

[21] 1670 年 1 月 7 日条目,见皮普斯,《布鲁克府文件》,刊印于《塞缪尔·皮普斯与第二次英荷战争》,页 341。

[22] 皮普斯在一六七〇年一月二十四日记下了国王的言论和他自己的附和,见《塞缪尔·皮普斯与第二次英荷战争》,页 371。

[23] 1670 年 1 月 6 日,见《塞缪尔·皮普斯与第二次英荷战争》,页 340。

[24] 关于花销,见《布鲁克府文件》,刊印于《塞缪尔·皮普斯与第二次

英荷战争》，页 329。

[25] 阿瑟·布莱恩特，《塞缪尔·皮普斯：危难岁月》（1935），页 25。

[26] 他在一六七〇年一月六日致布鲁克府委员的信中这样说，见《塞缪尔·皮普斯与第二次英荷战争》，页 326。

[27] 皮普斯报告最后一段中的话，见《塞缪尔·皮普斯与第二次英荷战争》，页 434–435。

[28] 关于理查德·吉布森引用多恩，见他一六七一年八月十七日给皮普斯的信，此时他已经去地中海舰队服务。他引用了多恩的布道，说上帝的善不在于创造我们，而在于救赎我们，“也不在于我们属于他，而在于没有什么能把我们从他手中夺走。作为回报，我希望只要活着就把您的恩惠铭刻在心里”。（罗林森手稿，A 174，页 372）言辞虽然华丽，也是真情流露。在后来的一封信中，他向皮普斯的父亲和弟弟致敬，并问候了海特先生、休尔先生和爱德华兹先生。

[29] 皮普斯致理查德·布朗爵士的信，见《塞缪尔·皮普斯书信及第二部日记》，页 38–39。H. T. 希思提到了其他推荐信，见《塞缪尔·皮普斯与其家庭圈书信集》，页 16，脚注 1。

[30] 烟酒账单在博德利图书馆皮普斯的杂项文件中。帕尔一六七二年三月五日给约翰的信中提到了这些礼物；约翰一六七四年三月十二日给他父亲的信，老约翰·皮普斯一六七六年七月十八日给儿子的信，都收入《塞缪尔·皮普斯与其家庭圈书信集》，页 17、29、41。

[31] 备忘录印在《海军白皮书》中，见《塞缪尔·皮普斯与第二次英荷战争》，页 196。

[32] 皮普斯的文件，日期为 1670 年 5 月 9 日。见《塞缪尔·皮普斯的其他通信，1662–1679 年》，页 266–267。

[33] 数额是四十二万六千八百八十六英镑。（博德利图书馆，罗林森手稿，A 174，页 181）

[34]《日记》，1666 年 7 月 30 日。

[35] 约翰·沙德韦尔是皮普斯的教子，生于一六七一年，长大后成为一名成功的医生（见第二十六章），还出版过他父亲的戏剧。托马斯·沙德韦尔改编了莫里哀和莎士比亚的作品，以及嘲笑宫廷和城市礼俗的喜剧，包括《埃

普瑟姆温泉》(*Epsom Wells*, 1672)。他是查尔斯·塞德利的朋友,皮普斯曾在《日记》中赞赏他的才智。

[36] 信息来自查尔斯·奈顿,他好意让我看了他为新版《国家传记词典》撰写的关于克里德的文章,我自己也观察了克里德的遗孀在蒂奇马什教堂为他修建的坟墓。

[37]《日记》,1666 年 3 月 5 日。

[38]《日记》,1666 年 2 月 9 日、11 月 14 日,1668 年 2 月 12 日。

[39]《约翰·伊夫林日记》,1679 年 1 月 16 日;皮普斯致约翰·伊夫林的信,1690 年 11 月 13 日。(《特殊朋友:塞缪尔·皮普斯与约翰·伊夫林通信集》)

[40] 萨拉·胡布隆有几幅画像。传承有序的一幅在家族内代代相传,艾丽斯·阿彻·胡布隆夫人的《胡布隆家族》中有复制,画家是玛丽·比尔;但最近有人认为它是威廉·维辛的作品。另一幅彼得·莱利的作品,将她的姿势和鼻子展现得很像卡斯尔曼夫人;这幅画目前陈列在巴恩斯利(Barnsley)的坎农厅博物馆(Cannon Hall Museum),该博物馆于一九五六年从一位私人藏家手中购得。我见过第三张画像的照片,只有头部和肩膀,画像在一九三一年通过苏富比拍卖行售出,在维特图书馆(Witt Library)被列入莱利名下,照片显示了一张俊俏的脸上有个罗马式的鼻子,佩戴着与加农厅画像里同样的珠宝。这三幅画中她都有着深色的鬈发和眼睛,第二幅和第三幅画表现出她衣着华丽,珠光宝气,戴着珍珠项链和配套的大吊坠耳环。

[41] 一封信的草稿。(博德利图书馆,罗林森手稿,A 180,页 244)

[42] 关于唱歌,见塞萨雷·莫雷利致皮普斯的信,1681 年 4 月 4 日,收入《塞缪尔·皮普斯书信及第二部日记》,页 112。皮普斯致詹姆斯·胡布隆的信,1683 年 10 月 19 日,同上,页 161 (皮普斯从海外写信)。

[43] 关于胡布隆家的新生儿对皮普斯的天生的感情,见萨拉·胡布隆致皮普斯的信,1683 年 12 月 3 日。(同上,页 163)

[44] 1683 年 11 月 30 日。(同上,页 435)

[45] 皮普斯于一六六六年(《日记》,1666 年 12 月 11 日)在他的族姐简·特纳家第一次见到莫当特夫人,将她描述为“非常普通的寡妇,但年轻、富有、性情温和”。一六六七年二月和三月,他和简·特纳一起再次见到她,

这次她和她的妹妹一起。

[46] 从皮普斯于一六六四年一月结识的朋友托马斯·希尔的信中可以找到调情的证据，他在一六七三年四月十四日从里斯本写信拿莫当特夫人和斯图亚特太太来调侃皮普斯："她们疯狂地爱着你，并如此迷人地叹息着她们的情欲……你在与她们交谈中所得到的享受，是在其他地方找不到的；你招待她们时，她们感到非常享受，因此都承认你的性情是全世界最好的。"(《塞缪尔·皮普斯书信及第二部日记》，页 41–43)

[47] 博德利图书馆，罗林森手稿，A 174，页 437–439，日期为 1670 年 6 月 15 日。

[48] 见阿瑟·布莱恩特的记述，《塞缪尔·皮普斯：危难岁月》，页 65–66。安德鲁·马维尔称查理的行动为"抢劫财务署"。

[49] 皮普斯曾于一六六七年九月二十三日在阿什利·库珀位于斯特兰德大街的家中与他一起吃饭，并在《日记》中(例如，1663 年 5 月 15 日、27 日，1665 年 1 月 16 日)多次表达对他卓越能力的钦佩，例如他在丹吉尔委员会中的表现。沙夫茨伯里认为皮普斯是天主教徒，在一六七三年十一月赖辛堡的选举中首次表露出来，至少部分是基于他曾在皮普斯家里，即在川流巷，看到过类似十字架的东西。

[50] 皮普斯致约克公爵，1669 年 6 月 17 日，1671 年 2 月 18 日。见《塞缪尔·皮普斯的其他通信，1662–1679 年》，页 239，页 268–269。

[51] 约翰·伊夫林一六七二年五月十六日的笔记，见 F. R. 哈里斯，《桑威奇伯爵一世生平》，第二卷，页 248："去白厅向大人告辞，大人的住处在私家花园(Privy Garden)，他握着我的手向我告别，说他认为不会再见到我了，我认为我从他的脸上看到了不祥之色。'不，'他说，'他们不会让我活着。如果我失去了一支舰队，我的情况应该会好一些；但是，只要符合上帝的心意，我必须做点儿事来挽回声誉，虽然我不知道是什么。'"另见皮普斯记录下的克拉伦登勋爵(亨利，伯爵二世)对与桑威奇会面的描述："就在他最后一次出海之前；他们的谈话涉及夏季战役的准备工作及展望，当时大人走路的时候手搭在查尔斯·哈博德的肩膀上，另一只手搭在科特雷尔的肩膀上(以便更轻松省力，因为他已经有点痛风，以及其他原因导致的行动不便)，通过反思我们当时的海洋事务管理，他告诉大家，虽然他当时是英格兰的海军中将及英吉利海

峡和爱尔兰海的舰队司令，但他对那年夏天要做的事情并不比他们任何人或者其他一无所知的人知道得更多；我只知道一点，那就是我会战死，这两个孩子［指的是哈博德和科特雷尔］将和我一起死。他们都照他所说光荣地战死了。”皮普斯在一六九四年写下了这段话；它被收入他的海军文件中，编号为138，副本附在国家海事博物馆，《桑威奇文件》，卷X。

［52］关于桑威奇勋爵之死的各种描述见于《国家文献大事记，国内系列》中1672年5月和6月的信件；约翰·查诺克，《海军军官传记》（六卷本；1794–1798），第一卷，页42、230；约翰·坎贝尔，《大不列颠海军史，包括英国海军将领的历史和生平》（八卷本；1818），第二卷，页295–296；F. R. 哈里斯，《桑威奇伯爵一世生平》，第二卷，页265–278（哈里斯引用了许多其他原始资料）；理查德·奥拉德，《克伦威尔的伯爵：桑威奇伯爵一世爱德华·蒙塔古一世生平》，页256–262。我感谢查尔斯·奈顿博士在此事上的帮助。

［53］关于在舰队度过的五天以及为巴蒂向公爵提出申请，见皮普斯致巴尔塔萨·圣米歇尔的信，1672年6月22日。（《塞缪尔·皮普斯的其他通信，1662–1679年》，页271）

［54］礼拜堂北侧的一块石头标记着安息之地。

［55］安妮·蒙塔古于一六七一年一月五日结婚，时年十七岁。

［56］遗嘱的文字，见F. R. 哈里斯，《桑威奇伯爵一世生平》，第二卷，页288。

［57］露西·哈钦森（1620–?）和安妮·范肖（1625–1680）都写了回忆录，明面上是关于她们丈夫的，但包含了很多关于她们自己的信息。安妮·范肖的丈夫理查德先于桑威奇勋爵成为驻西班牙大使，但与桑威奇夫人不同的是，她陪他一起赴任。

［58］皮普斯，《丹吉尔日记》，1683年8月22日。见《塞缪尔·皮普斯的丹吉尔文件》，埃德温·查普尔转写、编辑。一六七四年七月十七日，桑威奇夫人在埃奇库姆家美丽的老庄园科特赫勒去世；她被埋葬在卡尔斯托克。科特赫勒现在经由国民信托（National Trust）对外开放。

［59］公共档案处，ADM 106／2887，未编页码，但日期为1672／3年1月30日。

第二十一章　公共生活与私人生活

298 皮普斯搬了新家。萨拉·胡布隆说是“发着霉味的家”，但他在火灾后没有太多选择。海军办公室必须继续工作。他们在旧址往西一个街区的马克巷重整旗鼓，继续处理公务，一周三次，上午八点，现在在星期二、星期四和星期六，没有间断；他的住处由国王提供，就在附近。[1]一六七三年余下的日子里他都住在这儿；这一年，他重新交上了好运。六月，他被任命为海军部委员会（Admiralty Board）秘书长，到一六七四年一月，他实现了进入议会的雄心壮志，与他的老上司威廉·考文垂和乔治·唐宁一同列席下院。同月，他搬了家，在伦敦城生活了十三年后，回到了年轻时生活过的西区。这次他没有住进哪座住宅，而是搬到了新的海军部总部，位于白厅和威斯敏斯特之间的德比府，自己和仆人住进了办公室上面的高层房间里。用现代话来说，他已经变成了一个公寓客，第一次俯视河景。他的工资和津贴都增加了，随着他越爬越高，也有了自己的追随者。威尔·休尔现在成了海军部的首席书记官，不到一年，他就租了一栋非常大的新房子，一组漂亮的联排房屋约克大楼中的一栋，位于白金汉街，这条街从斯特兰德街下来，穿过联排房屋，一直通到河边和为刚毁坏的约克府修建的水门。[2]汤姆·海特和约翰·皮普斯共同担任了皮普斯的旧职——书记官，皮普斯还照应他的内兄圣米歇尔、汤姆·爱德华兹及理查德·吉布森的晋升。[3]考文垂写信祝贺他当上了秘书，并巧妙地奉承了一番，请皮普斯赏脸给他一个仆人的兄弟找个事务长的工作。[4]

不管皮普斯私下里对国王有什么看法，他把所有的晋升都归因于王室的恩典。查理和议会关系不好。国民情绪紧张，怀疑王室的企图，担心在法国人的影响下，王室正在走向专制和天主教。反天主教的情绪变 299
得非常强烈，一六七三年春天甚至通过了一项《忠诚宣誓法》，要求所有官员宣誓忠于英国国教。众所周知，约克公爵詹姆斯已经皈依了天主教，而公爵夫人在一六七一年去世前也皈依了天主教。和皮普斯一样，詹姆斯刚刚失去了妻子，正准备再婚，娶一位十五岁的公主，她生来就是天主教徒，有望为他生下儿子。由于国王没有合法子女，天主教徒继承王位的前景若隐若现，令人无法接受。查理似乎没什么信仰，即使他有天主教倾向，也准备掩饰真相而不是失去王位，甚至在他被议会激怒的时候也避免与之对抗，所以按照《忠诚宣誓法》的要求，当他弟弟拒绝遵奉国教，甚至拒绝假装遵奉国教时，他同意詹姆斯必须离开海军事务大臣的职位。就是在这个时候他把皮普斯提升到海军部秘书长的新职位上。

他任命了一群宠臣做海军部委员以代替公爵，海战指挥经验丰富的鲁珀特王子和热衷于与荷兰人开战的沙夫茨伯里伯爵也加入其中，这增强了团队实力。国王亲自担任主席。皮普斯做的纯粹是行政工作，虽然他在海军纪律问题上有些作用，但在政策上他没有发言权；但他和他的王室庇护人都相信他可以成为议会里有影响力的海军发言人。[5]这就是他在补选中稳操胜券的原因。约克公爵仍然有足够的势力让皮普斯获得提名，并且有望顺利当选。事实证明，他的庇护也意味着，一六七三年秋天当皮普斯在诺福克的赖辛堡露面时，他被指控为“残忍的天主教徒”，受到民众的嘲笑。沙夫茨伯里强烈反对天主教——他曾亲自试图说服公爵皈依英国国教——秘密支持选举对手，皮普斯不得不向选民提交自己信仰国教的证明。他赢得了选举，身上却沾上了天主教的污泥。[6]

皮普斯一在下议院就任，就感到了敌意。先是在海军事务上受到攻
300 击，对此他可以妥善处理，但随后又受到了针对个人的指控：说塞缪尔·皮普斯是天主教徒，说他家里有祭坛和十字架，说他因为试图使他妻子皈依天主教而伤了她的心，这一指控一定使他私下里觉得既好笑又愤怒。有人记得他说过英国国教"出自亨利八世的紧身裤盖片"。[7]攻击的语气和程度都让人仓皇失措，尤其是对一位新议员来说，他还不熟悉议会的行事风格，还没跟议员们混熟。他的一名指控者罗伯特·托马斯爵士，说已经准备好提供证人。考文垂前来援助，说任何人都很难为自己辩护说没有说过有关亨利八世的紧身裤盖片的话，对他和对我们来说，皮普斯很可能只是开了个玩笑，在议会里以此攻击他简直荒谬至极。考文垂随后质询托马斯，让他说出他的证人。他不愿说。议长坚持让他说，于是沙夫茨伯里勋爵的名字被提出。议会一片哗然。

沙夫茨伯里，国王和御弟知道他叫"小真诚"，意在讽刺他身材矮小，经常变节，这人点子多，聪明，出身富贵，热衷权力，在议会受欢迎，此时发起了一场运动，要阻止约克公爵继承王位。手头的任何弹药都有用，如果他能证明海军部的新秘书长兼议员是个秘密天主教徒，那将能很好地达到目的。他因为桑威奇的缘故认识皮普斯已经有些年头了——在克伦威尔时期以及此后的所有政局变化时期他都是桑威奇的同事——丹吉尔委员会也使他们有过接触，但这一事实并没有困扰他。下议院任命了一群议员去他家；伯爵不是能被宣召的人。皮普斯一直钦佩沙夫茨伯里的聪明才智，要求和他们一起去。[8]考文垂支持皮普斯的请求。与此同时，沙夫茨伯里给下院送来消息，说"他记不太清了，记得他看见过某种东西，他觉得是个十字架……不记得是画的还是刻的，也不记得那东西是什么样子的；他的记性太不好了，如果让他宣誓的话，他

不能给出证词”。面对考文垂和皮普斯，他断定他没有看到祭坛，但仍然认为他看到了十字架。他们离开时，他忍不住取笑他的受害者：“皮普斯先生，下次我们见面时，我们会记得教皇的！”

二月十日，皮普斯在议会公开表态，“诚恳而直截了当地否认他家 301
里有任何祭坛、十字架，或是任何圣徒的画像，里里外外都没有”。考文垂指出，如果拥有耶稣受难图就能作为证据，那么很多人都会是天主教徒。皮普斯请求单独会见沙夫茨伯里，他拒绝了，于是皮普斯写信请他明确表明自己见过或者没有见过十字架，并提醒他，他们已经认识二十年了。[9]这毫无用处。他还写信给圣米歇尔，要求他支持他是个虔诚的国教徒的说法；巴蒂最后同意了，还额外奉送了一段，说伊丽莎白也是坚定的新教徒。[10]下议院里，金融家约翰·班克斯爵士宣称他认识皮普斯已有多年，去他家时没有见过祭坛或十字架，也不认为他是天主教徒。

皮普斯随后为自己辩护。他追溯了他的剑桥岁月，还有担任桑威奇勋爵秘书的早年时光。他说他每个星期天都去教堂两次，一年领受七八次圣餐，一生中从未参加过弥撒。他谈到他是如何用绘画来装饰他家的，因为他的工作让他不能经常外出；他描述了他私室里的小桌子，桌上放着《圣经》和《祈祷书》，一个盆，一个垫子，上方还挂着他妻子的画像——他想，这可能就是所谓的祭坛。他愤怒、害怕，为自己感到难过，他做了英国人不该做的事，表现出了他的感情。[11]又出现了更多的证词，但没一个是决定性的，他宣布自己准备接受下议院的审判。辩论暂停两周。没等他们再开会，国王就宣布议会休会，这意味着下次开会要到十一月。如果没有这种干预，皮普斯几乎肯定会被赶出议会。以这样的方式开始议员生涯再糟糕不过了。王室的恩宠让他地位上升，同时也让他面临完全无法预料的危险。

“小真诚”真的相信皮普斯是天主教徒吗？川流巷某种像神龛一样的东西明显引起了他的注意，可能是皮普斯在记日记时期买的十字架

画。他可能也听说过皮普斯参加弥撒的流言蜚语。我们知道，让皮普斯
302 参加弥撒的是好奇心和对音乐的喜爱，而不是宗教信仰；私下里，在地位相同的人中，沙夫茨伯里很可能会承认他的兴趣在于审美和人类学，与宗教无关。而他自己，当一位女士问起他的宗教信仰时，则回答说“智者都只信一种宗教”，当被问到是哪种宗教时，他说“智者从来不说”；伯内特主教宣称，在宗教问题上他“最多是个自然神论者”。[12]即使沙夫茨伯里对英国国教的信仰是政治上的而非精神上的，他也认为皮普斯易受攻击，因此可能对他的事业有用。

奇怪的是，皮普斯没有把与沙夫茨伯里和议会的冲突当作前车之鉴。你本可以指望他至少能擦亮自己英国国教徒的身份。相反，在里斯本的一位朋友的推荐下，他开始发展到把一位罗马天主教徒音乐家塞萨雷·莫雷利延请并安顿到家中。[13]莫雷利精通拉丁语和几种现代语言，歌唱得好，鲁特琴也演奏得好，曾在佛兰德斯、罗马和里斯本生活过，但渴望回到他曾经来过一次的英国。他将会是皮普斯的奢侈品，他自己的人，可以随时跟他一起吹拉弹唱；在议会丢了脸之后，他变得叛逆而傲慢，觉得他有权享受这种乐趣。他与莫雷利在十一月达成协议，差不多就是议会再次开幕的时候，而莫雷利在一六七五年春天到了英国。在日益歇斯底里的反天主教气氛中，他是个危险的奢侈品。

尽管如此，皮普斯在议会经历了艰难的开局后，还是以独特的活力重新振作了起来。他在海军事务上一向是个令人印象深刻的演说家，并且很快又像一六六八年那次一样表现得非常出色。一六七五年四月，他对海军的状况作了报告，一六七七年二月发表讲话，主张拨款建造三十艘新船；议会起初有所怀疑，但他最终赢得了他们的支持，通过了必需的六十万英镑拨款。[14]这是一次胜利，但并没有阻止他在小问题上经常遭受攻击，特别是在他涉嫌从事不那么清白的财务交易的地方，例如，在向船主发放通行证而收取的费用方面。即使没有日记的证明，我们也可以

相信，除了以精通海军事务和演讲技巧娴熟而技惊四座的皮普斯以外， 303
还有另一个赚外快的皮普斯。甚至第一个皮普斯也可能在议会遭人嫉恨；他被指责讲话“更像个海军上将而不是秘书长”。无疑他的确如此。法国大使报告说他是英国最好的演说家中的一个。[15]很少有议员了解海军，海军部秘书长已下定决心给他们上上课。

他仍然与约克公爵商量海军装备事宜，工作中也与国王接触密切。一六七四年夏天他陪同他在查塔姆和斯皮特黑德海峡，一六七五年夏天在朴次茅斯。一六七四年他还应邀观摩了约克公爵在温莎堡的草地上安排的模拟围攻，公爵和蒙茅斯展示了他们的战术技能，还有枪、地雷和假装的囚犯，黑暗中一切都被火光照亮。伊夫林也是成千上万的观众中的一个，他觉得这“非常有趣”；他和皮普斯在凌晨一起回了伦敦。[16]

除了游戏，皮普斯还在为海军推行自己的想法。一六七七年十二月，他提出了其中最著名的一个。这项建议是，任何人只有在服役三年，收到舰长的证明，并通过海军办公室的航海技术考试之后，才能被任命为上尉。鲁珀特王子反对这项提议，但海军将官和国王支持皮普斯，于是第一次考试在第二年年初举行。皮普斯一举创造了历史，为海军的管理方式带来了一场革命，而这是由于他坚信教育和智力比家庭背景和金钱对国家更有用；无论“绅士”舰长们多么英勇豪侠，海军都需要专业化。对于一个在克伦威尔时期的英国接受教育的人来说，有这样的想法很自然。国王能认清这一点并接受皮普斯的建议，也是功劳一件。[17]同样的对教育的信仰使他说服国王给基督公学拨款，建立一个数学部，为海军培养人才；皮普斯能够向皇家学会的朋友们寻求建议，请罗伯特·胡克为孩子们推荐一位合适的数学老师。[18]

他成为基督公学和布莱德维尔看守所的主管，在他被任命的那一年，即一六七五年，布莱德维尔看守所首次为被收容儿童聘任了教师。
荣誉现在接踵而至。一六七六年，他成了领港协会会长。罗伯特·胡克 304

认为皮普斯先生的口才不过关，他说："领港协会会长皮普斯先生作了一场很长的演讲，但意思不大"，但其他人没有挑刺儿。[19] 第二年，他继约瑟夫之后成为布料加工业公会的会长，而威廉森是他一直敬仰的另一位白手起家的人。他以前的大学导师塞缪尔·莫兰请他当女儿的教父。[20] 像任何成功人士一样，他被邀请为他以前的学院的一座新建筑捐款，他确实捐了款。[21] 在四十多岁的时候，皮普斯成了令人敬畏的人物，信心满满，众所周知国王也会听取他的建议，在伦敦城有很多有钱的朋友，在皇家学会有很多聪明的朋友，还有一大笔日益增长的财产。

沙夫茨伯里的突袭肯定会被遗忘。皮普斯还认为，他可以无视波维让他履行旧协议的请求，根据协议他们应该分享他做司库时从丹吉尔食品供应中获得的利润。从他们一六七四年和一六七五年的通信档案可以看出皮普斯欺诈和凌霸到了极致。[22] 与此同时，其他朋友却从皮普斯的强大地位中获益。一六七七年，丹吉尔的食品供应商丹尼斯·高登爵士因欠债被捕，皮普斯通过海军部施压，制止了一名债主。事实证明，高登已无力挽救，他破了产，此时威尔·休尔买下了他在克拉珀姆的乡村别墅的租约，让他继续住在其中部分房间里。[23] 在不太起眼的层面，德特福德的威廉·巴格韦尔，"决议号"的木匠，于一六七七年被海军处提拔为"诺森伯兰号"的工头；一六七八年汤姆·爱德华兹被任命为召集长和海军驻迪尔代表。[24]

在亨廷登郡，老皮普斯先生和帕尔、她那乏味的丈夫以及他们的两个儿子萨姆和约翰一起过着安静的生活。皮普斯与他们保持联系，把霍利尔的医疗建议寄给他父亲，确保他有酒喝，一六七五年他来伦敦时接待了他。一六七七年三月，皮普斯最后一个还在世的弟弟约翰突然去世，卒年只有三十六岁。皮普斯拿出一六六四年的日记，其中早已记入兄弟姐妹的名字和出生日期，他加了一个词"已故"。莫雷利创作了特别的悼亡曲，和皮普斯一起演唱。[25] 皮普斯还必须理清他混乱的财务；

他不得不思考家族的未来。他现在知道皮普斯家不会有后代了——他
告诉父亲他不指望能有自己的孩子了——于是他开始对妹妹的儿子们 305
产生更大的兴趣。杰克逊夫妇和老皮普斯先生当年晚些时候搬回了布兰普顿的房子。[26]皮普斯受到刺激,也坐下来为自己的健康状况写了个长篇、细致、吸引人的记录。

它让人惊讶于他居然能够从床上爬起来,更不用说管理和改革一个政府部门,在议会发表演说,在各种场合陪同国王。他的文字表明了他的身体就像一部摇摇晃晃的机器,几乎每个部位都有问题:呼吸短促,髋关节、膝关节、背部、肩膀、手指和手腕都疼痛。他容易有过敏性肿胀,全身刺痛、瘙痒,在潮湿的天气说不出话。他每天早上眼睛都剧烈疼痛,直到他通过吐口水、擤鼻涕把脑袋里的水"吸干",还有结肠和膀胱的疼痛,有时疼痛会扩散到全身,经常要用栓剂来解决,他觉得塞入栓剂也很痛苦。这似乎已经够多了,但还绝非全部毛病。他还讲述了他的结石故事——一个成功的故事——和他的眼病。直到八年前它们还很好使,但从那时起,一看近处的东西,特别是书和文件,眼睛就剧痛,眼镜或任何其他装置都不能缓解;他不得不让他的文员给他读书、写字。他总结道:"除了这些我身体健康方面的不幸之外(有的是长期的,有的不是),感谢上帝我不知道还有其他的问题。"即使按照当时的标准,那时人们除了接受疼痛别无选择,他能不让疼痛干扰他的工作也很了不起了。身体上的痛苦甚至可能会刺激一些人采取行动。沙夫茨伯里也因肝脏囊肿多年来遭受慢性疼痛和复发性黄疸,一六六八年他为此做了手术,此后他身体的一侧一直插着一根管子引流伤口。[27]

除了身体病症,皮普斯还详细介绍了他的日常生活。他自己吃饭时从不多吃,在吃上获得的快乐不多,因为他"没什么胃口"——对于一个曾经迫不及待吞下鳀鱼、龙虾、牡蛎、鹿肉馅饼和应季的第一茬豌豆的人来说,这太可悲了。比起法国的淡葡萄酒,他更喜欢粗质红酒——波尔

多、意大利、葡萄牙、西班牙、希腊葡萄酒，但不管哪种酒都很少喝，而且
306 晚上开饭时间绝不太晚，因为太晚吃饭曾让他“头晕”。他在海上晕船严重，但他不常出海。他每年都会从胳膊放一两次血，但不做正规治疗。他的健康状况一定程度上是对霍利尔的技术和建议的赞美，他的坚忍却全归功于他自己。

他生活中还有一部分在这里没有提及。像许多成功人士一样，皮普斯也有一个秘密。关于此事有些线索，一个是在罗伯特·胡克的日记里，他在一六七六年经常与皮普斯见面，在十二月十五日星期五的日记里写道，他“给了皮普斯太太”一份制作清漆的配方。这个皮普斯太太是谁？剑桥大学三一学院的年轻人丹尼尔·斯金纳在一六七六年七月给皮普斯写了一封信，请他帮忙找工作，这是一个更好的线索。斯金纳是皮普斯邻居的长子，父子同名，他们也属于同一个教区，他是个商人，在马克巷有一所房子和一个大家庭。丹尼尔的信是用拉丁文写的，并不完全清楚，但它确实明确提到了几年前皮普斯曾公开了对他妹妹的爱，以及他当时对小丹尼尔本人的善意；也提到了他们的父母怒斥皮普斯，以及此事导致两家关系决裂。第三条线索是皮普斯本人在一七〇三年五月对遗嘱增加的附录，那时距他去世不到两周，附录中提到了“杰出的玛丽·斯金纳小姐”和她“在我过去三十三年的全部生命历程中，给予我的不变的友谊和帮助”。这将他们的关系倒推到了一六七〇年，很可能是在伊丽莎白的纪念碑安放进圣奥拉夫教堂之前。

玛丽·斯金纳是老丹尼尔·斯金纳的长女，他是一位来自埃塞克斯郡的布伦特里的商人，自十七世纪五十年代以来一直住在马克巷，并在圣奥拉夫教堂做礼拜，他妻子叫弗朗西丝。但是玛丽不是在伦敦长大的。斯金纳家的人口越来越多，弗朗西丝的姐姐伊丽莎白又没有孩子，所以玛丽从小就被送到赫特福德郡和姨妈一起生活。玛丽在那里长大，

成为伊丽莎白姨妈和她丈夫弗朗西斯·博特勒爵士的心爱的养女（“我把她当成自己的女儿养大”，她姨妈在遗嘱里说）。他们住在伊丽莎白一世时代一座漂亮的庄园宅邸，它坐落在哈特菲尔德的伍德霍尔庄园里，就在哈特菲尔德庄园的北面，毗邻塞西尔的领地；利河以其田园诗般的绿色河岸和小水磨标记了一部分界线。著名的哈特菲尔德葡萄园和 307
花园毗邻博特勒的领地，皮普斯曾于一六六一年和一六六七年两度参观那里并赞赏有加，塞西尔家和博特勒家都在哈特菲尔德的教区教堂、圣埃塞德丽达教堂做礼拜，皮普斯在一六六七年曾称赞会众中有许多“漂亮面孔和文雅之士”。[28]

弗朗西斯爵士头婚留下两个女儿，伊莎贝尔和朱莉娅，比玛丽大十岁左右，玛丽在她们的保护下长大；朱莉娅和玛丽的关系尤其亲密，一辈子都是朋友。[29]这是个有文化的家庭。往来好友中有理查德·范肖爵士，他在桑威奇勋爵之前担任驻西班牙大使，他的才华横溢的妻子安妮撰写了回忆录。[30]弗朗西斯爵士和他妻子伊丽莎白夫人都受过良好的教育——他在十七世纪二十年代在剑桥读书，而她则有自己的藏书——我们知道他对孩子礼貌而和善，是个好邻居，按时去教堂做礼拜，对朋友热情，对穷人仁慈。一六七八年他为哈特菲尔德和特温的五个穷寡妇捐赠了一笔慈善救济金。[31]冬天他喜欢到伦敦住几个月；她在舰队街附近的鹤院租了一栋房子，尽管他们进城的时候不一定住在那里。八十年代，他进了议会。他的女儿，玛丽的养姐，都嫁给了当地的士绅，定居在附近的赫特福德郡的村庄，特温和迪格斯韦尔，建立了自己的家庭。你可以看出伍德霍尔的生活很安逸，也能从伊丽莎白夫人的遗嘱中判断出玛丽在家庭中的地位。除了一千英镑，她还遗赠给玛丽许多珠宝（包括“我的大宝石”）、一个“周围镶钻的画像盒”、“我私室里所有的书”，还指定她为自己为贫穷寡妇捐赠的慈善基金的托管人之一。[32]

玛丽就是这样在舒适的环境中长大的，远离亲生父母，与妹妹们有着不同的前程。她肯定充分领略了伍德霍尔和马克巷生活的差别,但母亲爱她一点都不少,兄弟姐妹也羡慕她。她的哥哥丹尼尔与她年龄最为接近;他出生于一六五一年,那么她可能出生在一六五三年前后,因为其余弟妹在一六五五年到一六六八年间每隔两年出生：伊丽莎白、弗朗西丝、罗伯特、奥布赖恩、弗雷德里克、科比特和小彼得。[33]斯金纳是个大
308 家庭,他们陷入了经济困难,但他们既不贫穷,也不无知。小丹尼尔写到过“陆地和海上的灾难”和“沉重而痛苦的命运打击”使他父亲在七十年代陷入了相对贫困;但他让丹尼尔上了七年的威斯敏斯特学校,并把他送进了剑桥大学三一学院,玛丽的妹妹弗朗西丝嫁给了威廉·巴克爵士,一位出身名门的林肯郡准男爵。但年幼的孩子们没有同样的机会了。[34]还必须说明的是,斯金纳夫妇和博特勒夫妇在玛丽的正规教育上都无所作为。虽然斯金纳小姐曾写过一封非常体面的信,但玛丽的拼写,就像她同时代的许多女性——还有一些男性——一样属于独具一格派：“plaine inglish”“mountianes”“aplycasion”“afectionat unkle”。①[35]

玛丽和皮普斯是怎么认识的？她父母和皮普斯去同一间教堂做礼拜,所以他们可能是在她拜访马克巷时相识的。还有可能是他在哈特菲尔德的教堂里注意到了她,他在往返布兰普顿的路上有时会在那里停留;但更有可能是圣奥拉夫教堂。教堂扮演着约会中介的角色：人们在礼拜结束后在周围转转,与邻居交谈,皮普斯可能很容易就能邀请斯金纳夫妇喝杯葡萄酒,吃块蛋糕,欣赏他房子里的珍宝——一六七〇年他还住在川流巷——还带着他们来做客的十七岁的女儿。既然小丹尼尔说他是通过玛丽认识皮普斯的,“很久以前,我带着幸福的预感,通过我妹妹,第一次进入了您的恩典之下”——因此他们一定有过一段相当长

① 正确的拼写分别是“plain English”“mountains”“application”“affectionate uncle”,中文意思分别是“朴素的英语”“山”“请求”“亲切的叔叔”。

的普通家庭之间的友谊。皮普斯的求爱技巧很可能和写日记的时候差不多，可能包括邀请她出去坐一艘漂亮的海军处的船在河上游览——起初是和她弟弟或妹妹一起——或是去沃克斯霍尔或格林尼治；要么就是乘马车到乡下去品尝奶酪蛋糕和艾尔酒。她喜欢他，而他抓住了这个机会。

诱奸通常在女孩发现怀孕时败露，他们之间没有这种风险，尽管皮普斯可能仍然想到了这一点：一六七〇年布鲁克府委员会要结束工作时，他在一次演讲中开玩笑地说要当父亲了，此语或有深意。[36]有一段时间这对恋人享受着一段完全秘密的恋情，其间皮普斯对丹尼尔也带着友善的兴趣——他在剑桥和蒙塔古双胞胎（奥利弗和约翰）是朋友——
和斯金纳父母也保持着友好的关系。他们发现皮普斯和玛丽的事后非 309
常愤怒，与他彻底决裂，而且斯金纳夫妇可能已经成功地把他们分开了一段时间。丹尼尔提到皮普斯公开了对他妹妹的爱，并疏远了他们家："您是否曾对我父母的指责感到内疚，当然不是我要调查追究的……您的友谊，我曾认为是我最大的荣誉并如此珍视，已经被破坏、毁灭了。"[37]

丹尼尔的信是我们唯一的信息来源，那是他提供的全部细节。我们不知道事情败露、关系破裂之后发生了什么。玛丽可能躲到了伍德霍尔。她对博特勒夫妇说了什么，他们的态度如何，我们不知道，同样不得而知的是，她是否完全顶住了父母的愤怒，不顾这些继续保持和皮普斯的关系，还是让他们慢慢转变了态度。她可能选择在伦敦租房住。川流巷失火意味着他也租住别处，两个无家可归的人可以选择自由地在一起。没有什么阻止他们结婚，但是他们没结婚。原因何在？皮普斯可能觉得他已经从已婚状态中体验过了他想要的一切。他可能在他妻子临终的病榻前发誓不会再娶。他也是个双重标准的人——一面对布龙克尔勋爵很友好，另一面却毫不犹豫地称他深爱的同居情妇为妓女——他可能不愿意娶一个已经屈从于他的年轻女子。这让人想起了桑威奇勋爵的警告故事：一个人在帽子里大便，然后把帽子扣在自己头上。

皮普斯知道自己处于有利地位并充分利用了这一点。他可以用自己的方式爱玛丽。一段半秘密、非正式的恋爱关系既有情欲的刺激，也给了他自由，让他得以维持独立、不尴尬的单身汉社交生活，与胡布隆夫妇和莫当特夫人这样的朋友在一起。然而罗伯特·胡克在一六七六年认为玛丽是皮普斯的妻子，这表明当时她和皮普斯一起在德比府生活，两年后，他似乎在那儿照料她的健康，这一点将在下一章说明。[38]玛丽后来住在自己的住处，但那时他正处于困境并且没有自己的家。直到八
310 十年代末，人们才普遍接受她是他的配偶。皮普斯总是喜欢分隔自己的生活，而玛丽也有照顾自己的能力。她可能和哥哥丹尼尔一样有魅力、脸皮厚、胆子大，并且更加耐心。她有钱确保自己生活舒适，钱来自她的博特勒姨妈和姨夫，毫无疑问也来自皮普斯。伍德霍尔显然一直是她的第二个家。

随着时间的推移，她父母逐渐接受了这种安排，相关各方重新建立了友好关系。深层的考虑是皮普斯有钱有势，可能会帮到斯金纳家的男孩们，而他们父亲的财富在缩减。一年年过去了，玛丽的母亲也开始亲切地与他通信，并请求他帮她的小儿子们找工作；皮普斯热情地给她写信，并问候博特勒夫妇。[39]他记载了分别在一六七八年前后和一六八〇年在伦敦拜访过弗朗西斯爵士。[40]当皮普斯在一六八一年需要一份他在圣奥拉夫教堂出席礼拜的证明时，玛丽的父亲同意为他没有瑕疵的出勤记录作证。[41]同年伊丽莎白夫人起草遗嘱时，玛丽显然很受优待，她也是弗朗西斯爵士的遗嘱联署人——她的姨妈死于一六八四年，他死于一六九〇年。她一直有自己的女仆，后来还有了貌似是她个人的银行账户；她在他家里的地位到后来甚至被皮普斯最虔诚、最有眼力的朋友所公认。

关于玛丽·斯金纳，我们最想知道的是皮普斯对她的描述，但我们

没有。写日记的时候,他受到了婚姻状况本身的启发;伊丽莎白可以被看成他的缪斯女神,没有她就没有日记。这是个光荣的历程,但要求很高,也很痛苦,他不会再重复了。玛丽从来没有被允许如此靠近:她既不是妻子也不是缪斯。但她为自己在他身边的位置而奋斗,而且她的性格使他们这种非同寻常的安排能够长期施行。她不必是妻子或缪斯,却与他作伴三十三年。

注释

[1] 阿瑟·布莱恩特在《塞缪尔·皮普斯:危难岁月》中给出了萨拉·胡布隆的话。(页 91)住所在温彻斯特街。海军办公室先是短暂地搬到水巷的领港协会,然后在二月二十四日搬到马克巷的商人布莱宁一家的房子里。公共档案处,海军处会议记录簿, ADM 106/2887 给出了开会的日期和与会官员的姓名缩写。记录下来的工作量惊人:来自船厂和舰船的问题和要求,约克公爵的指示,供应商的信件,等等。

[2] 白金汉街及一些房屋仍然存在,包括有牌匾的休尔的 12 号。水门也在,因河道筑堤,地处高位,表面干燥,破坏了这一带的魅力。资料来自约翰·斯托,《伦敦和威斯敏特城市概览……以及约翰·斯特赖普所著的从一六三三年至今的概览和历史》,第四部,页 76,以及 N. G. 布雷特-詹姆斯,《斯图亚特时期伦敦的发展》,页 328, 后者说约克大楼的建筑师是巴尔邦,他父亲是普里斯格德·贝邦,在皮普斯的童年时代曾在舰队街布道,后来克伦威尔的一个议会以他命名。休尔的房子现在是一所语言学校,从一头到另一头有六个窗户,一共五层高,外加地下室,有一个后院,院子里有个装饰精美的蓄水池,上面有他名字的缩写 W. H. ,以及日期一七一〇年(他去世前五年)。房子还保留着原来的华丽栏杆和楼梯。

[3] 关于休尔在一六七四年的造船活动,见伯纳德·普尔,《海军处合同》,页 14。

[4] 考文垂致皮普斯的信,1674 年 6 月 25 日,这封信被《塞缪尔·皮普斯书信及第二部日记》引用。(页 43)

[5] 一六七三年八月二十日,他写信给考文垂提到了这一点,这封信印

于《塞缪尔·皮普斯的其他通信，1662–1679 年》，页 272。又见 B. McL. 兰夫特，《塞缪尔·皮普斯政治生涯的意义》，载于《现代历史》，第二十四卷（1952），页 368–375。兰夫特认为这封信是给萨维尔，而不是给考文垂的。

[6] 博德利图书馆，罗林森手稿，A 172，页 141–146。

[7] 关于议会辩论，见 A. 格雷，《下议院一六六七至一六九四年辩论记录》（十卷本；1769），第二卷，页 304–428。

[8]《日记》多次提到，其中皮普斯在一六六三年五月十五日称他为"经纶世务者，但也风趣幽默"。后来，皮普斯写到他收受贿赂，但如果只是因为沙夫茨伯里太有钱了，不屑于接受皮普斯本人觉得有吸引力的那种贿赂，这件事就是捕风捉影，不太可能是真的。

[9] 这封信的日期是 1674 年 2 月 15 日，保存在博德利图书馆，罗林森手稿，A 172，页 135，也被阿瑟·布莱恩特，《塞缪尔·皮普斯：危难岁月》，页 114 全文引用。

[10] 巴尔塔萨·圣米歇尔致皮普斯的信，1674 年 2 月 8 日，见《塞缪尔·皮普斯书信及第二部日记》，页 44；《塞缪尔·皮普斯与其家庭圈书信集》，页 25。

[11] 显而易见，他还在去教堂和从未参加过弥撒的问题上撒了谎，几乎任何人在这种压力下都会这样做。这不是真正的问题，也没有人向他施加压力，但可能有些人知道他在撒谎，这对他的案子没有帮助。

[12] 伯内特主教，《我们自己时代的历史》，第一卷，页 103。

[13] 皮普斯通过胡布隆家认识的这位朋友是托马斯·希尔。皮普斯致希尔的信，1674 年 11 月 21 日。见《塞缪尔·皮普斯书信及第二部日记》，页 48–49。皮普斯反抗道："没有一件已经发生或可能发生的、使我在世人面前更加引人瞩目的事情，已经导致或可能导致我的私人生活方式的任何微小的改变。"

[14] 安奇泰尔·格雷，《下议院一六六七至一六九四年辩论记录》，第四卷，页 115–118；阿瑟·布莱恩特，《塞缪尔·皮普斯：危难岁月》，页 162 的总结。

[15] 关于讲话更像海军上将的话，见安奇泰尔·格雷，《下议院一六六七至一六九四年辩论记录》，第五卷，页 388；阿瑟·布莱恩特，《塞缪尔·皮普斯：危难岁月》，页 167，脚注。

[16]《约翰·伊夫林日记》，1674 年 8 月 21 日。

[17] 然而,在一六九三年,他曾经的文员理查德·吉布森向威廉三世提交了一份关于海军现状的备忘录,要求"撤销你的舰船上的上尉一职",也就是废除之,以支持"从见习船员按资历升迁到大副和船长"的晋升权利,"这将鼓励所有商船的高级官员和船长自愿加入你们的海上服务"。吉布森的文件副本在一六九六年交给了皮普斯,其中涵盖了绅士军官或是"油布帽"的问题、委员的任用、记录和检查舰船的航海日志、伤病员的处置、食品供应等;当时他已卸任,似乎没有发表意见。吉布森关于废除上尉的建议也没有被采纳。

[18] E. H. 皮尔斯,《基督医院年鉴》(1908),页 104。还有皮普斯致基督公学的主管约翰·弗雷德里克爵士(Sir John Frederick)的信,1675 年 12 月 31 日,内容是他关于吸纳数学部男孩作学徒的计划备忘录,一六七五年十一月十二日由枢密令批准,载于《塞缪尔·皮普斯的其他通信,1662–1679 年》,页 286。另见《罗伯特·胡克日记,1672–1680 年》,1676 年 7 月 11 日,8 月 28 日。后来皮普斯请求牛顿推荐合适人选,见第二十六章。

[19] 《罗伯特·胡克日记,1672–1680 年》,1676 年 12 月 19 日。

[20] 博德利图书馆,罗林森手稿,A 185,页 114、116。

[21] 皮普斯致伯顿医生(Dr Burton)的信,1677 年 4 月 9 日。见《塞缪尔·皮普斯书信及第二部日记》,页 66–67。

[22] 关于皮普斯在这个协议上面对波维的所作所为,见第九章。

[23] 皮普斯致丹尼斯·高登爵士的信,1677 年 7 月 31 日。见《塞缪尔·皮普斯的其他通信,1662–1679 年》,页 302–303。关于休尔获得克拉珀姆房子的租约,见威尔·休尔 1678 年 11 月 14 日的信(大英图书馆,埃杰顿手稿,928,页 229),信中说租下了丹尼斯·高登爵士的房子,租金年付,至于家什等动产,根据皮尔金顿(Pilkington)等人的判决全部归名誉市长所有,因为高登欠了他的债。

[24] 参考了伯纳德·普尔,《海军处合同》,页 14,引用国家海事博物馆,瑟吉森(4),海军处,1677 年 9 月 5 日。

[25] 莫雷利在约翰去世时创作了"新诗篇",并与皮普斯一起唱了悼亡曲,这些都出现在他的管家约翰·詹姆斯的证词中,提供给指控皮普斯为天主教徒的议会委员会。詹姆斯的证词里有谎言,但没有必要怀疑这个特别的信息。见皮普斯图书馆,摩纳蒙手稿,第二卷,页 1,页 181–187。

［26］皮普斯给他父亲的信，1677 年 6 月 20 日。见《塞缪尔·皮普斯与其家庭圈书信集》，页 51–54，以及此书中的其他家庭信件。

［27］皮普斯的文章《我目前糟糕的健康状况》（“The Present Ill State of My Health”）保存在博德利图书馆，罗林森手稿，A 185，页 206–213，并由阿瑟·布莱恩特首次刊印，作为《塞缪尔·皮普斯：危难岁月》的附录，页 405–413。关于沙夫茨伯里的手术和健康，见肯尼思 H. D. 黑利，《沙夫茨伯里伯爵一世》，页 204–205。

［28］伍德霍尔庄园是矗立在哈特菲尔德庄园北面的一座伊丽莎白时代的建筑，在索尔兹伯里侯爵一世于一七九二年从玛丽·斯金纳的义姐伊莎贝尔的孙子朱利叶斯·哈钦森牧师那里买下整片土地后不久就被拆除了。伊丽莎白时代的门洞被重新竖立，作为哈特菲尔德庄园公园里的一处湖边景观，现在仍然可以看到，尽管已经严重剥蚀。一些刻有弗朗西斯·博特勒爵士名字缩写的锻铁门也被移到了哈特菲尔德的东花园，现在也能看到。与伍德霍尔庄园同一时代的一座小村舍保存了下来，但部分土地现在被韦林花园城（Welwyn Garden City）的南部区域覆盖。圣埃塞德丽达教堂里弗朗西斯爵士和伊丽莎白·博特勒夫人的漂亮墓碑不幸被地毯掩盖。

［29］弗朗西斯爵士的第一任妻子于一六四四年去世，这意味着他的女儿们比玛丽大十岁。玛丽在一七一四年的遗嘱中称朱莉娅·沙尔克罗斯（父姓博特勒）为“我挚爱的朋友”，并留给她两个“印度香水瓶”和十英镑丧服费。

［30］安妮·范肖的回忆录记录了他们于一六六三年到伍德霍尔拜访博特勒家。见《范肖夫人回忆录》（*Memoirs of Lady Fanshawe*, 1829），页 176。

［31］关于博特勒的传记资料来自议会史的第一卷，《下议院：1660–1690》，巴兹尔·杜克·亨宁编辑（1983），页 691–692。我很感谢哈特菲尔德庄园的档案管理员罗宾·哈考特·威廉斯提醒我注意这一点。作为次子，博特勒起初要靠自己奋斗。他加入了军队，在斯特拉福德麾下到爱尔兰打仗，一六四二年在约克被查理一世封为爵士，到了一六四九年除了马和衣服他一无所有。此后他继承了庄园。

［32］伊丽莎白·博特勒夫人的遗嘱，日期为一六八一年一月十四日，在赫特福德郡档案处。

［33］弗朗西丝·斯金纳对玛丽的喜爱表现在她一七〇二年的遗嘱中，

该遗嘱是在她的女儿弗朗西丝(巴克夫人)的家中订立的,其中玛丽和弗朗西丝被称为“心爱的人”,并被列为遗嘱执行人。斯金纳家的七个孩子的洗礼都在圣奥拉夫教堂有登记。缺了丹尼尔和玛丽两个人的,他们显然是最大的孩子。奥布赖恩被登记为布莱恩特(Briant),但他母亲的遗嘱和皮普斯提到他时都是奥布赖恩。

[34] 小丹尼尔·斯金纳致皮普斯的信,一六七六年七月五日收到,拉丁文文本见《塞缪尔·皮普斯书信及第二部日记》,页 53–55。感谢尼古拉斯·蒙克(Nicholas Monck)将其翻译成英文。关于弗朗西丝·斯金纳的婚姻,见伯克(Burke)的《消失的贵族名录》(*Extinct Baronetage*)中的“汉比庄园的巴克”条目, 以及她母亲的遗嘱 (公共档案处,PROB 11 467) 和玛丽·斯金纳的遗嘱 (公共档案处,PROB 11 548)。

[35] 这些例子来自玛丽·斯金纳一六九九年记录下的皮普斯口述的信件,由 J. R. 坦纳在《塞缪尔·皮普斯私人通信及文件杂编,1679–1703 年》中逐字复制。

[36]《塞缪尔·皮普斯与第二次英荷战争》,页 433:“所以我明确地禀告陛下,我必须找个儿子,把他养大,让他了解布鲁克府和我们之间的这场纠纷,而且陛下也理应让继承人了解这个案件的情况,否则真相将永远石沉大海。”

[37] 小丹尼尔·斯金纳致皮普斯的信,引自前书。

[38]《罗伯特·胡克日记,1672–1680 年》,1676 年 12 月 15 日。皮普斯在一六七九年三月关心玛丽的病情将在下一章讨论。

[39] 例如,皮普斯致斯金纳小姐的信,1680 年 10 月 24 日。见《塞缪尔·皮普斯书信及第二部日记》,页 89。

[40] 注意博德利图书馆,罗林森手稿,C 859,页 56 中的“弗朗西斯·博特勒爵士”,可能在一六七八年左右。皮普斯图书馆,摩纳蒙手稿,1680 年 3 月 21 日,第二卷,页 1228 的条目,“到考文特花园教堂,然后到弗朗西斯·博特勒爵士那里,之后去了公园”。

[41] 老丹尼尔·斯金纳的名字出现在米尔斯牧师一六八一年五月二十二日提供的“皮普斯先生及其全家人”定期去圣奥拉夫教堂礼拜的证明的签名里。(博德利图书馆,罗林森手稿,A 194,页 248V. –250)

第二十二章　阴　谋

311 一六七六年，玛丽的哥哥丹尼尔陷入困境。一六七〇年他上了剑桥大学三一学院，皮普斯恰巧差不多在那时第一次见到斯金纳一家，一六七三年他获得学位，一六七四年秋获得初级奖学金。在中间这一年里，他在伦敦找了个活儿，为诗人弥尔顿工作，那时他住在邦希尔田野的炮兵街。[1]丹尼尔积极进取，聪明，有魅力，有点投机取巧；弥尔顿伟大而博学，但他仍然是国家统治者不喜欢的人。他还失明、贫穷，身体逐渐衰弱，已经到了生命的最后几个月。他死于一六七四年十一月。丹尼尔誊抄了他为克伦威尔写的一些官方信件，并把它们连同他的神学著作《基督教教义》的手稿一起带走了。后来，他告诉皮普斯，这些作品是“弥尔顿身后留给我的”，这可能是真的；或者他可能只是私自带走的。[2]如果皮普斯在一六七四年通过玛丽对丹尼尔与弥尔顿的关系有所耳闻，他也不会感兴趣，因为诗人作为激进分子兼共和派已经失宠，而他自己的升迁则依赖于国王。

一六七五年丹尼尔在三一学院做初级研究员。他把弥尔顿的手稿寄给了荷兰出版商爱思唯尔，但在收到拒信之前，他因剑桥生活节奏太慢而离开了那里。一六七六年七月，他写信给皮普斯，请他推荐他到荷兰担任外交职务——就是上一章提到的那封信。信是用拉丁文写的，一会儿是华丽的赞美，一会儿又暗示他对玛丽的私情，一会儿提到斯金纳的父母对他的指责，一会儿又说起这在两个家庭之间造成的裂痕。尽管他煞费苦心说他不知道皮普斯是否“对我父母的指责感到愧疚”，但这是个大胆的做法，而拉丁语体面地掩盖了其不堪，这一定让皮普斯感到欣慰。[3]不管私下里有什么感受，他都照丹尼尔所希望的那样做了，并给驻奈梅亨的首席英国外交官写了封推荐信，夸大事实说他自己“对这个 312
绅士的教育的每个部分都很了解，从他父亲家的家庭教育到威斯敏斯特学校再到剑桥大学三一学院”，并称赞丹尼尔的“冷静、才华和学识”，特别提到了他的拉丁语很出色。[4]丹尼尔得到了大使馆的一份秘书工作；但没等他接受，任命就被撤回了。国务大臣约瑟夫·威廉森爵士，皮普斯与他相熟，对他很尊敬，他从丹尼尔本人那里听说了他与弥尔顿那些文件的关系，否决了对他的任命，说他是个“非常漂亮的年轻人”，但是他必须“和那种有害的交往脱离干系”，比如和弥尔顿的友谊。丹尼尔提出要烧掉弥尔顿的文件，但这并没有缓和威廉森的态度。对年轻的斯金纳的警告和对弥尔顿及其政治思想的谴责流传了一段时间。

在去荷兰之前，丹尼尔向皮普斯借了十英镑。他又从鹿特丹写信给他，这次是用英语，“用眼泪而不是墨水写成”，为没有去拜访他、没有还钱而道歉，并请求他再次与威廉森交涉；他解释说，尽管他“碰巧在弥尔顿活着的时候认识他”，但他并不认同诗人的任何危险的观点。他现在被困在鹿特丹，没有工作：“我在这里只是个没有灵魂的人，”他写道，但他缺少的与其说是灵魂，不如说是一个庇护人。皮普斯以其最沉闷的方式答复他，警告他说：“必须忍耐一段时间，你才能有望看到你和弥尔顿先生及其著作的这种不幸的瓜葛被遗忘。”他建议他留在国外学习语言。丹尼尔听了他的话，让父亲资助他远赴巴黎，他有信心六个月内在那儿把法语学好；之后他打算去意大利。他还没有摆脱麻烦，因为在一六七七年三一学院院长命令他回大学，并警告他不要寻求出版“任何恶意中伤教会或者国家的作品”。丹尼尔现在除了聪明，还被认为是个“无法无天的年轻人”。这不是他最后一次向皮普斯求助，皮普斯很可能已经想到，他注定要和有穷兄弟的年轻女人交往。而弥尔顿的手稿则被送回英国，由丹尼尔的父亲转交给威廉森，存放在白厅的一个柜子里，直到一八二三年，一直躺在那里蒙尘。[5]

313 丹尼尔知道皮普斯与玛丽的私人关系，这让他有了寻求帮助的可能，但正是皮普斯作为公众人物的地位让他值得被人求助。在十七世纪七十年代中期，他的职业地位已经稳固建立。他的信函流露出自信和尊严。他和伦敦城最富有的人关系融洽。他可以抵挡议员们的攻击，已经成了下议院里极其有力的海军发言人。他定期到白厅、汉普顿宫和温莎觐见国王，还经常被传唤到纽马基特与国王和约克公爵碰面；不管过去他们在他眼里有多么平凡多么可鄙，他现在都对他们忠心耿耿。他们和他的共同敌人沙夫茨伯里勋爵，从一六七七年二月开始就被关进伦敦塔，当时国王派他的国务大臣，还是那个使丹尼尔的外交生涯成为泡影的约瑟夫·威廉森爵士，命令他出城，但沙夫茨伯里拒绝了。六月份皮普斯可能和人们一起去威斯敏斯特大厅旁听了他对这次监禁失败的上诉；他可能还欣赏了一出针对他的讽刺剧，《大众智慧爵士；又名，政治家》。

但沙夫茨伯里才不会沦为笑柄。他混迹政坛多年，学会了如何等待、如何操纵、如何筹划。一六七八年二月，他五十七岁，不拄拐杖就走不了路，但还是一如既往地坚持自己的方针。他忍耻含垢，得以从伦敦塔中释放，再现身时却毫不悔改，踏上了拯救英格兰于“天主教与奴役”的道路。他现在的首要目标是将天主教徒约克公爵排除在王位继承之外，五月他在上议院亲自点名约克公爵是这个国家的主要危险人物。此前他已经提醒上议院（1674 年 1 月），伦敦地区有一万六千多名天主教徒，准备采取极端措施，并威胁要进行大屠杀。这种说法虽然荒谬，但对天主教的恐惧和仇恨意味着这种警告会受到认真对待。人们对天主教徒玛丽女王把人烧死在火刑柱上记忆犹新,还有西班牙无敌舰队、火药阴谋,以及法国的圣巴托罗缪大屠杀,仍有许多人认为一六六六年的大火是由天主教教徒引发的。国王与天主教法国结盟的政策总体上不受欢迎。大家也不喜欢他不仅有个天主教徒妻子,还有一群天主教徒情妇;内尔·格温受欢迎的部分原因是人们相信她的快乐宣言,“我是新 314
教徒妓女”。沙夫茨伯里可能怀疑查理本人差不多也是个天主教徒了,即便他是,他也无意把自己的信仰透露或者强加给别人;可是他的继承人约克公爵有个天主教徒妻子,她会给他生下天主教徒后代。太多的爱尔兰牧师在司法界任职,太多的天主教徒在军中受命。路易十四在法国实施的专制和宗教迫害表明了在天主教徒统治者治下新教徒会有什么下场。沙夫茨伯里对这种前景的厌恶驱使他采取了行动。

一六七八年夏天,天主教徒密谋谋杀国王并接管国家的谣言开始流传,这成为他手里的武器。人们所说的天主教阴谋不是他制造的,他也没有为泰特斯·奥茨和他的同伙编造荒诞的故事,但他立刻看到可以如何利用这些材料,使其服务于自己的目的。就像二十世纪五十年代参议员麦卡锡在美国掀起的反共狂潮一样,这一阴谋使心智正常的人失去了判断力,在歇斯底里的情绪消失之前,三十五人被不公正地处死,更多的人被监禁、威胁、诬告,许多告密者因为他们捏造的故事而得到报酬并获得称赞。一六七八年十月,当奥茨在下议院发表演讲时,皮普斯的朋友、一向头脑冷静的罗伯特·索思韦尔爵士,认为他的证词是一种“松松垮垮、摇摇晃晃的建筑,如果单独立着很容易坍塌”,然而他决定相信他,因为他觉得天主教徒被过分纵容,已经变得危险了。两个月后,这种疯狂的情绪愈演愈烈,索思韦尔对阴谋的真实性深信不疑,甚至“像相信我的信仰一样”。[6]

十一月二日,沙夫茨伯里在上议院提出一项决议,内容是“天主教徒为暗杀国王、颠覆政府、铲除新教而策划实施了一个该死的、地狱般的阴谋”，而约克公爵必须离开国王。[7] 两天后，皮普斯和他的所有职员都去了威斯敏斯特圣玛格丽特教堂，一起参加了圣礼。这是一种预防措
315 施，意在表明他们是英国国教的虔诚信徒。尽管皮普斯不是天主教徒，但在政治上他忠于约克公爵，他觉得这个主子支持他，而如果国家要分裂为公爵的支持者和沙夫茨伯里的支持者两派，他会毫不犹豫地站在公爵一边。

皮普斯和沙夫茨伯里都经历了漫长的政治旅程，沙夫茨伯里从保王派变成议会党人，复辟时又变回保王派，现在准备挑战一个在他看来已经给国家带来灾难的王室。皮普斯起初是个为处死查理一世而欢欣鼓舞的男孩，六十年代成为尖锐批评查理二世的初级行政官员，后来又成为王室的高级公务员，为他在七十年代得到王室主子的信任而自豪。沙夫茨伯里是个贵族，聪明、狡猾、傲慢，成为辉格党的创始人。皮普斯则是白手起家，明白自己的发迹既有赖于自己的聪明才智，也靠了查理和詹姆斯·斯图亚特的提拔；英国政坛刚出现“托利党人”这个标签时，他就把它贴到了自己身上：“我们托利党人，”他写道。[8] 一六七九年二月，沙夫茨伯里编制了一份议员名单，给他的支持者标记了一个 w，意思是“好人”①，他的对手则标上 v，代表“坏蛋”②。皮普斯被标记为 v。[9]

阴谋引起的恐慌既引发了荒唐事儿，也导致了残酷行为。王后被指控怂恿谋杀亲夫。一个住在王宫附近的法国人的住处发现了火药，引发了一场骚动，直到人们注意到他是王室烟花制造商才平息。当旧宫场听到“敲击挖掘”声时，议会陷入了恐慌——这是另一个火药阴谋吗？——克里斯托弗·雷恩被叫去调查原因，发现屋顶已经腐烂，下一

① 英文是 worthy。
② 英文是 vile。

次刮大风建筑就可能倒塌。横穿伦敦城的街道安好了铁链，以应对天主教徒起义。皮普斯一直全力确保海军不被天主教徒渗透，难怪会写道“整个政府现在似乎处于一种混乱而恐惧的状态，我相信历史上没有哪段时期可与之相比”。[10]有一个被逮捕的耶稣会士叫福格蒂，当然就是那个他记得曾到川流巷愉快地拜访了伊丽莎白的“福古迪”。[11]因为他自己的家庭乐师莫雷利是天主教徒，而天主教徒被驱逐出伦敦方圆三十英里之外，所以他请詹姆斯·胡布隆试着让他快快皈依；此举不出所料地失败了，于是他把莫雷利偷偷弄走了——据他的管家说是从水门后面走的——把他送到了埃塞克斯郡的布伦特伍德，付了他一小笔聘用 316
定金。[12]

莫雷利离开后，皮普斯开始受到攻击。既然他已经在议会被指控过信奉天主教，这顺理成章地让他成了靶子。有可能是沙夫茨伯里下的命令，可以确定是他的同伙实施了这一行动，过程中他们像暴徒一样肆无忌惮。他们首先逮捕了皮普斯的文员塞缪尔·阿特金斯，指控他是谋杀法官埃德蒙·贝里·戈弗雷爵士的帮凶，他的尸体于十月中旬在樱草花山被发现，脖子被勒过，身上被刺：这是英国历史上最著名的谋杀谜案之一，至今仍未破案。戈弗雷是个生活简朴的新教徒，在九月份采信了泰特斯·奥茨的证词，他的死被认为是天主教阴谋（Catholic Plot）的一部分。伦敦充斥着谣言和恐慌。能买到刻着“为了新教”和“七八年十月十二日戈弗雷日”的匕首；人们想要用它们应对预期中的天主教大屠杀。[13]阿特金斯于十一月一日以伪造证据罪被捕，六日在新门监狱接受讯问。他被隔离，有时戴着镣铐，没有钢笔或纸，也不准与外面的任何人接触；这是一个异常寒冷的冬天，如果囚犯们在牢房里能有火用就算幸运了。一位受人敬重的议员写道：“我们英国没有肢刑架，真没有，当然这太幸运了，但我听说理查森上尉在新门有间地牢，任何人忍受不了两天就会承认对自己的指控了。”[14]尽管阿特金斯不是皮普斯最喜欢的文员，但他对主人和真理都极其忠诚。即使沙夫茨伯里亲自威胁他如果自己没有“取得发现”就要把他绞死，他也没有被吓倒。[15]他们的计划是他应该间接地把皮普斯牵扯进来，因为皮普斯在戈弗雷被谋杀时碰巧有一个牢不可破的不在场证明——他当时和国王一起在纽马基特。与此同时，在议会里皮普斯因阿特金斯而被质询；在议会之外，他则忙于制造阿特金斯的不在场证明。

消息传开了，连他妹妹保利娜·杰克逊都焦急地从布兰普顿写信给他。从他的回信上看，他们的关系随着岁月的流逝得以改善，因为他像个熟人一样对她说话，给她送去“亲切的爱”，并敦促她每周给他写信。
317 他解释了对他的职员阿特金斯“明显的设计陷害”，“（尽管非常荒谬）在这样一个疑神疑鬼的时刻，一旦发生了就不能不被联想到我，他的主人，这一点，确实令我颇为不安。但我感谢上帝，我不仅为自己的清白感到满意，并且也确信他的清白，因此我毫不怀疑他能脱罪，从而对自己有利，并使控告他的人蒙羞”。[16]此时皮普斯认为自己无懈可击；他为阿特金斯做的侦探工作也的确获得了一个完整的不在场证明。戈弗雷遇害时，有目击者曾和他一起在“凯瑟琳号”游艇上参加朋友的酒会，男女都有，之后，阿特金斯“酩酊大醉”，需要划船送他回家。对他的起诉案被击溃了。阿特金斯不得不在牢里忍耐了四个月，但一六七九年二月审判时他被宣告无罪释放。另外三名被告同样无辜，却没那么幸运。他们被绞死了。

阿特金斯的审判与选举同时进行。赖辛堡不想要皮普斯，但是哈里奇，因为最近的造船合同受惠于他，自然选了他和他的造船师同事兼朋友安东尼·迪恩。沙夫茨伯里就是在这时在他的议员名单上做了标记，发现他的支持者是反对者的两倍。[17]国王呼吁建立一个“调停议会”，还呼吁民族团结，但未能如愿，于是他迫于压力，将约克公爵送出了国。尽管查理从不相信天主教阴谋，但他不想失去王冠，他听从哈利法克斯勋爵的建议，即“无论阴谋是否属实，都必须把它当成真的来处理”。[18]无辜的人继续被监禁、处决，詹姆斯于三月启程前往布鲁塞尔。

他的离去对皮普斯来说是个坏消息。与此同时，德比府楼上的生活也很不愉快，因为玛丽时不时地发烧，常规剂量的耶稣会士药粉，或叫奎宁，对她不管用，一些坚定的新教徒怀疑这药，因为这是耶稣会士从秘鲁带来的。皮普斯非常担心她，于是向查塔姆一位他认识的医生咨询，医生送来了几瓶强效药，尽管里面仍然含有奎宁。她康复了。[19]丹尼尔也再次陷入困境，三一学院的院长和评议员命令他“回国返校，澄清自己是天主教徒的嫌疑”——和被怀疑拥护共和相比，至少有了变化。他照办了，出人意料地被任命为专研研究员。然后他给自己弄了一本证明他 318
信奉新教的护照，准备再次旅行。[20]

沙夫茨伯里看起来非常强势，连国王都让步了，解散了现有枢密院，恢复了枢密院主席的旧头衔，虚位以待沙夫茨伯里。同时他任命了一个新的海军部委员会。这意味着皮普斯被送入虎口，因为新委员会的成员都对他怀有敌意。他几乎立刻在下议院遭到攻击，与此同时委派了一个议会委员会再次调查海军的过失。五月六日，他写信给约克公爵说：“殿下在临走时提醒我很快将要看到的事，它就要实现了。因为，不管我愿不愿意，我都必须是个天主教徒，只因我得到了殿下的宠爱。”他接着请公爵帮忙任命他为海军部委员会委员。这绝无可能，但是詹姆斯立刻写信给国王，提出了这个办不到的请求。他给皮普斯看了那封信，虽然它没能帮到他，却让皮普斯终身忠诚于公爵。[21]

皮普斯的对手掌握了三个准备控告他的人。他们是一群卑鄙之徒，第一个是心怀不满的舰长，他讲了一个故事，说皮普斯和迪恩、圣米歇尔一起，让他们联合经营的一艘私掠船掠夺英国船只。第二个是他的前管家约翰·詹姆斯，他对被解雇怀恨在心——莫雷利发现他和一个女仆上床——他准备发誓说皮普斯是天主教徒，而莫雷利是耶稣会士。第三个人自称为约翰·斯科特上校，实际上是个自吹自擂的恶棍，刚从欧洲大陆来到英国，指控他派迪恩去法国，向法国政府提供了沿海地图和舰队信息，并提供了大量间接证据；而斯科特的金主似乎是为沙夫茨伯里干脏活的白金汉公爵。有了这些材料，议会委员会宣布有一个“海上阴谋”，皮普斯以“海上劫掠、天主教、叛国”被正式指控。指控他的首席发言人是威廉·哈博德，恰巧是桑威奇的受护人的兄弟，他的受护人和他一起在索尔贝战役中殉国。哈博德在五月二十日宣布：“皮普斯先生是个坏人，我会证明他是。”皮普斯站起来当场为自己辩护。他的文件里一字不差地保存着这次演说，从遍布其间不断重复的“但是，先生！”，你
319 可以感受到他又惊又怒：“议长先生，一下子有这么多事情发生在我身上，真是太不幸了，而且一切都出乎意料……但是，先生！请允许我这么说……但是，先生！我可不指望因为我的任何宣誓就能免罪……在这样一个危险的时刻，先生！我会全心全意为我自己的诉讼出力……但是，先生！我就是如此……”[22]他白费口舌。当天晚些时候，他被交给庭吏，第二天，他辞去了海军部秘书长和丹吉尔司库的职务，第三天，他被带到了伦敦塔。他在德比府的房间被封了。如果玛丽还没有走的话，她现在一定到伍德霍尔去了。让皮普斯感到安慰的是，他的工作交给了他以前的受护人汤姆·海特，他曾经因为参加一个不遵从国教者的会议被抓而惹上不少麻烦，但至少他不能被指控为天主教徒。

他可能指望国王会像对待约瑟夫·威廉森爵士那样把他从伦敦塔里救出来，威廉森和议会发生冲突时，几个小时内国王就下令让他脱身。不过这种事没有发生在皮普斯身上。他聊以自慰的只有万圣教堂和圣奥拉夫教堂熟悉的钟声，还有他的回忆：回忆年轻时他是如何带着桑威奇的孩子们去伦敦塔看狮子；曾经从一扇高高的窗户观望外面的大火；陪同尼普太太和一群女士参观了王冠上的珠宝；一六六九年考文垂被关押时去探监。现在轮到他接待探监者了：詹姆斯·胡布隆、约翰·伊夫

林和他的律师们。他立刻开始安排为自己辩护。由于他被指控向法国人告密,他突然想到可以让他说法语的大舅子替他办事。他向国王申请准许把圣米歇尔送到巴黎,于是巴蒂就出发了,非常高兴能带着所有盘缠和不超过八岁的大儿子穿过英吉利海峡;皮普斯的信一封接一封地尾随而至,详细指示他如何寻找并训练对付斯科特的证人。[23]

他在伦敦塔待的时间不长。六月二十日,他和迪恩被转移到萨瑟克的王座法庭,七月九日,他们获得保释。皮普斯不得不自己掏了一万英镑,胡布隆和其他三个伦敦城的朋友各出了五千英镑。皮普斯仍然是个有钱人——他养着马车,并继续雇用着几名职员——但他没了收入,无家可归。威尔·休尔现在表现出“儿子一般的关心、仁慈和忠诚”,他邀 320
请皮普斯搬进他在白金汉街的房子,给他安排了一套房间。[24]埃丝特·圣米歇尔已经和四个小孩在那里安顿下来;威尔还预先支付了一笔钱给巴蒂,这也许是他一生中在金钱方面唯一的一次轻率举动。这一切都说明了他天性善良;皮普斯在这个节骨眼上也一丝不苟地向巴蒂通报他妻子和小孩的健康情况,在他们面前没有一句不耐烦的话。[25]

他出狱了,但没有被宣告无罪,仍然面临死刑的审判。[26]但政治风潮恰好开始转向。七月,奥茨指控王后御医策划给国王下毒的证词未能使其获罪。八月,查理抱病,约克公爵回到英格兰陪护他。病情逐渐好转时,查理任命詹姆斯为驻苏格兰高级专员。十月,皮普斯陪他北上至哈特菲尔德。到了哈特菲尔德就意味着有可能去伍德霍尔;他现在与斯金纳家和博特勒家关系友好。[27]他还去了趟牛津郡,可能是有事与考文垂相商,考氏已经告老还乡,隐居在敏斯特拉弗尔。他在开庭的第一天回到法庭,却发现他“以前的原告哈博德”没有出庭。[28]十月,查理认为自己的实力已经强大到可以解雇沙夫茨伯里并解散议会;他在没有议会的情况下统治了一年,其间他和路易十四谈判,再次要求施舍。人们反对天主教的情绪仍然高涨,一年一度的秋季街头游行中能见到手持血腥匕首的耶稣会士、天主教主教、教皇的主治医师手持耶稣会士药粉和尿壶，以及将在史密斯菲尔德被焚毁的、填充了活猫的教皇肖像。皮普斯也遭受了惩罚，有两本小册子猛烈地讽刺他，也攻击了休尔。《朴素的真相或皮和休之间的秘密谈话》指责他俩卖官鬻爵、欺骗水手、收受贿赂，休尔干脏活儿，好让皮普斯维持清白的形象。他们之间进行了潘趣和朱迪（Punch-and-Judy）式的对话：

休：先生，您知道您让我办的事情从来没有失手过……

皮：谢谢你，好休。我们能遇到彼此真是我们不可思议的好运。（然后他们拥抱亲吻。）

321 文章提醒皮普斯他是个穷裁缝的儿子，笑话他的马车和驳船装饰豪华，以及他与胡布隆夫人和莫当特夫人等有钱人结交。《大喊捉拿皮与休》则披露了他的健康问题中丢人的细节。文中还列出了一份据说是他收受礼物的清单，礼物来自谋求恩庇的人、舰长、领事、木匠以及他们的妻子，必须承认，有些礼物听起来很熟悉：几罐凤尾鱼，几桶雪利酒，几桶腌牡蛎，帕尔马干酪，几大桶干红葡萄酒，精美的西班牙地毯。胡布隆表示同情，皮普斯则摆出一副无所畏惧的面孔，而其他朋友可能也暗自嘲笑；有些笑话令人不安地接近事实。后来他得知他的前管家詹姆斯提供了情报。[29]

但是皮普斯太忙了，没时间多想。六个月来他一直在给巴黎的“巴蒂兄弟”发布指令，确切告诉他必须如何行事，并证明他在这样的远程侦探工作中取得了惊人的成功。巴蒂被派去和各个阶层的人打交道，上至大使，下至仆夫，寻找对付斯科特的证人；他得提问，也得倾听，评估他所听所闻的价值，说服证人在公证人面前作出正式声明，有的证人还得使其同意前往英国，出席尚未确定日期的审判并作证。他决不能提供金钱，还必须拒绝天主教徒作证，因为英国人不相信他们；这意味着把佩尔蒂埃先生排除在外，他是一六六九年巴黎之行结识的朋友，当时“你可怜的妹妹和咱们都在法国”，皮普斯这样提醒他。[30]圣米歇尔工作热情高涨，尽管他因花钱太凶而被告知请不起私人法语教师来教他儿子，也没能获准回家放个暑假。没人会在八月份还待在巴黎，但巴蒂被迫待在那儿。九月份皮普斯派去了一名助手，而巴蒂在一六八〇年一月回到了英国。他帮着破坏斯科特在法国人中的名声，人们知道他轻率的夸夸其谈和他的欺诈史，而现在斯科特抱怨起巴蒂“收买任何他认为能达成他目的的人”。[31]这是对他的工作的最佳赞美。

随着反驳斯科特故事的证据越积越多，外加证人抵达英国与皮普斯进行商讨，斯科特干脆又跑到国外消失了。没有他就没法进行审判；然而法院没有采取任何措施来解决这一问题。皮普斯怒气冲冲地说：“考虑到丑闻、开支、麻烦和危险的种种情况，没有一个清白的人像我曾经并 322
且现在仍然这样因为一个人的恶行被羞辱，而这个人既不认识我，也没有获得认识他的任何诚实之人的信任。如果我任凭自己去这样想，这些想法会分散我的注意力。但上帝至高无上。”[32]上帝是命运之神，力量强大却难以理解，皮普斯知道他必须为自己的权利战斗。这意味着要和他平常决不肯接触的人物打交道。约翰·乔因，巴蒂在巴黎找到的英国手表制造商，也是斯科特的一位老朋友，现在很高兴指证他。他于十一月二十七日早早来见皮普斯，据他自己说，“身上很脏，皮普斯先生也这样认为，所以回家刮脸，更衣”。[33]乔因记录下那年秋天他在伦敦与斯科特和皮普斯的会面，生动地描述了他们的所有活动，斯科特懒洋洋地在伦敦的街道和酒馆里闲逛，而皮普斯则乘坐马车体面端庄，但有时也降低身份，接受邀约偷听敌人说话。乔因的记录中还有十二月三十一日写给皮普斯的一封信，信的开头是“我去了干草市场街找斯金纳先生的女儿，我给她留了话，说我应该在星期三晚上再来看她父亲”，结尾说，

“休尔先生告诉我你出城了……我现在要去斯金纳先生家”。[34]乔因和斯金纳家有什么关系？他的信暗示她父亲在帮助皮普斯，但是，由于这是他幸存的唯一提到他们的材料，它依然是诱人的。它告诉我们玛丽那时正住在刚刚修建的时髦街道干草市场，离白金汉街不远；皮普斯离开的时候她还在那里。[35]

与此同时，皮普斯的另一个原告，前管家约翰·詹姆斯，正在进一步考虑他的证据；他得了肺结核，马上就要死了，开始担忧起他的灵魂。一六八〇年一月他同皮普斯联系，到休尔家告诉他“从一开始他就被我们的敌人雇用来收集针对我们的证据……他被一个有身份的人逼迫了二十次，要他在议会控告我……他不关心自己说的是什么，但他被拉拢进来，他们想让他说什么他就说什么……他没有发誓，也没有得到多少回报……他了解斯科特，并能够让他闭嘴”。[36]这让人看到一线曙光，但
323 詹姆斯要钱才肯透露更多。皮普斯知道他不能冒险显得像是在贿赂他，于是把他打发走了。几天之内他又回来了。

皮普斯需要一份他们之间的谈话记录，这促使他开始写另一本日记。这本日记与那部伟大的日记完全不同——它是口述之后用普通书写记录下来的，没有精彩片段，也没有言语失检——但从一月二十七日到四月十日，他的日常活动又稍露端倪，甚至还有那句让人怀旧的“于是上床睡觉”。日记首先告诉我们的是皮普斯的生活和以往一样被严格划分开来。其中有白金汉街，威尔寡居的母亲在那里主持家务，伊丽莎白的肖像挂在墙上，巴蒂的孩子们在那里茁壮成长。[37]还有他的有钱的朋友圈，有男有女，他们在家里对他体贴备至，和他一起去看戏或在河上泛舟。他和年轻的温·胡布隆先生看了一场埃瑟里奇的滑稽戏，名叫《当仁不让》。他陪送温的母亲萨拉——“胡布隆亲戚和她的孩子们”——乘马车去切尔西。他和班克斯夫人一起吃饭；他护送莫当特夫人和她的妹妹去沃克斯霍尔，乘驳船去帕特尼和温布尔登。莫当特夫人

招待他吃得很高档——她的龙虾派值得一提——他也是胡布隆家的座上常客。日记表明他坚持不懈去教堂;他去康希尔的文具店,还去书商哈福德那儿。约克公爵从苏格兰回来的时候,他在圣詹姆斯公园恭迎,公爵和国王三月中旬动身前往纽马基特之前,他在宫里恭送。三月二十日他在去考文特花园教堂和在公园驾车之间,抽时间拜访了玛丽的养父弗朗西斯·博特勒爵士。日记还告诉我们玛丽三月去了骑士桥,可能是为了她的健康;他在伦敦大路跨过韦斯特伯恩河的这个宁静乡村拜访了"MS"①。[38]她似乎没有被带去看戏或是去沃克斯霍尔。

无论如何这本日记的首要主题都是皮普斯与证人们的交往,有些来自法国,但主要是管家詹姆斯。詹姆斯的情绪波动得令人担心。当他想谈的时候,他们在芬彻奇街的迈特酒馆会面,在场的有哈博德和其他给他钱的大佬们。随着他的身体越来越虚弱,他开始为自己的葬礼安排感到焦虑。皮普斯也感到焦虑,因为他需要在詹姆斯死前,在一名独立证人在场的情况下,获取一份正式的供词,承认他撒谎并为此而拿了钱。皮普斯安排了一位牧师,并向他保证葬礼能够顺利举行,但詹姆斯拒绝 324
任何"有身份的人"——指的是要求在场的证人——来访,因为他为自己的贫穷感到羞耻,为自己和妹妹以及母亲只有一张床睡觉感到羞耻。最后他同意开口说话。皮普斯出人意料地请波维来做独立证人;而波维出人意料地同意了,也许他对参与如此臭名昭著的案件感到高兴,胜过了他对皮普斯的不满。三月二日,波维记录了詹姆斯的正式陈述。消息传出——皮普斯注意到了这一点——哈博德急忙跑了过来,想让詹姆斯再次改变他的说法。接下来的几个小时像一出阴险的闹剧,敌对双方都挤进了这个垂死之人的房间,一方是皮普斯、波维、休尔和他们的律师,加上詹姆斯的妹妹和母亲,都敦促他坚持立场;另一方是哈博德和两名

① 玛丽·斯金纳(Mary Skinner)的首字母缩写。

法官、两名牧师、两名政治同伙及一名办事员，逼他签署一份文件，否认曾经受贿。然后哈博德提议他们每人出两个基尼用来照顾他，“于是我们给了钱，”皮普斯记录道，“波维先生借给我俩每人两个基尼。”[39]波维是否能再见到他的基尼，就跟这个故事无关了。哈博德看到自己要输，就开始跟皮普斯说话了，好像整件事就是某种玩笑似的。他“公开宣布他不相信我是天主教徒或者有天主教倾向，整个团队也都如此”。[40]

皮普斯并没有原谅他，但在詹姆斯那里取得的成功让他兴高采烈，他甚至命令他的马车去了趟海德公园，这还是他那年第一次去；他带了几瓶香槟去胡布隆家喝酒庆祝。另一个心情愉快的迹象是他叫来木工帮他搬家具，“把卧室和书房交换一下”，他一直喜欢干这事儿。詹姆斯于三月二十日去世。如果说他在弥留之际良心不安的话，那么他对改变立场的解释很简单：“皮普斯先生以前对他不好……［但是］哈博德先生却拿走了属于他的报酬。”[41]皮普斯对他家的女人们慷慨大方，邀请她们一起吃饭，还清了她们所欠的房租；或者更确切地说，他让休尔的文员给了她们钱并留了收据。

情况继续好转。国王把他召到纽马基特，这样他就可以在途中到布兰普顿看望他父亲、妹妹及其家人；他于三月二十九日出发，四月三日又
325 返回伦敦，回程中拜访了莫雷利。[42]但直到六月底皮普斯和迪恩才听说总检察长因为无法召集哪怕一个可信的证人来指证他们，正准备放弃此案。七月一日，皮普斯写信给斯金纳小姐，宣布他“完全摆脱了由一个恶棍的行为而带来的如此长时间的束缚”，并感谢她和她的家人这一年以来的支持。[43]

事后看来，人们很容易认为皮普斯从未有过生命危险。但肯定有人期待他掉脑袋，他也一定有害怕的时候。毕竟也有其他无辜的人上了断头台。为自己辩护的工作让他顾不上恐惧，也使他几乎和往常一样忙

碌。这些努力的结果从来没在法庭上派上用场，却证明了他在受到攻击时能保持冷静和勇气，证明了他有能力思考错综复杂的大量证据，并给它们理出头绪，还证明他有能力安排其他人来执行计划。这是一项艰巨的任务，还因此产生了一本巨著，从未付印，至今仍以手稿形式保存在皮普斯图书馆中，皮面装订，烫金，共两卷，一千三百三十八页，约四十万字。[44]这两卷书成了文学奇书。它们是文件、信件、日记、法庭诉讼的逐字逐句记录的拼贴。有些是用外语写的，并提供了翻译；大多数都是皮普斯的文员对原件的誊抄。[45]它们使我们与骗子和告密者、男人和女人、受害者和体面的证人面对面，使我们能够听到他们说的话，并跟随他们旅行。斯科特上校，吹嘘、打架、骂人、化名、伪装——一会儿用炭涂黑眉毛，一会儿穿女人的裙子——出售子虚乌有的土地，抛弃美国妻子，掠夺孤儿寡妇，写下流情诗，声称会炼金术，东游西逛，吹嘘自己交游显贵，怯战，在讷韦尔受到军法审判，去过美国、英国、荷兰、法国，无论去哪儿都捣乱，种种恶行逐渐使他成为一个可笑但依然可怕的恶棍。无论斯科特的指控让皮普斯遭了多大罪，他都迷上了他——着迷程度从他用斯科特的幻想之物命名自己写的书就可见一斑。

在他的弥天大谎中，斯科特声称拥有一处叫摩纳蒙的地产，在法国 326
他有时被称为“阿什福德和摩纳蒙领主”。[46]现实世界中摩纳蒙并不存在，就像皮普斯没有罪证一样；但是这个名字和斯科特的神话创造，对他非常有吸引力，于是他通过把自己的作品命名为《摩纳蒙》来铭记它——他称之为“我的摩纳蒙之书”，或“我的两卷摩纳蒙”。它适合作浪漫传奇的标题，同时也提醒人们，写了《骗子爱神》的年轻皮普斯并没有被行政长官的身份完全吞没。《摩纳蒙》讲述了皮普斯熟知的事情，野心、幻想和人类为了得到某些钱财而感受到的永恒的痛苦。它拥有笛福小说的所有原始素材，也成为皮普斯最令人震惊的遗产。

注释

[1] 人们普遍认为丹尼尔和玛丽·斯金纳与弥尔顿的老朋友西里亚克·斯金纳是亲戚，丹尼尔因此当了弥尔顿的誊写员。然而，威廉·赖利·帕克于一九六八年出版、由戈登·坎贝尔在一九九六年修订的弥尔顿传记中说，虽然有可能有关系，但“我没有发现任何证据表明西里亚克是[丹尼尔·斯金纳]的亲戚”（页 1130）。西里亚克的母亲布里奇特是爱德华·科克爵士的女儿；他父亲是林肯郡桑顿柯蒂斯的威廉·斯金纳（1594–1627），文森特·斯金纳爵士之子，后者于一六一六年在伦敦去世。西里亚克有个兄弟叫爱德华，一六五七年去世，留下个儿子也叫爱德华，他还有个兄弟叫威廉，一六二六年出生。这些都与来自埃塞克斯的丹尼尔·斯金纳扯不上关系；而斯金纳是个普通的姓氏。丹尼尔对其学术生涯的描述见于他给皮普斯的信，没写日期，但在一六七六年七月五日收到，信中写到他在威斯敏斯特待了七年，然后在剑桥待了六年。

[2] 有些人认为丹尼尔转移手稿是为了保护著作不丢失，其行可嘉，有些人则认为他是利用职务之便牟利。十九世纪弥尔顿传记的作者戴维·马森赞同弥尔顿把它们交给斯金纳的说法，但晚近的学者指出，这个说法没有证据，他可能就是偷窃。见戈登·坎贝尔、约翰·K. 黑尔，戴维·J. 霍姆斯、J. 特威迪，《〈基督教教义〉之源出》，载于《弥尔顿季刊》，第三十一期（1997），页 67–93。

皮普斯的《日记》里没有弥尔顿的名字，考虑到他写过很多内容，这一遗漏最令人遗憾且费解。诗人先于他进入圣保罗学校，写诗赞美过他表叔蒙塔古，在皮普斯的朋友任文书的克伦威尔的国务委员会中担任秘书，并且是他在斧场的邻居哈特利布的密友。《失乐园》第一版于一六六七年在伦敦出版，但皮普斯图书馆中最早一版的《失乐园》是一六八八年的。

[3] 丹尼尔·斯金纳致皮普斯的信，未注明日期，七月五日收到。见《塞缪尔·皮普斯书信及第二部日记》，页 53–55。英文由尼古拉斯·蒙克翻译。

[4] 皮普斯致利奥兰·詹金斯爵士的信，1676 年 7 月 24 日。引自戈登·坎贝尔等编，《〈基督教教义〉之源出》，载于《弥尔顿季刊》，第三十一期。本段中其他引文来自同一出处，页 67–93。

[5] 这些手稿是乔治四世下令出版的，麦考利在他关于弥尔顿的文章

(1825 年)中对其进行了评论,该文为清教徒唱赞歌,为处死查理一世辩护。

[6] 索思韦尔的话引自肯尼思 H. D. 黑利,《沙夫茨伯里伯爵一世》,页 469、495。

[7] 同上,页 471。

[8] 皮普斯致詹姆斯·胡布隆(他称呼他为“辉格党人”)的信,1682 年 3 月 14 日,见《塞缪尔·皮普斯书信及第二部日记》,页 127–128。理查德·奥拉德认为皮普斯称自己为托利党人是在开玩笑,但这并没有被后续事件证实。

[9] J. R. 琼斯在《历史研究所公报》(*Bulletin of the Institute for Historical Research*),第三十卷(1957)中刊印了从公共档案处的《沙夫茨伯里文件》Via / 348 中摘录的议员名单。老议员用“O”标记,新议员或标记为“H”,意为诚实(honest),即亲沙夫茨伯里,或为“B”,意思是邪恶(bad)或卑贱(base),或为“D”,表示可疑(doubtful)。皮普斯和迪恩都被标记为 ov(老坏蛋 old vile),罗伯特·索思韦尔爵士和劳伦斯·海德也被如此标记。而罗杰·皮普斯则是 ow(老好人 old worthy)。在一六七九年四月调查皮普斯案件的议会委员会成员中,绝大多数不是“老好人”就是“新诚实者”。

[10] 皮普斯致在查塔姆的理查德·比奇爵士的信,1678 年 11 月 19 日,敦促他对天主教对舰队的阴谋保持最高警惕。见阿瑟·布莱恩特,《塞缪尔·皮普斯:危难岁月》,页 240。

[11] J. P. 凯尼恩,《天主教阴谋》(1972),页 68,在被捕的耶稣会士口中提到了福格蒂的名字。简·莱恩在她的《泰特斯·奥茨》(1949)中说奥茨指控说密谋毒害国王时福格蒂身在现场,并提出要亲自谋杀奥蒙德(Ormonde),等等。(页 99–100)福格蒂同年冬天死于狱中。

[12] 皮普斯致詹姆斯·胡布隆的信,1678 年 11 月 2 日,11 月 4 日。见《塞缪尔·皮普斯的其他通信,1662–1679 年》,页 326–327,327–328。莫雷利连人带行李从水门后面被送走,这信息来自皮普斯的管家约翰·詹姆斯的证词。(皮普斯图书馆,摩纳蒙手稿,第二卷,页 1181–1187)

[13] 肯尼思·H. D. 黑利,《沙夫茨伯里伯爵一世》,页 495。制造了成千上万的匕首,官方不得不禁止。

[14] 爱德华·迪林爵士在大约一六八一年的演讲稿中提到了辩护审判中的证人,引自《爱德华·迪林的议会日记(1644–1684)》,M. 邦德编辑

(1976),页214。

[15] 阿特金斯本人的声明。(博德利图书馆,罗林森手稿, A 173,页113)

[16] 皮普斯致保利娜·杰克逊的信,1678年12月5日。见《塞缪尔·皮普斯的其他通信,1662-1679年》,页328-329。

[17] 数字是302:158,来自J. R. 琼斯,《历史研究所公报》,第三十卷。

[18] 哈利法克斯的建议是在一六七九年提出的。见J. P. 凯尼恩,《天主教阴谋》,页166。

[19] 皮普斯致在查塔姆的医生康尼(Conny or Coney)先生的信,1679年3月20日。见《塞缪尔·皮普斯的其他通信,1662-1679年》,页354-355。他在信中没有提玛丽·斯金纳的名字,但她很可能是"我代为寻求"药物的"女士",她现在"因频繁……发作而消耗了体力",并可能"在一两天内"再次发作。信是从德比府寄出的。

[20] 3月29日,《学院总结册B》,148。资料来自戈登·坎贝尔等人,《〈基督教教义〉之源出》,载于《弥尔顿季刊》,第三十一期,页87。

[21] 皮普斯致约克公爵的信,1679年5月6日,见《塞缪尔·皮普斯私人通信及文件杂编,1679-1703年》,第一卷,页5,以及约克公爵致查理二世的信,1679年5月12日,致皮普斯的信,1679年5月13日,页9、10。

[22] 博德利图书馆,罗林森手稿,A 173,页62f。

[23] 关于皮普斯得到国王的许可,见皮普斯致汤姆·海特的信,1679年11月11日。见《塞缪尔·皮普斯与其家庭圈书信集》,页131-132。皮普斯致圣米歇尔的信,见《塞缪尔·皮普斯与其家庭圈书信集》,页64-90,页92-131,页132-51,页152-155。他母亲说小塞缪尔在一六八一年夏天是十岁。

[24] 皮普斯致巴尔塔萨·圣米歇尔的信,1679年7月14日。(同上,页74)

[25] 圣米歇尔写到"我的五个小孩",1680年9月24日。(同上,页164)

[26] 一六八〇年一月,总检察长再次这样提醒他们。(皮普斯图书馆,摩纳蒙手稿,第一卷,页62)

[27] 皮普斯于一六七九年十月二十三日写信给斯金纳小姐,向博特勒夫妇致以问候。见《塞缪尔·皮普斯书信及第二部日记》,页89。

［28］皮普斯致斯金纳小姐的信,1679 年 10 月 24 日。(同上,页 89)

［29］詹姆斯就在一六八〇年三月去世前做了临终忏悔。(皮普斯图书馆,摩纳蒙手稿,第二卷,页 1248)

［30］皮普斯致巴尔塔萨・圣米歇尔的信,1679 年 9 月 29 日。见《塞缪尔・皮普斯与其家庭圈书信集》,页 104–106。

［31］皮普斯图书馆,摩纳蒙手稿,第二卷,页 1169。

［32］皮普斯致巴尔塔萨・圣米歇尔的信,1680 年 1 月 26 日。见《塞缪尔・皮普斯与其家庭圈书信集》,页 151。

［33］约翰・乔因一六七九年十一月二十七日的声明。(皮普斯图书馆,摩纳蒙手稿,第一卷,页 296)

［34］同上,页 210。

［35］皮普斯于一六八〇年一月一日写信给在巴黎的巴尔塔萨・圣米歇尔,说自己刚回到城里。见《塞缪尔・皮普斯与其家庭圈书信集》,页 144–145。

［36］皮普斯图书馆,摩纳蒙手稿,第二卷,页 1189。

［37］一张没有日期但显然是十七世纪七十年代末的纸条上写着“WH——我妻子的画像”,这表明皮普斯可能给了休尔一幅伊丽莎白的画像挂在他家里。(博德利图书馆,罗林森手稿, C 859,页 40)

［38］拜访玛丽是在三月十日。

［39］皮普斯图书馆,摩纳蒙手稿,第二卷,页 1214。

［40］同上,页 1213。

［41］1680 年 3 月 2 日。(同上,页 1240)

［42］皮普斯致父亲的信,1680 年 3 月 27 日,皮普斯致莫雷利的信,1680 年 3 月 27 日。见《塞缪尔・皮普斯书信及第二部日记》,页 92–94。日记中没有提到莫雷利,只说“我回到了城里”。

［43］皮普斯致斯金纳小姐的信,1680 年 7 月 1 日。(同上,页 96)

［44］有些页面是空白的。我感谢查尔斯・奈顿博士对字数的估计。

［45］许多原件都在博德利图书馆的罗林森手稿中。

［46］皮普斯图书馆,摩纳蒙手稿,第一卷,页 517,文件日期是 1675 年 5 月 27 日。

第二十三章　为斯图亚特王室奔走

327 一六八〇年六月,皮普斯摆脱了危险,但也丢了工作。不管国王个人对他有什么恩惠,他都没有给他提供一份工作。那年九月,国王召他到纽马基特时,皮普斯奉命前往,决心至少要对拖欠他的欠款提出索赔。而查理另有打算,让他写下他在一六五一年伍斯特之役后是如何逃跑的。皮普斯受宠若惊,用速记写出经过。他没有拿到欠款。他从纽马基特写给詹姆斯・胡布隆的一封信中又显露出他以前对国王的讽刺态度,信中写道:"现在除了狗、鹰、马,没有东西在活动;所以一切看起来都是由全能的上帝来照管,如果一早就是这样,我们大家可能会更幸福。"[1]

他写这封信的时候,他父亲在布兰普顿奄奄一息。约翰・皮普斯已经活过了八十岁,而现年四十七岁的萨姆可以说是他的人生成就;两人生活在不同的世界,但儿子从未不尊重父亲。他的死意味着布兰普顿整个儿都要变了。帕尔的丈夫杰克逊几周前就去世了,帕尔本人也病了,财产必须理清,房子需要修缮,皮普斯的外甥萨姆和约翰已经到了必须接受教育的年龄,如果不想让他们像他们的父亲那样当个乡巴佬,一个"没文化,不会说话"的人。[2]皮普斯急忙赶回伦敦,乘自己的马车回去料理家事,带着已经为他做了三年文员的年轻的法国新教徒保罗・洛兰和成堆的文书工作,包括写了一半的《摩纳蒙》。有许多法律事务需要处理,还要找一位老师;所幸文法学校的现任老师约翰·马修斯是个远房表亲,准备收杰克逊家的孩子们为寄宿生。[3]布兰普顿的每个人都闷闷不乐。穿过草地就是欣庆布鲁克,矗立在那儿,一点儿没变,但皮普斯不能再以家人的身份去拜访了;皮普斯的家人现在都在伦敦。他给休尔、胡布隆家、莫当特夫人和斯金纳家写信。胡布隆和休尔一直向他通 328
报重新开幕的议会里发生的事情,其中哈博德和沙夫茨伯里一党一直在呼吁将约克公爵排除在继承权之外,并将天主教徒赶出公共生活。

十二月皮普斯回到白金汉街,把洛兰留在布兰普顿监督建筑工程。帕尔到伦敦来求医。有时皮普斯想把布兰普顿卖掉,有时他又恢复了退休后回去过朴素的乡绅生活的旧念头。春天的时候他担心牧场,担心他留在那儿的女仆该如何料理两头母牛和一头小牛;六月份他又回来了,夏天在那儿又待了六个星期。[4]其间他去了趟剑桥,考虑当国王学院院长的提议。这份工作很诱人,足以让他梦想能在那里安顿下来,并静下心来开始撰写伊夫林一直催他写的伟大的海军史;但他犹豫了,因此失去了机会。[5]伦敦无论如何都有强大的吸引力。他应该在城里找个自己的房子吗?休尔不让他有这个想法,表示他从来没有像和皮普斯一起生活时这么快乐:"如果我了解自己的内心,我对自己目前的状况比以往任何时候都满意。"[6]他们有着共同的抱负和努力,有着二十年的共同回忆,也同样失去了爱人。威尔可能觉得自己是皮普斯的看守,他曾经被伊丽莎白指派做这样的工作;以前是防着黛布,现在是玛丽。威尔可能性格拘谨。他把布龙克尔勋爵的情妇阿比盖尔·威廉斯称为"属于……这个家族的夫人",似乎他无法说出这个令人震惊之人的名字;但皮普斯的小秘密是可以告诉他的,比如放在办公桌右手抽屉里的罗切斯特的粗俗诗卷。[7]皮普斯留在了白金汉街。

他在布兰普顿让建筑工新造了楼梯。现在他想到这个地方可以暂时解决圣米歇尔一家的问题。他已经在丹吉尔为巴蒂安排了一个职位,埃丝特一如既往地生活没有着落。皮普斯把她和五个孩子送去布兰普顿，每周给她一英镑生活费。她在那里住了一年，不无道理地抱怨说这点儿钱不足以维持生活。皮普斯坚持说他和伊丽莎白曾经有几年在伦
329 敦就花这么多，并补充说他有她的账本作证。[8]埃丝特解释说乡下的食物更贵："这里所有的果蔬都更贵，一便士的东西要价两便士，"她写道。她还替他的建筑工们传了话儿："那些您雇来给阁下您修建楼梯的工人因为拖欠工钱而处境艰难，想要让我代他们问候您[原文如此]。"[9]尽管她没能在生活费问题上说服皮普斯，但还是向公正的读者表明了自己的观点。皮普斯根本不必为圣米歇尔一家做任何事，有很多地方需要他做慈善，但巴蒂在巴黎为他把事儿办得漂亮，埃丝特也不是一个会自己种菜的农妇；他本可以多出几个先令的。整个冬天她都待在布兰普顿，一六八二年春天帕尔搬去跟她同住；两个人来自他生活的不同区隔，没能成为朋友。埃丝特八月离开了。与此同时，巴蒂讨厌待在丹吉尔，打算回来。

现在皮普斯想呼吸新鲜空气的时候，就和胡布隆一家去他们在帕森绿地合租的别墅。他过着安静的生活，不显山不露水，而沙夫茨伯里则在一六八一年春天发起对约克公爵的最后一战。人们害怕回到"一六四一年和一六四二年的骚动、混乱、叛乱的局面"，尽管留下来的对当时氛围的描述，没有一个能够与他对一六五九年和一六六〇年伦敦的记录相提并论。[10]皮普斯建议莫雷利不要进城。莫雷利听说皮普斯发烧了，就请他把剪下的指甲和头发送过来，打算施魔法治病。皮普斯向仍然担任圣奥拉夫教堂牧师的米尔斯提出索要另一种魔法，一份正常参加礼拜的证明，以及一份伊丽莎白临终时信仰新教的证明。这表明他仍然觉得自己很脆弱。米尔斯同意了，给了他一份出勤记录，这与其说是基于事实，不如说是出于他的善良本性。休尔是这份文件的签署人，玛丽·斯金纳的父亲也是。玛丽本人却没有半点消息。她仍然被单独隔开，但她

的兄弟们毫不犹豫地向皮普斯寻求帮助。一六八〇年到一六八三年间，他帮助了其中三个人："小奥布赖恩·斯金纳"；彼得·斯金纳，他表达了出海的愿望，皮普斯为他找了个位置；还有丹尼尔，又开始东游西逛，皮普斯为他写了一封介绍信给一位老朋友，来自桑威奇家的威尔·豪，现在是巴巴多斯的法官。[11]玛丽的母亲后来告诉皮普斯，她丈夫一六八
四年去世前的遗愿之一是，他们的儿子彼得应该"跟着你长大"，这意味 330
着某种程度的亲密。[12]小丹尼尔在巴巴多斯什么也没做，一六八一年再次出现在剑桥，宣誓拥护国王为英国国教的最高首领，有人看到他像个虔诚的新教徒一样领圣餐。[13]

其他老朋友也得到了帮助。一六八〇年夏天，在丈夫死在债务人监狱两年后，贝蒂·马丁获得了每年一百英镑的养老金，支付令状盖上了王玺，估计是皮普斯替她说了句好话。皮普斯没有忘记施加个人恩惠。一六八一年十二月，他写信给布龙克尔勋爵，推荐提升德特福德的木工工长威廉·巴格韦尔，并赞扬他服务海军时勤奋、冷静而忠诚；巴格韦尔太太年近四十，是否还对他有魅力就没有记载了；六年后，他写信给她丈夫，告诉他不要让她进他办公室。[14]听话的米尔斯先生的女婿也在海军办公室找到了一个位置。[15]

一六八一年，政局又发生变化，国王在牛津召集议会，最终只是为了解散它，对沙夫茨伯里釜底抽薪；他被捕入狱，虽然伦敦陪审团没有人会认为他犯了叛国罪，但他的职业生涯已经走到尽头。在国王的建议下，德莱顿残忍地把他的形象定格为虚伪的阿齐托菲尔（Achitophel）："虚情假意，深陷仇恨，决不宽恕：/下定决心不能统治国家就毁灭它。"沙夫茨伯里，前程尽毁，重病缠身，流亡在外，于一六八三年十一月死去。国王在没有议会的情况下一直统治到他死，约克公爵的继承权貌似稳若泰山。无论这对于国家意味着什么，它都让托利党人皮普斯的日子更好过了。虽然仍旧没有工作，但一旦沙夫茨伯里的失败确定无疑，他就被邀

请重新加入基督公学的管理委员会。学校成了他的主要兴趣所在，一六八一年十二月汤姆·爱德华兹去世，撇下了简和两个孩子，他明白该如何帮她。她回到了伦敦，来白金汉街工作——休尔一直对她评价很高——皮普斯安排十岁的萨姆·爱德华兹进基督公学上学，他在那里表现优异。[16]

与此同时，皮普斯忙着请人为学校画一幅大型油画。他再次决定挑
331 战反天主教的偏见，邀请来自那不勒斯的天主教画家安东尼奥·韦里奥来完成这幅画作。他受到国王的青睐，他的“古色古香、描绘英雄”的壁画装饰着温莎堡，这幅新作品是为了纪念查理对基督公学的捐助。皮普斯本人将成为站在国王旁边的一个庄严人物；他向一位市议员朋友借了猩红色长袍，要穿着它入画。[17]一六八二年三月，他又被邀请到纽马基特；正赶上皮尔斯医生当值，仍旧讲了很多八卦新闻。皮普斯给布龙克尔勋爵发了份小心翼翼的报告，说城里都是人，“我还没去过耐莉太太［内尔·格温］家，但我听说奈特太太好些了，国王每天在她那儿小憩一两次”。这一两次是关键点：查理五十二岁，比皮普斯大三岁，奈特太太是国王后宫的最新成员。[18]

约克公爵也在纽马基特。他从苏格兰回来了，五月还要回爱丁堡去接他的公爵夫人。他决定走海路，并在最后一刻邀请皮普斯与他同行。皮普斯害怕晕船，他登上公爵的“格洛斯特号”时，发现船上挤满了朝臣，于是决定改乘一艘半空的游艇，这个决定很可能救了他的命，因为天气突变，一名引航员判断失误，第二天黎明时分，“格洛斯特号”撞上了一个沙洲。公爵和约翰·邱吉尔一起被护送上了救生船；他的狗也获救了。除此之外，还有一艘救生船载着几位大人物到了安全的地方，还有几位被从水里救了上来；剩下的两百个朝臣和水手都淹死了。

皮普斯保持了超乎寻常的冷静，给他的朋友们发去了平安信，一旦又上了岸就不允许悲剧影响他观光。他记录下格拉斯哥是个“非凡

的城市，风景优美，贸易繁荣”，但也发现苏格兰人普遍不讲卫生，他用约翰生式的坦率向休尔阐述道：“每个苏格兰人（无论男女）身上都有一种根深蒂固的邋遢劲儿，这使得他们能装扮出来的最雅致的外表都令人恶心，即使是那些最高贵的人。”[19]他再次南下，访问了伯威克、圣岛、纽卡斯尔，达勒姆、赫尔，然后被他认为是休尔的一封急信叫回了家。这实际上是一个骗局，是莫当特夫人伪造休尔的笔迹写的，因为他不辞而别而想要“闹着玩儿报复他”。这件事有点让人讨厌，因为
它打断了他愉快的旅行；还有点占有欲作祟；但如果皮普斯对此有怨 332
恨的话，那么他的虚荣心也得到了满足，因为他把它誊抄进了他的书信册里。

他出门在外的时候，斯科特上校又现身伦敦，与一位马车夫就车费发生争执，并将其杀害，这成了他事业成就的顶峰。他不得不逃离这个国家，没再给皮普斯添麻烦，尽管有时从像挪威那样遥远的地方传来他的消息，他那荒诞的自夸和背叛的故事在那里说给好奇的听众。莫雷利也离开了英国，在布鲁塞尔一直和他的老东家保持着联系，但因结婚时没告诉他，便失了宠。皮普斯从来不愿意他的仆人或亲戚不征求他的意见就结婚。[20]

岁月带给他的改变不止这些。那个想要知道一切、尝试一切、征服一切的年轻人，那个能够洞察内心，写得那么流畅自由的年轻人，变得有点古板，也更加谨慎了。他辛辛苦苦为国王和海军所作的贡献既没有赢得荣誉，也没有收获大笔财富。他的努力和谨慎使他过上了安稳舒适的生活，但他的财富根本无法与詹姆斯·胡布隆这样的人相比。他没有自己真正的家，没有地方可以让他表现自己的品位和想象；没有孩子能够继承他的名字，让他活在记忆里；取而代之的是有许多人靠他养活，其中大多数要花很多钱。他受过伤害，无论是私下的还是公开的，都不容易治愈。一个是妻子的去世，他曾经一定程度上

爱过她，却没能好好待她：悔恨与失去令人不快地携手而行。另一个是他本以为会欢迎他进入下议院，并把他当作同事来尊重的人们的攻击，那些人非但没这样做，还把他抛入一场噩梦，无妄之灾，毫无意义。还有一个是国王的粗心大意，没能赏识皮普斯效劳的价值，也没能帮助他。“大多数君主……认为他们绝不应该记住曾经得到的服务，而他们接受效劳本身就是充分的回报。”他同时代的伯内特主教这样写道，意指查理。[21]皮普斯在他关于海军的随笔中对他在天主教阴谋期间的行为表达了部分看法：“从来没有一个国王做过如此不负责任的事来造福百姓，甚至解散了一个当时受他掌控的海军委员会，这个委员会对世界上任何一个君主的海军事务都如数家珍，更妙的是，还把它交到他明知道对此一无所知的人手里，用他们的无知来自娱自
333 乐。”[22]国王的轻浮比他的忘恩负义更让他震惊。

凡此种种遭际意味着他肩上的生活负担比过去更加沉重了。他不知道何去何从。他有写作的念头，如果他当时感受到的压力少一些，他可能会把组成《摩纳蒙》的文件集改编成迫切需要的叙事版本。或者他可能会启动一项早年的计划，最初由考文垂提议，写一部英荷战争史。皮普斯认为它“不应该写成歌功颂德或者自我辩护的风格，这种写作权威性不足，也很少能流芳百世”，它应该包括对荷兰领导者恰如其分的赞美，“这样整部历史会显得更加不偏不倚、公正无私”。这项工作正需要他的聪明才智和撰写报道的能力；但他知道除了对英国的国家文献做调查研究以外，还要在荷兰做调研，他目前做不到。[23]这对他来说也比伊夫林鼓励他进行的、撰写从圣经时代及古代至今的“航海通史”的计划更可行。伊夫林热情地给他写信，希望能有所帮助，信写得太博学、太散漫，只能让人望而生畏；尽管如此，皮普斯还是向他借了文献资料并做了笔记。[24]

一六八三年八月，在没有任何预警的情况下，国王突然给他找到了

事情做。他提前两天接到通知——又是斯图亚特风格——让他前往朴次茅斯，“没有解释原因”，准备好在达特茅斯勋爵的指挥下出海，去多久、去哪儿都不知道，他几乎不认识达特茅斯勋爵，但至少在苏格兰之行中见过他。没有机会当面辞行，他只好匆忙写信，向他最亲密的朋友解释发生的事情，包括胡布隆一家、盖尔一家、迪恩、布龙克尔、莫当特夫人、伊夫林，甚至玛丽——我们可以认为他名单上的“伍德霍尔”指的是玛丽。[25]

他至少会得到报酬，工资每天四英镑，还有其他合乎心意的条件。曾经给他当文员的萨姆·阿特金斯被任命为达特茅斯的秘书，皮普斯也能带上他“最亲密的朋友”休尔同去，还为此次远行推荐了温彻斯特的托马斯·肯博士作牧师：一个和蔼可亲的好人，即使他的布道表现得 334
“没有说服力”“不成功”甚至“牵强生硬”。[26]到了朴次茅斯，他发现他们要带着一支“非常漂亮的中队”去丹吉尔，同行的还有另一位老朋友、让伊丽莎白着迷的、负责丹吉尔防波堤的工程师亨利·希尔斯。皮普斯在“格拉夫顿号”上他的船舱里安顿下来，开始写新日记；他的视力很好，他能亲自用速记写日记，但在其他任何方面它都不同于那部伟大的日记。[27]

他到底是怎么了？生活让他伤痕累累，这是事实。他曾身居高位，并希望重攀高峰，也许他已经意识到，作为一个对国王负责的官员出差在外，即使在与自己交流时，谨慎行事也比无畏而炫耀的自我暴露更安全。丹吉尔日记里没有激情。对自己和这个世界的好奇心、活力和文风的独创性，都随着他早期散文的青春而消逝了。他的心也不复当年。旅行开始时船队停靠在普利茅斯湾，他趁机拜访了桑威奇勋爵夫妇的女儿，埃奇库姆夫人安妮，她还是个孩子时他就认识她。她现在自己也做了母亲，成了芒特埃奇库姆的女主人，“极其友好”地招待了他；他参观了她的房舍、花园和美丽的园林，但不带任何个人色彩，也没有提及过去或是她的父母，多说一句，尽管桑威奇夫人就埋葬在这庄园里。此后的航行中他平淡无奇地记录了会议、布道、晕船、写信、变化无常的天气和海上生活的其他特点：海豚在船边游泳，水手们唱歌跳舞，一个因醉酒而受罚，另一个是土耳其人，企图鸡奸（皮普斯现在知道这个词的意思了）而遭到处治。他读圣经，在晴朗静谧的夜晚凝视星空，再次尝试阅读《休迪布拉斯》（*Hudibras*），研究胡克的《显微图谱》，并与肯博士辩论，不认为世上有鬼怪。日记自然有那个时段的意义，但几乎可以成为任何人的日记。即使当他到达丹吉尔并与他的内兄面对面时，他也只是注意到圣米歇尔“容貌大变，他告诉我他的生活很艰苦”，而这就是他对他的全部评价。[28]

这次航行的目的被严格保密，直到登船一周后达特茅斯才告诉皮普斯他们要放弃殖民地，而对其他人仍然保密。他们要从那里撤离，炸毁整个地方，包括防波堤；达特茅斯还向皮普斯出示了在伦敦制订的详细
335 计划。直到他们即将起锚时，希尔斯才被告知，他将负责摧毁自己的作品，这个任务太可怕了，因为他曾为此辛苦多年，但出人意料的是他竟然同意执行这个任务。皮普斯在航行中尽职尽责地列了一份清单，“为近期摧毁丹吉尔提供理由”，即便对他来说这种处境都包含着一种反讽的意味，而国王不可能不知道。丹吉尔可能成为英国在地中海的海军基地的想法是桑威奇勋爵提出的，当一六六二年葡萄牙将其作为凯瑟琳王后的嫁妆交给英国时，也是他选址修建防波堤，为船只停泊提供庇护。通过桑威奇的关系，皮普斯曾被安排进入丹吉尔委员会工作。他与工程师们密切合作，先是休·乔姆利，然后是希尔斯，他们拿出最大的干劲和最好的技术建造防波堤，经过二十年的努力，才有了现在长近五百码、宽三十码的工程，一边建有房屋，另一边有炮台、停泊点和巨大的拱形地窖。这里开销巨大，不仅是建造工程，而且还要在一个被敌对的摩尔人包围的地方维持一支卫戍部队。正是依托于全部这些开销，皮普斯在担任丹

吉尔司库的十四年里赚了很多钱；尽管它给他和其他一些人带来了财富，却并没有证明它对英国的价值，到十七世纪七十年代末，人们对它的未来提出了质疑。许多海军军官说他们更喜欢直布罗陀；一六八一年年初有人提醒希尔斯说议会和国王的一些谋臣希望看到丹吉尔“被炸飞”。国王曾试图把它卖掉，先是卖给法国，后来又想卖回给葡萄牙人，计划失败后，现在国王打算这样干了。

对皮普斯来说，还有一个更讽刺的地方，那就是他渴望旅行，而长期以来没法满足这个愿望；他的目标是去欧洲的大城市，结果却发现自己被派到了一个几乎毫无趣味，并且令他非常厌恶的地方。他被分配的工作是评估即将流离失所的居民的财产价值；他对他们评价很低，对驻军的行为感到震惊。葡萄牙治下的丹吉尔曾经被设计和维护得非常漂亮，有城堡、教堂、狭窄的街道，街道两侧是刷成白色的平顶房屋，配有精心照料的花园和果园。英国和爱尔兰的驻军士兵嗜酒成性、纪律涣散，忽视、破坏了这个地方，甚至烧毁了前人种植的树木——橄榄树、柠檬树、 336
桑树、无花果树。抵达后皮普斯感到奇怪的是居然有人曾认为它可以抵御在周边安营扎寨的摩尔人，并对“国王把这么多钱花在它身上”表示惊讶。[29]他被臭虫和蚊子侵扰，得了总也好不了的感冒，他感到害怕，因为“起床时和大半个上午，我都像以前一样头晕，这让我心情忧郁，我还害怕右脚会瘸”。当他感觉好点时，就用白兰地洗脚和大腿。[30]英国的来信要走一个月。皮普斯对卫戍部队的性放纵感到厌恶。十一月底，他放弃了写日记。[31]

他所做的散乱的、杂七杂八的记录包括总督珀西·柯克上校的放荡作风，以及滥交且得了梅毒的海军上将阿瑟·赫伯特，皮普斯格外讨厌他。他厌恶赫伯特的一切，他是沙夫茨伯里的支持者，在海军中很有人望，身边有很多亲信，而且以虐待土耳其囚犯而闻名。皮普斯还考虑了更宏观的海军纪律问题，这表明他希望随着辉格党人下台，自己能够再次负责这些事；他注意到随着政治形势的转变，军官们对他的态度有所改善。他提到绅士军官和那些从“油布帽”逐级晋升的军官各有优缺点，批评达特茅斯让绅士舰长们逍遥法外：“看到大人自己可以忽视绅士舰长的任何错误并令其成为笑话真是太妙了，让规则违反得再明显不过吧。”[32] 以贤举人的皮普斯声称，如果上溯三代他可以在任何一个士绅家庭中找到“私生子、不忠、无赖、工匠出身[工人阶级出身]或贫穷”的证据。

他讨论了舰长是否应该被允许进行能为他们赚取个人利益的“有益的航行”，他们因公为国王服务时同意为商人运送金钱、餐具、货物，并获取报酬。他认为这是滥用职权，同时也表明军官的工作非常不稳定，他们需要随时随地赚钱。他还严厉批评国王因任人唯亲和漫不经心的态度破坏了良好的海军纪律，颇不以为然地记录了查理如何嘲笑一名军官的正确行为，称他为傻瓜，因为他拒绝了一次“有益的航行”而让自己口袋损失了四千英镑。

337 皮普斯的许多美德都体现在这些记录中——例如，土耳其海军的饮食几乎没有肉，富含水、油、橄榄和大米，他坚持认为这比痴迷于牛肉和啤酒的英国海军饮食更优越，此时他表现出了开放的胸怀。当他记下要做一份包括所有舰长的名单的想法时，我们看到了后来成为海军军官花名册的源头正在形成：他认为规矩的名单编制是纪律的重要辅助。他还坚持舰长必须对所有的航程都规规矩矩地记日志，而许多人根本不费心做这些。他思考军官的教育问题，想起了佩恩，他还是个小男孩时就和父亲一起出海，后来才开始进行正规的航海学习，如今出人意料地被皮普斯抬举到了模范的地位。

你感到他在这里得其所哉，务实、权威，乐于听取船长和文员的意见，但当他对心爱的海军的事务发表处理意见时，他对自己充满信心。而且在这些繁忙的笔记之中，突然间他描述了坐上小船，独自出海，感受片刻的崇高：“在大海上乘着一艘小船，目力所及除了自己什么都没有，我不知道有什么能比这个更让人感知到无限和永恒了。”[33]这几行字告诉我们，那个感受过世界的美丽和陌生的年轻日记家，他心中的火花毕竟还在燃烧。

皮普斯从来没有想过要去非洲。他所梦想的是游历欧洲，要比去荷兰、法国北部、意大利南部和伟大的文化胜地的短暂旅行更加深入地游历；因此在刚开始丹吉尔远征时，他就想去西班牙。他打消了圣诞节前回家的念头，并问达特茅斯在他完成殖民地的工作后能否和威尔·休尔乘船渡过海峡。达特茅斯同意了，但要他们在三周内回来；于是他们在十二月初登上“蒙塔古号”前往加的斯。[34]他们在大雨中启程，但运气不好，几十年来最恶劣的冬天已经降临欧洲。在伦敦，泰晤士河结了厚厚的冰，河上可以过马车，支摊位，即使在西班牙南部也连降暴雨，洪水泛滥。这二人艰难跋涉，一直到了塞维利亚，那里河流决堤，寸步难行，他们被困了六个星期。皮普斯对西班牙的生活做了简明扼要的客观记录： 338
“不在街上撒尿，而是尿在门上。”“很少看到一个西班牙醉汉。”“农夫，甚至是脚上没鞋穿的乞丐，都穿着袖子开衩、蕾丝镶边的衬衣。”他设法满足了自己对一些著名的神奇疗法的好奇心，得出结论它们是伪造来打动头脑简单的人的，而不针对像他这样的聪明人。怀疑论者皮普斯对这项研究很满意；但那个去西班牙打算增广见闻、增长知识、游览名城、欣赏名画的皮普斯，对这次旅行感到失望而不快。[35]当他们随舰队返回英国时，持续不停的风暴让他们无法前进，他们又被阻拦了几个星期。他的五十一岁生日和结石手术周年纪念日都是在海上度过的；去年夏天启航时他和威尔预计只去两个月，但直到一六八四年三月底他们才抵达英国。

注释

［1］皮普斯致詹姆斯·胡布隆的信，1680年10月2日。见《塞缪尔·皮普斯书信及第二部日记》，页102。

［2］《日记》，1668年2月7日，提到了在帕尔结婚前他和杰克逊见过面。

［3］约翰·马修斯，文学硕士，一六八〇年是亨廷登学校的老师，约翰·杰克逊被录取为该校学生。（《维多利亚郡史之亨廷登》，第二卷，页109）

［4］皮普斯致洛克先生（Loke）的信，1681年4月23日。见《塞缪尔·皮普斯与其家庭圈书信集》，页180–181。

［5］伊夫林在一六八〇年一月三十日的一封信中首次建议皮普斯撰写海军史（《特殊朋友：塞缪尔·皮普斯与约翰·伊夫林通信集》），并见下文。关于院长职位的信件，见《塞缪尔·皮普斯书信及第二部日记》，页115–118。

［6］威尔·休尔致皮普斯的信，1680年11月16日。见《塞缪尔·皮普斯书信及第二部日记》，页109。

［7］威尔·休尔致皮普斯的信，1680年11月15日。（同上，页107）皮普斯致威尔·休尔的信，1680年11月2日。（同上，页105）

［8］皮普斯致埃丝特·圣米歇尔的信，1681年10月1日。见《塞缪尔·皮普斯与其家庭圈书信集》，页188。

［9］埃丝特·圣米歇尔致皮普斯的信，1681年9月24日。（同上，页187）

［10］这些话是剑桥大学的约翰·皮切尔博士在致皮普斯的信里说的，1681年1月11日。见《塞缪尔·皮普斯书信及第二部日记》，页110。

［11］威尔·豪自一六六〇年以前就和皮普斯一起在桑威奇手下效力，见皮普斯致豪的信，1680年7月8日。（同上，页96–97）豪的回复，1681年6月15日。（同上，页114–115）

［12］奥布赖恩·斯金纳于一六八二年一月向皮普斯提出申请，皮普斯在他的信上批注了“小奥布赖恩·斯金纳致皮普斯先生”。引自詹姆斯·汉福德，《皮普斯与斯金纳一家》，《英语研究评论》，第七卷（1931年7月），页257–270。彼得于一六八三年被安置到海上，皮普斯写信给他的老朋友、当时是巴巴多斯法官的威尔·豪，向他推荐丹尼尔，见《塞缪尔·皮普斯书信及第二部日记》，页96–97。斯金纳太太致皮普斯的关于彼得的信是1683年4月25日，同上，页149–150；1689年6月10日，同上，页200–201。老丹尼

尔·斯金纳于一六八四年一月二十一日去世，葬在圣奥拉夫教堂。

［13］《三一学院总结册 B》，155，引自戈登·坎贝尔、约翰·K. 黑尔、戴维·J. 霍姆斯、J. 特威迪，《〈基督教教义〉之源出》，载于《弥尔顿季刊》，第三十一期，页 67–93。

［14］博德利图书馆，罗林森手稿，A 194，页 261。这封请巴格韦尔太太不要“浪费时间来，至少不要来找他”的信，写于 1687 年 1 月 7 日，见阿瑟·布莱恩特，《塞缪尔·皮普斯：海军的救主》，页 166–167。皮普斯致布龙克尔勋爵的信，1681 年 12 月 17 日，引自阿瑟·布莱恩特，《塞缪尔·皮普斯：危难岁月》，页 372。

［15］米尔斯的女婿的任命，见阿瑟·布莱恩特，《塞缪尔·皮普斯：危难岁月》，页 372。

［16］她的名字出现在皮普斯的人头税申报单中，在一六八一至一六八九年间是他的仆人。他在一六八二年四月七日给帕里先生（Parry）的信中推荐塞缪尔·爱德华兹进基督公学。见《塞缪尔·皮普斯书信及第二部日记》，页 110。

［17］伊夫林对韦里奥的温莎壁画的描述，见《约翰·伊夫林日记》，1683 年 6 月 16 日。韦里奥是天主教徒，被特准在英国工作，见 J. P. 凯尼恩，《天主教阴谋》，页 342。

［18］皮普斯致布龙克尔勋爵的信，1682 年 3 月 13 日，见《塞缪尔·皮普斯书信及第二部日记》，页 126–127。

［19］皮普斯致威尔·休尔的信，1682 年 5 月 19 日。（同上，页 139）

［20］莫雷利一六八七年二月十六日的信，“解释晚婚，并希望重获”他曾经的雇主的青睐，这是他最后一次出现在皮普斯的档案中。（博德利图书馆，罗林森手稿，A 189，页 327）

［21］吉尔伯特·伯内特，《我们自己时代的历史》，第二卷，页 234。伯内特对查理二世性格的描述相当尖刻，当然也源自个人经验。他把他比作提比略（Tiberius），但我们不要忘记伯内特是威廉三世的朋友。

［22］引自 J. R. 坦纳，《皮普斯先生：日记导读及其晚年生活概述》（1925），页 249，出自《皮普斯手稿》，第 2866 号，《海军会议记录》，页 76。坦纳说：“最后一句话将查理二世特有的风格活灵活现地展现在我们面前。”

［23］关于考文垂最初的建议，见《日记》，1664 年 6 月 13 日。皮普斯建议记

述“两次英荷战争”的笔记没有注明日期，但放在了威廉·佩蒂一六七五年四月的一封信的副本之后，所以可能是在结束于一六七四年二月的第三次英荷战争之后不久写的。如果是这样的话，皮普斯就没把克伦威尔时期的第一次荷兰战争包括进来，看似又是如此。（博德利图书馆，罗林森手稿，A 185，页 221）

［24］伊夫林写给皮普斯，敦促他撰写“航海通史”，并向他提供书目和历史信息的信。（《特殊朋友：塞缪尔·皮普斯与约翰·伊夫林通信集》，页 94 和页 140 之间）信息范围极为广博，从古代历史和古代英国开始，囊括了海军建筑和工程、战斗、捕鱼权、贸易、英法竞争、意大利和法国的军事研究、刻有船舶的古币、船舶形状的酒杯、圣经中关于船舶的记载，等等。

［25］“告别”名单见于他的《丹吉尔备忘录》，C 859，页 151V。

［26］皮普斯致约翰·伊夫林的信，1683 年 8 月 7 日。（《特殊朋友：塞缪尔·皮普斯与约翰·伊夫林通信集》）关于皮普斯对肯博士布道的评论，见《塞缪尔·皮普斯的丹吉尔文件》，页 21、30、38。

［27］《去往丹吉尔的日志》（“Journal Towards Tangier”）隶属于《塞缪尔·皮普斯的丹吉尔文件》。

［28］同上，页 16。

［29］同上，页 17。

［30］同上，页 56、57。

［31］同上，1683 年 11 月 26 日，页 56。

［32］同上，页 213。

［33］同上，页 224。不清楚这是否与十月二十二日星期一的日记中描述的是同一个场合，当时是傍晚，他在海湾里划船，观察远处山丘的蓝色，“就像我有时在画里看到的，但从未相信它是自然的样子”。（页 47）

［34］一六八三年十月十九日，皮普斯给他在伦敦的亲戚巴巴拉和托马斯·盖尔写信，仍然表示希望“在圣诞节和你们一起吃腌猪肉”。（《塞缪尔·皮普斯书及第二部日记》，页 162–163）

［35］伊夫林记述皮普斯告诉他关于他对所谓的神奇疗法的调查，制造者向他承认，它们“都是骗局，他很容易发现，尽管可怜的迷信的人被迫相信，但这些冒牌货得到了主教的许可，可以要他们的把戏”。（《约翰·伊夫林日记》，1685 年 9 月 16 日）

第二十四章　循环变迁

一六八四年四月初，他人在伦敦，发现一切都变了。斯图亚特王朝 339
的循环变迁再次带来了它的报复和奖赏，国王终于决定不仅要摆脱皮普斯所鄙视的海军部的委员们，还要为他创立一个新职位，让他恢复行政官员的生活。他五年来悬而未决的状态结束了。作为英国海军部事务秘书长，他实际上被赋予部长的权力，五月他又回到德比府，就像他从未离开一样，签署命令，派人去船厂取报告，训斥官员懈怠、酗酒、未能好好做记录和账目，并为能胜任的人寻找工作。他的年薪达到了两千英镑，外加照惯例在通行证和舰船设备上获取的额外收入；除此之外，丹吉尔之行他还应获得将近一千英镑。约克公爵现在再次与国王密切合作；皮普斯每周至少与他的王室主人们会谈一次，并恢复了对德特福德、查塔姆和朴次茅斯的船厂的视察。他预计会发现疏漏之处，也确实发现了：他写道，“像我的拳头一样大”的伞菌在他五年前建造的一些舰船的不通风的船舱里生长。他开始准备一份关于海军现状和它所陷入的“混乱和困境”的报告。[1]

国王的敌人们正在受到严厉的惩罚。他决定废除城市同业公会古老的特许状，众所周知它们是辉格党反对派的大本营。甚至连伦敦城，也尤其是伦敦城，这个如此为它的权力和独立而骄傲的城市，也将失去它的特许状。皮普斯曾在领港协会理事会供职多年，也被要求改写它的特许状来证明他对托利党的忠诚；当他受国王之命掌管该协会时，他感到有必要立即采取措施，将“不顺从国教者”和任何涉嫌对政府不满的人从协会成员中剔除。这不是以前那个宽容的皮普斯的行为，但时代已经变了。[2]

340 他重登高位后，其他荣誉也纷至沓来。一六八四年十二月，他被选为皇家学会主席。像他的前任约瑟夫·威廉森一样，他被选中可能是因为他的影响力和行政能力，但他也与许多在格雷沙姆学院开会的学者和科学家交好。在出任主席的当月，他与前主席克里斯托弗·雷恩一起，在皇家交易所竖立了一座国王的祖父詹姆斯一世的镀金雕像，该雕像由布料加工业公会委托、格林林·吉本斯雕刻。皮普斯自己的脸，出现在戈弗雷·内勒一六八四年为皇家学会绘制的肖像画中，呈现出与早期画像一样丰满的嘴唇和鼻子，但眼睛更有洞察力：此人阅历丰富，洞察世情，安于其位。

台前大获成功，幕后他的家庭生活也在悄悄变化。他从西班牙回来后发现玛丽的父亲已经去世，她的养母伊丽莎白·博特勒夫人也在伍德霍尔生命垂危。她在四月去世，给玛丽留下了足够她经济独立的钱，却使她失去了她所爱且依赖的人。[3]同一时间，皮普斯海军处的老同事、老朋友布龙克尔勋爵也去世了，皮普斯是他的遗嘱执行人，他将全部财产留给了他“亲爱的朋友”阿比盖尔·威廉斯。皮普斯一直不喜欢她，也不赞同她的所作所为（“淫妇”“妓女”“喋喋不休、爱慕虚荣、游手好闲的女人”），甚至还阻止伊丽莎白去拜访她。[4]然而在这里他面对的是一个引人注目的实例，一个情妇被她的贵族情人、一个他尊重的人，给予了尊严、充分承认和安全保障。不管这是否促使他反思玛丽至今已做了他十四年的情妇，并对他们的处境做出判断，到了第二年，她似乎已经搬到了白金汉街，从这时起，皮普斯和“斯金纳小姐”以某种类似庄严的伙伴关系主持着同一个家。圆滑的伊夫林很快就把他称为“这么长时间的一家之主，这么优秀的女士的丈夫”。[5]玛丽从来不是智力上的伴侣，当他见不到他的男性友人时，他痛苦地抱怨说他无聊又孤独；但是那些友人发现她是个令人愉快的女主人。他喜欢教她，鼓励她发展艺术兴趣，就像他鼓励伊丽莎白一样。在他的笔记中有一张清单列出了将要和她一起做的教育参观，其中包括带她看看格雷沙姆学院。其他则有参观珐 341
琅、铜和金制品、金属丝制作、丝带和长袜的编织、镀金、印刷字母的铸造等工艺。伊夫林提到她装饰了一间陈列室，他把这个陈列室的美丽程度与凡尔赛宫的陈列室相提并论。伊夫林好奉承人——他接着说，看到斯金纳小姐的陈列室就没有必要去法国了——但这表明她在认真地对待她的艺术品。[6]

她的入住可能部分地导致了威尔·休尔放弃白金汉街房子的租约并从那里搬走。他在附近另找了一套房子，并让简·爱德华兹在那里做管家，而他母亲则安顿在他位于克拉珀姆的乡间别墅里。[7]在他搬家前的那个夏天，差点儿又发生了一场火灾，人们更加慌乱地收拾书籍、文件和家庭用品，白金汉街 12 号到最后一刻才被保住，当时军队被叫来炸掉了它的邻居。尽管如此，皮普斯还是请求将海军部办公室从德比府转移到白金汉街。他太受恩宠了，竟然获得批准，这肯定是唯一一个公务员获得特权，将工作场所搬到家里的例子。三年后办公室随同他和玛丽一起搬进街尾一栋更大的房子里，正对着河，前面有一片种着树的花园。[8]

一六八五年一月，皮普斯向国王提交了他关于海军现状的文件。查理没有看，因为二月一日他中风了。御医们试着给他做了折磨人的痛苦治疗，他勇敢地承受了，苟延残喘了几天，肯博士——现在当了主教——要按照英国教会的仪轨给他做圣事。这个他拒绝了，在约克公爵的协助下，他现在的法国情妇偷运了一名牧师进来，允许他与天主教会和解。这是一个诡诈的安排，但他接受了，因此他驾崩的时候皈依了他母亲的信仰。由于担心骚乱，查理下葬时没有举行什么仪式。皮普斯很快就听到了临终前皈依天主教的传闻。他胆子够大，去问新国王詹姆斯二世，并得到了他的证实。他把这个消息传给了可信的朋友，伊夫林对此的看法是，詹姆斯公开天主教信仰比查理隐瞒信仰更可取。[9] 国民却不这样看。

342 詹姆斯还是约克公爵时，皮普斯曾尽心竭力与之共事，他因此可以指望继续得到国王的恩宠。他在加冕典礼的游行队伍中位置显要，并在之后的第一次选举中代表哈里奇入选议会；休尔也当上了议员，还有玛丽的养父弗朗西斯·博特勒爵士。皮普斯受邀担任亨廷登郡的副郡长。他计划成立一个特别委员会来恢复海军的效率，这得到了詹姆斯的支持，他完全有理由期待由自己来负责海军事务，直到未来十年或更久之后，选择在成功和辉煌的光芒中退休。但这并没有发生，原因只有一个：他的工作计划是海军，然而国王的计划却是在英国恢复天主教信仰。在不到四年的时间里，这给他们两人都带来了灾难。

詹姆斯二世的性格并没有得到后人的青睐。他的童年开始于不近人情的豪华，这是王室婴儿的命运，九岁时内战打响，他的童年随之变得动荡不安，令人恐惧；十三岁时他被移交给议会军并被囚禁在伦敦，两年后他乔装出逃。他一生中最快乐的岁月几乎可以肯定是他当兵的那几年，他先后给法国人和西班牙人服役，并以骁勇善战脱颖而出。复辟后，当他有机会在海上作战时，他也表现出了同样的干劲和勇气。如若不然，除了意志最坚强的人，任何人都会被他哥哥宫廷里的生活方式侵蚀：淫乱、阴谋、赌博、打猎、赛马。詹姆斯没有抗拒摆在眼前的诱惑。他并不愚蠢，但世界观很狭隘，这在王室成员中很常见，而且他在与人打交道时也不够细心敏锐。像皮普斯一样，他也写了点儿日记，不幸未能流传，而十九世纪出版的以这本日记为基础的传记实质上是政治性的，充满自我辩解，缺乏自我意识，也没有原创性的见解。[10] 查理学会了哄诱迷惑和搪塞推诿，而詹姆斯则期望他的愿望立刻被满足；遭到反对时，他变得更加顽固不化，而当反对派威胁说会取得成功时，他又陷入恐慌。他决定成为天主教徒，似乎是为了在他的生活中寻求某种严肃和稳定；不幸的是，在他成为国王以后，这与他有权获得绝对权力的信念结合在了一起。

皮普斯喜欢并信任他的新主人，但他自己并不打算像他的朋友德莱 343
顿和其他人那样皈依天主教。他行事小心。他捐钱救助被路易十四的天主教迫害赶出法国的胡格诺派难民；但当抹大拉学院院长兼剑桥大学副校长约翰·皮切尔博士写信告诉他，他担心自己会因为反对国王将学位授予一位本笃会修士而失去职位时，没有关于皮普斯回信的记录，一年多后他才试图帮助皮切尔，后者确实已被解雇。[11]在詹姆斯谈到西班牙发生的神迹时，皮普斯自然会保持沉默，这些神迹建立在皮普斯亲自识破的骗局之上；但他忍不住把整件事告诉了伊夫林。[12]他经常进宫，有时私下里对宫里发生的事情进行讽刺："今晚我们在宫里举行了一场声势浩大的音乐表演，欢迎国王和王后回宫。其中，武器、美丽、胜利、爱情、后代、和平、统治、荣耀等词语频繁出现，我们的诗人先知显然花了更多工夫去凑韵脚而不是通情理。"[13]

詹姆斯对他的要求比查理更高。一六八六年夏天的书记员记录显示，皮普斯在六月和七月分别去了汉普顿宫或温莎七次，八月去了四次，九月去了五次；第二年夏天的情况更甚，六月去了十次，七月去了十三次，八月还被传唤去陪同国王巡幸西南部诸郡。[14]再苦再累也都是允许他推进海军改革计划的代价，詹姆斯同意了皮普斯的所有建议，允许他任命自己的特别委员并为现任官员制定规则。皮普斯着手改变在十七世纪六十年代曾让他遭了大罪的船厂付款制度，以便所有都当场结算，清楚报账，不欠债，也不必因此支付利息。休尔被任命负责此事，他做得再好不过了，尽管仍然遗留了许多问题。皮普斯召集造船商开了一次会，让安东尼·迪恩负责，并制订了修理船厂和舰船的计划，每年建造两艘新护卫舰，并改善供给系统。在这方面他取得了显著的成功。在丹吉尔和加的斯认识的朋友约翰·贝瑞爵士对海上航行纪律提出了建议，国
344 王发布了一项公告，旨在结束“有益的航行”以及与之相伴的所有腐败和不确定性；军官们将增加津贴，作为因放弃这一收入来源的补偿。原则上这是一项很好的改革，实际上并没有实现，因为新的津贴从未支付过，而“有益的航行”仍像以前一样继续。[15]皮普斯的改革方案中有一个明显的疏漏，那就是他没有解决最严重的弊病，即强征入伍：这是他过去一直捍卫的东西，他认为没有办法终止，而且直到一八一五年，它一直是海军的污点。[16]然而，他强调纪律、规划以及在海上和船厂进行正规的书面记录的重要性，这确实泽被后世。

被任命的改革海军的第四位特别专员的名字让人感到惊讶。他就是“圣米歇尔先生”。皮普斯向国王推荐了巴蒂，说他脑瓜灵、心肠热，并且愿意“全心全意为您效劳，而不会被其他工作或娱乐分心”，这让人一时怀疑这是否就是皮普斯经常向其灌输克勤克俭的那个圣米歇尔。但巴蒂毕竟是伊丽莎白的哥哥，皮普斯仍然觉得必须照顾他。这不是一个精明的管理者会做的事，这一点他心知肚明，但他竟然让巴蒂住进了德特福德的司库府。[17]这是巴蒂职业生涯的高峰，一六八六年年底，皮普斯敦促他以后要自求多福，提醒他自己已经失势，并长了新的肾结石和溃疡。[18]此时，埃丝特正准备生第七个孩子，她在二月分娩时死亡；巴蒂，带着这么多孩子，没有显示出放弃对皮普斯的依赖的迹象。他天性就不喜欢计划和储蓄。

保利娜仍然住在布兰普顿，皮普斯担任该郡的副郡长，肯定会不时地去那里。他断定她的大儿子萨姆“学习吃力而且落后”，在他十五岁时把他送去出海。亨廷登的校长对小儿子寄予了更大的希望，在萨姆离开十八个月后，即一六八六年六月，约翰·杰克逊被录取为抹大拉学院

的自费生。这个十三岁的孩子很清楚别人对他的期待，从他舅舅曾经读
书的学院，把第一封拉丁文信寄给了他，并为获得学位而努力学习。[19] 345
简的儿子萨姆·爱德华兹也长成了优秀的孩子，有这样的父母这也不足为奇，一六八八年一月，皮普斯看着他和数学部的其他孩子一起被引荐给国王和市长大人。另一位旧相识约翰·克里德写信提醒皮普斯他们有着“多年的、非常特别的友谊”：他称他为亲戚，对他自己仍然只是领港协会的初级会员感到遗憾，并明确表示他认为自己应该成为主持会员——老朋友是干什么用的？但皮普斯并不比以前更喜欢他，也没有帮他。[20]

朋友陆陆续续死亡。威廉·考文垂，这个他在公共生活中最尊敬的人，有着冷峻的机智、敏锐的头脑和偶尔的温柔，在五十八岁时去世了；他已经完全脱离了政治和俗世，但头脑一如既往地敏锐。[21]贝蒂·马丁，曾以其享乐的欲望让皮普斯兴奋，也在同一年离开了。风情万种的莫当特夫人也去世了，她曾以不同的方式在艰难的岁月里让他感到安慰。他漂亮的剑桥族妹巴巴拉，罗杰·皮普斯的女儿、圣保罗学校校长盖尔博士的妻子，四十岁时去世，撇下了一大家子人。[22]

一六八七年十一月，在一次皇家学会餐会上，皮普斯肯定与令人敬畏的威廉·佩蒂交谈过，两周后，他也在皮卡迪利的家中去世。他直到死前智力都很活跃，建议在伦敦建立一所大学，在兰贝斯修建一座新桥，并在兰贝斯到罗瑟海特之间修建河堤。[23]他认为女性应该接受正规教育，并确保他的女儿接受了教育：“总有一天算术和会计将比一套丝带更能装饰一个年轻女子”。[24]他认为国家应该赡养私生儿童[25]。他提议使用十进制货币，建立国民健康系统。他建议用劳动而不是监禁来惩罚小偷。他蔑视贵族身份——“我宁愿做一枚本身价值四分之一便士的纯铜币，也不愿做含铜的半克朗”——在其生命的最后阶段，他还向小威廉·佩恩建议如何管理他的殖民地。[26]皮普斯的图书馆里有十一

本佩蒂的书，在佩蒂去世前不久，还请佩蒂为他写一篇文章，即《关于良知自由的对话》（"Dialogue on Liberty of Conscience"），文中的佩蒂是个热情的信徒；佩蒂答应了，皮普斯把这篇文章保存在他的文件中。佩蒂
346 在他的遗嘱中写到他死的时候很满意，"能够宣称并践行国家法律所确立的信仰，不能相信我自己喜欢的信仰，也不能以比我所经历的更好的方式来崇拜上帝"。[27]

这种观点并不常见。大多数英国人都彻底反对良心自由，特别是现在他们目睹国王在公开场合做弥撒，无视《忠诚宣誓法》，把天主教官员安插到政府、陆军和海军中。他任命天主教徒罗杰·斯特里克兰爵士为英吉利海峡和爱尔兰海（Narrow Seas）的舰队司令，这引起了军官和水手的强烈不满。他甚至解雇了一些拒绝改变信仰的高级官员，其中包括他的内弟克拉伦登伯爵亨利·海德和罗切斯特伯爵劳伦斯·海德，他们现在是皮普斯的朋友；两人都被赶出了政府。他开始建立一支常备军。他恐吓某些法官，腐蚀另一些。他解散了议会，在没有议会的情况下进行统治；他还插手大学事务。一六八八年春天，他下令在全国所有的教堂里宣读他的新《信教自由令》，允许完全的信仰自由，这成了决定性时刻。从表面上看，这似乎是对所有人信仰自由的公平承诺，但人们不这样解读。七位主教拒绝执行命令，被关进了伦敦塔，其中包括皮普斯在丹吉尔之行中的朋友肯主教。当他们被带去接受国王和杰弗里斯法官的讯问时，皮普斯也在场，六月在威斯敏斯特大厅对他们进行审判时他被传唤为证人。他设法不说有助于任何一方的话；在这件事上，就像处理海军事务一样，他不得不如履薄冰。陪审团无论如何都会认定主教无罪，当他们确实认定主教无罪时，街上燃起了篝火，教皇的肖像在圣詹姆斯宫前被烧毁，许多贵族向人群扔钱，而据说为了执行国王的意愿而在豪恩斯洛希思安营扎寨的士兵也为这个判决而欢呼。

皮普斯的一生中经常看到伦敦群情激愤——在四十年代、五十年

代、六十年代、七十年代——而现在它又沸腾了。使全国转而反对詹姆斯的是他儿子的出生;有个说法是这个婴儿是个冒牌货,是用长柄暖床器偷偷送到王后的产房里的,虽然这毫无根据,但人们普遍相信。这与对主教们的审判同时发生,由于小王子的父母都是天主教徒,他也会被 347
培养成天主教徒,并以天主教徒的身份登上王位,因此他成了最后一根稻草。一群政客已经在接洽詹姆斯的新教徒女儿玛丽的丈夫、奥兰治的威廉,人们已经愿意甚至渴望攻击“耶稣会士”“天主教徒”和爱尔兰人。皮普斯在丹吉尔非常厌恶的赫伯特上将,带着最重要的政治家和贵族对威廉的正式邀请,乔装前往荷兰,请他来夺取英格兰的王位;赫伯特在水手中一如既往地受欢迎,他为荷兰舰队效力,要把他带过来。[28]

当奥兰治亲王在装备他的舰队的消息传来时,皮普斯前往查塔姆检查防御工作和舰船的人员配备情况。他发现技术上一切正常,但官兵们的士气则不太稳定。国王显得很平静,似乎下定决心不把威胁当回事儿;他拒绝了路易十四提议的帮助,而当他终于开始认为可能需要帮助时,法国人则忙起他们自己的事儿,没有舰船可用了。九月底,威廉向英国舰队的官兵们发表了一番讲话,指定赫伯特为他的部下,提醒他们詹姆斯打算破坏他们的宗教和自由,并承诺优待“所有值得我们和国家好好报答的人”。[29]这的确使得詹姆斯撤换了他的天主教徒海军总司令斯特里克兰,并以达特茅斯取而代之,达特茅斯也是密友,却是一个新教徒,因此士兵们没那么讨厌他。皮普斯于十月一日起草了国王的指示,要求他“与舰队一起尽最大努力,阻止预计来自荷兰的战舰接近或进行任何下降[即登陆]”。[30]十月,皮普斯在他的特别委员会工作两年后谨慎地终止了它,并准备尽最大的努力支持达特茅斯。这两个人都处于痛苦的艰难境地,对詹姆斯的个人忠诚要求他们支持詹姆斯,反对他的女婿,而伦敦、国家和海军显然都把新教徒威廉当成了救星。

国王终于意识到他必须安抚愤怒的国民,答应举行选举,恢复了伦敦城的特许状、特权，让被他解雇的大学学院负责人官复原职。此时威廉的舰队即将启航。它被一场风暴逼退了。达特茅斯带着英国舰队停
348 泊在哈里奇；皮普斯建议他向荷兰海岸航行，查看风暴造成的损失。达特茅斯拒绝了。皮普斯的情报使他和国王预计荷兰人企图在英格兰东北部登陆，但是当十一月一日荷兰人再次登船时，一股东风使他们沿着南海岸航行。这支装饰鲜艳的舰队，由四十九艘战舰护送两百艘运兵船，就像游船一样轻快地航行着。国民的忠诚完全反转，他们甚至不被视为有威胁的敌人，英荷战争的海战，甚至突袭梅德韦，都被遗忘了。逆着风，达特茅斯无法将他的舰船驶出港口；无论如何，他的舰长们都不情愿出战。威廉在托贝登陆的那天，英国舰队到达了比奇角，并再次下锚停泊。他们显然并不打算进攻荷兰人。威廉和平上岸，带来了有史以来在英国登陆的最大军队。

他做事很老练，没有宣布什么，只要求詹姆斯进行自由选举。詹姆斯在科尔切斯特检阅了他的部队，然后出发前往索尔兹伯里，首先安排将他的幼子带到朴次茅斯，然后运往法国；达特茅斯拒绝将王子交给外国势力，婴儿又被送回伦敦。在索尔兹伯里，以约翰·邱吉尔为首的詹姆斯的高级官员开始抛弃他，转投威廉。皮普斯的朋友希尔斯，仍然忠心耿耿，指挥着人员日益减少的炮兵部队，写信给达特茅斯说国王几乎成了孤家寡人："国王病得很重……我已经束手无策，我的好大人，当您知道我为您感到多么伤心时，您会原谅我的。"[31]在全国各地都有支持威廉的起义，而他的士兵和詹姆斯的士兵之间只发生了两次军事冲突，两次都无足重轻。

尽管皮普斯个人对詹姆斯很忠诚，但他不得不考虑自己的处境，在这个阶段，他的行为可不怎么英雄。十一月十七日，詹姆斯前往索尔兹伯里，皮普斯送行一直送到了温莎，并向他提交了一张一六七九年三月查理二世答应给他的一笔钱的欠条，外加他当丹吉尔司库所应得的其他

款项。国王签了字，在这样的时刻，这是他对皮普斯的友谊的一个突出证明，或许也是他对将要发生的事情的预见。[32]情况越来越差，皮普斯努力求生，不确定他应该做什么。他写给哈里奇选区的市长和市政当局 349
的信表明，他努力采取一种可以接受的立场，既忠于詹姆斯，也忠于英国国教，并为革命做好准备："不仅是我仍然坚定地希望（尽管现在的情况看起来很晦暗）万能的上帝仍然仁慈地支持国王及其政府，并强力保护英国国教……但这种希望并不完全排除对事情可能会有其他结局的担忧。"[33]

他的忧虑是有道理的。当国王再次抵达伦敦时，他发现他的二女儿安妮公主已经逃走，并将自己置于他的反对者的保护之下。一位现代历史学家认为，詹姆斯在这一阶段由于压力和对童年以及他父亲命运的回忆而精神崩溃。当然，从现在开始，曾经的那个勇敢的年轻士兵已经消失得无影无踪了。他行为混乱，显然感到害怕。[34]他同意了威廉的条件，将天主教徒从所有公职上免职，并拨出政府税收以支持入侵部队，直到可以举行选举为止；然后他解散了自己的军队，没有支付他们军饷。皮普斯签署命令，用一艘游艇载着王后和王子前往法国，十二月十二日，詹姆斯自己也逃走了。他被渔民抓获并被屈辱地扣留在法弗舍姆，同时伦敦爆发了暴乱，他写信给威廉要求营救。一支救援队前往营救，当他回到伦敦时，暴躁的群众为他欢呼——人们开始认识到他们是流民，或者说是暴民。[35]威廉现在在温莎，他在那里得到了保证，英国舰队将会服从他，这一点他在信里告诉了赫伯特：这种保证只能来自达特茅斯。[36]第二天，威廉召开会议，他的军队抵达伦敦。詹姆斯被邀请去泰晤士河畔、位于里士满和汉普顿宫之间的汉姆别墅，但他选择了再次出逃，这让大家松了一口气，这一次，大家确保他可以毫无阻碍地到达法国。他的逃亡几天内都没有宣布，因为在此期间伦敦没有任何控制力量；一群贵族开会，提出要维持秩序，直到威廉进城。十二月十八日，他来到了白厅。第二天，皮普斯受到传唤。他没有被剥夺职务，尽管他的朋友们这样预期。

350 同一天，休尔写信给他说：“你尽可放心，我完全是你的人，你永远不会缺少我忠贞不渝、忠实可靠、亲力亲为的效劳；我能做到的极限，与你曾经和正在给予我的仁慈和恩惠相比，也是微不足道的。因此，既然我所拥有的一切都来自你，我所拥有的一切和我自己本人，现在和将来也都会为你效劳。”皮普斯在信上题写了“困难时期的一封非常温柔的信”，并妥善保管。这是他的文件中最接近情书的东西。[37]

他在整个圣诞季继续工作，在圣诞节当天向舰队传达威廉的命令，并在一月十二日，即达特茅斯被正式解职的两天后，再次陪侍他。这意味着皮普斯必须和令人讨厌的赫伯特上将一起出现，接受指令，准备海军防御措施以防止法国人的干预。他咬紧牙关照做了。此时他已经决定再次参加将于二月举行的议会选举。元旦那天他再次写信给哈里奇市长，探听他的口风：“在我们现在所经历的如此巨大的革命中，市政当局很可能会在这个紧要关头想到某个对他们更有用的人。”[38]他谨慎行事是对的，但他向前迈了一步，结果那些对他不利的旧事被提了出来。一位朋友写信告诉他，“羚羊号”的休·里德利舰长在哈里奇的一家咖啡馆里宣称“皮普斯是个天主教徒，去做弥撒，他曾多次看到你在国王和王后的礼拜堂”。最后一部分可能是真的。还有人喊着“没人被关进伦敦塔，也没人从塔里出来”。竞选失败他不应该感到惊讶。[39]目标只在王位并为此进行了坚决谈判的威廉，于二月十三日与玛丽王后一起被宣布为国王，继承人是她的妹妹安妮。

全国绝大多数人，包括政府高级官员，都对新政权表示欢迎，并感到欣慰。但也有少数人，包括坎特伯雷大主教，认为自己受先前对詹姆斯的效忠誓言的约束，拒绝重新宣誓。他们被称为拒绝宣誓效忠者，皮普斯就是这一小群人中的一个。在宣布新君一周后，他辞去了秘书长职务。他看到海军办公室即将发生的变化是他辞职的一个原因。还有就是他对詹姆斯的个人忠诚,这对他来说比任何原则都更重要——因为皮普斯是个议会党人,也不信奉君主专制。约瑟夫·威廉森能够冷静地从 351
查理和詹姆斯时期的宫廷支持者摇身一变成为威廉时期的枢密院成员,并继续他的外交官生涯,而皮普斯却无法使自己做出必需的调整。对一六六〇年和解的记忆肯定也有着促进作用。他不打算再变节了。休尔和他一同辞去了职务;迪恩和皮尔斯也是;圣米歇尔则丢了工作。海军部的新秘书长写信要求皮普斯交出公文和家具,而且,由于他的房子被用作政府办公室,他也被要求把房子腾出来。在这一点上他立场坚定,制造了很多麻烦,最终海军部放弃了,并在四月断定在其他地方设立办公室会更容易些。皮普斯在白金汉街的尽头留住了他的家、书籍、绘画、文件以及泰晤士河上的风景,自己支付房租,固执己见,并且有生以来第一次成了英雄。

注释

［1］在他的《英国皇家海军状况回忆录》(1688)中描述了伞菌,该书摘录了他从一六八四年开始撰写的报告和建议,于一六九〇年出版。

［2］该任命由詹姆斯二世于一六八五年七月做出,他亲自在德特福德教堂和在伦敦吃午餐时进行庆祝。几天之内,皮普斯就采取措施结束领港协会的初级会员是“国教的异议者,对政府有不良影响”的“丑闻”。J. R. 坦纳,《塞缪尔·皮普斯与领港协会》(‘Samuel Pepys and the Trinity House’),载于《英国历史评论》(*English Historical Review*),第四十四卷(1929),页 583–585。

［3］玛丽自己的遗嘱请求埋葬在离她姨妈伊丽莎白尽可能近的地方,我认为这表明了她对她的感情。

［4］关于他提起她时所说的难听话,见《日记》多处;关于他不允许伊丽莎白拜访她,见《日记》,1668 年 5 月 15 日。

［5］约翰·伊夫林致皮普斯的信,1685 年 10 月 3 日。(《特殊朋友:塞缪尔·皮普斯与约翰·伊夫林通信集》)伊夫林说的不可能是伊丽莎白,因为

她已经去世十五年了。

［6］皮普斯的《待办家庭事务》（“Home Notes for myself to attend to when able”）由 J. R. 坦纳在《塞缪尔·皮普斯私人通信及文件杂编，1679-1703 年》中推测写于一六九八年（第一卷，页 167），其中包括《要与玛丽·斯金纳一起观摩的场所》（“Works to bee visited with MS”）一节。约翰·伊夫林致皮普斯的信，1699 年 1 月 14 日。（《特殊朋友：塞缪尔·皮普斯与约翰·伊夫林通信集》）

［7］皮普斯写到他“拜访了克拉珀姆的休尔太太”。皮普斯致约翰·伊夫林的信，1685 年 10 月 2 日。（《特殊朋友：塞缪尔·皮普斯与约翰·伊夫林通信集》）

［8］这座房子在一七九一年被拆除了。你仍然可以欣赏到它坐落在水门之上的位置有多么优越。

［9］《约翰·伊夫林日记》，1685 年 9 月 15 日。

［10］詹姆斯·斯塔尼尔·克拉克受摄政王委托，负责编辑詹姆斯二世的生平（“Life”），并获得了接触《詹姆斯二世私人手稿》（“Private Manuscripts of James the Second”）的机会，这些手稿根据摄政王的指示于一八一〇年从意大利的来航（Leghorn）偷运出来，并被带到了卡尔顿府（Carlton House）的图书馆。它们包括一本显然是基于詹姆斯本人从十六岁开始所记笔记而写成的传记，他于一七〇一年将其存放在巴黎的苏格兰学院（Scotch College），结果在法国大革命期间被烧毁。作者不详，但被认为是托马斯·英尼斯（Thomas Innes），苏格兰学院的天主教院长。克拉克的两卷本著作在一八一六年问世。

［11］法国《南特敕令》（Edict of Nantes）的废除带来了许多胡格诺派难民。由坎特伯雷大主教和大法官领头成立了委员会，以帮助他们，“塞缪尔·皮普斯绅士”是其成员之一。见 N. G. 布雷特-詹姆斯，《斯图亚特时期伦敦的发展》，页 488。

皮切尔于一六八七年二月写信给皮普斯，并于一六八七年五月被停职，不再担任院长和副校长职务。皮普斯于一六八八年九月推荐他到达特茅斯勋爵处担任海军牧师，皮切尔拒绝了。见《塞缪尔·皮普斯书信及第二部日记》，页 176-177，页 194-195。

［12］《约翰·伊夫林日记》，1685 年 9 月 16 日。

［13］ 皮普斯致罗伯特·索思韦尔爵士的信,1685 年 10 月 10 日。(手稿的最后一页,大英图书馆附加手稿, 12907,页 31)德莱顿是桂冠诗人,但也许这个场合他并不当值。

［14］ 博德利图书馆,罗林森手稿, A 189,页 8,由皮普斯的书记员乔赛亚·伯切特所做的笔记。

［15］ J. D. 戴维斯,《绅士与油布帽》,页 184。一个世纪后,“有益的航行”仍然是海军体系的一部分。

［16］ 皮普斯在他的《海军白皮书》中有关于强征入伍的记录,并在一六六九年为约克公爵准备了一份文件,但他没有提议终结这种情况。

［17］《皮普斯图书馆书目》,查尔斯·奈顿编辑(1981),第五卷,第二部分,包括现代手稿,页 353–354,手稿 1490 中涉及圣米歇尔被任命为德特福德和伍利奇船厂的海军专员(1686 年 4 月 19 日),以及他被赐予德特福德的司库府,迫使冈曼太太(Gunman)离开。一六六五年夏天,卡特里特的儿子与杰迈玛·蒙塔古结婚时,卡特里特曾在这所房子里招待过桑威奇夫人和皮普斯,皮普斯也曾在这里参加约克公爵和公爵夫人、卡斯尔曼夫人及宫女们的聚会游戏,因为没有椅子而坐在地毯上,并在“我爱我的爱人,因为他是这样那样;我恨他,因为这样那样”的游戏中显得非常机智。(《日记》,1669 年 3 月 4 日)

［18］ 皮普斯致巴尔塔萨·圣米歇尔的信,1686 年 12 月 11 日。见《塞缪尔·皮普斯与其家庭圈书信集》,页 205–206。

［19］ 约翰·杰克逊(1687 年 2 月 24 日)和萨姆·杰克逊(1688 年 7 月 20 日,在海上)写的信。(同上,页 210,页 173–174)

［20］ 约翰·克里德致皮普斯的信,1687 年 2 月。(博德利图书馆,A 189,页 98)

［21］ 他于一六八六年六月二十三日在坦布里奇韦尔斯去世,他曾在那里说:“如果水不能治好我的病,那么大地一定会。”据他的侄子说,他死的时候“和他活着的时候一样规律,一样优秀;直到最后一刻他都很清醒”。见 H. C. 福克斯克罗夫特,《乔治·萨维尔爵士、哈利法克斯侯爵一世,生平及书信》,第一卷,页 465。

［22］ 皮普斯称巴巴拉为漂亮的巴布,与盖尔结婚前几年的一六六九年,

她住在川流巷，和他们一起跳舞，到贝德莱姆观光，看戏，与伊丽莎白外出。她的一个儿子是皮普斯的教子，长子、另一个罗杰成为了文物研究者，也是朋友，因此他认识这个家里的四代人。

［23］《佩蒂文件》，兰斯当的马奎斯编辑（两卷本；1927），第二卷，页 36。其他信息来自《国家传记词典》，欧文·马森和 A. J. 扬森的文章，收录于《皇家学会：起源与奠基者》；爱德华·菲茨莫里斯爵士，《威廉·佩蒂爵士生平》（1895）。

［24］佩蒂写给罗伯特·索思韦尔爵士的、关于他女儿安妮的信，1685 年 12 月 4 日。见爱德华·菲茨莫里斯爵士，《威廉·佩蒂爵士生平》，页 297。他对佩恩的建议，见《佩蒂文件》，第一卷，页 95–114。

［25］《佩蒂文件》，第一卷，页 267。

［26］爱德华·菲茨莫里斯爵士，《威廉·佩蒂爵士生平》，页 155。

［27］关于上帝的文章来自为皮普斯制作的、佩蒂于 1675 年 4 月写给安格尔西伯爵的信的手稿副本，在博德利图书馆，罗林森手稿，A 185，页 219 的皮普斯文件中。佩蒂的遗嘱日期是 1685 年 5 月 2 日，刊印于爱德华·菲茨莫里斯爵士，《威廉·佩蒂爵士生平》，页 324。

［28］奥兰治的威廉因为他母亲、查理一世的女儿、查理二世和詹姆斯二世的姐妹玛丽，而成为斯图亚特家族的一员。他又娶了一个斯图亚特，即詹姆斯二世与第一任妻子安妮·海德所生的长女，也叫玛丽，在查理二世的坚持下被培养成了新教徒。只要詹姆斯二世没有儿子，她对王位的要求就是正当合理的，这就是为什么他的儿子在一六八八年六月出生是反对他的一个关键因素，也是为什么威廉对“这个婴儿不是詹姆斯和王后的孩子而是偷运来的”这一说法非常认真。

［29］1688 年 9 月 29 日。（大英图书馆，埃杰顿手稿，2621）

［30］博德利图书馆，罗林森手稿，A 186，页 470。

［31］亨利·希尔斯致达特茅斯勋爵的信，1688 年 11 月 24 日。见阿瑟·布莱恩特，《塞缪尔·皮普斯：海军的救主》，页 323。

［32］J. R. 坦纳，《皮普斯先生：日记导读及其晚年生活概述》，页 246，脚注里说詹姆斯二世于一六八八年十一月十七日写了一封信，建议财政部委员支付查理二世在一六七九年三月二日同意付给皮普斯的欠款两万八千零七英

镑二先令一又四分之一便士。这是皮普斯在遗嘱中写明的尚欠金额。然而信中并没有明确说明金额,坦纳似乎根据他对皮普斯遗嘱的了解,将该金额加入其中。

在坦纳的文件中,有一封现代人手抄的信的副本。这封信现在在阿瑟·布莱恩特的档案中(1 号盒,第 10 号,封皮标记 1688 年)。在文本下面附加了一段话:“文件附记写于一六八八年十一月十七日。国王陛下确认并向财政部主管大臣建议,归还皮普斯先生因为海军和海军部服务以及担任丹吉尔司库的应付欠款[原文如此]。”(这封信被装裱起来,在塞缪尔·皮普斯俱乐部的一次聚会上展示,属于获得英帝国勋章、十字勋章的军官、住在肯辛顿广场(Kensington Square)36 号的弗雷德里克·皮普斯·科克雷尔中校。他给了我一份副本,并说我可以随意使用它。签名只可能是国王写的。)在他去世后,坦纳的文件交给了布莱恩特,他在《塞缪尔·皮普斯:海军的救主》中刊出了文本(页 312)。他指出,弗雷德里克·皮普斯·科克雷尔(生于 1876 年)在一九三八年这本书出版时已经去世。

塞缪尔·皮普斯俱乐部的记录显示,弗雷德里克·皮普斯·科克雷尔于一九二三年十二月十一日将这封信的原件带到俱乐部。一九二五年二月,他向国家肖像馆赠送了这封信的摹本,以及本书封面使用的皮普斯肖像的复制品。自皮普斯去世后,这两样东西似乎都在家族内传承。弗雷德里克·皮普斯·科克雷尔在市场上推出了其他摹本和肖像复制品,并在一九二四年一月的《伯灵顿杂志》(*Burlington Magazine*)上做了广告,称原件在他手中。这就解释了为什么会有这么多的摹本存在。

原件被收藏家安德烈·德·科佩(André de Coppet)购买——估计是在弗雷德里克·皮普斯·科克雷尔死后,在他死后通过苏富比拍卖行(1955 年 3 月 14 日的拍卖)卖给了丹尼斯·鲍尔,后者把它和其他斯图亚特纪念品放在肯特郡的奇丁斯通堡。鲍尔于一九七七年去世。他的收藏品仍保存在奇丁斯通,但这封信目前没有被展出。

[33] 皮普斯致市长、托马斯·兰利舰长,及哈里奇市政当局的信,1688 年 11 月 27 日。(博德利图书馆,罗林森手稿, A 179,页 264)

[34] J. P. 凯尼恩,《斯图亚特时期的英格兰》,页 248–253。

[35] 对比一六八八年十二月十一日,“流民聚集在一起,袭击了天主教

礼拜堂”。见纳西瑟斯·勒特雷尔，《一六七八年九月至一七一四年四月国事简述》(1857)。

[36] 威廉从温莎写给赫伯特上将的信，1688 年 12 月 16 日：“我得到了英格兰舰队的保证，她听从我的命令。”(大英图书馆，埃杰顿手稿，2621，页 81)

[37] 博德利图书馆，罗林森手稿，A 179，页 39。

[38] 皮普斯致托马斯·兰利舰长的信，1689 年 1 月 1 日。(博德利图书馆，罗林森手稿，A 179，页 142)

[39] 博德利图书馆，罗林森手稿，A 179，页 218、223，由皮普斯归档为《一六八八／九年一月二十二日临近选举时塞缪尔·皮普斯与哈里奇市政府之间的哈里奇文件》(“Harwich Papers between SP & that Corporation... approaching election Jan. 22 1688／9”)。

第二十五章　詹姆斯二世党人

皮普斯的前景不乐观。他对詹姆斯国王的忠诚使他受到怀疑，他仍 352
然是个有钱人，却不再有任何收入。没有养老金，也不能再与他心爱的海军接触。他受到政府的骚扰，而詹姆斯试图夺回王位的努力让他的处境雪上加霜。他不能旅行。他的家庭生活也因为人们竞相争夺他的宠爱而变得棘手。当他年届六十时，玛丽也已经四十岁了，曾经的情妇准备承担下一个角色——护士，而她自己也不总是身体健康。其他朋友也陆续生病去世，其中包括他的堂叔罗杰·皮普斯，他死在一六八八年十月时局最紧要的关头；而他自己的健康状况也逐年恶化。[1]他习惯于肉体的痛苦，也习惯于身体的快乐；但现在痛苦成了家常便饭。然而当人们阅读他和他的朋友们在一六八九年以后的信件时，很少看到自怨自艾或者勇气缺乏的迹象，多数时候他都是一个忙于计划的人，坚定不移地思考、行动、重新开始。他有老朋友的爱作为支持力量，而且从未停止过结交新朋友，包括那些他认为有前途并尽力帮助其发展的年轻人。他评价他的医生时，对他们的谈吐和医术同样重视。他为来自法国的新教徒难民提供了大量帮助。他培养了新兴趣。由于自己无法旅行，他的外甥成了他的替代，通过他，他为自己曾经梦寐以求的壮游而感到欣喜。他的图书馆既让他痴迷，也是他的慰藉。他写了一些动人的信件。他请客招待他的门生，委托人画画并举办音乐晚会。他鼓励德莱顿改写《坎特伯雷故事集》中的一些故事，并把自己的早期版本借给他；在他的信件中，有一封写到邀请他来吃冷鸡肉和沙拉的时候讨论乔叟。[2]他和伊夫林就哲学问题交换看法。他从未失去过把每一天都过得酣畅淋漓的意志。

他以前丢过工作，大致知道一六八九年会发生什么。现在掌权的许
353 多人都曾是沙夫茨伯里的盟友；他们很把他们的老对手当回事儿，所以要追究他。五月四日，他与休尔和迪恩一起被捕，三人都被指控犯有“反对国王陛下政府的危险和叛国行为”。他们被关押在托特希尔街靠近威斯敏斯特教堂的门楼监狱。威廉国王即将向法国宣战，作为反对路易十四野心的大联盟的一部分，而路易十四则支持他的表兄詹姆斯·斯图亚特对英国王位的要求，把这视为自己的利益之一；并且詹姆斯已经离开巴黎前往爱尔兰纠集支持力量。皮普斯的入狱可能纯粹是一种预防措施，或者他可能被怀疑跟他的老主人有联系；尽管他和他的朋友们似乎并无罪过，但他们在监狱里一直待到六月十五日。

他被保释了，但这并不是他困境的终点。七月，他因一六八五年的一桩事件被正式指控，这一事件涉及一艘东印度公司的船，而他对此没有任何责任；胡布隆，虽然是个坚定的辉格党人，却一如既往地忠实可靠，出面澄清了此事。后来，当詹姆斯离开爱尔兰再次前往法国时，皮普斯被拉到一个议会委员会面前，被讯问目前在班特里湾的英国舰队的状况。他轻松应付了这件事，回去整理他的文件，考虑他还要从公共事务中再退出多少才能过上安生日子。八月，他辞去领港协会主持会员的职务，结束了多年的关系。年底，国王和女王访问基督公学，要求他列席，他在邀请函上写下“不去”作为答复；但他并没有切断与学校的联系。[3]当迪恩写信给他，说他现在所期望的不过是“老兵们的请求，在公务和坟墓之间有一点空间”时，皮普斯坚强地答复他，让他振作起来，告诉他

对自己来说“世界对我越糟糕,我认为我必须对自己越好;对来世的幸福的任何担忧……都不会扼杀我的满足感,它来自一个合理的信念……那就是我在这个世界上所遭受的这种莫名其妙的对待,会得到应有的补偿”。[4]皮普斯一直是俗世中人,现在也是;义愤使他振作起来,他不打算走上绝路。他继续参加皇家学会的会议,开展娱乐活动,为他的图书馆购书,编写书目,并制订未来计划。 354

当他最后一个手足、妹妹帕尔在十一月去世时,他在布兰普顿教堂的过道上安放了一块纪念碑——它现在还在那儿——并把房子租了出去。他从来没有多在意过她,也没有时间去关心她那个蠢笨的丈夫,但她因为给他生了外甥而弥补了自己受到的忽略。萨姆·杰克逊离开了海军,回到了亨廷登,他开始表现得好像他有资格获得布兰普顿的租金,而不得不有人让他明白他没这个资格。[5]约翰在剑桥取得学位后,就被邀请搬到白金汉街,并开始让自己变得讨人喜欢。他很勤奋,是个严肃的学者;除此以外,没有哪个外甥会更不像他舅舅了。他有一张活泼、漂亮的娃娃脸,一直延续到成年,内勒给他画的戴着一顶灰白的大假发的画像中就是这样。他不像他哥哥那样是个投机分子,也没有皮普斯的进取心、独创能力和魅力。他谨慎而有礼貌,为自己所受的教育和绅士地位而感到自豪,并且知道自己未来的前途取决于是否讨人喜欢。令人惊讶的是,皮普斯非常喜欢他。玛丽则不然,她和杰克逊互不信赖。[6]

别人对皮普斯的要求有她不赞成的,她就尖刻地打发掉。圣米歇尔让人们看到了情感赤裸裸袒露的一幕,当时他去白金汉街拜访,发现自己与她面对面。皮普斯当时不在家——在监狱里——在那里他收到了“巴蒂哥哥”一封愤怒的投诉信:“我知道,由于你豢养的一只母兽的恶毒刻薄的怂恿,我就像在你的愤怒和耻辱下生活……但我希望,并谦卑地祈祷(尽管她放肆又傲慢地告诉我,你不屑于见我),以你一贯的慷慨善良、智慧、男子气概和曾经的仁慈,你不会对那个为了服务于你而愿意把……他最珍贵的生命置于险境的人不闻不问。"[7]圣米歇尔刚刚再婚，他一定急需从他的恩主那里索取任何能捞到的帮助。在玛丽眼里，他是一个永远无法自立的乞丐，他提要求的唯一资格来自死了三十年的伊丽莎白·皮普斯。对巴蒂来说，玛丽不仅是一只母兽，还是一个被包养的女人，她取代了他妹妹，隔在他和妹夫之间。他的无礼让皮普斯感到震惊，他无论如何不再有能力为巴蒂安排工作了。至少他的圣米歇尔
355 教子，小塞缪尔，已经在海上了。玛丽二十岁的弟弟彼得也是如此，他也得到了皮普斯的帮助，也遇到了麻烦。彼得·斯金纳的信和巴蒂的一样卑躬屈膝，他如今在信中为自己的过错寻求宽恕，告诉皮普斯玛丽是"我安静生活的救星，我所有幸福的中心，我尘世中所有的幸运"，并表示他渴望"对我过去从你和我亲爱的姐姐那里得到的所有的恩惠进行回报"。[8]这还不够，皮普斯还与他的管家发生了矛盾，他觉得管家"言辞激烈，吵吵嚷嚷"，让他无法忍受；但玛丽是她的朋友，两次保住了她没被解雇。[9]你争我夺的要求仍在继续着。

皮普斯必备的隐退之所是他的书斋，在房子的上层，光线好，他在那里，或者在旁边的一个房间，独自坐着，或者旁边有一个助手给他拿他想要的书，再把它们放回正确的书架上，有时给他读书，或是记录他的口述。保罗·洛兰已经为他工作了很多年，约翰·杰克逊正在学着做些同样的事，有一段时间，玛丽也帮忙做过抄写员。另外两个年轻人，大卫·米洛和托马斯·亨德森，也时不时地在书斋干活儿。除此以外，这个家由九名仆人打理，很气派，包括管家、厨师、两名男仆、洗衣女工——他是否想起这曾是他母亲的职业？——和女仆，还有一个马车夫和一个看门人，以及他的私人助理琼斯，皮普斯在白金汉街的约克大楼给他安排了他自己的小房子。皮普斯的身体得到了尽可能好的照顾；玛丽可以自由地按照自己的兴趣生活，去探望家人、她在赫特福德郡的义姐朱莉娅·沙尔克罗斯和她的亲妹妹巴克夫人弗朗西丝，她母亲也和她一起住在林

肯郡的格兰瑟姆附近的汉比庄园。[10]一六九〇年,她的养父弗朗西斯·博特勒爵士去世,把伍德霍尔留给了已经成了寡妇的朱莉娅。[11]

一六九〇年,皮普斯大胆地设想要重返议会。虽然他在议会中有过糟糕的经历,但也有过胜利的时刻,他为自己作为演说家的能力和声誉感到自豪。他写信给两位前同事,询问他们是否肯在即将到来的选举中帮他找到一个选区;如果他收到过答复——他的档案中没有——那也会是令人沮丧的。他不得不接受自己的议会生涯已经结束的事实。之后在六月,他再次被逮捕,并以“涉嫌追随詹姆斯二世”被关押在门楼监 356
狱,这次正值法国舰队出现在怀特岛附近,引起了入侵恐慌。他再次被保释出来。威尔的舅舅罗伯特·布莱克本出了一部分钱,他与皮普斯的友谊可以追溯到一六六〇年;他已经改行,现在是东印度公司的秘书,公司的股价已经惊人地上涨。[12]詹姆斯·胡布隆出了另一部分钱;他在一六九一年被封为爵士,三年后,英格兰银行成立时,他和他的两个兄弟一起成为董事会成员。

十月,皮普斯摆脱了对他的指控。事情本来可能会更糟:他的老同事达特茅斯被控叛国罪,死在伦敦塔里,年仅四十三岁。另一位朋友乔治·希克斯博士,因拒绝宣誓效忠国王而被解除了伍斯特教区教长的职务,只能东躲西藏逃避逮捕,多年来不得不用假名生活;即便如此,一六九六年针对威廉国王的刺杀阴谋败露后,他的家还是遭到了暴民的袭击。同时亨利·希尔斯也因拥护詹姆斯二世而被捕。[13]皮普斯现在承受着双重负担,苦不堪言,一是继续拒绝宣誓效忠,二是意识到威廉三世的监视系统一直在盯着他。一六九七年他在写给亨廷登一位朋友的信中提到“我年老体衰,是詹姆斯二世党”,而当他准备把约翰·杰克逊送出国时,引发了一阵关注和怀疑,怀疑这个年轻人可能会给皮普斯曾经的国王主子传递信息。虽然此事没有再追究,但这种怀疑并非完全出乎意料。[14]希克斯曾于一六九三年冒险前往圣日耳曼拜访詹姆斯二世;他的目的是请詹姆斯为那些拒绝宣誓效忠的新任主教的授圣职礼赐福，他们拒绝承认威廉国王并宣称忠于詹姆斯；一六九四年，希克斯与其他人一起在伦敦的一所私人住宅中秘密接受圣职，在场的有克拉伦登勋爵。这里除了宗教行为外，显然还有政治行为，而与这两人关系密切的皮普斯很可能也察觉到了一些端倪；克拉伦登在授圣职礼之后不久就与皮普斯一起吃过饭。[15]无论如何，他的观点在他自己的圈子里是众所周知的；一七〇二年安妮女王登基时，科顿图书馆的管理员托马斯·史密斯，也是一位拒绝宣誓效忠者，给皮普斯寄了一封非常不谨慎的政治信件，
357 其中附有“已故高贵伟大的荷兰英雄[威廉三世]的墓志铭，还有关于索雷尔[因绊倒而杀死国王的马]的几句史诗；我想你读一遍之后会把它们扔进火里”。[16]

皮普斯本人没有再穿越海峡。一六九〇年他的医生证明他的一个肾脏上有一个危及生命的溃疡；他们一定想加快他出狱的速度，这个危险并不紧迫，却是个警告。他很清楚自己的本性，所以一直很活跃。他仍然去看望莫当特夫人的妹妹、在林肯律师学院的斯图亚特太太，并给她写信。他请人吃饭，偶尔举办音乐晚会，并在周六晚上在家接待客人，召集朋友们聊天，当然包括伊夫林，以及其他植物学家、图书爱好者和学者，其中有几位来自皇家学会。一个常客是查尔斯·哈顿舰长，詹姆斯二世党人，曾在一六九〇年入狱，被指控将一份叛国文件交给新闻界，并被关押在伦敦塔。[17]另一个是托马斯·盖尔，因为丧妻而跟皮普斯走得近，他的妻子巴巴拉是皮普斯的族妹。这些星期六的晚上成了他一周里的高潮，而当这些夜晚在夏季消失时，他抱怨感到孤独。[18]

他继续收集、丢弃、借出书籍，并帮助其他人收藏；在他的银行账户上有支付给他在伦敦的法国书商凯尤的款项，以及许多订购图书的信件。胡布隆兄弟也帮忙让和他们有往来的人在地中海一带采办珍稀书籍。他获取了手稿，包括伊丽莎白女王、苏格兰女王玛丽和查理一世的

亲笔。他还开始了新的收藏，就是“头像”，名人雕塑。他开始批量购买旧民谣集，即在街上出售的印刷粗糙的民歌，并将它们按主题分类、装订成册：“奉献与道德”“悲剧”“快乐的爱情”“不幸的爱情”“幽默，嬉戏，欢笑”，等等。他的折中主义使他的图书馆与其他图书馆都不同；没有人想到要保存这么多短暂流行过的材料，而这些民谣在半个世纪内就证明了它们的价值，当时珀西主教利用它们编辑他的《古代英国诗歌遗篇》。

伊夫林仍在敦促他写海军史，最后他做了个表示，写了薄薄的一本。《英国皇家海军状况回忆录》与其说是历史，不如说是论辩，是对一六七九至一六八四年的海军委员们的攻击，也是对他自己工作的辩护，主要
取材于他在一六八五年提交给国王的文件。它激动地自我辩解，语言笨 358
拙（可能是因为它是口述的），而且使用了太多的舰船和军官的名单来充数。[19]皮普斯对他所写的东西非常不确定，因此把它读给伊夫林听，后者对朋友的忠诚使得他的热情持续沸腾：

> 当我反思（谁能不反思）你昨天向我传达的内容时，这么多种不同的强烈情感挤满了我的头脑，我甚至不知道该先宣泄哪一种：愤慨、怜悯、悲哀、蔑视、痛苦，爱、尊重、钦佩，以及所有能表达一个人最大的忿恨的东西，此人不能不参与到一个受伤害的、有价值的人的事业中去！我怀着对这些人的恶意行为的愤慨，对他们的无知和愚蠢的怜悯，对他们的恶意和忘恩负义的悲哀和蔑视，来看待并鄙视他们！另一方面，我们应该思考，那个敢于以如此无畏的决心，让自己承受所有这些苦难的人，是怎样以爱、尊重和公正的钦佩为责任和义务的……

这不是文学判断，却是典型的伊夫林手笔，足以说服皮普斯出版。[20]

《回忆录》于一六九〇年问世，随后的历史比这本书本身更有趣。直到二十世纪八十年代，它的论点一直被认为是无可争辩的真实；但是当海军历史学家J. D. 戴维斯花心思研究其背景时，他的发现使得他对皮普斯的一些论断产生了怀疑。戴维斯认为，皮普斯决心要谴责一六七九至一六八四年的委员们，这使得他不够诚实，而他们的表现并不像他说的那样糟糕。他还指出，查理二世的独断专行和反复无常使得最勤奋的海军行政人员都陷入困境，而且财政部也很少为海军提供必要的资金。[21]皮普斯的私人笔记倾向于同意这些观点，但他没有选择把它们公之于众：一六九〇年他把对斯图亚特王朝的忠诚放在第一位。这本书被寄给了朋友们，并收获了赞美之词；尽管他说他计划出版更多的海军历史，但没有出现其他作品。他一定看出了他的才能并不在这方面。[22]然而，他用自己的一些海军史笔记为一位年轻学者埃德蒙·吉布森的工
359 作做出了贡献，后者正在准备新版的《不列颠尼亚》，该书是一个世纪前首次出版的关于不列颠群岛的指南，很受欢迎。吉布森承认“肯特郡皇家海军军火库的记述，以及对朴次茅斯和哈里奇有关皇家海军的扩展内容，是皮普斯先生告诉我的”。[23]

一六九二年一月，他身体不适，无法与皇家学会会员一起参加罗伯特·波义耳的葬礼，但他邀请伊夫林、盖尔和艾萨克·牛顿与他一起用餐，讨论学会事务。亨利·希尔斯也在因健康不佳而苦苦挣扎，他从乡下给他送来了火鸡、鸡蛋和咸肉作为礼物；皮普斯写信致谢：“我已经很久没有见到你或你的手下人了，至少对我来说，一个受欢迎的访客已经变成了一道珍馐佳肴。”一位不太受欢迎的访客圣米歇尔写信感谢他的“宽仁厚德、恩惠、仁慈和慈善”，并乞求他提供任何旧晨衣、假发或者斗篷。[24]时值暮春，人们担心詹姆斯会在法国人的支持下发动入侵。五月，在诺曼底海岸的拉乌格进行了一场海战，英国人取得了多年来最大的胜利。法国人丢了脸，他们有十五艘船被摧毁，詹姆斯放弃了他的入

侵计划。海军在这种情况下取得胜利让皮普斯心情复杂。打胜仗的一位英国海军上将是克洛迪斯利·肖维尔,他在八十年代曾与他在纪律问题上发生过冲突;但肖维尔是从克里斯托弗·明格斯那里学到的航海技术,明格斯是六十年代的英雄,很受皮普斯敬佩。现在肖维尔从威廉三世那里获得了勋章。

皮普斯知道自己位高权重的日子不会再回来了。他还有问题要解决。一六九二年夏天,他告诉所有的朋友他要去乡下。玛丽已经离开伦敦,也许去了伍德霍尔,也许去了林肯郡。这期间他留在原地,把自己关在书房里三个多月,为了处理那些“我这么多年来一直在混乱地收集并搁置在一旁的文件,一直没有空,腾不出手,也没有精力挑选、分类,或将其整理好,供自己或后人使用”。[25]直到九月,他才向伊夫林和盖尔承认了他的欺瞒,然后他还不得不承认,几个月闭门不出让他的左腿肿得厉害,他现在无法穿鞋或者下楼,更不用说出门了。是怎样的“一件小事”要求一个一贯喜欢呼朋引伴的人如此彻底地与世隔绝?没有人提供解 360
释,而皮普斯留给后人的文件其状态并不能表明他曾花这么长时间归档整理。一种猜测是他在阅读他的日记,他的眼睛不好,只能慢慢读,同时在考虑日记和他自己的未来。他现在已经知道自己不可能通过撰写海军史而获得文学上的不朽。在身后留下一本书是最可靠的延续生命的方式,这一点作为读书人和藏书家的皮普斯非常清楚。多年前,他在一位名医去世时曾说过,他是个聪明人,“但没有写过可以让后人铭记他名字的东西”。[26]然而,皮普斯写出了。有六卷书仍然体面地隐藏在速记中,如果他有勇气让它们流传下来,有朝一日可能会替他向后人说话。在他生命的最后几年里,有一段时间他考虑过这个问题,而这段时间很可能就是这个神秘而孤独的夏天。这几卷日记被放回到书架上,并在他一六九三年制定的新目录中被重新编号。[27]

注释

［1］罗杰·皮普斯于一六八八年十月四日在因平顿去世。他的遗嘱于一六八八年八月三十一日签署，并在十月十三日得到认证。信息来自希拉·拉塞尔（Sheila Russell）。

［2］皮普斯致德莱顿的信，1699 年 7 月 14 日，见《塞缪尔·皮普斯书信及第二部日记》，页 281。一七〇〇年出版的《古今寓言》成为德莱顿最受欢迎的作品。我的十九世纪版本的序言中写道："《一个好牧师的性格》是我们语言中最令人愉快的速写之一，是日记作者皮普斯推荐德莱顿重写的，他是德莱顿的亲密朋友，性格非常单纯，似乎有精准的判断力和优秀的处事才能。"

［3］1689 年 12 月 30 日，博德利图书馆，罗林森手稿，A 170，页 180，在皮普斯所标记的《杂编》（"Promiscuous Papers Current"）中。

［4］安东尼·迪恩致皮普斯的信，1689 年 10 月 29 日；皮普斯致安东尼·迪恩的信，1689 年 11 月 23 日。见《塞缪尔·皮普斯书信及第二部日记》，页 211-212。我省略了皮普斯关于来世的幸福的插入语，"但我感谢上帝，我并非不关心这个问题"。

［5］一六九三年四月十一日，皮普斯得知，已经从布兰普顿的租金中给了萨姆·杰克逊六十九英镑十先令一便士。他答应偿还，六月二十四日，皮普斯的亲戚马修斯，也就是杰克逊家男孩曾经的老师、现任布兰普顿的管家，代表萨姆给皮普斯寄了十英镑，皮普斯很高兴，免除了剩余的债务。（《苏富比拍卖图录》〔*Sotheby's Sale Catalogue*, 1931〕，页 23）但到了一七〇二年四月，皮普斯又向马修斯抱怨起萨姆来。

［6］托马斯·沙德韦尔在约翰·杰克逊这十年末的壮游期间写给的他信中提到了杰克逊的"一个女性敌人"、他的"恶魔"以及他不愿意见到的"伦敦女士"，所有这些似乎指的都是玛丽：它们刊印于《塞缪尔·皮普斯私人通信及文件杂编，1679-1703 年》，1700 年 3 月 15 日，第一卷，页 295；1700 年 5 月 20 日、6 月 2 日，第一卷，页 343、349；1700 年 7 月 8 日，第二卷，页 10。据杰克逊自述，皮普斯在临终前敦促他们化敌为友，这表明他们并不是朋友。

［7］巴尔塔萨·德·圣米歇尔致皮普斯的信，1689 年 5 月 28 日。见《塞缪尔·皮普斯与其家庭圈书信集》，页 123-124。

［8］彼得·斯金纳致皮普斯的信，1689 年 9 月 27 日（博德利图书馆，罗

林森手稿，A 170,页 42);1689 年 11 月 8 日(同上,页 30)。

[9]《塞缪尔·皮普斯书信及第二部日记》中的书信显示费恩太太(Fane)在一六八七年被解雇(页 180,脚注),并由玛丽出面调停;之后在一六八九年她又要被解雇,见皮普斯致詹姆斯·胡布隆的信,1689 年 7 月 10 日(页 194–195)。但皮普斯在霍尔银行的账户显示,一六九一年十二月向简·费恩太太支付了钱。

[10] J. R. 坦纳,《皮普斯先生：日记导读及其晚年生活概述》,页 272。摘自皮普斯图书馆中日期为一六九七年的一份文件,其中列出了他的仆人名单。

[11] 弗朗西斯爵士于一六九〇年十月九日去世。他的遗嘱被保存在公共档案处,写于一六八四年,也就是他妻子去世的那年。朱莉娅·沙尔克罗斯直到一七二六年去世一直是伍德霍尔的女主人,之后伍德霍尔归了她的妹妹伊莎贝尔·哈钦森所有,因此我们有理由认为玛丽在一六九〇年后有时会和朱莉娅一起住在伍德霍尔。

[12] G. M. 特里维廉(G. M. Trevelyan),《英格兰社会史》(*Social History of England*, 1962):“在复辟后的三十年里,原始股票的平均利润最初为每年三分之二十,后来为百分之四十。一六八五年,一百英镑股票的市场价格达到了五百英镑。”

[13] 关于希克斯,见 J. H. 奥弗顿,《拒绝宣誓效忠者》(1902),及《国家传记词典》。关于希尔斯,见 1696 年 3 月 3 日,纳西瑟斯·勒特雷尔,《一六七八年九月至一七一四年四月国事简述》,第四卷,页 24。

[14] 当然应该表扬威廉三世的监视系统。貌似皮普斯因计划中的旅行受到盘问,因为詹姆斯·弗农在一六九八年八月十六日给巴黎的马修·普赖尔的信中写道:“我希望你能留意皮普斯先生的外甥,不要让他误入歧途。我相信这位老先生没耍花招,没有偷偷摸摸去问候他的老主人,他已经宣称不会这样做;但是青年男女有时可能会放荡不羁,忘记良言。”资料来自 J. R. 坦纳,《皮普斯先生：日记导读及其晚年生活概述》,页 270。

[15] 亨利·克拉伦登是二世伯爵,大法官克拉伦登的儿子;他曾在一六九〇年被捕并被送入伦敦塔,不得威廉国王的欢心。一六九四年四月二十七日,克拉伦登与皮普斯共进午餐,皮普斯把这件事记在一张便条上,粘贴在

《桑威奇文件》第十卷中（也是皮普斯图书馆中海军文件第 138 号）。皮普斯至少在十七世纪八十年代就认识乔治·希克斯，当时他是伍斯特教区教长。

[16] 托马斯·史密斯致皮普斯的信，1702 年 4 月 16 日。见《塞缪尔·皮普斯私人通信及文件杂编，1679–1703 年》，第二卷，页 259–262。

[17] 纳西瑟斯·勒特雷尔，《一六七八年九月至一七一四年四月国事简述》，第二卷，页 64，写到哈顿舰长于一六九〇年一月二十五日被捕，一六九二年二月十二日获释。他哥哥是克里斯托弗·哈顿子爵一世（Christopher, first Viscount Hatton），皇家学会的创始成员。查尔斯·哈顿生于十七世纪三十年代中期，在十七世纪九十年代成为皮普斯的亲密朋友。

[18] 例如，皮普斯致约翰·伊夫林的信，1691 年 10 月 8 日。（《特殊朋友：塞缪尔·皮普斯与约翰·伊夫林通信集》）

[19] 开头是这样的："一六七九年四月，当（我不幸的主人，当时是殿下，刚刚被遣往国外，而我自己则被关进了伦敦塔）查理二世陛下受人怂恿，将这些年来海军部事务在他本人监督下运行改为由一个委员会负责执行整个海军部的工作。"（事实上发生在五月而不是四月。）

在结尾处，他宣布他打算写更多的海军历史，并继续写道：

> 出于这种考虑，我将（不仅乐意，而且）感激地接受在这件事上需要修正的任何事项的提示；因为众所周知对于一个像海军这样广泛、丰富、复杂的主题，一个人付出最大的努力也一定远远不能达到完美无瑕；而这样的海军恰好在本章的研究范围内。
>
> 但是，无论我可能从高人那里获得多少改进这本 Schitz［即概述］的东西（或多或少）：某种（我相信）当下的效用亦有望（即使不做改进）从本文中获得，它展示了某种充分、新鲜、昂贵的实验（对英国来说颇具启发性），证明了海洋经济中的这三条真理，即：
>
> 1. 正直和一般的（但非实际的）知识，单独并不足以指挥和支持一支海军，以防止其堕落到一个与在缺少两者时可能发生的最糟糕的情况相比，不那么不幸的状态。
>
> 2. ——没有更多的（没有）事情能依靠单纯的经验和正直，如果不伴随着积极的实施、勤奋、热爱、严格的纪律和方法。

3. ——正是所有这些因素的有力结合(而且仅仅是这种结合),在王室展示它所用的一半时间及不到一半的花费之内,(在其不幸的大人退出的那一刻)将英国的海军从最低的无能状态提高到这个国家(考虑到所有情况)所见过的迈向持久和稳固繁荣的最高阶。

不仅如此;(即使在这个顶峰)它的所作所为和所遭受的苦难都足以教导我们,有一种高于我们的存在,并且支配着世界。

荣耀只归于祂(不可蠡测者)。

[20] 约翰·伊夫林致皮普斯的信,1690 年 6 月 11 日。(《特殊朋友:塞缪尔·皮普斯与约翰·伊夫林通信集》)这封信全文至页 218,还有另一封信,写于 1690 年 6 月 17 日,在页 219,大致相当于现代出版前的造势宣传。

[21] J. D. 戴维斯,《皮普斯与海军部委员会,1679–1684 年》,载于《历史研究所公报》,第六十二卷(1989),页 34–53,证明皮普斯有最强烈的政治动机来破坏委员会的声誉,并着手这样做;但真相就受到了损害。例如,皮普斯在比较一六七九年(七十六艘舰船)和一六八四年(二十四艘舰船)的海军规模时忽视了不同的境况,因为在一六七九年国家刚刚为一场预期的战争筹集了一支舰队,但由于缺乏资金,无法支付人员工资;而在一六八四年五月,实际上有三十九艘,而不是二十四艘舰船在服役,而当时处于常规的夏季防卫。戴维斯认为,在皮普斯的委托下建造的船只所使用的一些木板是不合适的,他发现的一些腐烂的船只既是后来疏忽的结果,也是由这种不合适的木板造成的。他表示,一六七九年的委员会尽其所能打击"有益的航行",但发现自己受到了国王的阻挠,这一点皮普斯本人在他的丹吉尔笔记中也写到了;事实上,只要国王愿意,他就会任意干预海军部的事务——例如,海军部在丹吉尔远征开始之前完全被蒙在鼓里——并让它孤立无援地艰难应对日常运行中面临的经济问题,等等。

[22] 当摄政王的图书管理员詹姆斯·斯塔尼尔·克拉克(简·奥斯丁的朋友)根据詹姆斯本人的笔记编写詹姆斯二世的生平并在一八一六年出版时,克拉克引用了秘书长皮普斯先生关于海军处官员所需素质的大段论述。克拉克说,詹姆斯二世批准了皮普斯的建议,并将其与自身联系在一起。他当然在一六八五年就读过皮普斯的《回忆录》,但似乎到一六九〇年他才得到了

一本。

［23］戴维·道格拉斯,《英国学者》(1951),页258。

［24］皮普斯致约翰·伊夫林的信,1692年1月9日,皮普斯致亨利·希尔斯的信,1692年1月29日,巴尔塔萨·圣米歇尔致皮普斯的信,1692年3月20日。见《塞缪尔·皮普斯私人通信及文件杂编,1679–1703年》,页51–52,页53–54,页55–56。

希尔斯,和皮普斯一样,被疑为詹姆斯党人而受到监视,并于一六九六年三月三日被捕,当时人们再次担心詹姆斯会从法国发动入侵。见纳西瑟斯·勒特雷尔,《一六七八年九月至一七一四年四月国事简述》,第四卷,页24。

［25］皮普斯致托马斯·盖尔的信,1692年9月15日。见《塞缪尔·皮普斯书信及第二部日记》,页230–232。他在第二天给约翰·伊夫林写的信,见《特殊朋友:塞缪尔·皮普斯与约翰·伊夫林通信集》,页235–236。

［26］关于听说皇家医学院前任院长弗朗西斯·普鲁让爵士去世,见《日记》,1666年6月24日。

［27］一六九三年它们被重新编号。由于是按大小排列的,在这个时间前后,它们都被保存在四个不同的地方,直到一七〇〇年,在皮普斯最后一次监督编目和整理书籍期间,才被合到一起。见罗伯特·莱瑟姆给《日记》第一卷写的导言,页lxviii。

第二十六章　即赴之旅

一六九三年九月二十九日，米迦勒节那天，皮普斯乘坐自己的马车 361
出了伦敦，来到乡间，河边的切尔西村；他们可能是去和朋友吃饭，或者只是到户外去呼吸新鲜空气。与他同车的有几位女士和他十九岁的外甥约翰，后者身佩银柄剑，惹人注目。一路穿过牧场，经过几座孤零零的农场和几幢大别墅。当三个骑着马、带着武器的蒙面人出现，用一把手枪指着马车夫的胸口，另一把手枪指着皮普斯时，人们不可能有反抗的想法。这些人问他有什么，他交出了他的钱包，里面有大约三英镑，还有他随身携带的各种必需品，他的银尺、金铅笔、放大镜和五件数学仪器。当他要求拿回一件特殊的仪器时，他被告知，由于他是一位绅士，袭击他的人认为自己也是，因此如果他第二天派人去查令十字街的大酒杯酒馆，他就可以得到它。约翰交出了他的剑和帽带。皮普斯要求强盗对女士们礼貌些，不要吓到她们；有些女士被吓到了，但有一位女士保持了理智：“我的皮普斯夫人保住了她身上的一袋钱。”[1]记载这个故事的法律报告这样写道，其中两名男子于十二月在老贝利法庭因这次犯罪被审判。这两个人，托马斯·霍伊尔和塞缪尔·吉本斯，被认定有罪，部分原因是一位证人在他们摘下面罩时看到了他们的脸，另一部分原因是霍伊尔在大酒杯酒馆被抓，身上带着皮普斯的铅笔。皮普斯在庭审中出庭作证,但他不愿意发誓说他们就是涉案罪犯,因为他没有看到他们的脸。然而两人都被认定犯有抢劫重罪,并被判处绞刑。当事人中最机智的一
362 个似乎是玛丽·斯金纳——此事中的皮普斯夫人——她设法将她的钱安全地放在衬裙下面。她没有被要求作证,但她显然是个不可忽视的人。

这些年过去了,皮普斯并没有学会对威廉国王产生好感,但有一天他同意充当该政权的顾问。这事经由伊夫林牵线搭桥,这位优秀的调停者向政府的一个朋友建议,在格林尼治为生病和受伤的海员修建医院的项目应该咨询皮普斯。由于皮普斯曾经与詹姆斯二世讨论过这个问题,他同意在一六九四年十一月与克里斯托弗·雷恩一起再次前往格林尼治,考虑可以做些什么。他对雷恩新颖而壮观的提案印象深刻,并在给伊夫林的信中称它是“我们的海军荣军院,某种程度上能和巴黎的陆军荣军院媲美”。他还是一如既往地务实,指出建筑方案的规模意味着需要议会的资助;事实证明他是对的,工程因为缺少资金而多次延误。显然他很高兴能再次提供建议;对格林尼治的访问也一定让他想起了许多前尘往事——与桑威奇夫人一起漫步到山顶;在七月的早晨与国王和公爵一起散步,年轻的蒙茅斯围着他们跑闹蹦跳;还有瘟疫发生的冬天,他曾住在格林尼治的寓所里,无拘无束。三十年后的今天,十一月的下午适时地结束了这一幕;这是他最后一次因公外出。[2]

伊夫林感到自己老了——他毕竟比皮普斯大十三岁——这一年他离开了他在德特福德的房子,搬到了萨里。他仍然访问伦敦,但见面的机会少了,他没有参加皮普斯在格林尼治之行后不久参加的皇家学会理事会会议,皮普斯要确保约翰·杰克逊当选为会员。一切都很顺利,“皮普斯先生的外甥杰克逊先生和钱多斯勋爵的儿子布里奇斯先生,经投票表决获得通过”。出席会议的有他的老对手,从昂德尔赶来的约

翰·克里德;他的老朋友罗伯特·胡克;还有一位新朋友,游历广阔的年轻医生、博物学家、收藏家汉斯·斯隆,他担任学会的秘书,还刚刚被任命为基督公学的主治医生。[3]

斯隆对皮普斯和玛丽进行了专业治疗,让玛丽去骑马,以治疗她的
“水肿”。皮普斯把书借给了这位医生,同时也找他借了些书,他非常喜 363
欢听他讲话,甚至有一次写信给他,说“几乎希望自己生病,这样我就可以有借口邀请你本人再来[出诊]一两个小时”。[4]他和斯隆都尽力支持一位更年轻的学者汉弗莱·万利,他以前是考文垂的一个布商学徒,能辨认几乎所有摆在他面前的古文字并确定其年代,当地主教发现了他的天才并把他送进了牛津大学。一六九五年,当万利想去参观著名的科顿图书馆时,皮普斯的牛津朋友送他过去并给他做了引荐。皮普斯安排了这件事,此外还向他展示了自己的图书馆。[5]万利成了博德利图书馆的副馆长;不久,他就写信给书商约翰·巴格福德,请他帮忙从“任何高尚的、优秀的绅士那里寻求、收购图书,他们是我们想要的奇珍异宝的主人,并且愿意或者可能愿意放弃它们并把它们转给我们的图书馆……请在下一封信中告诉我对皮普斯先生可以做些什么”。[6]万利写给皮普斯的信充满恭维之词,那个时代的礼仪要求一个贫穷的学者用这种方式写信给一个潜在的恩主,但它们也不乏真情。在一封信中,他向皮普斯保证,他的话“比我认识的任何人的话都更接近于我们被告知有望在天堂听到的”。[7]万利与玛丽和杰克逊的关系也很好;作为一个不断寻求手稿的古文字学家,他羡慕杰克逊有机会在欧洲旅行,并起草了一封长信,向他提出问题并给出建议。他还请皮普斯支持自己向牛津大学申请资金,以访问欧洲大陆的图书馆,皮普斯和斯隆都为他写了推荐信。[8]皮普斯以这种方式与最先进的学者和科学家保持联系,拒绝让年龄或疾病封闭其思想,钝化其好奇心。

他还保持着对基督公学的兴趣。数学部令他尤其关心,他渴望看到

好的成果，经常询问男孩们出海时干得怎么样，并向工作人员发出指示。一六九五年，在他的要求下一群男孩来到他家，让他评估他们的进步，结果他很失望，断定学校的组织普遍松懈，他与财务主管吵了一架，并写信给艾萨克·牛顿，依旧要求他重新推荐一名数学专家。牛顿推荐了一个
364 叫萨姆·牛顿的年轻大学毕业生——不是亲戚——因为他性格好、能力强；在工作了几个月后，萨姆·牛顿向皮普斯抱怨说孩子们从他手里被带走时还太小了。学校的设立是为这些男孩提供教育，直到他们在十六岁时被送到海上当学徒——但有一个限制性条款，即“如果领港协会会长认为合适，年龄可以提前”。这就是问题所在，他们还没有机会开始认真钻研，就被领港协会会长马修·安德鲁斯爵士拽到海上去了，而安德鲁斯爵士也是学校的理事。萨姆·牛顿在给皮普斯的信中阐明了情况：

> 马修爵士来找我要一个男孩，下个星期就要交出去。我告诉他没有合适的，于是他回答说，如果没有合适人选，他就要一个不合适的，因为他已经答应把他给一个船长，他将向领港协会就这个男孩的不合适作出答复（我想他说的是解释）。当我想到这种考虑不周的行为时，我的内心悲伤极了，最有名的数学学校……竟然被一个人撕成了碎片……[这种]做法将使这所著名的幼年学校的荣誉和声望下降到只教授字母的水平，每一个从未了解过数学的有用性、没品尝过它的乐趣的普通油布帽都会贬低我们可怜的孩子们……到时候，这所旨在提高我们英国水手的技艺（特别是航海术）而创建的学校就会沦落到最受鄙视的境地。

这是一封勇敢的信，信的结尾恳请皮普斯“找到某种办法来阻止这一有害行为”。[9]

皮普斯的答复让牛顿震惊，因为他并没有站出来维护男孩们受教育的权利，而是坚持认为他必须对马修爵士让步，“他不只是你的上司，因此你与之争辩很不得体，而且你会发现在处理孩子们的事务上，他是协会特别依赖的人”。皮普斯曾在领港协会与马修爵士共事多年，根本不准备跟他较量。他写道，牛顿必须“在给你的短暂时间内”尽力提高每个孩子的能力，并“以你力所能及的最得体的方式，在技术的几个主要方面”提供证书，“并可以有把握地断言孩子们在这些方面得到了指导”。[10]他们的交流到此结束，留下了一幅阴郁的画面：男孩们被送往海上，没有受过训练，而且太年幼，无法抗议或者逃跑，他们没有受到基 365
督公学曾经承诺的教育和照顾。有些人可能更喜欢海上的生活而不是上课，有些人逃跑了，但这并不是他们的家庭或恩主所期望的。皮普斯的屈服更令人难过，因为他是如此坚信教育的必要性及其在提高海军水平方面的重要性；如果他更年轻、更健康，或许他会着手处理牛顿的事。

一六九七年春天和秋天，他都生了病，夏天他隐退到威尔·休尔位于克拉珀姆的家里住了几个星期。克拉珀姆当时围绕着一座小教堂，只有几处散落的农家房舍，这栋房子皮普斯三十多年前曾经访问并且称赞过。[11]托马斯·盖尔离开伦敦北上赴任约克教长，再也见不到面了，这让他几乎活得像个修士，他回到伦敦后这样抱怨。然而就在这个时候，他接待了他以前的大学导师约瑟夫·希尔的来访，他现在定居荷兰；他带着一个女儿同来，和玛丽交上了朋友，并提议带她一起回去看看。不能肯定玛丽是否去了荷兰。她的信件没有留存下来，皮普斯写给她的信件也没有。我们知道她会写字，因为她记录了他的口述，但和伊丽莎白一样，她被变成了沉默的女人。这一年皮普斯给她的义姐朱莉娅写了一封有礼貌的信，信中他向朱莉娅保证，他永远不会犯忽视她的错误，“事实上，夫人，这世界和我长时间以来已经很陌生了”；他接着引用了关于政治忧思的诗句，含蓄地暗示他支持詹姆斯二世。[12]

与法国的战争于一六九七年九月结束，路易十四承认威廉三世为英国国王。之后在一六九八年一月，皮普斯一生中的最后一场大火将整个白厅宫化为灰烬，只留下了国宴厅在原地矗立。这标志着他曾经生活和工作过的世界已经灰飞烟灭，在那里王室成员、朝臣和官员们住在一套套的房间里，有些房间几乎不比学院学长的房间大，对这一带熟悉的人之间形成了一种亲密关系，使它几乎像个村庄。现在，这种生活方式和与之相关的一切都已成为历史。玛丽女王于一六九四年去世，威廉国王不喜欢白厅，雷恩的重建计划也被搁置一旁。至少在伦敦城里，他的工作在不断推进，尽管在皮普斯生前，圣保罗大教堂的穹顶和钟楼都没有
366 完工；但他一定很欣赏他童年生活过的区域所发生的变化，雷恩在舰队河两岸建造了码头，并用他最完美的尖塔为新圣新娘教堂加冕。一六九九年，皮普斯因其对基督公学的贡献而被授予荣誉市民(Freedom of the City)，这可能让他最后一次近距离观察曾经熟悉的街道。[13]

一六九九年，他请人为自己的图书馆打造了一张特别设计的书桌和另一个配套大书柜；他现在已经离开了海军，必须用自己的钱来支付这些费用。这是他的第八个书柜，在安装之前的这段时间里，他让人为约克大楼的图书馆画了两张素描。[14]从这两张素描可以看到家具和绘画布置得很好，而且还可以看到相邻的一个房间，房间里可以瞥见一幅镶在镀金画框里的小画，低低地悬挂在一张桌腿有波纹的活动面板桌的上方，画的是骑在马背上的法国国王。[15]画画的人是玛丽，这是她在家里的印记，作为一个艺术家，受到所有人的赞赏。在阴影中待了许多年后，她终于能被看见了，不仅是看见——她甚至值得嘉奖和称赞。伊夫林的孙子在寄给皮普斯的一些赞美他的周六聚会的拉丁文诗中，称赞她作为家中的女主人，像缪斯或雅典娜一样主持着客人的聚会。皮普斯自己也写过她代表他登门邀请一位朋友来访，如果他“还能承受得起聊一个小时哲学和艾菊的苦味”。[16]绅士们把他们妻子的赞美连同他们自己的一

起送给她，这是被社会接受的一个重要标志。她现在看起来非常受人尊敬，一位法国新教牧师，皮普斯曾帮他在爱尔兰谋生的难民，甚至邀请她做他孩子的教母。善良的希克斯博士和万利在信中问候她，万利认为她的地位和影响力非常之大，“先生您、斯金纳小姐或杰克逊先生的两句话”甚至就能帮助他获得他想要的奖学金。[17]最引人注目的是当皮普斯为修缮他在剑桥大学就读学院的旧楼捐出十英镑时，她也送去自己的五基尼捐款。这笔钱在学院档案中被记在“皮普斯太太”名下，它也雄辩地申明了，她那多年伴侣的乐之所在及心之所属，她都希望给予支持。[18]

一六九八年年初，官方为约翰·杰克逊、玛丽·斯金纳、朱莉娅·沙尔克罗斯和另一位女性朋友颁发了通行证，允许他们带着两个仆人去法国旅行：一个没有皮普斯的小假期。作为替代，他正忙着为他的外甥计 367
划一个更加雄心勃勃的项目，不亚于一次壮游。[19]胡布隆家帮助他准备每一个步骤，包括行程、介绍信、如何取钱，而皮普斯则指定一个名字恰好叫帕里斯（Paris）的仆人和他同去。他要游历法国、瑞士、意大利、西班牙和葡萄牙，饱览风光，学习语言，并在举行庆祝新世纪的活动时及时抵达罗马。从来没有一个年轻人临走时得到如此多的指示；皮普斯把缰绳紧紧握在手里，每一次拉扯缰绳，他的外甥都做出回应。他要为皮普斯、玛丽和其他许多人执行委托任务，并定期写信详述他的经历。皮普斯告诉他不能在信末的问候语中漏掉任何朋友的名字，他打算把这些信传给他们所有人看，杰克逊完全按照要求做了。他不打算走错一步路，说错一句话。

他一离开，他舅舅就陷入了忧郁，他给杰克逊的第一封信就是哀叹。他说保罗·洛兰比起从前更不主动干活了。“我宁愿（你知道）忍受事情一点儿都没做，或者在我能做到的情况下自己去做（现在这确实对我来说力不能及，尤其是在抄写方面），也不愿看到有人不情不愿地做。这对我来说是个不小的困难，因为我很清楚我没有其他人选来解决这个问题，除了他以外没有人了解我的事务和工作方式，同时在各方面又都有资格做这件事。因此，唯一真正和彻底的解决办法是，停止工作。”这还不是全部：“我的全部时间里加起来有四分之三或是更多时候，没有人在我身边为我读书或者写字，或者知道如何从我的图书馆里递给我一本书，或者在用完之后把它放回原处；而且，随着我年龄的增长，这种情况越来越难以忍受。”[20]毫无疑问，洛兰确实希望有自由来做自己的工作——他正在准备接受圣职——而皮普斯一直是个苛刻的主人，随着身体越来越虚弱而变本加厉。玛丽在这个关头挺身而出；这之后的许多信件由她书写，拼写像画画一样。

皮普斯的忧郁与他肾脏的溃烂状况息息相关。一七〇〇年年初，他写到“结石让他无法乘坐马车”，到这年三月，他病得很重，洛兰甚至偷
368 偷给杰克逊发了封信，提醒他情况有多糟糕。之前结石手术的伤口已经裂开，在大致成功缝合之前，必须进行三次手术干预。皮普斯有伦敦最好的外科医生查尔斯·伯纳德，也有最时髦的医生约翰·拉德克利夫。他表现出了一贯的勇气，尽管有极大的困难，但在卧床三周后，他还是康复了，并以其特有的方式向杰克逊详细讲述了他的症状和治疗。[21]五月，全家搬到了休尔在克拉珀姆的别墅。那里舒适又通风，伊夫林将其描述为“一个非常壮观、装修得非常好的房子……办公室和花园搭配得相得益彰，适合消遣和退隐”；但是，正如另一位朋友亨利·海德所了解的那样，皮普斯的天性并不适合乡村。“我希望你在克拉珀姆待这么久（因为我认为自从你懂事以来，从来没有在乡下待过这么长时间）会让你体会到花园的乐趣。”他写道，对此并不抱多大希望。[22]

玛丽一直在照顾皮普斯，但现在她也再次病倒了。她想去巴黎治病——也许有点和杰克逊较劲的意思。我们是通过皮普斯的教子、现在

给英国驻巴黎大使当医生的约翰·沙德韦尔博士知道她的计划的,他与杰克逊有着变化不定的通信联系:斯金纳小姐,沙德韦尔写道,正在考虑试试巴黎的空气,“以治疗她的水肿”。在下一封信中他说克拉珀姆传来了好消息,“因为它没说你的恶魔要来”;七月,他向杰克逊保证,“伦敦的夫人目前身体非常不舒服,她已经完全放弃了渡海的想法,因此除非有例外,来这个地方[巴黎]更不可能了”。[23]显然,杰克逊和斯金纳小姐之间没有好感。与此同时,皮普斯催促杰克逊为她购买一些西班牙皮革、一把扇子和一本插画书,他认真地执行了这项委托:取悦玛丽是取悦他舅舅的一个必要部分。[24]

尽管新世纪伊始对皮普斯来说是如此痛苦,但他也有优雅和雄辩的时刻。“‘那么,’你会说”——他在给伊夫林写信——“‘你在做什么?’真的,没什么值得一提的,但(我认为)我并没闲着;因为谁能像我一样有这么多事情(过去的和未来的)要想?而思考,我认为就是工作。”虽然他在克拉珀姆没多少书,而且怀念他的图书馆,但他的思考让他想起了他的科学兴趣,于是在九月他兴致勃勃地搭建了自己的牛顿光学实 369
验,“在一个黑暗的房间里收集光线;我在做实验的过程中感受到了比以前大得多的快乐和轻松”。[25]这个夏天特别热,阳光特别好,这意味着他不仅可以在室内收集阳光,还可以到乡下探险,到温莎、汉普顿宫、里士满,最远到了埃普瑟姆——他曾为两个国王服务过,再追溯到他童年时拜访杜尔丹斯,可想而知他有着什么样的乐趣和什么样的回忆。[26]

在白金汉街,洛兰正在为图书馆重新编目,玛丽则在为他回家做准备。皮普斯迫不及待想回到他的书堆中,但被说服在克拉珀姆待到深秋。他又想到了过去,于是他给目前正在加的斯的杰克逊写信,建议他去里斯本看望“我曾经的王室女主人,我们的孀居王后(Queen Dowager)”:布拉甘萨的凯瑟琳已经回到了她的祖国,而皮普斯对他曾认为谦逊而纯洁的王后充满了回忆,希望表达他“最深的敬意”。[27]在这之后，詹姆斯·胡布隆的死带来了更多悲伤，“迄今为止相处最久且最受称许的朋友弃我而去”；萨拉早些时候已经去世，詹姆斯也已经病了好几个月，但皮普斯几乎没想到会比他俩活得更长。[28]他的身体也没有好到可以参加在伦敦城举行的葬礼。即使在悲痛中，皮普斯也在写一封重要的信，一篇关于音乐在教育中的地位的专题讨论，“这是一门特别能产生快乐的技艺，无论在什么生活状态之下，公共的或是私人的，世俗的或是神圣的；不分年龄或季节的差异；无关情绪心情或是健康状况，除了目前的身体剧痛之外，最后，无论身份地位的差别，都不能使其不成体统、不合时宜或是让人不快。我们可以看到，无论在哪里，人们普遍都在兴致勃勃地追捧它”。他认为，任何教育都不应该没有音乐。他在这里也回顾并引用了他的老主人桑威奇伯爵爱德华·蒙塔古，对他来说音乐一直是日常娱乐，直到“那个时刻，在为他的国王和国家效忠时，穿过火炮隆隆、鲜血淋漓的大海，他把它换成了一个更加难以言喻和充满荣耀的和谐状态”。皮普斯自己对音乐的热爱和对其重要性的深刻信念，与回忆和忠诚交织在一起，并进一步融入他对未来不可言喻的和谐状态的思考中。[29]

370 他的《回忆录》以宣言结束，其中没有提到上帝，而是将力量和神秘性归于“不可理解”的“上界的某种东西”，“荣耀只属于它”；我们也许应该在这些关于不可言说的和谐和不可理解的力量的阐述中寻找皮普斯的信仰。这当然不是普通或传统的信仰。有一次，有人请他写一封推荐信，他写道：“我不知道他的宗教或信仰是什么，也不认为应该对任何人的信仰有要求；只要他的谈吐清醒而且诚实就行了。”[30]他在生命的最后几年采纳的格言本质上是人文主义的，取自西塞罗，意思是“人如其思”。[31]他为逃离迫害的法国新教徒所做的慈善工作，肯定是出于对宗教不宽容的厌恶，而不是对其信仰的热忱。他早年对宗教持怀疑态度，对其他教派抱有人类学和美学的好奇心，对教义、基督或者圣经缺乏兴趣，不在乎定期上教堂，有需要或必要时，完全愿意遵从同胞的宗教仪式，所有这些都表明他接近威廉·佩蒂的宽泛的宗教宽容：乐意遵循社会的传统宗教习俗，但保留独立思考的权利。[32]他有很多在教会工作的朋友，但宗教不是他与他们通信的主题，书籍、手稿、图书馆、历史、笔迹甚至那些预言故事才是。不过，随着他年龄增长，眼看着朋友们一个个死去，他的信中有了更多关于祈祷、信仰和来世的内容，而伊夫林温和的虔诚，经常与引经据典交织在一起，打动并引起了他的兴趣，他们都把死亡想象为一场旅行，并为之准备。皮普斯写道，“请记住你和我现在是几点钟”，伊夫林回答说，“我们就剩下向上帝乞求一场轻松舒适的旅程了，除此以外对俗事就睁一只眼闭一只眼吧”。[33]

睁一只眼闭一只眼对皮普斯来得并不容易。一七〇一年一月，他写信给亨廷登的亲戚马修斯，谈到他的外甥萨姆·杰克逊，他以为他还在马修斯的指导下：“现在从你那里得知情况并非如此，我感到既惊讶又不悦；因为我怀疑他在这件事上犯了比（为了他）你认为适合告诉我的更严重的错。不过，我现在不会再进一步调查了。”[34]

一七〇一年上半年，他一直住在白金汉街，但身体非常不舒服，不能 371
出门。很可能他的腿太肿了，还可能有大小便失禁的问题。他处境可怜，写信让约翰·杰克逊回来，他知道从西班牙出发的旅程可能会很慢，六月他自己回到了克拉珀姆。八月，他写了一份遗嘱，把布兰普顿留给塞缪尔，其余的财产留给约翰。威尔·休尔，“我最认可、最亲爱的朋友”，是他的遗嘱执行人，他将获得五百英镑。除了给“我忠实的老仆人简·彭尼”的年金外——她肯定是简·爱德华兹，再婚后又成了寡妇——这就是全部遗嘱。国家欠皮普斯的两万八千零七英镑二十五先令一又四分之一便士，如果支付的话，应该算在土地上，由他的外甥们分割（从未支付）。他恳求他们不要对他们得到的东西感到失望，而是要记住，这比他或他们天生拥有的要多。几天后，约翰回到了英国。

现在克拉珀姆的圈子由皮普斯、威尔·休尔、约翰·杰克逊和玛丽组成。皮普斯想见伊夫林，最好是在这个世界上，他开玩笑说，而且是在冬天结束之前；圣诞节，他通过他的三个同伴向伊夫林家的所有人送去问候。休尔从来没有什么故事可讲，他总是安静平和，总是关注皮普斯是否舒适。玛丽正在请人给她画像，不是由内勒就是由他的兄弟扎卡里亚斯（Zacharias）来画，而且，她除了去坐着当模特以外，还为皮普斯办事，她从舰队街取来一个用麻袋包裹的盒子，是他六月存在银行里的。十二月十日，银行职员在账户上写道："把其中一个盒子交还给斯金纳小姐。"[35]约翰·杰克逊出国这么久回来，很可能会去亨廷登拜访他哥哥萨姆，如果他去了，他一定会得知萨姆结婚了，而且没有征求他们舅舅的意见。皮普斯很快就听说了这桩婚事，并给他发了一封愤怒的信。四月，他写信给马修斯，抱怨这个年轻人"愚蠢，不负责任，顽固"。"对于他，我向您断言，先生，"他继续说，"当我思考从他的信中读出的乖张和愚蠢时，我认为对您和我来说，最好还是不要再操心他的事了。"[36]但他仍然没有采取进一步行动。

他知道死亡不会太远，但仍在顽强抵抗。一七〇二年二月他六十九
372 岁，身体不顶用了；但头脑还和以前一样，仍然聪明敏锐，他继续为自己找事做，让自己沉浸其中并获得满足。其中一件事是请人为数学家约翰·沃利斯画像并赠送给牛津大学。这使他与内勒、沃利斯、皇家学会以及牛津学术界频繁联系，他开玩笑称牛津大学为他的姨妈，因为剑桥大学是他的学术母亲。他不愿接受与书籍的分离，反而把他的整个图书馆从约克大楼搬到了克拉珀姆。这是一个信号，表明他并不指望能回伦敦了；这也是个大工程，尽管幸亏他从一开始就想到了如何搬动这些书，并将书柜设计得便于拆卸。横楣可以取下来，中间部分被一分为二，底座上有提手。休尔准备了一间宽敞华丽的装有护墙板的房间安置它们。除了书柜和书桌之外，房间的护墙板上还放置了双面画，两个地球

仪被安装在滑轮上，皮普斯的船模型被摆放在玻璃柜中。[37]他能感到真像在自己家里一样。

他正在阅读克拉伦登的“大叛乱”历史的第一部分，这本书是由他的朋友克拉伦登伯爵二世新近出版的，他兴致勃勃地发现自己生活中的事件变成了官方历史；他写信称赞亨利·海德，并恳请他加速后续卷册的出版。[38]皮普斯也收到了赞誉之词，但他仍然可以对恭维话开玩笑。小伊夫林的拉丁文诗宣称没有必要去罗马了，因为皮普斯家陈列着杰克逊的战利品，在那儿可以享受到罗马的乐趣，对此皮普斯评论说，伊夫林“早就教会他如何把皮普斯先生的家鹅全都变成天鹅”。而当牛津大学的发言人在收到他的礼物、沃利斯的画像后赞美他时，他感谢他“凭空把我抬升到一个荣耀的新世界”。[39]

两位国王都比他年轻，他的主人詹姆斯二世和他的敌人威廉三世，在一七〇一年和一七〇二年的六个月内相继去世，随后安妮女王在四月加冕。六月，对图书馆有特别兴趣的学者威廉·尼科尔森被召到伦敦，接受新女王授予的圣职卡莱尔主教。他早些时候曾向皮普斯借过书，在伦敦短暂停留期间，他特意到克拉珀姆拜访了他，“在皮普斯先生以前的文书休尔先生的舒适的家里”。[40]尼科尔森是希克斯和埃德蒙·吉布 373
森的朋友，后者与他一起前往克拉珀姆；伊夫林也在那里恭候他们，尼科尔森在日记中描述了那个地方和那次拜访：

> 房子里有大量的中国瓷器和其他印度物品，是由某种湿粘土制成的器皿；硬化成一种类似抛光的大理石的物质。护墙板上挂满了画；（通过一个活动器，两面都画了画）可以让整个房间呈现出三种不同的样子。由最有名的建筑师制作的君主和其他战争人物的模型；非常精密细致，放在玻璃柜中。皮普斯先生的图书馆分九类[？柜]，镀金很精美，镶嵌了玻璃窗；很深，每组都可以容纳两排……

> 书。一对地球仪用滑轮挂起来。书籍摆放得如此整齐，甚至他的男仆（看完目录后）可以闭着眼睛去拿其中任何一本。/ 绘画、剪纸、小册子等大大小小的杂集……韦里奥的《国王詹姆斯二世的图样》（Draught of King Ja. the Ⅱ.）的节略本，基督教堂医院的穿蓝制服的人（还有该机构的董事和主管、市长大人和高级市政官等），被认为是现存的描绘当时各种衣服、仪态等的最好图像。

尼科尔森也很欣赏“与房子相得益彰的花园、人行道、保龄球场、池塘等”，以及不同高度的树篱和树林，月桂、紫杉、冬青、鹅耳枥；他记录下伊夫林“认为自己在这些事上太过奢侈”。[41]

七月，玛丽不得不去林肯郡，她的母亲在那儿奄奄垂死。玛丽和她的妹妹巴克夫人弗朗西丝，是斯金纳太太遗嘱的共同执行人，她们作为“心爱的女儿”被选中，并分享了她们母亲的最大部分的遗产；其数额不可能很大。[42]皮普斯很快就向一位法律界熟人询问玛丽的职责，以及一个执行人是否可以在没有另一个执行人的情况下处理事务。[43]斯金纳太太给他留了“两大块金子，好给他买个戒指”，这比她的一些孩子得到的还要多；她的当仆人的女儿伊丽莎白，得到一百英镑，条件是她嫁给某个叫托马斯·比尤特的人。[44]父母们总是克制不住试图在死后还控制孩子，斯金纳太太和皮普斯都把遗嘱作为维持权力的手段。

374 一七〇三年二月，他过了七十岁生日。此时，他的坏肾已经使他的体力降到了最低点：他身体虚弱憔悴，痛苦不堪。泌尿器官的感染疼痛剧烈，今天抗生素或者手术切除一个肾脏可能就能救了他的命，但在当时没有有效的治疗方法。玛丽正在处理家庭财务问题，从她在霍尔银行的账户中支付钱款。她把对皮普斯的担心吐露给亲戚玛丽·巴拉德，后者写信给他说“斯金纳小姐”认为他没有按照他的病情要求来照顾好自己的健康，并提出为他准备一些“我偶尔做的杂七杂八的东西，这些东西不仅健康而且合你的胃口”,比如“肉冻汤、鹿茸羹、美莲草”。[45]这是善意的姿态,但他几乎吃不下饭。他最后一封为人所知的信是为他内兄写的,是为圣米歇尔向舰队总司令提出的养老金请求。他说,这是他从海军退职后提出的唯一要求。[46]

三月,他给希克斯博士送去消息,希克斯以前来过克拉珀姆的家,认识这里——有一次是在一七〇〇年夏天——他同意在皮普斯觉得自己快不行的时候过来。四月,他被告知他没有康复的希望了,之后约翰·杰克逊给休尔写了一封小心翼翼的信,请他向皮普斯保证,他的外甥不指望能从他那里得到些什么:他想的很可能跟他说的正相反,而且他无论如何都相信皮普斯对他的感情。[47]对皮普斯来说,还有足够的时间和精力再演最后一场戏。他一听说自己已经无法康复,就开始全面修改自己的遗嘱,在五月十二日和十三日连续两天口述了两个夸张的遗嘱附件。在第一个遗嘱附件中,他从他的外甥萨姆那里拿走了布兰普顿的产业,只给了他四十英镑年金。布兰普顿连同遗产的主要部分都归约翰所有。

他还得把图书馆托管,与休尔共同负责寻求最好的方法来保存它,“使其成为一个整体,不被分割,不被出售,并确保不受任何形式的减损、破坏以及侵吞;并最终处置好……以造福后人”。另有两组指示明确了他们该怎么做。他的所有书籍都要送给“我们的大学中的一所”,而且最好是剑桥而不是牛津;送给一个图书馆,最好是抹大拉学院的图书馆,三一学院作为后备;由杰克逊在新楼里挑一个房间,藏书必须完整 375
而独立地保存于其中,除了院长外,任何人都不允许拿走任何书籍,而且院长最远也只能把书拿到他自己家。他提出了一个由三一学院每年视察的制度,以检查他的命令是否一直被遵守,如果他们发现抹大拉有任何违规行为,就有权利接管图书馆。他的指令的方方面面都表明,皮普斯在准备它们时非常谨慎,它们在最后一刻出现在他的遗嘱中,之前关于如何处置图书馆他一定考虑和规划了相当长的时间。这些指示也很特别，可能以剑桥大学另一个学院图书馆的条约为蓝本，即马修·帕克在基督圣体学院的图书馆，该图书馆也以类似的方式得到了很好的保护。[48]

这并不是唯一引人注目的最后时刻的补充。玛丽在早先的遗嘱中没有被提及，但在五月十二日的附件中首次出现。“鉴于我认为自己有义务借此机会留下我对优秀的玛丽·斯金纳小姐最全心全意而永恒不变的尊重、敬意和感谢，因为在我过去生命的整整三十三年里，她对我的持续的友谊和帮助产生了许多重要的影响；我给予或策划上述玛丽·斯金纳小姐在她有生之年得到两百英镑的英国法定货币作为年金或年收入。”他想赡养她，并承认她长时间以来已经成了他生命中的亲密的一部分，这是可以理解的：但为什么只在这最后一刻才这样做？最好的解释可能是，他原本打算做出一些谨慎的私人安排，并与他的遗嘱执行人威尔·休尔一起制定，商议妥当；要么他自己意识到这样做不够好，要么是威尔委婉地建议将事情落到纸面上会更明智。玛丽的家人和朋友可能提出了抗议，但更有可能的是玛丽自己询问了此事，然后坚持她有权得到承认和供养。如果她这样做了，你只能佩服她面对皮普斯时的勇气，因为皮普斯一直倾向于将妇女排除在书面文字的男性世界之外。不管怎么说，这是一个公正的决定，让她有了某种尊严，确保她在失去和他在一起的家时，能够宽裕地独立生活，并让后人知晓她在他身边的地位。

376 随着终点的临近，皮普斯开始思考还能为玛丽做些什么。他可能已经开始神志不清了，而她可能正在给他施加压力。临死前如果有金钱问题要处理，人的行为就会变得奇怪，这一点皮普斯是从他最喜欢的剧作家本·琼生那里得知的。另一份遗嘱附件将政府欠他的两万八千英镑中的五千英镑分给了玛丽，还有一份仔细记录的口头要求，说他希望给“斯金纳小姐、休尔先生和约翰·杰克逊”每人价值五十英镑的餐具，把

“画和物品给斯金纳小姐”。[49]不管最后约翰·杰克逊得到的财产价值多少，都足以确保他永远不必工作，尽管不足以让伊夫林接受他向孙女的求婚。不管是不是世交，伊夫林都以经济理由拒绝了他。[50]

伊夫林自己摔断了腿，正在养伤，一七〇三年五月十四日他来看皮普斯，发现他“衰弱无力，康复的希望很小，我深受震动”。他记录下，天气很好，晴朗而温和，是皮普斯一直喜欢的夏季的特性。两位朋友没有再见过面，皮普斯最后的日子留给了他的外甥约翰·杰克逊来记述。[51]他做得不错。五月二十四日，星期一，希克斯博士到了，发现皮普斯躺在一张沙发上。他在他身边祷告，然后拿起他的手，发现他的脉搏非常微弱，于是告诉他，他只须念：“来吧，我主耶稣，快来。”皮普斯至死都很实际，请他向上帝祈祷，以缩短他的苦难。当天晚上，他开始抽搐，浑身颤抖，呼吸困难。凌晨四点，他表现出更多的痛苦的迹象，并要求拉开窗帘，打开窗户；皮普斯很可能希望看看黎明的曙光，感受夏天的空气。“躺在沙发上的时候，他向我招手——拉着我的手——也拉着斯金纳小姐的手，（竭力）对我说，‘做个好朋友吧；我希望你们能这样’；说完后我主动要吻他的脸颊；他把嘴转过来，带着特别的感情，紧贴我的嘴唇。/休尔先生告诉他希克斯博士来了；于是他命人扶自己在床上坐起来，博士进到屋里，为病人举行仪式，并把手放在他的头上，为他赦罪。仪式结束后，舅舅说：‘上帝保佑我’；为教长和我们所有人祝福，并祈求上帝报偿我们所有人，然后玛丽·斯金纳发言说，‘特别是你，我亲爱的孩子。’”

在接下来的几个小时里，皮普斯感谢了他所有的仆人，并亲吻了其 377
中的一些；当夜幕再次降临时，“玛丽·斯金纳和我偷偷溜到他的床前看他，握着他的手，他不知道我们是谁。沙德韦尔医生来了，偷偷进去摸他的脉搏，脉搏已经差不多消失了。/大约在星期三深夜一点，帕里斯走过房间。舅舅叫他，问我在哪里。‘在床上；要我叫他吗？’‘不用。’不久又问起我。'要我叫他吗?''是的。'他去叫我,我过来,见他躺在床上,喉咙里呼呼作响,呼吸非常困难”。他已经两天没有吃东西了,据他自己可靠的手表显示,他在三点四十七分去世。当时太阳即将在夏日的天空中升起。

注释

[1] 来自 H. B. 惠特利,《皮普斯拾遗》(1899),页 45–47, 其中印有《老贝利庭审文件》(Old Bailey Session Papers)1693 年 12 月 6 日–9 日文件对审判的描述。

[2] 皮普斯致约翰·伊夫林的信,1694 年 11 月 7 日。(《特殊朋友:塞缪尔·皮普斯与约翰·伊夫林通信集》)与桑威奇夫人一起去是在一六六二年六月三十日,与查理二世和公爵一起去是在一六六五年七月二十六日。

[3] 皮普斯比克里德长寿,这一定让他很高兴——克里德于一七〇一年去世,他的遗孀在北安普顿郡的蒂奇马什教堂立了一块精美的纪念碑。见皇家学会秘书会议记录,1694 年 11 月 21 日,页 119、120。

[4] 关于建议玛丽骑马,见皮普斯致汉斯·斯隆的信,1701 年 10 月 14 日:“您的病人每天都骑马,我希望这对她有益。”(《塞缪尔·皮普斯书信及第二部日记》,页 334)对于皮普斯希望与斯隆交谈,见 1702 年 7 月 31 日的信。(同上,页 348)

[5] 汉弗莱·万利致 T. 坦纳的信,1695 年 4 月 16 日。见《古文字学家、盎格鲁–撒克逊学家、图书馆学家汉弗莱·万利一六七二至一七二六年书信》,P. L. 海沃思编辑(1989),页 12、13。汉弗莱·万利致史密斯的信,1695 年 4 月 23 日,当时他见到了“皮普斯先生壮观的图书馆”。(同上,页 16)

[6] 汉弗莱·万利致约翰·巴格福德的信,1696 年 5 月 24 日。(同上,页 37–38)

[7] 汉弗莱·万利致皮普斯的信,1701 年 4 月 15 日。见《塞缪尔·皮普斯书信及第二部日记》,页 330–331。

[8] 关于皮普斯和斯隆的推荐信,见《古文字学家、盎格鲁–撒克逊学家、图书馆学家汉弗莱·万利一六七二至一七二六年书信》,页 473–475。斯隆还

提供了一百英镑的资金；另见《塞缪尔·皮普斯私人通信及文件杂编，1679—1703 年》，第一卷，页 366-367。尽管这样，万利还是没能说服牛津大学支持他。

［9］萨姆·牛顿致皮普斯的信，除了一六九五年八月七日的一封，其他的日期不详。（大英图书馆附加手稿，20732，页 158）

［10］皮普斯致萨姆·牛顿的信，1695 年 8 月 8 日。（同上，页 158V.、159）

［11］《日记》，1663 年 7 月 25 日。当时皮普斯和威尔在那里拜访了高登。皮普斯觉得“这所房子非常规整，设计精当，花园和周围的办公室也很方便，是我有生以来见过的最应有尽有的房子。当然他因为花了这么多钱而受到了指责。”一六六五年七月二十七日，他再次来到这里，发现这里的花园“非常怡人”。一六六三年，克拉珀姆有五百六十二座炉灶（《维多利亚郡之萨里》，第四卷，页 37），一六六四年有九十二座房子。见莱瑟姆和马修斯版《日记》的《指南》卷，页 65。

［12］他凭记忆引用的诗句是：“当我看到一个不满分子／对政府的错误感到厌烦／它的和平安宁让他烦恼，／因为是由那些让他不悦的人带来／我认为疯人院没有一个傻瓜，‘像这个政治忧郁者’。”皮普斯显然觉得向朱莉娅·沙尔克罗斯倾诉他的政治感受是安全的。

这封信的所有信息由《特殊朋友：塞缪尔·皮普斯与约翰·伊夫林通信集》页 235 脚注提供。来自《罗森巴赫公司目录》（*Rosenbach Company Catalogue*，费城，1937），第 287 件，页 102。贝杜瓦耶在出版该书时，并不知道朱莉娅·沙尔克罗斯的存在。后来，在一七〇〇年八月，皮普斯写信感谢乔治·斯坦霍普博士对“沙尔克罗斯太太和她在格林尼治的聚会”的关切。斯坦霍普是赫特福德郡特温的牧师，离伍德霍尔和朱莉娅的妹妹伊莎贝尔的家不远。

［13］他计划在一七〇〇年和一七〇一年之交的冬天拜访胡布隆的儿子们，但不清楚他是否去了。见《塞缪尔·皮普斯私人通信及文件杂编，1679—1703 年》，第二卷，页 124。

［14］另外还有四个书柜。第九个在一七〇二年安装完毕，最后三个在他死后交付。素描是萨顿·尼克尔斯画的，折叠后保存在目录中。见戴维·

麦基特里克(David McKitterick),《皮普斯图书馆书目》,第七卷(1991),页xxxiii。

[15]《斯金纳先生绘制的骑马的法国国王小型画——镀金画框》("The Miniature K: of France on horseback by Mr Skyner — in gilt frame")。属于哈佛大学霍顿图书馆(Houghton Library)十九世纪初制作的目录,是已丢失的原件的复本。"斯金纳先生"肯定是指玛丽,我们知道她是艺术家。

[16] 伊夫林的孙子的这首诗落款日期是1699年7月12日,见《塞缪尔·皮普斯私人通信及文件杂编,1679-1703年》,第一卷,页179。皮普斯致利特尔顿·波伊斯爵士的信,1697年1月20日,同上,第二卷,页137。艾菊是一种草本植物,汁液色黄味苦,被用作复活节布丁的调味料。

[17] 德加雷尼埃尔致皮普斯的信,1701年6月5日。(同上,第二卷,页226-229)其中提到玛丽是他女儿的教母。乔治·希克斯博士致皮普斯的信,1702年9月1日。(同上,第二卷,页267)汉弗莱·万利致皮普斯的信,1702年9月25日。见《古文字学家、盎格鲁-撒克逊学家、图书馆学家汉弗莱·万利一六七二至一七二六年书信》,页193-194。对于来自妻子的问候,查尔斯·哈顿舰长致皮普斯的信,1700年8月31日,见《塞缪尔·皮普斯私人通信及文件杂编,1679-1703年》,第二卷,页62,和伊夫林太太的信,1700年7月22日,见《塞缪尔·皮普斯书信及第二部日记》,页304。

[18] 感谢查尔斯·奈顿从抹大拉学院档案中帮我获取这一信息。它出现在涵盖了一六九〇至一七一三年的那部分中。(页127)皮普斯的捐赠紧随页126v.之后,于一六九四年六月十八日登记,并记录在他在霍尔银行的账户上。

[19]《国家文献大事记,国内系列》,1698年2月12日,页88。"约翰·杰克逊先生、朱莉娅·沙尔克罗斯太太、玛丽·斯金纳小姐、安·切里特、爱丽丝·埃德蒙兹、康拉德·贝克斯泰纳以及他们的仆人,旅法通行证。"

[20] 皮普斯致约翰·杰克逊的信,1699年10月19日。见《塞缪尔·皮普斯私人通信及文件杂编,1679-1703年》,第一卷,页199-202。

[21] 关于皮普斯对乘马车结石疼痛的话,见致约翰·杰克逊的信,1700年11月11日。(同上,第二卷,页123-124)皮普斯致约翰·杰克逊(在威尼斯)的信,1700年4月8日。(同上,页316-317)坦纳告诉我们,信的开头是他

自己写的，后来洛兰接着写，而附言是玛丽写的；皮普斯的签名是“用非常颤抖的手”写的。

[22]《约翰·伊夫林日记》，1700年9月23日。亨利·海德致皮普斯的信，1700年7月1日。见《塞缪尔·皮普斯私人通信及文件杂编，1679-1703年》，第二卷，页1。

[23] 约翰·沙德韦尔医生致约翰·杰克逊的信，1700年5月20日、6月2日、7月8日。见《塞缪尔·皮普斯私人通信及文件杂编，1679-1703年》，第一卷，页343、349，第二卷，页10。

[24] 皮普斯致约翰·杰克逊的信，1700年6月13日。（同上，第一卷，页358-359）

[25] 皮普斯致约翰·伊夫林的信，1700年9月19日。贝杜瓦耶没有给出光学实验这一段（页282-283），但豪沃斯和坦纳给出了，并指出这段话被删除了——皮普斯显然删掉了信中邀请伊夫林的孙子来看他的实验的部分，也许是因为他不再能应付这样的来访。

[26] 皮普斯致查尔斯·哈顿的信，1700年9月19日。见《塞缪尔·皮普斯书信及第二部日记》，页310。戈登·曼利（Gordon Manley），《英格兰中部气温：一六五九至一九七三年的月平均值》（'Central England Temperatures: Monthly Means 1659 to 1973'），载于《皇家气象学会季刊》（*Quarterly Journal of the Royal Meteorological Society*），第一〇〇期（1974），页389-405中的气象记录表明一七〇〇年七月到九月很热。

[27] 皮普斯致约翰·杰克逊的信，1700年10月8日。见《塞缪尔·皮普斯私人通信及文件杂编，1679-1703年》，第二卷，页87。关于皮普斯对王后的评论，见《日记》，1662年9月7日。约翰·杰克逊没能转达问候，但在马德里逗留之后，他于四月见到了王后，他在马德里特别想参加“斗牛节”，“这种娱乐活动非常值得一看；它最不好的地方是太野蛮”。

[28] 皮普斯致温·胡布隆的信，1700年10月30日。（同上，第二卷，页105）

[29] 皮普斯就格雷戈里博士（Gregory）的教育建议致信阿瑟·夏勒特博士，1700年11月5日。见《塞缪尔·皮普斯书信及第二部日记》，页317-320。

[30] 皮普斯致信他的亲戚霍利的安吉尔，1695年3月14日。（大英图

书馆附加手稿,20732,页85)

［31］这句格言取自西塞罗的《西庇阿之梦》（'Scipio's Dream'）（《论共和》〔*On the Republic*〕,第六卷）中的整段话,谈的是有死的身体和不死的灵魂之间的区分。"Tu vero enitere; et sic habeto, non esse te mortalem, sed corpus hoc; nec enim tu is es, quem forma ista declarat, sed mens cuiusque is est quisque, non ea figura, quae digito demonstrari potest."理查德·奥拉德精彩的译文是:"打正义之仗,并时刻提醒自己,有死的不是你,而是这个身体。因为你的真实存在不是通过观察你的身体外表来认知的。相反,一个人的思想是什么,那就是他本身,而不是我们通过感官识别的一个个的人形。"

皮普斯向威尔·休尔解释说,西塞罗的观点源自柏拉图,后来经过圣保罗的"改造";这是他少见的提到圣经的地方之一,表明他随着年龄的增长对它的兴趣增加了。这句格言的英文版本还让人想起奥利弗·克伦威尔在一六五六年对议会的演讲中使用的这句话,"思想就是人,"他接着说,"如果保持思想纯洁,人就有些意义;如果不能,我倒要看看他和野兽之间有什么区别。"克伦威尔一六五六年九月十七日的演讲见《奥利弗·克伦威尔演讲集》,伊万·鲁茨编辑（1989）,页98。皮普斯当时为爱德华·蒙塔古工作,并在一六五六年十一月给他写了他现存最早的一封信,内容是关于克伦威尔和王权问题的,所以他有可能听说了演讲的一些内容并记住了。

［32］皮普斯有一本关于自然神论的书,即威廉·斯蒂芬的《自然神论在英国的发展》,出版于一六九六年,仍在皮普斯图书馆中,这并不能证明他本人持有自然神论思想,但自然神论信仰简单,强调自然宗教而非启示宗教,确实与他对教义问题的漠不关心相符。自然神论者相信有一个上帝,他要求人的崇拜、虔诚和美德,宽恕罪恶,并在来世惩恶奖善;没有额外的内容。这是约翰·利兰在他的《上世纪和本世纪自然神论主要作家的观点》中对十七世纪自然神论信条的描述,这是一七五四年出版的一个不友善的描述。

［33］皮普斯致约翰·伊夫林的信,1700年8月7日;伊夫林致皮普斯的信,1700年8月9日。（《特殊朋友：塞缪尔·皮普斯与约翰·伊夫林通信集》）

［34］皮普斯致马修斯的信,摘录自1931年《苏富比拍卖图录》的手稿,页24中未出版的信件。

［35］玛丽在她的遗嘱中提到了戈弗雷·内勒为她画的画像;内勒本人

在一七〇二年七月二十九日给皮普斯的信中提到了“斯金纳小姐的画”，说它“被我哥哥和其他画锁在一起”，但这话模棱两可。见《塞缪尔·皮普斯私人通信及文件杂编，1679–1703 年》，第二卷，页 265。皮普斯在舰队街霍尔银行的账户的手稿记录。

［36］皮普斯致马修斯的信，1702 年 4 月 21 日。（1931 年《苏富比拍卖图录》，页 25）

［37］见卡莱尔主教威廉·尼科尔森在 1702 年 6 月 17 日的日记中的描述，下文提到，刊印于《坎伯兰郡和威斯特摩兰郡古文物与考古协会会刊》，第二卷（1902），页 155。

［38］皮普斯致亨利·海德的信，1702 年 8 月 4 日。见《塞缪尔·皮普斯私人通信及文件杂编，1679–1703 年》，第二卷，页 266。

［39］皮普斯致约翰·伊夫林的信，1700 年 9 月 19 日。（《特殊朋友：塞缪尔·皮普斯与约翰·伊夫林通信集》）皮普斯致阿瑟·夏勒特博士的信，1702 年 11 月 14 日。见《塞缪尔·皮普斯私人通信及文件杂编，1679–1703 年》，第二卷，页 286。

［40］关于尼科尔森从皮普斯图书馆借阅图书，1700 年 6 月 14 日，以及归还，1700 年 12 月，1701 年 1 月。见《塞缪尔·皮普斯私人通信及文件杂编，1679–1703 年》，第一卷，页 362–363。

［41］尼科尔森对克拉珀姆的图书馆的描述独一无二。他年轻时去德国旅行，约瑟夫·威廉森爵士曾建议他写日记，他保持了这一习惯；但是，虽然这是一份具有一定社会意义和重要政治意义的文件——他成了上议院里辛勤工作的议员——却没有皮普斯的天才，无论是在写作还是在表现自我方面。基督公学的韦里奥画作的小型版本大概是一九三一年苏富比拍卖会上售出的那幅，被描述为“韦里奥的水彩素描”，尺寸为 17⅜×93¾英寸；目前我不知道它的下落。

［42］我已经能够找到弗朗西丝·斯金纳太太和两个斯金纳家女儿玛丽和伊丽莎白的遗嘱的下落，但没有老丹尼尔·斯金纳先生或任何一个儿子的遗嘱；女人似乎在斯金纳家中占主导地位。

［43］格莱西尔致皮普斯的信，1702 年 12 月。见《塞缪尔·皮普斯私人通信及文件杂编，1679–1703 年》，第二卷，页 288。

[44] 公共档案处,PROB,11/467 中的弗朗西丝·斯金纳的遗嘱。

[45] 玛丽·巴拉德致皮普斯的信,1703 年 3 月 1 日。见《塞缪尔·皮普斯私人通信及文件杂编,1679–1703 年》,第二卷,页 302。巴拉德夫妇似乎与玛丽·斯金纳沾亲,她在遗嘱中为她的"亲戚塞缪尔·巴拉德"留下了十英镑的遗产,估计是他们的儿子。巴拉德夫妇在皮普斯的葬礼上都收到了戒指,列在"从前的仆人和受抚养人"中,但这个类别很广泛,包括他的内科医生、外科医生以及王座法庭的法官利特尔顿·波伊斯爵士。

[46] 皮普斯致乔治·鲁克爵士的信,1703 年 4 月。见《塞缪尔·皮普斯书信及第二部日记》,页 373–374。

[47] 约翰·杰克逊致威尔·休尔的信,1703 年 4 月 20 日。(同上,第二卷,页 309–310)

[48] 皮普斯很可能从万利那里听说了大主教马修·帕克一五七五年为他在剑桥大学基督圣体学院的珍贵图书馆设立的类似条约,并部分地将其作为模板,以便在将来保护自己的图书馆。汉弗莱·万利一六九九年在帕克图书馆工作,知道帕克在禁止带走书籍方面的规定,这一点他在一六九九年九月十七日从剑桥给阿瑟·夏勒特博士(也是皮普斯的朋友)的信中说得很明确,他说他可以借到任何他喜欢的书籍,"除了贝内特学院(Bennet College)的书籍"(贝内特学院是基督圣体的另一个名字——《古文字学家、盎格鲁-撒克逊学家、图书馆学家汉弗莱·万利一六七二至一七二六年书信》,页 138)。帕克留下了详细的指示,以确保这些书不被带走。他还规定,如果基督圣体学院疏于管理,图书馆必须移交给凯厄斯学院,如果凯厄斯也做不到,则移交给三一学堂。帕克在落实他的图书馆目标方面取得了明显的成功。(皮普斯也是。)

皮普斯也知道约翰·科顿爵士的图书馆处境麻烦。一七〇一年,当约翰爵士大限将至之时,万利请皮普斯支持他申请成为图书馆管理员;现任图书馆管理员托马斯·史密斯博士害怕因为自己拒绝宣誓效忠而失去职位,皮普斯在与其协商后,向万利解释说,他认为应该支持史密斯。图书馆的托管会太忙了,皮普斯去世之前都没有开会;与此同时,图书馆被锁了起来,想查阅的人无法进入。见 P. L. 海沃思的文章,刊于《泰晤士报文学增刊》,1962 年 8 月 31 日,页 660。皮普斯可能也想避免类似问题。

[49] 口头遗赠出现在皮普斯遗赠的丧戒名单的末尾,见《塞缪尔·皮普

斯私人通信及文件杂编,1679-1703年》,第二卷,页318。

［50］这是在一七〇五年,伊夫林给出的理由是他无法给他孙女足够多的财产。也可能他出于其他原因瞧不上杰克逊,比如其卑微出身或者其性格。

［51］约翰·杰克逊的记述,见《塞缪尔·皮普斯私人通信及文件杂编,1679-1703年》,第二卷,页312-314。

尾　声

他去世当天的晚些时候，约翰·沙德韦尔、汉斯·斯隆和外科医生 378
查尔斯·伯纳德为他们的朋友验尸。沙德韦尔和斯隆是皇家学会会员，他们这是在遵循杰克逊的意愿，“为了我们自己满意以及公共利益”，他向伊夫林解释说。皮普斯本人无疑也会同意，因为他重视科学研究，也因为他相信自己的病例是有意义的。他们的发现使得他在过去几年中的坚忍更加令人钦佩。左肾里有七颗不规则的结石，聚成一团，黏附在他的后背上，周围包括肠道都发炎了，化脓，腐烂，膀胱坏疽，结石手术的旧伤口又裂开了。肺部满是黑点和泡沫，肠胃变色、松弛、没食物、发炎；但心脏和右肾是健康的。杰克逊自己描述了一番他们的报告，寄给了伊夫林。[1]

伊夫林立即写下了他对四十年来的“特殊朋友”的悼念。

> 今天，萨姆·皮普斯先生去世了，一个非常值得尊敬、勤奋、好奇的人，在英国没有人比他更了解海军，他在其中担任过最重要的

> 职位，书记官和海军部秘书长，在每个职位上都极为诚实正直：当国王詹姆斯二世离开英国时，他挂冠解印，脱身于政事，与同伴（以前是他的职员）休尔先生住在克拉珀姆一幢非常宏伟的别墅里，环境舒适惬意，他在那里享受着自己的劳动成果，生活富足，广受爱戴，好客，慷慨，博学多才，精通音律，非常惜才爱才……

遵照皮普斯的遗愿，葬礼于六月四日晚上九点在圣奥拉夫教堂举
379 行，他选择埋葬在伊丽莎白的纪念碑下面的墓穴中。棺椁“以非常光荣和庄严的方式”从克拉珀姆运来。[2]希克斯博士主持仪式。没有提及音乐，但很难想象皮普斯会在没有音乐的情况下埋进坟墓。皮普斯希望赠与纪念戒指的名单很长，包括来自剑桥大学、牛津大学和皇家学会的朋友，来自海军部、海军办公室和教会的朋友，包括坎特伯雷大主教；不是所有人都到了现场。政治上的分歧被搁置一旁，抬棺人中有四名拒绝宣誓效忠者、两名辉格党人。拒绝宣誓效忠者中有三位亲密的朋友，即克拉伦登伯爵、安东尼·迪恩和查尔斯·哈顿，还有一个是费弗沙姆伯爵，被认为是詹姆斯二世的私人朋友和支持者。费弗沙姆也许是在代替伊夫林，皮普斯想让伊夫林去，但他觉得去不了——毕竟他已经八十三岁了。另外两位是托马斯·利特尔顿爵士和詹姆斯·弗农，都与玛丽·斯金纳有关系，也肯定是因此而被选中。利特尔顿是博特勒家的朋友，弗农则是姻亲关系，他的妻子是玛丽的妹妹弗朗西丝的丈夫威廉·巴克爵士的妹妹。[3]由于妇女不应参加葬礼，玛丽没有出席，但她可以认为有人代表了她。

简·彭尼，“小老简”，除了戒指还得到了五基尼的丧礼费，可能是由她的儿子爱德华兹上尉代表她参加，除非他那时在海上。剑桥郡的罗杰·皮普斯是姓皮普斯的人里唯一得到戒指的；他的外孙盖尔、皮普斯的教子，也得到了戒指。家族中其他得到戒指的有两个杰克逊外甥和教

养他们的亲戚约翰·马修斯；圣米歇尔和他的女儿玛丽；以及当时的桑威奇伯爵和他弟弟约翰，都是从小就认识皮普斯的。戒指还给了许多其他的教子教女、职员、仆人和专业顾问，给了威尔·休尔和他的许多家人，给了亨利·希尔斯，还有詹姆斯·胡布隆的两个儿子。小威廉·佩恩也得到一枚，还有拒绝宣誓效忠的科顿图书馆管理员托马斯·史密斯博士。

葬礼结束后，希克斯博士这样描述皮普斯："在他临终前漫长而严厉的考验中，他的行为之伟大在各方面都与他伟大的生命相称；我相信没有人在离开这个世界时对它有更大的蔑视，或对揭示未来世界的每件事有更强烈的信心……在我照护过的病人或垂死之人中，从没有一个在死亡时有如此高贵的虔诚心灵，对不朽有更加敏锐的认知，同时又如此 380
坚忍、耐心。"[4]这是对皮普斯的勇气当之无愧的赞扬，也证明了他在最后时刻愿意心存感激地接受基督教仪式；但很难相信他对这个世界有过哪怕片刻的蔑视，在这儿他曾经荣耀加身并为这里未来的居民留下了他最大的遗产。

约翰·杰克逊与威尔·休尔一起留在克拉珀姆，继续图书馆的工作，添置书籍，并与洛兰一起编纂新目录。它价值四千英镑。皮普斯去世三个月后，他写信给抹大拉学院院长，说他和皮普斯的遗嘱执行人打算执行他的计划，将图书馆最终交付给学院。第二年夏天，他造访剑桥，并在抹大拉的新楼中选择了两个位置核心的房间来接收它。当时现有的学院图书馆中的全部书籍已经完全超出预定规模，但他并没有因此而受到阻碍；或许他也没有看到这些书。[5]一七〇五年里目录完成了，最后几个书柜也已安装完毕，皮普斯的全部收藏，包括他的模型船、肖像画和一些家具，都在克拉珀姆展出。

玛丽回到了威斯敏斯特租房住。她在墙上挂了一幅皮普斯画像，还有许多与他一起生活的纪念物，她还让人为自己做了一枚心形钻石纪念戒指。她的房间里有两个装得满满的书柜,一个六扇的印度大屏风和一个印度陈列柜,有大量餐具和其他一些画,包括她自己的画像,她说是戈弗雷·内勒画的;她还有一块汤皮恩(Tompion)金表。[6]她和她的义姐朱莉娅保持着密切的关系,很可能不时地去伍德霍尔看望她。她还关注她妹妹巴克夫人弗朗西丝的孩子;而她与约翰·杰克逊的关系似乎也变得更友好了。当他与休尔的表妹安妮结婚并组建家庭时,她成了他们女儿保利娜的教母。但她只比皮普斯多活了十二年,在一七一五年六十多岁时去世;杰克逊是她的遗嘱执行人,她把皮普斯留给她的几乎所有东西都留给了他和他的家人。[7]她把她镀金的银香水瓶留给了朱莉娅·沙尔克罗斯;书柜和书给了她的外甥查尔斯·巴克,"新衣服"给了他的姐妹们。几幅画和她的剩余财产都给了她的侄子丹尼尔·斯金纳和他女
381 儿,他可能是科比特的儿子。她希望与她的养母伊丽莎白·博特勒一起埋葬在哈特菲尔德的圣埃塞德丽达教堂,这个愿望实现了;她为自己的葬礼留下了三百英镑的巨款,一七一五年十月十八日的葬礼登记册上有她的名字,"玛丽·斯金纳小姐,来自伦敦田野圣马丁教堂"。[8]她死后几周,威尔·休尔也死了;他的纪念碑在克拉珀姆教堂。[9]

除了执行皮普斯的指示,杰克逊的生活只剩下了结婚生子。一七二四年七月他去世后,图书馆的三千本真皮装订的书连同书架一起从克拉珀姆转移到了剑桥。[10]转移的费用是由皮普斯曾经的同事的儿子安格尔西勋爵支付的;把所有东西打包并从克拉珀姆运到伦敦花了二十三英镑,再把它们带到剑桥又花了十八英镑。[11]安格尔西还提供了足够的资金付给图书馆管理员"每年十英镑,直到永远"。抹大拉图书馆管理员塞缪尔·哈德顿和那里的其他人都不知道,在新图书馆即将开箱的书籍中,有六卷日记,和其他书一样也用棕色皮革装订。但杰克逊和洛兰的目录中明确地指出了它们的存在,还列出了皮普斯收藏的速记入门书,其中有谢尔顿的《速记法》,这是他使用的速记体系。一七二八年五月,

书籍安家落户四年后,一位名叫彼得·莱斯特的人参观了图书馆,并注意到书目中有一本关于速记的书,引起了他的兴趣,“但带我们参观图书馆的先生是个外行,不熟悉书目分类法,所以我们无法找到它”。不过在寻找速记书的过程中,他们还是发现了五卷(而不是人们期待的六卷)用速记写成的书,“是皮普斯先生的日记;我不知道记录方法,但它们字迹清楚,专有名词用的是普通字符……我没有时间,也不愿意给图书馆管理员添麻烦,否则我可以破译一些”。莱斯特写信给他的朋友约翰·拜罗姆,他也对速记感兴趣,并且在接下来的二十年里多次来到剑桥;但他并没有进一步探究关于日记的信息。

人们对皮普斯的其他方面感兴趣,尽管不是对日记。一个叫理查德·罗林森的收藏家从他的地产中获得了大量文件,一七四九年他向托
马斯·鲍德勒询问这个人的信息;鲍德勒弄错了大部分事情,自信地断 382
言皮普斯是牧师的儿子,是个大地主。一七五五年罗林森去世时,把这些文件留给了牛津大学的博德利图书馆;一七七八年,托马斯·卡特从桑威奇家族那里获得另一批文件,也被存放在博德利图书馆。还有几次对抹大拉的造访,一是为了找皮普斯的民谣集——珀西的《古代英国诗歌遗篇》在一七六五年出版——二是要找他对查理二世在伍斯特战役后逃跑的描述,一七六六年出版。一八〇五年,海军部首席大臣查尔斯·米德尔顿爵士说皮普斯是“一个在与[海军]业务有关的所有方面都知识异常丰富的人,具有伟大的才能和最不知疲倦的勤奋”。[12]但皮普斯并不是个家喻户晓的名字。

一八一二年,苏格兰历史学家大卫·麦克弗森引用日记中的几句话,说明欧洲茶叶贸易的发展——一六六〇年九月二十五日皮普斯第一次喝茶,并记录下来,“杯”和“茶”两个字使用普通书写。没有人知道麦克弗森是如何查到这一条的,但他的书《欧洲与印度贸易史》受到了《评论季刊》的关注。第二年,抹大拉世袭督导任命了一位非常年轻的院

长，二十四岁的乔治·内维尔教士阁下，这位督导碰巧是他的父亲。院长的舅舅托马斯·格伦维尔是个出色人物，他是海军部首席大臣及大英博物馆理事查尔斯·詹姆斯·福克斯的朋友，把他的个人藏书两万册遗赠给了博物馆；可能是他鼓励了外甥去看皮普斯日记。一八一八年约翰·伊夫林日记的出版也是个刺激因素，于是托马斯·格伦维尔——打破了皮普斯的限制，即任何书籍最远只能带到院长家——把第一卷拿给他那对速记略知一二的兄弟格伦维尔勋爵。他没有意识到这本书是用一种已知的体系写成的，但他宣称，它可以很轻易地迅速被转写，并无疑应该出版。

接下来上演了一出悲喜剧。院长找到了一个准备承担这项任务的大学生。约翰·史密斯二十岁，是一个校长的儿子，由于十几岁时一次不明智的婚姻而变得非常贫穷；他已经是一个孩子的父亲了。因此他很高兴能接到这个任务，一干就是三年，有时每天工作十二个小时以上，从一八一九年春天到一八二二年四月六日，他完成了工作，将皮普斯的三
383 千一百零二页日记转写成他自己的九千三百二十五页，用他流畅清晰的字迹，只在右边的页面书写，写满了五十四本厚厚的笔记本。他完成了全部工作，却不知道速记的解释就在图书馆里。他有些误读，但很少遗漏，除了一些赤裸裸的性描写，通常在左页上注明“Obj.”[①]——“令人作呕”——尽管偶尔也会删削而未加注明。他把“bloody”写成“b.... y”，把“yard”（阴茎）写成“yd”。值得注意的是，他一字不差地转写了皮普斯的开篇第一页。因为这三年的劳动，他得到了两百英镑的报酬。

史密斯的转录本被交给了校长家族的另一位成员，理查德·内维尔（不久后继承了一个头衔，成为布雷布鲁克勋爵），他成为转录本的正式编辑。布雷布鲁克对转录本进行删改，删减了四分之三，并用自己的话

① “objectionable”的缩写。

重写了大量内容,制造出一个被现代编辑罗伯特·莱瑟姆称为对原文的滑稽模仿的东西。然而他确实雇用助手收集了数百封皮普斯的往来信件,与日记一同付梓。[13]他对史密斯的致谢简短而冷淡,只是说他本人与他并不相识,但他似乎勤勉而忠实地完成了工作。史密斯在他的余生中一直很委屈。他眼看着一个富有的贵族拿走了所有荣誉,而他的基础性工作却被掩盖了。一八四二年,抹大拉学院院长告诉图书馆的一位访客,转写工作花了"大约十二个月"。与此同时,史密斯在诺福克郡勉强度日,他当了助理牧师,干了那位"有钱的兼任牧师"的活儿,并由他每年付给一百英镑。他的妻子是个残疾人,他说他全靠朋友的帮助才没被关进债务人监狱;多次向大法官申诉之后,他才于一八三二年在赫特福德郡的巴尔多克获得了自己的教区,每年收入一百三十英镑。[14]

拜伦和简·奥斯丁的出版商约翰·默里拒绝了日记,但亨利·科尔伯恩在一八二五年夏天出版了布雷布鲁克的版本——三分之二是日记,三分之一是书信——配有版画的两大卷,售价六基尼。[15]《泰晤士报》对其大加赞赏,杰弗里在《爱丁堡评论》中称它为"新细节的百宝箱"。沃尔特·司各特认为伊夫林比皮普斯更胜一筹,因为他的社会地位和道德调门都更高;皮普斯日记内容更丰富、更有趣,但"在思想感情和感染力上相形见绌"。他写道,"早年的需要使皮普斯变得勤奋、好学、谨慎", 384
但他的"天性是追求享乐"。斯科特批评布雷布鲁克在编辑上的错误,并表示希望能够出版全本。[16]这点毫无疑问,虽然在一八二八年日记有过两次重印。西德尼·史密斯告诉霍兰夫人日记是胡言乱语,而身为日记作家的托马斯·克里维更喜欢皮普斯收集的画,而不是他的日记,他认为日记"与图书馆的其他内容相比,几乎是垃圾"。[17]更有意义的是,麦考利对它感兴趣,说他觉得自己从日记中了解了白厅的每一寸土地——"我从汉斯·霍尔拜因门进入,穿过铺垫子的长廊出来"——他把皮普斯用作他的《英格兰史》的素材。

一八三三年，海军上将威廉·佩恩爵士的后裔格兰维尔·佩恩出版了他祖先的一本回忆录，他在书中抨击皮普斯是个出身低微的裁缝的儿子，对他进行诋毁。你很难责怪他。一八四一年，约翰·史密斯出版了他转写的丹吉尔日记和另外一些皮普斯的信件，附带一篇简短的传记。一八四二年，一位名叫弗雷德里克·马登的学者访问了抹大拉，就所谓的"不良段落"向院长 G. 内维尔·格伦维尔阁下提出质疑，他推测或许能从约翰·史密斯的转写本中读到这些段落。内维尔·格伦维尔告诉他转写本在自己手中，并盛气凌人地补充说"只有**两个**人向他申请过阅读许可，他们是乔治四世和霍兰夫人！两人的申请都被他**拒绝**了"。[18]

与此同时，图书馆也搬家了，先是搬进院长家的一间餐厅，然后又搬进新家，最后又搬回学院的另一个房间。[19]一八四八至一八四九年出现了日记的扩充版，布雷布鲁克从中删去了对史密斯的致谢。这版日记也卖光了，之后一八五四年又出现了一个更完整的版本。约翰·史密斯于一八七〇年去世，没有出版据他说已经写完的"日记史"。然后在十九世纪七十年代，布雷布鲁克去世后，迈纳斯·布莱特，抹大拉的一位体弱多病的研究生，从日记原文重新做了转写。约翰·默里再次拒绝了出版机会，它被一家名为比克斯父子的公司获得，一八七五至一八七九年间，分六卷出版了文本的五分之四。[20]这次出版印数不多，因其包含了被认为不宜出版的细节而引起了反对之声，但也引出了截至当时为止关于日记最具洞见的文章，作者是罗伯特·路易斯·史蒂文森。史蒂文森不同
385 意流行的观点，即皮普斯并不打算让他的日记有朝一日被人看到，恰恰相反，他坚信他是想让日记流传下去——"皮普斯没那么蠢，他在写日记的过程中，一定察觉到了他正在创作的这部作品有多么不同寻常"。他谈到了他对自己的过去的浪漫情怀，并将他与卢梭和海兹利特对照；他称他是"人类历史上无与伦比的人物"，原因有三。第一，他"对他同时代的人来说，他差不多戴着历史性的灿烂光环，而对他的远裔来说，则

有一种不雅的亲近感”；第二，他对自己坦诚；第三，他有能力用“那种可能会被蒙田这样的天才羡慕的丰富而亲密的细节描写”，将自己展现在我们面前。[21]

布雷布鲁克版重印了几次，亨利·惠特利曾在一八八〇年出版了第一本关于皮普斯的一般性介绍书籍《塞缪尔·皮普斯和他生活的世界》，使用的是布莱特的转写，在一八九三至一八九六年间编辑出版了一个八卷本扩展版。莱斯利·斯蒂芬等人认为，有些段落太不雅观，不宜出现；虽然日记还有更多次重印和许多选本，但直到一九七六年威廉·马修斯新转写的日记的最后一卷——第三个转写本——出版问世时，皮普斯三百年前写下并留给世界的日记才得以完整出版。[22]

皮普斯的一生从头到尾就是一出戏。它经历了疾病、激情、火灾、丧亲、监禁、诬告和革命的折磨，在英国历史上最动荡的年代里上演，那是一个既危险又血腥的惊心动魄的时期。从他的共和国时期的童年开始，他就一直相信任人唯贤的制度，并在海军中做了很多工作推行这种制度；然而为处决查理一世而欣喜若狂的年轻皮普斯，当整个国家，包括海军在内，都抛弃了詹姆斯二世时，他却成了托利党人和詹姆斯二世党人，不肯背叛他。他职业生涯最可悲的一面是，他依附于他无法尊重的国王，却觉得自己必须给予他们个人的忠诚。但他精力充沛，不会让悲剧长期成为他的生活模式；而且他是一个个人主义者，有意识地追求自己的命运。他知道如何对付坏运气，就像他知道如何在好运来临时抓住它 386
一样。他勇于承担风险——结石手术可能会要了他的命——并光荣地迎接挑战，比如他在下议院的精彩演讲，与布鲁克府委员会的斗争以及对叛国罪指控的自我辩护。对他的职员来说，他是一位善良、讨人喜欢的主人。他有天赋与他遇到的许多杰出人物交上朋友，以他的魅力、好奇心、敏锐思维、健谈、好客赢得他们的喜爱和尊重。达官显贵、造船商、工程师、商人、学者、医生、作家都称赞他的晚年生活。他不把女人当作朋友，即使他爱她们。伊丽莎白和玛丽都不得不用她们能找到的任何武器来对抗他那令人崩溃的自私自利。桑威奇夫人是个例外，他的族姐简·特纳是另一个，还有他的女仆简·伯奇，尽管她也不得不为保持自己的地位而战斗。他没有自己的孩子，这是他的悲哀，解决的办法很典型，他为自己找了个替代儿子；命运玩了个狡猾的把戏，让他瞧不起的妹妹帕尔成了他心爱的外甥约翰·杰克逊的母亲。

在他漫长、复杂和世俗的生活的中心，最不可能存在的就是这部秘密的杰作。没有人知道，也没有人能够想象，一个二三十岁的年轻人，在建立自己的事业并带着无拘无束的欲望追求快乐时，竟然有精力有毅力创造出一种新的文学形式，而它竟然成了一部天才的作品。日记将他推向了顶峰，与弥尔顿、班扬、乔叟、狄更斯和普鲁斯特并驾齐驱，尽管与他们不同，他似乎并不是从一开始就有意识地献身文学。相反，它是在他内心深处逐渐形成的。他感受到了它的要求，并被征招到它的事业中。于是他既描写了整个社会，同时也把自己作为一个全新的英雄呈现出来。他这样做的时候，还创造了一种语言——有力、精确、迷人——用它来做前所未有的事情，用跟他的科学家和哲学家同事一样好奇的方式，来揭示他的发现，关于一个人的内心和外部世界之间的复杂关系的发现。他的成就是惊人的，但其中没有任何卖弄或矫饰；当你读罢日记，掩卷沉思，就知道自己已经与你会遇到的最平常却又最不平常的作家为伴了。

注释

[1] 验尸报告见《塞缪尔·皮普斯私人通信及文件杂编，1679–1703 年》，第二卷，页 311–312。杰克逊给伊夫林的信载于惠特利（Wheatley）版《日记》的介绍，页 xliii–xliv。莱瑟姆和马修斯版《日记》表明（第十卷，页 172–176），

皮普斯因左肾损坏而继发的高血压造成了脑损伤。凯恩斯的文章(载于《医学传记》,第五卷(1997 年 2 月),页 25-29)纠正了这一点:"从他的消瘦憔悴和验尸结果来看,死亡原因可能是腹腔内脓毒症引起的毒血症"——这似乎是正确的,皮普斯虽然身体虚弱,但没有脑损伤的迹象。

[2] 摘自《邮差》(*Post Boy*),1703 年 6 月 5 日,第 1257 期,载于布雷布鲁克版《日记》第六版,页 xxxviii。

[3] 伊丽莎白·博特勒夫人给玛丽·斯金纳的一千英镑遗赠是以"埃塞克斯郡托马斯·利特尔顿准男爵的一些土地的抵押"为担保的。有父子两个托马斯·利特尔顿准男爵,他可能是儿子(1647-1710),一六九八至一七〇〇年的下议院议长,皮普斯去世时的海军司库。詹姆斯·弗农,一六九八至一七〇二年间是重要的国务大臣(他在一六九八年八月注意到皮普斯,见第二十五章注释 14),与玛丽·巴克结婚,她是准男爵约翰·巴克爵士的女儿,威廉爵士的妹妹,后者与"商人丹尼尔·斯金纳的女儿弗朗西丝·斯金纳"、玛丽·斯金纳的妹妹结婚——见伯克的《消失的贵族名录》。

[4] 乔治·希克斯博士致阿瑟·夏勒特博士的信,1703 年 6 月 5 日。见惠特利给《日记》写的导言,页 xlv-xlvi。

[5] 根据扎克·康拉德·冯·乌芬巴赫的说法,他在一七一〇年访问了抹大拉学院,《伦敦在一七一〇年》(1934);J. E. B. 梅厄编辑,《安妮女王治下的剑桥》,页 139。

[6] 这一信息来自她的遗嘱,写道:"我自己和我外甥女霍尔(Hore)的画像都是由戈弗雷·内勒爵士画的。"她说的"外甥女霍尔"可能是指嫁给霍尔的玛丽·巴克。

[7] 例如,她给了遗嘱执行人约翰·杰克逊三十英镑,"用来制作镀金杯子、杯盖和托盘,我花了二十英镑,尽管它们是价值五十英镑的餐具,这些餐具是他已故舅舅塞缪尔·皮普斯绅士给我的,最近我把杯子、杯盖和托盘送给了我的教女保利娜·杰克逊,也就是上述约翰·杰克逊的女儿"。还有,"鉴于上述皮普斯先生向我赠送了法国国王的金质纪念章、我房间里的时钟、印度六扇屏风,我把这些都送给了约翰·杰克逊先生,还有他希望我送给他的他舅舅的画像,我还把我的三本书,关于异教神、凡尔赛城堡和水利工程的描述,以及一本名为 Jendarinorer[? Gens d'honneur(荣誉人物)]的法国纹章小书给了上

述杰克逊先生，三本书都由我本人装饰过。我的钻石心形戒指，送给杰克逊先生的妻子，也就是安妮·埃奇利太太，这是我为她丈夫的舅舅定做的一枚丧戒”。

[8] 遗憾的是现在无法找到她的坟墓，博特勒夫妇的墓碑也被掩盖在教堂的地毯下。亨利·W. 格雷（Henry W. Gray）提供的关于圣埃塞德丽达教堂的墓葬登记信息。

[9] 休尔的亲戚布莱克本写了本日记，他在一七一六年二月去伦敦民事律师公会（Doctors' Commons）宣读“休尔先生、皮普斯先生和斯金纳小姐”的遗嘱。他的这则日记出现在一九三一年的《苏富比拍卖目录》中。

[10] 克拉珀姆的房子被认为是公地的北侧，靠近现在的维多利亚路，大约在一七六〇年拆毁。一七七四年，老教堂也被拆掉了，但克拉珀姆直到十九世纪仍是农村。（《维多利亚郡史之萨里》，第四卷，页 37）约翰·杰克逊的外孙塞缪尔·皮普斯·科克雷尔于十八世纪末在克拉珀姆公地的北侧 29 号为自己建造了一座房子。

[11] 惠特利在他的《皮普斯拾遗》中给出了这些数字：“箱子、工人、必要的费用和从克拉珀姆到伦敦的车费是二十二英镑十八先令十一便士，到剑桥的车费是十八英镑三先令十便士。”（页 34）

[12] J. R. 坦纳，《塞缪尔·皮普斯与皇家海军》（1920），页 16。

[13] 这些信件是从杰克逊的后代皮普斯·科克雷尔（见家谱）、牛津大学图书馆和大英博物馆收集的。

[14] 史密斯悲愤交加的信件在抹大拉学院的皮普斯图书馆中。

[15] 科尔伯恩支付了两千两百英镑，院长账簿记录了其中一千两百英镑是以百分之三的利率借给了学院，同时每年拨出五十英镑来资助院长选定的贫困学者。

[16] 斯科特在一八二六年春季的《评论季刊》上写的。

[17] 史密斯致霍兰夫人的信，1826 年 6 月 20 日。见《克里维文件：已故托马斯·克里维通信及日记选》（*The Creevey Papers: A Selection from the Correspondence and Diaries of the Late Thomas Creevey*），H. 马克斯韦尔爵士编辑（1903–1905），第二卷，页 280。这句话是在一八三四年说的。

[18]《弗雷德里克·马登在剑桥》，T. D. 罗杰斯编辑（1980），页 22。

［19］搬迁发生在一八三四年、一八四七年和一八五四年。一八七九年它占了二院一楼的东南面的房间，房间进行了防火处理。直到一九五六年，它才回到杰克逊为它挑选的房间——这也许就是我在二十世纪五十年代初读本科时没有看到它的原因。见 E. K. 珀内尔，《抹大拉学院》，页 128-136。

［20］布莱特把他的转写本送给了抹大拉学院，但遗失了。

［21］罗伯特·路易斯·史蒂文森，《塞缪尔·皮普斯》，载于《康希尔》，1881 年 7 月，页 31-46。

［22］出版商就他们是否有可能被起诉的问题征求了杰拉德·加德纳（后来是勋爵）和 C. S. 刘易斯教授的意见。两人都认为现在是安全的（《淫秽出版物法》已于一九五九年通过）。必须指出，布莱恩特在一九三三年出版的传记第一卷中勇敢地全文引用了开头那段话。

参考书目

每条文献给出的日期是所用版本日期而非文献初版日期。

1. 未出版资料

The Bodleian Library: Rawlinson MSS, A 170-95 and D.Carte MSS.

The British Library: Add MSS, 22,183, Add MSS, 19,872, Add MSS, 32,094, Add MSS, 20,732. Egerton MSS, 928: William Hewer, Sir John Kempthorne and their lawyers' letters of 1678 about ownership of Clapham that Hewer has taken over from bankrupt Sir Denis Gauden, in debt to Kempthorne who proposes to seize goods and crops from Clapham. Hewer prevents this. Egerton MSS, 2621: Admiral Herbert papers include correspondence with prince of Orange during 1688 invasion. Sloane MSS, 2572, fols.79-87: Richard Gibson's account of his career.

The National Maritime Museum: AGC / 19, Miscellaneous Papers of Samuel Pepys. LBK / 8, Correspondence of Samuel Pepys. Also X98 / 065, vol. I of the Sandwich Journal.

Further volumes of Sandwich Journal in possession of Lord Sandwich.

Hoare's Bank, Pepys's accounts 1680-1703; also the account of 'Ann Skinner'.

The Public Record Office: Admiralty papers relating to Pepys, ADM 106 / 2887. ADM 20 / 4, Tangier Roll AOI / 310, 1220, 1221: accounts for 1665 and for 1667-71. Wills of Sir Francis Boteler, Mrs Frances Skinner, Mary Skinner.

Hertfordshire Record Office: will of Dame Elizabeth Boteler.

Pepys Library: Mornamont MSS in two vols. Magdalene College Letters. John Smith's transcription of Pepys's diary in 54 volumes. Correspondence of JohnSmith about promise of help made by Lord Chancellor Brougham, 1831-2. (Pepys Library unofficial MSS).

Guildhall, parish registers of St Bride's and St Olave's, Hart Street.

Liddle Hart Centre at King's College, London, archives of Arthur Bryant, containing extensive MS research notes and correspondence of both Henry Wheatley and John Tanner, correspondence, as well as Bryant's research notes.

Julian Mitchell's unpublished essay, ' Monmouthshire Politics 1660-1706' , for information about Richard Creed, brother of John.

The Royal Society: journal books and secretary's minute books 1670-1700.

National Portrait Gallery archives: notebook of Charles Beale for 1681, part diary, part account book, bound in with Lilly's astrological almanac.

2. 同时代人的日记和回忆录

Aylmer, G. E. (ed.), *The Diary of William Lawrence*, 1961 (personal papers written 1657-84)

Beadle, John, *The Journal or Diary of a Thankful Christian*, 1656

Bond, M. (ed.), *Parliamentary Diary of Edward Dering* (1644-84), 1976

Burnet, Gilbert, *Sermon at Funeral of J. Houblon*, 1682 (biographical, not entirely reliable)

—*History of My Own Time*, 4 vols., 1818

Coates, W. H. (ed.), *The Journal of Sir Simonds D'Ewes* (1602-50), 1942

de Beer, E. S. (ed.), *The Diary of John Evelyn*, 6 vols., 1955

Denne, S. (ed.), *The Life of Phineas Pett of Deptford, Commissioner of the Navy*, 1796

Dick, Oliver Lawson (ed.), John Aubrey's *Brief Lives* set down between 1669 and 1696, 1958

Ellwood, Thomas, *Life of Himself* (1639-1713), 1880

Fox, George, *Journal* (1624-91), 1694

Henning, Basil Duke (ed.), *Diary of Edward Dering* (1670-73), 1940

Fanshawe, Anne, Lady, *Memoirs* (1625-80), 1907

Firth, C. H. (ed.), E.Ludlow's *Memoirs 1619-1692*, 1894.Now revealed to have been heavily rewritten after Ludlow's death for first publication in 1690s

Heywood, Revd Oliver, *Autobiography 1630-1702*, 2 vols., 1937

Hutchinson, Lucy, *Memoirs of the Life of Colonel Hutchinson*, 1906

Hyde, Edward, earl of Clarendon, *The True Historical Narrative of the Rebellion and Civil Wars in England*, 6 vols., 1888

Joyne, John, *A Journal*, 1959

King, Lord (ed.), *Life and Letters of John Locke, with Extracts from His Journals and Commonplace Books*, 1858

Lee, M. H. (ed.), *The Diary and Letters of Philip Henry, MA, of Broad Oak, Flintshire, 1631-1696*, 1882

Long, C. E. (ed.), Richard Symonds's *Diary of Marches Kept by the Royal Army during the Great Civil War*, 1859

Luttrell, Narcissus, *A Brief Historical Relation of State of Affairs from September 1678 to April 1714*, 1857

MacFarlane, Alan (ed.), *Diary of Ralph Josselin 1616-1683*, 1976

Morris, C. (ed.), *The Journeys of Celia Fiennes*, 1949

Nicolson, William, *Diary*, partly published in *Transactions of the Cumberland and Westmorland Antiquarian and Archaeological Society*, vol.ii (1902).Also Jones, Clyve, and Holmes, Geoffrey (eds.), *The London Diaries of William Nicolson, Bishop of Carlisle, 1702-1718*, 1985

Robbins, Caroline, *The Diary of John Milward from September 1666 to May 1668*, 1938

Robinson, H. W., and Adams, W. (eds.), *The Diary of Robert Hooke 1672-1680*, 1935

Rutt, J. T. (ed.), *The Diary of Thomas Burton* (1656-9), 4 vols., 1828

Sachse, W. L. (ed.), *The Diurnal of Thomas Rugg 1659-1661*, 1961

Spalding, Ruth (ed.), *The Diary of Bulstrode Whitelocke 1605-1675*, 1989

Teonge, Henry, *Diary 1675-1679*, 1825

Webb, Rosamond (ed.), Nehemiah Wallington's *Historical Notices of Events Occurring Chiefly in the Reign of Charles I*, 2 vols., 1869

William Haller's *The Rise of Puritanism*, 1938, has a good discussion of puritan diary-keeping.There is also W.Matthews, *British Diaries 1442-1942*, 1950.See too Mark Goldie, 'Roger Morrice's *Entring Book*' in *History Today* (Nov. 2001), p.38. Morrice was Pepys's contemporary (1628-1702), a Cambridge graduate who used shorthand, but, according to Goldie's account, his book is not so much a diary as a newsletter for Whig politicians.It is currently being transcribed.

3. 其他同时代人的作品

Anon., *Plain Truth or Closet Discourse Betwixt P. and H.*, 1679, and Anon., *A Hue and Cry after P. and H.*, 1679

Bayley, Thomas, *The Wallflower,* 1650, and Gomberville, Marin le Roy de, *Polexan-dre,* 5 vols., 1638（two novels read by Elizabeth Pepys)

Bédoyère, G. de la, *Particular Friends: The Correspondence of Samuel Pepys and John Evelyn,* 1997

Carkesse, James, *Lucida Intervalla*（poems), 1679.Carkesse, a Navy Office clerk, dismissed in 1667 for corruption, became mentally unbalanced.Pepys refers disparagingly to him in the Diary, and Carkesse's poems contain attacks on Pepys as well as accounts of his time in Bedlam.

Congreve, William, *The Complete Plays,* 1948

Dryden, John, *Poetical Works,* 1893

—*Plays,* 2 vols., 1949

du Bartas, Guillaume de Saluste, *La Semaine, ou la création du monde,* 1578, and English translation by William L'Isle, 1625（Milton's French predecessor, plodding but popular)

Ebsworth, J. W.（ed.), *The Poems and Masque of Thomas Carew*, 1893

Etherege, George, *The Dramatic Works,* 1927

Keynes, Geoffrey（ed.), Sir Thomas Browne's *Selected Writings,* 1968

L'Estrange, R., *A Brief History of the Times,* 1687-8

Margoliouth, H. M.（ed.), *The Poems and Letters of Andrew Marvell*, 2 vols., 1927

Massinger, Philip, *The Dramatic Works of Massinger and Ford,* 1875

Phillips, John（ed.), *Wit and Drollery, Jovial Poems Never before Printed,* by Sir J[ohn] M[ennes], Ja[? ohn]: S[uckling], Sir W[illiam] D['Avenant] J[ohn] D[onne], 1656.A mixed bag of poems, literary, royalist, scatological.Donne's 'Love's Progress' is the last in the collection.It is dedicated 'To the TRULY NOBLE Edward Pepes, Esq.', who must be Samuel Pepys's cousin, son of John Pepys of Ashtead.Edward was born 1617, admitted to the Middle Temple 1636, died at his sister Jane Turner's in 1663; SP helped with the funeral arrangements

Phillips, Edward, *The Mysteries of Love and Eloquence; or, the Arts of Wooing and Complementing as They are Managed in the Spring Garden, Hide Park, the New Exchange and Other Eminent Places,* 1658.Advice from Milton's nephew on how to succeed with girls

Shadwell, Thomas, *The Dramatic Works of Thomas Shadwell*, 4 vols., 1720

Shelton, Thomas, *A Tutor to Tachygraphy*, 1642. The shorthand used by Pepys

4. 历史和传记

The *Dictionary of National Biography* 和 the *Oxford English Dictionary* 被频繁使用

历 史

Calendar of State Papers, Domestic Series for the relevant years

Grey, Anchitel, *Debates of the House of Commons from 1667 to 1694*, 10 vols., 1769

Macaulay, T. B., *History of England*, 1889, and his 1825 essay ‘Milton’

Feiling, Keith, *British Foreign Policy 1660-1672*, 1930

Clark, G. N., *The Later Stuarts*, 1934

Ogg, David, *England in the Reign of Charles Ⅱ*, 1955

—*England in the Reigns of James Ⅱ and William Ⅲ*, 1955

Henning, Basil Duke, *The History of Parliament. Vol. Ⅰ: The House of Commons 1660-1690*, 1983

Hill, Christopher, *The Century of Revolution 1603-1714*, 1974

Kenyon, J. P., *Stuart England*, 1978

Kingston, Alfred, *East Anglia and the Great Civil War*, 1897

Stone, Lawrence, *The Family, Sex and Marriage in England 1500-1800*, 1977

Gardiner, Samuel Rawson, *History of the Commonwealth and Protectorate*, 4 vols., 1897

—*History of the Great Civil War*, 4 vols., 1893

Firth, Charles, *The Last Years of the Protectorate*, 2 vols., 1909

Russell, Conrad, *The Crisis of Parliaments: English History 1509-1660*, 1971

Roots, Ivan (ed.), *Speeches of Oliver Cromwell*, 1989

Zagorin, Perez, *A History of Political Thought in the English Revolution*, 1964

Aylmer, G. E., *The State's Servants: The Civil Service of the English Republic*, 1973

Godwin, William, *Lives of Edward and John Philips, Nephews and Pupils of Milton, including Various Particulars of the Literary and Political History of Their Times*, 1815

Noble, M., *Lives of the English Regicides*, 1798

Walker, John, *Sufferings of the Clergy during the Grand Rebellion*, 1862

Matthews, A. G., *Mr Pepys and Nonconformity*, 1954

Watkins, Owen C., *The Puritan Experience*, 1972

Hutton, Ronald, *Restoration,* 1985

Davies, Godfrey, *The Restoration of Charles Ⅱ*, 1955

Davies, K. G., *The Royal African Company,* 1957

Richards, R. D., *Early History of Banking in England,* 1929

Marshall, Alan, *Intelligence and Espionage in the Reign of Charles Ⅱ*, 1994

Houblon, Lady Alice Archer, *The Houblon Family*, 2 vols., 1907

Pearce, E. H., *Annals of Christ's Hospital,* 1908

Trollope, Revd William, *History of Christ's Hospital,* 1834

Wilson, John, *A Brief History of Christ's Hospital,* 1828

Routh, E. M. G., *Tangier：England's Lost Atlantic Outpost 1661-1684*, 1912

Christie, R. C., 'Sir William Coventry', *Saturday Review* (11 Oct. 1873)

Scouten, Arthur H., and Hume, Robert D., *TLS* (28 Sept. 1973), p.1105, article on *The Country Gentlemen* by Robert Howard, with inserted scene by duke of Buckingham

Archer, Ian, 'Social Networks in Restoration London：The Evidence of Samuel Pepys's Diary' in *Communities in Early Modern England,* Shepard, Alexandra, and Withington, Phil (eds.), 2000

Campbell, Gordon, et al., 'The Provenance of De Doctrina Christiana', *Milton Quarterly,* no.31 (1997), pp.67-93

Hanford, James, 'Pepys and the Skinner Family', *Review of English Studies,* vol. vii (July 1931), pp.257-70

Wilson, J. Harold, 'Pepys and the Virgin Martyr', *Notes & Queries* (21 Feb. 1948)

Birch, Thomas, *History of the Royal Society,* 4 vols., 1756-7

Lyons, Henry, *The Royal Society 1660-1940*, 1944

Hartley, Sir Henry (ed.), *The Royal Society：Its Origins and Founders*, 1960

Andrade, A. N. Da C., on Pepys in *Papers of Royal Society,* vol.18 (1963)

Lansdowne, Marquess of (ed.), *The Petty Papers*, 2 vols., 1927

Ranft, B. McL., 'The Significance of the Political Career of Samuel Pepys', *Journal of Modern History,* vol.24 (1952), pp.368-75

Kenyon, J. P., *The Popish Plot,* 1972

Tanner, J. R., 'Pepys and the Popish Plot', *English Historical Review,* vol.vii (1892)

Wilson, J. H., *The Ordeal of Samuel Pepys's Clerk,* 1972

Tanner, J. R., 'Naval Preparations in 1688', *English Historical Review,* vol.viii (1893)

Powley, E. B., *The English Navy in the Revolution of 1688*, 1928

Mitchell, A. A., 'The Revolution of 1688', *History Today* (July 1965)

Douglas, David, *English Scholars,* 1951

Overton, J. H., *The Nonjurors,* 1902

Heyworth, P. L. (ed.), *Letters of Humfrey Wanley, Palaeographer, Anglo-Saxonist, Librarian 1672-1726*, 1989

Sisam, Kenneth, *Studies in the History of Old English Literature,* 1962

O'Donoghue, E. G., *Bethlehem Hospital,* 1914

Parkes, Joan, *English Travel in England in the Seventeenth Century,* 1925

Speed, John, *The History of Great Britaine,* 1611

传　记

Hill, Christopher, *God's Englishman: Oliver Cromwell and the English Revolution,* 1970

Beresford, John, *The Godfather of Down-ing Street: Sir George Downing 1623-1684*, 1925

Harris, F. R., *The Life of the First Earl of Sandwich*, 2 vols., 1912

Ollard, Richard, *Cromwell's Earl: A Life of Edward Montagu, First Earl of Sandwich,* 1994

Ashley, Maurice, *General Monck,* 1977

Masson, David, *The Life of Milton,* 7 vols., 1859-94

Spalding, Ruth, *The Improbable Puritan: A Life of Bulstrode Whitelocke,* 1975

Balleine, G. R., *All for the King: The Life Story of Sir George Carteret,* 1976

Dickinson, H. W., *Sir Samuel Morland: Diplomat and Inventor,* 1970

Fitzmaurice, Edward, Lord, *The Life of Sir William Petty,* 1895

Lansdowne, Marquess of, *The Petty-Southwell Correspondence 1676-1687*, 1928

Pinto, Vivian de Sola, *Sir Charles Sedley,* 1927

Coleman, D. C., *Sir John Banks,* 1963

Muddiman, J. G., *The King's Journalist,* 1923

Rowe, Violet, *Sir Henry Vane the Younger,* 1970

More, Louis T., *Isaac Newton,* 1934

Hutton, Ronald, *Charles Ⅱ*, 1989

Fraser, Antonia, *Charles Ⅱ*, 1979

—*Cromwell, Our Chief of Men,* 1973

Chapman, Hester, *The Tragedy of Charles Ⅱ*, 1972

Parker, W. R., *Milton: A Biography,* 1996

Verney, Lady Frances Parthenope, and Verney, Lady Margaret M. (eds.), Memoirs of the Verney Family duirng the Civil War, 4 vols., 1892

Foxcroft, H. C., *The Life and Letters of Sir George Savile, First Marquis of Halifax*, 2 vols., 1898

Winn, J. A., *John Dryden and His World,* 1982

Haley, Kenneth H. D., *The First Earl of Shaftesbury,* 1968

Lane, Jane, *Titus Oates,* 1949

Turner, F. C., *James* Ⅱ, 1948

Clarke, James Stanier (ed.), *Life of James* Ⅱ, 2 vols., 1816.Compiled from James's lost diary by the prince regent's librarian and friend of Jane Austen

5. 伦敦历史和地志

Anon, *Rambles by a Pedestrian,* 1833

Bossy, John, *Giordano Bruno and the Embassy Affair,* 1991

—*Under the Molehill,* 2001 (both books elucidate the topography of Salisbury Court)

Bradley, S., and Pevsner, Nikolaus, *The City,* 1998

Brett-James, N. G., *The Growth of Stuart London,* 1935

Cherry, Bridget, and Pevsner, Nikolaus, *London 2: South*, 1990

Dews, Nathan, *History of Deptford,* 1883

Evelyn, John, *Fumifugium*, 1661

Harris, Tim, *London Crowds in the Reign of Charles* Ⅱ, 1987

Kingsford, Charles Lethbridge, *Early History Piccadilly, Leicester Square and Soho,* 1925

Reddaway, T. F., *The Rebuilding of London after the Great Fire,* 1951

Steele, Jess, *Turning the Tide: The History of Everyday Deptford,* 1993

Sturdee, T., *Reminiscences of Old Deptford,* 1895

Other topography: Victoria County History, Huntingdonshire, Surrey and Hertfordshire volumes

6. 童年和剑桥

Harris, John, 'Durdans', *Country Life* (8 Sept. 1983)

James, Ch. W., *Chief Justice Coke,* 1929

Thorne, S. E., *Sir Edward Coke,* 1957

Seager, Francis, *The Schoole of Vertue, and Booke of Good Nourture for Chyldren, and Youth to Learne Theyr Dutie by,* 1619

Brinsley, John, *Ludus Literarius,* 1612

—*A Consolation for Our Grammar Schooles*, 1622

Hoole, Charles, *A New Discovery of the Old Art of Teaching Schoole*, 1660

Dickinson, Philip G. M., *Huntingdon Grammar School*, 1965

Mead, A. H., *A Miraculous Draught of Fishes: A History of St Paul's School*, 1990

McDonnell, Michael, *History of St Paul's School*, 1909

Ackermann, R., *History of the Colleges of Winchester... The Schools of St Paul's &c.*, 1816

Costello, W. T., *The Scholastic Curriculum at Early Seventeenth-Century Cambridge*, 1958

Heywood, J., and Wright, Thomas, *Cambridge University Transactions during the Puritan Controversies of the Sixteenth and Seventeenth Centuries*, 2 vols., 1854

Cooper, Charles Henry, *Annals of Cambridge*, 5 vols., 1842-53

Purnell, E. K., *Magdalene College*, 1904

Mayor, J. E. B. (ed.), *Cambridge under Queen Anne*, 1911

Mullinger, J. B., *Cambridge in the Seventeenth Century*, 1867

Uffenbach, Zach Conrad von, *London in 1710*, Quarrell, W. H., and Mare, Margaret (trs.), 1934

Benson, A. C, *Magdalene College: A Little View of Its Buildings and History*, 1923

Cunich, P., Hoyle, D., Duffy, E. and Hyam, R., *A History of Magdalene College, Cambridge, 1428-1988*, 1994

7. 医 学

The British Library, Sloane MSS, 1536, fols.56V., r.These are the prescriptions 'for Mr peapes who was cut for ye Stones by Mr Hollier March ye 26 and had a very great stone taken this day from him.'

Power, Sir d'Arcy, 'The Medical History of Mr and Mrs Samuel Pepys', *Occasional Papers Read by Members at Meetings of the Samuel Pepys Club*, vol.i, 1917

Keynes, Milo, 'Why Samuel Pepys Stopped Writing His Diary: His Dimming Eyesight and Ill-health', *Journal of Medical Biography*, vol.v (Feb. 1997), pp.25-9.

Lithotomia Vesicae, 1640 (English tr.from Dutch)

Tolet, F., *Traité de la Lithotomie*, 1693, and English ed. 1683

Nathaniel Hodges, *Loimologia*, Quincy, J., (tr.), 1720

Robinson, Nicholas, *A Complete Treatise of the Gravel and Stone*, 1734

Ellis, Harold, *A History of Bladder Stone*, 1969

8. 海军史

Anderson, R. C. (ed.), *Journal of Edward Montagu,* 1929

Campbell, John, *Naval History of Great Britain including History and Lives of the British Admirals,* 8 vols., 1818

Capp, Bernard, *Cromwell's Navy,* 1989

Chappell, Edwin, *Samuel Pepys as a Naval Administrator,* 1933

Charnock, John, *Biographia Navalis*, 6 vols., 1794-8

Davies, J. D., *Gentlemen and Tarpaulins,* 1991

—'Pepys and the Admiralty Commission of 1679-1684', *Bulletin of the Institute for Historical Research,* vol.lxii (1989), pp.34-53

de Beer, E. S., 'Reports of Pepys's Speech in the House of Commons, 5 March 1668', *Mariner's Mirror,* vol.14 (1928), pp.55-8

Harris, G. G., *The Trinity House 1514-1660*, 1970

Ollard, Richard, *Man of War: Sir Robert Holmes and the Restoration Navy,* 1969

Padfield, Peter, *Maritime Supremacy and the Opening of the Western Mind,* 2000

Pool, Bernard, *Navy Board Contracts*, 1966

Powell, J. R., and Timings, E. K. (eds.), *The Rupert and Monck Letter Book 1666*, 1969

Rogers, P. G., *The Dutch in the Medway,* 1970

Tanner, J. R. (ed.), *Samuel Pepys's Naval Minutes,* 1926

—*A Descriptive Catalogue of the Naval Manuscripts in the Pepysian Library,* 4 vols., 1903-23

Tanner, J. R., *Samuel Pepys and the Royal Navy,* 1920

—'Samuel Pepys and the Trinity House', *English Historical Review,* vol.xxxxiv (1929), pp.583-5

Tedder, A. W., *The Navy of the Restoration,* 1916

Wilcox, L. A., *Mr Pepys's Navy*, 1966

9.《日记》与皮普斯的资料

The manuscript of the Diary is held at the Pepys Library, Magdalene College, Cambridge. Of the three transcriptions, John Smith's manuscript is also held at the Pepys Library.It was the basis of the first edition, Lord Braybrooke (ed.), *Memoirs of Samuel Pepys. . .*

Deciphered by the Revd John Smith... and Selection from Private Correspondence, 2 vols., 1825.Mynors Bright's transcription, finished in 1875, has been lost; it was published 1875-9.Henry Wheatley's edition of 1893-9, which drew on both Braybrooke and Bright, has notes and a good index; I have found the 1926 edition useful.The complete and definitive edition, edited and transcribed by Robert Latham and William Matthews (1970-83), is in 11 vols., one containing an index, vol.X a companion.

Pepys's *Memoires of the Royal Navy 1679-1688*, 1690; also Tanner's edition of 1906

Occasional Papers Read by Members at Meetings of the Samuel Pepys Club, 2 vols., 1917 and 1925

Smith, John, *The Life, Journals and Correspondence of Samuel Pepys*, 2 vols., 1841

Firth, C. H., 'The Early Life of Pepys', *Macmillan's Magazine*, vol.lxix (1894), p.32

Wheatley, H. B., *Samuel Pepys and the World He Lived In*, 1880

—*Pepysiana*, 1899

Tanner, J.R., 'General Introduction to Pepys Library Catalogue' of 1903

—*Samuel Pepys and the Royal Navy*, 1920

—*Mr Pepys: An Introduction to the Diary together with a Sketch of His Later Life*, 1925

Tanner, J.R. (ed.), *Naval Minutes of Samuel Pepys* (from Pepys Library), 1926

—*Private Correspondence and Miscellaneous Papers of Samuel Pepys 1679-1703*, 2 vols., 1926

—*Further Correspondence of Samuel Pepys 1662-167c*, 1929

Whitear, W. H., *More Pepysiana*, 1927

Howarth, R. G. (ed.), *Letters and the Second Diary of Samuel Pepys*, 1932

Chappell, Edwin (transcriber and ed.), *The Shorthand Letters of Samuel Pepys*, 1933

—*The Tangier Papers of Samuel Pepys*, 1935

Chappell, Edwin, *Samuel Pepys as a Naval Administrator*, 1933

—*Eight Generations of the Pepys Family*, 1936

Bryant, Arthur, *Samuel Pepys: The Man in the Making*, 1933

—*Samuel Pepys: The Years of Peril*, 1935

—*Samuel Pepys: The Saviour of the Navy*, 1938

Heath, H.T. (ed.), *The Letters of Samuel Pepys and His Family Circle*, 1955

Ollard, Richard, *Pepys*, 1974

Latham, Robert (ed.), *Catalogue of the Pepys Library*, 10 vols., 1978-94

Rogers, T. D., *Sir Frederic Madden at Cambridge*, 1980.Madden's account of his visit to the Pepys Library in 1831 and again in Nov.1842, when he observed the wife of the master and other ladies 'all pulling down P's volumes, and doing just as they please, because *they are privileged persons!*'

Latham, Robert (ed.), and Knighton, Charles, and Matthews, William (transcribers), *Samuel Pepys and the Second Dutch War* (containing Pepys's 'Navy White Book' and his 'Brooke House Papers'), 1995

批评文章

Scott, Walter, review of Diary, *Quarterly Review,* vol.xxxiii (Mar. 1826), p.264

Jeffrey, Francis, review of Diary, *Edinburgh Review,* vol.xliii (Nov. 1825), p.54

Review of Mynors Bright transcription, *Athenaeum* (29 Jan. 1876)

Stevenson, Robert Louis, 'Samuel Pepys', *Cornhill* (July 1881)

图文授权

出版商要感谢以下摄影师、组织和收藏者惠准本书转载有版权的材料：

对罗伯特·莱瑟姆和威廉·马修斯编辑的《塞缪尔·皮普斯日记》（版权归剑桥大学抹大拉学院院长、研究员及学者、罗伯特·莱瑟姆和威廉·马修斯遗产所有，1983）的引用，由彼得斯·弗雷泽和邓洛普代表剑桥大学抹大拉学院院长、研究员及学者、罗伯特·莱瑟姆遗产以及洛伊丝·埃默里·马修斯遗产授权转载。

1. View of St Paul's and the City from rural Islington, by Hollar, 1665.Pepys Library, Magdalene College, Cambridge.
2. Detail of Milford Stairs, by Hollar, 1640s. Pepys Library, Magdalene College, Cambridge.
3. Durdans House, Epsom, oil painting by Jacob Knyff, 1673. Berkeley Castle Will Trust.Photo: Photographic Survey, Courtauld Institute of Art.
4. Destruction of Cheapside Cross, 1643. Pepys Library, Magdalene College, Cambridge.

5. The north-east view of Hinchingbrooke House, 1730. From *The Victoria County History of Huntingdonshire*, vol. II.
6. Jemima Montagu, *c.* 1646. Earl of Sandwich 1943 Settlement.
7. The young Edward Montagu, oil painting by Peter Lely, *c.* 1646. Earl of Sandwich 1943 Settlement. Photo: Roderick Field.
8. Pepys House, Brampton. From The Victoria County History of Huntingdonshire, vol.III.
9. Execution of the earl of Strafford on Tower Hill, 12 May 1641, by Hollar. Pepys Library, Magdalene College, Cambridge.
10. Oliver Cromwell. Pepys Library, Magdalene College, Cambridge.
11. Execution of Charles I at Whitehall, 30 January 1649. Private collection. Photo: The Bridgeman Art Library.
12. New Palace Yard looking towards Whitehall Palace, 1664. Pepys Library, Magdalene College, Cambridge.
13. Samuel Morland, by Peter Lely, 1659. In possession of the Gibbes Museum of Art, South Carolina, USA.
14. George Downing. By permission of the British Library.
15. Magdalene College in 1690 by David Loggan. Pepys Library,Magdalene College, Cambridge.
16. List ofplate in Pepys's hand. Bodleian Library, University of Oxford, Carte MS 73, fol.201r.
17. Frontispiece of Edward Phillips's *The Misteries of Love and Eloquence*, 1658. By permission of the British Library.
18. 'Extraction of the stone out of the bladder', print from François Tolet, *Traité de la Lithotomie*, English edition of 1683. Photo: Wellcome Library, London.
19. Elizabeth Pepys, engraving by T.Thomson after John Hayls's portrait of 1666. National Portrait Gallery Archive Engravings Collection.
20. Samuel Pepys, oil painting by John Hayls, 1666. National Portrait Gallery, London.
21. Firstpage of Pepys's Diary, 1659/60. Pepys Library, Magdalene College, Cambridge.
22. Will Hewer, an engraving from vol. II of the first edition of Pepys's Diary, 1825. By permission of Robin Hyman. Photo: Nathan Kelly.
23. Susan Gill, red chalk drawing by Charles Beale, 1670. © The British Museum.
24. Admiral Sir William Penn,by Peter Lely,oil painting.Photo: © National Maritime Museum Picture Library, London.

25. Thomas Povey, by J.M. Wright. The Blathway Collection, National Trust. Photo: Photographic Survey, Courtauld Institute of Art.
26. Sir William Coventry, by John Riley, oil painting. Reproduced by permisssion of the Marquis of Bath, Longleat. Photo: Photographic Survey, Courtauld Institute of Art.
27. John Ogilby presenting to King Charles II and Queen Catherine the list of subscribers to the map he and William Morgan were preparing, 1682. Museum of London.
28. St Olave's Church, Hart Street, London, *c.* 1670. Reproduced by kind permission of the Reverend John Cowling.
29. 'Greenwich from the Park', by Hendrick Danckerts, mid 1670s. Photo: National Maritime Museum Picture Library, London.
30. The Great Fire of London, 1666 (Dutch, artist unknown). Museum of London.
31. Memorial bust of Elizabeth Pepys, attributed to John Bushnell, *c.* 1670. Photo: Fleming.
32. Jemima Montagu, countess of Sandwich. Earl of Sandwich 1943 Settlement.
33. Edward Montagu, earl of Sandwich, school of Peter Lely, *c.* 1670. Earl of Sandwich 1943 Settlement. Photo: Roderick Field.
34. James Houblon. Private collection. Photo: Richard Greenly.
35. Sarah Houblon. Private collection. Photo: Richard Greenly.
36. 'Mrs Pepys'? Reproduced by kind permission of the Witt Library, London.
37. Anthony Ashley Cooper, first earl of Shaftesbury, artist unknown, *c.* 1672-3. National Portrait Gallery, London.
38. James, duke of York, as lord high admiral, by Henri Gascar, *c.* 1675. Philip Mould, Historical Portrait Ltd,London/Bridgeman Art Library.
39. John Evelyn, print from the Kneller portrait, *c.* 1689. Pepys Library, Magdalene College, Cambridge.
40. William Petty, by Isaac Fuller, *c.* 1640-51.National Portrait Gallery, London.
41. Marble bust of Isaac Newton, by Louis F. Roubiliac. © The Royal Society.
42. Bust of Sir Christopher Wren, by Edward Pierce, Ashmolean Museum, Oxford.
43. and 44. Two views of Pepys's Library in Buckingham Street. Pepys Library, Magdalene College, Cambridge.
45. Letter by Pepys presented to James II and signed by James, 17 November 1688, with docket and tracing of watermark. The Denys Eyre Bower Bequest, Chiddingstone Castle, Kent.
46. Lines from Pepys's account with Hoare's Bank. By kind permission of C.Hoare

& Co.

47. John Jackson, an engraving from vol. II of the first edition of Pepys's Diary, 1825. By permission of Robin Hyman. Photo: Nathan Kelly.
48. Samuel Pepys, by John Closterman, *c.* 1700. National Portrait Gallery, London.
49. Ivory medallion of Pepys, by Jean Cavalier, 1688. Courtesy of the Clothworkers' Company, London.
50. The first page of John Smith's transcription of Pepys's Diary, 1819. Pepys Library, Magdalene College, Cambridge.

我们已经尽一切努力追踪版权持有者。我们对任何无意的遗漏表示歉意,并乐意在任何后续版本中添加适当的确认。

索 引[①]

① 皮普斯代表塞缪尔·皮普斯;伊丽莎白代表伊丽莎白·皮普斯。

① Isobel 正文是 Isabel,按 Isabel 翻译。

---

① 正文是钱多斯勋爵的儿子。

---

① Isobel,正文是 Isabel,按 Isabel 翻译。

SAMUEL PEPYS: THE UNEQUALLED SELF By CLAIRE TOMALIN

著作权合同登记号桂图登字:20－2024－257号

图书在版编目(CIP)数据

吾自绝伦：塞缪尔·皮普斯传/(英)克莱尔·托马林著；王珊珊译. -- 桂林：广西师范大学出版社，2025. 1. --(文学纪念碑). -- ISBN 978-7-5598-7506-8

Ⅰ. K835.615.6

中国国家版本馆CIP数据核字第2024NP1015号

吾自绝伦：塞缪尔·皮普斯传
WU ZI JUELUN：SAIMIUER · PIPUSI ZHUAN

出 品 人：刘广汉　　策　　划：魏　东
责任编辑：魏　东　　装帧设计：赵　瑾

广西师范大学出版社出版发行
(广西桂林市五里店路9号　　邮政编码：541004
网址：http://www.bbtpress.com)
出版人：黄轩庄
全国新华书店经销
销售热线：021－65200318　021－31260822－898
山东新华印务有限公司印刷
(济南市高新区世纪大道2366号　邮政编码：250104)
开本：690 mm×960 mm　1/16
印张：39.5　插页：12　字数：500千
2025年1月第1版　2025年1月第1次印刷
定价：138.00元